Rafael Sevilla / Ruth Zimmerling (Hrsg.)

Argentinien
Land der Peripherie?

HORLEMANN

Die Deutsche Bibliothek – CIP-Einheitsaufnahme

Argentinien : Land der Peripherie? ;
[Länderseminar des Instituts für Wissenschaftliche
Zusammenarbeit mit Entwicklungsländern, Tübingen].
Rafael Sevilla/Ruth Zimmerling (Hrsg.). -
Unkel/Rhein ; Bad Honnef : Horlemann, 1997
(Edition Länderseminare)
ISBN 3-89502-071-0

NE: Sevilla, Rafael [Hrsg.]; Institut für Wissenschaftliche
Zusammenarbeit mit Entwicklungsländern <Tübingen>

Herausgegeben mit freundlicher Unterstützung
der Fundación Antorchas (Buenos Aires)

Umschlagfoto:
Teatro Colón, Buenos Aires
(Aufnahme Luis Priamo)

Bitte fordern Sie unser aktuelles Gesamtverzeichnis an:

Horlemann Verlag
Postfach 1307
53583 Bad Honnef
Fax: 0 22 24 / 54 29
e-mail: horlemann@aol.com

Internet
http://www.mediacompany.com/horlemann

1 2 3 4 5 / 00 99 98 97

Inhalt

3 — Die Folgen des Staatsterrorismus heute

4 — Wirtschaft und Gesellschaft

5 — Bildung, Zusammenarbeit und Regionalentwicklung

6 — Recht

Rafael Sevilla / Ruth Zimmerling

Vorwort und Zusammenfassung

Zu Beginn der zweiten Hälfte dieses Jahrhunderts wurde – bekanntlich federführend von lateinamerikanischen Sozialwissenschaftlern – der Doppelbegriff von »Zentrum« und »Peripherie« entwickelt. Seither zieht sich die im Titel dieses Bandes aufgeworfene Frage »Argentinien – Land der Peripherie?« in dieser oder ähnlicher Formulierung wie ein roter Faden durch Analysen und Einschätzungen der argentinischen Situation. Daß diese Frage gerade für Argentinien einen so hohen Stellenwert besitzt und so kontrovers diskutiert wird, hängt zweifellos damit zusammen, daß zu Beginn des Jahrhunderts die Antwort schon einmal definitiv vorzuliegen schien: Der schon fast sprichwörtliche natürliche Reichtum des Landes, der zumindest in den städtischen Zentren erreichte hohe Bildungsstand und ein allem Anschein nach auf Dauer konsolidiertes politisches System legten im In- und Ausland die Vermutung nahe, daß Argentinien allenfalls geographisch gesehen noch als ein »peripheres« Land anzusehen war. Die spätere politische, wirtschaftliche und kulturelle Entwicklung des Landes hat diese vermeintliche Gewißheit nachhaltig erschüttert. Heute wären wohl nur wenige der Argentinier, die über die für eine fundierte Einschätzung der Lage erforderlichen Informationen und Vergleichsmöglichkeiten verfügen, geneigt, Präsident Menems Diagnose, daß Argentinien ein Land der sogenannten »Ersten Welt« ist, zu teilen. Das Nachdenken darüber, inwieweit und warum dies vielleicht nicht der Fall ist, welche Bedingungen dafür erfüllt sein müßten und wie es eventuell erreicht werden könnte, prägt jedoch – wie auch viele der Beiträge in diesem Band bezeugen – zu einem erheblichen Teil die intellektuelle Beschäftigung mit Argentinien.

Die Leser der hier versammelten Arbeiten werden allerdings unschwer erkennen, daß es bis heute wenigstens einen Bereich gibt, in dem die Frage nach der Peripherität zweifellos zu verneinen ist. Es ist dies der Bereich kultureller und wissenschaftlicher Leistungen. Der vorliegende Band belegt das gleich doppelt, nämlich zum einen *inhaltlich* in den Beiträgen der ersten Abschnitts sowie in dem einführenden zeitgeschichtlichen Überblick – um diesen originellen, im Grunde in keine gängige Kategorie einzuordnenden Beitrag irgendwie zu bezeichnen – von *Ernesto Garzón Valdés*, zum anderen aber auch *exemplarisch* mit der Gesamtheit der hier von argentinischen Wissenschaftlern und Literaten vorgelegten Aufsätze. Die Arbeiten zeigen jedoch nicht nur, daß das Niveau des wissenschaftlichen, literarischen und künstlerischen Schaffens nach wie vor hoch ist und Argentinien in einer ganzen Reihe von Disziplinen einen herausragenden Rang im regionalen und überregionalen internationalen Vergleich verschafft. Sie geben auch eine Vielzahl von Hinweisen auf Ursachen dafür, warum in anderen Bereichen des gesellschaftlichen Lebens – hier insbesondere auf den Gebieten der Wirtschaft und der Politik – eine vergleichbar positive Bilanz für die jüngste Geschichte und die aktuelle Situation Argentiniens nicht gezogen werden kann.

Populäre Überlegungen zur Lage Argentiniens pflegen der fast obligatorischen Feststellung des großen materiellen und intellektuellen Reichtums des Landes die fast ebenso obligatorische Bemerkung beizugesellen, daß angesichts dieser durchaus privilegierten Basis die prekäre politische und wirtschaftliche Situation den Fall Argentinien zu einem »Rätsel« mache. Als gemeinsame Klammer um die im vorliegenden Band versammelten, thematisch breitgefächerten Arbeiten von argentinischen und deutschen Experten läßt sich vielleicht die Tatsache ansehen, daß sie alle als Beiträge zu einem »Abschied vom argentinischen Rätsel« gelesen werden können. Ebenso wie es in Garzón Valdés' »Abschied vom argentinischen Wunder« nicht darum geht, einmal mehr zu zeigen, daß es einst ein solches »Wunder« gegeben hat und daß für die heutige Situation das Ausbleiben der Fortsetzung dieses »Wunders« verantwortlich ist, sondern ganz im Gegenteil um die ausführliche Begründung der These, daß ein »argentinisches Wunder« weder jemals stattgefunden hat noch auch für die Zukunft zu erwarten ist, so daß die Vergangenheit wie die Gegenwart und die Zukunft vielmehr ausschließlich und allein vom Zusammenwirken des Handelns realer Individuen bestimmt wird. Ebenso geht es in den nachfolgenden Texten nicht etwa darum, ein vermeintliches »Rätsel Argentinien« zu lösen, sondern vielmehr darum, mit kenntnisreichen und oft scharfsinnigen Analysen zu zeigen, daß das, was in Argentinien in der jüngsten Vergangenheit politisch, wirtschaftlich und kulturell geschehen ist, sich – in den sozialwissenschaftlich gegebenen Grenzen – durchaus erklären läßt, daß sich Errungenschaften und Defizite, Leistungen und Fehler benennen lassen und daß auch eine Reihe von notwendigen Bedingungen für eine dauerhafte Überwindung der diagnostizierten Probleme angegeben werden kann.

Insofern bieten die hier zusammengestellten Aufsätze nicht nur einen informativen Überblick über die sozio-kulturelle Entwicklung Argentiniens in den letzten etwa fünfzehn Jahren und damit – stillschweigend oder ausdrücklich – auch Antworten auf die Titelfrage dieses Bandes. Sie liefern mit ihren zahlreichen Daten und Überlegungen auch eine solide Basis für eine Beantwortung der zweifellos noch wichtigeren Frage, ob diese Antworten – wie immer sie im einzelnen ausfallen – mittelfristig Bestand haben werden oder ob mit einer Veränderung zu rechnen ist (sei es zum Besseren, sei es zum Schlechteren).

*

Der einführende Beitrag von *Ernesto Garzón Valdés* »Abschied vom argentinischen Wunder. Notizen zu einer mehr oder weniger realen Biographie« steckt den großen thematischen Rahmen ab, innerhalb dessen die darauffolgenden 24 Beiträge einzelne Aspekte behandeln. Anhand der Biographie eines »mehr oder weniger« fiktiven »Félix Ahumada« beschreibt der ehemalige argentinische Diplomat und Mainzer Politologe den schmerzhaften Gang eines überzeugten Liberalen durch die argentinische Geschichte der zweiten Hälfte des 20. Jahrhunderts, die in ihrer kontinuierlichen »unausrottbaren Anomalität« (Sábato/Schvarzer) eine ungebrochene Fortsetzung der ersten Hälfte darzustellen scheint. Von einem »Volk mit imperialer Bestimmung« (Ortega y Gasset) bis hin zum Argentinien des entlassenen Metallarbeiters »Plácido Moyano« (auch ein Pseudonym, das hier stellvertretend für die große Zahl derer steht, die am aktuellen wirtschaftlichen Aufschwung keinen Anteil haben), nämlich vom »Argentinien der Hoffnung« in der Zeit vor den dreißiger Jahren bis hin zum heutigen »Argentinien der Ausgrenzung«, über das »Argentinien der Expulsion« aber auch »der politischen Moral« als Wunschvorstellung zeichnet der Autor ein zwar *subjektives* aber durch zahlreiche Zitate, Quellen- und Datenangaben wohlbelegtes Bild seines Argentinien: in der Grundannahme, »daß das Subjekt der Geschichte nicht, wie Hegel meinte, eine überempirische Einheit *sui generis* ist, die jenseits der Menschen aus Fleisch und Blut existiert«. Entlang dieser detaillierten Analyse kann der Leser aus erster Hand neuartige Facetten der argentinischen Entwicklung in fast allen Bereichen – Kultur, Politik, Wirtschaft, Gesellschaft, Bildung und Verfassungsproblematik – kennenlernen, in denen die einzelnen Beiträge des Bandes weitere punktuelle Analysen liefern. Dieses zumindest in deutscher Sprache wohl einzigartige Zeugnis eines Argentiniers, der von einem (politisch) liberalen Standpunkt und mit sozialwissenschaftlich geschärftem Blick die gesellschaftlichen Prozesse in seinem Lande miterlitten bzw. mitbegleitet hat, dürfte dazu beitragen, die schwierige Interpretation der problematischen argentinischen Entwicklung um einiges zu erleichtern. Es bleibt nur zu hoffen, daß das nicht geschriebene Kapitel der Biographie von »Félix Ahumada« über das »Argentinien der Ohnmacht« – über die Aktivitäten und Fehlschäge all derer, die an die Möglichkeit der Errichtung eines sozialen Rechtsstaats im Rahmen einer repräsentativen Demokratie glaubten und weiter glauben – auch in der Zukunft ungeschrieben bleiben kann.

*

1 — KULTUR. In seinem Bericht »Zur Lage der Philosophie in Argentinien seit der Wiedererlangung der Demokratie« konzentriert sich der argentinische Philosoph *Osvaldo Guariglia* auf eine allgemeine Darstellung derjenigen Subdisziplinen, in denen seiner Meinung nach Originalbeiträge seitens argentinischer Philosophen in den letzten 15 Jahren geliefert worden sind. Dabei integriert er Berichte von Vertretern der jungen philosophischen Generation, welche die neuesten Entwicklungen auf dem Gebiet der formalen Logik, der Philosophie der Logik und der Philosophie der Handlung (*Francisco Naishtat*), der Geschichte der Philosophie der Antike (*Graciela Marcos*) und der Ethik, der Demokratie-Theorie und der Menschenrechte (*Graciela Vidiella*) beschreiben. Nach einer anschließenden Darstellung der originellen Beiträgen von Argentinien zur Rechtsphilosophie und zur Skeptizismus-Geschichte lautet sein Fazit, daß Argentinien seit 1984 durchaus zur »philosophischen Normalität« zurückgekehrt und daß es dabei ist, ohne verheerende ethnische Partikularismen seine eigene philosophische Entwicklung selbständig zu gestalten.

Der Schriftsteller *Mempo Giardinelli* geht in seinem Beitrag »Was man heute in Argentinien schreibt und liest. Variationen zum literarischen Diskurs in Argentinien Mitte der neunziger Jahre« auf den Umgang mit der Literatur in einer von der Krise zunehmend geprägten Gesellschaft: ein starker Rückgang der Büchermarkts und gleichzeitiges Wachstum des Analphabetismus sowie das Fehlen eines neuen kulturellen Modells nach der Diktatur seien die eine Folge, während andererseits das literarische Schaffen eine Art Renaissance als kultureller Widerstand gegen die staatliche Mißachtung ethischer Maßstäbe und gegen das »dekretierte Vergessen« erlebe. Trotz der außerordentlichen Krise bei der Vermarktung von Büchern und der Inkaufnahme der allgegenwärtigen Korruption durch breite Bürgerschichten aus Angst vor wirtschaftlicher Instabilität ruft er seine »in Niederlagen fachkundigen« Schriftstellerkollegen auf zur weiteren Verteidigung der Ethik als das einzige, was der Literatur Würde verschaffen kann. In seinen abschließenden Grundgedanken zum »gemeinschaftlichen Text« der neunziger Jahre geht er besonders auf die starke Beteiligung von Frauen ein sowie auf die seiner Meinung nach Hauptfunktion der Literatur als Instrument der Erinnerung.

Die Spannung zwischen den Zentren und den Peripherien durchzieht in vielfältigen Schattierungen die ganze argentinische Geschichte. Diese Problematik wird zusätzlich im Beitrag »›Zivilisation und Barbarei‹, ›Zentrum und Peripherie‹ in der argentinischen Erzählliteratur« Gegenstand der Analyse der Schriftstellerin und Literaturkritikerin *María Rosa Lojo*. Während das von Bürgerkriegen zerrissene 19. Jahrhundert diese Spannung vorwiegend als inneren Konflikt ansah und das zwanzigste diese Vorstellungen häufig als Schlüssel für die Beziehung zwischen Argentinien und Europa gebrauchte, wurde Mitte der sechziger Jahre die kulturelle Abhängigkeit vom Europäischen einer energischen Revision unterzogen, auf der Suche nach einem nationalen und lateinamerikanischen »inneren Zentrum«. Auch wenn Argentinien im weltwirtschaftlichen Rahmen gesehen heute noch ein peripheres Land sein mag, ist die Autorin – wie ihr Kollege Mempo Giardinelli – der Meinung, daß dies von den Schriftstellern dadurch kompensiert wird, daß sie sich mit ihren Erkundungen immer mehr der geschichtlichen Erinnerung zuwenden: Ihr Hauptinteresse richte sich auf einen möglichen inneren Mittelpunkt, auf das Gedächtnis, das »identitätsstiftende Zentrum«, »damit es in der Flut des Gleichförmigen die Einzigartigkeit und die Verschiedenheit der eigenen Bilderwelt bewahre«.

In seinem Beitrag »Die literarische Kultur in Argentinien« benutzt der Literaturwissenschaftler *Roland Spiller* den Begriff »Passage« als Leitfaden durch verschiedene literarische Gattungen in Argentinien, als Hauptmotiv seiner literarischen Kultur vor dem Hintergrund einer ständigen Überschreitung von Grenzen zwischen der ländlichen Kultur der »gauchos« und der kosmopolitischen Kultur von Buenos Aires, zwischen dem sozio-kulturellen Zentralismus der Hauptstadt und den Autoren des »nuevo interior«, zwischen Übernahme des metropolitanen Mythos (Paris) und der Bezugnahme auf die eigenen nicht-urbanen Traditionen, zwischen »Zivilisation« und »Barbarei«, aber auch als Brücke zwischen den Kulturen, als Übergang zwischen Eigenem und Fremdem und selbst als sprachliche »Transgression«, die, so der Autor, zu einer Literatur geführt hat, welche die argentinischste aller nationalen Kunstformen darstellt.

Die aktuellen Strömungen der argentinischen Kunst unterstreichen die Hinfälligkeit der Unterscheidung zwischen zentralen und peripheren Ländern: Diese Kunst habe teil an der Vielfalt an Richtungen, die sich in der Welt beobachten läßt, hebt die Kunstkritikerin *Elena Oliveras* in ihrem Beitrag »Argentinische Kunst in den neunziger Jahren« hervor, wobei sie ihr Augenmerk auf die »light art«, Installationskunst und Fotoperformance richtet. Auch die facettenreiche »Frauenkunst« mit ihrer Hinwendung zur Umweltproblematik und zur Welt des Individuellen und Privaten erhält besondere Aufmerksamkeit sowie das soziale und humanistische

Engagement der Künstler mit ihrer »Ethik des Nächstliegenden«. Es kommt deutlich zum Ausdruck, daß die herkömmliche Spaltung zwischen der Kunst der peripheren und der zentralen Länder überwunden werden muß. Die neurotische Obsession, »an der Peripherie zu liegen«, scheint nach Meinung der Autorin der Vergangenheit anzugehören.

2 — POLITIK. »Die chronische Tendenz der Argentinier, ihre eigene Bedeutung zu überschätzen, sich als Weltmacht anzusehen, ohne es im mindestens zu sein«, wird von *Carlos Escudé* als eine der Hauptursachen angesehen, welche die bisherige argentinische Außenpolitik bestimmt haben. Einen Paradigmenwechsel in der argentinischen Außenpolitik kann man schwer verstehen, ohne vorher einen Blick auf das alte Paradigma und auf die kulturellen Bedingungen zu werfen, die es für Regierungen verschiedener Couleur jahrzehntelang akzeptabel machten. Folglich analysiert der argentinische Politologe in seinem Beitrag »Die argentinische Außenpolitik: ein Paradigmenwechsel?« zunächst Hauptzüge und Ergebnisse des alten Paradigmas sowie die nordamerikanischen Perzeptionen in bezug auf seine Mängel. Danach geht er auf die kulturellen Bedingungen ein, welche dieses Paradigma trotz seines Selbstzerstörungspotentials – so der Autor – ermöglichten. Escudé reflektiert anschließend darüber, wie die hyperinflationäre Krise von 1989-1990 die argentinische politische Kultur grundlegend veränderte, indem sie frühere kulturelle Bedingungen beseitigte und zum Entstehen eines neuen Paradigmas im Rahmen eines ebenfalls veränderten »Komplexes Staat-Zivilgesellschaft« in Argentinien beitrug.

Zwei junge Politologen aus Deutschland und eine junge Politologin aus Argentinien befassen sich in den nächsten Beiträgen mit verschiedenen Aspekten der wiedererlangten Demokratie in Argentinien. Der Beitrag von *Bernhard Thibaut* »Parteiensystem und Regierbarkeit im argentinischen Präsidentialismus« widmet sich zunächst der Frage nach dem Zusammenhang zwischen der Struktur und Dynamik des argentinischen Parteiensystems und Problemen der Regierbarkeit, die als mitverursachende Faktoren von Stabilität oder Instabilität der Demokratie verstanden werden können. Auf der Grundlage einer allgemeinen Erläuterung des Zusammenhangs wird die institutionelle Struktur des argentinischen Regierungssystems skizziert sowie die Struktur und die Entwicklung des Parteiensystems in historischer Perspektive dargestellt. Eine Bewertung der jüngeren Tendenzen müsse nach Meinung des Autors ambivalent ausfallen: einerseits zunehmende Fragmentierung und organisatorische Schwächung politischer Prozesse auf der Ebene des Parteiensystems, andererseits sei dieses System mehr als jemals zuvor eine maßgebliche Arena der politischen Konfliktregulierung. Aus den aktuellen Schwierigkeiten der Entwicklung des Parteiensystems sieht er trotzdem noch die Chance erwachsen, eine fortbestehende Erblast der politischen Entwicklung Argentiniens in diesem Jahrhundert zu überwinden: die mangelnde Fähigkeit, dauerhafte Kompromisse zu schließen.

Nach der Euphorie über die gelungene Transition von autoritären zu demokratischen Regimen in Lateinamerika wurde die Frage nach ihrer Konsolidierung zu einem der zentralen Themen der achtziger Jahre, bis sie von der Wirtschaftskrise begraben wurde. *Sandra Carreras'* Beitrag »Das argentinische politische System: eine konsolidierte Demokratie?« greift diese Frage wieder auf, wobei Konsolidierung als ein Prozeß begriffen wird, der sich auf verschiedenen Ebenen abspielt. Nach diesem Verständnis fragt sich die Autorin, ob es Widersprüche zwischen den verschiedenen Ebenen gibt oder vielmehr Komplementarität; ob das Verhalten der Akteure der institutionellen Entwicklung entspricht; ob die Haltung der Zivilgesellschaft als kompatibel mit einer demokratischen Kultur gelten kann und inwieweit die Repräsentationsstrukturen ihre Funktion erfüllen. In der Antwort auf diese und ähnliche Fragen liefert uns der Beitrag Indikatoren des im argentinischen politischen System erreichten Konsolidierungsgrades sowie Hinweise für die Lösung in diesem Zusammenhang noch anstehender Aufgaben.

Christian von Haldenwang widmet seinerseits den Beitrag»Legitimierung und politische Konsolidierung in Argentinien: die ›zweite Phase‹ im Anpassungsprozeß« der Frage, ob der von der argentinischen Regierung Ende Mai 1996 feierlich angekündigte Beginn der »zweiten Staatsreform« tatsächlich zum Übergang Argentiniens zur sog. »zweiten Phase der Anpassung« geführt hat. Nach der Vorstellung verschiedener Ansätze, die den Anpassungsprozeß nach Phasen oder Etappen unterteilen, sieht der Autor zwei entscheidende Faktoren im gesellschaftlichen Wandel der Prioritäten einerseits und in der Entfaltung eines strukturellen Legitimierungsdilemmas andererseits. Nach der Analyse der Auswirkungen der »Mexiko-Krise« und dem begleitenden »Tequila-Effekt« auf die Fortführung des Anpassungsprozesses in Argentinien kommt er zu dem Schluß, daß es voreilig wäre, zu diesem Zeitpunkt von einer politischen Konsolidierung Argentiniens zu sprechen.

3 — DIE FOLGEN DES STAATSTERRORISMUS HEUTE.

Unter dieser Überschrift werden Auswirkungen eines der dunkelsten Kapitel der neueren argentinischen Geschichte auf die heutige Gesellschaft aus zwei verschiedenen Perspektiven dargestellt: In seinem Beitrag »Zur Rolle der Kirche« zeigt der Theologe *Emilio Mignone*, selbst Opfer der Militärdiktatur, den schwierigen Weg der offiziellen argentinischen katholischen Kirche zu einer Aufarbeitung vergangener Versäumnisse sowie zu einem entschiedenen Auftreten gegen die von der Diktatur begangenen Verbrechen einerseits, und für die Unterstützung der Opfer andererseits. Der Autor schließt seinen Bericht mit der Bemerkung, daß die dargestellten anfänglichen Schritte seitens der katholischen Kirche bei der Anerkennung ihres Teils der Verantwortung für die Menschenrechtsverletzungen unzureichend sind und daß für die Zukunft eine angemessene Vertiefung dieser Problematik zu erwarten ist.

Anhand von zwei exemplarischen Beispielen (die Ermordung des Journalisten Cabezas 1997 und das Auftauchen eines Dokuments mit den Aussagen des Verlegers Dr. Perotta im Verhör vor seiner Ermordung in den ersten Monaten der Diktatur Videlas) zeigt zunächst der Beitrag »Das Echo der ›Verschwundenen‹« des Schriftstellers und Publizisten *Osvaldo Bayer* den desolaten Zustand der argentinischen Gesellschaft im Hinblick auf die Aufarbeitung der jüngsten Vergangenheit. Weitere Beispiele belegen ebenfalls die verhängnisvollen Folgen der Straffreiheitgesetze sowie die verwickelten Beziehungen zwischen Verbrechen, Geld und heutiger Tätigkeit ehemaliger Repressoren. Sein Fazit lautet, daß die argentinische Gesellschaft sich wegen »ihrer doppeldeutigen Sprache über die jüngste Vergangenheit« in einer tiefen moralischen Krise befindet. Im Widerstand der neuen Generationen gegen das Verschweigen der jüngsten Erinnerung, aber auch in den neueren Volksinitiativen gegen das große Schweigen gegenüber dem Genozid an den Indianern im vorigen Jahrhundert sieht der Autor jedoch auch Zeichen der Hoffnung für ein demokratisches Argentinien.

4 — WIRTSCHAFT UND GESELLSCHAFT. Eine Beurteilung der ökonomischen Entwicklungsdynamik Argentiniens hält der Wirtschaftsexperte *Dirk Messner* in seinem Beitrag »Wirtschaft und Entwicklung in Argentinien in den neunziger Jahren: ein schwieriger Neuanfang« für problematisch, da sich das Land in einem komplexen Umbruch von der jahrzehntelang verfolgten binnenmarktorientierten Importsubstitution hin zur Weltmarktorientierung befindet. Seine Analyse geht von der chaotischen Wirtschaftsentwicklung in den achtziger Jahren bis zu den sozio-ökonomischen Bedingungen im Umbruch zur Weltwirtschaft: Das Konvertibilitätsgesetz von 1991 und die Konturen der Wirtschaftspolitik seit 1991 (Stabilisierung, Liberalisierung, Privatisierung und Deregulierung), die makroökonomische Entwicklung im Kontext der Stabilisierung (1991-1994), das Krisenjahr 1995 (Mexiko-Krise), die Konsolidierung 1996, die Veränderungen in der Wirtschaftsstruktur im Verlauf der neunziger Jahre sowie die Anpassungsstrategien in der argentinischen Industrie bilden die Hauptthemen seiner Ausführungen.

Klaus Eßer konzentriert seine Analyse auf die Perspektiven der argentinischen Wirtschaft im Rahmen einer regionalen Integration. In seinem Beitrag »MERCOSUR – Sprungbrett zum Weltmarkt?« geht er von der Grundannahme aus, daß die Globalisierung mit einer verstärkten Arbeitsteilung in regionalen Handels- und Integrationsgruppen einhergeht und daß zwischen Wettbewerbsorientierung und Integrationsdynamik ein enger Zusammenhang besteht. In diesem Kontext analysiert er die Bedeutung einer attraktiven Binnennachfrage im Falle des MERCOSUR; die Art und Qualität des nationalstaatlichen Handels in einer volkswirtschaftlichen und regionalen Integration; die Frage nach internationaler Wettbewerbsfähigkeit durch ein integriertes regionales Produktionsnetzwerk sowie die ökonomischen und nichtökonomischen Gründe für die regionale Integration in Südamerika.

In seinem Beitrag »Keine Angst mehr vor der Demokratie? Die argentinischen Unternehmerverbände nach dem Ende alter Bedrohungsperzeptionen« beschäftigt sich *Peter Birle* mit der Logik des kollektiven politischen Handelns der argentinischen Privatwirtschaft. Er geht besonders der Frage nach, warum sich die Unternehmer und ihre Interessenverbände seit der Redemokratisierung 1983 stärker als früher zum demokratischen politischen System bekennen. Im zweiten Teil werden diejenige Elemente der historischen Realität Argentiniens skizziert, die über Jahrzehnte hinweg zu starkem Mißtrauen und zu Bedrohungsperzeptionen vieler Unternehmer gegenüber demokratischen politischen Systemen führten und diese mehrfach dazu veranlaßten, die Destabilisierung ziviler Regierungen zu unterstützen. Anschließend werden Gründe dafür aufgezeigt, warum es der Privatwirtschaft nach der Redemokratisierung und insbesondere seit der Amtsübernahme der Regierung Menem sowohl unter Kosten- als auch unter Nutzenaspekten leichter fällt, die Spielregeln eines demokratischen Regimes zu akzeptieren.

Der Beitrag des argentinischen Wirtschaftswissenschaftlers *Jorge Schvarzer* »Das System der Lohnregulierung im modernen Argentinien. Eine Annäherung an seine globalen Bedingungen« analysiert diese Problematik bezogen auf hundert Jahre argentinische Wirtschaftsgeschichte, von den historischen Vorläufern angefangen über die Periode der wirtschaftlichen Entwicklung mit Vollbeschäftigung und den Richtungswechseln in der argentinischen Wirtschaft bis hin zur Stagnation. Dabei richtet er sein Augenmerk u. a. auf die Gewerkschaftsbewegung unter der Bedingung der Vollbeschäftigung, auf die Problematik »Sozialleistungen und öffentliche Güter«, »Reallohn und sozioökonomische Dynamik«, auf die wirtschaftliche Transition und die Beschäftigung in den achtziger Jahren und auf die Löhne und Einkommen im Konvertibilitätsplan. Nach dem Aufkommen massiver Arbeitslosigkeit sieht er die Wirtschaft auf dem Wege zur Stagnation, mit der Konsequenz, daß die Verfügbarkeit von qualifiziertem Humankapital sich weiter vermindert.

Die anthropologischen Aspekte der großen Inflation während der Währungskrise der achtziger Jahre in Argentinien sind Gegenstand der Analyse des Soziologen *Peter Waldmann* in seinem Beitrag »Von der Mega- zur Hyperinflation«. Sein Hauptinteresse gilt weniger dem ökonomischen Aspekt der Inflation als deren sozialen Begleiterscheinungen und Folgen, d.h. den Fragen nach dem Umgang der Menschen mit der sich beschleunigenden Geldentwertung und den Anpassungsmechanismen und Entlastungsreaktionen, die sie entwickelten. Der Beitrag zeigt die Problematik und formuliert erste Hypothesen. Der erste Abschnitt befaßt sich mit den sozialen bzw. individuellen Anpassungsreaktionen in der Phase der Megainflation, der zweite behandelt die Frage in den Monaten der Hyperinflation. Abschließend versucht der Autor, das Inflationsgeschehen umfassend zu interpretieren.

Die in Paris ansässige argentinische Sozialwissenschaftlerin *Silvia Sigal* behandelt in ihrem Beitrag »Intellektuelle oder Experten? Die Intellektuellen angesichts der zeitgenössischen politisch-kulturellen Veränderungen« die neue Rolle der links-fortschrittlichen Intellektuellen in Argentinien, wobei sie besonders auf die »Entpolitisierung der Kultur« sowie auf die Bildung eines neuen »akademischen Marktes« eingeht. Als neues Phänomen bezeichnet sie die verstärkte Präsenz der Intellektuellen in der Öffentlichkeit, die nicht mehr wie früher als »traditionelle« Intellektuelle eine marginalisierte Existenz führen müssen. So sei es zum »Tod des Intellektuellen« – des universal-kritischen Intellektuellen im Sinne Sartres – gekommen, der nun als »Experte« im einem virtuellen Interventionsraum seine gesellschaftliche Funktion als Verkünder von Werten weiterhin ausüben kann.

5 — BILDUNG, ZUSAMMENARBEIT UND REGIONALENTWICKLUNG.

In seinem Beitrag »Wissenschaftsförderung in Argentinien« geht *José Xavier Martini*, amtierender Direktor der renommierten Stiftung »Fundación Antorchas« (Buenos Aires) auf die Entwicklung eines institutionellen Rahmens zur Förderung der Wissenschaft in den letzten vier Jahrzehnten ein, von der Gründung des CONICET (Consejo de Investigaciones Científicas y Técnicas) im Jahre 1958 bis zu seiner ausgeprägten »Bürokratisierung«, die zu den jüngsten Diskussionen um eine Neuordnung der wissenschaftlichen und technologischen Tätigkeit in Argentinien geführt hat. Nach einer kurzen geschichtlichen Einführung und einigen Hinweisen auf die Förderung durch den Privatsektor kommentiert der Beitrag einige Vorstellungen zur aktuellen Lage, zieht vorläufige Schlußfolgerungen und formuliert Empfehlungen zur Reform des Systems.

Aus der deutschen Perspektive analysiert der Hochschulexperte *Arnold Spitta* die »Grundzüge der Hochschulreform in Argentinien 1993-1996«. Nach einem kurzen Überblick über die Geschichte der argentinischen Universitäten (mit ihrer auf ganz Lateinamerika ausstrahlenden *Reforma Universitaria de Córdoba* im Jahr 1918) stellt er kurz die staatlichen und privaten Universitäten in den neunziger Jahren vor, um danach auf die allgemeine Diskussion über Hochschulreformen in Lateinamerika einzugehen. Die Hochschulreform der Regierung Menem wird dann zentraler Gegenstand seiner Ausführungen. Eine vorläufige kritische Bilanz der argentinischen Reformbemühungen im Hochschulbereich sowie einige Anmerkungen und Überlegungen zur deutsch-argentinischen Zusammenarbeit im Hochschul- und Forschungsbereich schließen den Beitrag.

Der argentinische Geograph *Carlos E. Reboratti* beklagt in seinem kurzen Beitrag »Argentiniens neue Landkarte« die Auswirkungen der Territorialstruktur auf die neue wirtschaftliche Ordnung sowie die Entwicklung der Agrarproduktion und der Industrieansiedlung unter den Vorzeichen des Mercosur und der Globalisierung. Die Privatisierung des ehemals ausgedehnten Eisenbahnnetzes habe die Leistungsfähigkeit dieses für ein Land von der Größe Argentiniens sinnvollen Verkehrs- und Transportmittels stark beeinträchtigt. Diese und andere Beispiele belegen, daß man in Argentinien zunehmend planlos »die territoriale Organisation den vermeintlichen Marktkräften überläßt«, während gleichzeitig weiterhin »Pharaonenprojekte« in den Köpfen sogenannter »Planer« geschmiedet werden, die dann auf Kosten der Umwelt und schließlich der Gesellschaft als solidarischer Gemeinschaft gehen.

6 — RECHT. Die Autoren in diesem Abschnitt befassen sich mit einem Thema, das die politische Diskussion in Argentinien in den vergangenen Jahren entscheidend geprägt hat, nämlich mit der Verfassungsänderung von 1994. Die beiden ersten Autoren liefern unterschiedliche Einschätzungen des Prozesses und des Ergebnisses der Verfassungsreform und geben damit zugleich einen Einblick in die ungeheure Kontroverse, die dieses Ereignis in der politisch interessierten argentinischen Öffentlichkeit ausgelöst hat. Der vierte Beitrag schließlich konzentriert sich auf den Ombudsmann als eine der mit der geänderten Verfassung eingerichteten politischen Institutionen.

Agustín Zbar entwickelt in seinem Aufsatz »Der Pakt von Olivos und die argentinische Verfassungsänderung von 1994: Institutionelle Herausforderungen für die Zweite Republik« drei Argumente für eine positive Bewertung der Verfassungsänderung: (1) Sie beruhe auf einem für Argentinien bahnbrechenden Abkommen der beiden traditionell stärksten Parteien, das der Reform politische Legitimität verliehen habe. (2) Sie umfasse ein breites Spektrum wichtiger Bereiche (Regierungssystem; internationale Beziehungen; individuelle Rechte), wobei mit den Veränderungen im Regierungssystem die Abkehr vom »Hyperpräsidentialismus« und die Einführung eines »gemäßigten Präsidentialismus« gelungen sei. (3) Im Übrigen komme ihr große symbolische Bedeutung zu, da sie »die Endphase der Transition zur Demokratie« bedeute. Besonders vielversprechend scheint dem Autor die Tatsache, daß die traditionell rivalisierenden Parteien mit dem Abkommen und dem gesamten Reformprozeß die »Fähigkeit zum Dialog ... und zur Effizienz« bewiesen hätten. In Worten, die an Deutlichkeit nichts zu wünschen übrig lassen, weist er daher die von verschiedenen Seiten vorgebrachte Kritik an der Verfassungsänderung zurück. Sein abschließendes Fazit ist, daß die den politischen Gewalten mit der geänderten Verfassung auferlegten Aufgaben zwar eine enorme Herausforderung darstellten, daß jedoch, falls diese erfolgreich bewältigt werden könne, Argentinien am Beginn einer »Zweiten Republik« stehe.

Jorge R. Vanossi begründet in seinem Beitrag »Verfassungsreform oder Änderung des Wahlsystems?« seine von Zbar so scharf verurteilte Kritik an der Verfassungsreform von 1994. Wie das Fragezeichen im Titel andeutet, ist er der Ansicht, daß wir es mit einer bloßen Änderung des Wahlsystems zu dem ausschließlichen Zweck zu tun haben, die Wiederwahl des amtierenden Präsidenten zu ermöglichen, und daß diese mit dem Deckmantel einer umfassenden Verfassungsreform lediglich verschleiert worden sei. Die so entstandene neue Verfassung sei im Unterschied zur bisherigen deutlich weniger rigide – und damit vor wechselnden politischen Mehrheiten weniger geschützt – als zuvor, eher programmatisch als pragmatisch, eher analytisch als synthetisch sowie stark kasuistisch. Im Grunde sei es gar keine vollständige Verfassung, sondern nur eine »Quasi-Verfassung«, deren endgültige Ausrichtung erst mit den zahlreichen noch ausstehenden Durchführungsgesetzen feststehen werde. Bisher sei der Text »wie das Lächeln der Mona Lisa... Die Klauseln sind ... so allgemein gehalten, daß sie jede denkbare Interpretation zulassen«. Den neuen Verfassungstext sieht Vanossi im Rahmen einer »Italianisierung« (konsensuale Aufteilung der Macht unter einer großen Koalition, die keine politische Alternative offenläßt) und zugleich »Brasilianisierung« (Schaffung eines politischen »Blitzableiters«, der sich anstelle des Präsidenten in der Regierung »verschleißt«) der argentinischen Politik. Der Pakt von Olivos habe keineswegs der Verbesserung der politischen Spielregeln gedient, sondern sei als reiner »Verteilungspakt« zu werten. Zur Vermeidung von Einseitigkeit benennt Vanossi auch einige institutionelle Änderungen, die er für positiv hält. Insgesamt überwiegt aber unübersehbar seine Sorge, daß das demokratische Regierungssystem das neu eingeführte »politische Modell« vielleicht nicht werde verkraften können. Vanossis abschließender Bericht über verschiedene peinliche Pannen in der Konstituente und Ungereimtheiten im neuen Verfassungstext schließlich, mit dem er weitere Gründe für das Mißtrauen gegenüber der geänderten Verfassung gibt, ist nicht nur informativ, sondern spiegelt auch ein ganzes Spektrum von Emotionen wider, die in der einschlägigen Literatur oft als typisch für die Einstellung von Argentiniern zu ihren politischen Prozessen genannt werden: sicher so etwas wie Schadenfreude und ein gewisses Überlegenheitsgefühl (immerhin waren es andere, die die Fehler begangen haben), aber auch Wut, Verzweiflung, Resignation und Zynismus (denn man selbst gehört schließlich zu denen, die die Folgen zu tragen haben werden).

Mit den »Auswirkungen der Straflosigkeit in der politischen, sozialen und der Rechtskultur Argentiniens« befaßt sich speziell der Beitrag der in Schweden lebenden argentinischen Menschenrechtsexpertin *María Luisa Bartolomei*. Nach einer allgemeinen Einführung über die »impunidad« als lateinamerikanisches Phänomen analysiert sie die in Argentinien zur Durchsetzung der Straflosigkeit verwandten juristisch-politischen Instrumente in der Zeit der Diktatur (1976-1983) und nach der Diktatur (1983-1989, und 1989 bis heute: erste und zweite verfassungsmäßige Periode). Weitere Themen sind die psychosozialen Konsequenzen der Straflosigkeit sowie die Verbindung zwischen Straflosigkeit und Korruption. Anschließend werden die Forderungen aufgezählt, welche nationale und internationale Menschenrechtsorganisationen stellen, um den Weg zur Straflosigkeit rückgängig zu machen.

In seinem Beitrag »Die Institution des Ombudsmannes in Argentinien« stellt der Freiburger Rechtswissenschaftler *Kurt Madlener* heraus, daß diese Institution schwedischen Ursprungs im lateinamerikanischen Vergleich schon sehr früh in argentinische Rechtsordnungen Eingang gefunden hat. Vorreiter waren aber nicht der argentinische Bundesstaat, sondern die Stadt Buenos Aires (inzwischen Stadtstaat) und einige Provinzen, als erste San Juan. Erst Jahre später wurde auch in der Rechtsordnung des Bundesstaates das Amt des Ombudsmannes geschaffen. Nach einer Darstellung der Aufgaben der Ombudsmänner im Bereich der Grundrechte stellt der Autor aber auch ihre Rolle im Verbraucher- und Umweltschutz heraus, d.h. auf Gebieten, auf denen der einzelne Bürger oftmals weitgehend hilflos Schädigern gegenübersteht. Nach beträchtlichen Erfolgen der Ombudsmänner z. B. bei den Auseinandersetzungen um die Tarifgestaltung mit Betrieben kommt der Autor zu dem Schluß, daß die Einführung der Institution *Defensor del Pueblo de la Nación* in Argentinien zu einem besseren Schutz der Individualrechte insbesondere der notleidenden Bevölkerungsschichten beiträgt, wenngleich zur Erzielung einer größeren Wirksamkeit noch manches verbessert werden könnte.

*

Wie die bereits erschienenen vier Bände der Reihe »Länderseminare des Instituts für wissenschaftliche Zusammenarbeit mit Entwicklungsländern« (IWZE) ist dieser Band auch die Dokumentation eines Dialogs. Er begann bei einem Länderseminar über und mit Argentinien, zu dem die Abteilung Lateinamerika und Karibik des IWZE in Verbindung mit der Fritz-Erler-Akademie nach Freudenstadt eingeladen hatte. Zum Schluß möchten die Herausgeber Frau *María de Basauri* vom IWZE für die bibliographische Aufbereitung des Manuskripts sowie den Übersetzern für ihre sorgfältige Versionen besonders danken.

Dem geschäftsführenden Direktor der »Fundación Antorchas« und auch Autor in diesem Band, *José Xavier Martini*, gebührt ebenfalls unseren Dank für seine Unterstützung, welche vorliegende Publikation in deutscher Sprache möglich machte. *Ernesto Garzón Valdés*, alias »Felix Ahumada«, der stets mit seinen weitblickenden Ratschlägen und wissenschaflicher Akribie Entstehung und Entwicklung dieses Bandes mitbegleitet und unser Bild von Argentinien seit langem mitgeprägt hat, wagen wir im Namen aller hier vertretenen Autoren dieses Buch zu widmen – ihm und *seinem* Argentinien.

Rafael Sevilla u. Ruth Zimmerling
Tübingen u. Córdoba (Argentinien), im August 1997

Ernesto Garzón Valdés

Abschied vom argentinischen Wunder

Notizen zu einer mehr oder weniger realen Biographie

Für Catalina und Ernesto Tomás

Die nachfolgenden Überlegungen gehen von einer wesentlichen Grundannahme aus: nämlich, daß es sich bei der Geschichtsschreibung eines Volkes oder einer Nation nicht um die Interpretation von Fakten handelt, die von dem, was den Individuen dieses Volkes oder dieser Nation widerfährt, unabhängig oder gar verschieden sind, und daß das Subjekt der Geschichte nicht, wie Hegel meinte, eine überempirische Einheit *sui generis* ist, die jenseits der Menschen aus Fleisch und Blut existiert. Wenn dieser Grundgedanke richtig ist, dann gewinnt aber auch die Betrachtung von Erfahrungen einzelner Menschen Bedeutung, die für gesellschaftliche Zustände oder Entwicklungen symptomatisch sein und daher zu einem besseren Verständnis der sozialen Wirklichkeit beitragen können.

Sicher besteht bei einer solchen individuellen Perspektive die Gefahr unzulässiger Verallgemeinerungen oder auch des Irrglaubens, daß sich die Realität voll und ganz aus dem Blickwinkel eines einzigen »teilnehmenden Beobachters« erfassen läßt. Doch kann man meines Erachtens versuchen, einen Mittelweg zu finden, der eine plausible Interpretation gesellschaftlicher Entwicklungen anhand mehr oder weniger symptomatischer individueller Erfahrungen erlaubt. Es handelt sich dann zwar immer noch um das Erzählen einer »story«, aber es ist ein »story-telling with a point«, wie Robert E. Goodin (1989, 150) sagt. Mein »point« im folgenden ist dabei vor allem, individuelle Erfahrungen nicht nur den verschiedenen offiziellen Versionen der argentinischen Geschichte eines großen Teils dieses Jahrhunderts, sondern auch den Interpretationen verschiedener Politikwissenschaftler gegenüberzustellen. Letztere nehmen häufig eine makroökonomische Perspektive ein, die sie veranlaßt, in Argentinien »Wunder« zu erwarten, deren späteres Ausbleiben dann dem Auftreten irgendwelcher unvorhersehbaren Faktoren zugeschrieben wird. Auf die methodologische Problematik einer solchen Herangehensweise werde ich am Schluß noch einmal zurückkommen.

Als Leitfaden wird mir im folgenden die mögliche Biographie eines etwa siebzigjährigen männlichen Angehörigen der Mittelklasse aus der argentinischen Provinz (genauer: aus der Stadt Córdoba) dienen. Das Leben dieses Mannes beginnt demnach kurz vor dem Zusammenbruch der verfassungsmäßigen Ordnung des Landes und reicht bis heute, also bis in die Jahre der postdiktatorialen Demokratie. Der Einfachheit halber werde ich ihm einen Namen geben: Nennen wir ihn Félix Ahumada.

Félix Ahumadas Vater war Universitätsprofessor (ein nicht ganz ungewöhnlicher Beruf im Córdoba der ersten Hälfte des 20. Jahrhunderts). In seiner Jugend hatte er als Studentenführer aktiv an der Universitätsreform von Córdoba von 1918 mitgewirkt – einer der tiefgreifendsten intellektuellen Bewegungen der argentinischen Geschichte dieses Jahrhunderts, die Anlaß zu den größten demokratischen Hoffnungen gegeben hatte. Als Kind wird Félix so quasi aus erster Hand ein Bild jener Jahre vermittelt, in denen sich »Die argentinische Jugend von Córdoba an die freien Menschen Südamerikas« wandte und zur Überwindung der beschämenden Relikte der Vergangenheit sowie zur Erringung neuer Freiheiten aufrief. All dies wurde ihm als die konsequente Fortführung einer liberalen Tradition dargestellt, zu deren Früchten schon die Einführung geheimer Wahlen sowie der Wahlpflicht für Männer im Jahre 1912 zu zählen war.[1] Infolge dieser Maßnahme hatte sich die Wahlbeteiligung bei den Wahlen von 1916 von 20% auf 65% erhöht (Smith 1978, 3), eine Partei der neu entstehenden Mittelschichten – die *Radikale Bürgerunion* (UCR) – war an die Macht gekommen, und zum ersten Mal gab es in Argentinien eine demokratische Republik. Die Ausweitung der Gruppe der Wahlberechtigten war außerdem begleitet von einer Reihe weiterer Maßnahmen, die die sozialen und wirtschaftlichen Mindestbedingungen für die wirksame Ausübung des Wahlrechts schaffen sollten. Insofern war es kein Zufall, daß das Aufkommen der Mittelschichten zeitlich mit der Entstehung der ersten Gewerkschaften – vor allem in den Städten – zusammenfiel. Bemerkenswert waren die Geschwindigkeit und Kontinuität, mit der sich jene Schichten entwickelten: 1869 machten sie 11% der Bevölkerung aus, 1895 schon 25%, 30% im Jahre 1914, und 1965 hatten sie einen Anteil von 40,3% (Germani 1970, 303).

Materielle Erfolge machten sich bemerkbar, und da Córdoba bis dahin von der Einwanderung kaum berührt worden war, schienen nationalistische Konflikte nur ein Problem des weitentfernten Buenos Aires und der fruchtbaren Landstriche der Pampa zu sein, die das Leben in der Provinz weitgehend unbeeinträchtigt ließen. Wenig erfuhr Félix in seiner Kindheit von den Problemen in der kosmopolitischen Hauptstadt der Republik, von den Erzählungen Roberto Arlts oder von Menschen, wie sie Raúl Scalabrini Ortiz beschrieb. Seine Phantasie wurde stattdessen angeregt durch die Erzählungen seiner Großmutter von den Überfällen der Banden aus San Luis und der Ermordung des Verwalters der Ahumada, dem im Jahre 1863 die Kehle durchgeschnitten wurde (Castellano 1969, 319), oder vom Exil seines Urgroßvaters im chilenischen Copiapó, auf der Flucht vor den Häschern des Diktators Rosas. Zu Félix' Alltag gehörten: der Milchmann, der die Straßen abklapperte und Milch »vom Euter weg« verkaufte; ein einheitliches Stadtbild von unprätentiösen einstöckigen Häusern mit mehreren Patios, in deren letztem Köstlichkeiten wie *Mazamòrras, Humitas, Pucheros, Empanadas* und – nicht zu vergessen – die unbeschreiblichen Wonnen des *Dulce de leche* entstanden; Herren, die sich formvollendet grüßten, den Hut eine Handbreit über das leicht nach vorn geneigte Haupt gelüftet; die unvermeidliche Teilnahme an den Maiandachten in der Kirche zum Hl. Franziskus; und die väterliche Darstellung vom Betragen der argentinischen Politiker des 19. Jahrhunderts, die am Ende ihrer Amtszeit ins normale Bürgerleben zurückgekehrt seien ohne einen Pfennig mehr in der Tasche als bei ihrem Amtsantritt: Sie seien ausschließlich daran interessiert gewesen, dem Lande zu dienen.

---

1   Nationalistische Intellektuelle wie Leopoldo Lugones und Ricardo Rojas hatten gegen das Gesetz gekämpft (vgl. Rock 1993). Nach Ricardo Rojas (1882-1957) wäre das Argentinien angemessene Wahlsystem »nicht einheitlich, sondern den unterschiedlichen sozialen und geographischen Gegebenheiten angepaßt« gewesen. Diese »Gegebenheiten« machten, meinte er, den Ausschluß der sogenannten »neutralen Zonen« erforderlich, die nicht demokratiefähig seien (vgl. Payá/Cárdenas 1978, 93).

Obwohl Córdoba immerhin die Wiege der lateinamerikanischen Universitätsreform gewesen war, traf jedenfalls im ersten Drittel dieses Jahrhunderts paradoxerweise noch immer in gewisser Weise die Beschreibung Sarmientos zu: »Ich will nicht sagen, daß Córdoba die koketteste Stadt Amerikas war, denn das würde ihre spanische Würde beleidigen, aber es war doch eine der schönsten Städte des Kontinents. [...] Córdoba weiß nichts davon, daß es auf der Erde noch andere Dinge als Córdoba gibt; wohl hat sie gehört, daß Buenos Aires irgendwo sein soll; aber wenn sie es glaubt, was nicht immer der Fall ist, dann fragt sie: Hat es eine Universität? Aber die ist sicher ganz neu. Sag, wieviele Klöster hat es? Hat es eine Promenade wie diese? Na also, das ist gar nichts.« (Sarmiento 1977, 106 f.)

Diese beiden Strömungen – die traditionalistische und die fortschrittliche – machten Córdoba mit der Zeit zu einem Zentrum von reaktionärem Konservatismus ebenso wie von Guerrillaaktivitäten, wobei nicht selten ein und dieselbe Familie Mitglieder beider Lager stellte. Liberale wie später Félix Ahumada fühlten sich zwischen den beiden Extremen buchstäblich in die Zange genommen.

1928 jedenfalls versicherte der peruanische Sozialkritiker José Carlos Mariátegui (1968, 18), die bürgerlich-liberale Demokratie habe in Argentinien »feste Wurzeln« geschlagen, und noch im September 1929 schrieb José Ortega y Gasset: »Denn mehr noch als alle wirtschaftlichen, städtebaulichen und anderen Fortschritte in Argentinien überrascht der Grad der Reife, den die Staatsidee dort erreicht hat. [...] Der außergewöhnlich fortgeschrittene Zustand des argentinischen Staates zeigt, was für ein großartiges Selbstverständnis das argentinische Volk hat. [Es ist] ein Volk mit imperialer Bestimmung.« (Ortega y Gasset 1943, 661)

Solche Urteile schienen damals durchaus richtige Beschreibungen der Realität zu sein; und so ist es sicher nicht unangebracht, das Argentinien jener Jahre als das Argentinien der Hoffnung zu bezeichnen.

Das Argentinien der Hoffnung

Félix Ahumada war erst drei Jahre alt, so daß er natürlich nicht verstehen konnte, was in seinem Land geschah, als am 6. September 1930 General José Félix Uriburu den zwei Jahre zuvor demokratisch gewählten Präsidenten Hipólito Yrigoyen absetzte und seinem Staatsstreich eine rechtliche Grundlage zu geben versuchte, indem er ein Dokument verlas, das von Leopoldo Lugones, dem wohl größten argentinischen Dichter jener Zeit,[2] verfaßt worden war und das auf »seine Respek-

---

2 Leopoldo Lugones (1874-1938) hatte schon im Dezember 1924 in einer Rede in Peru gesagt, die »Stunde des Schwertes« sei nahe: die Parlamente hätten ihre »lästige Nutzlosigkeit« unter Beweis gestellt, und es sei an der Zeit, mit dem Schwert gegen »die in der Göttin Freiheit, dieser Venus der Plebs, verkörperte Ideologie des 19. Jahrhunderts« vorzugehen (Lugones 1985, 93). [In genau demselben Jahr hatte übrigens im weit entfernten Landsberg am Lech ein obskurer Gefreiter von der »parlamentarischen Schwätzervereinigung« gesprochen und die Abgeordneten als eine »Schar geistig abhängiger Nullen« bezeichnet (vgl. Hitler 1941, 99), und schon ein Jahr zuvor hatte ein »renommierter« Jurist der Weimarer Republik dem Parlamentarismus die Daseinsberechtigung abgesprochen (Schmitt 1923).] In späteren Artikeln definierte Lugones die Demokratie als den »quantitativen Triumph der Einfaltspinsel« und behauptete, der höchste moralische Wert in der Politik sei die Vaterlandsliebe: »Wir müssen der Vaterlandsliebe bis zum Mystizismus und den Respekt vor ihr zur heiligen Scheu erhöhen.« Seine nationalistischen Ideen gewannen durch seinen Einfluß auf die Redaktion der am 1. Dezember 1927 von Ernesto Palacio, Rodolfo und Julio Irazusta, Juan E. Carulla und César E. Pico gegründeten, vierzehntägig erscheinenden Zeitschrift *La Nueva República* einen größeren Resonanzboden (vgl. Navarro Gerassi 1968, 44 f.). Die politische Ausrichtung dieser Gruppe wurde von Ignacio B. Anzoátegui folgendermaßen beschrieben: »[Es bildete sich] eine kleine Gruppe von Män-

tierung der Verfassung und der geltenden Gesetze [sowie] den erhabenen Geist der Eintracht und den Respekt vor den Ideen des Gegners« verwies. Weiter hieß es dort:»Die unumgängliche Auflösung des Parlaments gehorcht Gründen, die so offenkundig sind, daß sie keiner Erläuterung bedürfen. Die Handlungsweise einer unterwürfigen, kriecherischen Mehrheit hat die Arbeit des Kongresses zur Fruchtlosigkeit verdammt und die Würde dieser erhabenen Volksvertretung verletzt.« (zit. nach Verbitsky 1987, 45)

So scheint es auch der Oberste Gerichtshof gesehen zu haben, der die de-facto-Regierung in einem Beschluß vom 10. September 1930 anerkannte. Carlos S. Nino sollte diese Anerkennung später als »den unseligsten Akt in der Entwicklung unserer Verfassungspraxis« bezeichnen (Nino 1992a, 130).

Die Tatsache, daß die Regierung Uriburu auf Anregung des Sohnes von Lugones begann, den bis dahin zum Zusammentreiben von Vieh verwendeten Elektroknüppel – die später zu trauriger Berühmtheit gelangte *Picana* – einzusetzen, um Verhaftete zu den von ihnen erwarteten Geständnissen zu bewegen, wurde von den Regierenden offenbar nicht als Widerspruch zu dem verkündeten »Respekt vor den Ideen des Gegners« angesehen.[3] Im Laufe der folgenden Jahrzehnte wurden dann die Foltermethoden verfeinert – ein wirklich eigenständiger Beitrag Argentiniens zur Weltgeschichte der Niedertracht. 66 Jahre später sollte dann ein eifriger Folterer, Ex-General Carlos Guillermo Suárez Mason, alias *Vögelchen*, beklagen, daß die *Picana* nicht legalisiert worden war, um so den Ermessensspielraum beim Einsatz dieses so wirksamen Instruments zur Verteidigung der öffentlichen Ordnung zu beseitigen:»Vielleicht hätten wir sie [die Folter] legalisieren sollen, um den einen oder anderen Exzeß zu vermeiden. [Aber] weder Hitler noch wir haben den Mut gehabt, sie zu legalisieren.«[4]

Wir wollen aber nicht vorgreifen. Zunächst einmal geht es um die Feststellung, daß im Argentinien der frühen dreißiger Jahre das begann, was die Historiker später das »Jahrzehnt der Niedertracht«[5] nennen würden – was Félix Ahumada und seine Altersgenossen natürlich nicht wissen konnten. Ihre Erfahrungen in der Grundschule und auf dem Gymnasium waren durch den gar nicht so unbegründeten Glauben geprägt, daß Argentinien einen der ersten Plätze in der Rangordnung der entwickelten Länder der Welt einnehme. Dieser Glaube war nicht etwa die Folge patriotischer Indoktrinierung durch Eltern und Lehrer, sondern wurde durchaus

---

nern, die gegenüber der liberalen Erbsyphilis, die das Land seit Caseros regierte, immun waren« (vgl. Buchrucker 1987, 49).

3 Nach einem dem Abgeordnetenhaus 1934 vorgelegten Bericht wurden zwischen 1931 und 1934 etwa 500 Personen in den Kerkern der Abteilung für Politische Ordnung, an deren Spitze Leopoldo Lugones, Jr., stand, gefoltert (vgl. Rodríguez Molas 1984, 100). Der Wahrheit halber und als Beleg für die »Sensibilität« von Lugones, Jr., ist in diesem Zusammenhang an das Zeugnis des sozialistischen Senators Alfredo Palacios zu erinnern: Während er in der Abteilung für Politische Ordnung in Haft war, habe Lugones ihm gesagt, daß »er nicht in der Lage sei, jemanden zu foltern oder eine Folterung mitanzusehen, daß er aber sehr wohl in der Lage sei, jemanden foltern zu lassen« (vgl. die von Palacios vor dem Senat am 28. März 1932 erhobenen Anschuldigungen, nach Rodríguez Molas (Hrsg.) 1985, 106). Mehrere Jahrzehnte später sollte ein anderer bekannter Protagonist von Verbrechen und Folter, Ex-Admiral Emilio Eduardo Massera, sagen: »Ich habe niemals eine Picana gesehen; ich weiß überhaupt nicht, wie man damit umgeht. Ich bin noch nicht einmal bewaffnet: Ich mag keine Waffen« (vgl. Las confesiones de Massera, in: Gente vom 27. Juli 1995, 49-56, 52). Auch Eichmann hatte ausgesagt, er habe niemanden ermordet und könne allenfalls der »Anstiftung zum Mord« beschuldigt werden (vgl. Arendt 1976, 292 f.). Kein Zweifel: Die Menschen sind einander doch sehr viel ähnlicher, als man meist glaubt!

4 Zit. nach *El País* (Madrid) vom 6. Oktober 1996, 7.

5 Erfinder dieser Bezeichnung war der Essayist José Luis Torres, der 1945 ein Buch dieses Titels veröffentlichte.

von weltberühmten Ökonomen geteilt. So prophezeite etwa Colin Clark in seinem 1942 erschienenen Werk The Economics of 1960, daß Argentinien demnächst einen Lebensstandard genießen werde, der nur noch von dem der USA übertroffen würde (vgl. Rock 1986, XXI).

Der spanische Bürgerkrieg und der unmittelbar im Anschluß daran beginnende Zweite Weltkrieg gaben hinreichenden Anlaß zu der Einschätzung, daß Argentinien trotz aller innenpolitischen Mängel doch noch immer – relativ gesehen – ein Hort der Zivilisation und Eintracht war.

Doch dann, am 4. Juni 1943, übertrug der argentinische Rundfunk wieder eine militärische Erklärung, die darauf hinauslief, daß die entschlossene Verteidigung der Rechtsordnung den Sturz der Regierung erforderlich mache:»Wir bewahren unsere Institutionen und Gesetze, in der Überzeugung, daß nicht sie sich strafbar gemacht haben, sondern die Personen, die mit ihrer Anwendung betraut waren. [...] Wie schon in vergangenen Zeiten ist es unsere patriotische Pflicht, in dieser Zeit des internationalen Chaos und der Korruption im Inneren die staatlichen Institutionen zu retten [...]« (zit. nach Verbitsky 1987, 48 f.)

Der junge Félix Ahumada fand es bemerkenswert, daß man versuchte, den Militärputsch in seinem Land unter anderem durch den Hinweis auf das »internationale Chaos« zu rechtfertigen, und daß man überhaupt auf den Gedanken kommen konnte, Institutionen oder Gesetze könnten »strafbare Handlungen« begehen.

Wie der militärische Präsident Pedro Pablo Ramírez, der schon am 7. Juni General Arturo Rawson aus dem Präsidentenamt verdrängt hatte, am 6. Juli 1943 erklärte, ging es jedenfalls darum, die »Zersetzung unserer Rasse« zu verhindern.[6] Ganz klar formulierte Ramírez den Zweck des Staatsstreichs:»Dieser Zweck läßt sich in einem Satz zusammenfassen, nämlich: ›Unser Tun soll erreichen, daß die Argentinier eines Tages die Luft ihres Landes frei atmen, daß sie Arbeit, Brot und ein ehrsames Heim haben und Kinder, die rein an Körper und Seele sind, die ihre Eltern ehren und zu Gott beten für das Vaterland.‹ Wenn dieses Ziel erreicht sein wird, dann werden auch alle sozialen, politischen, wirtschaftlichen und institutionellen Probleme gelöst sein, und das Vaterland wird sich endgültig auf dem Weg befinden, der es zu dem erhabenen Gipfel seiner Bestimmung führen wird.«[7]

6 Zit. nach Verbitsky 1987, 51. Die Sorge um die vermeintliche »Zersetzung unserer Rasse« hatte damals in Argentinien schon eine lange Tradition. Hier sei nur an die Auseinandersetzungen über die Einwanderungspolitik erinnert, wie es sie insbesondere nach der 1919 vom *Museo Social Argentino* veröffentlichten *Encuesta* gab. Diese Umfrage enthielt die Meinungen von Mitgliedern der kulturellen und gesellschaftlichen Eliten des Landes. Damals ergab ein breiter Konsens hinsichtlich der Notwendigkeit, die Einwanderung sogenannter »exotischer Rassen« (gemeint waren: Russen und Polen) zu beschränken und den Anteil katholischer Südeuropäer zu erhöhen. 1941 schlug Alejandro Bunge vor, den Zuwanderungsfluß zu verringern, um »eine schnellere und bessere Stabilisierung unserer rassischen Physiognomie« zu erreichen, und der Schriftsteller und Beamte Fernando Bidabehere, dem in den vierziger Jahren die Redaktion von Erlassen zur Beschränkung der Einwanderung oblag, bemerkte, daß »Juden, Slawen, Litauer und so weiter auf unserem Boden recht fremdartige Nationalitäten sind«. Für diese und andere aufschlußreiche Informationen über die Sorge um die »rassische Zersetzung« vgl. Senkman 1991, 105 ff., bes. 113 f.

7 Zit. nach Verbitsky 1987, 52. Was den Bildungsbereich betrifft, so ernannte Ramírez (wohl um sicherzustellen, daß die Jugend auch wirklich für das Vaterland betet) am 15. Oktober Gustavo Martínez Zuviría, einen antisemitischen Schriftsteller, der unter dem Pseudonym Hugo Wast das auf den berühmten *Protokollen der Weisen von Sion* beruhende Buch *El Kahal-Oro* (Buenos Aires 1935) verfaßt hatte, zum Minister für Justiz und Öffentliche Bildung. Nazistische Lateinamerikaexperten wie F. Niedermayer beglückwünschten »Hugo Wast« für seinen Beitrag zum Kampf gegen die »jüdische Herrschaft« in der Region (vgl. Senkman 1991, 133). Am 28. Oktober beschloß Martínez Zuviría angesichts des Protests an den Universitäten gegen die Ernennung von Interventoren, die Universitäten zu schließen, und am 6. November verbot er den studentischen Dachverband *Federación Universitaria Argentina*.

Wenige Monate später forderte eine Reihe von Universitätsprofessoren – besorgt angesichts der argentinischen Neutralität gegenüber dem angesprochenen »internationalen Chaos« – von der de-facto-Regierung, den Achsenmächten den Krieg zu erklären. Die Reaktion darauf war, am 16. Oktober 1943, die Suspendierung der vorwitzigen Professoren. Das war der Beginn einer Praxis, die später immer wieder geübt werden sollte – natürlich mit wechselnden Vorzeichen, damit diese immergleiche Verfahrensweise keine Langeweile aufkommen ließ. Und so gab es nach 1943 praktisch keinen Argentinier mit akademischen Aspirationen, der nicht irgendwann einmal an der Universität tätig gewesen, von irgendeiner Regierung entlassen und von der nächsten wieder eingestellt worden wäre. Félix Ahumada sollte davon keine Ausnahme bilden.

Zur Vollendung der »Säuberung« der Universitäten wurden staatliche Kommissare – sogenannte »Interventoren« eingesetzt. Einer von ihnen, Jordán Bruno Genta, erklärte am 17. August 1943 in der *Universidad del Litoral* emphatisch, es sei die Aufgabe der Universität, »die Jugend vor den frivolen modernen Ideen zu bewahren [...] Noch immer leiden wir unter dem Chaos der cartesianischen Negierungsrevolution; die Postulate der neuen Revolution aber müssen wir auf die Rückkehr zur Ewigen Philosophie ausrichten.«[8]

Verschiedene »flankierende« Maßnahmen – wie die Einführung des Religionsunterrichts an den Schulen (Erlaß Nr. 18.497 vom 31. Dezember 1943),[9] die Legalisierung der Zensur von Rundfunk und Presse (Erlaß Nr. 18.496) und die Auflösung der politischen Parteien (Erlaß Nr. 18.498) – warfen ein deutliches Licht auf die Grundvorstellungen dieser »neuen Revolution«.[10]

Das eigentlich wichtige Ereignis jener Jahre aber war der Aufstieg eines neuen politischen Führers, nämlich Juan Domingo Peróns, der eine in Argentinien bis dahin ungekannte Sozialpolitik versprach – und durchführte – und ein Bündnis zwischen breiten Kreisen der Mittelklasse und den Unterschichten zustandezubringen schien, die von den politischen Eliten Argentiniens bis dahin weitgehend ignoriert worden waren. Die Ausweitung des Wahlrechts auf die Frauen ließ im übrigen für Argentinien die Verwirklichung eines politischen Systems erwarten, das Gino Germani eine »repräsentative Demokratie mit vollständiger Partizipation« nennen würde (Germani 1971, 300 ff.). Wer – mit Lucian Pye (1965, 13) – davon ausging, daß die Ausweitung der politischen Partizipation ein Schlüsselelement politischer Entwicklung und Modernisierung ist, der konnte ohne weiteres zu der Einschätzung gelangen, daß der Peronismus voll und ganz der Idee des weiter

8   Vgl. Buchrucker 1987, 282. Ein Jahr später meinte Genta, die »ausufernde quantifizierende Demokratie« sei eine Idee der »Feinde des Vaterlandes«, denn sie ziele auf »die Abschaffung aller traditionellen Institutionen [ab], die exklusive Privilegien und Verantwortungen bedeuteten: Privateigentum, Klassenunterschiede, die nationale Souveränität und vor allem die Religion« (ebd.). Und in unverrückbarer Treue zu seinen katholisch-nationalistischen Überzeugungen stellte Genta noch 1960 fest, »das Judentum, das Freimaurertum und der Kommunismus sind drei ideologische Ausprägungen ein und derselben Ablehnung und ein und desselben Hasses auf den Erlösergott, d. h. des vom Satan inspirierten radikalen Nihilismus« (vgl. Navarro Gerassi 1968, 179). Die Einsetzung von Interventoren im Mai 1946 hatte die Suspendierung bzw. eigene Kündigung von 70% der Dozentenschaft zur Folge (ebd., 196).

9   1947 wurde der Erlaß durch Gesetz bestätigt. Der für die peronistische Mehrheitsfraktion berichterstattende Abgeordnete Joaquín Díaz de Vivar erklärte bei dieser Gelegenheit, es sei »intellektuell gestattet, es als gesicherte Synonyme zu betrachten, daß die westliche Welt der christliche Welt oder, wenn man so will, die Welt des Katholizismus« sei. Die katholische Religion habe einen hispanischen Ursprung, den das Gesetz 1.420 zur Laizisierung des Unterrichts habe zerstören wollen (zit. nach Ciria 1983, 225).

10 Für weitere Einzelheiten zu der Ideologie, die in jenen ersten Jahren der Militärregierung vorherrschten, vgl. Buchrucker 1987, 280 ff.

oben schon angesprochenen »Argentinien der Hoffnung« entsprach: Die Demokratie schien immer fester verwurzelt, und Mariátegui schien Recht zu behalten.

Córdoba wurde – zusätzlich zu ihrem traditionellen Titel als »die Gelehrte« – zur »Industriestadt« ernannt. Daß diese Bezeichnung ein bißchen übertrieben war, wird später noch deutlich werden. Damals jedenfalls sah es so aus, als befänden sich die Mittelschichten in einem dynamischen Industrialisierungsprozeß und als könnte die von Perón verkündete »wirtschaftliche Unabhängigkeit« Realität werden. Dabei ist auch nicht zu vergessen, daß sich die argentinischen Mittelschichten zu einem großen Teil aus Einwanderern und deren Kindern rekrutierten und daß schon 1895 80% der Industrie in ihren Händen gewesen waren. Die Beteiligung dieser Gruppen zeugte also auch von einem Prozeß homogener nationaler Integration (Germani 1970, 302).

Für Félix Ahumada aber, der die zweite Hälfte der vierziger Jahre als Jurastudent an der Staatlichen Universität von Córdoba verbrachte, stellte sich das peronistische Regime als Inkarnation eines politisch antiliberalen Systems dar, das die Universitäten (infolge einer erneuten »Säuberung« der Dozentenschaft) zu der Mittelmäßigkeit der damals allenthalben eingestellten sogenannten »Korallenstrauchblüten«-Professoren (in Anspielung auf das Markenzeichen der von Perón geförderten »authentisch« nationalen Produkte) verdammte.[11] Unter diesen »Korallenstrauchblüten«-Professoren gab es z. B. einen, der versprach, eine »sozial gerechte, wirtschaftlich freie und politisch souveräne Physiologie« zu lehren (Núñez/Orione 1993, 116). Die Auswirkungen dieser »Nationalisierung« der Kultur sollte Félix einige Jahre später auch am eigenen Leibe zu spüren bekommen.

Zu den damals beliebten Schlagworten gehörten »Alpargatas ja, Bücher nein«[12] ebenso wie »Sei ein Patriot, töte einen Studenten«. Angesichts solcher Aufrufe hielt es Félix für klug, seine Sommer-Alpargatas anzuziehen und die Bücher, die er zu seinem Kommilitonen Julio mitnahm, um sich mit ihm auf die Prüfungen vorzubereiten, unter der Jacke zu verstecken. Der Philosoph Mario Bunge, der einige Jahre älter als Félix ist, hat die damals an den argentinischen Universitäten herrschende Stimmung einmal folgendermaßen beschrieben: »In allen staatlichen Lehranstalten und Betrieben gehörte ein Gemisch aus Lügen, Trivialitäten, Abgeschmacktheiten und katholischer Doktrin zum Pflichtlehrstoff.«[13] Wer in jener Zeit an einer argentinischen Universität studierte, wird zugeben müssen, daß dieser Satz von Bunge einen wesentlichen Ausschnitt des Alltags vieler argentinischen Studenten – oder doch zumindest die Wahrnehmung, die sie von ihrer unmittelbaren Realität hatten – wahrheitsgetreu wiedergibt.[14] Ein anderer Félix – Félix Luna – berichtet in seinen

---

11 Félix hatte Glück, daß er damals seine Grundschulzeit schon lange hinter sich hatte und das ABC nicht aus Schulbüchern lernen mußte, die Sätze enthielten wie: »Das ist Evita. Sie hat uns so geliebt!« oder »Perón liebt uns. Er liebt uns alle. Deswegen lieben wir ihn alle. Es lebe Perón!« oder »Eva liebt Mama. Eva liebt mich.« Vgl. dazu Ciria 1983, 219.

12 [»Alpargatas« sind jene Stoffschuhe mit Hanfsohle, die heute zur obligatorischen Ausrüstung von Sommertouristen gehören, die aber ursprünglich vor allem die Fußbekleidung der Landbevölkerung waren. Anm. d. Ü.]

13 Vgl. *Ciencia Nueva* (Buenos Aires) 20 (1972), 61.

14 Anfang der siebziger Jahre änderten viele – darunter auch ein großer Teil der Studierenden –, die während der ersten und zweiten Amtszeit Peróns eine deutlich antiperonistische Haltung eingenommen hatten, ihre Position und wurden zu glühenden Peronisten. Dies widerspricht jedoch weder der Feststellung Bunges noch vermindert es in irgendeiner Weise das damals erlebte Gefühl intellektueller Frustration und politischer Unterdrückung. Julio Cortázar bestätigt dies in einem Brief an David Viñas: »Ich bin nicht nach Paris gekommen, um irgend etwas zu verherrlichen, sondern weil ich an einem Peronismus, den ich 1951 nicht verstehen konnte, zu ersticken meinte, weil ein Lautsprecher an der Straßenecke mich daran hinderte, Béla Bartóks Quartette zu hören. Heute kann ich sehr wohl Bartók

kürzlich erschienenen Memoiren im Zusammenhang mit der Zeit, die er an der Juristischen Fakultät der Universität von Buenos Aires verbracht hat: »Ich erinnere mich nicht, auch nur einen einzigen Kommilitonen gekannt zu haben, der Peronist gewesen wäre.«[15]

Félix erwirbt sein juristisches Diplom, und schon am nächsten Tag reist er nach Europa ab. Die für sein Empfinden peinliche Niveaulosigkeit der argentinischen Universität hat er satt, und er weiß auch, daß er ohne Parteibuch ohnehin keine Chance auf die von ihm angestrebte Universitätslaufbahn haben würde. Sein Vater hatte schon vor längerer Zeit seine akademischen Ämter aufgegeben und stritt jetzt mit der Verwaltung um die korrekte Berechnung seiner Pension. Daß Präsident Perón den Motorroller zu seinem Transportmittel erkor, daß er seine Ideen auf philosophischen Kongressen vortrug,[16] daß der Oberste Gerichtshof »peronisiert« wurde[17] und daß es eine dubiose Stiftung gab, die, obwohl es sich um eine private Stiftung handelte, einmal jährlich als »Spende« das gesamte Nationalprodukt eines Tages erhielt[18] – das waren einige der Dinge, die Félix aus seiner persönlichen

hören (und das tue ich auch), ohne daß mir ein Lautsprecher mit politischen Parolen als ein Angriff auf das Individuum erscheint« (vgl. Hispanoamérica I:2 [1972], 56). Im übrigen sollte man die von Peróns Ministern Oscar Ivanissevich und Armando Méndez San Martín durchgesetzten antiliberalen Maßnahmen im Bildungsbereich nicht vergessen, die Gleichschaltung der Universitäten durch Interventoren und die damit einhergehenden Kündigungen und Entlassungen von Professoren oder den Ausschluß von Bernardo A. Houssay (Nobelpreisträger von 1947) aus dem staatlichen Bildungssystem. Das 1947 verabschiedete Universitätsgesetz (Gesetz Nr. 13.031) schaffte einen Großteil der 1918 errungenen Autonomie der Universitäten wieder ab: Die Rektoren wurden seitdem wieder von der Exekutive bestimmt, und die studentische Vertretung in den universitären Leitungsgremien wurde verringert. Ab 1952 schließlich wurde für jede Einstellung im Universitätsbereich das peronistische Parteibuch verlangt (vgl. dazu Sadosky 1977, 57). Nach Ciria (1983, 235) ergab sich in einer an der Juristischen Fakultät der Universität von Buenos Aires durchgeführten Umfrage über die Aufgabe der Fakultät im Hinblick auf die Justizialistische Bewegung (d. h. die Peronistische Partei) eine »überwältigende Mehrheit katholischer, traditioneller, rechtsgerichteter und »westlich-christlicher« Versionen des Peronismus unter den Juristen und Professoren«.

15   Luna 1996, 358. Auch der Nobelpreisträger César Milstein sagt über seine Jahre an der Universität in Argentinien: »An der Universität gab es nirgendwo auch nur einen einzigen Peronisten. Es gab durchaus rechtslastige oder wenig reformfreudige Leute, aber keine Peronisten. Ich erinnere mich an keinen einzigen Peronisten« (vgl. Barón/del Carril/Gómez 1995, 85). Der katholische Humanist Guillermo O'Donnell trat dem Studentenverband *Federación Universitaria de Buenos Aires* bei, »um eine gemeinsame Front gegen die Peronisten zu errichten« (ebd., 67).

16   Anläßlich der Abschlußsitzung des Ersten Nationalen Kongresses für Philosophie am 9. April 1949 in Mendoza trug Perón seine »Philosophie« unter Heranziehung eines buntgemischten Katalogs von Zitaten von Parmenides, Sokrates, Hesiod, Protagoras, Jesus, Thomas von Aquin, Spinoza, Leibniz, Hobbes, Voltaire, Hegel, Marx und anderen vor, wobei er nicht mit Angriffen gegen den philosophischen Rationalismus und den politischen Liberalismus geizte. Die eigentlichen Verfasser dieses denkwürdigen Vortrags waren vermutlich Carlos Astrada und Ramón Prieto sowie andere, weniger bedeutende, aber gleichermaßen antiliberale »Philosophen«. Carlos Astrada hat sich ansonsten vor allem durch einen Vorschlag zur »Erhebung des argentinischen Menschen [...] durch die Rückbesinnung auf den von der herrschenden liberalen Oligarchie aufgegebenen Mythos des Gaucho« hervorgetan (vgl. Ciria 1983,. 215 und 82, Anm. 20).

17   Vgl. dazu etwa Tulio Halperín Donghi (1991, 60): »1949 wurden vier der fünf Richter des Obersten Gerichtshofs einem politischen Prozeß unterzogen und ihrer Ämter enthoben; danach und nach einer weniger radikalen Säuberung der übrigen Justiz konnte sich die Regierung – bis auf einige überraschende Ausnahmen, die umgehend durch weitere Amtsenthebungen korrigiert wurden – auf die Fügsamkeit der Davongekommenen und Neuernannten verlassen.« Ähnlich ist auch die Einschätzung von Marysa Navarro Gerassi (1968, 16): »Um 1949 hatte sich das gesamte Bundesjustizsystem den peronistischen Vorgaben gefügt.« Die Mitglieder des Obersten Gerichts der Provinz Córdoba ließen anläßlich ihres Amtsantritts im Jahre 1955 Perón wissen: »Inspiriert durch das Vorbild Ihres beispielhaften Lebens, durch das Handeln unserer unvergeßlichen Eva Perón sowie durch das Grundprinzip der Doktrin, treten wir mit peronistischem Eifer unsere hohen Ämter an [...]« Im selben Jahr erklärte der Gouverneur von Buenos Aires, Oberst Aloé: »Die Richter der Argentinischen Nation sind nicht gewöhnliche Richter, sondern Richter, die die Grundsätze der Doktrin und den Willen General Peróns zu interpretieren wissen müssen. Perón ist nicht der Name des Präsidenten oder irgendeines Politikers, sondern Ausdruck der Gerechtigkeit« (vgl. Sebreli 1992, 84). Wer sich für den Vergleich rechtspolitischer Ideologien interessiert, dem seien in diesem Zusammenhang unter anderem die folgenden Arbeiten von Carl Schmitt empfohlen: Schmitt 1931; Schmitt 1934.

Sicht den Verbleib in Argentinien unmöglich machten. Sein Aufenthalt in Europa bewahrte ihn wenig später davor mitzuerleben, wie wegen Eva Peróns Tod alle öffentlichen Bediensteten gezwungen wurden, mit schwarzer Krawatte zum Dienst zu erscheinen, und wie der Rundfunk allabendlich die Litanei wiederholte, daß sie »um 20 Uhr 25 in die Unsterblichkeit eingegangen« sei. Jahre zuvor hatte er die *Geschichte einer argentinischen Leidenschaft* von Eduardo Mallea gelesen – ein Buch, das inmitten des schon erwähnten »Jahrzehnts der Niedertracht« geschrieben worden war, das ihm aber wie eine Beschreibung der Gegenwart erschien. Er selbst fühlte sich gewissermaßen als Teil jenes unsichtbaren – sogar geographisch im Landesinneren verborgenen – Argentinien, das so ganz anders war als das sichtbare, korrupte Argentinien, wie es Professoren, Anwälte, Unternehmer und Politiker personifizierten. Félix gelangte allmählich zu der Ansicht, daß sich die Geschichte seines Landes auf gefährliche Weise wiederholte, und er beschloß wegzugehen, um Freiheit zu gewinnen und seinen Horizont zu erweitern. Er teilte damit das Schicksal zahlreicher Universitätsabsolventen, Intellektuellen und Künstler seiner Generation.

Das Argentinien der Expulsion

Daß ein erheblicher Teil gerade seiner hochqualifizierten jungen Bevölkerung das Land verließ, wurde seit den sechziger Jahren mit wachsender Besorgnis zur Kenntnis genommen, obwohl das Phänomen eigentlich schon in den fünfziger Jahren – während der zweiten Amtszeit Peróns – begonnen hatte. Die Emigranten der fünfziger Jahre[19] – vor allem diejenigen, die sich in Westeuropa und Nordamerika ansiedelten –, entschlossen sich dazu hauptsächlich aus zwei Gründen: wegen der Überzeugung, anderswo bessere Ausbildungs- und Berufschancen zu haben, und wegen ihrer Unzufriedenheit mit einer politischen Situation, die besonders im universitären Bereich zu einer unübersehbaren Senkung des intellektuellen Niveaus geführt hatte.

18 Der Abgeordnete Oscar Alende bezeichnete im Juni 1953 die Eva-Perón-Stiftung als »Symbiose eines öffentlichen und eines privaten Organismus« (nach Ciria 1983, 116). Vgl. auch Halperín Donghi (1991, 63): »In der Stiftung sollten auf eine für das peronistische Argentinien typische Weise eine archaisch anmutende Willkür, die von oben herab Gnadenakte über eine entzückte und dankbare Menge ausschüttete, mit Modernisierungsbestrebungen einhergehen, die infolge der Schwächung der Vormachtstellung einer Oberschicht möglich wurden, welche eine äußerst traditionalistische Vorstellung von ihren Beziehungen zum Rest des Sozialkörpers hatte [...]« Die »Verwechslung« von öffentlichen und privaten Angelegenheiten schien bei den Gattinnen Peróns zur Regel zu werden: Isabel Martínez de Perón organisierte später den sogenannten »Kreuzzug Justizialistischer Solidarität«, der »staatliche Gelder erhielt, die jedoch zuweilen für persönliche Ausgaben der Präsidentin benutzt wurden« (Di Tella 1983, 128).

19 Diese Abwanderungswelle war weniger wegen der Anzahl als wegen der Qualifikation der betreffenden Personen von großer Bedeutung. Nicht von ungefähr schlug Damián Bayón schon 1960 Félix Ahumada vor, eine Liste »namhafter« Argentinier anzulegen, die sich in Europa angesiedelt hatten. Einige wenige Namen aus dieser Liste mögen genügen, um zu illustrieren, wie bedeutend die Abwanderung war: der Maler und Kunstkritiker Tomás Maldonado war damals Rektor der Ulmer Hochschule für Gestaltung, Mauricio Kagel hatte seine Kompositionstätigkeit in Köln aufgenommen, argentinische Kinetiker – allen voran Julio Le Parc – brachten eine neue Kunstrichtung nach Paris, Bayón selbst war damals Assistenzprofessor am Lehrstuhl für Kunstgeschichte an der Sorbonne, und Julio Cortázar lebte schon seit Jahren in Paris. Während Exilanten oft mit der Zeit zu Emigranten werden, war der Fall Cortázar interessanterweise umgekehrt der eines Emigranten, der – wie er selbst berichtet – 1974 zum Exilanten gemacht wurde (vgl. Cortázar 1980, 25). Zu den in den fünfziger Jahren abgewanderten argentinischen Künstlern vgl. z. B. Yurkievich 1974, bes. 184 ff.

Diese Unzufriedenheit mit der herrschenden politischen Lage wäre nun allerdings kein hinreichender Grund für das Verlassen des Landes gewesen, wenn es sich dabei lediglich um eine Oppositionshaltung gehandelt hätte, die sich im Rahmen der Regeln des demokratischen Spiels hätte Ausdruck verschaffen können. Was viele dieser jungen Leute am meisten aufbrachte, war jedoch das Bewußtsein, daß eine offene Opposition innerhalb des Systems unmöglich war und daß sich das Regime, das seine ursprüngliche Legitimation zunehmend verlor und sich mit Mitteln an der Macht zu halten versuchte, denen man gewisse Ähnlichkeiten mit denen totalitärer Systeme nicht absprechen konnte, in alle Lebensbereiche eingeschlichen hatte.[20]

Kehren wir aber zurück zu unserem Félix Ahumada. In München, wo er als Postgraduierter Philosophie und Politikwissenschaft studiert, erreicht ihn 1955 die Nachricht vom Sturz Peróns. Gespannt liest er das Kommuniqué General Eduardo Lonardis, der einerseits die Bewahrung der sozialen Errungenschaften des Peronismus und andererseits die Errichtung eines auf demokratische Toleranz gegründeten Systems verspricht. Besonders bemerkenswert erscheint es Félix, daß in diesem Dokument auch ein Recht zum bewaffneten Widerstand zur Verteidigung der Verfassung erwähnt wird: »[...] der Artikel der geltenden Verfassung [...], der den

---

20 Zu den Berührungspunkten zwischen Peronismus und Faschismus vgl. Waldmann 1974, 269 ff. Daß es zwischen diesen beiden Regierungssystemen solche »Berührungspunkte« gab, bedeutet natürlich nicht, daß sie gleich gewesen wären. Das wiederum heißt aber keineswegs, daß das peronistische Regime nicht deutlich diktatorische Züge gehabt hätte: »Die Parteien wurden auf brutale Weise ruhiggestellt. Die mutigsten Oppositionellen wurden dazu gezwungen, im benachbarten Uruguay ins Exil zu gehen, oder fanden sich im Gefängnis wieder, wo man sie gelegentlich mit Folter zum Schweigen brachte. Ein Spitzelsystem hielt Perón über die Aktivitäten seiner Gegner auf dem Laufenden, und das bemerkenswerte »Gesetz über den Ungehorsam« von 1948 gestattete es ihm, jeden, der auch nur die leiseste Kritik an den Institutionen oder Mitgliedern seiner Regierung übte, vor Gericht zu bringen. Die einzige, allerdings eingeschränkte Opposition von Bedeutung war die Fraktion der Radikalen Partei im Kongreß. Aber selbst dort wurden radikale Abgeordnete zu Opfern der peronistischen Verfolgung« (Navarro Gerassi 1968, 196). Vom 1. Juli 1939 bis zum 31. Mai 1940 war Perón übrigens Assistent der argentinischen Militärattachés in Rom und damit unmittelbarer Zeuge des deutschen Überfalls auf Polen und des Beginns der Nazi-Barbarei in Europa gewesen. Das scheint ihm jedoch kein besonderes politisch-moralisches Kopfzerbrechen bereitet zu haben, im Gegenteil: er bewunderte das »gigantische Werk« Mussolinis und wäre nach seinen eigenen Worten »nicht zufrieden in [sein] Land zurückgekehrt, ohne ihm die Hand geschüttelt zu haben« (nach Giussani 1984, 168, Anm. 40). Noch 1973 war er der Ansicht, der Nürnberger Prozeß sei eine »Schande« gewesen – »eine Ungeheuerlichkeit, die die Geschichte niemals verzeihen wird« (nach Martínez 1996, 180); noch 1995 meinte übrigens ein anderer Protagonist lateinamerikanischer Diktatur, Augusto Pinochet, im Zusammenhang mit dem Versuch, den früheren Chef des chilenischen Nachrichtendienstes, General Manuel Contreras, zu verteidigen, der angeklagt war, die Ermordung Orlando Leteliers befohlen zu haben, man habe Contreras »einen Prozeß wie in Nürnberg gemacht«; vgl. El País vom 16. Juni 1995, 4). Ein nicht ganz unbedeutendes »Detail« ist auch die Tatsache, daß Argentinien unter der peronistischen Regierung zu einem bevorzugten Fluchtland für die Größen des besiegten Naziregimes wurde. Einige Namen mögen als Beleg für diese Behauptung genügen. Unterschlupf in Argentinien fanden neben vielen anderen: Adolf Eichmann, Klaus Barbie, Erich Priebke, Josef Mengele, Eduard Roschmann und Jan Durcansky. Mario Amadeo schrieb die Gastfreundschaft, die diesen Betreibern des Holocaust entgegengebracht wurde, der Tatsache zu, daß »Argentinien seit jeher Flüchtlinge, wo immer sie auch herkamen, großzügig aufgenommen hat. So ist es Adolf Eichmann, genauso wie vielen jüdischen Flüchtlingen auch, gelungen, sich auf betrügerische Weise Einlaß zu verschaffen« (nach Martínez 1996, 191). Der Zynismus dieser Aussage Amadeos ist atemberaubend, wenn man an die offizielle Haltung der argentinischen Regierung gegenüber jüdischen Flüchtlingen während des Zweiten Weltkriegs denkt, wie sie etwa in Senkman 1991 – bes. Kap. VI ff. – ausführlich dokumentiert ist. Um die Zuwanderung zu kontrollieren, wurde 1948 auf Befehl des argentinischen Präsidenten die sogenannte »Kommission Peralta« eingerichtet, zu deren Mitgliedern der Deutsch-Argentinier Carlos Fuldner – damals Beamter im argentinischen Präsidialamt und früherer SS-Sturmbannführer – gehörte, unter dessen »kulturellen« Werken die Förderung der Deutsch-Argentinischen Vereinigung von Bariloche hervorsticht, deren Präsident später Erich Priebke werden sollte. Auch im Bereich der »Beschäftigungspolitik« war er nicht untätig: Er kümmerte sich darum, für Adolf Eichmann eine Arbeitsstelle zu finden (vgl. Camarasa 1995, 79).

Argentiniern vorschreibt, sich zur Verteidigung der Verfassung und der Gesetze zu bewaffnen, behält seine volle Kraft« (zit. nach Verbitsky 1987, 61 f.).

Eine solche »Verfassungsleidenschaft«[21] würden später auch andere militärische Verlautbarungen immer wieder aufweisen. Einige Beispiele mögen das belegen: »[Wir ergreifen] die Waffen, um in unserem Vaterland die Herrschaft der Freiheit und Gerechtigkeit zum Schutze der Verfassung und des Rechts wiederherzustellen.« (Kommuniqué der Generäle Valle und Tanco vom 9. Juni 1956; zit. nach Verbitsky 1987, 74)

»Wir halten uns an die Verfassung als den einzigen Rettungsanker aller Argentinier. [...] Die Entscheidung, die Amtsenthebung des Präsidenten zu beschleunigen, dient nach unserer Überzeugung der Rettung der Verfassung und der Wiederherstellung des Glaubens an ihre Prinzipien.« (Verlautbarung anläßlich des Sturzes von Präsident Frondizi am 29. März 1962; zit. nach ebd., 90 f.)

»Wir dürfen nicht vergessen, daß uns die Verfassung zahlreiche Rechte gewährt, aber auch die Pflicht auferlegt, sie zu verteidigen. Das bedeutet die Verpflichtung, jeden Akt zu verhindern und auszuschalten, der ihre Verletzung beabsichtigt. [...] Das Heer ist heute und in alle Zukunft bereit, mit allen verfügbaren Mitteln mit den anderen, ihm verbrüderten Waffengattungen zusammenzuarbeiten, um die Herrschaft der Verfassung und des Rechts wiederherzustellen bzw. für das Land zu gewährleisten.« (Kommuniqué der sogenannten ›roten‹ Fraktion in den Streitkräften vom 7. April 1963; zit. nach ebd., 96 f.)

»[...] den grundlegenden Zielen und dem Gesetz über den Prozeß der Nationalen Reorganisation sowie der Verfassung der Argentinischen Nation treu Gehorsam zu leisten und zu verschaffen.« (Gründungsakte für den »Prozeß der Nationalen Reorganisation« vom 24. März 1976; zit. nach ebd., 143)[22]

Ein ausländischer Beobachter könnte angesichts solcher Aussagen vielleicht glauben, die argentinischen Militärs seien Verfechter eines subjektiven Widerstandsrechts gewesen, wie es in Art. 20 (4) GG niedergelegt ist. Sie hätten, wenn das so wäre, allerdings den Vorteil gehabt, als professionelle Inhaber der Waffengewalt niemals dem Risiko ausgesetzt zu sein, an das Carlo Schmid dachte, als er im Rahmen der Diskussion über diese Bestimmung des deutschen Grundgesetzes an den »armen Teufel« erinnerte, der sich bei der Ausübung dieses Rechts irren und im Gefängnis landen könnte. Darüber hinaus war das Risiko eines solchen Irrtums aber – nach dem Selbstverständnis der argentinischen Militärs – im Hinblick auf die Aufgaben des Militärs schon per definitionem völlig ausgeschlossen, da, wie General Pedro Pablo Ramírez bereits am 6. Juli 1943 festgestellt hatte, »das Offizierskorps besser als jeder andere die wahren Bedürfnisse des Volkes fühlt« (zit. nach ebd., S. 52).

Aber kommen wir zurück zum Jahre 1955. Auch das Regime, das im November jenes Jahres die Macht übernimmt und die eigentliche Periode der sogenannten »Befreiungsrevolution« einleitet, zeigt kein tieferes Verständnis von dem, was politische Toleranz bedeutet: Universitäten und öffentliche Verwaltung werden einer erneuten »Säuberung« unterzogen. Peronist zu sein oder gewesen zu sein,

---

21 Dieser treffende Ausdruck stammt von Horacio Verbitsky (1987, 21).
22 Am 29. März 1976 schwor der frühere General Jorge Rafael Videla, »die Verfassung der Argentinischen Nation treu zu achten und achten zu lassen.« Als später General Reynaldo Bignone die Präsidentschaft übernahm, forderte General Nicolaídes ihn auf, dasselbe zu schwören.

wird nun zu einem Stigma, das den Ausschluß von allen öffentlichen Ämtern auf Bundes- und Provinzebene mit sich bringt.[23]

Ende 1957 kehrt Félix Ahumada – aus familiären Gründen, aber auch angesichts der wieder einmal zu demokratischen Hoffnungen Anlaß gebenden politischen Lage – in sein Land zurück; im Juni 1958 beginnt er an den Universitäten von Córdoba und Buenos Aires zu lehren und tritt zugleich in den Diplomatischen Dienst ein. Angesichts der äußerst niedrigen Gehälter an den Universitäten ist diese Art der Mehrfachbeschäftigung zur Sicherung des Lebensunterhalts damals – wie heite – eine keineswegs nur von Félix praktizierte Lebensweise.

Die erneute Einsetzung einer demokratischen Regierung schien trotz ihrer – in Anbetracht des Verbots des Peronismus – stark eingeschränkten Legitimation die Hoffnung auf eine akzeptable politische Entwicklung zu eröffnen. So sah es jedenfalls auch eine Reihe ausländischer Politikwissenschaftler. 1958 etwa veröffentlichte John J. Johnson – Professor an der Stanford-Universität und ehemaliger Leiter der Südamerikaabteilung des Referats zur Erforschung der Amerikanischen Republiken im US-Außenministerium – ein Buch, dessen Titel die Diagnose der politischen Wirklichkeit in Lateinamerika schon vorwegzunehmen schien: *Political Change in Latin America. The Emergence of the Middle Sectors* (Johnson 1958). Es ging darin um eine Analyse der politischen Entwicklung in fünf lateinamerikanischen Ländern, darunter auch Argentinien. Ausgehend von der unbestreitbaren Tatsache, daß die Mittelschichten in diesen Ländern breiter geworden waren, gelangte er zu einem tröstlichen Schluß:»[D]ie Zeiten, in denen in einer dieser fünf Republiken das Militär die Macht an sich reißen und regieren konnte, ohne die Wünsche der Zivilbevölkerung zu berücksichtigen, sind vorbei.« (Ebd., S. 192)

Johnsons Thesen wurden in den darauffolgenden Jahren auch von anderen renommierten Politologen übernommen oder mit geringen Abwandlungen neuformuliert.[24]

Trotzdem wurde in Argentinien am 29. März 1962 die Regierung Frondizi und am 28. Juni 1966 die Regierung Illia jeweils durch einen Militärputsch gestürzt. Im letzten Fall versprachen die Streitkräfte,»die modernen Elemente von Kultur, Wissenschaft und Technik [ins Land zu holen ... Die] Modernisierung des Landes kann nicht länger aufgeschoben werden und stellt eine Herausforderung für die Kreativität, die Energie und den Stolz der Argentinier dar« (zit. nach Verbitsky 1987, 100).

Die zur Erreichung dieser Ziele gewählte Strategie war allerdings einigermaßen überraschend: Am 29. Juli 1966, nur wenige Wochen nach Einläuten der sogenannten»Argentinischen Revolution«, die es sich zum Ziel gesetzt hatte, eine»Weltmacht Argentinien« zu schaffen, wurden wieder einmal alle Universitäten Interventoren unterstellt, und in der sogenannten»Nacht der langen Stöcke« ließ General Fonseca, der Chef der Bundespolizei, in der Naturwissenschaftlichen Fakultät der Universität von Buenos Aires die»Operation Abschreckendes Beispiel« durchfüh-

---

23 Das»demokratische« Vorgehen der»Befreiungsrevolution« forderte auch unter den Universitätsdozenten wieder einmal seine Opfer. Eines der bedeutendsten von ihnen war zweifellos Carlos Cossio, der von der Juristischen Fakultät der Universität von Buenos Aires entlassen wurde. – Ich spreche hier im übrigen nur von»eigentlichen Periode« der»Befreiungsrevolution, um diese von der kurzen Regierungszeit Eduardo Lonardis abzugrenzen, der sich tatsächlich bemühte, sein Motto»Weder Sieger noch Besiegte« in die Tat umzusetzen.

24 Das gilt z. B. für Victor Alba, der von den Mittelschichten als»Vorhut« einer neuen modernisierenden, industrialisierenden und demokratischen Kraft sprach (vgl. Alba 1962); ähnlich auch Porter/Alexander 1961.

ren. Dieses Ereignis markiert den Beginn des Niedergangs des argentinischen Universitätswesens, der bis heute andauert. In seiner Folge kam es zum »größten Exodus von Wissenschaftlern und Technikern, den Argentinien bis dahin zu verzeichnen hatte«.[25] Die Ereignisse an der Naturwissenschaftlichen Fakultät hatten selbstverständlich auch Auswirkungen auf die anderen Universitäten und Fakultäten des Landes, mit weiteren Rücktritten und Entlassungen.[26] An der Juristischen Fakultät der Universität von Buenos Aires beschließt daraufhin die politisch liberale Gruppe um Ambrosio Gioja, der auch Félix Ahumada angehört, nicht von ihren Lehrstühlen zurückzutreten, sondern ihre Positionen zu nutzen, um Seminare über liberale Demokratie zu veranstalten. Die Schriften von Karl Popper werden in der Folge zu einem bevorzugten Studienobjekt.

Die »Operation Abschreckendes Beispiel« war Teil einer Art antikommunistischen und damit selbstverständlich auch antiliberalen Kreuzzugs, denn – wie es hieß –»es ist ja bekannt, daß Liberalismus Kommunismus zeugt«.[27]

Die politische Intoleranz der Regierung bewirkte jedenfalls nicht nur einen massiven Exodus, sondern auch die Entstehung eines der tragischsten Phänomene in der jüngeren Geschichte der argentinischen Gesellschaft, nämlich der Guerrilla. Allerdings wurde sie zu einem erheblichen Teil auch von Perón selbst praktisch herbeigeredet: Er formulierte aus seinem Exil im Madrider Prominentenviertel *Puerta de Hierro* so mehrdeutig revolutionäre Sätze wie »Wenn ich noch einmal zwanzig wäre, würde ich es machen wie Che Guevara«.[28] Der bedeutendste Ausbruch des Volkszorns gegen die herrschende Lage endete im sogenannten *Cordobazo* – dem »großen Gemetzel von Córdoba« – im Mai 1969 (vgl. dazu z. B. Delich 1970), das den Anfang vom Ende der »Argentinischen Revolution« bedeutete und schließlich zu den Wahlen führte, die 1973 den Peronismus erneut an die Macht bringen sollten.

---

25 Sadosky 1977, 60. Im Landesinneren verlor 1966 das Institut für Mathematik, Astronomie und Physik IMAF in Córdoba die Hälfte seiner Professoren, von denen viele ins Ausland gingen. Vgl. dazu Maiztegui 1972, 24 ff.

26 An der Juristischen Fakultät der Universität von Buenos Aires z. B. gab Genaro R. Carrió, einer der brillantesten Köpfe der argentinischen Jurisprudenz, seine Posten auf, während sich Ambrosio Gioja, der liberale Mentor der international hochangesehenen neuen argentinischen Rechtsphilosophie, von den gegen ihn einsetzenden Schikanen nicht beeindrucken ließ.

27 Vgl. Verbo (Organ der sogenannten »Argentinischen Katholischen Stadt«) Nr. 95; einer der ideologischen Vorreiter dieser Publikation wurde 1970 zum Wissenschaftssekretär des Nationalen Rates für Wissenschaftliche und Technische Forschung CONICET ernannt. Alain Rouquié hat die Bedeutung dieser nach dem Modell der französischen *Cité catholique française* gestalteten »Argentinischen Katholischen Stadt« für die Ideologie und die Praxis der Regierung von General Onganía deutlich herausgearbeitet (vgl. Rouquié 1978, 576; Rouquié 1972). Der Vorwurf des Kommunismus (vielleicht gar des Liberalismus?) erstreckte sich auch auf die Architekten des Hörsaalgebäudes des Campus von Núñez, wie Erklärungen des Geologen Raúl Alberto Zardini belegen, der 1971 Dekan der dortigen Naturwissenschaftlichen Fakultät war: »Es geht darum, daß es [das Gebäude von Núñez] von den Kommunisten unter der Dreier-Regierung in politischer Absicht errichtet wurde [...] Es bedeutet eine ungeheure Zusammenballung von Studenten, ein idealer Ort für die Stadtguerrilla ist« (vgl. *Ciencia Nueva* Nr. 10 [1971], 5). Zardini hat sich dann auch während des »Prozesses« [der Militärregierung ab 1976] wieder aktiv an der Universitätspolitik beteiligt. Am 2. November 1982 sagte er: »Jeder, der einen Posten im Öffentlichen Dienst anstrebt, muß sich zunächst einer nachrichtendienstlichen Überprüfung unterziehen [...] So läßt sich verhindern, daß die Universität noch einmal zum Ausbildungslager der Aufständischen wird« (zit. nach Baruch Bertocchi 1988, 31). Die Vorstellung, daß Kommunismus und Liberalismus gemeinsame Wurzeln haben, war im übrigen nicht neu in Argentinien. Schon 1931 hatte Leopoldo Lugones behauptet, der Liberalismus habe »in der ganzen Welt« linke Tendenzen als »fatale Folge« hervorgebracht, und Pater Julio Meinvielle hatte von dem Putschisten Uriburu die »energische« Unterdrückung der »zersetzenden Lehren des Liberalismus, Sozialismus und Bolschewismus« gefordert (vgl. Buchrucker 1987, 55 f.).

28 Zum peronistischen Einfluß auf die Guerrilla vgl. Hodges 1976, 47 ff.; Gèze/ Labrousse 1975; Waldmann 1978, bes. 326 f., 330 f.

Die Wahl des peronistischen Kandidaten Héctor Cámpora[29] zum Präsidenten wurde ohne jeden Zweifel von einer großen Mehrheit der Argentinier als ein akzeptabler Weg zur Demokratisierung und nationalen Versöhnung begrüßt. Eine erhebliche Anzahl von Intellektuellen und Studierenden bekundeten öffentlich ihre Sympathie für den Peronismus und bezeichneten die Haltung, die sie und ihre Kollegen und Kommilitonen während der ersten beiden Amtszeiten Peróns eingenommen hatten, als historischen Irrtum. Aber es gab auch Fakten, die einen aufmerksamen Beobachter schon zu diesem Zeitpunkt irritieren mußten. Félix Ahumada jedenfalls konnte die Begeisterung vieler seiner Kollegen nicht teilen. Zur Regierungsmannschaft des neuen Präsidenten gehörte schließlich José López Rega,[30] und Präsident des Abgeordnetenhauses war dessen Schwiegersohn Raúl Lastiri.[31] Schon ein kurzer Blick auf die Lebensläufe dieser beiden Männer ließ im Hinblick auf Toleranz, Vernunft und Rationalität nichts Gutes ahnen. Ähnlich besorgniserregend waren auch die von bekannten Universitätsprofessoren vorgebrachten Pläne, der »Internationalisicrung der Wissenschaft« entgegenzuwirken, um so die technologische Abhängigkeit zu überwinden.

Schon Mitte 1972 hatte die Zeitschrift *Ciencia Nueva* eine Vortragsreihe über die Möglichkeiten der wissenschaftlichen Entwicklung in Argentinien organisiert.[32]

29 Welche Gründe Perón dazu veranlaßt haben mochten, Héctor Cámpora zum Präsidentschaftskandidaten zu machen, ist Félix Ahumada bis heute unverständlich geblieben. Ähnlich mag es auch den Lesern des Briefes gehen, den John William Cooke am 11. April 1957 aus Santiago de Chile an Perón schrieb und in dem es heißt: »Als er verhaftet wurde, gelobte Cámpora Gott, daß er niemals in die Politik zurückkehren werde. Während seiner gesamten Haftzeit hat er diese Einstellung immer wieder betont. Da er den ganzen Tag betet, glaube ich nicht, daß er sein Gelübde brechen wird. Er hat immer wieder gezeigt, daß er kein Kämpfer ist; er ist daher nicht zu gebrauchen« (vgl. Perón-Cooke 1971, Bd. 1, 72). Tomás Eloy Martínez (1985, 22) bescheibt Cámpora so: »Er war stolz auf sein Gebiß und auf das dünne Schnurrbärtchen, das ihm über den Lippen klebte; seine Umgangsformen waren zeremoniell und artig wie die eines Tangosängers. Sein Gang war würdevoll [...] Aber wenn er vor dem General stand, ging eine Verwandlung mit ihm vor: Schauder, die ihm vom Herzen kommend am Körper herabliefen, beugten ihn derart, daß er aussah wie ein Kellner mit der Serviette über dem Arm.« Und weiter: »Cámpora förderte die heimliche Liebschaft des Oberst [Perón] mit Eva, und als Dank dafür beschloß sie, ihn zu protegieren. ›Mein Gesellschaftsdamer‹ nannte sie ihn. Mitte 1948 setzte Eva ihn als Präsidenten des Abgeordnetenhauses durch. ›Ist das nicht zu viel, Señora?‹ sorgte er sich. ›Denken Sie nicht, Cámpora, gehorchen Sie!‹« (ebd., 113).
30 José Pablo Feinmann (1987, 61) beschreibt López Rega folgendermaßen: »[...] ein diensteifriger Clown [...] Er war Peróns Diener, sein kleiner Lakai, flatterhaft, unruhig, ein bißchen lächerlich.« López Rega war ehemaliger Polizeiunteroffizier; Astrologe mit Kenntnissen der weißen Magie von Umbanda; Mitglied der Loge Anael; geistiger Beistand von María Estela Martínez de Perón, die er kennengelernt hatte, als sie in der *Happy Land Bar* in Panama tanzte und sie dort Boleros sang. [In eben dieser Happy Land Bar lernte übrigens auch Perón 1956 seine spätere Frau kennen, als er in Panama ein wenig ausspannte, nachdem er auf dem Weg ins Exil schon Alfredo Stroessner sowie den venezolanischen Diktator Marcos Pérez Jiménez besucht hatte, der ihn als guten Politikerkollegen vom 8. August 1956 bis zum 23. Januar 1958 – dem Tag seines eigenen Sturzes – gastfreundlich aufgenommen hatte. Der Generalissimus Rafael Leónidas Trujillo, den Perón als »vortrefflichen Wohltäter« pries, gewährte ihm dann bis Ende 1959 in Santo Domingo Zuflucht; zur Abrundung seiner Rundreise zu seinen Freunden, den Diktatoren, ließ er sich schließlich in dem elitären Madrider Stadtteil *Puerta de Hierro* nieder.] 1970 hatte López Rega eine Broschüre mit dem Titel *Esoterische Astrologie* geschrieben, in der er behauptete, »Perón entsprach der musikalische Akkord A-H-E, sein Schicksal gehorchte den Sternkreisdüften der Rose und der lachsroten Nelke, fünf Teilen Himmelblau und fünf Teilen Grau [...]« (nach Martínez 1996, 142; vgl. auch Gillespie 1982, 74, Anm. 71.) Héctor Cámpora machte López Rega zum Minister für Öffentliche Wohlfahrt. Er war der Gründer der zu trauriger Berühmtheit gelangten *Argentinischen Antikommunistischen Allianz (AAA).*
31 Lastiri war verheiratet mit Norma López Rega, Geschäftsführerin der *Happy Land Bar.* Tomás Eloy Martínez (1985, 20) erinnert sich: »[E]r war ein kleiner Vorstadt-Gauner mit einem besonderem Talent für das Grillen von Fleisch und dafür, mit galangweilter Pose die Damen des Cabarets abzuschleppen.« Dieser Mann wurde Präsident des Abgeordnetenhauses und war in dieser Eigenschaft von Juli bis Oktober 1973 (von Cámporas Rücktritt bis zum Amtsantritt des in den darauf folgenden Neuwahlen siegreichen Perón) Interimspräsident Argentiniens.
32 Teilnehmer waren Oscar Varsavsky, Manuel Sadosky, Conrado Eggers Lan, Mariano Castex, Eduardo De Robertis, Jorge Sábato, José Manuel Olavarría, Rolando García und Thomas Moro Simpson.

Einige Teilnehmer, darunter vor allem Oscar Varsavsky und Rolando García, hatten in diesem Rahmen ihre Vorstellungen von der sogenannten »nationalen Wissenschaft« dargelegt, die dann später in einem Manifest der *Nationalen Justizialistischen Bewegung* – der Dachorganisation des Peronismus, die direkt vom sogenannten »Strategischen Kommando der Bewegung durch den Persönlichen Beauftragten General Juan Domingo Peróns im Lande« abhängig war – zum Programm erhoben wurden (vgl. *Ciencia Nueva* 18 [1972], 26 f.).

Diese Diskussion von 1972 war keineswegs eine rein theoretische Übung, sondern hatte durchaus praktische Auswirkungen auf die Universitäten. Im August 1973 erklärte Rodolfo Puiggrós, der zum Rektor der jetzt »Staatlichen *Volks*-Universität« von Buenos Aires ernannt worden war: »[D]as Wichtigste ist, daß die Lehre an jeder Universität, ob staatlich oder privat, der nationalen Doktrin entspricht und damit die Infiltration des Liberalismus, des Positivismus, des Historizismus, des Utilitarismus [...] verhindert – alles Formen, in die sich die ideologische Unterwanderung unserer Lehranstalten verkleidet.« (vgl. Ciencia Nueva 25 [1973], 3 f.)

Dieser idiotische Katalog von Verboten erzeugte in Félix Ahumada ein Unbehagen, das der Übelkeit nahekam; zugleich sah er sich einer keineswegs vielversprechenden Zukunft gegenüber, falls die verkündete »nationale Doktrin« tatsächlich in die Praxis umgesetzt werden sollte.[33]

Und genau das trat dann ein. An der Naturwissenschaftlichen Fakultät der Universität von Buenos Aires machte es sich unter anderem dadurch bemerkbar, daß »Wissenschaftlerpersönlichkeiten, die sich nichts hatten zuschulden kommen lassen«, entlassen wurden, »während Leute, die als Polizeispitzel tätig gewesen waren, geduldet und Professorenstellen mit jungen Anhängern besetzt wurden, die außer gutem Willen nichts vorzuweisen hatten [...] Unter dem Vorwand, gegen den »Szientismus« zu kämpfen, wurde nichts anderes als Demagogie und Diskriminierung im Stile McCarthys betrieben« (Sadosky 1977, 66 f.). An der Juristischen Fakultät derselben Universität erkor der Kampf gegen den »Szientismus« die deontische Logik zur bevorzugten Zielscheibe: Diese stehe unter dem Verdacht des »Universalismus« und eines Mangels an »nationalem Gehalt« (was immer damit gemeint sein mochte), wie die Autoritäten der Fakultät, die mit der Neugestaltung des Studienplanes im Sinne der Anpassung an die Erfordernisse eben jener »nationalen Doktrin« beauftragt waren, Félix Ahumada im Juni 1973 wissen ließen.

Wenige Monate später wurde dann eine neue Version der »nationalen Doktrin« an der Universität von Buenos Aires in die Praxis umgesetzt – dieses Mal personifiziert durch den seit langem im Bildungsbereich tätigen Peronisten Oscar Ivanissevich.[34] Der vorige Rektor Puiggrós, für den Perón »mehr Intellektueller als Militär« (vgl. *Ciencia Nueva* 26 [1973], 5) war und der verkündet hatte: »Wie es in der Antike ein Jahrhundert des Perikles gegeben hat, so wird dies das Jahrhundert Peróns sein«,[35] machte sich auf den Weg ins mexikanische Exil. Und der Interven-

---

33 Nichts könnte schwieriger sein als diese »nationale Doktrin« mit all ihren Vagheiten und Widersprüchen zu definieren. Tragisches Zeugnis von letzteren gibt das Massaker am Flughafen von Ezeiza, mit dem Links- und Rechtsperonisten ihren Führer bei seiner Rückkehr aus dem Exil am 20. Juni 1973 empfingen. Vgl. dazu z. B. Verbitsky 1985, 25. Zur Ideologie der peronistischen Linken vgl. etwa Giussani 1984 oder Sigal/Verón 1986.
34 Di Tella (1983, 126) bezeichnet Ivanissevich als jemanden »von der alten Garde, der ziemlich weit rechts stand«. Treffender scheint mir die Beschreibung Gillespies (1982, 156): Er nennt ihn einen »achtzigjährigen Faschisten«.
35 Sadosky 1977, 66. Die Hoffnung auf jahrhundertelangen Ruhm findet sich Jahrzehnte später bei

tor der Naturwissenschaftlichen Fakultät erklärte: »Die Professoren sollen eifrig lehren, die Studenten hingebungsvoll lernen [...] Das ist unser Ziel, und dafür bin ich der Öffentlichkeit verantwortlich als ein Akademiker, der für das einzige kämpft, für das zu kämpfen sich lohnt: Gott, Vaterland und Heim. Wem das nicht gefällt, der hat die Wahl: Entweder er findet sich damit ab, oder er geht.« (vgl. Clarín vom 13. Mai 1975)

Es kann kaum überraschen, daß viele gingen.

Der neue Interventor der Universität von Buenos Aires, Alberto Ottalagano,[36] ersuchte – unter Berufung auf den Hl. Albert – den Priester Sánchez Abelenda (den Interventor der Philosophischen Fakultät), das Gelände der Naturwissenschaftlichen Fakultät mit einem Exorzismus vom teuflischen Geist der Studentenunruhen zu reinigen (vgl. Sadosky 1977, 67; Escobar/Velázquez 1975, 86). Nach Vollzug dieses frommen Werkes machte sich Sánchez Abelenda daran, 1 350 Dozenten die Entlassungspapiere auszuhändigen, wobei er ihnen den Rat gab, »in Paris Freud oder in Moskau Marx lehren zu gehen«. Im Bereich des Öffentlichen Dienstes wurde die »nationale Doktrin« im Rahmen von Gesetz Nr. 20.549 umgesetzt. Dieses sogenannte »Verzichtbarkeitsgesetz« erlaubte es jedem Staatssekretär, jeden öffentlichen Bediensteten ohne Angabe von Gründen fristlos zu entlassen. Im Ministerium für Auswärtige und Religiöse Angelegenheiten etwa, an dessen Spitze damals Alberto J. Vignes – Peronist bis auf die Knochen – stand, wurde von der damit gegebenen Möglichkeit, die »nationale Doktrin« auch auf die internationalen Beziehungen anzuwenden, großzügig Gebrauch gemacht.[37]

Präsident Carlos Menem wieder, wenn der sagt: »Ich ziehe vor, daß mein Volk mir ein ganzes Jahrhundert lang dankbar ist, als daß mir die Schmeichler ein Jahr lang applaudieren« (Menem 1990, 23).

36 Mitglied der Nationalen Befreiungs-Allianz, Gründer des (rechts-katholischen) Allgemeinen Studentenverbandes *(Confederación General Universitaria)* und einer von denen, die nach *Puerta de Hierro* pilgerten. In einer Rückschau auf seine Mission als Rektor der Universität sagte er 1983: »Vom Katheder herab zerfraß uns die Subversion das Gehirn [...] Und genau das war der Kampf, den ich in der Universität führen mußte. Die Verteidigung der Gehirne.« Sein politisches Credo brachte er auf die Kurzformel: »Ich mache mir den Satz von Primo de Rivera zu eigen: >Ich bin Faschist. Na und?<« (zit. nach Camarasa 1995, 243 f.).

37 Mit Alberto J. Vignes beginnt im argentinischen Außenministerium eine Zeit der Demontage, die dann unter der Militärregierung fortgesetzt werden sollte. Eine Folge davon war die Emigration von Diplomaten, von denen einigen der Wechsel auf Positionen in internationalen Organisationen gelang. Einer von diesen, Enrique Pareja, wurde beispielsweise trotz heftigen Widerstands der argentinischen Autoritäten zu einer Schlüsselfigur beim Aufbau des in Caracas angesiedelten regionalen Integrationsforums *Lateinamerikanisches Wirtschaftssystem* (SELA). Vignes' Willkür und Dogmatismus waren damals Gegenstand heftiger Kritik unter anderem von Ernesto Sábato (vgl. *La Opinión* (Buenos Aires) vom 17. April 1974). Vignes hatte übrigens ein interessantes Vorleben: Als Botschafter in Wien war er damit beauftragt gewesen, argentinische Reisedokumente an Nazigrößen auszuhändigen, die dringend nach Argentinien ausreisen wollten (vgl. Camarasa 1995, 138). Weniger wohlwollende Versionen besagen, daß er die Papiere nicht einfach aushändigte, sondern verkaufte. Als Außenminister ließ er es sich nicht nehmen, im Namen Peróns ehrenwerten Mitgliedern der italienischen Geheimloge *Propaganda Due* den Orden des Befreiers San Martín – den höchsten Orden, den die Argentinische Republik zu vergeben hat – zu verleihen, darunter auch Licio Gelli und Giancarlo Valori, einem Berater der griechischen Putschisten. Später wurden verschiedene Mitarbeiter von Vignes, wie z. B. der pittoreske Botschafter Guillermo de la Plaza, beschuldigt, ebenfalls dieser Loge anzugehören. Das Adjektiv »pittoresk« ist hier übrigens eine feine Euphemismus: De la Plaza brüstete sich damit, in nur drei Monaten einen Doktortitel in Diplomatie erworben zu haben; davon ließ er sich auch dadurch nicht abbringen, daß Félix Ahumada ihm erklärte, das sei sowohl im Hinblick auf die intellektuellen als auch auf die formalen akademischen Voraussetzungen ganz und gar unmöglich und außerdem sei die Privatuniversität, an der er den Titel angeblich erworben hatte, drei Monate später wegen eines allzu niedrigen wissenschaftlichen Niveaus geschlossen worden. Aber wie dem auch sei: Die Arbeit solcher mittelmäßigen Diplomaten konzentrierte sich in jenen Jahren bürokratischer Arroganz darauf, Kollegen für »verzichtbar« zu erklären, die sich der Sympathie für eine gemeinsame Position der Dritten Welt oder für den regionalen Integrationsprozeß »schuldig« gemacht hatten, und an ihrer Stelle Botschafter vom Schlage eines Jorge Osinde – eines der Protagonisten des Massakers von Ezeiza – zu ernennen. Genau

Und natürlich gab es da auch die gewaltsame Form der Durchsetzung dieser »nationalen Doktrin«: Schon ab Juli 1973 wurde mit den Aktivitäten der AAA (der *Argentinischen Antikommunistischen Allianz*), die López Rega aus seinem Ministerium heraus organisierte, der Staat auf das Niveau von Guerrillamethoden herabgewürdigt und eine Verfolgungskampagne von bis dahin in Argentinien ungekanntem Ausmaß eingeleitet, die ab 1976 bekanntlich von der Militärregierung weitergeführt wurde und zweifellos als eine der Hauptursachen für den massiven Exodus aus Argentinien anzusehen ist.[38]

Im März 1974 wird auch Félix Ahumada fristlos aus dem Diplomatischen Dienst entlassen und als Professor suspendiert. Die Gründe für diese Maßnahmen hat er nie erfahren; wahrscheinlich erforderten es einfach die hehren Prinzipien der »nationalen Doktrin«. Als Exilant beschließt er jedenfalls, in der Bundesrepublik Deutschland zu leben.

Zwei Jahre später, am 24. März 1976, stürzt eine Militärjunta die Präsidentin, María Estela Martínez de Perón, und etabliert eine der brutalsten Diktaturen, die Lateinamerika im 20. Jahrhundert erleben mußte.

Nach den ersten Verlautbarungen der Junta ging es ihr darum, »die Subversion auszurotten und die wirtschaftliche Entwicklung des nationalen Lebens voranzubringen [...], um so die anschließende Einführung einer der Lebenswirklichkeit und den Problemlösungs- und Fortschrittsbedürfnissen des argentinischen Volkes angepaßten repräsentativen und föderalen republikanischen Demokratie zu gewährleisten«.[39]

Diese Zielbestimmung sei, so hieß es, das Ergebnis »ausgiebigen Nachdenkens«; die Militärs verpflichteten sich zur »uneingeschränkten Achtung der ethischen und moralischen Grundsätze, der Gerechtigkeit, der umfassenden Entfaltung der Person, der Respektierung ihrer Rechte und ihrer Würde [...]« und kündigten zugleich an, daß »keinerlei Opposition gegen den eingeleiteten Erneuerungsprozeß geduldet« würde (zit. nach Verbitsky 1987, 146-149). In der Praxis bedeutete dies die Einführung des Staatsterrorismus (vgl. Garzón Valdés 1991). Und während zu Zeiten der »nationalen Doktrin« der fehlende nationale Gehalt der deontischen Logik gerügt worden war, muß sich nun, auf dem Höhepunkt der Militärdiktatur, die moderne Mathematik den Vorwurf gefallen lassen, ein Instrument marxistischer Unterwanderung zu sein.[40]

---

die gleiche Politik wurde anschließend auch von den Außenministern der Militärjunta betrieben. Sie konzentrierten einen großen Teil der Energien ihrer Diplomaten darauf, vor internationalen Organisationen die Verletzung von Menschenrechten in Argentinien zu bestreiten. Entsprechende Anschuldigungen diffamierten sie als »vor allem von der europäischen Sozialdemokratie gelenkte, perfekt organisierte Propaganda«, wie es in einer Einschätzung von Mario Amadeo heißt, die offizielle Version der damaligen argentinischen Tragödie treffend zusammenfaßt (vgl. Amadeo 1981, 740).

38 Vom 1. Juli 1974 bis zum 1. Juli 1975 wurden mindestens 507 Menschen ermordet, deren Auflistung mit Vor- und Nachnamen sich auf den Seiten 165-186 von Escobar/Velázquez 1975 findet. Zu den späteren Opfern der Gewalt vgl. z. B. die damaligen Berichte von *Amnesty International*, der *American Association for the Advancement of Science*, der Argentinischen Menschenrechtskommission, der Internationalen Juristenkommission oder des Katholischen Instituts für Internationale Beziehungen.

39 Zit. nach Verbitsky 1987, 145. Dafür müsse unter anderem das Erreichen der folgenden Ziele gesichert werden: »[...] 2) effektive Geltung der Werte der christlichen Moral, der nationalen Tradition und der Würde des argentinischen Menschen. [...] 4) volle Geltung der Rechts- und Sozialordnung« (ebd., 146).

40 Der Erziehungsminister gab ein förmliches Gutachten bei der Nationalen Akademie der Naturwissenschaften »über das subversive Potential der modernen Mathematik« in Auftrag (*La Opinión* vom 13. Dezember 1978, nach Terán 1979, 52). Admiral Massera führte derweil einen Kreuzzug gegen Marx, Freud und Einstein, »der 1905 die Relativitätstheorie verkündet hat, wodurch der Bestand der Materie in Frage gestellt wurde« (*La Opinión* vom 7. Februar 1978).

Schon im Mai 1976 bestimmt jedenfalls die Militärjunta neue – militärische – Interventoren für die Universitäten des Landes. An der Universität Córdoba etwa werden in der Folge 347 wissenschaftliche und nicht-wissenschaftliche Beschäftigte fristlos entlassen; an der von Buenos Aires werden 87 Universitätskarrieren beendet, und an der Universität des Südens erhalten 170 Dozenten die Kündigung (vgl. Comisión Argentina por los Derechos Humanos 1977, 126).

Die Chronik der Pressezensur, des Niedergangs des argentinischen Verlagswesens – dessen Produktion von 31,5 Millionen Exemplaren im Jahre 1976 auf 8,7 Millionen im Jahre 1979 fiel –, der öffentlichen Verbrennungen von Büchern, die für gefährlich oder »zersetzend« gehalten wurden (darunter auch *Der kleine Prinz;* vgl. ebd., 95 sowie die in *La Prensa* vom 27. Sept. 1980 veröffentlichte Anklage von Ernesto Sábato), und der Verfolgung von Künstlern, Journalisten, Schriftstellern und Wissenschaftlern ist in einer Fülle von Publikationen hinreichend belegt und muß hier nicht im einzelnen wiedergegeben werden. Félix Ahumadas Bücher sowie eine von ihm herausgegebene Reihe rechtsphilosophischer Texte werden aus den Buchhandlungen entfernt, die Bibliothek seines früheren Instituts wird aufgelöst (vermutlich, weil sie so »subversive« Werke wie *The Foundations of Mathematics* von E. W. Beth enthielt).

Diese geistige Misere geht einher mit einer der schwersten Wirtschaftskrisen in der argentinischen Geschichte: Ende 1981 betragen die argentinischen Auslandsschulden 30 Mrd. US-Dollar – eine für Argentinien unerhört hohe Summe. Ihr Zustandekommen ist insbesondere der »Verstaatlichung« privater Schulden zu verdanken: eine Folge von Maßnahmen des damaligen Chefs der Nationalbank, Domingo Cavallo.[41] Im gleichen Jahr sinkt das Realeinkommen um 17%, die industriellen Produktionskapazitäten sind nur zu 57% ausgelastet.[42]

Und zu alledem ist das tägliche Leben auch noch überschattet von ständigen Menschenrechtsverletzungen, von der Rechtsunsicherheit, die dadurch hervorgerufen wird, daß nicht präzise bestimmt ist, was erlaubt und was verboten ist, von 16 000 sogenannten »Verschwundenen« und dem sicheren Tod tausender anderer sowie vom Verbot jeglicher Kritik und sogar des Pessimismus.[43]

Mit der Unterstützung eines großen Teils der Bevölkerung, die sich ein eher holistisches Bild vom gesellschaftlichen Leben machte und die Folterungen, das Verschwindenlassen und die Exilierung von Tausenden von Mitbürgern in die Kategorie individueller Anekdoten verwies oder mit dem prinzipiell unwiderlegbaren Argument des *Por algo será* – »Es wird schon einen Grund geben; irgend etwas wird er/sie schon verbrochen haben« – rechtfertigte, gelang es dem Militär, dem ganzen Land den Stempel seiner Brutalität aufzudrücken. Auch die Katholische Kirche trug dazu ihr Scherflein der Rechtfertigung bei.[44]

---

41 Es handelt sich hier tatsächlich um denselben Domingo Cavallo, der noch bis zum 26. Juli 1996 als Superminister im Kabinett Menem wirkte.
42 Vgl. *El Bimestre político y económico* 1:1 (1982), 10.
43 Das »Verbot des Pessimismus« ist hier keineswegs nur eine rhetorische Floskel. Tatsächlich wurde im November 1980 eine Fernsehsendung wegen ihres »deutlich erkennbaren Pessimismus« verboten (vgl. *La Prensa* (Buenos Aires) vom 21. November 1980, zit. nach *A. I. D. A.* 1982, 21). Zur Verletzung der Menschenrechte während der Militärdiktatur vgl. Bartolomei 1994, mit umfangreicher weiterführender Bibliographie.
44 Feldkaplan Marcial Castro Castillo versicherte: »[...] unsere Zivilisation ist nicht so widersprüchlich wie der liberal-demokratische Schwachsinn [...] Wir können die Subversion auslöschen, ohne dabei aufzuhören, gute Christen zu sein; mehr noch: Voraussetzung für den Sieg ist es, daß wir es verstehen, durch den Kampf, durch den siegreichen Krieg, in Erfüllung unserer Mission als Soldaten Christi und des Vaterlandes noch bessere Christen zu werden« (Castro Castillo 1979, 32 f.). »Wer diese Ziele und

Daß diese Situation zu einer starken Auswanderungswelle führte, kann natürlich nicht überraschen, sondern war vorhersehbar und praktisch unausweichlich. Und daß Félix Ahumada angesichts dieser Tragödie in Argentinien sein Exil in Deutschland und seine Integration in das dortige Universitätsleben als ein eher gütiges Schicksal empfand, ist wohl ebenfalls nur allzu verständlich.

Das Argentinien der politischen Moral

Von seinem Exil in Deutschland aus verfolgte Félix mit zunehmender Sorge die Ereignisse in seinem Heimatland; oft schien es ihm, als sollte der Tunnel der Diktatur nie mehr enden. Erst mit dem Krieg um die Malwinen – oder Falklands – änderte sich seine Einschätzung. Keine Sekunde zweifelte Félix daran, daß dieser Krieg von vornherein verloren war und daß er allein dem – unerreichbaren – Ziel diente, der wirtschaftlich, sozial und politisch diskreditierten Diktatur noch einmal nationalen Rückhalt zu verschaffen.

Der endgültige Fall des Regimes und die Wiedererlangung der Demokratie im Jahre 1983 bedeutete für Félix Ahumada das Ende des Exils, aber nicht das Ende seines Lebens in Deutschland. Er reihte sich ein in die schon angesprochene große Gruppe derer, die von Exilanten zu Emigranten wurden.

Zunächst aber endete mit dem Amtsantritt der Regierung Alfonsín zweifellos eine der tragischsten Epochen der argentinischen Geschichte. Der Sieg des Kandidaten der Radikalen Partei beruhte vor allem auf der Tatsache, daß es ihm gelungen war, das Gewissen der Bürger wachzurütteln und breite Zustimmung zu einigen wohlbegründeten ethischen Grundsätzen zu erzeugen. Damit wurde sozusagen eine Fahne gehißt, die im politischen Leben eines Landes, das daran gewöhnt war, sich auf Leitsätze einschwören zu lassen, die große wirtschaftliche und soziale Entwicklungsprojekte oder gar eine kontinentale Führungsposition versprachen, seit langem in Vergessenheit geraten war. Zudem waren wir Argentinier bis dahin immer nur allzu bereit gewesen, in jedem Übergang von einer Diktatur zu einer Demokratie einen grundlegenden Bruch zu sehen, der es uns erlauben würde, uns von den Fehlern und Irrtümern der Vergangenheit zu distanzieren und den Weg in eine neue Zukunft sozusagen in jungfräulicher Reinheit zu beginnen.

Alfonsín dagegen hatte in seinem Wahlkampf eine entscheidende Änderung dieser Sichtweise propagiert: Unermüdlich hatte er daran erinnert, daß sich die Vergangenheit sehr wohl auch auf die Zukunft auswirkt und daß man sie deshalb nicht einfach vergessen und über begangene Fehler den Mantel des Schweigens breiten dürfe, sondern daß man den moralischen Mut aufbringen müsse, sich diesen Fehlern zu stellen und die Schuldigen zu bestrafen – wobei selbstverständlich rechtsstaatliche Verfahren einzuhalten seien.

Am 10. Dezember 1983, anläßlich seiner Antrittsrede vor dem Kongreß, bekräftigte der neue, verfassungsgemäß gewählte Präsident die Grundprinzipien seiner

---

Grundsätze, die aus unserer glorreichen katholischen Tradition stammen, ablehnt, reiht sich unmittelbar in die Truppen des Feindes ein; das heißt, der macht sich zum Revolutionär, der gegen die natürliche Ordnung und die Lehren der Kirche rebelliert« (ebd., 31). Zu den Beziehungen zwischen der Katholischen Kirche und der Militärregierung des »Prozesses der Nationalen Reorganisation« vgl. vor allem Mignone 1986. Erst im April 1995, fast zwanzig Jahre später, räumten die argentinischen Bischöfe ein, daß sie damals nicht den Mut besessen hatten, die ungeheuren Verbrechen der Diktatur öffentlich zu verurteilen (vgl. *El País* vom 19. April 1995, 7, sowie vom 9. Mai 1995, 14).

Politik, darunter vor allem, daß »die Demokratie nicht auf Verschweigen errichtet werden kann, indem wir so tun, als sei hier nichts geschehen« (Alfonsín 1983). In seiner Rede nannte er klar und unmißverständlich die grundlegenden Kriterien für die Legitimität der neuen Demokratie.

Für Félix Ahumada war Alfonsín übrigens kein Unbekannter: Er hatte ihn schon 1982 im Rahmen einer Argentinien-Tagung in Augsburg kennengelernt. Alfonsíns Redebeiträge dort waren ihm eher pathetisch als rational begründet erschienen. Ein gewisses Maß an Sturheit und Argumentationsschwäche angesichts der drängenden Fragen verschiedener Exilargentinier veranlaßten Felix zu der Einschätzung, daß er es nicht mit einem Staatsmann zu tun hatte. Daß man unbedingt zur Demokratie zurückfinden müsse, wie Alfonsín sagte, hielt er für eine Selbstverständlichkeit; viel weniger selbstverständlich war jedoch die Art und Weise, wie diese Transition bewerkstelligt werden sollte. Dazu hatte Alfonsín damals jedenfalls wenig zu sagen gewußt. Die Herausgeber des Tagungsbandes entschieden sich dann auch offenbar dazu, Alfonsíns Beitrag nicht aufzunehmen.

Angesichts dieser Erfahrung war Félix von der entschlossenen ethischen Haltung des Präsidentschaftskandidaten Alfonsín während des Wahlkampfes zunächst sehr positiv überrascht. Als er dann jedoch in den Tagen nach der Amtsübernahme unmittelbar erleben mußte, wie dieselben Botschafter, die in den Jahren zuvor gegenüber den Regierungen und internationalen Organisationen, bei denen sie akkreditiert waren, die Verbrechen der Diktatur bestritten hatten – einem von ihnen hatte Bischof Helmut Frenz den vielsagenden Spitznamen »der Lakai« verliehen (vgl. Bayer 1994, 344) –, nun die Glückwünsche für die Wiedererlangung der Demokratie entgegennahmen, ging die Überraschung langsam in das unangenehme und beunruhigende Gefühl über, daß die Gefahr bestand, daß hier aus einer »Transition infolge bedingungsloser Kapitulation« eine »verhandelte Transition« werden könnte. Diese Besorgnis teilte er auch einigen von Alfonsíns Beratern mit, mit denen er eng befreundet war. Seine Befürchtungen wurden jedoch als unbegründet pessimistisch und übertrieben radikal abgetan: Die politische Wirklichkeit des Landes, so sagte man ihm, erfordere eine nationale Versöhnung auf der Grundlage gegenseitigen Verzeihens. Schließlich seien auf die eine oder andere Weise alle Argentinier an der soeben überwundenen Tragödie schuld gewesen, wie Raúl Alfonsín in seinen Reden des öfteren behauptete. Diese ungeheuerliche Verallgemeinerung war für Félix von Anfang an inakzeptabel; im übrigen schien sie ihm auch gänzlich unvereinbar mit der These, die hinsichtlich der Strafverfolgung der Haupttäter und Komplizen des Staatsterrorismus zur Anwendung kam: Demnach sollte es schließlich ausreichend sein, nur die militärische Spitze zu verurteilen, da die große Masse der Soldaten lediglich Befehlen gehorcht habe. Viele Menschen, die der Ansicht waren, daß ihnen das Recht zustehe, von der Justiz die Bestrafung von Beschuldigten zu verlangen, die zweifelsfrei dokumentierte Verbrechen begangen hatten, fühlten sich durch diese Verfahrensweise zu Opfern zugunsten Dritter bzw. zugunsten der »Gesellschaft als ganzer« gemacht. Und auch mit der liberalen Einstellung Félix Ahumadas sowie mit seiner Auffassung von der moralischen Pflicht zur Verteidigung der individuellen Würde war ein solcher »Holismus« selbstverständlich unvereinbar.[45]

---

45 Trotzdem sollte man Maßnahmen wie Erlaß 157/83, der die Einleitung von Strafverfahren gegen die Verantwortlichen von nach dem 25. Mai 1973 begangenen Terrorakten beschloß, oder von Erlaß 158/83, der anordnete, die Mitglieder der Militärjuntas vor Gericht zu bringen, nicht geringschätzen.

Die Mitglieder der Militärjuntas wurden bekanntlich vor Gericht gestellt und auch verurteilt. Dieser Prozeß stieß nicht nur im Lande selbst, sondern auch im Ausland auf großes Interesse, weil er die beispielhafte anfängliche Entschlossenheit der Regierung zur Gewährleistung des gerichtlichen Schutzes der Menschenrechte eindrucksvoll bestätigte.

Eine ganze Reihe späterer Beschlüsse der Regierung Alfonsín mußten sich jedoch den Vorwurf gefallen lassen, ein Abrücken von den ursprünglichen ethischen Zielvorstellungen zu bedeuten.[46]

Währenddessen war Félix Ahumada rehabilitiert und wieder in den Diplomatischen Dienst aufgenommen worden; auch sein Lehrstuhl an der Staatlichen Universität Córdoba wurde ihm wieder zugesprochen. Er beschloß jedoch, in Deutschland zu bleiben: Professoren, die während der Diktatur Seminare über die naturrechtlich fundierte Legitimität der Folter veranstaltet hatten, waren an seiner alten *Alma Mater* ebenso in Amt und Würden geblieben wie im Auswärtigen Amt die Diplomaten, die dem Militärregime gedient hatten.[47] Nach der militärischen Rebellion in der Karwoche 1987 war er der Ansicht, daß keineswegs, wie der Präsident vor den Fernsehkameras der internationalen Presse versicherte, »alles in Ordnung« sei, und quittierte endgültig den Dienst in Argentinien. Seiner Meinung nach hatte man die einzigartige Chance vertan, die moralisch vollkommen richtige Absicht einer Aufarbeitung der Vergangenheit ernsthaft in die Tat umzusetzen. Von allen Leitzielen, die argentinische Regierungen bis dahin verfolgt hatten (»wirtschaftliche Unabhängigkeit«, »Weltmacht Argentinien«, »nationale Reorganisation«, usw.) war das eines »Argentinien der politischen Moral« sicher das lohnendste und ehrenwerteste gewesen. Aber es war auch das gefährlichste: Denn wenn wir Argentinier es nicht erreicht hatten, eine Weltmacht oder wirtschaftlich unabhängig zu werden, so war das – im ersten Fall – ohne jede Bedeutung oder – im zweiten Fall – jedenfalls nicht lebenswichtig. Mit der Moral zu spielen ist jedoch in einem doppelten Sinne gefährlich, denn wenn Moral nicht ernstgenommen wird, dann droht zum einen ihre Trivialisierung: sie wird zu einer Leerformel, derer sich jeder nach Belieben bedienen kann; und zum zweiten fühlen sich diejenigen, die sich in

Durch Gesetz Nr. 23.040 wurde außerdem Gesetz Nr. 22.924 für nichtig erklärt, das alle Verantwortlichen der Repression während des sogenannten »schmutzigen Krieges« amnestiert hatte. Am 14. Februar 1984 wurde Gesetz Nr. 23.049 verabschiedet, wonach für alle Verfahren gegen Militärs wegen Verbrechen im Zusammenhang mit Aktionen gegen die Subversion in erster Instanz der Oberste Rat der Streitkräfte zuständig war, gegen dessen Urteile jedoch vor der zivilen Bundesberufungskammer für Strafsachen Revision eingelegt werden konnte. Dieses Gesetz war von Anfang an zwischen denen, die die Verfassungsmäßigkeit der Militärjustiz bestritten, und denen, die im Gegenteil in dieser gesetzlichen Maßnahme die richtige Lösung des Problems sahen, das sich aus der Anwendung von Art. 18 zusammen mit Art. 95 der Verfassung ergab, heftig umstritten. Vgl. dazu Garzón Valdés 1993; Nino 1996, beide mit umfangreichen Literaturangaben.

46 Um nur einige zu nennen: die »Instruktionen« an den Generalstaatsanwalt der Streitkräfte vom 25. April 1986, die eine verdeckte Amnestie bedeuteten; der Erlaß von Gesetz Nr. 23.492, auch unter dem Namen »Schlußpunkt-Gesetz« bekannt geworden; oder die Anordnungen des Obersten Bundesanwalts an die Staatsanwälte vom 3. Februar 1987 bezüglich der Verfahren, die wegen Menschenrechtsverletzungen eingeleitet worden waren.

47 An der Naturwissenschaftlichen Fakultät der Universität von Buenos Aires war z. B. Raúl Zardini noch immer ordentlicher Professor (vgl. Baruch Bertocchi 1988, 33). Im Ministerium für Auswärtige und Religiöse Angelegenheiten mußten die während der Amtszeit von Vignes für »verzichtbar« erklärten oder während des Militärregimes entlassenen Diplomaten einen Antrag auf Wiedereingliederung stellen und sich in Buenos Aires aufhalten, um – wie es hieß – »ihre Kenntnisse auf den neuesten Stand zu bringen«, während der alten Diener der Diktatur auf ihren Posten im Ausland verblieben. Félix Ahumada weigerte sich, den Wiedereingliederungsantrag zu stellen: die Diplomaten, die über den Antrag zu entscheiden gehabt hätten, ermangelten in seinen Augen jeder moralischen Autorität. Trotzdem wurde er – als einziger, der keinen Antrag gestellt hatte – am 27. Februar 1985 wieder in den argentinischen Diplomatischen Dienst aufgenommen.

ihren – von den Regierenden angeblich geteilten – moralischen Erwartungen enttäuscht sehen, in ihrem Gerechtigkeitsgefühl verletzt und können schließlich sogar auf den Gedanken kommen, daß sie Vergeltung für das erlittene Unrecht auf anderen, nicht dem geltenden Recht entsprechenden Wegen suchen müssen.

Trotz seines Unbehagens wegen dieser ethischen Defizite verfolgte Félix jedoch mit Aufmerksamkeit und Wohlwollen den wohl interessantesten Vorschlag der damaligen Regierung für eine Reform der politischen Institutionen, nämlich den einer Verfassungsänderung mit dem Ziel, ein eher parlamentarisches Regierungssystem zu errichten.[48] Leider erwies sich die Reform als politisch nicht durchsetzbar, da sie von der peronistischen Opposition abgelehnt wurde. (Umgekehrt dagegen würde Alfonsín wenige Jahre später als Oppositionsführer mit dem sogenannten »Pakt von Olivos« seine Unterstützung für die Verfassungsreform der Peronisten unter Menem liefern, deren wesentliches Ziel es eindeutig war, die Wiederwahl des amtierenden Präsidenten zu ermöglichen.[49])

Bekanntlich sah sich die Regierung Alfonsín am Ende gezwungen, die Amtsgeschäfte schon am 8. Juli 1989, fast ein halbes Jahr vor Ablauf der regulären Amtszeit, an die Nachfolger zu übergeben. Grund dafür war zweifellos vor allem die katastrophale Wirtschaftslage. Félix Ahumada konnte jedoch nicht umhin zu denken, daß die Niederlage der Radikalen Partei bei den Präsidentschaftswahlen vom 14. Mai jenes Jahres auch eine Folge eben der Regierungsmaßnahmen war, die von vielen als Verrat an den anfänglich proklamierten ethischen Zielsetzungen angesehen wurden.

Nach seinem Amtsantritt begnadigte der neue Präsident Carlos Menem diejenigen, die an den Militärrebellionen während der verfassungsmäßigen Regierung Alfonsín teilgenommen hatten, sowie eine große Zahl der Verantwortlichen des sogenannten »schmutzigen Krieges«, deren Vergehen sich – wie es hieß – darauf beschränkt hätten, Befehle zu befolgen.[50] Neben Präsident Menems Erklärung »Ich kann es noch nicht einmal ertragen, ein Vögelchen im Käfig eingesperrt zu sehen« wurden vor allem zwei Argumente vorgebracht, um diese Maßnahme zu rechtfertigen: die Notwendigkeit der nationalen Versöhnung (für Félix bedeutete das so etwas wie die Umarmung von Henkern und Opfern – Ausdruck einer »trügerischen Toleranz« im Sinne Marcuses [1988, bes. 124]) und die Notwendigkeit, ausländische Investoren zu ermutigen. Der Oberbefehlshaber der Marine, Konteradmiral J. Ferrer, hatte schon am 6. September verkündet, daß er die auf eine Begnadigung abzielenden Maßnahmen der Regierung »tiefbewegt und gerührt« zur Kenntnis

---

48   Andere Projekte, wie z. B. die Verlegung der Hauptstadt der Republik in die Kleinstadt Viedma im Süden des Landes, schienen ihm einfach unsinnig, obwohl ihm Mitarbeiter Alfonsíns versicherten, daß letzteres keinerlei Probleme für ärmere Bürger aus dem äußersten Norden des riesigen Landes mit sich bringen würde, da man für sie mit Hilfe der nationalen Fluggesellschaft *Aerolíneas Argentinas* eine Art »Luftbrücke« zu günstigen Preisen *(sic!)* einrichten werde. Auch Alain Rouquié (1987, 4) begrüßte diese Maßnahme:»Präsident Alfonsín hat vor kurzem beschlossen, daß die Hauptstadt demnächst nach Viedma verlegt wird, an die Pforten des bisher so vernachlässigten Patagoniens; damit ermöglicht er die Geburt eines Argentiniens mit einem anderen Mittelpunkt, das seinen ganzen nationalen Raum ausfüllen und ein neues Gleichgewicht finden wird.«

49   Vgl. Jackisch 1996, 126. Mit ausführlichen Zitaten von John Rawls, dessen Theorie der Gerechtigkeit »dem Handeln der Radikalen Bürgerunion zugrunde gelegen« habe, hat Raúl Alfonsín die »Philosophie des Paktes« erläutert (vgl. Alfonsín 1996, 327 ff., bes. 329). Bedauerlicherweise hat die Verfassungsreform nicht dazu beigetragen, den schon bis zum Überdruß bekannten Mißstand des Hyperpräsidentialismus in Argentinien zu verringern; im Gegenteil: Not- und Dringlichkeitsverordnungen haben der Willkür des Präsidenten Tür und Tor geöffnet und damit das Übel, das man beseitigen wollte, noch verschlimmert.

50   Die Begnadigung erfolgte durch die Erlasse 1.002-1.005 vom 7. Oktober 1989 sowie 2.741-2.746 vom 29. Dezember 1990.

nehme; und der Oberbefehlshaber des Heeres, General I. Cáceres, hatte zum gleichen Zeitpunkt seine Meinung kundgetan, man könne nicht ewig weitermachen »mit der müßigen Debatte darüber, wer denn nun mehr Fehler gemacht habe« (mit »Fehlern« meinte er vermutlich die Fakten, die man in dem Bericht *Nunca más* nachlesen kann). Für Félix Ahumada – und nicht nur für ihn – waren jedenfalls diese Maßnahmen lediglich der konsequente Abschluß der schon von Alfonsín eingeleiteten Politik gegenüber den Militärs. Carlos Gabetta prägte – in Anspielung auf den Versuch der Militärs, die begangenen Menschenrechtsverletzungen mit angeblich »geschuldetem Gehorsam« zu entschuldigen – für diese bruchlos fortgeführte Politik die griffige Formel von der »geschuldeten Begnadigung«.[51]

Auf wirtschaftlichem Gebiet war die wichtigste Maßnahme der Regierung Menem zweifellos die Privatisierung der Staatsunternehmen – eine Privatisierung, die nach Einschätzung etwa der Zeitschrift *Latin American Finances* beansprucht, die »ehrgeizigste der Welt« zu sein.

Diese Reform wird von einer Regierung vorangetrieben, die durch freie Wahlen an die Macht gelangt ist. Die politischen Umstände des Privatisierungsprozesses sind folglich zunächst einmal demokratische.[52] Die Legitimität, d. h. die ethische Rechtfertigungsfähigkeit der getroffenen Maßnahmen wird jedoch auch davon abhängen, ob und wie sie sich auf die Bedingungen für die soziale Homogenität auswirken, die für eine funktionierende repräsentative Demokratie unerläßliche Voraussetzung ist.

Genau diese soziale Homogenität aber scheint gefährdet. Und eben dies ist der Grund dafür, warum Félix Ahumada den Gedanken nicht abschütteln kann, daß sein Land auf dem Weg ist, einen neuen Titel zu verdienen:

Das Argentinien der Ausgrenzung

Das sogenannte »Gesetz zur Umstrukturierung des Staates« vom 18. August 1989 hat einen Prozeß der Verringerung staatlicher Eingriffsmöglichkeiten in die Wirtschaft in Gang gesetzt, der bis heute andauert – wenn auch immer weniger »Kronjuwelen« zum Verkauf stehen. Félix ist kein Ökonom, und gegenüber den Rezepten der Experten dieser Zunft – der vermeintlich exaktesten der Sozialwissenschaften – hat er zeitlebens eine Art vorsichtiges Mißtrauen gehegt. Auf den Versuch kausaler Erklärungen läßt er sich daher nicht ein; stattdessen beschränkt er sich darauf, allseits bekannte Fakten zu registrieren. Es geht dabei vor allem um das Phänomen, daß der Bevölkerungsteil, der in der Lage ist, sich Zugang zu den Grundvoraussetzungen für die Realisierung seiner Lebenspläne zu sichern, immer kleiner wird. Daß die Teilhabe großer Bevölkerungssegmente an den ökonomischen Ressourcen und Aktivitäten stagniert oder gar zurückgegangen ist, ist eine unbestreitbare Tatsache.

---

51 Vgl. *El País* vom 31. Oktober 1989.
52 Diese demokratische Grundlage weckte die Begeisterung eines der Architekten der Reform, des ultraliberalen Ex-Offiziers, Ex-Ministers verschiedener Militärregierungen, Ex-Antiperonisten und jetzigen Führers der rechtsliberalen *UCeDe (Unión del Centro Democrático)* Alvaro Alsogaray, der am 17. September 1989 zu Recht fragte: »[W]ann hätten wir je mit 6 oder 8 Millionen Stimmen rechnen können, die es uns ermöglichen, unsere Ideen zu verwirklichen?« Und weiter: »Wir haben nicht über drei Jahrzehnte lang praktisch in der Wüste gepredigt, um jetzt die uns so unerwartet gebotene Möglichkeit zurückzuweisen, diese Ideen in die Praxis umzusetzen« (zit. nach *Todos* (Buenos Aires)17).

Zu der »strukturellen Armut«, die seit jeher existiert (wenigstens in diesem Punkt muß man Präsident Menem zustimmen: »Arme hat es in Argentinien immer gegeben«), ist das Phänomen der sogenannten »neuen Armut« hinzugekommen. Einige Daten aus Statistiken der UNICEF mögen das illustrieren: Von 1980 bis 1993 stieg der Prozentsatz der »neuen Armen« im Großraum Buenos Aires von 4,2% auf 10,0% (vgl. Minujin/Kessler 1995, 78; Kessler 1995). Zwischen 1986 und 1993 fiel der Lohn für ungelernte Arbeit um 44%, der von Facharbeitern um 40% (Minujin/Kessler 1995, 75). 1990 machten die neuen Armen 75,7% der Menschen aus, die (nach den Kriterien der UN-Wirtschaftskommission für Lateinamerika) unterhalb der Armutsgrenze lebten (ebd., 79). Nicht zu vergessen ist in diesem Zusammenhang auch, daß der Prozentsatz der Haushalte, die ihre Grundbedürfnisse nicht befriedigen konnten, 1991 in der Hauptstadt 5,6%, in Córdoba 10,4% und in den Hauptstädten der nördlichen Provinzen Salta und Santiago del Estero 32,6% bzw. 30,7% betrug (ebd., 82).

Nach im Jahre 1995 veröffentlichten Untersuchungen machte die Gruppe der Arbeitslosen und Unterbeschäftigten Anfang der neunziger Jahre 16 bis 18 Millionen Personen aus, 12 Millionen hatten keinerlei Gesundheitsfürsorge, und in einer Stadt wie Rosario – ökonomisch nach Buenos Aires und Córdoba immerhin die drittwichtigste des Landes – lag die Arbeitslosigkeit bei 34,1% (Sejenovich/Gallo Mendoza 1995, 116 f.). Dabei deutet alles darauf hin, daß sich die Lage seither weiter verschlechtert hat. Aktuelle Informationen darüber kann Félix immer wieder der Tagespresse entnehmen. Soweit er deren Angaben traut, ergibt sich für ihn das folgende Bild:

1995 produzierte die argentinische Industrie 10,27% weniger als im Vorjahr.[53] Stündlich verlieren dreißig Argentinier ihre Anstellung, und jeder Dritte im arbeitsfähigen Alter hat Probleme mit seinem Arbeitsplatz.[54] 47% der Arbeitslosen – fast 3 Mio. Menschen – sind seit mehr als einem Jahr ohne Beschäftigung, 30% haben keinerlei Abfindung erhalten, und 75% haben nie auch nur den Mindestsatz der Arbeitslosenhilfe von monatlich 200 Pesos (das entspricht 200 US-Dollar) bekommen.[55] Die 1994 begonnene Rezession hat inzwischen zum historischen Höchststand der Arbeitslosenquote in Argentinien geführt: sogar offiziell lag sie Mitte 1996 bei 17,6%. In manchen Landesteilen soll sie allerdings bis zu 60% betragen.[56]

Die Reaktion auf die sogenannte »Flexibilisierung des Arbeitsrechts«[57] war ein – von Präsident Menem als »touristisch«[58] apostrophierter – 36-stündiger Generalstreik.

53 Vgl. *La Jornada* (México DF), Beilage vom 8. Oktober 1996.
54 Erklärungen eines Abgeordneten der UCR; vgl. *La Jornada* vom 3. Oktober 1996, 52.
55 Erklärungen von Federico Storani (UCR); vgl. *La Jornada* vom 4. Oktober 1996, 56.
56 Vgl. *La Jornada,* Beilage vom 8. Oktober 1996. Am 20. Mai 1996 publizierte La Nación Internacional unter dem Titel »Zunahme der Armut« Daten des Staatssekretariats für Wirtschaftsplanung: In der Hauptstadt und ihren Außenbezirken befanden sich demnach 24,8% der Bewohner unterhalb der Armuts- und 7,4% unterhalb der Elendsgrenze. Nach einem anderen Bericht ernährt sich die Bevölkerung eines Elendsviertels, nur zehn Minuten vom Zentrum der Stadt Rosario de Santa Fe entfernt, von Katzen, Hunden und Aalen: »Wenn die Kinder kommen und etwas zu essen wollen, dann müssen wir ihnen doch irgend etwas geben; also ziehen wir los und fangen Meerschweinchen, Katzen oder was wir sonst noch so finden, um den Topf zu füllen« (vgl. *La Nación Internacional* vom 7. Mai 1996, 4).
57 D. h. Abschaffung der Abfindungen bei Entlassung, Reform der Regelungen des Kündigungsschutzes, Abschaffung der branchenweiten zugunsten von betrieblichen Tarifverhandlungen sowie Einführung der Möglichkeit, die Auszahlung eines Teils der Löhne von der aktuellen Lage des Betriebes abhängig zu machen.
58 Vgl. *La Jornada* vom 27. September 1996, 55.

Die »neuen Armen« rekrutieren sich aus verarmten Teilen jener Mittelschichten, in die doch von John J. Johnson so große Hoffnungen für die *politische Stabilität* des Landes gesetzt worden waren (und von vielen Politologen, die sich mit Argentinien oder mit Lateinamerika im allgemeinen beschäftigen, auch nach wie vor gesetzt werden). Paradoxerweise ist die neue Armut zu einem nicht unerheblichen Teil – das meint zumindest Félix – die Folge einer ganz *anderen Stabilität,* nämlich der des Geldwerts, die mit der Instabilität auf dem Arbeitsmarkt einherging: »Die neuen Armen geraten ins Rutschen, wenn das erste Gehalt in einer Familie wegfällt [...] H]ier zeigt sich etwas, was man das ›Syndrom retrospektiver wirtschaftlicher Irrationalität‹ nennen kann: die unerträgliche heutige Gewißheit, daß man noch mitten im Niedergang völlig unnötige Ausgaben getätigt hat, die die Verarmung beschleunigt haben.« (Minujin/Kessler 1995, 34 f.)

Diese von einer scheinbar starken Währung (nach Meinung von Präsident Menem »eine der stärksten der Welt«) geförderte wirtschaftliche Irrationalität sowie die Furcht vor einem noch stärkeren Abrutschen hält einen großen Teil der Bürger heute in einer Art »Wahlzwangsjacke« gefangen: Jeder Regierungswechsel könnte die Lage ja vielleicht noch schlimmer machen. Das Problem dabei ist, daß eine solche »Zwangswahl« gerade die Verneinung eben der Freiheit des Wählers bedeutet, die schließlich eine der Grundbedingungen von Demokratie ist.

Ebenfalls nicht vergessen werden sollte, daß der Verarmungsprozeß in einem Umfeld stattfindet, in dem die alltägliche Korruption ein in Argentinien bislang ungekanntes Ausmaß angenommen hat. Die minutiöse Berichterstattung darüber füllt inzwischen schon mehrere Bände voller fast unglaublicher Darstellungen und – im übrigen völlig folgenloser – Anschuldigungen. Die Flut der bekannt werdenden Fälle von Korruption ist so groß, daß die Empörung über den einen Fall praktisch sofort verdrängt wird vom Abscheu über den nächsten. Für Félix Ahumada – wie wohl für die überwältigende Mehrheit der Bevölkerung – sind angesichts der bekannten Fakten Beschwichtigungsversuche des Präsidenten wie der folgende wenig überzeugend: »Diese Regierung hatte den Mut, die strukturelle Korruption auszurotten; und jetzt bekämpft sie die restliche Korruption.«[59]

Auch seine Einschätzung der Lage kann er nicht teilen: »Was immer manche politischen Beobachter sagen mögen: ich sehe das Land in einem guten Zustand. [...] Bis zum Ende meiner Amtszeit werden wir zu den zehn besten Ländern der Welt gehören. [...] Ich bin ein Politiker, der die Präsidentschaft sehr verantwortungsbewußt ausübt und der Argentinien auf einen hervorragenden Platz im Konzert der Nationen der Welt führen wird.«[60]

Félix neigt mehr dazu, sich der Diagnose des Soziologen Carlos Giroti anzuschließen: »[Präsident Menems] Modell ist für zehn Millionen Menschen gedacht, die in der Lage sind, am Konsummarkt teilzunehmen, und verdammt den Rest – mehr als zwanzig Millionen – zu immer stärkerer Marginalisierung« (zit. nach Núñez/Orione 1993, 157).

Deswegen hat Félix auch den Eindruck, daß sich hier der Kreis schließt: »Im Gegensatz zu den Tendenzen sozialer Integration und zu der deutlichen Aufwärtsmobilität, die die argentinische Gesellschaft während eines großen Teils dieses Jahrhunderts auszeichneten, zeigt sich seit den siebziger Jahren ein deutlicher

---

59 Zit. nach *La Nación* vom 19. August 1996, 5.
60 Zit. nach *La Jornada* vom 8. Oktober 1996, 47.

Anstieg des Prozentsatzes der Bevölkerung, der in Armut lebt« (Murmis/Feldman 1992, 56).

In seinem Alter und angesichts der von ihm gesammelten Erfahrungen teilt Félix Ahumada nicht mehr die Aspirationen des *Argentinien der Hoffnung*; und seit seiner Lektüre von David Hume und Benito Feijoo glaubt er auch nicht mehr an Wunder. Im übrigen ist er auch keineswegs sicher, daß »Argentinien endlich erwachsen geworden ist«.[61] In Augenblicken der Depression denkt er sogar, daß vielleicht doch etwas Wahres daran ist, wenn César Fernández Moreno sagt: »Argentinier zu sein ist, als hätte man eine verrückte Mutter« (zit. nach Gabetta 1990, 33). Die Frage, die er sich heute stellt, lautet daher:

Ende des Wunders oder falsche Hoffnungen?

Um diese Frage zu beantworten, sollten wir jetzt Félix Ahumada seinen Erinnerungen überlassen und versuchen, aus seinen Erfahrungen und Erlebnissen einige Schlußfolgerungen unter politologischen Gesichtspunkten zu ziehen. Vielleicht können die folgenden Überlegungen dazu dienen:

1. Das *Argentinien der Hoffnung,* die Idee also, daß es politisch gesehen vor allem darum gehe, die 1930 gestürzte »wahre« Demokratie wiederherzustellen, beruht offenbar auf der Überzeugung, daß das System, das von 1916 bis zum ersten Staatsstreich in Argentinien bestanden hatte, ein Regime des freien Spiels der politischen Kräfte zwischen den Parteien gewesen sei. So hatte es auch Félix von seinen Eltern, seinen Lehrern und später von vielen argentinischen und ausländischen Politikwissenschaftlern gelernt.

Betrachtet man die damalige Zeit und den Prozeß bis zum Regimewandel jedoch etwas genauer, dann muß man unweigerlich zu einem ganz anderen Urteil gelangen. In einer Untersuchung über die erste argentinische Demokratie kommt etwa Anne Potter (Potter 1981) mit guten Argumenten zu dem Schluß, daß einer der entscheidenden Faktoren für den Putsch von 1930 in der Art und Weise zu suchen ist, wie von dem – durchaus verfassungsmäßigen – Mittel der Intervention des Bundes in den Provinzen Gebrauch gemacht wurde.[62] Die von der Radikalen Partei geführten Regierungen hätten schließlich die Opposition »in eine Ecke getrieben« und ihren »politischen Spielraum« erheblich beschnitten; damit hätten sie ihr letztlich »jeglichen Zugang zu Regierungsämtern, jegliche Hoffnung darauf, eines Tages diese Ämter erringen zu können, und, was noch schwerwiegender ist, den Glauben daran [genommen], überleben zu können und nicht durch die an der Macht befindliche Partei an den Rand gedrängt oder völlig zerstört zu werden« (Potter 1981, 83). Die Opposition habe infolgedessen die Unterstützung des Militärs gesucht und damit eine der hartnäckigsten Traditionen der argentinischen Politik begründet.

Im übrigen unterschieden sich auch die politischen Einstellungen der 1916 neu an die Macht gelangten Schichten in wesentlichen Punkten kaum von denen der Oligarchie: Das System des politischen Klientelismus wurde von ihnen durchaus

---

61 Eine – wohlwollend ausgedrückt – etwas voreilige Formulierung von Alain Rouquié (1987, 6).
62 In den 14 Jahren radikaler Regierung wurde in den Provinzen 34 Mal interveniert – also vergleichsweise sehr viel häufiger als zwischen 1860 und 1911.

akzeptiert, und Bedrohungen der herrschenden Gesellschafts- oder Wirtschaftsordnung wurden auf illegale Weise gewaltsam unterdrückt.[63] So und nicht anders hatte auch schon die Oligarchie die politische und kulturelle Integration der Massen von Einwanderern perfekt bewerkstelligt.[64] Ezequiel Martínez Estrada hat den Prototyp des Politikers, der damals am Werk war, – eine Mischung aus »Caudillo, Bänkelsänger und Richtungsgeber« – auf unübertreffliche Weise skizziert: »Er machte das Gesetz zur Schule seiner Karriere und stellte unter dem Dach eines Regimes ohne große Fehler die alten Regime wieder her, die man mit dem Gesetz gerade hatte abschaffen wollen.«[65] So bestätigte sich, was schon Roque Sáenz Peña vorausgesehen hatte, als er meinte, die politische Partizipation der Mittelschichten werde für das »System« keinerlei Gefahr bedeuten (vgl. Smith 1974, 10).

2. Wie immer man die erste und zweite Amtszeit Peróns bewerten mag: Man muß wohl feststellen, daß es der Mehrheit in Argentinien nicht in erster Linie um die Einrichtung einer pluralistischen Demokratie, sondern um soziale Gerechtigkeit ging – ein Ziel, das sie mit Hilfe einer Bewegung zu realisieren hoffte, deren paternalistische Züge während der zweiten Präsidentschaft Peróns zu einem Regime mit autoritären Tendenzen führte, in dem die Opposition verfolgt war und Oppositionelle gelegentlich sogar Demütigungen und Folter ausgesetzt wurden. Félix Ahumadas Erlebnisse während seiner Studentenzeit sind daher sicher mehr als nur persönliche Anekdoten.

3. Die proklamierte Industrialisierung des Landes sowie die Umtitulierung Córdobas zur »Industriestadt« Ende der vierziger Jahre müssen selbstverständlich relativiert werden. Auf jeden Fall fehlte es damals an der nötigen wissenschaftlich-technologischen Infrastruktur sowie an einer entsprechenden Produktionsstruktur. Die Blamage des »Falles Richter« und der – von Perón am 24. Februar 1951 verkündeten – kontrollierten thermonuklearen Reaktionen ist bezeichnend für die technologische Rückständigkeit und Naivität jener Jahre.[66] Offenkundig ist auch,

---

63 Als Beispiele seien hier die sogenannte »tragische Woche« vom Januar 1919 sowie die blutigen Unterdrückungsmaßnahmen in Patagonien zwischen November 1921 und Januar 1922 durch das 10. Kavallerie-Regiment unter Befehl von Oberst Pedro Viñas Ibarra genannt. Ein nicht ganz uninteressantes Detail ist, daß die Repressionsmaßnahmen gegen die Arbeiter der Metallfabrik Pedro Vasena von Oberleutnant Juan Domingo Perón geleitet wurden. Vgl. Bayer 1978; Borrero 1989.
64 Wie Darío Cantón (1966, 103) festgestellt hat, überstanden bzw. absorbierten die »alten Muster politischen Handelns [...] erfolgreich die Auswirkungen der Einwanderung, der Bildung und der wirtschaftlichen Entwicklung sowie der auf Mittel- und Unterschichten ausgedehnten Partizipation«.
65 Martínez Estrada 1976, 334. Roberto Arlts Roman *Die sieben Irren* ist eine weitere hervorragende literarische Beschreibung der politischen und sozialen Atmosphäre im Buenos Aires der ausgehenden zwanziger Jahre.
66 Der Kernphysiker Ronald Richter war einer der Wissenschaftler, die während des Zweiten Weltkriegs für das Nazi-Regime geforscht hatten und später von Perón nach Argentinien geholt worden waren. 1951 konnte er Perón davon überzeugen, daß es ihm gelungen sei, kontrollierte Kernfusionen zu erzeugen. Perón ließ es sich nicht nehmen, die Nachricht in einer Pressekonferenz selbst zu verkünden. Es bedurfte mehrerer Expertenkommissionen, bis sich Perón davon überzeugen ließ, daß er einem Hochstapler aufgesessen war. Vgl. zu diesem Fall Núñez/Orione 1993, 118 ff. Inwieweit der theoretische Ansatz Richters korrekt gewesen sein mag, vermag ich natürlich nicht zu beurteilen. Sicher ist jedoch, daß seine Forschungen keinerlei wissenschaftliche Ergebnisse zeitigten und daß Peróns Ankündigung, Argentinien werde demnächst »Kernenergie für den Hausgebrauch in Flaschen zu einem und einem halben Liter verkaufen«, nicht nur – in den Worten von Tomás Eloy Martínez (1985, 182) – eine »bodenlose Prahlerei« war, sondern auch Zeugnis eines unverantwortlichen Leichtsinns. Allerdings wurde auch diesbezüglich zu Recht festgestellt, daß »alles Schlechte auch sein Gutes« hat: Das trotz des eklatanten Scheiterns von Richter weiterbestehende Interesse an einer eigenen argentinischen Kernforschung hatte schließlich immerhin die Einrichtung der Nationalen Atomenergiekommission zur Folge (vgl. Schvarzer 1996, 200 f.).

daß eine »sozial gerechte ... Physiologie« und eine Professorenschaft der Marke »Korallenstrauchblüte« zur Verbesserung der argentinischen Wissenschaft nichts beizutragen hatten.

Hinsichtlich der Beziehungen zwischen wissenschaftlich-technologischer Infrastruktur und Produktionsstruktur sind einige der von Alberto Aráoz 1973 veröffentlichten Daten aufschlußreich: Von 10 000 Forschungsprojekten, die an 961 staatlichen Institutionen in Argentinien realisiert wurden, wurden nur 6% – also um die 600 – der Industrie als mögliches Anwendungsgebiet zugeordnet.

1978 befaßte sich Guillermo O'Donnell mit dem, was er die »Erfolgsformel« des nationalen Unternehmertums in Lateinamerika nannte, und stellte in diesem Zusammenhang fest, daß dieser Erfolg darauf beruhte, daß sich die Unternehmen durch »imitatives Kopieren« des Warenangebotes transnationaler Konzerne auszeichneten, daß die eingesetzten Produktionsmittel jedoch aus den Ländern des Zentrums importiert würden und daß den Produkten durch Anklänge an Ausländisches in Design, Verpackung und Markennamen »Prestige« verliehen werde (O'Donnell 1978, 15 f.). Diese Nachahmung habe zu einer im wahrsten Sinne des Wortes »kopflosen Produktionsstruktur« geführt (ebd.). Während 1972 Marcos Kaplan noch sagen konnte, daß es in Argentinien »keinerlei nennenswerte gesellschaftliche Nachfrage nach Wissenschaft« gebe (Kaplan 1972, 14), beklagte 1992 Enrique Oteiza »den Rückgang des Anteils am Bruttoinlandsprodukt, den Argentinien für Wissenschafts- und Technologiepolitik aufwendet. Er war vorher schon niedrig, und fiel während der Präsidentschaft Menems auf 0,2%« (zit. nach Núñez/Orione 1993, 149).

Zumindest in dieser Hinsicht wurden also im *Argentinien der Hoffnung* nicht die notwendigen Bedingungen geschaffen, damit die Hoffnung auch hätte Wirklichkeit werden können.

4. Die demokratischen Regierungen Frondizi (1958-1962) und Illia (1963-1966) waren dadurch geprägt, daß die Peronisten von den Wahlen ausgeschlossen gewesen waren. Sie verfügten insofern über eine ziemlich zweifelhafte Legitimität. Während der dritten Amtszeit Peróns nahm dann die Mehrheit der Bürger (eben jene mit pro-peronistischen Einstellungen) eine Haltung ein, die – nach der Diagnose von José Luis Romero – der »Lossagung nicht nur von der Demokratie, sondern auch von der Republik« gleichkam: »Die gängige Parole besagte – oder, besser gesagt, beschrie – ›Alle Macht an Perón‹. Das war ein antidemokratischer und antirepublikanischer Aufruf zum Autoritarismus; im Grunde genommen war es jedoch ein verzweifelter Sprung ins Leere und ein absurder Appell an einen, von dem man annahm, daß er in der Lage sein würde festzustellen und auszudrücken, was die Argentinier wollten. [...] im Volksjargon drückte sich dieses Gefühl in einer unglaublichen, halb zynischen, halb hoffnungsvollen Behauptung aus: ›Der Alte weiß, was er tut.‹ Leider wußte es ›der Alte‹ aber nicht. [...] Erst ließ er den Hoffnungen einer konfusen Linken freien Lauf, dann wandte er sich einer obskuren Rechten zu [...], und zu seiner Nachfolge fiel ihm nichts besseres ein, als sie der eigenen Ehefrau zu übertragen.«[67]

67 Romero 1989, 140 f. Tulio Halperín Donghi (1996, 147) hat ähnliche Überlegungen formuliert: »[W]ährend der peronistische Diskurs nur einen einzigen Hauptredner duldet, der seine privilegierte Stellung seinem gleichfalls privilegierten Zugang zur Wahrheit und Wirklichkeit verdankt, akzeptiert es die Bewegung, der dieser Diskurs eine Stimme verleiht, sich in den politischen Rahmen der repräsentativen Demokratie einzufügen, deren Voraussetzungen (darunter die Legitimität des politischen Plura-

Diese völlig zu Recht als »antidemokratisch« bezeichnete »Lossagung« von der politischen Verantwortung ist offenbar genau das, was Dolf Sternberger im Zusammenhang mit dem Verhalten der deutschen Wähler, die bei den Wahlen vom 5. März 1933 bereit gewesen waren, alle Macht an Adolf Hitler abzutreten, als die »Aufgabe der eigenen Qualität als Bürger« bezeichnet hat (Sternberger 1986, 128).

Erst mit der Regierung Alfonsín sollte es wieder zu einem Neubeginn eines demokratischen, politisch liberalen Systems kommen, das jedoch von der Last der soeben überwundenen Diktatur, der nur halbherzig eingehaltenen moralischen Versprechen sowie der katastrophalen Wirtschaftslage erdrückt wurde. Ich denke, es ist durchaus nicht überflüssig, die Folgen zu betonen, die sich daraus ergaben, daß man sich auf die Ethik berufen, die dadurch hervorgerufenen Erwartungen aber nicht erfüllt hatte. Es ist wohl nicht allzu gewagt zu behaupten, daß in einer Gesellschaft, in der – wie heute in Argentinien – öffentlich von einer »Vermarktung der Ethik« gesprochen wird, mit der Beziehung zwischen Politik und Ethik etwas nicht in Ordnung ist und daß dies im Fall Argentinien in erheblichem Maße darauf zurückgeführt werden kann, daß sich maßgebliche Politiker auf ethische Prinzipien beriefen, ohne daraus jedoch Konsequenzen für ihr Handeln zu ziehen – und dies zu einer Zeit, als durchaus die Möglichkeit bestanden hätte, sie wirklich ernsthaft umzusetzen.

Erst vor kurzem – in einer Arbeit aus dem Jahre 1994 – hat Guillermo O'Donnell für den Typus von Demokratie, wie er in Lateinamerika im allgemeinen und im heutigen Argentinien im besonderen vorherrscht, eine neue Bezeichnung geprägt: er spricht von »delegativer Demokratie«. Ich denke, O'Donnells Konzeption zeigt gewisse Ähnlichkeiten mit dem, was José Luis Romero und Sternberger in den weiter oben zitierten Passagen beschrieben haben: »Delegative Demokratien gründen sich auf die Prämisse, daß derjenige, der die Präsidentschaftswahlen gewinnt, autorisiert ist zu regieren, wie es ihm oder ihr gefällt – ohne jede weitere Einschränkung als das, was die harten Tatsachen der bestehenden Machtbeziehungen und die verfassungsmäßig vorgeschriebene Begrenzung der Amtszeit vorgeben.« (O'Donnell 1994, 59)

Das Schlimme an dieser Art von Demokratie ist der Verzicht auf die Ausübung einer Kontrolle des Regierungshandelns durch die Bürger: »Es wird erwartet, daß die Wähler/Repräsentanten nach den Wahlen zu einem passiven Publikum werden, das das Handeln des Präsidenten mit Wohlwollen und Nachsicht betrachtet.« (Ebd., 60)

Das bedeutet den Verzicht auf einen der Grundpfeiler der Demokratie. Daß sich »der Alte« geirrt hat, wissen wir Argentinier nur allzu gut; ob und inwiefern die Amtsführung des Präsidenten auch in unseren Tagen auf Irrtümern beruht, ist derzeit noch Gegenstand ständiger Diskussionen. Einigermaßen beunruhigend ist in diesem Zusammenhang jedenfalls die vor kurzem veröffentlichte Einschätzung eines bekannten politischen Beobachters, der den Präsidenten der Kategorie derer zuordnet, die »zur Schicki-Micki-Kultur [gehören], die in der Zeitung nur die Überschriften lesen und Entscheidungen unter Freunden auskungeln«.[68] Die Zu-

---

lismus) sie allerdings nicht aufhört, in den glühendsten Tönen zu diffamieren«. Die folgende Anekdote illustriert sehr schön das blinde Vertrauen, das die Führung der Montoneros der »Weisheit« des »Alten« entgegenbrachte: »In jenen Jahren machte ein Witz die Runde, in dem Mario Firmenich unmittelbar, bevor er zusammen mit anderen Mitgliedern der Führung der Montoneros auf Befehl Peróns erschossen werden sollte, seine Leidensgenossen begeistert fragt: ›Na, was sagt ihr nun, zu dieser genialen Taktik, die sich der Alte hat einfallen lassen?‹« (Giussani 1984, 16).

kunft wird erweisen, ob diese Art der Entscheidungsfindung im Rahmen einer »delegativen Demokratie« wirklich die richtige ist. Nach meiner Vermutung ist das eher nicht der Fall.

5. Präsident Menem hat das argentinische Volk aufgerufen, sich zu erheben und ihm zu folgen.[69] Und das Volk ist ihm gefolgt. In einem wohl durch den quasi-biblischen Ton der Aufforderung Menems hervorgerufenen Anfall katholischer Verzückung rief daraufhin Monsignore Octavio Derisi aus: »Gott hat uns Menem gesandt, um das Land zu retten«.[70]

Die Privatisierungspolitik von Präsident Menem wurde deswegen weitgehend unterstützt, weil in Argentinien – nicht zuletzt aufgrund der tragischen Erfahrungen mit dem Staatsterrorismus – das herrschte, was Ricardo Sidicaro »Staatsmüdigkeit« genannt hat, sowie der Wunsch nach einer Ausweitung der Zivilgesellschaft und der bürgerlichen und privaten Freiheiten (vgl. Sidicaro 1989).

Auf den Neoliberalismus kann und will ich hier nicht näher eingehen. Aber vielleicht sollte man zumindest daran erinnern, daß Freiheit als solche nicht mit völliger Freiheit des Marktes, Gesellschaft nicht mit Wirtschaft und schon gar nicht ökonomische Zwecke mit politischen Zielen verwechselt werden sollten. Selbstverständlich ist es richtig, daß der Markt insofern, als er den Konsens derer impliziert, die in ihm operieren, die angemessene Organisationsform für die Befriedigung von Partikularinteressen im Zuge von Kompromiß und Austausch darstellt. In diesem Sinne ist der Markt dann auch (wie schon David Hume sagte) ethisch gut und demokratisch. Aber der Zusammenhang zwischen Markt und repräsentativer Demokratie ist sehr viel komplexer, als es manch lokaler Anhänger der bedingungslosen Freiheit des Marktes offenbar wahrhaben möchte.

Ein Wirtschaftssystem, das – wie etwa ein gut funktionierender Markt – die Macht verteilt, entspricht dem Ideal der Bürgerverantwortung zweifellos sehr viel mehr als eines, in dem die Macht bei einigen wenigen konzentriert ist. Nicht von vornherein klar ist jedoch, ob die Macht durch den Markt immer gerade so verteilt wird, wie es die Demokratie erfordert, nämlich nach dem Motto: eine Person, eine Stimme. Die Daten über strukturelle und neue Armut im *Argentinien der Ausgrenzung* geben jedenfalls Anlaß zu der Vermutung, daß die Macht diesbezüglich nicht gleichmäßig verteilt ist. Was hier auf dem Spiel steht, ist letztlich das Mindestmaß an sozialer Homogenität, das notwendige Bedingung für jede wahre repräsentative Demokratie ist. Die Gewährleistung, daß dieses Minimum von Homogenität gegeben ist, ist in erster Linie ein institutionelles Problem, das ein Eingreifen der Staatsorgane erforderlich macht, um zu verhindern, daß sich der Markt mit der ihm eigenen Dynamik am Ende selbst zerstört und damit genau jene Übel hervorbringt, die er eigentlich ausschließen soll.[71]

---

68 Vgl. das Interview mit Jacobo Timerman in *La Nación* vom 29. September 1996, Sektion 7, S. 3.
69 In seiner Rede anläßlich seines Amtsantritts als Präsident am 8. Juli 1989 wiederholte Menem die Aufforderung, die er schon in seinem Wahlkampf formuliert hatte: »Vor dem Auge Gottes und vor dem Zeugnis der Geschichte will ich ausrufen: Argentinier, stehe auf und wandle! Argentinier, erhebt euch, damit wir unsere Krise überwinden.« Nach Zitaten von Borges und Marechal beendete er seine Rede: »Eine Stimme erhebt sich heute wie ein Gebet, wie ein Flehen, wie ein bewegender Schrei: Argentinien, stehe auf und wandle! Argentinien, stehe auf und wandle! Argentinien, stehe auf und wandle!« (vgl. Menem 1990, 7 und 25).
70 Vgl. *Todos* 11. Wie diese Äußerung von Monsignore Derisi belegt, scheint Menems »wundertäterische« Anleihe bei Jesus bei Vertretern der Katholischen Kirche keine größeren Irritationen hervorgerufen zu haben.
71 Zur Beziehung zwischen Markt und repräsentativer Demokratie, vgl. z. B. Garzón Valdés 1994.

Die menemistische Wirtschaftspolitik weist Züge auf, die an die Zeiten des »Prozesses« der Jahre 1976-1983 erinnern. Damals wurde der Wirtschaftskurs allerdings – sozusagen mit vorgehaltenem Gewehr und unter Zuhilfenahme sogenannter »Flüge«[72] – von Personen durchgesetzt, die, wie Albert O. Hirschman sagt, »keinerlei intellektuelle oder gefühlsmäßige Skrupel hatten, hunderte von Industrieunternehmen im Namen des Gesetzes der komparativen Kostenvorteile auszulöschen, ungeachtet der Tatsache, daß dabei zigtausende und wahrscheinlich sogar hunderttausende von Arbeitern ihren Lebensunterhalt verloren« (Hirschman 1996, 190).

»Sie waren wohl keine souveränen Gestalter ihres eigenen Unglücks, sondern sind vielmehr als traurige Gestalten zu betrachten, die in eine Falle tappten, die ihnen das internationale Finanzsystem stellte.« (Ebd., 192)

Es ist noch nicht allzu lange her, daß in Argentinien die Regierung Maßnahmen zur Privatisierung von staatlichen Unternehmen ergreifen konnte, indem sie die Erfordernisse eines modernisierungswilligen Pragmatismus ins Feld führte und sich im übrigen auf eine ganz neue Version des Peronismus berief, die auf nicht falsifizierbaren kontrafaktischen Aussagen beruhte: »Wenn Perón noch leben würde, würde er das gleiche tun.« Nun lassen sich bekanntlich politische oder historische Mythen nach Belieben formen und einsetzen. Peinlich wird die Sache nur, wenn die Menschen, an die diese Mythen gerichtet sind, ihnen zu mißtrauen beginnen oder ihre Bedeutung ins Gegenteil verkehren. Es mag ein genialer Schachzug sein – dessen Wirksamkeit ich jedoch bezweifle –, sie dann als »hysterische Mythen« zu denunzieren, wie dies kürzlich Präsident Menem angesichts der, wie er meinte, »nostalgischen« Erklärungen des Generalsekretärs des argentinischen Gewerkschaftsbundes CGT, Rodolfo Daer, tat.[73]

Da ich eine Abneigung gegen sozialwissenschaftliche Prophezeiungen hege, ziehe ich es im übrigen vor, über die künftige Entwicklung der Lage der argentinischen Gewerkschaften keine Prognose abzugeben.

6. Félix Ahumada hat das Problem des *Argentinien der Expulsion* am eigenen Leib durchlebt. Unbestreitbar ist, daß seine Erfahrungen in der zweiten Hälfte des 20. Jahrhunderts von tausenden argentinischer Akademiker geteilt wurden. Die Folge war eine drastische Zerstümmelung des argentinischen Geistes- und Kulturlebens. Dessen Geschichte wird künftig ohne die Erinnerung an Schicksale wie das von Félix nicht mehr richtig erzählt werden können. Bezeichnend dafür ist etwa, daß von den drei argentinischen Nobelpreisträgern in naturwissenschaftlichen Fächern einer – Bernardo Houssay – aus der Universität ausgeschlossen wurde und ein zweiter – César Milstein – als Emigrant in England lebt. Die zeitgenössische argentinische Literatur ist im übrigen ohne den Emigranten-Exilanten Julio Cortázar nicht zu verstehen,[74] die bildende Kunst nicht ohne den Emigranten Julio Le

---

72 [Gemeint sind die »Flüge«, mit denen – wie beteiligte Militärs inzwischen öffentlich zugegeben haben – zahlreiche Oppositionelle während der Diktatur über offenes Meer gebracht wurden, um dann – mehr oder weniger tief betäubt – bei lebendigem Leib aus dem Flugzeug geworfen zu werden. Vgl. dazu vor allem Verbitsky 1995; Anm. d. Ü.]

73 Vgl. *La Jornada* vom 7. Oktober 1996, 59.

74 Über das literarische Werk der Emigranten und Exilanten existiert umfangreiche Literatur. Für eine gute Kurzfassung vgl. Cymerman 1995. Ein interessantes Detail scheint mir zu sein, daß wenigstens zwei Emigranten, nämlich Héctor Bianciotti und Copi (Raúl Damonte) als Autoren französischer Sprache bekannt geworden sind.

Parc, die Musik nicht ohne den Emigranten Mauricio Kagel, die Philosophie nicht ohne den Emigranten Mario Bunge ...

Ähnliches gilt zwar sicher auch für die Kulturgeschichte Deutschlands oder Spaniens. Aber der nicht unwesentliche Unterschied ist, daß es in Argentinien weder einen Weltkrieg noch einen Bürgerkrieg gegeben hat. Hier lief alles sehr viel »subtiler«, aber damit auch dauerhafter ab. Präsident Menem hat zwar emphatisch beteuert, die Kultur sei »der Grundstein des Vaterlandes und der Welt«, und zu ihrer Pflege aufgerufen, denn »[a]uch wenn man es nicht wahrhaben mag: man muß sich einfach an sie herantrauen«.[75]

Wenn aber, wie im September 1994 geschehen, der damalige Wirtschaftsminister Domingo Cavallo die Meinung äußert, man sollte Wissenschaftler »Geschirrspülen schicken« (zit. nach Núñez/Orione 1993, 143), oder wenn zwei Jahre später, im September 1996, sein Nachfolger Roque Fernández die staatlichen Universitäten öffentlich herabsetzt, dann steht zu fürchten, daß das Phänomen des kulturellen und wissenschaftlichen Niedergangs andauern wird.

7. Es zeigt sich auch ein gewisser Zusammenhang zwischen dem *Argentinien der Expulsion* und dem *der Ausgrenzung*. Es besteht nämlich die Gefahr, daß die Attraktivität des Landes für die neuen Generationen leiden wird, wenn sich die wirtschaftliche Lage breiter Bevölkerungsschichten nicht ändert: »Jedenfalls ist es allgemeine Überzeugung, daß die Einkommen weiter Teile der Bevölkerung sinken und sich ihre Lebensumstände verschlechtern. [...] Das drückt sich auf ganz unterschiedliche Weise aus.

Eine davon ist der Stellenwert, den die Auswanderung in den Mittelschichten und insbesondere bei den jungen Leuten gewonnen zu haben scheint [...] Das ist besonders deswegen so spektakulär, weil es dem früheren Selbstverständnis einer stark einwanderungsorientierten [...] Gesellschaft mit guten Möglichkeiten für sozialen Aufstieg, also einer Gesellschaft, die überwiegend ermutigende Aussichten bot, so diametral entgegensteht« (vgl. Minujin et. al. 1992, 76).

8. Die Erfahrungen von Félix Ahumada zeigen deutlich, wie hartnäckig sich in Argentinien Themen und Probleme gehalten haben, die von einer Regierung nach der anderen mit monotoner Regelmäßigkeit aufgegriffen wurden: die feste Verankerung der verfassungsmäßigen Ordnung, der Kampf gegen die Korruption, die Verwirklichung der Bestimmung nationaler Größe, usw. usw. Das Beunruhigende an der ständigen Wiederholung dieser Themen ist, daß schon die bloße Tatsache, daß sie immer wieder angesprochen werden, impliziert, daß die betreffenden Probleme noch nicht gelöst wurden oder aber – schlimmer noch – daß sie sich sogar verschärft haben. Genau das scheint bedauerlicherweise der Fall zu sein. Wir haben es hier offenbar, um es mit den Worten von Jorge Sábato und Jorge Schvarzer (1983, 11) zu sagen, mit einer Art »unausrottbarer Anormalität« zu tun.

Diese ständige Wiederkehr der immergleichen Probleme wird in der folgenden Passage besonders deutlich: »Der übelste, schädlichste, verabscheuungswürdigste aller auf argentinischem Boden operierenden Personentypen ist der, der Leben

---

75 Menem 1990, 280. Diese denkwürdigen Sätze (im Grunde nur eine »gewähltere« Formulierung des in Félix Ahumadas Kindheit gängigen Satzes »Nun nimm schon die Bücher, sie beißen nicht!«) sprach der Präsident anläßlich seiner Ernennung zum Doktor honoris causa der Universität von Salta am 16. Juni 1990.

durch Repräsentieren ersetzt hat. Es handelt sich hier nicht um eine überall in der Welt anzutreffende, sondern um eine uns sehr eigene Art von Meistern des sozialen Betrugs. [...] Es geht hier nicht um einige wenige. [...] Es handelt sich vielmehr mit tragischer Regelmäßigkeit, mit unausweichlicher Allgemeinheit, um diejenigen, die das Land *repräsentieren*. Und es täuscht sich, wer meint, wir sprächen hier von einem episodischen, karikaturesken Geschöpf. Sie liefern uns mit trauriger Häufigkeit Parolen, Lehrmeinungen und Proklamationen [...] Alle sind sie unstete Pragmatiker, emphatische Redner; viele von ihnen aber bringen auf befremdliche Art und Weise einen sich gewaltsam gebärdenden Nationalismus mit der Ansiedlung *in situ* von starken ausländischen kapitalistischen Unternehmen unter einen Hut.«

Diese Passage stammt nicht – wie man meinen könnte – aus einer aktuellen politischen Analyse, sondern wurde vor fast sechzig Jahren von Eduardo Mallea verfaßt (Mallea 1940, 59 f.).

9. Viele politologische Untersuchungen zu Lateinamerika im allgemeinen und zu Argentinien im besonderen kranken an einem gänzlich unbegründeten Enthusiasmus. Der weiter oben erwähnte Fall John J. Johnson ist nur einer von vielen. Man denke nur an die Vielzahl von Aufsätzen über die Wiedererlangung der Demokratie oder über die vielversprechende wirtschaftliche Stabilität in den letzten Jahren. Der Argentinienspezialist Alain Rouquié meinte noch 1987 im Hinblick auf die Wirtschaftspolitik der Regierung Alfonsín begeistert: »Angesichts der Daten ist Leugnen zwecklos: Wie weit haben sie es doch in nur drei Jahren [...] mit [...] der Eindämmung der Hyperinflation gebracht!« (Rouquié 1987, 4 f.) Was dabei oft vergessen wird, ist die Analyse der *notwendigen Bedingungen,* damit die Entwicklungen, die man zu erahnen glaubt, auch Wirklichkeit werden *können*.

Im übrigen verstellt offenbar die Neigung zur Konzentration auf makroökonomische Daten oft den Blick für das Schicksal der einzelnen Menschen und leistet so der Konstruktion fiktiver Realitäten Vorschub. Deswegen sei hier noch einmal daran erinnert, daß das einzige, was in einer Gesellschaft wirklich zählt, ihre individuellen Elemente aus Fleisch und Blut sind.

Das erklärt auch die Bedeutung, die insbesondere der Literatur für die Diagnose des Zustands einer Nation zukommen kann. Carlos Fuentes' Roman *Nichts als das Leben* oder Julio Cortázars Kurzgeschichte *Das besetzte Haus* beispielsweise sagen sehr viel mehr über die Realität der Mexikanischen Revolution bzw. des peronistischen Argentinien als viele gelehrte Untersuchungen über diese beiden Epochen.

Der schon weiter oben zitierte José Luis Romero, zweifellos einer der hellsichtigsten Experten für argentinische Ideengeschichte, sah dies ganz genau, als er im Hinblick auf den Zusammenhang zwischen Literatur und Politik über den Roman schrieb: »Diese wunderbare erfundene, aber doch so bedeutsame Geschichte, ist so reichhaltig, daß sie für manche Bereiche, wie z. B. für die Sozialgeschichte, unersetzlich, absolut unersetzlich ist [...] Sie können dreißig Jahre lang Tag und Nacht in Archiven forschen [...] Aber was Sie bestimmt in keinem objektiven Dokument finden werden [...] ist irgendein lebendiges Zeugnis davon, wie sich all das auf das gesellschaftliche Leben ausgewirkt hat. Und dann finden Sie auf einmal den Brief eines Kaufmanns. Ja, dann haben Sie ein sensationelles Zeugnis!« (zit. nach Luna 1986, 37 f.)

10. Besonders auffällig ist die schon angesprochene Wiederholung der immergleichen Themen im Zusammenhang mit den Aufrufen zur Wahrung der verfassungsmäßigen Ordnung. Wie wir gesehen haben, waren sie unverzichtbarer Bestandteil aller militärischen Proklamationen. Aber auch von den paradoxen Beschwörungen der Putschisten abgesehen ist doch die ständige Sorge um die Wirksamkeit der rechtmäßig zustandegekommenen Rechtsordnung zweifellos ein Symptom für schwere soziale Verwerfungen. Nicht ohne Grund hat Carlos S. Nino Argentinien ein »Land am Rande des Gesetzes« genannt.[76] Es gibt in diesem Land zwei (oder gar noch mehr) parallele Systeme, deren Geltungskraft von den jeweiligen spezifischen Umständen der mit der Rechtspflege betrauten Akteure abhängt. Aber wie immer diese aussehen mögen: die parteipolitische Voreingenommenheit vieler Richter ist offenkundig. Während unter den Militärregierungen von 1955, 1966 und 1976 die Linientreue des Obersten Gerichtshofs dadurch sichergestellt worden war, daß man die Richter gegen neue, »verläßlichere« austauschte, beschloß unter der Regierung Menem der Kongreß – im April 1990 – die Vergrößerung des Gerichtshofs von fünf auf neun Richter; kurz darauf wurden in einer geheimen Senatssitzung, die nur etwa sieben Minuten dauerte, und in Abwesenheit der Opposition sechs neue Richter bestimmt: allesamt Vertraute Menems.[77]

Die Chronik der Justizskandale füllt inzwischen mehrere Bände und gehört zum täglichen Informationsteil der Tagespresse.[78] Der einfache Bürger muß flexible Strategien entwickeln, um nicht Opfer richterlicher Willkür zu werden und um zugleich so weit wie möglich persönliche Vorteile aus diesem aus den Fugen geratenen Normensystem ziehen zu können. Die Korruptheit der Richter stimuliert die Korruptheit der Bürger, die ihrerseits im Zuge der nicht seltenen Bestechung von Richtern erstere weiter anheizt. Der Fall des Richters Francisco Trovato ist nur ein Beispiel unter vielen für diese Sachlage.[79]

Insofern liegt, was die rechtlichen Institutionen betrifft, das Problem in Argentinien (wie auch in anderen Ländern Lateinamerikas) gar nicht so sehr darin, daß neue Verfassungen erlassen werden müßten, sondern vielmehr darin, daß die existierenden endlich zur Anwendung kommen sollten. Wie die folgende Einschätzung illustriert, ist dieses Übel historisch tief verwurzelt: »Der Verfassungsglaube war von Anfang an fast eine Obsession. [...] Die Prinzipien schienen solide, unbestreitbar, universal. Nur wenige Meinungsäußerungen – im Grunde keine –

---

76 Vgl. Nino 1992b. Inwiefern die Verarmung eines großen Teils der Mittelschichten zur Erhöhung der Kriminalität beiträgt, ist ein Thema, das besondere Aufmerksamkeit verdient. In diesem Zusammenhang scheint mir der folgende, am 25. August 1996 in *Página/12* (Buenos Aires, S. 21) erschienene Dialog bezeichnend: »*Und die Mittelschichten stehlen?* – Es hat schon angefangen. Ich weiß nicht, ob sie stehlen, aber jedenfalls werden sie straffällig, weil sie ihren Verpflichtungen nicht nachkommen. Früher haben sie ihre Schulden bezahlt, die Miete, die Raten. Jetzt bescheißen sie das Finanzamt, die Freunde, alles. Wenn du kein Geld hast, bescheißt du den ersten besten, der dir über den Weg läuft. Ich weiß nicht, ob sie stehlen, aber die Moral hat sich geändert. Die ganz unten klauen, die in der Mitte sind unmoralisch, und die ganz oben – na ja, die ganz oben sind eben immer.«

77 Es waren sechs neue Richter, weil aufgrund von Rücktritten neben den vier neugeschaffenen auch mehrere der alten Stühle zu besetzen waren.

78 Im Oktober 1996 erklärte der kurz zuvor aus dem Amt geschiedene ehemalige Wirtschaftsminister Domingo Cavallo öffentlich in einem Interview, das er der Presse während eines Aufenthalts in Ecuador gab, Innenminister Carlos Corach habe ihm auf einer Papierserviette die Namen der Richter aufgeschrieben, die angeblich seinen Instruktionen gehorchen: »Er [Corach] schrieb die Namen der Richter untereinander auf [...] und am Schluß sagte er zu mir: ›Die lenke ich.‹ Ich habe natürlich überhaupt nicht damit gerechnet, daß ich das eines Tages würde beweisen müssen, und habe nicht besonders darauf geachtet, die Serviette aufzuheben. [...] Was hier zählt, ist, was Corach mir gesagt hat. Er hat sich immer damit gebrüstet, Richter und Staatsanwälte in der Hand zu haben« (zitiert nach *Clarín* (Buenos Aires) vom 27. Oktober 1996).

79 Die Chronik dieses Falles ist der argentinischen Tagespresse vom August 1996 zu entnehmen.

erhoben Einwände dagegen. Lediglich die soziale und wirtschaftliche Realität mit ihren materiellen, originären und konfliktiven Forderungen, die den doktrinären Rahmen sprengten, lief ihnen zuwider. So entwickelte sich parallel zum Verfassungsglauben nach und nach eine pragmatische politische Mentalität, die schließlich dahin führen mußte, daß sie die Diktatur jedes beliebigen Akteurs rechtfertigte, der stark genug war und genügend Autorität besaß, um Ruhe und Ordnung zu gewährleisten, indem er die Konflikte, die konkreten, widerstreitenden Interessen und Erwartungen entsprangen, autoritativ löste.« (Romero 1977, XXVII f.)

Diese eigentlich auf das 19. Jahrhundert gemünzte Beschreibung gilt, wie man leider feststellen muß, auch am Ende des 20. Jahrhunderts noch unverändert für viele Bereiche des argentinischen Rechts- und Verfassungslebens.

11. Zwei grundlegende Einwände lassen sich denken, die vielleicht jemand gegen all die vorstehenden Überlegungen vorbringen könnte, nämlich:

i) daß die Darstellung verzerrt ist und die peronistischen Regierungen unfair behandelt; und daß sie sich damit genau des Interpretationsfehlers schuldig macht, der schon von David Rock gerügt wurde:»[D]ie Antiperonisten machen Perón zu einem solchen *diabolus ex machina,* daß sie die politische Macht, die er hatte, ungebührlich übertreiben. Solche Versionen erwecken den gedanklich und historisch suspekten Eindruck, daß der Niedergang Argentiniens lediglich durch das Handeln eines politischen Psychopathen verursacht wurde.« (Rock 1986, XXIII)

Auf diesen möglichen Einwand läßt sich folgendes erwidern: Zweifellos macht die Beschreibung seiner Erfahrungen mit dem Peronismus einen großen Teil der Biographie Félix Ahumadas aus. Das kann aber nicht überraschen, da die Gestalt Peróns die politische Wirklichkeit Argentiniens tatsächlich über ein halbes Jahrhundert lang direkt oder indirekt geprägt hat. Die durchaus positiven sozialen Errungenschaften des Peronismus (auch wenn sie einhergingen mit einem Populismus, der die Befürchtungen der herrschenden Klasse beschwichtigen sollte[80]) werden heute jeden Tag ein Stückchen mehr abgeschafft – und zwar im Namen eines sogenannten »pragmatischen Peronismus«. Was mit dieser Bezeichnung gemeint sein mag, übersteigt meine Vorstellungskraft. Mein einziger Trost ist, daß offenbar auch andere, weit fähigere Spezialisten das Phänomen des Peronismus nicht voll und ganz zu verstehen vermochten.[81] Vielleicht hat doch Borges recht, wenn er sagt:»Die Frage ist nicht, ob die Peronisten gut oder schlecht sind: Sie sind unverbesserlich.« Das würde immerhin eine gewisse Kontinuität in den Angewohnheiten und Mechanismen der Machtausübung erklären, wie sie jahrzehntelang das Leben der Argentinier geprägt haben.

---

80 Ein typisches Beispiel dafür ist die Rede Peróns vor der Handelskammer von Buenos Aires am 25. August 1944:»Und ich fordere die Herren auf, nachzudenken und nicht zu vergessen, in wessen Händen die argentinischen arbeitenden Massen sich befunden haben und was die Zukunft jener Masse hätte sein können, die zunehmend in den Händen von Kommunisten war, die noch nicht einmal Argentinier waren, sondern vom Ausland eingeschleust, unterhalten und bezahlt wurden. [...] Es heißt, meine Herren, ich sei ein Feind des Kapitals. Aber wenn Sie bedenken, was ich soeben gesagt habe, dann werden Sie keinen – sagen wir – entschlosseneren Verteidiger finden als ich, weil ich weiß, daß die Verteidigung der Interessen der Geschäftsleute, der Industriellen, der Gewerbetreibenden die Verteidigung des Staates selbst ist« (Perón 1973, 159 und 166).

81 Wie Mario Bunge mir erzählt hat, fragte er Gino Germani einmal, warum er Argentinien verlassen habe. Seine Antwort sei gewesen:»Wenn ein Soziologe ein wesentliches soziales Phänomen in dem Land, in dem er lebt, nicht verstehen kann, dann hat er dort nichts zu suchen. Ich habe es niemals geschafft, den Peronismus zu verstehen.« Se non è vero è ben trovato.

Im übrigen werden aufmerksame Leser auch bemerkt haben, daß die Biographie von Félix Ahumada ebenso das Scheitern der echten – d. h. im politischen Sinne des Wortes – liberalen Gruppen in Argentinien beleuchtet. Sie haben es, als sie endlich an die Macht kamen, nicht vermocht, ihre ethischen Vorstellungen umzusetzen, sondern sind damit auf halbem Wege stehengeblieben. Ob sie tatsächlich mehr hätten erreichen können, ist Gegenstand noch andauernder Auseinandersetzungen. Ich persönlich bin der Meinung, daß die Möglichkeit durchaus bestand. Falls diese Einschätzung richtig ist, dann ist in der Tat die hier präsentierte Biographie von Félix Ahumada unvollständig; ein Kapitel fehlt dann nämlich: das des *Argentinien der Ohnmacht*. Hier wären die Aktivitäten und Fehlschläge all derer aufzunehmen, die an die Möglichkeit der Errichtung eines sozialen Rechtsstaats im Rahmen einer repräsentativen Demokratie geglaubt haben und weiter glauben. Gerade sie sind es, die im In- und Ausland das Vorbild für die Vorstellung von den ehrlichen, fleißigen, kreativen und toleranten Argentiniern liefern.

ii) daß das Leben von Félix Ahumada typisch für Menschen sein mag, die aufgrund ihrer akademischen Bildung privilegiert waren, daß es aber die Biographien von Millionen anderer Argentinier in keiner Weise widerspiegelt und daß daher die dargestellte kritische Einstellung lediglich eine Folge des Unmuts über verlorene Privilegien ist.

Letzteres mag richtig sein. Denen aber, die so denken, schlage ich vor zu versuchen, sich das Leben eines argentinischen Metallarbeiters vorzustellen – nennen wir ihn Plácido Moyano. Den Leitfaden für seine mögliche »mehr oder weniger reale« Biographie, analog zu der von Félix Ahumada, gibt uns Plácido Moyano selbst an die Hand:»Dreißig Jahre habe ich gearbeitet, und jetzt haben sie mich gerufen, um mir zu sagen, daß ich das mit dem Dienstalter vergessen soll und daß ich die Wahl habe, den Mindestlohn zu akzeptieren oder zu gehen, und wenn ich Glück habe, zahlen sie mir dann eine Abfindung in Raten, oder sie zahlen mir gar nichts.« (La Jornada [México DF] vom 27. September 1996, 55.)

Bibliographie

A.I.D.A. = Asociación internacional para la defensa de los Artistas victimas de la represión en el mundo (Hrsg.) 1982: Cómo matar la cultura. Testimonia 1976-1981, Madrid: Editorial Revolución.

Alba, V. 1962: Latin America: the Middle Class Revolution, in: New Politics (Winter).

Alfonsín, R. 1983: Mensaje presidencial del Dr. Raúl Alfonsín a la honorable Asamblea Legislativa, Buenos Aires: Corregidor.

Alfonsín, R. 1996: Democracia y consenso. A propósito de la reforma constitucional, Buenos Aires.

Amadeo, M. 1981: Reflexiones sobre nuestra política exterior, in: Criterio (Buenos Aires) LIV:1873/74, 733-740.

Aráoz, A. 1973: ¿Qué hace el sistema científico por la industria en la Argentina?, in: Ciencia Nueva (Buenos Aires) 26, 50-54.

Arendt, H. 1976: Eichmann in Jerusalem, München und Zürich: Piper.

Arlt, R. 1958: Los siete locos, Buenos Aires [dt. Die sieben Irren].

Barón, A. / del Carril, M. / Gómez, A. 1995: Por qué se fueron, Buenos Aires: Emecé.

Bartolomei, M. L. 1994: Gross and Massive Violations of Human Rights in Argentina 1976-1983, Lund: Jurisförlaget.

Baruch Bertocchi, N. 1988: La cara civil de los golpes de Estado, Buenos Aires: Galerna.

Bayer, O. 1978: Los vengadores de la Patagonia trágica, Buenos Aires und Wuppertal: Peter Hammer.

Bayer, O. 1994: El señor embajador, in: ders., Rebeldía y esperanza. Documentos, Buenos Aires: Zeta.

Borrero, J. M. 1989: La Patagonia trágica. Asesinatos, piratería y esclavitud, Tierra del Fuego/Buenos Aires: Zagier y Urruty.

Buchrucker, C. 1987: Nacionalismo y Peronismo. La Argentina en la crisis ideológica mundial (1927-1955), Buenos Aires.

Camarasa, J. 1995: Odessa al Sur. La Argentina como refugio de nazis y criminales de guerra, Buenos Aires: Planeta.

Cantón, D. 1966: El Parlamento Argentino en épocas de cambio: 1890, 1916, 1946, Buenos Aires.

Castellano, R. M. 1969: Familias de Traslasierra, Buenos Aires: Selbstverlag.

Castro Castillo, M. 1979: Fuerzas Armadas y represión, Buenos Aires: Editorial Nuevo Orden.

Ciria, A. 1983: Política y cultura popular: la Argentina peronista 1946-1955, Buenos Aires: Ediciones de la Flor.

Comisión Argentina por los Derechos Humanos 1977: Argentina: Proceso al genocidio, Madrid: Elías Querejeta.

Comisión Nacional sobre la Desaparición de Personas (CONADEP) 1984: Nunca más, Buenos Aires.

Cortázar, J. 1951: Casa tomada, in: ders., Bestiario, Buenos Aires [dt. Das besetzte Haus].

Cortázar, J. 1980: Exil und Literatur in Lateinamerika, in: die horen 18, 25-29.

Cymerman, C. 1995: La literatura rioplatense y el exilio, in: Spiller, R. (Hrsg.), Culturas del Río de la Plata (1973-1995). Transgresión e intercambio, Frankfurt/M.: Vervuert, S. 489-515.

Delich, F. 1970: Crisis y protesta social: Córdoba mayo de 1969, Buenos Aires: Signos.

Di Tella, G. 1983: Perón-Perón 1973-1976, Buenos Aires: Sudamericana.

Escobar, J. / Velázquez, S. 1975: Examen de la violencia argentina, México DF: Fondo de la Cultura Económica.

Feinmann, J. P. 1987: López Rega. La cara oculta de Perón, Buenos Aires: Legasa.

Fuentes, C. 1962: La muerte de Artemio Cruz, México DF [dt. Nichts als das Leben].

Gabetta, C. 1990: Argentina: un caso desesperante, in: CLAVES de razón práctica (Madrid) 5, 33-40.

Garzón Valdés, E. 1991: Staatsterrorismus: Legitimation und Illegitimität, in: Tobler, H. W./Waldmann, P. (Hrsg.), Staatliche und parastaatliche Gewalt in Lateinamerika, Frankfurt/M.: Vervuert, 317-354.

Garzón Valdés, E. 1993: Argentinische Demokratie heute. Ethisch-politische Probleme der Überwindung der Diktatur, in: Rechtstheorie Beiheft 13.

Garzón Valdés, E. 1994: Instituciones suicidas, in: Isegoría (Madrid) 9, 64-128.

Germani, G. 1970: Mass immigration and modernization in Argentina, in: Horowitz, I. L. (Hrsg.), Masses in Latin America, New York.

Germani, G. 1971: Política y sociedad en una época de transición, Buenos Aires.

Gèze, F. / Labrousse, A. 1975: Argentina – revolution et contre-revolutions, Paris: Seuil.

Gillespie, R. 1982: Soldiers of Perón. Argentina's Montoneros, Oxford: Clarendon.

Giussani, P. 1984: Montoneros. La soberbia armada, Buenos Aires: Sudamericana-Planeta.

Goodin, R. E. 1989: Motivating Political Morality, Cambridge, MA und Oxford: Blackwell.

Halperín Donghi, T. 1991: La democracia de masas, Buenos Aires: Paidós.

Halperín Donghi, T. 1996: Los fundamentos discursivos del fenómeno peronista, in: ders., Ensayos de historiografía, Buenos Aires: El Cielo por Asalto, 143-159.

Hirschman, A. O. 1996: Tendencias autosubversivas, México DF: Fondo de Cultura Económica [engl.. A Propensity to Self-Subversion, Cambridge MA und London 1995].

Hitler, A. 1941: Mein Kampf, München: Zentralverlag der NSDAP.

Hodges, D. C. 1976: Argentina 1943-1976. The National Revolution and Resistance, Albuquerque: University of New Mexico Press.

Jackisch, C. 1996: Die Verfassungsreform von 1994 und die Wahlen vom 14. Mai 1995, in: Nolte, D./Werz, N. (Hrsg.), Argentinien – Politik, Wirtschaft, Kultur und Außenbeziehungen, Frankfurt/M.: Vervuert, 125-132.

Johnson, J. J. 1958: Political Change in Latin America. The Emergence of the Middle Sector. Stanford: Stanford University Press.

Kaplan, M. 1972: Virtudes y debilidades de la infraestructura científica argentina, in: Ciencia Nueva (Buenos Aires) 16, 13-15.

Kessler, G. 1995: Nueva pobreza en la Argentina, in: Perfiles liberales (Bogotá) 43, 13-16.

Lugones, L. 1985: La hora de la espada, wiederabgedruckt in: Warley, J. A. (Hrsg.), Vida cultural e intelectuales en la década de 1930, Buenos Aires: Centro Editor de América Latina, 88-93.

Luna, F. 1986: Conversaciones con José Luis Romero. Sobre una Argentina con historia, política y democracia, Buenos Aires: Sudamericana.

Luna, F. 1996: Encuentros, Buenos Aires: Sudamericana.

Maiztegui, A. P. 1972: Sobre el éxodo de científicos: una experiencia positiva, in: Ciencia Nueva 19, 24 ff.

Mallea, E. 1940: Historia de una pasión argentina, Buenos Aires: Espasa-Calpe.

Manifest von Córdoba 1918: *La juventud argentina de Córdoba a los hombres libres de Sudamérica* [dt. Die argentinische Jugend von Córdoba an die freien Menschen Südamerikas, übers. v. W. Böhringer, in: Rama, R. (Hrsg.), Der lange Kampf Lateinamerikas. Texte und Dokumente von José Martí bis Salvador Allende] Frankfurt/M. 1982, 173-178.]

Marcuse, H. 1988: Repressive Toleranz (1966), in: Wolff, R. P./Moore, B./Marcuse, H., Kritik der reinen Toleranz, Frankfurt/M.: Suhrkamp, 91-128.

Mariátegui, J. C. 1968: Siete ensayos de interpretación de la realidad peruana (1928), Lima: Amauta.

Martínez, T. E. 1985: La novela de Perón, Buenos Aires: Legasa.

Martínez, T. E. 1996: Las memorias del General, Buenos Aires: Planeta.

Martínez Estrada, E. 1976: Radiografía de la pampa (1933), Buenos Aires: Losada.

Menem, C. 1990: La esperanza y la acción, Buenos Aires: Emecé.

Mignone, E. F. 1986: Iglesia y Dictadura. El papel de la iglesia a la luz de sus relaciones con el régimen militar, Buenos Aires: Ediciones del pensamiento nacional.

Minujin, A. et. al. 1992: Cuesta abajo. Los nuevos pobres: efectos de la crisis en la sociedad argentina, Buenos Aires: UNICEF(Losada.

Minujin, A. / Kessler, G. 1995: La nueva pobreza en la Argentina, Buenos Aires: Planeta.

Murmis, M. / Feldman, S. 1992: La heterogeneidad social de las pobrezas, in: Minujin, A. et. al., 45-92: UNICEF/Losada.

Navarro Gerassi, M. 1968: Los nacionalistas, Buenos Aires: Jorge Alvarez.

Nino, C. S. 1992a: Fundamentos de Derecho Constitucional, Buenos Aires: Astrea.

Nino, C. S. 1992b: Un país al margen de la ley. Estudio de la anomia como componente del subdesarrollo argentino, Buenos Aires: Emecé.

Nino, C. S. 1996: Radical Evil on Trial, New Haven und London.

Núñez, S. / Orione, J. 1993: Disparen contra la ciencia. De Sarmiento a Menem, nacimiento y destrucción del proyecto científico argentino, Buenos Aires: Espasa Calpe.

O'Donnell, G. 1978: Burguesía local, capital transnacional y aparato estatal: notas para su estudio, Instituto Latinoamericano de Estudios Transnacionales DEE/D/22, Juli 1978.

O'Donnell, G. 1994: Delegative Democracy, in: Journal of Democracy 5, 55-69.

Ortega y Gasset, J. 1943: El hombre a la defensiva, in: ders., Obras, 2 Bde., Madrid: Espasa Calpe, Bd. 1, 659-679.

Payá, C. / Cárdenas, E. 1978: El primer nacionalismo argentino en Manuel Gálvez y Ricardo Rojas, Buenos Aires: Peña Lillo.

Perón, J. D. 1973: El pueblo quiere saber de qué se trata, Buenos Aires: Freeland.

Perón-Cooke 1971: Correspondencia, 2 Bde. Buenos Aires: Granica.

Porter, Ch. / Alexander, R. 1961: The Struggle for Democracy in Latin America, New York.

Potter, A. 1981: The Failure of Democracy in Argentina 1916-1930: An Institutional Perspective, in: Journal of Latin American Studies 13 (1), 83-109.

Pye, L. W. 1965: Political Culture and Political Development, in: ders. (Hrsg.), Political Culture and Political Development, Princeton, NJ, 3-26.

Rock, D. 1986: Argentina 1516-1987. From Spanish Colonization to the Falklands War and Alfonsín, London: J.B. Tauris.

Rock, D. 1993: Antecedents of the Argentine Right, in: McGee Deutsch, S./Dolkart, R. H. (Hrsg.), The Argentine Right, Wilmington, DE, 1-34.

Rodríguez Molas, R. 1984: Historia de la tortura y el orden represivo en la Argentina, Buenos Aires: EUDEBA.

Rodríguez Molas, R. (Hrsg.) 1985: Historia de la tortura y el orden represivo en la Argentina. Documentos, Buenos Aires: EUDEBA.

Romero, J. L. 1977: Vorwort zu: ders./Romero, L. A., El pensamiento político de la emancipación, Caracas: Biblioteca Ayacucho.

Romero, J. L. 1989: El drama de la democracia argentina, Buenos Aires: Centro Editor de América Latina..

Rouquié, A. 1972: Intégristes et militaires: les tentatives du national-catholicisme en République Argentine, Paris.

Rouquié, A. 1978: Pouvoir militaire et société politique en République Argentine, 2 Bde. Paris: Presses de la Fondation nationale des sciences politiques.

Rouquié, A. 1987: Introducción a la Argentina, Buenos Aires: Emecé.

Sadosky, M. 1977: Interview in: El caso argentino. Hablan los protagonistas, México DF, 51-69.

Sarmiento, D. F. 1977: Facundo (1845), Caracas: Biblioteca Ayacucho.

Sábato, J. F. / Schvarzer, J. 1983: Funcionamiento de la economía y poder político en la Argentina: trabas para la democracia, in: Ibero-Americana, Nordic Journal of Latin American Studies XIII:2, 11-38.

Schmitt, C. 1923: Die geistesgeschichtliche Lage des heutigen Parlamentarismus, München.

Schmitt, C. 1931: Der Hüter der Verfassung, Tübingen.

Schmitt, C. 1934: Nationalsozialismus und Rechtsstaat, in: Juristische Wochenschrift, Heft 12/13 (24./31. März 1934), 713-718.

Schvarzer, J. 1996: La industria que supimos conseguir. Una historia político-social de la industria argentina, Buenos Aires: Planeta.

Sebreli, J. J. 1992: Los deseos imaginarios del peronismo, Buenos Aires: Sudamericana.

Sejenovich, H. / Gallo Mendoza, G. 1995: Pobreza y medio ambiente: el caso de Argentina, in: Hajek, E. R. (Hrsg.), Pobreza y medio ambiente en América Latina, Buenos Aires: CIEDLA, S. 63-121.

Senkman, L. 1991: La Argentina, la Segunda Guerra Mundial y los refugiados indeseables 1933-1945, Buenos Aires: Grupo Editor Latinoamericana.

Sidicaro, R. 1989: Los grandes empresarios argentinos contra el Estado, in: El Bimestre Político y Económico (Buenos Aires) 42.

Sigal, S. / Verón, E. 1986: Perón o muerte. Los fundamentos discursivos del fenómeno peronista, Buenos Aires: Legasa.

Smith, P. H. 1974: Argentina and the Failure of Democracy: Conflicts Among Political Elites, 1904-1955, Madison, Wisconsin: University of Wisconsin Press.

Smith, P. H. 1978: The breakdown of democracy in Argentina 1916-1930, in: Linz, J./Stepan, A. (Hrsg.), The Breakdown of Democratic Regimes in Latin America, Baltimore und London: John Hopkins University Press, S. 3-27.

Sternberger, D. 1986: Die Wahl als bürgerliche Amtshandlung, in: ders., Herrschaft und Vereinbarung, Frankfurt/M., 122-128.

Terán, O. 1979: La Junta Militar y la Cultura – El discurso del orden, in: Cuadernos de Marcha, Segunda Epoca (Montevideo) 1 (2), 49-54.

Torres, J. L. 1945: La década infame, Buenos Aires.

56 *Garzón Valdés*

Verbitsky, H. 1985: Ezeiza, Buenos Aires: Contrapunto.

Verbitsky, H. 1995: El Vuelo, Buenos Aires.

Verbitsky, H. (Hrsg.) 1987: Medio siglo de proclamas militares, Buenos Aires: Editora/12.

Waldmann, P. 1974: Der Peronismus 1943-1955, Hamburg: Hoffmann und Campe.

Waldmann, P. 1978: Ursachen der Guerrilla in Argentinien, in: Staat, Wirtschaft und Gesellschaft Lateinamerikas 15.

Wast, H. (G. Martínez Zuviría) 1935: El Kahal-Oro, Buenos Aires.

Yurkievich, S. 1974: El arte de una sociedad en transformación, in: Bayón, D. (Hrsg.), América Latina en sus artes, México DF: Siglo Veintiuno, S. 173-188.

Osvaldo Guariglia

(mit Graciela Marcos, Francisco Naishtat und Graciela Vidiella)

Zur Lage der Philosophie in Argentinien seit der Wiedererlangung der Demokratie

Einleitung

Mit dem Amtsantritt der Regierung Alfonsín endet eine lange Phase der politischen und kulturellen Geschichte Argentiniens, die von Autoritarismus, Intoleranz und der Vorherrschaft jener fundamentalistischen Denkströmungen geprägt war, die ein halbes Jahrhundert zuvor (1930) zum Tragen gekommen waren und seither – mit Ausnahme der glücklosen Jahre zwischen 1958 und 1966, während der beiden gewaltsam verkürzten Amtszeiten Arturo Frondizis und Arturo Illias – die universitären, wissenschaftlichen und kulturellen Institutionen des Landes dominiert hatten.

Auch die Philosophie konnte sich diesen tiefgreifenden Entartungen des institutionellen und akademischen Lebens nicht entziehen. Zugleich wuchs aber, getragen vom Enthusiasmus und dem Bemühen einzelner Persönlichkeiten und zum Teil mit Hilfe großzügiger Unterstützung durch europäische und US-amerikanische Stiftungen und Regierungen, im Rahmen neuartiger Organisationsformen in privaten Zentren und Vereinigungen eine philosophische Gemeinschaft heran, die praktisch schon am Tag nach der Wiederherstellung der Demokratie an die Öffentlichkeit treten konnte. Zwei private Institutionen verdienen dabei sowohl wegen der Quantität als auch wegen der Qualität ihrer Mitglieder besondere Erwähnung: das *Centro de Investigaciones Filosóficas* (CIF) und die *Sociedad de Análisis Filosófico* (SADAF). Beide bestehen bis heute und ergänzen mit ihrer Arbeit die Aktivitäten der universitären und anderen wissenschaftlichen Einrichtungen, an denen viele ihrer Mitglieder im übrigen eine hervorgehobene Stellung innehatten bzw. weiterhin bekleiden.

1985 gründen Mitglieder von CIF und SADAF die *Asociación Filosófica de la República Argentina* (AFRA), die noch im selben Jahr anläßlich des Interamerikanischen Kongresses in Guadalajara von der *Sociedad Interamericana de Filosofía* anerkannt wird. Zugleich wird der AFRA die Ausrichtung des nächsten Kongresses übertragen, der dann 1989 in Buenos Aires stattfand. Außer Philosophen aus Buenos Aires und La Plata schließen sich der Vereinigung bald auch Professoren und Forscher von anderen Universitäten des Landes ebenso wie eine Reihe von Nachwuchswissenschaftlern an. Seit 1991 finden alle zwei Jahre nationale Kongresse für Philosophie statt, an denen nicht nur eine ständig wachsende Anzahl argentinischer Philosophen, sondern auch Kollegen aus anderen Ländern Lateinamerikas, insbesondere aus Mexiko und den Nachbarländern Brasilien, Uruguay und Chile, teilnehmen.

Und schließlich war schon 1975 von Mitgliedern des CIF die *Revista Latino-americana de Filosofía* gegründet worden, deren erstem Redaktionsausschuß Rafael Braun, Osvaldo Guariglia, Ezequiel de Olaso, Mario Presas und Eduardo Rabossi angehörten. Etwa fünf Jahre später verläßt Rabossi die Redaktion der RLF, und im selben Jahr gründet die SADAF eine neue Zeitschrift, *Análisis Filosófico*, zu deren Herausgeberteam Eugenio Bulygin, Carlos Nino, Raúl Orayen, Eduardo Rabossi und Felix Schuster gehören. Diese beiden Zeitschriften sind seither die Publikationen mit der größten akademischen Bedeutung in Argentinien und gehören aufgrund ihres hohen Niveaus und ihrer strengen Auswahlkriterien zusammen mit *Diánoia* und *Crítica* vom »Instituto de Investigaciones Filosóficas« der UNAM in Mexiko und *Diálogos* vom philosophischen Institut der Universität von Puerto Rico zu den besten spanischsprachigen Zeitschriften des Faches, die sich im übrigen mit den international renommiertesten Zeitschriften durchaus messen können.

Im vorliegenden Bericht will ich mich, um in einem vernünftigen Rahmen zu bleiben, darauf beschränken, diejenigen Teilbereiche der Philosophie in groben Zügen darzustellen, in denen es nach meiner Einschätzung in den vergangenen fünfzehn Jahren demokratischen Lebens von argentinischen Philosophen, die in spanischer Sprache publizieren, originelle Beiträge gegeben hat. Die Verantwortung für die Auswahl liegt selbstverständlich ganz allein bei mir; aber die Abschnitte zu *Geschichte der antiken Philosophie*, *Logik und Handlungsphilosophie* sowie *Ethik und Menschenrechte* wurden von Graciela Marcos, Francisco Naishtat und Graciela Vidiella, drei jungen, vielversprechenden Vertretern der neuen philosophischen Generation, verfaßt. Die Arbeiten von Marcos und Vidiella wurden für die Tagung *100 años de filosofía en la Argentina* geschrieben, die 1996 an der Philosophischen Fakultät der Universität von Buenos Aires anläßlich des hundertsten Jahrestages ihrer Gründung veranstaltet wurde; die Auszüge werden hier wiedergegeben mit freundlicher Genehmigung der Verfasserinnen und der Redaktion der Zeitschrift *Cuadernos de Filosofía*, in der die vollständigen Berichte erscheinen werden. Die Arbeit von Naishtat wurde in der diesjährigen Ausgabe der *Revista de Filosofía* publiziert, und ich bin dankbar für die Genehmigung zum Teilabdruck an diesem Ort. Der Beitrag endet mit einigen Bemerkungen meinerseits zu anderen Teilbereichen des Faches, die in den genannten Berichten nicht behandelt werden und die meines Erachtens Erwähnung verdienen.

Francisco Naishtat: *Formale Logik, Philosophie der Logik und Handlungsphilosophie*

Den originellsten argentinischen Beitrag im Bereich der Logik im betrachteten Zeitraum bildet meines Erachtens das Werk von *Carlos Alchourrón* zur Theorie des Wandels von Überzeugungen.[1] Die entsprechenden Forschungsergebnisse, die im internationalen Schrifttum zur Philosophie der Logik weithin rezipiert wurden, erschienen zunächst teilweise 1982 in der Zeitschrift *Theoria*; aber erst 1985 erhielt die Arbeit ihre Standardfassung in der endgültigen, derzeit vorliegenden Version, die international unter dem Kürzel »AGM« bekannt wurde, das für die Initialen der

---

1 [Carlos Alchourrón verstarb Anfang 1996, kurz vor Vollendung seines 65. Lebensjahres. Anm. d. Hrsg.]

drei Koautoren – Carlos E. Alchourrón, Peter Gärdenfors und David Makinson – steht (vgl. Alchourrón/Makinson 1982; Alchourrón/Gärdenfors/Makinson 1985). Es ist schwierig, wenn nicht gar unmöglich, Aussage und Bedeutung von AGM in wenigen Zeilen zusammenzufassen. Zumindest kann jedoch gesagt werden, daß die Arbeit in den Kontext der von Georg Henrik von Wright inspirierten intensionalen Theorien des Wandels gehört und daß es darum geht, den Wandel von Überzeugungen (in der Interpretation von Gärdenfors) bzw. den Wandel von Theorien im allgemeinen (in der Interpretation von Alchourrón und Makinson) zu formalisieren. Das AGM-Paradigma stellt insofern einen originellen Beitrag dar, der sich nicht auf die logische Syntax des Wandels beschränkt, sondern ausgehend von Modellen, die sich an Modalsemantiken orientieren, auch eine semantische Theorie umfaßt. Inzwischen gibt es zu AGM eine umfangreiche, anregende Literatur, die deren große Bedeutung im Bereich der theoretischen wie der angewandten Logik bezeugt. In Buenos Aires hat eine ganze Reihe von Logikern die AGM-Theorie aus unterschiedlichen Perspektiven rezipiert. Das gilt z. B. für *Gladys Palau,* die unter anderem über die Beziehung zwischen der auf mathematische Entdeckungen angewandten genetischen Epistemologie und der Formalisierung des Wandels in AGM arbeitet.

Im Bereich der Philosophie der Logik erlaube ich mir den Hinweis auf die Beiträge von *Raúl Orayen* und *Alberto Coffa.* Beide gehören in die klassische Fregesche Tradition, die mit den Arbeiten von Thomas Moro Simpson und Gregorio Klimovsky in Argentinien mehrere Jahrzehnte früher als in allen anderen spanischsprachigen Ländern einen deutlichen Entwicklungsschub erfuhr. Orayens Werk geht vom Primat der Ontologie, verstanden als notwendige Dimension logischen Denkens, aus und befaßt sich mit der Lösung klassischer und neuer Probleme der philosophischen Semantik. Alberto Coffa hat sich der ungeheuren Aufgabe gestellt, die semantische Tradition von Kant bis Carnap zu rekonstruieren, und dabei mit höchster Subtilität die verschlungenen Pfade von Bedeutung und Extension nachgezeichnet. Beide Wissenschaftler haben sowohl in Hispanoamerika als auch in den Vereinigten Staaten nachhaltige Wirkung erzielt, was sich unter anderem darin erweist, daß sie etwa von Davidson und Quine hervorgehoben wurden. Im Kontext der Semantik ist außerdem auf die Beiträge von *Gregorio Klimovsky* über die Existenz mathematischer Objekte und von *Alberto Moretti* über Tarskis Semantik der normalen Sprache zu verweisen. Überdies hat *Javier Legris* originelle Beiträge im Bereich der intuitionistischen Semantik, der epistemischen Logik und – in jüngerer Zeit – der Beweistheorie vorgelegt.

Jeder Überblick über die argentinische Philosophie im vergangenen Jahrzehnt wäre unvollständig ohne die Erwähnung des Beitrags von *Carlos Santiago Nino* im Bereich der Rechts-, Moral- und Handlungsphilosophie.[2] Sein Ansatz orientiert sich an der von Rawls im Bereich der Ethik wiederbelebten konstruktiven Sichtweise auf und gehört in die Linie eines epistemologischen Konstruktivismus moralischer Regeln. Daneben hat Nino auch Beiträge zur Analyse der sozio-institutionellen Probleme Argentiniens geleistet, wobei er von der Hypothese ausging, daß die Einhaltung der Normen für Fortschritte in anderen Subsystemen des nationalen Lebens von zentraler Bedeutung sei. Inzwischen hat Ninos Werk an verschiedenen international renommierten Universitäten akademische Anerkennung gefunden –

---

2 [Carlos Nino verstarb 1993 im Alter von kaum fünfzig Jahren völlig unerwartet, während eines Aufenthaltes als Berater für die geplante bolivianische Verfassungsreform in La Paz. Anm. d. Hrsg.]

allen voran die Yale University, an deren Law School er neben der Universität von Buenos Aires lehrte. In Argentinien haben sich außer den Nachwuchsphilosophen, die Schüler Ninos waren, auch Moralphilosophen wie z. B. *Osvaldo Guariglia, Eduardo Rabossi, Martín Farrell* und *Eugenio Bulygin* mit seinen Arbeiten beschäftigt. Da mein eigener Zugang zu Ninos Werk sich auf mein persönliches Interessengebiet –die Handlungsphilosophie – beschränkt, erlaube ich mir den besonderen Hinweis auf seine Monographie *Introducción a la filosofía de la acción humana* (Einführung in die Philosophie des menschlichen Handelns), die, wenn auch weitgehend eine Zusammenfassung der bis 1986 bekannten analytischen Handlungsphilosophie, das erste in Argentinien erschienene ausführliche Werk zu diesem Thema darstellt.

Im Bereich der Handlungstheorie ist überdies der Beitrag von *Osvaldo Guariglia* hervorzuheben, der einen originellen Weg von der praktischen Philosophie genommen hat. Ausgehend von Aristoteles und der Problematik des praktischen Syllogismus greift Guariglia nämlich die Spannung zwischen Mitteln und Zwecken bei Kant und Max Weber wieder auf. Das praktische Problem – was getan werden soll und wie – wird so aus verschiedenen Perspektiven angereichert: aus der aristotelischen, in deren Zentrum eine komplizierte Verbindung zwischen Tugend und Mittelwahl steht; aus der kantischen, die sich auf die moralische Form des Handelns und ihre normativen und deontologischen Aspekte konzentriert; und aus der verstehenden, die von der Dimension des Sinns einer Handlung ausgeht und bei der sich die teleologische und die deontologische Achse, jetzt allerdings auf der Ebene des sozialen Handelns, kreuzen. Guariglias Weg öffnet sich so hin zur sozial-ethischen Dimension des Handelns. Dabei dient ihm der Habermas der *Theorie des kommunikativen Handelns* als Analyserahmen. Guariglias Werk *Ideología, verdad y legitimación* (Ideologie, Wahrheit und Legitimation) aus dem Jahre 1986, in dem sich dieser Weg niederschlägt, wurde vor kurzem mit erheblichen Erweiterungen im Bereich der Auseinandersetzung zwischen Universalismus und Kommunitarismus neu aufgelegt.[3]

Meines Erachtens waren in Argentinien die institutionellen Aktivitäten auf dem Gebiet der Philosophie gerade in dieser post-diktatorialen Phase ganz besonders vielfältig, wenngleich auch sie, wie die ganze argentinische Gesellschaft, den Auswirkungen der unsicheren ökonomischen Situation des Landes ausgesetzt war. Der Nationale Forschungsrat *(Consejo Nacional de Investigaciones Científicas y Tecnológicas,* CONICET) und die staatlichen Universitäten, also jene staatlichen Organisationen, an denen die philosophische Lehre und Forschung in unserem Land überwiegend stattfindet, haben die Auswirkungen der Hyperinflation und des anschließenden wirtschaftlichen Anpassungsprozesses ganz unmittelbar zu spüren bekommen. So gibt es neben der Erfahrung gewisser Höhepunkte infolge eines Aufblühens des philosophischen, logischen und epistemologischen Denkens im Zuge der Normalisierung des argentinischen Universitätslebens und der Rückkehr bedeutender Denker auch die Erfahrung der Abwanderung von Intellektuellen ins Ausland und einer Demoralisierung im akademischen Bereich infolge der Auswirkungen der Wirtschaftskrise. Eine geistige Wüste haben wir deshalb jedoch noch lange nicht. Es ist ganz im Gegenteil bemerkenswert, wie die theoretischen Energien in der Philosophie durch die nachwachsenden Generationen immer wieder

---

3   [Vgl. dazu in deutscher Sprache Guariglia 1995. Anm. d. Hrsg.]

erneuert werden. Die Region von Buenos Aires, La Plata, Córdoba und Rosario ist eine geographische Zone von erstaunlicher geistiger Dynamik im Bereich der Philosophie, die in Südamerika ihresgleichen sucht. Erwähnenswert aufgrund ihrer Qualität und Kontinuität sind in diesem Zusammenhang die Tagungen für Epistemologie und Wissenschaftsgeschichte der Staatlichen Universität Córdoba, die inzwischen zum sechsten Mal in Folge stattfanden und deren Ergebnisse regelmäßig publiziert werden; die seit 1992 alle zwei Jahre stattfindenden Philosophischen Kolloquien der *Fundación Bariloche*, die bisher zu zwei wichtigen Veröffentlichungen geführt haben; die ebenfalls alle zwei Jahre abgehaltenen nationalen Kongresse der *Asociación Filosófica de la República Argentina* (AFRA); die jährlichen Kolloquien der *Sociedad Argentina de Análisis Filosófico* (SADAF) sowie die regelmäßigen Seminare des *Centro de Investigaciones Filosóficas* (CIF).

Argentinien war im übrigen Austragungsort zweier großer internationaler Kongresse für Philosophie, nämlich des Kongresses der Internationalen Vereinigung für Philosophie (Córdoba 1986) und des XII. Kongresses der Interamerikanischen Vereinigung für Philosophie (Buenos Aires 1989).[4] In all diesen Jahren haben die *Revista Latinoamericana de Filosofía* und *Análisis Filosófico* ihren Publikationsrhythmus und ihr hohes wissenschaftliches Niveau beibehalten. Hinzugekommen ist die 1986 gegründete *Revista de Filosofía* sowie zahlreiche speziellere Publikationen in den Bereichen politische Philosophie, Logik, Erkenntnistheorie und Philosophie der Sozialwissenschaften, die für die ständige Verbreitung philosophischer Gedanken in Argentinien sorgen.

Graciela Marcos: *Geschichte der antiken Philosophie*

Ursprüngliche Absicht war es, diejenigen Themen und Probleme zu nennen, zu denen es auf dem Gebiet der antiken Philosophie wichtige Beiträge gegeben hat. Ich habe mich daher entschlossen, zum einen Übersetzungen klassischer Texte ins Spanische von argentinischen Forschern im In- und Ausland und zum anderen Arbeiten zu erwähnen, die originelle Forschungsergebnisse dazu liefern. Es ist jedoch zu betonen, daß diese Unterscheidung mit Vorsicht zu betrachten ist. Sie war zwar von Nutzen, um die für die Darstellung ausgewählten bibliographischen Daten in eine gewisse Ordnung zu bringen, stellt aber selbstverständlich keine Unterscheidung zwischen zwei klar zu trennenden, voneinander unabhängigen Publikationstypen dar, von denen sich der eine darauf beschränkte, einen Text im Wortlaut festzuhalten, während der andere lediglich den Sinn eines Textes erläutern würde – aus dem einfachen Grund, daß die beiden Dinge im vorliegenden Fall nicht voneinander zu trennen sind.

Zweifellos bedeutet das Erscheinen von Platons *Dialogen* in der Biblioteca Clásica Gredos – ab 1981, bisher acht Bände – einen Meilenstein in der Übersetzung klassischer Texte ins Spanische. Das anspruchsvolle Unternehmen, die Gesamtheit des *corpus platonicum* in geschliffenen, textgetreuen Fassungen ins Spanische zu übersetzen, hat die Arbeitskraft einer kleinen Gruppe argentinischer Spezialisten beansprucht, die alle der Philosophischen Fakultät der Universität von

---

4 [Unmittelbar vor Drucklegung dieses Bandes, vom 10.–15. August 1997, fand in Buenos Aires und La Plata außerdem der XVIII. Weltkongreß der Internationalen Vereinigung für Rechts- und Sozialphilosophie (IVR) statt. Anm. d. Hrsg.]

Buenos Aires angehören. Ihren Arbeiten werde ich mich in erster Linie zuwenden. Festzuhalten ist, daß sich in diesen Übersetzungen neben der rein philologischen Anstrengung, die die Beherrschung der griechischen Sprache und des Umgangs mit Textproblemen voraussetzt, auch eine eingehende Kenntnis der antiken Philosophie zeigt.

Für die vorliegenden Zwecke ist zunächst Band II der *Dialoge* interessant, der fünf platonische Schriften der mittleren Epoche enthält. Zwei von ihnen – der *Euthydemos* und der *Menon* – wurden von *Francisco J. Olivieri* meisterlich übersetzt. Hier ist es angebracht, auf die besonderen Schwierigkeiten hinzuweisen, die die Übersetzung insbesondere der ersten dieser beiden Schriften mit sich bringt. Obwohl generell ein Ausdruck bei jedem Vorkommen mit ein und demselben Wort wiedergegeben werden sollte, ist dies im Falle des *Euthydemos* nur schwer möglich, wenn nicht sogar ganz und gar unmöglich, da sich Platon in dieser Schrift in der Absicht, sophistische Haarspaltereien zu entlarven, ein Vergnügen daraus macht, sprachliche Mehrdeutigkeiten auszuloten, die ja in vielen Fällen darauf beruhen, daß sich mehrere Bedeutungen unter der irreführenden Decke eines einzigen Namens verbergen. Umgekehrt bauen Platons Argumente gelegentlich auf Begriffen auf, die gemeinsame semantische Elemente besitzen, jedoch mit unterschiedlichen Termini ausgedrückt werden. Letzteres verlangt vom Übersetzer die – wenn man so will, dem ersten Fall genau entgegengesetzte – Fähigkeit, die Einheit hinter der Vielheit zu erkennen. Die Übersetzung von Platons *Euthydemos* ins Spanische ist demnach eine echte Herausforderung, der sich Olivieri mit Bravour gestellt hat. Seine Leser danken es ihm.

Den nächsten Beitrag eines argentinischen Forschers zu der genannten Edition der Schriften Platons ist enthalten in Band IV der *Dialoge*, der 1988 erschien. Es handelt sich um die Übersetzung des *Staates*, zweifellos einer der wichtigsten Schriften Platons, die von *Conrado Eggers Lan* besorgt wurde.

Des weiteren ist zu verweisen auf Band V der *Dialoge*, der vier wichtige Spätschriften Platons enthält. Drei davon wurden von Argentiniern übersetzt. Es handelt sich um die spanischen Übersetzungen des *Parmenides* und des *Politikos*, beide von *María Isabel Santa Cruz,* und des *Sophistes*, besorgt von *Néstor L. Cordero*. Diese Dialoge sind bekanntlich sehr komplex, so daß ihre Übersetzung eine genaue Kenntnis der späten Lehren Platons verlangt. Ich werde mich hier darauf beschränken, nur die nach meiner Sicht wichtigsten Punkte aus den Arbeiten verschiedener Spezialisten zu erwähnen.

Der *Parmenides* und der *Politikos* sind Schriften, deren Einheit von mehreren Autoren bezweifelt wurde. Santa Cruz ist jedoch dagegen, das typische Gewebe von Fragen, aus dem jeder platonische Dialog besteht, auf irgendeine Weise auseinanderzureißen, und spricht sich entschieden dafür aus, die beiden Schriften jeweils als Einheit zu lesen, weil entweder eine einzige Fragestellung all ihre Verästelungen beherrscht – wie im Fall des *Parmenides* – oder so verschiedene Fragen wie Politik und Methode – wie im Fall des *Politikos* – auf so bewundernswerte Weise miteinander verzahnt sind, daß Platon auch hier, wie schon so oft, die Untrennbarkeit der verwendeten Methode und des Gegenstandes, zu deren Erforschung sie benutzt wird, ausdrücken kann. Diese Sensibilität für die Einheit der Schriften Platons ist folglich nach meinem Verständnis der bemerkenswerteste Aspekt der

Arbeit von Santa Cruz, der wir hervorragende Übersetzungen von zwei der anregendsten und komplexesten Schriften des späten Platon verdanken.

Der gleiche Band enthält, wie schon gesagt, auch die Übersetzung des *Sophistes* von Néstor L. Cordero, der seit vielen Jahren in Frankreich lebt. Der herausragendste Zug seiner Übersetzung ist meines Erachtens zweifellos seine Fähigkeit, möglichst nahe am übertragenen Text zu bleiben, um so – in seinen eigenen Worten – weniger »den strahlenden Gesang ... des Übersetzers« als vielmehr »die (vielleicht zitternde) Stimme Platons« hörbar zu machen.

Und schließlich ist im Zusammenhang mit dieser spanischen Ausgabe der *Dialoge* die untadelige Übersetzung des *Timaios* aus Band VI (1992) zu erwähnen, die von *Francisco Lisi* besorgt wurde, der seit langem im Ausland – derzeit in Salamanca – lebt.

Weiterhin von Bedeutung für unsere Zwecke ist die kommentierte Übersetzung der *Physik* des Aristoteles. Zwei der auf vier Bände angelegten vollständigen Übersetzung sind bisher bei Biblos erschienen. Der erste, 1993 publizierte Band enthält die Übersetzung von Buch I und II, besorgt von *Marcelo Boeri;* für den zweiten, 1995 erschienenen Band, der Buch III und IV enthält, zeichnet *Alejandro Vigo* verantwortlich. Beide haben einer detaillierten Interpretation den Vorzug vor einer mehr allgemeinen Information über Aristoteles' Auffassung von der Physik gegeben, mit der Begründung, daß sich der Leser letztere schließlich mit Hilfe eines guten Handbuchs selbst erschließen könne. Der ausführliche Kommentar dagegen wirft nicht nur durch scharfsinnige interpretative Paraphrasen ein klares Licht auf den Text, sondern bietet oftmals auch Antworten auf manche der Probleme, die die Lektüre aufwirft, und enthält überdies auch zahlreiche Verweise – auf andere aristotelische Texte, alte Kommentare oder aktuelle Diskussionen –, die das Verständnis der Argumente erleichtern. Insgesamt handelt es sich also um eine äußerst verdienstvolle Arbeit, die, wenn sie mit dem Erscheinen der beiden anderen Bände abgeschlossen sein wird, wohl die erste kommentierte Übersetzung der *Physik* ins Spanische sein wird.

Zum Schluß will ich noch auf einige Arbeiten von argentinischen Wissenschaftlern hinweisen, die in den letzten Jahren über Themen der klassischen Philosophie publiziert wurden. Aus Platzgründen und da es nicht meine Absicht ist, hier erschöpfende Informationen zu liefern, werde ich nur einige wenige Arbeiten nennen, und zwar in der Reihenfolge ihres Erscheinens. Dies mag eine Vorstellung davon vermitteln, welche Themen und Fragestellungen in den letzten Jahren behandelt wurden.

1991 erscheint *La noción de dios en el Timeo de Platón* (Der Gottesbegriff in Platons Timaios) von *Gabriela R. Carone* (bei R. Sassone). Es handelt sich um eine zunächst Anfang 1989 bei der Philosophischen Fakultät der Universität von Buenos Aires vorgelegte Magisterarbeit, die ohne größere Veränderungen publiziert wurde. Die Arbeit ist in drei Kapitel gegliedert, in denen jeweils auf diejenigen Passagen aus dem Timaios eingegangen wird, die für den untersuchten Begriff für bedeutsam gehalten werden, wobei aber selbstverständlich auch andere Schriften Platons – insbesondere aus der späten Epoche – zum besseren Verständnis herangezogen werden.

1992 bringt Centro Editor de América Latina das zweibändige Werk *Etica y política según Aristóteles* (Ethik und Politik nach Aristoteles) heraus. In neun

Kapiteln hat hier *Osvaldo Guariglia* die Früchte langjähriger Forschungen zur praktischen Philosophie des Aristoteles versammelt und systematisch dargestellt.[5] Ich habe dieses Buch an anderer Stelle eingehend besprochen und beschränke mich daher hier auf den Hinweis, daß es sich um ein dichtes, sorgfältig argumentierendes Werk handelt, dessen Lektüre Vorkenntnisse über die ethischen Schriften des Stagiriten verlangt. Hinzuzufügen ist, daß von allen bisher von mir genannten Arbeiten die von Guariglia die Aktualität der antiken Philosophie vielleicht am deutlichsten enthüllt, weil sie Probleme der aktuellen praktischen Philosophie, in denen der aristotelische Einfluß sichtbar wird, explizit entwickelt.

1994 erscheint bei Júcar (Madrid) *María Luisa Feménias' Cómo leer a Aristóteles* (Aristoteles lesen). Das Werk hat fünf Kapitel, die einen klaren und zugänglichen Gesamtüberblick über die aristotelische Philosophie enthalten. Nach einer kurzen biographischen Notiz und einigen Bemerkungen zur Gesamtheit des *corpus* (Kap. I), behandelt Kap. II Aspekte der Kritik, die Aristotcles gegen seinen Lehrer vorbringt; außerdem enthält es eine Annäherung an Schlüsselbegriffe wie »Akt« und »Potenz«, »Substanz« und »Akzidenz«, »Genus« und »Spezies« sowie an das Problem der Sprache und an die Bedeutung der Kategorien. Kap. III-IV behandeln Themen der praktischen Philosophie aus der *Nikomachischen Ethik* bzw. das epistemologische Programm der *Zweiten Analytik*. Das letzte Kapitel enthält eine kurze Analyse und einen Kommentar zur *Metaphysik* A 1.

Und schließlich will ich *Conrado Eggers Lans* 1995 bei Eudeba erschienenes *El nacimiento de la matemática en Grecia* (Die Entstehung der Mathematik in Griechenland) erwähnen. Der Band versammelt mehrere Aufsätze, deren erster – der zeitlich der letzte ist und dem Buch den Titel gibt – bestimmte Grundbegriffe für die Erzählung einer Geschichte der griechischen Mathematik präzisiert. Insgesamt soll gezeigt werden, wie zu Beginn des klassischen Griechenland Philosophie und Wissenschaft zusammenhingen, was erklärt, warum man die Entwicklung der einen ohne die der anderen kaum verstehen kann. Daneben geht es dem Autor auch darum, die Rolle des Pythagoras bei der Lösung einiger Hauptprobleme der griechischen Mathematik und Philosophie zu entmythifizieren.

Graciela Vidiella: *Ethik, Demokratie und Menschenrechte*

Der neue Wind, der Ende 1983 zu wehen begann, trug neue Themen in die Philosophische Fakultät der Universität von Buenos Aires. Auf dem Gebiet der Philosophie entstanden in der Folge Arbeiten über die zwei Problembereiche, die die Öffentlichkeit in ihrem Bann hielten: Demokratie und Menschenrechte. Aus ethischer Sicht war die bevorzugte Herangehensweise an diese Themen die Frage nach der Möglichkeit ihrer Begründung. Gibt es in einer postmetaphysischen Zeit, in der die Vernunft ihre Fehlbarkeit erkannt und sich wieder einmal der Selbstkritik unterzogen hat und in der sich alles am Horizont der Kontingenz aufzulösen scheint, einen Weg zur Rechtfertigung bestimmter Errungenschaften, die wir Argentinier – zumindest in jener strahlenden Anfangszeit der Demokratie – nicht mehr aufzugeben bereit schienen (wie z. B. die Geltung gewisser Grundrechte

---

5 [Eine frühe Monographie des Autors zu Aristoteles erschien zunächst in deutscher Sprache: vgl. Guariglia 1978. Anm. d. Hrsg.]

sowie eines Systems, das sie gewährleistet), ohne in irgendeinen Fundamentalismus zu fallen?

Im folgenden will ich – zwangsläufig in sehr vereinfachter und schematischer Form – die Beiträge vorstellen, die drei argentinische Philosophen zu diesen Fragen vorgelegt haben: *Eduardo Rabossi, Carlos S. Nino* und *Osvaldo Guariglia*. Um den Lesern, die mit ihren Positionen nicht vertraut sind, das Verständnis zu erleichtern, werde ich zunächst ganz allgemein die unterschiedlichen Standpunkte einordnen, von denen sie jeweils an die Themen herangegangen sind.

Rabossi hat sich mit den Menschenrechten aus einer ausdrücklich nicht auf Begründung ausgerichteten Perspektive befaßt, da er, wie wir sehen werden, das Bemühen um Begründung heutzutage für nutzlos hält. Sein Hauptinteresse zielt darauf ab, eine begriffliche Analyse der Menschenrechte zu liefern, die dabei helfen kann, ein neues theoretisches Paradigma für eine angemessene Auffassung von den Menschenrechten zu erarbeiten. Dagegen teilen Nino und Guariglia – trotz wichtiger Unterschiede in ihren Ansätzen – das, was Rabossi ein »fundationistisches«, d. h. begründungsorientiertes Paradigma nennt. Es beruht auf einer prozeduralen Rekonstruktion der praktischen Vernunft und auf der Anerkennung der diskursiven Dimension der Moral. Ausgehend von diesem gemeinsamen Grund bietet jeder der beiden Autoren seine eigene Rechtfertigung bestimmter Grundrechte sowie der Demokratie. Nino geht dabei vom »epistemologischen Konstruktivismus« aus, Guariglia vom »dialogischen Universalismus«.

Zunächst also zu *Eduardo Rabossi*. Aus mehreren Arbeiten, die er zum Thema Menschenrechte vorgelegt hat, wähle ich hier eine für die Darstellung aus, nämlich *El fenómeno de los derechos humanos y la posibilidad de un nuevo paradigma teórico* (Das Phänomen der Menschenrechte und die Möglichkeit eines neuen theoretischen Paradigmas). Er vertritt darin u. a. zwei Thesen. Die erste These besagt, daß sich ab 1948 – dem Jahr der Verabschiedung der Allgemeinen Erklärung der Menschenrechte – ein neues, ganz eigenartiges historisches Phänomen zeige, das er das »Phänomen der Menschenrechte« (im folgenden: PdM) nennt. Dies erfordere – so die zweite These – einen »theoretischen Paradigmenwechsel«, um das neue, komplexe Faktum angemessen zu begreifen. Die erste These bezieht sich also auf einen qualitativen Wandel, der in unserer Zeit stattgefunden habe. Dieser Wandel reflektiere das Vorliegen eines universalen Konsenses über ein Gefüge von Grundwerten und -prinzipien, deren Kern die Ideen der Gleichheit, Gerechtigkeit, Würde und Freiheit ausmachten. Die Positivierung dieses Konsenses sei das Ergebnis des Entstehens einer globalen Gesellschaft, die die reale – nicht bloß ideelle – Möglichkeit suche, auf der Grundlage einer übereinstimmenden Vorstellung von den dafür notwendigen materiellen, organisatorischen und prozeduralen Bedingungen eine bessere Welt zu errichten. Für Rabossi impliziert dabei das Vorliegen eines Konsenses nicht unbedingt, daß das gemeinsam Angestrebte auch erreicht wird, sondern lediglich die Absicht, es zu erreichen, auch wenn es – manchmal unüberwindbare – Hindernisse für die Umsetzung gebe. Insofern deuteten sowohl die Allgemeine Erklärung der Menschenrechte als auch die nachfolgende Rechtsetzung an, daß es bezüglich dieses gemeinsamen Ideals einen breiten faktischen Konsens gebe. Mit dem Hinweis, daß das Phänomen der Menschenrechte historisch einzigartig sei, will Rabossi ausdrücken, daß das, was sich seit 1948 ereignet hat, eine begriffliche Wendemarke zu konstatieren erlaubt, die alles, was vor diesem Datum geschah, in den Bereich der Prähistorie verweist, da hier zum ersten Mal freiwillig und ausdrücklich von der Mehrheit der Menschheit durch ihre Regierungen einem System von Grundprinzipien zugestimmt wurde. Diese Tatsache mache deutlich – und damit kommen wir zur zweiten These –, daß wir jetzt ein neues theoretisches Paradigma benötigen, das die alten Paradigmen, die dieses neue Phänomen nicht zu erklären vermögen, ablösen kann. Seiner Meinung nach gibt es drei traditionale Herangehensweisen an das Thema der Menschenrechte: die normativistische, die sozio-historische und die fundationistische. Ich werde mich im folgenden ausschließlich auf die letzte beziehen, da die beiden anderen hier behandelten Autoren ihr nahestehen.

Theoretischer Gegenstand des Fundationismus seien die Menschenrechte (bzw. Rechte im allgemeinen), die einer rationalen Rechtfertigung bedürften, welche auf einen ganz anderen Gegenstandsbereich zurückführe, nämlich auf den einer Theorie der Bedürfnisse, auf die Sphäre der Moral oder auf den Bereich der Theologie. Rabossi meint jedoch, daß das fundationistische Paradigma nicht in der Lage sei, den ganzen Reichtum der vom PdM bedingten, historisch gegebenen Wirklichkeit zu erfassen, da es ebenso wie die klassische liberale Theorie ausschließlich von der Frage nach der Legitimation individueller Rechte »besessen« sei. Im übrigen sei mit der Positivierung eines Konsenses über ein Grundsystem von Werten und Prinzipien die Aufgabe der Begründung obsolet geworden. Welchen Nutzen sollte es haben – so fragt sich der Autor –, die Menschenrechte zu begründen, wenn allgemeine Übereinstimmung darüber herrscht, daß sie einzuhalten sind? Der beste Weg für ihre Legitimierung sei es aufzuzeigen, daß es einen universalen Konsens gibt. Nach Rabossis Verständnis muß ein neues theoretisches Paradigma her, dessen Gegenstand das PdM sei und dessen Möglichkeitsbedingungen in der Interdisziplinarität, der Fähigkeit zur Identifizierung realer Probleme und zur Erarbeitung angemessener Lösungen sowie der Bereitschaft zur Einführung einer ernsthaften politischen Praxis in diesem Sinne bestünden.

Dieser Ansatz hat nach meinem Dafürhalten den grundlegenden Vorzug, einen im Vergleich mit früheren Ansätzen sehr viel reicheren, nuancierteren Überlegungsraum zu eröffnen, der nicht nur dem Verständnis der Menschenrechte dienen, sondern auch ihrer Verwirklichung Impulse verleihen kann. Nicht haltbar scheint mir dagegen die Vorstellung, daß man die Perspektive der Rechtfertigung aufgeben solle. Selbst wenn man das Vorliegen eines Konsenses mit den beschriebenen Eigenschaften einräumt, scheint doch die Aufgabe der Begründung keineswegs sinnlos. Das hängt zusammen mit einem Problem, das allen konsensualistischen Thesen gemein ist: Bestreitet man den kritischen Aspekt, der einer prinzipienorientierten Theorie innewohnt, dann kann man auch die Legitimität jedes *de facto* erreichten Konsenses nur noch verteidigen, indem man auf seine historische, immer prekäre und im Wandel begriffene Dimension verweist.

Anders als Rabossi meint *Carlos Nino,* daß den Menschenrechten unabhängig von faktischen Konsensen und den jeweils bestehenden Institutionen universelle Gültigkeit zukommt.[6] Die große Bedeutung dieser Rechte, die er als »eine der größten Erfindungen unserer Zivilisation« bezeichnet, mache es notwendig, daß die Menschheit ein moralisches Bewußtsein von ihrem Wert und von der Abscheulichkeit allen Verhaltens, das ihnen zuwiderläuft, entwickelt. Die Philosophie kön-

6   [Vgl. dazu in englischer Sprache Nino 1991. Anm. d. Hrsg.]

ne zur Ausbildung dieses moralischen Bewußtseins beitragen, indem sie erstens vermittels rationaler Diskussion die Legitimität dieser Rechte deutlich macht und zweitens mit Hilfe guter Gründe das politische System rechtfertigt, das ihre Umsetzung am besten gewährleiste, nämlich die Demokratie. Ich werde mich hier nur mit dem zweiten Aspekt befasen. Für Nino ist die Demokratie das System, das die Einhaltung der Menschenrechte am besten gewährleistet, da zwei Funktionen untrennbar mit ihr verbunden seien: sie fördere die Verbreitung des moralischen Diskurses und sei zugleich ein Ersatz dafür, wobei dessen Möglichkeitsbedingung gerade die Menschenrechte seien. Nino beschreibt die Moralität als eine soziale Aktivität, die Konflikte verringern und Kooperation erleichtern solle und deren wichtigstes Merkmal es sei, daß sie diskursiv, mit Hilfe von Argumenten operiert, die ohne Zwang akzeptiert werden. Der moralische Diskurs sei eine Technik, die dazu führen solle, auf der Grundlage eines Konsenses über moralische Gründe zu einer Übereinstimmung in bestimmten Verhaltensweisen zu kommen, und ziele letztlich darauf ab, einen einstimmigen Konsens über bestimmte Prinzipien zu erzielen, die als Letztbegründung für Handlungen und Institutionen dienen könnten. Damit aber der erzielte Konsens nicht bloß ein zufälliges oder »prudentielles« Ergebnis sei, müsse der Diskurs gewissen Verfahrensregeln genügen, die bestimmten, welche Gründe moralische Gründe sind – wie z. B. diejenige, die besagt, daß jedes Prinzip von einem unparteilichen, von den betroffenen Interessen abgekoppelten Standpunkt aus annehmbar sein müsse. Kriterium für die Gültigkeit sei demnach die *hypothetische* Annehmbarkeit eines Prinzips oder einer Menge von Prinzipien, die unter Bedingungen der Unparteilichkeit, Rationalität und vollkommenen Information über relevante Fakten Akzeptanz finden würden. Das bedeute, daß Teilnehmer an einer Diskussion, die den Verfahrensregeln genügt, die Legitimität ihrer jeweiligen Interessen nur dann vertreten könnten, wenn sie zeigen könnten, daß sie von einem Prinzip gestützt werden, das unter solchen Umständen akzeptiert werden würde. Diese Eigenschaften bedingten, daß Prinzipien der Moral nicht als Ergebnis einer tatsächlichen Auseinandersetzung anzusehen seien, sondern als solche eines idealen Konsenses, der die Funktion habe, tatsächliche Diskussionen zu kontrollieren. Nach dem von Nino vertretenen epistemischen Konstruktivismus führen moralische Auseinandersetzungen zur Entdeckung universaler Prinzipien, die unter Bedingungen idealer Rationalität anerkannt werden würden. Sie seien daher die geeignete Methode für eine Annäherung an die moralische Wahrheit, die allerdings – *à la* Rawls – vom Diskursverfahren nicht völlig unabhängig sei.

Nun sei aber – und damit kommen wir zur Demokratie – der moralische Diskurs, selbst wenn er wirksam Konflikte lösen und Kooperation erleichtern mag, manchmal nicht einsetzbar, weil er zeitlich unbegrenzt ist: Er ist zu jedem Thema erst dann abgeschlossen, wenn Einstimmigkeit erzielt ist. Im wirklichen Leben ließen sich jedoch viele Entscheidungen nicht auf unbestimmte Zeit hinauszögern. Folglich sei es wichtig, Bedingungen für die obligatorische Herbeiführung von Entscheidungen festzulegen. Das Entscheidungsfindungssystem, das den Anforderungen eines moralischen Diskurses am nächsten komme, sei die Demokratie, in der Einstimmigkeit durch Mehrheitsentscheidungen ersetzt ist. Man beachte, daß Nino hier den epistemischen Wert, den er dem moralischen Diskurs zuschreibt, auf die Demokratie überträgt. Das bedeute, daß der jeweils erzielte Mehrheitskonsens umso größere Kraft habe, je rationaler die vorgebrachten Argumente gewesen und je mehr die Verfahrenregeln des Diskurses eingehalten worden seien und je mehr Menschen am Diskurs teilgenommen hätten. Werde ein Handlungskurs mit Zustimmung von 80% der Leute entschieden, so sei anzunehmen, daß darin mehr divergierende Interessen zum Tragen kommen, als wenn er von lediglich 51% unterstützt worden wäre. Gleichfalls sei anzunehmen, daß eine solche Mehrheit der moralischen Wahrheit näher komme als eine Mehrheit von nur 51%.

Die von Nino vorgeschlagene Rechtfertigung der Demokratie wurde wegen der Folgen, die sich daraus ergeben, daß man ihr epistemischen Wert zuschreibt, wiederholt kritisiert. Zu den Autoren, die darauf hingewiesen haben, gehört *Osvaldo Guariglia*. Seiner Meinung nach ist der Irrtum, der Ninos Theorie zugrunde liegt, daß Nino anzunehmen scheint, daß jede demokratische Entscheidung vor der Alternative steht, entweder moralisch oder unmoralisch, oder doch wenigstens immer mehr oder weniger moralisch zu sein, so daß es für divergierende, aber gleichzeitig moralische oder für moralisch indifferente Alternativen keinen Platz gibt. Guariglias eigene Rechtfertigung der Demokratie – mit der ich mich jetzt befassen will – versucht, diese Schwierigkeit zu vermeiden. Wie Nino stellt auch Guariglia eine intrinsische Beziehung zwischen Demokratie und Moralität her. Sein theoretischer Rahmen ist jedoch kein konstruktivistischer, sondern gehört in einen dialogischen kantischen Universalismus, der Habermas nähersteht als Rawls.

Zentraler Kern seines Vorschlags ist folgendes: Die Demokratie ist die politische Regierungsform, die am besten von allen die Geltung des Moralsystems gewährleistet und die Entwicklung der Individuen, verstanden als reife Personen mit der Fähigkeit zur Argumentation, fördert. Ich will im folgenden – wenn auch in äußerst vereinfachter Form, da ich hier aus Platzgründen nur eine sehr knappe Zusammenfassung von Guariglias bisher letztem Buch *Moralidad: ética universalista y sujeto moral* (Moral: universalistische Ethik und moralisches Subjekt) geben kann – die Hauptbegriffe dieser These vorstellen.

Ausgehend von der Annahme, daß seit Kant die Idee der 'Person' den normativen Grundbegriff der Moral bilde, verbindet Guariglia ihn mit zwei materiellen Prinzipien der Gerechtigkeit, die die universalsten und elementarsten Inhalte explizierten, die in jedem moralischen Urteil vorausgesetzt seien. Das erste, das der *negativen Freiheit*, sei ein einschränkendes Prinzip, das die Interaktion der Subjekte in einer Gesellschaft regele und solche Interaktionen verbiete, die auf Zwang oder erzwungene Zustimmung gegründet seien. Es laute folgendermaßen: *Kein Mitglied der Gesellschaft soll jemals unter Anwendung von Gewalt irgendeiner Art in das Handeln eines anderen Mitglieds eingreifen oder durch die Anwendung von Gewalt erzwungene Zustimmung zur Befriedigung seiner eigenen Interessen zu erlangen suchen.* Das zweite Prinzip, das der *Gleichheit*, diene dazu, bei den Interaktionen Unparteilichkeit zu gewährleisten, indem es verfüge: *Jedes Mitglied der Gesellschaft soll immer die gleichen Rechte wie jedes andere ihrer Mitglieder haben. Ungleichheiten zwischen ihnen dürfen nie mit einem bloß zahlenmäßigen Unterschied der Personen begründet werden.*

Die beiden Prinzipien bestimmten ihrerseits ein Kriterium der Unakzeptierbarkeit (KU): *Unakzeptierbar sind Normen, die die Prinzipien I und II nicht unmittelbar erfüllen oder die durch eine ihrer absehbaren Folgen zu Interaktionen führen, welche einen Zustand herbeiführen,* der in irgendeiner Hinsicht dem widerspricht, was *beide Prinzipien* verlangen. Festzuhalten sei, daß sich dieses Kriterium darauf beschränke, die Unakzeptierbarkeit von Normen oder Handlungen festzulegen, die die Prinzipien der Gerechtigkeit nicht erfüllen, so daß eine breite Marge von Handlungen bleibe, die auch moralisch indifferente umfasse. In einer demokratischen Gesellschaft wären folglich alle demokratisch erlassenen Normen korrekt, die unter Beachtung der Regeln der parlamentarischen Debatte das KU erfüllen. Die Tasache, daß eine Norm in einem bestimmten Augenblick verabschiedet und ihr Gegenteil abgelehnt wird, reflektiere nur den momentanen Stand der Diskussion und der Mehrheitsmeinung, ohne daß dies, wie Nino meint, Behauptungen über die moralische Qualität erlaube. Moralität oder Immoralität könne sich nur auf die verfahrensmäßige Korrektheit oder Unkorrektheit der Diskussion und Verabschiedung der Norm beziehen.

Allerdings könne es sein, daß zwei widersprüchliche Normen zwar gleichermaßen moralisch, aber doch im Hinblick auf die legitimen Interessen der Bürger nicht gleichermaßen fair seien. Damit die Bürger nämlich die negativen Rechte, die ihnen das erste Prinzip verleiht, angemessen ausüben und die Gleichbehandlung, die ihnen das zweite zuspricht, wirklich herstellen können, müßten sie außerdem bestimmte positive Rechte genießen, die sie in die Lage versetzen, ihre eigenen Interessen im beschränkten Rahmen der Prinzipien der Gerechtigkeit zur Geltung zu bringen. Also ergebe sich aus ihnen ein Korollar, das Prinzip der Autonomie: *Jedes Mitglied der Gesellschaft soll die gleichen Chancen besitzen, reife Fähigkeiten zu entwickeln, die es ihm erlauben, von seinen Rechten Gebrauch zu machen und seine Ansprüche argumentativ geltend zu machen.* Damit ist ein Kriterium der Fairneß vorgegeben, das die Grenzen legitimer Ansprüche der Menschen gegenüber der Gesellschaft festlegt, indem es das Recht jedes Mitglieds auf die Gewährleistung gleicher Chancen zur Entwicklung von Mindestfähigkeiten formuliert, die es zu einem Wesen machen, das zur reifen Selbstbestimmung in der Lage ist.

Mit dem Prinzip der Autonomie will Guariglia einen Fehler universalistischer Ethiken korrigieren, der von kommunitaristischen Kritikern wiederholt aufgezeigt wurde, nämlich ihre Abkopplung von den Idealen des guten Lebens. Dies ist der Punkt, an dem der Vorschlag den Bezug zur zweiten großen Tradition der westlichen Ethik – der aristotelischen – herstellt. Das dritte Prinzip ermögliche es nämlich, durch die Einführung eines formalen Begriffs vom Guten ein objektives Kriterium für die Hierarchie konfligierender Ansprüche – die zur Selbstbestimmung befähigte Person – anzugeben, das von partikularen Auffassungen unabhängig sei. Die Bedingung, die es uns erlaube, diesen Begriff zu finden, sei die Klugheit. Diese bestehe seit Aristoteles in der wertenden Fähigkeit der praktischen Vernunft, durch die wir die Vernünftigkeit unserer Entscheidungen begründen, indem wir partielle Güter im Hinblick auf unseren Lebensplan abwägen. Wie schon gesagt, könnten zwei widersprüchliche Normen gleichermaßen moralisch, aber nicht gleichermaßen fair sein. Die Aufgabe der Vernunft in der demokratischen Debatte bestehe gerade darin, eine intersubjektive Kritik von Lebensidealen im Hinblick auf die Fairneß des Ganzen zu ermöglichen. Der gleiche Deliberationsprozeß, den eine Person für sich vollziehe, finde auch in der öffentlichen Deliberation statt. Die in die Debatte eingebrachten Vorschläge unterschieden sich durch den Grad der Allgemeinheit der Interessen, die sie vertreten. Der Vorschlag, dem es in einem bestimmten Augenblick gelingt, die allgemeinsten Bedürfnisse mit den

besten Argumenten darzustellen, scheine am fairsten zu sein und könne mit der
Zustimmung der Mehrheit rechnen, da er vermutlich den legitimen Interessen der
größten Anzahl von Bürgern im Hinblick auf das formale Ideal der Selbstbestimmung Vorrang einräume.

Der Beitrag der argentinischen Philosophie in den Bereichen der Rechtsphilosophie und der Geschichte des Skeptizismus

Wenngleich die Rechtsphilosophie auf eine philosophische Tradition verweisen
kann, die bis zu den Anfängen der Moderne zurückreicht, entsteht doch die zeitgenössische Rechtstheorie im engeren Sinne erst mit den grundlegenden Schriften
von Hans Kelsen, Alf Ross und H. L. A. Hart. Diese positivistische Tradition, die
die Probleme der Rechtstheorie auf eine ganz neue Weise untersucht und eine
rigorose Auffassung des logischen Charakters der Normen und ihrer Beziehungen
zueinander in der Gesamtheit eines Rechtssystems bietet, wurde an der Juristischen
Fakultät der Universidad Buenos Aires seit Mitte der fünfziger Jahre von *Ambrosio
Gioja* rezipiert, um den sich dann eine Gruppe von Studierenden und Forschern
bildete, der unter anderem *Genaro Carrió, Carlos Alchourrón, Eugenio Bulygin,
Ernesto Garzón Valdés, Eduardo Rabossi* und *Roberto Vernengo* angehörten.

Dies war der Kern dessen, was der spanische Rechtsphilosoph Manuel Atienza
(1984) die »Argentinische Schule der Rechtsphilosophie« genannt hat.[7] Insbesondere durch das international anerkannte Werk Alchourróns und Bulygins sowie
Carlos Ninos hat diese »Schule« verdientermaßen einen hohen Bekanntheitsgrad in
der Disziplin erlangt.[8] Eine Sammlung der Arbeiten von Alchourrón und Bulygin
wurde in spanischer Sprache in dem Band *Análisis lógico y Derecho* (Logische
Analyse und Recht) 1991 vom »Centro de Estudios Constitucionales« in Madrid
publiziert. Neben zahlreichen Aufsätzen in englischer und deutscher Sprache liegt
auch eines ihrer gemeinsamen Hauptwerke seit langem in englischer Sprache vor
(Alchourrón/ Bulygin 1971), so daß es nicht mehr nötig ist, diese beiden Autoren –
die übrigens einen großen Teil ihrer Arbeiten gemeinsam veröffentlicht haben –
einem nicht-spanischsprachigen Publikum vorzustellen.[9] Das Hauptwerk von Carlos Nino wurde weiter oben schon besprochen; es liegt ebenfalls in englischer
Übersetzung bei Oxford University Press vor (Nino 1991). Ich will daher hier zwei
weitere Mitglieder der Gruppe hervorheben, die sich im Laufe der Zeit von der
strikt positivistischen Einstellung, wie sie von Alchourrón und Bulygin bis zuletzt
vertreten wurde, gelöst und – ähnlich wie Nino – zunehmend mit Themen der
normativen Ethik (sowohl aus dem Umfeld des Rechts als auch eigenständiger Art)
befaßt haben, wobei sie originelle Positionen bezogen.

Zunächst ist hier *Ernesto Garzón Valdés* zu nennen, der seit mehr als zwei
Jahrzehnten in Deutschland lebt,[10] jedoch den Kontakt mit der spanischsprachigen

---

7   [Einen Einblick in die argentinische Rechtsphilosophie in deutscher Sprache gibt Bulygin/Garzón
     Valdés 1987. Anm. d. Hrsg.]
8   [Vgl. z. B. den zu Ehren von Alchourrón und Bulygin erschienenen Band Garzón Valdés u. a. 1997, der
     35 Beiträge von Autoren aus Argentinien, Belgien, Canada, Deutschland, Finnland, Frankreich, Groß-
     britannien, Italien, den Niederlanden, Norwegen, Österreich, Schweden und den USA enthält; außer-
     dem Makinson 1996. Anm. d. Hrsg.]
9   [Der genannte Band liegt seit einigen Jahren auch in deutscher Übersetzung vor: Alchourrón/Bulygin
     1994. Anm. d. Hrsg.]
10   [In deutscher Sprache vgl. neben zahlreichen Aufsätzen, u. a. in *Rechtstheorie* und *Archiv für Rechts-*

Welt in dieser Zeit u. a. durch Gastprofessuren an spanischen und mexikanischen Universitäten sowie zahlreiche Publikationen, die vor einigen Jahren in spanischer Sprache in einem monumentalen Sammelband erschienen (Garzón Valdés 1993), unermüdlich gepflegt hat. Der schon genannte Manuel Atienza, der den Band mit einer bemerkenswerten zusammenfassenden Rekonstruktion des von Garzón Valdés entwickelten Moralsystems (des sogenannten »EGV-Systems«) einleitet, beschließt seine Darstellung mit folgenden Worten: »Herausragendes Merkmal der Moralphilosophie von Ernesto Garzón Valdés scheint mir seine Nähe zu Kant. Man sieht unschwer, daß sich das ganze EGV-System im Grunde um die kantischen Begriffe der Universalität, Würde und Autonomie dreht, also um die drei klassischen Formulierungen des kategorischen Imperativs. Ich wage sogar zu behaupten, daß das System zumindest in manchen Teilen ein gewisses Maß an ethischem Rigorismus widerspiegelt und vielleicht auch etwas von Kants methodologischem Individualismus (etwa in der Betonung der Grenzen des Konsenses als Kriterium für moralische Richtigkeit).«

Der zweite Philosoph, den ich hier erwähnen möchte, ist *Martín D. Farrell;* er gehört wie Carlos Nino zu einer jüngeren Generation der »Argentinischen Schule der Rechtsphilosophie«. Seit dem Beginn seiner wissenschaftlichen Tätigkeit nimmt Farrell eine Position ein, die entschieden an einer ganz bestimmten aufgeklärten ethischen und rechtlichen Tradition ausgerichtet ist, die auf besondere Weise in der angelsächsischen Welt geprägt wurde, nämlich am Utilitarismus. Aus dieser Perspektive hat Farrell Fragen der Begründung des Rechts – insbesondere der Grundrechte, des Liberalismus und der Demokratie – sowie Probleme der angewandten Ethik – vor allem zur Abtreibung und zur Sterbehilfe – analysiert. Von besonderer Bedeutung sind seine beiden allgemeinen Darstellungen der genannten philosophischen Richtung, in denen er nicht nur die verschiedenen aktuellen Strömungen des Utilitarismus mit großer Detailkenntnis vorstellt, sondern zum Schluß auch seine eigene Position eines gemäßigten Utilitarismus entwickelt, der zugunsten der Grundrechte des Liberalismus bestimmte extreme Schlußfolgerungen aus dem utilitaristischen Kalkül der globalen Interessenbefriedigung abschwächt (Farrell 1983; 1994).

Ein anderer Forschungszweig, zu dem argentinische Philosophen eine Reihe origineller Beiträge vorgelegt haben, ist das Gebiet der Geschichte der modernen Philosophie, insbesondere seit der Transformation, die diese infolge der Einflüsse der Themen und Methoden der zeitgenössischen Analytischen Philosophie erfahren hat. In diesem Zusammenhang gewann ein bislang wenig beachtetes und bearbeitetes Thema mit der Zeit unerwartete Bedeutung: das des Skeptizismus. Mit unermüdlichem Eifer war an der internationalen Arbeit zu diesem Themenbereich von Anfang an ein junger Argentinier beteiligt, der 1969 in den USA an der Bryn Mawr University bei José Ferrater Mora mit einer Arbeit zu dem Schlüsselthema »Leibniz and Greek Scepticism« promoviert hatte. Ich meine *Ezequiel de Olaso,* der vor wenigen Jahren kurz nach Vollendung seines sechzigsten Lebensjahres und in voller Schaffenskraft allzu früh verstarb. Ich zitiere hier seine eigenen Worte aus einer Einführung in seine Arbeiten: »Damals (1969) gab es drei beachtenswerte Bücher zum Skeptizismus: das von Ch. Stough zum griechischen Skeptizismus, das von R. H. Popkin zum modernen Skeptizismus und das von A. Naess zum

und Sozialphilosophie, Garzón Valdés 1988. Anm. d. Hrsg.]

Skeptizismus aus systematischer Sicht. Seit etwa fünfzehn Jahren gibt es nun eine wahre Explosion von Untersuchungen zum Skeptizismus. [...] Seitdem wurden drei internationale Kongresse zu diesem Thema veranstaltet: der erste in Wolfenbüttel (1984), der zweite in Wasenaar (1989) und der dritte in Riverside, Kalifornien (1991). An allen habe ich teilgenommen, meine Beiträge sind in den Tagungsbänden erschienen.« Olaso hat insgesamt etwa 70 Aufsätze in Fachzeitschriften, Sammelbänden und Tagungsbänden zu seinen Hauptthemen – Leibniz und Skeptizismus – veröffentlicht. Er war zudem ein unermüdlicher Organisator von wissenschaftlichen Institutionen, Symposien und Kongressen und ein ständiger Impulsgeber für seine zahlreichen Schüler. Mit ihm erreichte ein akademisches Gebiet, das üblicherweise als ein Museum der Allmachtsansprüche der Moderne angesehen wird, eine Lebendigkeit und Beweglichkeit, wie es sie in Argentinien nie zuvor besessen hatte – und vielleicht auch nie wieder besitzen wird.

Schlußbemerkung

In einem um 1947 veröffentlichten Aufsatz zur Philosophie in Iberoamerika bemerkte Francisco Romero, daß sich die Philosophie in dieser Region nach den durch den frühen Positivismus entfesselten Auseinandersetzungen wieder zur philosophischen Normalität zurückbewege: die Rezeption und Diskussion der in allen Teilen der Welt neu entwickelten Theorien. Mit der Generation von Philosophen, die seit 1984 insbesondere an den Universitäten von Buenos Aires und La Plata und in geringerem Maße auch in Córdoba auf Professorenstellen berufen wurde, ist diese Normalität voll und ganz erreicht. Es geht jetzt jedoch nicht mehr darum, die rein passive Rolle von Rezeptoren und Kommentatoren philosophischer Theorien insbesondere deutscher und französischer Provenienz einzunehmen, sondern im Gegenteil um die Beteiligung mit eigenständigen Beiträgen, als gleichberechtigte Protagonisten neben europäischen und nordamerikanischen Wissenschaftlern und deren Arbeiten und Untersuchungen.[11] Die spanischsprachige Welt – zu der schließlich mehr als 300 Millionen Menschen in über fünfzehn Ländern sowie in bedeutenden Gemeinden in den Vereinigten Staaten gehören – ist dabei, ihre eigene philosophische Tradition zu entwickeln, frei von jenen schädlichen Vorstellungen eines ethnischen Partikularismus, der primitive, aber autochthone Weltbilder entwarf, lange Zeit (und selbst heute noch) immense Energien unfruchtbar vergeudete und nicht selten autoritären oder fundamentalistischen politischen Abenteuern Vorschub leistete. Das beste Beispiel für dieses neue Profil der Philosophie in Iberoamerika und insbesondere in Argentinien ist das derzeit im Erscheinen begriffene kollektive Werk *Enciclopedia Iberoamericana de Filosofía*,[12] an dem zahlreiche argentinische Autoren mitarbeiten und dessen wissenschaftliches Niveau mühelos den Vergleich mit ähnlichen Publikationen in anderen europäischen Sprachen aushält.

11 [Beispiele in deutscher Sprache für das hohe Niveau der jüngsten Generation argentinischer Philosophen bieten etwa Rivera López 1995 und Spector 1993; in englischer Sprache vgl. auch Spector 1992. Anm. d. Hrsg.]
12 [Die Enzyklopädie ist auf 34 Bände veranschlagt, von denen bislang knapp die Hälfte erschienen sind; Argentinien ist im Redaktionsrat vertreten durch Osvaldo Guariglia sowie im wissenschaftlichen Beirat durch Ernesto Garzón Valdés; dem Beirat hatten außerdem Carlos Alchourrón und Ezequiel de Olaso angehört. Anm. d. Hrsg.]

Bibliographie:

Alchourrón, Carlos E. und Eugenio Bulygin 1971: Normative Systems, Wien/New York: Springer.

Alchourrón, Carlos E. und Eugenio Bulygin 1994: Normative Systeme, Freiburg i. Br./München: Karl Alber.

Alchourrón, Carlos E., Peter Gärdenfors, David Makinson 1985: On the Logic of Theory Change: Partial Meet Contraction and Revison Functions, in: Journal of Symbolic Logic 50.

Alchourrón, Carlos E. und David Makinson 1982: On the Logic of Theory Change: Contraction Functions and their Associated Revision Functions, in: Theoria. Swedish Journal of Philosophy 48.

Atienza, Manuel 1984: La Filosofía del Derecho Argentino Actual, Buenos Aires: Depalma.

Bulygin, Eugenio und Ernesto Garzón Valdés (Hrsg.) 1987: Argentinische Rechtstheorie und Rechtsphilosophie heute, Berlin: Duncker & Humblot.

Farrell, Martín D. 1983: Utilitarismo, ética y política, Buenos Aires: Abeledo-Perrot.

Farrell, Martín D. 1994: Métodos de la ética, Buenos Aires: Abeledo-Perrot.

Garzón Valdés, Ernesto 1988: Die Stabilität politischer Systeme, Freiburg i. Br./München: Karl Alber.

Garzón Valdés, Ernesto 1993: Derecho, ética y política, Madrid: Centro de Estudios Constitucionales.

Garzón Valdés, E., W. Krawietz, G. H. von Wright, R. Zimmerling (Hrsg.) 1997: Normative Systems in Legal and Moral Theory. Festschrift for Carlos E. Alchourrón and Eugenio Bulygin, Berlin: Duncker & Humblot.

Guariglia, Osvaldo 1978: Quellenkritische und logische Untersuchungen zur Gegensatzlehre des Aristoteles Hildesheim u. a.: Georg Olms.

Guariglia, Osvaldo 1995: Universalismus und Neuaristotelismus in der zeitgenössischen Ethik, Hildesheim u. a.: Georg Olms.

Makinson, David 1996: In Memoriam Carlos Eduardo ᐟAlchourrón, in: Nordic Journal of Philosophical Logic, vol. 1, no. 1 (May), 3-10.

Nino, Carlos S. 1991: The Ethics of Human Rights, Oxford: Oxford University Press.

Rivera López, Eduardo 1995: Die moralischen Voraussetzungen des Liberalismus, Freiburg i. Br./München: Karl Alber.

Spector, Horacio 1992: Autonomy and Rights. The Moral Foundations of Liberalism, Oxford: Oxford University Press.

Spector, Horacio 1993: Analytische und postanalytische Ethik, Freiburg i. Br./München: Karl Alber.

Mempo Giardinelli

Was man heute in Argentinien schreibt und liest

*(Variationen über den literarischen Diskurs
in Argentinien Mitte der neunziger Jahre)*

I. Diskurs und Krise

Seit im Jahr 1983 die Demokratie wiederhergestellt wurde, hat sich die argentinische Literatur stark entwickelt, und nach meiner Meinung (die freilich wohl kaum breite Zustimmung finden wird) sind die Argentinier, die am Ende dieses Jahrhunderts und Jahrtausends leben, viel mehr durch die Literatur geprägt als man gemeinhin glaubt. Dementsprechend hat sich unser literarischer Diskurs außerordentlich verändert und ist von sämtlichen gesellschaftlichen Codes durchdrungen, in welchen sich der heutige Argentinier auszudrücken pflegt. Die kann auch gar nicht anders sein: Das turbulente Alltagsleben in diesem hoffnungslosen Zipfel unseres Planeten, der schwindelerregende Rhythmus der sogenannten Postmoderne lassen es nicht anders zu.

Ich beginne mit diesem Punkt, denn wenn man sich über den literarischen Diskurs Gedanken macht, so gehört dazu wohl unbestreitbar nicht nur, daß man sich darüber klar wird, was für eine Literatur wir machen, sondern auch, daß man sich darauf besinnt, was es bedeutet, Literatur zu produzieren in einer Gesellschaft, die immer noch autoritär und in wirtschaftlicher, sozialer und kultureller Hinsicht dermaßen abgesunken ist. Die Krise, die wir durchlaufen, ist kolossal und zerrüttend, aber das Bedrückende an unserer Zeit liegt nicht darin, daß wir uns in der Krise befinden – Lateinamerkika hat sich ja, wenigstens seit 504 Jahren, immer in der Krise befunden. Das, was heutzutage in der Tat neu ist, ist das Ausmaß. Eine Krise wie die gegenwärtige hat die Welt noch nie erlebt, und auch Argentinien hat niemals eine vergleichbare Situation gekannt: politisch abgestumpft, wirtschaftlich am Boden, und in gesellschaftlicher Hinsicht zur Ungerechtigkeit, zur Brutalisierung und zur Gewalt verurteilt – es kann nicht fehlen, daß uns eine solche Krise in Mitleidenschaft zieht.

Bereits auf unserem eigenen Gebiet – dem der Literatur, des Buchs und der Lektüre – ist das Panorama trostlos: der Analphabetismus ist in Argentinien alarmierend angestiegen, und wenn er vor 20 Jahren praktisch beseitigt war, so hat die Regierung im Februar 1994 zugegeben, daß 23,6% der Erwachsenen im Alter von 24 Jahren weder lesen noch schreiben konnten. Die Produktion argentinischer Bücher, die im Jahr 1953 mehr als 50 Millionen Exemplare betrug und am Ende der Diktatur im Jahr 1983 nur noch auf 12 Millionen kam, schien sich 1993 mit 42 Millionen Exemplaren zwar zu erholen, aber davon waren 25% eigentlich gar nicht argentinisch, da der Druck im Ausland erfolgte. Die Anzahl der veröffentlichten Titel belief sich im Jahr 1993 auf 10.542, deutlich mehr als die knapp 2.500 am

Ende der Diktatur 1993, aber immer noch weniger als die 11.000 vor 40 Jahren. Mit der Lektüre ist es gleichermaßen bergab gegangen: vor 40 Jahren rechnete man jährlich 2,8 Bücher pro Einwohner, jetzt nur noch 1,2. Und schließlich hat eine Umfrage, die 1995 durch die einflußreiche Zeitung *Clarín* veröffentlicht wurde, an den Tag gebracht, daß acht von 10 Lehrern krank zur Arbeit gehen – aus Angst, die Gehaltszulage für ununterbrochene Anwesenheit beim Dienst zu verlieren; 24% der Lehrerinnen haben eine Schwangerschaft beendet; und ungefähr 40% leiden an Angstzuständen, Schlaflosigkeit und Konzentrationsstörungen.

Eine solche Anhäufung von Daten, die den skandalösen Zustand unseres Bildungswesens und unserer Kultur belegen, hat zweifellos etwas Deprimierendes. Der Zustand läßt sich nicht verteidigen, es gibt keine Rechtfertigung für das Desaster, welches die Militärs begonnen und die Zivilregierung vollendet hat – durch Ignoranz, Korruption oder Fahrlässigkeit. Es ist schmerzlich, aber es ist eine Tatsache, die man anerkennen muß: In unserer Demokratie fehlte bislang jegliches Bewußtsein dafür, daß die furchtbare Saat der Diktatur eines Tages aufgehen würde, und hier liegt der Grund dafür, daß der demokratische Wiederaufbau seit dem 30. Oktober 1983 zwar ein Kampf um die Realisierung neuer politischer und wirtschaftlicher Modelle gewesen ist, *daß es aber zu keinem Zeitpunkt das Bewußtsein eines neuen kulturellen Modells oder überhaupt ein Interesse daran gegeben hat*.

Der Wiederaufbau war und ist freilich wichtig und notwendig, aber eben auch ungenügend, weil die neuen Generationen mit Politikasterei und mit Ökonomizismus vollgepumpt wurden (und werden), aber in ihrer elementaren Bildung roh und unwissend sind.

Es liegt auf der Hand, daß die argentinische Literatur in diese allgemeine Entwicklung eingebettet ist. Aber – dies ist das erste Paradox – eine Krise der Literatur läßt sich zur Zeit nur der Ebene des Büchermarkts beobachten, das literarische Schaffen hingegen durchläuft eine ausgesprochen produktive Phase, ich würde sogar sagen: eine Renaissance. Deswegen trifft es nach meiner Meinung nicht die Wahrheit, wenn man von einer literarischen Krise spricht: Die Krise betrifft den Markt, die Verlagsindustrie, unsere Literatur hingegen ist bei guter Gesundheit.

Erinnerung contra Vergessen, diese beiden widerstreitenden Kräfte, welche in der argentinischen Tragödie seit 1810 am Werk sind, sind die beiden Pole, welche das erzählerische und lyrische Schaffen der achtziger und neunziger Jahre bestimmen, so wie es in den sechziger und siebziger Jahren die sogenannte »engagierte Literatur« und die Exil-Literatur gewesen sind (Exil derer, die ins Ausland gingen, aber auch derer, die die Diktatur von innen erlebten...).

Dies sind in Argentinien die Erscheinungsweisen des ewigen Kampfs um die Freiheit, aus welchem die Literatur besteht – um es in der Weise von Sartre zu sagen. Natürlich ist die Literatur nicht dazu da, um Politik zu machen – einverstanden, aber sie tut es doch – die ganze Zeit macht sie Politik. Und deswegen bleibt es dabei, daß wir lateinamerikanischen Schriftsteller es mehr mit Sartre als mit Fukuyama halten, auch wenn sich die Welt – und wir selber – stark verändert hat.

Wir alle wissen, daß diese Dinge vor einigen Jahren für die Literaturkritik wesentlich waren. Zu einer Zeit, als die ganze lateinamerikanische Literatur die Frage nach dem Engagement des Schriftstellers diskutierte, nahmen das viele zum

Anlaß, um sozialen Aktionismus zu propagieren und die Perspektiven einer Revolution zu debattieren, die damals, in den 60er und 70er-Jahren, möglich und unmittelbar bevorstehend schien. In diesen Zusammenhang gehören die Werke des sogenannten sozialen Realismus, die Debatten um den den Fall Padilla auf Cuba, und unser Julio Cortázar versuchte zu beweisen, daß man Politik machen konnte, ohne die Kunst preiszugeben. Dies war das Bedürfnis der damaligen Epoche: Wie hätte man darauf verzichten sollen, die Konvergenz des politisch-ideologischen Diskurses mit dem literarischen zu pflegen, wo dies doch alle praktizierten? Paz, Fuentes, Vargas Llosas und García Márquez taten es, so wie es zuvor Bulgákov, Brecht und Neruda getan hatten. Und wie es heutzutage Naipaul, Kundera oder Rushdie immer noch tun, und dies sogar in Europa.

II. Diskurs und Demokratie

Heutzutage ist der Stand der Dinge ähnlich: Das Bestreben, Kunstwerke zu schaffen, in denen sich der literarische mit dem politisch-ideologischen Diskurs verbindet, ist – wie Miguel Hernández sagte – »eine Strahlung, die nicht aufhört«. Natürlich haben wir inzwischen begriffen, daß die Demokratie, auch wenn sie ihre Mängel hat, der beste Raum für das künstlerische Schaffen ist, und im übrigen wissen wir, daß im demokratischen Leben ebenso wie im künstlerischen Schaffen gerade die Formen das Wesentliche sind. Die sorgfältige Beachtung der Formen schafft im republikanischen Leben den Raum dafür, daß alle Arten des Diskurses artikuliert werden können, vor allem aber dafür, daß die Leute einander nicht mehr umbringen, daß es keine Zensur gibt, daß der Dissens als Anreiz und nicht zur Repression dient. Wir wissen auch, daß in der Kunst in politischer und sozialer Hinsicht gerade diejenigen Ideen die wirksamsten waren, denen keine entsprechende Absicht zugrundelag, daß die Literatur zugrundezugehen beginnt, wenn sie auf politische und ideologische Wirkung berechnet wird.

Freilich steht hier eine Frage im Raum: Was für ein Werk bringt ein Künstler hervor, der imstande ist, das Elend, das den Gang der Gesellschaft um ihn herum bestimmt, zu ignorieren? Unmoralische Autoren können ja – es sei hier einmal ausgesprochen – kein moralisches Werk schaffen, so wie auch keine Kunst von ästhetischem Rang entstehen kann, wenn es dem Schöpfer des Werks an künstlerischer Strenge fehlt. Ignoranz und Schönheit sind unvereinbar, und deswegen muß die Kultur eines Landes mit einem sehr hoch entwickelten ästhetischen Sinn verbunden sein, damit sie auch in ethischer Hinsicht von Wert ist. Dies muß gesagt werden, denn wenn ein Land entschlossen zu sein scheint, kulturellen Selbstmord zu begehen, so ist es kaum möglich, daß einige wenige Unbeirrbare diese Richtung umbiegen können. Wenn eine Gesellschaft dem Taumel der Korruption und der Lüge, dem magischen Denken und der als Kultur auftretenden Ignoranz verfällt, ist es sehr schwierig, eine Bestandsaufnahme der Vernunft zu machen. Ganz unmöglich ist es jedoch nicht. Die Demokratie hat uns die Freiheit, sich auszudrücken, die allmähliche Befreiung von der Angst, die Wiedereinsetzung der Intellektuellen in ihre angestammte Rolle beschert, wodurch das geistige Schaffen wieder Sinn gewonnen hat. Wenn die heutige Zeit zum Pragmatismus tendiert und wenn Pragmatismus eine Vernachlässigung der Ethik mit sich zu bringen pflegt, so bleibt es unsere beste Option, gegen diese Vernachlässigung mit Idealen und Prinzipien Widerstand zu leisten. Darum bedeutet Kultur zu machen in einem Land wie Argentinien soviel wie Widerstand zu leisten. In einem solch kindischen Land, in dieser Gesellschaft, welche entnervt ist durch das dekretierte Vergessen und durch das Ungestraftbleiben so vieler Schuldiger, in welcher Diktatoren und Mörder auf Wunsch der Präsidenten amnestiert werden – in einer solchen Gesellschaft liegt die einzig mögliche Bestimmung der Intellektuellen im kulturellen Widerstand. Vor allem, weil wir praktisch keinen Staat mehr haben und kulturell gesehen in einer Wüste leben. Der gegenwärtige argentinische Staat ist nur noch das Feld für Geschäfte, für Vetternwirtschaft mit Verwandten und Freunden, er ist zu einer Art Kalifat geworden und auf dem besten Weg, sich in eine Drogenhändlerrepublik zu verwandeln. Dies zeigt sich etwa daran, daß die zivile und kostenlose obligatorische Schul- und Berufsbildung zugrundegerichtet ist, an den permanenten Anschlägen auf die Freiheit der Universitäten und an der Kürzung der Forschungsmittel.

Es gibt auf dem Kultursektor keine schlimmere Gewaltsamkeit als den Abstumpfungsprozeß, der in Gang kommt, wenn nicht mehr gelesen wird. Eine Gesellschaft, die nicht für ihre Leser sorgt, die ihre Bücher und ihre Medien nicht sorgfältig pflegt, die ihre gedruckte Erinnerung nicht bewahrt und die Entwicklung des Denkens nicht fördert, verhält sich kulturell gesehen selbstmörderisch. Sie wird niemals jene soziale Kontrolle ausüben können, welche für eine erwachsene Demokratie erforderlich ist. Wenn jemand nicht liest, so ist dies eine Dummheit, ein Fehler, für welchen er sein ganzes Leben lang zahlen wird. Wenn jedoch ein ganzes Land nicht liest, so wird es für dieses Vergehen mit seiner Geschichte bezahlen, und ganz besonders dann, wenn es sich bei dem wenigen, was es liest, um Müll handelt, wenn der geistige Müll in den großen Mediensystemen die Regel ist.

So kann sich ein Land ganz munter und ohne es zu wissen auf seine eigene Beerdigung, seine Beerdigung als Nation zubewegen. Ich denke, wir argentinischen Erzähler und Dichter wissen im allgemeinen, daß es sich so verhält: Deswegen schreiben wir, deshalb arbeiten wir zusammen mit den Kritikern, Lehrern und Forschern an dem vielfältigen und komplexen Unternehmen des literarischen Diskurses Argentiniens, in dieser Zeit, welche beherrscht wird durch die sogenannte postmoderne Ästhetik: jene Ästhetik der Ernüchterung, in welcher die Gewalt ganz trocken, fast beiläufig in das Lebenspanorama miteinbezogen wird, manchmal auch mit einer lyrischen Tönung, voll von mannigfaltigen Spiegelungen unserer heutigen Desillusionierung.

III. Die Postmoderne und der Markt

Die postmodernen Romane bringen die Apokalypse und die Zerstörung zum Ausdruck, auf welche das Schicksal der Menschheit einzig hinauszulaufen scheint. Der postmoderne Blick bietet uns novelleskes Repertoire von Alpträumen und Paradoxen: das Schwindelgefühl, die Faszination und den Ekel, welchen der Horror vor unseren Augen auslöst; die novellesken Formen von Repression, welche den Stoff für unseren Neonaturalismus liefern; und denselben Hang zur Zensur wie gestern, freilich heute mit raffinierteren Methoden. Zurecht hat Augusto Monterroso in seiner brillanten Art formuliert: »In der modernen Welt werden die Armen immer ärmer, die Reichen immer intelligenter und die Polizisten immer zahlreicher«.

Es mag zunächst lächerlich anmuten, wenn ich im Gegenzug dazu auf die Romantik rekurriere, und doch geht mir dieser Gedanke nicht aus dem Sinn: Wiederbelebung der Romantik als Mittel des Widerstandes! In diesen unerbittlichen Zeiten wirken die sogenannten »nationalen Themen« obsolet; sie sind abgenutzt durch die Manier der literarischen Genremalerei und haben ihre poetische Kraft ebenso wie ihr literarisches Prestige verloren. Im Hinblick auf den mündlichen Stil als literarischen Gestus kann man dasselbe sagen. Mit der Geschichte, zumal mit dem Gespür für Geschichte und der Leidenschaft, sie zu rekonstruieren, verhält es sich jedoch anders. In diesem Sinn bildet der historische Roman, der in diesen Jahrzehnten offenbar erneut in Schwang gekommen ist und zu dem auch ich selbst meinen Beitrag geleistet habe, die Grundlage für neue Formen von Romantik. Denkt man an das verbreitete Bestreben, die gemeinschaftliche Tragödie einer rückblickenden Betrachtung zu unterziehen, an die leidenschaftlichen Hingabe, mit welcher dies geschieht, so kann man in der Tat die Ansicht vertreten, daß wir argentinischen Erzähler im Grund nie aufgehört haben, bis ins Mark Romantiker zu sein, und zwar in einem doppelten Sinn: nämlich in gesellschaftlicher Hinsicht, wie Esteban Echeverría, und in der Dimension des Amourösen und Intimen, die besonders bei Jorge Isaacs zutagetritt.

Was besagt dies nun? Wir Argentinier sind unter dem Eindruck zahlreicher Desaster für Emotionen unempfindlich geworden, wir sind im Hinblick auf mögliche Veränderungen gleichsam zu nietzscheanischen Skeptikern geworden; vor allem aber: Wir sind Experten in Niederlagen. Meine Generation mußte jedenfalls miterleben, wie der Traum von der sozialen Revolution in Lateinamerika zunichte geworden ist, wie die sozialen Errungenschaften des Peronismus ausgelöscht wurden. Wir haben gegenwärtig – zu Beginn des Jahres 1997 – nicht die demokratische Kultur, die wir Argentinier 1983, nach so vielen und so grausamen Jahren der Diktatur, eigentlich wollten, aber dies scheint heute unwichtig zu sein. Kulturell gesehen (wobei ich das Wort »Kultur« im anthropologischen Sinn verstehe) ist die argentinische Literatur, die zur Zeit produziert und rezipiert wird, durch zumindest zwei Besonderheiten bedingt: durch eine außerordentliche Krise der Vermarktung, welche das literarische Schaffen unterminiert und welche das Überhandnehmen von gelegenheits- und konjunkturbedingten Dokumenten und Büchern begünstigt; und durch die Tatsache, daß die Gesellschaft demobilisiert und durch eine tiefe Kluft gespalten ist: Die eine Hälfte der Bevölkerung lehnt Präsident Menem ab, während ihn die andere Hälfte liebt oder zumindest toleriert und dabei aus purer Angst vor wirtschaftlicher Instabilität die allgegenwärtige Korruption in Kauf nimmt. Diese beiden Gegebenheiten, die sich natürlich überschneiden, bestimmen die Literatur dieser letzten Jahre vor der Jahrhundertwende.

Die Grenzen sind rein ethischer Art, und gerade deswegen so brüchig. Darum bergen sie auch das Risiko, daß in ein paar Generationen die »argentinische Kultur«, die einstmals für Lateinamerika exemplarisch gewesen war, am Ende nur noch als »wehmütige Erinnerung an das, was gewesen ist, Schmerz, daß es nicht mehr ist« existiert – um einen berühmten Tango zu paraphrasieren.

Schreiben ist, heute und immer, gleichbedeutend mit leben. Wir schreiben, um nicht zu sterben, sagte Juan Rulfo, wir schreiben, um zu existieren, um weiterzuatmen. Zugleich kann man sagen, daß wir auch lesen, um besser zu leben. Und da die Zukunft nicht nur eine Angelegenheit neuer Technologien ist, werden wir uns weiterhin Gedanken darüber machen, was wir in den kommenden Jahren schreiben und lesen werden – mag nun das elektronische Buch kommen oder nicht, mag nun das papierne Buch in der althergebrachten Form Gutenbergs fortbestehen oder nicht. Und nach wie vor werden, wie mir scheint, die entscheidenden Fragen die sein, was wir unseren Jungen, unsern Anfängern, unsern Schülern zu sagen haben, was für eine Art von Literatur wir ihnen bieten wollen, wenn sie auch heute keine Anleitung zum Denken mehr bekommen.

Wenn die Wirklichkeit einer Gesellschaft düster ist, so kann es um ihre Literatur kaum anders bestellt sein. Und doch gibt es im Fall Argentiniens gerade auf dem Gebiet der Literatur vielleicht Anlaß zu Optimismus. Ich gründe jedenfalls den meinigen auf die schlichte Tatsache, daß heutzutage mehr als hundert Erzähler und Dichter am Leben und schriftstellerisch tätig sind, deren Werke nur den Schluß zulassen, daß unser literarischer Diskurs in gewisser Weise ein Luxus ist, der trotz allen Widrigkeiten des Marktes existieren kann.

In diesem Argentinien, das an so vielfältigen Erniedrigungen und Entmutigungen krankt und in dem so viele Verbrechen ungesühnt bleiben, in diesem Land, das durchseucht ist von Heuchelei, Angst, Schönrednerei und Ratlosigkeit, kommt die Literatur trotzdem nicht zum Erliegen. Sie stirbt nicht, und sie wird nicht sterben. Wir haben immer die Hoffnung auf unserer Seite, und zu schreiben bedeutet niemals nur – darf niemals nur bedeuten – Literatur zu produzieren. Es bedeutet für uns – die Intellektuellen, die Vertreter der Literatur, der Kultur und des Geistes, die am Buch und an der Lektüre arbeiten – zugleich eine unumgängliche Schlacht um die Ethik und um die Werte, die mit der Literatur verbunden sind: um Ehrlichkeit, Arbeitsamkeit, Solidarität, Geradlinigkeit. Und es ist ein dringendes Gebot der Stunde, daß wir uns dieser Aufgabe wirklich stellen, damit Argentinien auch im 21. Jahrhundert eine Nation bleibt. Es gibt ja keine Alternative: Die Ethik ist heutzutage wirklich das einzige, was uns bleibt. Und das einzige, was unserer Literatur Würde verschaffen wird.

IV. Der gemeinschaftlichen Text der neunziger Jahre

In einem Vortrag, den ich vor einigen Jahren an der Staatlichen Universität von Comahue im argentinischen Patagonien gehalten habe, habe ich versucht, dasjenige, was man »den gemeinschaftlichen Text im Argentinien der Neunzigerjahre« nennen könnte, auf sieben Grundgedanken zurückzuführen. Es sind, kurz zusammengefaßt, die folgenden:

1. Von der gegenwärtigen argentinischen Literatur – und insbesondere von der Erzählkunst – zu sprechen heißt von der Freiheit zu sprechen. Nicht nur, weil unsere Literatur noch jung ist, sondern auch, weil sie in einer Gesellschaft und in einer Kultur geschaffen wird, welche historisch gesehen immer im Spannungsfeld von Zensur und von künstlerischer Freiheit stand. Die argentinische Erzählkunst der letzten Jahre ist das Resultat eines dramatischen Übergangs von Diktatur und

Autoritarismus zur Demokratie. Und obwohl wir heute unserem Schriftstellerberuf in einer Demokratie nachgehen, ist die bürgerliche Gesellschaft immer noch autoritär und darüber hinaus in einem Prozeß ständiger Abstumpfung begriffen.

2. Es gibt einige besonders bemerkenswerte Wesenszüge dieser Erzählkunst, die sich in den 13 Jahren des Wiederaufbaus der Demokratie herausgeschält haben. Einer der machtvollsten ist nach meiner Meinung, daß sich die Frauen Zutritt zu unserer Literatur verschafft haben. Ich meine damit, daß Frauen schreiben und das, *was* die Frauen schreiben. Obwohl ich nicht an eine feminine oder feministische Literatur glaube – für mich hat die Literatur kein Geschlecht – behaupte ich, daß das Aufkommen einer Generation außerordentlicher Schriftstellerinnen einen der innovativsten und originellsten Aspekte der gegenwärtigen Literatur meines Landes darstellt. Ich brauche nur einige Namen zu nennen, um die Bedeutung dieser Veränderung zu unterstreichen: Angélica Gorodischer und Vlady Kociancich, Luisa Valenzuela und Reina Roffé, Tununa Mercado und Ana María Shúa, Alicia Steimberg und Liliana Heker, Hebe Uhart und Noemí Ulla, Martha Mercader und María Ester de Miguel, Elvira Orphée und Cecilia Absatz, Griselda Gambaro und Marta Nos, María Esther Vázquez und Gloria Pampillo, Silvia Plager und Libertad Demitrópulos, Amalia Jamilis und noch viele andere mehr, wie etwa die jungen Schriftstellerinnen Matilde Sánchez, Esther Cross und Viviana Lysyj. In einem literarischen Milieu, das seit jeher so sexistisch gewesen ist wie das argentinische, handelt es sich bei dieser Präsenz von Schriftstellerinnen um ein außerordentliches Phänomen.

Für mich ist dies eines der positivsten Anzeichen der Neunzigerjahre. Die Werke von Frauen machen heute über die Hälfte der literarischen Produktion und fast die Hälfte der Veröffentlichungen aus. Dies hat zweifelllos etwas mit der Tatsache zu tun, daß wir in der Demokratie den Gebrauch des Wortes wiedererobert haben.

3. Ein weiteres bemerkenswertes Merkmal ist, daß die argentinische Erzählkunst dieser Jahre weniger moralisierend und schulmeisterlich ist. Ich habe den Eindruck, daß sich in ganz Lateinamerika allmählich – Gott sei Dank – jenes unterträgliche Bedürfnis, sich exotisch zu geben, verschwindet, welches bei einigen Schriftstellern der früheren Generationen so verbreitet war. Jetzt denkt man beim Schreiben kaum mehr daran, was das Publikum in Europa oder in Nordamerika lesen will. Und man schreibt nicht mehr, damit die Kritiker ihre vorgefaßten Meinungen über uns bestätigt finden: daß wir Lateinamerikaner dem Männlichkeitskult huldigen, daß wir den Mulattinnen nachstellen und unordentlich, unpünktlich, aufschneiderisch, korrupt und autoritär seien, unfähig, in einer Demokratie zu leben.

4. Einige Kritiker behaupten, wir schrieben in Lateinamerika heutzutage *gegen* die Politik. Dieser Gedanke geht auf Ricardo Piglia zurück, und ich finde ihn sehr bedenkenswert, denn wir Erzähler versuchen in der Tat, die Politik aus der literarischen Fiktionen herauszuhalten. Als Bürger gehen wir zur Wahlurne und aus politischen Gründen sind wir ins Exil gegangen; vielleicht wollen wir gerade deswegen nicht, daß die Politik in unsere Werke Eingang findet. Wir streben danach, daß unsere Fiktionen einzig und allein eben dies sind: Fiktion, reine Erfindung. Aber trotzdem geschieht es – in Argentinien und wo auch immer –, daß sich die Brisen, die in der Gesellschaft wehen, der Kunst aufprägen. Ich mache diese Erfahrung auch ganz persönlich, wenn ich meine Geschichten erfinde: Ich bemühe mich, sie frei von Politik zu halten, aber sie dringt auf alle möglichen Arten

ein, ganz einfach, weil sie zur Wirklichkeit gehört. Dies liegt möglicherweise daran, daß wir in Argentinien immer noch schreiben, um die Angst in unserem Innern loszuwerden, um Gespenster und Schmerzen zu vertreiben. Deswegen möchte ich den Gedanken dahingehend ergänzen, daß wir heute nicht nur gegen die Politik, sondern auch gegen die Angst und gegen das Vergessen schreiben.

5. Das hervorstechendste Kennzeichen der argentinischen Erzählkunst der ausgehenden Achtziger- und der bisherigen Neunzigerjahre ist das Erinnern, und dies zeigt sich besonders an den Romanen. Das beharrliche Bestreben, unsere Geschichte niederzuschreiben und die Erinnerung wiederzugewinnen, so daß in gewisser Weise jedes Buch ein Triumph über das Vergessen ist, ist heutzutage *sehr* bemerkenswert. Ich rede hier wohlgemerkt nicht von der dokumentarischen oder biographischen Erzählung (jener, die sich damit befaßt, die Wahrheiten der Geschichte in Romanform zu bringen), sondern von der absolut freien Wiedererschaffung der Geschichte, und das heißt: Ich rede eben von Romanen; von solchen Romanen, welche die Gegebenheiten oder Gestalten unserer kollektiven oder individuellen Geschichte als Grundlage nehmen und dabei doch Romane bleiben, weil die Phantasie in ihnen die führende Rolle spielt.

Die Erinnerung ist etwas Kohärenteres und Edleres als das Vergessen. Deswegen appelliert die erzählende Literatur Argentiniens – und Lateinamerikas überhaupt – an die Erinnerung, um sie aufs neue zu erfinden und zu schreiben.

Die Literatur ist immer, zu allen Zeiten und an allen Orten, zugleich Kontinuität und Bruch. In der Literatur ist alles bereits geschrieben und wartet alles noch darauf, geschrieben zu werden. Deshalb sind meine Romane eng verknüpft mit der Geschichte: Ich suche in der Vergangenheit Erklärungen und Botschaften; ich wende meinen Blick zurück als jemand, der weiß, daß er nur dort die Möglichkeit finden wird, jenen Tiger zu zähmen, der die Geschichte ist. Nur wenn man das wilde Tier erforscht, nur wenn man ihm in die Augen schaut, wird man es besänftigen und mit ihm zusammenleben können. Aber die Pflege der Erinnerung ist nicht leicht und kommt oft ungelegen. Vielleicht liegt es daran, daß der Mensch so oft die Erinnerung verliert und unheilbar verdummt.

Deswegen ist mein Roman *Santo Oficio de la Memoria* (Das heilige Offizium der Erinnerung) – eigentlich eine Familiengeschichte – zugleich eine Diskussion über die Literatur und über die Lügen der offiziellen Geschichte. Unversehens und unwillkürlich wurde er zu einer Studie über menschliche Dummheit, aber vor allem eine Wiederaufnahme der Schlacht der Erinnerung gegen das Vergessen (wie ich es nennen möchte), – eine subtile und unerbittliche Schlacht, voll von Gewalt, pures Dynamit. Und sie hat diesen Charakter, weil die demokratischen Regierungen immer noch Konzessionen ans Vergessen machen und auf unsinnige und selbstmörderische Weise zugunsten der Lüge und der Beschönigung agieren. Deswegen betone ich in der argentinischen Presse immer wieder, daß Kulturschaffen gleichbedeutend ist mit Widerstand, und daß der Widerstand einfach darin liegt, Gedächtnis zu haben.

6. Wenn die Erinnerung das wichtigste Unterscheidungsmerkmal heutiger literarischer Produktion in Argentinien ausmacht, so bedeutet dies nicht, daß wir es heutzutage mit einer zwangsläufigen Symbiose von Literatur und Geschichte zu tun hätten. Man braucht ja nur die Frage zu stellen: Wie gelangt der Erzähler auf das Feld der Geschichte? Meine Antwort ist, daß ich in die Geschichte eintrete wie

in einen Vergnügungspark: zum Spielen aufgelegt, darauf aus, mich wohlzufühlen und mich zu amüsieren, zum Beispiel im Zerrspiegelkabinett. Oder in den Labyrinthen. Man geht hinein, ohne zu wissen, was auf einen wartet. Man widmet sich dem Spiel, genießt es, und kommt immer mit erfrischtem Herzen heraus. Und hier liegt der Unterschied zwischen dem Erzähler und dem Historiker. Beide forschen, beide machen sich Notizen, sehen Bücher und Zeitungsarchive durch, denken sich Theorien aus. Aber der Historiker weiß, was er sucht, hat eine Vorstellung dessen, was er finden will. Er arbeitet mit festen Vorgaben. Der Erzähler hingegen macht die Suche selbst zu seiner Vorgabe und zu seiner Theorie; er durchstreift die Geschichte, weil er weiß, daß es hier ein bildsames Material gibt, das er gestalten möchte. Wenn er z.B. ein Dokument findet, so interessiert ihn nicht so sehr sein historischer Wert, er achtet vielmehr auf die darin schlummernden *dramatischen Möglichkeiten*. Man weiß ja, daß er, sofern er mit Fiktionen arbeitet, lügen wird. Er wird unweigerlich lügen, um vielleicht auf dem Weg der Andeutung einer Wahrheit Geltung zu verschaffen.

Vielleicht liegt hier der Grund für die These eines wichtigen zeitgenössischen argentinischen Schriftstellers, Dalmiro Sáenz, daß »die Dichter mehr von Geschichte wissen als die Historiker«. Er ist der Ansicht, daß das Gedicht *Martín Fierro* mehr Geschichte enthält als die ganze offizielle Geschichtsschreibung Argentiniens, und sagt weiterhin: »Wenn wir Shakespeare lesen, wissen wir mehr über das Dänemark der Epoche Hamlets als wenn wir ein historisches Werk konsultieren«.

7. Wenn es keine Symbiose zwischen Literatur und Geschichte gibt, so liegt es trotzdem auf der Hand, daß zwischen den beiden eine feste Verbindung besteht; diese resultiert – daran halte ich fest – aus dem Prozeß des demokratischen Wiederaufbaus, in welchem wir uns engagieren. In der argentinischen Literatur liegt die Verbindung zwischen Geschichte und Roman auf der Hand; ich möchte hierzu nur auf ein pragmatisches Thema verweisen: die Gewalt. Es handelt sich hierbei nicht um ein literarisches Programm und auch nicht um eine spezielle Vorliebe argentinischer Schriftsteller, und doch ist die Gewalt in fast allen unserer großen Werke präsent: im *Facundo*, in *Martín Fierro*, in der Gaucho-Literatur mit ihrem offenkundigen Männlichkeitskult. Im übrigen ist das Motiv der Gewalt ja in der gesamten Literatur Lateinamerikas greifbar: von *Huasipungo* bis zu *El otoño del patrarca*; von *Los de abajo* bis zu *Yo el Supremo*; von *Doña Bárbara* bis zu *No habrá más penas ni olvido*; von *La vorágine* bis zu *La novela de Perón*. Die Gewalt durchzieht unsere gesamte Literatur, weil sie unsere gesamte Geschichte durchzieht, welche mit Verbrechen, Verrat und Gewalttätigkeiten gespickt ist. Die offizielle Geschichtsschreibung versucht in *allen* Ländern abzuwiegeln: sie will glauben machen, daß alle Umgekommenen gleichermaßen gut waren, indem sie ihre Leiden in kalte Monumente oder in die einfachen und unzweideutigen Namen von Plätzen und Straßen transformiert.

V. Eine Alternative zu dem Begriff Postboom

Einige meiner Romane haben ganz einfach deswegen eine Verbindung mit der Geschichte, weil ich es nicht vermeiden kann, daß in meinen Werken Argentinien und seine Tragödien herbeibeschworen werden. Und obwohl *meine Romane weder historisch sind noch dies zu sein beanspruchen*, werden sie von viele als historische Romane oder als in Romanform gebrachte Geschichte gelesen, und dies aus dem einfachen Grund, daß man dort, wie es scheint, Spiegelungen des eigenen Lebens findet.

Als ich meinen letzten Roman *Santo Oficio de la Memoria* (Das heilige Offizium der Erinnerung) schrieb, war es ein privater Aspekt, der mich interessierte: ich hatte dabei die Idee einer Wiedergutmachung. Ich war mir bis ans Ende der neun Jahre Arbeit, die mich dieses Werk kostete, bewußt, daß dies der Roman war, von dem ich wünschte, daß meine Töchter ihn läsen. Dies ist, wenn man so will, Teil einer persönlichen Tragödie. Ich habe zwei Töchter, die nicht Argentinierinnen sind, die nicht in Argentinien leben und nichts von Argentinien wissen. Ich dachte, dieser Roman würde ihnen auf irgendeine Weise von ihren Ursprüngen erzählen. In diesem Sinn war es ein Akt der Wiedergutmachung, daß ich diesen Text schrieb. Wiedergutmachung in Bezug auf ein Vakuum an Geschichte, aber auch für eine Schuld, denn meine Töchter bleiben ohne Land, weil ich weggehen mußte. Daß ich ins Exil ging, wurde für sie zur Ursache für den Verlust einer Geschichte, einer Geographie, von Großeltern, Onkeln und Tanten, Cousins und Cousinen, für den Verlust ihrer gewohnten Spiele, den Verlust einer Sprache...

Es scheint mir auf der Hand zu liegen, daß es heutzutage in ganz Lateinamerika eine Rückkehr zum historischen Roman bzw. zum historisch begründeten Roman gibt. Dies beruht – vermute ich – auf der Tatsache, daß jede Innenschau notwendigerweise eine Rückschau erfordert: eine Art Blick zurück, aus einer Haltung innerer Sammlung heraus, um das, was uns widerfuhr, besser zu verstehen. Meine Generation hat so viele Falschheiten, so viele nutzlose Alchimie gesehen und erlebt, und dazuhin einen solchen durch nichts gemilderten Niedergang der Utopien, daß sich diese demütige und verschwiegene Haltung geradezu aufdrängt.

Ich glaube, von hier aus wird es begreiflich, daß die lateinamerikanische Erzählkunst dieser letzten Jahre so viele im Kern historische Romane geschaffen hat. Mir scheint, das Bedürfnis nach einer Revision der Geschichte auf dem Weg einer tiefen Selbstkritik und Introspektion ist ein gemeinsames Kennzeichen vieler lateinamerikanischer Erzähler der Generation, die ich gerne als *Schriftsteller der wiedergewonnenen Demokratie* bezeichne (eine Sammelbegriff, den ich bereits vor Jahren vorgeschlagen habe, und der wohl besser ist als das Schlagwort »postboom«). Im Fall Argentiniens sind allein in den vergangenen sechs Jahren – also bereits in den Neunzigerjahren – viele Bücher herausgekommen, die diese Zuordnung bestätigen: *Fuegia* von Eduardo Belgrano Rawson; *Crónica de un iniciado* (Chronik eines Initianten) von Abelardo Castillo; *Lorenza Reynafé* von Mabel Pagano; *Soy Roca* (Ich bin Roca) von Felix Luna; *Historia Argentina* (Argentinische Geschichte) von Rodrigo Fresán; *La gesta del marrano* (Die Taten des Marranen) von Marcos Aguinis; *La patria equivocada* (Das falsche Vaterland) von Dalmiro Saénz; *La amante del restaurador* (Die Geliebte des Restaurators), der *Belgrano* und der unlängst preisgekröne Roman *El general, el pintor y la dama*

(Der General, der Maler und die Dame) von María Esther de Miguel; *La revolución es un sueño eterno* (Die Revolution ist ein ewiger Traum) von Andrés Rivera; *Señales del cielo* (Himmelszeichen) von María Angélica Scotti; *El libro de los recuerdos* (Das Buch der Erinnerungen) von Ana María Shúa; der Roman über den General Lucio Mansilla, den María Rosa Lojo geschrieben hat; *Santa Evita* von Tomás Eloy Martínez; und *Santo Oficio de la Memoria* (Das heilige Offizium der Erinnerung) von mir selbst.

All diese Bücher haben den Status der Erzählung und nicht den der Geschichtsschreibung. Aber alle erforschen auf ihre Weise Geschichte.

Es ist wie ein Aufkeimen von Erinnerung, das, wenn ich recht sehe, aus dem tiefsitzenden Bedürfnis resultiert, Erklärungen zu finden. Es handelt sich um eine neue Form von Bezeugung der Wirklichkeit, nun nicht mehr dessen, was im Moment geschieht und uns ängstigt, sondern dessen, was uns widerfahren ist. Die Schriftstellerin Elsa Osorio hat – ich glaube, zu Recht – geschrieben, daß »sich das durch die Machthaber erzwungene Vergessen als Anreiz zur Wiedergewinnung der Erinnerung ausgewirkt hat. Es ist die Gesellschaft selbst, die sagt: Wir wollen nicht vergessen.«

Natürlich handelt es sich hierbei nicht um eine koordinierte Autoreninitiative. Das Phänomen beruht meiner Meinung nach einfach darauf, daß das Publikum Interesse für die erzählende Literatur und für die eigene Geschichte hat, als ob es wüßte, daß die Erinnerung, schmerzhaft wie sie ist, zwar als tägliche Praxis nicht zu ertragen ist, daß aber das kollektive Unbewußte darauf angewiesen ist, daß die Erinnerung fortdauert und als Bollwerk gegen die Option des beständigen Vergessens fungiert. Als ob das Publikum aus diesem Gefühl heraus die Bewahrung der Erinnerung an seine Künstler – in diesem Fall an seine Schriftsteller – delegierte. Die Menschen wissen, und werden immer wissen, daß die Erinnerung hier gut aufgehoben ist. In ihren Büchern.

(Aus dem Spanischen von Dr. Ernst Mögel, Tübingen)

Maria Rosa Lojo

»Zivilisation und Barbarei«, »Zentrum und Peripherie« in der argentinischen Erzählliteratur[1]

1. Der innere Konflikt: die Dichotomien bei den »Klassikern« des 19. Jahrhunderts[2]

Die Antinomie von Zivilisation und Barbarei bestimmt nach wie vor das Leben in Argentinien, seitdem sie im Werk von Domingo Faustino Sarmiento auf spektakuläre Weise in Szene gesetzt wurde. Sie war zunächst mit den zwei parallellaufenden Dichotomien von Stadt und Land, Zentrum und Peripherie verknüpft. In *Facundo. Civilización y barbarie* (1845) entwickelt Sarmiento (S.26) die symbolische Matrix, welche die Stadt mit dem »Zentrum« identifiziert. Sie ist der einzige Ort, wo das Menschliche zu seiner vollen Entfaltung zu gelangen vermag, geordnet und beschützt durch die *civitas* als die vollkommenste Gestalt der menschlichen Existenz. Kurzum: die Stadt ist die »Zivilisation«. Das Land dagegen wird generell der Gefahr, der Zerstreuung, der Auflösung und der Leere zugeordnet. Wie in den archaischen Kulturen ist das Periphere, das im Außen, außerhalb des Zentrums Liegende, der Ort des Inhumanen und des Ominösen, wobei es sich hier natürlich nicht um absolute oder religiöse Kategorien handelt: Für Sarmiento ist die Trostlosigkeit der Peripherie durch Menschen verursacht; es sind die Caudillos und ihre gewalttätigen Truppen, die »barbarischen« Guerillas, welche die argentinische Gesellschaft aufgelöst haben, bis in ihr nur noch der Raub und der Mangel herrschte. Unsere ländlichen Gebiete erscheinen unter dieser Perspektive als ein Bereich, der durch die »Gesetzgebung der Guerillas« entwertet und verwüstet ist, »von Pferdehufen zerstampft«, wo »jegliche Regierung unmöglich wird, keine Behörde existiert, die Polizei ihr Amt nicht ausüben kann und die Ziviljustiz keine Mittel hat, um der Verbrecher habhaft zu werden« (S.36). Diese Konzeption hat nun freilich Nuancen (wie Sarmientos gesamtes Denken, wenn dieses auch im politischen Kampf so oft schlagwortartig simplifiziert worden ist; vgl. Svampa 1994). Viele Jahre später betonte Bernardo Canal Fejóo (1951), daß sich in den Landgebieten, die tendenziös mit der Wüste und der »Barbarei« identifiziert worden waren, in Wirklichkeit der größte Teil der Bevölkerung befand, und daß sie die Grundversorgung der Städte gewährleisteten. Aber auch bereits Sarmiento selbst dokumentiert die Möglichkeit subtiler Schattierungen. Der *Facundo* ist als Text

---

1 In diesem Artikel nehme ich in überarbeiteter und zusammenfassender Form einige Gedanken wieder auf, die erstmals zur Diskussion gestellt wurden in meinen Arbeiten: *Nuevas fronteras en el fin de milenio* und *La frontera en la narrativa argentina* (in der nordamerikanischen Zeitschrift Hispamérica; im Druck).

2 Mit diesen »Klassikern« (Sarmiento, Echeverría, Mármol, Mansilla) habe ich mich – was ihre Darstellung der »Barbarei« betrifft – ausführlich beschäftigt in meinem Buch: *La »barbarie« en la narrativa argentina (siglo XIX)*.

hinreichend komplex, um zu zeigen, daß in Wirklichkeit nicht alle Städte positive
Zentren darstellen, von denen sich menschliche Intelligenz dynamisch ausbreitet:
So ist z.B. in dem herrschaftlichen Córdoba, das geographisch gesehen im Herzen
der Republik liegt, die Zeit stillgestanden: es ist eine Welt für sich, beherrscht durch
die mittelalterliche Scholastik, gegen jede Neuerung abgeschottet; kurzum: es ist
unfähig, Argentinien in den Rhythmus der modernen westlichen Welt hinüberzu-
führen. Buenos Aires, der Gegenpol zu Córdoba, ist als Stadt ein weiteres Zentrum,
jedoch gefährlich grenznah, nämlich an der Grenze von Land und Meer: ein allen
Winden offener Hafen, mit Grenze zu Europa (dazwischen der Ozean), unbeständig und ohne Bewußtsein seiner eigenen Wurzeln und Zugehörigkeit. Wenn Sarmiento – unter Bezugnahme auf das Vorrücken der Truppen des Caudillo – vermerkte,
daß »im Umkreis der durch die Huftritte der Pferde angerichteten Verwüstung
nichts erneuert, nichts erbaut werden kann« (S.101), so mahnte er andererseits in
Bezug auf Buenos Aires: »Wie soll man der Fantasie von Menschen Zügel anlegen,
welche eine unendliche Ebene bewohnen – eine Ebene, welche nur begrenzt wird
durch ein Gewässer ohne anderes Ufer, nur einen Schritt weit von Europa entfernt?
Menschen, die kein wirkliches Bewußtsein ihrer eigenen Überlieferungen haben,
die zu einem neuen, einem improvisierten Volk gehören, einem Volk, das sich von
der Wiege auf immer als großes Volk rühmen hörte?« (S.118f.). Nach Sarmiento
bezahlte Buenos Aires seine ideologischen Capricen (»daß es gegen alle Überlieferungen verstoßen, alle Theorien versucht hat«, S.117), mit der Tyrannei des Diktators Rosas, welcher es regierte, als wäre es eine Hacienda, und welcher seine
Bewohner »zeichnet« wie ein Viehzüchter seine Herden, indem er sie dazu zwingt,
das farbige Emblem der Bundespartei zu tragen. Auf der andern Seite weist Sarmiento darauf hin, daß aus den ländlichen Gebieten die einzigen gediegenen
Widerstandsbewegungen gegen den Tyrannen erwuchsen, etwa im Fall des Auf-
standes der »Freien des Südens« in der Provinz Buenos Aires oder im Fall der
Männer der Provinz Córdoba, welche angeführt wurden durch General Paz, der die
Hoffnungen auf eine Befreiung des Landes verkörperte.

Andererseits sehen wir, daß sich das in Argentinien vorwaltende anthropologi-
sche Modell, das eng mit der Figur des Gauchos – als dem Repräsentanten der
ursprünglichen Art eines ganzen Volkes – verknüpft ist, nicht aus dem urbanen
Zentrum, sondern aus der naturverbundenen bäuerlichen Peripherie entwickelt hat.
Der Gaucho repräsentiert das Ideal eines Menschen, welcher sich keinem Maß
unterwirft und welcher definiert ist durch das Erhabensein über jegliche Grenze.
Facundo ist ein Phantasiebild, fast ein göttliches Wesen, eingeweiht in die Geheim-
nisse der Geschichte, eine Inkarnation kosmischer Kräfte, er steht jenseits von Gut
und Böse und gibt sich selbst sein eigenes Gesetz. Mit alledem ist er der Archetyp
der Einzigartigkeit Amerikas und eines ursprünglichen vorzivilisatorischen Men-
schentums. Sein Aktionsraum ist dieses »Vakuum«, welches man vom soziopolitischen Standpunkt aus als Negativität und Terror gewertet hat, welches in einem
ästhetischen Sinn jedoch auch den idealen Rahmen für die Geburt von Dichtung
darstellt. Es gibt einen natürlichen Fundus von Dichtung, welcher aus den natürlichen Gegebenheiten und den besonderen Sitten eines Landes erwächst. Damit die
Dichtung zum Leben erwacht (sie ist ja wie ein religiöses Gefühl, ein Vermögen
des menschlichen Geistes), braucht sie das Schauspiel des Schönen, einer furchter-
regenden Macht, der Unermeßlichkeit, der Ausdehnung, des Unbestimmten, des

Unbegreiflichen; erst dort, wo das Greifbare und Banale aufhört, beginnen die Lügen der Phantasie, beginnt die Idealwelt (S.43).

Der Roman *Amalia* (1851) von José Mármol erneuert das Spiel von »Zivilisation« und »Barbarei«, »Stadt« und »Land«, »Zentrum« und »Peripherie«. In diesem Fall ist die Stadt – Buenos Aires –, die von Rosas beherrscht wird, jedoch der Schauplatz einer »barbarisierenden« Unternehmung: Die Hierarchien sind auf den Kopf gestellt und korrumpiert, die wachsenden Spannungen drohen alle Unterschiede, alle inneren Grenzen sozialer und kultureller Art wegzuschwemmen, da alles in die Farbe des Blutes getaucht ist. Außerhalb der Stadt, an der Peripherie, gibt es zwei Bereiche: die kultivierte und domestizierte Natur, welche der menschlichen Wohnung verwandt ist (wobei das Landhaus der schönen Amalia das ästhetisches Paradigma menschlicher Wohnkultur repräsentiert), und andererseits den weiter draußen liegenden ungebändigten Raum, welchen der Gaucho bewohnt. Hier zeichnet sich eine andere, gefährliche Grenze ab: In der menschenleeren Weite der Pampas erscheint die Gestalt des Gauchos, welcher diesem Bereich zugehört und ihn nicht verlassen soll, als das »Gewitter«, welches die Gestade der Städte immer umgibt und sich jederzeit mit den Heerscharen der Diktatur zusammentun kann und welches somit immer droht, die Grenzen niederzureißen und bei seinen Invasionen das »von Natur aus« Getrennte zu vereinigen und miteinander zu kontaminieren. Freilich verbinden sich im Fall des Verschwörers Daniel Bello (Double und Gegenspieler des Anti-Helden Rosas) die Gewalttätigkeit und die Gewitztheit des Gauchos mit dem kalten Kalkül, welches auch Rosas zu eigen ist, und mit den äußeren Masken urbaner Bildung und Zivilisation.

In *El Matadero* (Der Schlachthof, 1838) von Esteban Echeverría werden zwei Welten einander konfrontiert, welche durch die Kühnheit eines Grenzgängers in wechselseitige Verbindung treten: Ein junger Mann von der Einheitspartei, welcher die zivilisierte Welt nach Art Europas repräsentiert, tritt in die periphere Zone des Schlachthofs ein, wo Menschen und Tiere untereinander eine obszöne und wahllose Gewalt ausüben. Dieses »Simulacrum« (wie es im Text heißt) des durch Rosas beherrschten Argentiniens ist eine karnevaleske und groteske »verkehrte Welt«, gekennzeichnet durch die Entartung, die Karikatur, die Parodie, welche in der Ordnung der Zivilisation die Maßstäbe umkehrt, freilich ohne den positiven, befreienden und befruchtenden Charakter, den man dem Karnevalesken des Mittelalters beimessen kann (vgl. Bajtin 1974). Der Wirbel der »Mischung« sprengt in allen Ständen die Grenzen, vermischt Menschliches und Tierisches, »Gebildetes« und volkstümlich-Obszönes, »Zivilisation« und »Barbarei«, die großsprecherische Tragödiensprache der Einheitspartei und die brutale Umgangssprache der Schlachthausbeschäftigten, Zuschauer und Handelnde, Mörder und Opfer – all dies in einem Spiel, in dessen Verlauf der adrette junge Mann schließlich Züge eines wutentbrannten Stiers annimmt, so daß er am Ende lieber an der Cholera stirbt als daß er sich weiter schikanieren ließe.

In diesen grundlegenden Werken der »Generation der Verbannten« bleibt die Gewalt in ihren verschiedenen Erscheinungsformen das bestimmende Element, wenn Grenzen überschritten und Beschränkungen gesprengt werden (das Periphere und Barbarische zersetzt das Zivilisationszentrum, während der »zivilisierte« Protagonist, welcher sich in die Peripherie begibt, seinerseits barbarische Züge annimmt). Immer steht jenseits der trügerischen Demarkationslinie der Andere oder das Andere, ein Schatten, welcher sich um so mehr vergrößert und ausdehnt, als sich in diesem Spiegel auch das verläugnete Bild der eigenen Wahrheit, der eigenen unentschuldbaren Wirklichkeit spiegelt.

Ganz anders ist die Reisebeschreibung *Una excursión a los indios ranqueles* (Eine Ausflug zu den Ranquel-Indianern, 1870) von Lucio Victorio Mansilla. Eine der größten Errungenschaften Mansillas liegt darin, daß er – in einem für seine Epoche ungewohnten Ausmaß – eine andere, schwer überschreitbare Grenze aufgehoben hat: die Grenze der Vorurteile, der *Topoi*, der rhetorischen Konventionen, wonach die Ureinwohner in jeder Hinsicht negativ bewertet werden und als Geschöpfe erscheinen, deren Seinsweise ans Tierische grenzt (Biagini 1950, 52). Bei Mansilla werden Indios und Gauchos vor allem andern als menschliche Wesen gesehen, denen die politische Verfemung, die verächtliche Herabsetzung oder auch die holzschnittartige Idealisierung nicht gerecht wird. Unter seiner neuen Blickwinkel ist der »Wilde«, welcher auf der andern Seite, in den rätselhaften Tiefen des Binnenlandes wohnt, zugleich der Nächste: ein Kulturträger, zu Riten und zu höflichen Umgangsformen fähig, mit einem ausgeklügelten Zahlensystem, einem diplomatischen Protokoll, einer eigenen Sprache, einem Familienleben und mit einer sozialen Organisation, die in einigen Aspekten der weißen Kultur überlegen ist, wobei sich herausstellt, daß diese letztere unter dem Schlagwort »Zivilisation« zu den unerhörtesten Gewalttaten imstande ist. Die Reise ins »Binnenland«, in die sogenannte Wüste, die sich zu Beginn als »Ausflug« an die schlechthinnige Peripherie, in den Bereich der äußersten exotischen Ferne darstellt, erweist sich am Ende als eine Rückkehr ins natürliche »Zentrum«: eine Rückkehr zur Körperlichkeit, zum Spiel, zur Kindheit, als Erfahrungsweg zur Wiederentdeckung der Lust, zur Wiedergewinnung des Nächstliegenden und Ureigenen gerade in derjenigen Zone, die von alters her das Grauen vor dem Unbekannten und Fernliegenden eingeflößt hatte. Zugleich ist diese Reisebeschreibung eine Anerkennung der Qualitäten der andern »Barbaren«, der »Gauchos auf dem Land« (in dem Buch finden sich ja viele spannende Episoden von Gauchos, die aus politischen Gründen oder wegen fehlgeschlagener Verbrechen bei den Indianern Zuflucht finden); die an Sarmiento orientierten Politiker hätten die Gauchos übrigens – als politischen Faktor und als Arbeitskraft – am liebsten durch die europäischen Einwanderer ersetzt.

Wir haben es hier mit einer neuen Topologie der »Barbarei« zu tun, welche im Gegenzug zu den mittlerweile vulgarisierten Dichotomien Sarmientos den weiten offenen Raum unter dem freien Himmel der Freiheit und Reinheit zuordnet und ihn dadurch ästhetisch aufwertet, während die Stadt gleichbedeutend wird mit Egoismus, Schmutz und nutzloser Vergeudung des Lebens. Diese Vorstellungen durchziehen auch die spätere argentinische Erzählkunst, welche das Ländliche unter dem Blickwinkel der Reinigung, der Erneuerung und der Wiedergeburt zu betrachten pflegt und es der urbanen Verderbtheit entgegensetzt. Diese Umkehrung der Werte zeigt sich bereits sehr deutlich in *Sin rumbo* (Richtungslos, 1885) von Eugenio Cambacérès, wo der ländliche Bereich als der Raum charakterisiert wird, in welchem – gegenüber der Invasion einer andern Art »peripherer Barbaren«, nämlich der Einwanderer – das echte Argentinien fortdauert (vgl. Cymerman 1983).

Gegen Ende des 19. Jahrhunderts erweitert und kompliziert sich die Peripherie-Problematik. Auf der einen Seite wurde die Ureinwohnerfrage durch den »Campaña del desierto« (1880) zu einem gewaltsamen Abschluß gebracht. Von nun an bildeten die überlebenden Eingeborenen nicht mehr eine bedrohliche geheime Nation an der Grenze des Staatsterritoriums,[3] sie wurden zum Dienstpersonal oder zur ethnischen Minderheit, die man in Reservate zwängte. Auch der Gaucho verfällt dem Niedergang. Seine letzte große literarische Verkörperung ist die Gestalt des Juan Moreira bei Eduardo Gutiérrez, der große Mythos um die Jahrhundertwende, der romantische Bandit, der smarte und stilisierte Nachfahre des Facundo, der sich auf der Grenze zwischen Zeiten und Welten bewegt, zwischen zwei Jahrhunderten und zwei Etappen des Volkslebens, zwischen »zwei Kulturen und zwei Arten von Justiz«, wie Ludmer (1994, 104) bemerkt: auf der einen Seite die mündliche – das verschwiegene Gesetz der Ehre und der Rache –, auf der andern Seite die kodifizierte Justiz der Moderne.

Was geschah danach? Um die Jahrhundertwende wurde dem Gaucho vor allem durch Lugones vollends definitiv sein Platz in der Ahnengalerie der argentinischen Nation zugewiesen, wobei man vor allem das hispanische Element an ihm hervorhob und das Indio-Blut, das über die mütterliche Linie in seinen Adern fließt, leugnete oder herunterspielte. War der Gaucho zuvor – entsprechend der Betrachtungsweise Sarmientos – als kulturell auflösendes Element betrachtet worden, so wird er jetzt als Kulturheros gepriesen, der als einziger imstande ist, der »Eingeborenenbarbarei« in den Weg zu treten (Lugones 1972, 54). Während der Gaucho in die Reihe der Vorkämpfer aufgenommen wird, verschwindet er in der wirklichen Welt aus den Pampas, die einer tiefgreifenden Umgestaltung unterworfen sind. Den Gaucho gibt es nunmehr weder als Guerillakrieger und Fort-Soldaten noch als privilegierte Arbeitskraft in der Viehzucht. Nachdem der Kampf gegen die Indios zu Ende ist, hat der Gaucho seine Funktion als Protagonist der Expansion verloren: er wird durch den eingewanderten Arbeiter oder durch den Großgrundbesitzer verdrängt (Clementi 1994).

In dieser Situation ergeben sich zwei Fragenkomplexe. Zum einen das Auftauchen des Einwanderers. Dieser stellt ein neues Element der argentinischen Gesellschaft dar und verändert die Bevölkerungsstruktur und die Sitten Argentiniens so stark, daß er als bedrohlich erscheint und in der ausländerfeindlichen Literatur der Epoche als neuer peripherer »Barbar« gebrandmarkt wird. Bekanntestes Beispiel dafür ist der Roman *En la sangre* (Im Blut, 1887) von Eugenio Cambacérès. Auf der andern Seite – dies ist der zweite Fragenkomplex – wird der Süden des Landes immer mehr als Bereich des Unabgeschlossenen wahrgenommen, der auf dem Weg in eine erfüllte Zukunft einen unbestimmten Erwartungshorizont eröffnet. Diese Art des Traums prägte später die Poetik von Ricardo Molinari, die *Poemas Australes* (Gedichte des Südens) von Leopoldo Marechal, die Suche des Martín de Castillo in *Sobre héroes y tumbas* (Über Helden und Gräber) von Ernesto Sábato, die Wißbegierde und das Unglück des Reisenden in *La rosa y el viento* (Die Rose und der Wind) von Sara Gallardo.

---

3   Erinnern wir uns an den *Facundo*: »... Im Süden und im Norden lauern die Wilden, die auf die Vollmondnächte warten« (S.26); »Wo endet jene Welt, die er vergeblich durchdringen will? Er weiß es nicht! Was ist jenseits der Grenze des Sichtbaren? Die Einsamkeit, die Gefahr, der Wilde, der Tod!« (S.43).

2. *Argentinien – Peripherie Europas?*
Argentinien und Lateinamerika

Nach dem sogenannten »ersten Nationalismus« der Jahrhundertwende nahm die Avantgarde der zwanziger Jahre (die brillante Generation von Borges, Leopoldo Marechal, Oliverio Girondo, Ricardo Molinari u.a.) die niemals abgeschlossene Frage von »Zivilisation« und »Barbarei«, »Zentrum« und »Peripherie«, »Nationalismus« und »Kosmopolitismus« wieder auf. Lugones ging dabei so vor, daß er dem marginalen Paradigma des Gauchos sein Griechenland-Ideal aufprägte, es auf diesem Weg zur Kultur im eigentlichen Sinne aufwertete und in die abendländische Tradition integrierte. Diese Vision verband sich mit dem euphorischen Optimismus der Jahrhundertwende, welcher von einer »neuen und gloriosen«, unverhofft reichen Nation träumte, welche als kulturelles Reservoir der westlichen Zivilisation und zugleich als Kornkammer der Welt fungieren würde (vgl. zu diesem Thema das anregende Buch von Horacio Salas, 1996). Andererseits überlebten die Heroen vom Gaucho-Typ – Fierro, Santos Vega, Moreira und ähnliche »edle Banditen« – wenn nicht in den intellektuellen und akademischen Schichten, an welche sich Lugones richtete, so doch in der volkstümlichen Phantasie, in der Unterhaltungsliteratur, die zwar literarisch gesehen am Rand steht und wenig Prestige hat, aber doch eine wichtige Funktion hat, indem sie die Menschen miteinander verbindet und populäre Vorstellungen artikuliert, und zwar ebenso für den einheimischen Landarbeiter, der in die Stadt zieht, wie für die Kinder von Einwanderern, welche nach Symbolen der »Argentinität« suchen, um sich mit ihrer Hilfe besser in das nationale Leben integrieren zu können (vgl. Prieto, 1988).

Eine revolutionäre Verbindung von »Zivilisation und Barbarei«, »Kreolentum« und »Kosmopolitismus«[4], eine Installation der »Peripherie« (der ländlichen Gebiete, der Flußmündung, der Armenviertel, der mündlichen und rustikalen Tradition) im »Zentrum« (der Stadt, der Schrift, der Tradition der Gebildeten) fordert und verwirklicht jene Avantgarde, welche sich um die Zeitschrift *Martin Fierro*[5] sammelte. Der Stoff und die Stereotype der vergangenen Zeit, die Gestalten der ländlichen Tradition Argentiniens, werden einer Revision unterzogen und mit neuen sprachlichen Techniken wiederbelebt. Die Optik, welche diesen Bestrebungen prägt, beruht auf dem Glauben, daß es möglich sei, auf dem Weg der Zuwendung zu peripheren Daseinsbereichen und zu Figuren der Heimat eine universelle metaphysische Anspannung und eine einzigartige ästhetische Produktion in Gang zu bringen (der sogenannte »urbane Kreolismus der Avantgarde«, dessen Gründer und hervorragendster Vertreter Borges ist); angestrebt wird eine literarische Rekonstruktion des Vaterlandes als Land des Aufbruchs und als nie unendliche Verheißung (dies besonders in der Poetik Marechals, welcher die ästhetische Utopie mit der religiösen verbindet). Was den Kreolismus anbelangt, so vollzieht Marechal später in *Adán Buenosayres* (1948) eine interessante Wendung. Bei den Personen dieses Schlüsselromans handelt es sich um die Protagonisten der argentinischen

---

4   Der Kosmopolitismus war ein unverkennbarer Wesenszug der lateinamerikanischen Avantgarden, wenn auch in Argentinien vielleicht weniger betont als in manchen Bruderstaaten. Am deutlichsten vertrat ihn in unserem Land zweifellos der bilderstürmerische Oliverio Girondo, der auch in seiner Reifezeit der Avantgarde nicht nur treu blieb, sondern in diesem Alter sogar seine schroffsten und kühnsten Bücher schrieb, wie etwa *En la másmédula*; vgl. Jorge Schwartz, 1993.

5   Beatriz Sarlo hat den begrifflich gelungenen Ausdruck »criollismo urbano de vanguardia« (»urbaner Kreolismus der Avantgarde«) geprägt, welcher einen Teil der ästhetischen Ziele jener Bewegung – und besonders auch von Borges – gut umreißt; vgl. Sarlo 1981; 1983, 127-171; 1988.

Avantgarde, wobei zugleich die elegischen Gestalten der nationalen Vergangenheit (Gauchos und Indios) und die früher nostalgisch verherrlichten Vorstadtganoven in kritischer Parodie Revue passieren: Bei den orthodoxen Kreolisten (zu denen damals auch Borges zählte) waren sie hochstilisiert worden, nun kehrt man sich – in »einer Welt, die sich im Wandel und in beständiger Spannung befindet und der Zukunft entgegenwirbelt« (Lojo 1996, 29) – von ihnen ab, ersetzt sie durch die Symbolik der nackten Pampalandschaft des Südens, die in persönlicher und in überpersönlicher Hinsicht als Ursprungsbereich beschworen wird (als Bereich der Kindheit, aber auch der Kosmogonie, der gemeinschaftlichen Saga, der mythenschaffenden Kreativität Argentiniens).

Ausgehend von dieser Dekade kreativer Gärung können wir verschiedene Richtungen der literarischen Verarbeitung des Ländlichen unterscheiden, welches hier nicht (wie es der symbolischen Matrix von Sarmiento entsprechen würde) als das Marginale und Entlegene erscheint, sondern – als ästhetisches Potential – den Rang eines Zentrums gewinnt. Auf der einen Seite verbindet sich das Ländliche noch weiter mit der Vorstellung vom Süden, mit dem Paradigma des Pampalebens, welches die kollektive Phantasie beherrscht und welches beansprucht, für den argentinischen Nationalcharakter repräsentativ zu sein. Aus diesem Erfahrungshorizont und unter dieser Perspektive sind die Schlüsselerzählungen dieses Jahrhunderts konzipiert: *Don Segundo Sombra* von Guiraldes, *Los caranchos de la Florida* oder *El Inglés de los Guesos* von Benito Lynch sowie viele Texte von Borges und von Bioy Casares. In der Erzählung *El Sur* von Borges ist diese Symbolik des weiten ebenen Landes, welche einen zentralen Wesenszug des argentinischen Charakters zu treffen scheint, mit am intensivsten und vollkommensten gestaltet. Nicht ohne Grund formuliert Borges in einer andern Erzählung *(El muerto)*: »So wie die Menschen anderer Nationen das Meer verehren und vorausahnen, so sehen wir – auch diejenigen, die diese Symbole einflechten – uns nach der Ebene, welche wiederhallt unter den Hufen« (1974, 546). In dem abgelegenen Süden, der schon in der Stadt »jenseits von Rivadavia« zu ahnen ist und welcher den Zugang bietet zu einer »anderen Welt, die älter und beständiger ist«, liegt der Ursprung und der tiefere Schlüssel zu dem Schicksal, welchem sich jeder Mensch stellen muß, um sein eigenes wahres Antlitz zu übernehmen. Die Überschreitung der Grenzlinie hat auf diese Weise den Charakter einer Initiation, welche den Wanderer hinführt zu der entscheidenden Begegnung mit jener »vollkommenen Form, welche Gott von Anfang an vorschwebte«, dem unbekannten Bild des eigenen Selbst.

Das Werk von Borges erschöpft sich im übrigen nicht in der Darstellung der Problematik des Ländlichen. In dem bemerkenswerten Artikel *El escritor argentino y la tradición* (Der argentinische Schriftsteller und die Tradition, in: *Discusión*, 1932) umreißt Borges nicht nur den Weg seiner eigenen Ästhetik, sondern auch die schöpferische Freiheit im Hinblick auf die Situation des einheimischen Schriftstellers, der die universelle Überlieferung zum Erbe hat und weder die Manier des Pittoresken noch die künstliche (oder schlicht: literarische) Sprache der Gauchodichtung braucht, um Argentinier zu sein oder als solcher zu schreiben. Weder nostalgischer peripherer Trabant eines Zentrums, welches man nur imitieren kann, noch eingekerkert in das »Lokalkolorit«, kann er – unbekümmerter und respektloser als seine europäischen Schriftstellerkollegen – von seinem eigenen Zentrum aus schöpferisch tätig werden, indem er nach eigenem Gutdünken die verschiedensten

Stoffe verarbeitet; auf diesem Weg kommt eine literarische Produktion zustande, die eine sehr persönlichen Einschlag hat, die aber auch, je besser – authentischer – sie wird, zugleich um so unbezweifelbarer und unwillkürlicher argentinisch ist: »entweder ist es eine schicksalhafte Tatsache, Argentinier zu sein – und dann werden wir es auf jedenfall irgendwie sein, oder es ist eine Verkünstelung, eine Maske« (Obras completas, S.274).

Und dennoch: Ein bohrendes Unbehagen quält den Großteil der Intellektuellen, die zwar einen gewissen kulturellen und ästhetischen *Eigencharakter* als Argentinier beanspruchen – und zuweilen überbetonen –, aber dabei doch das Gefühl haben, im Vergleich zum europäischen »Zentrum« in ihrem literarischen Schaffen begrenzt zu sein durch das Dürftige und Mangelhafte der Randzonenexistenz. Die Zeitschrift, die nicht zufälligerweise auf den Namen *Sur* getauft wurde, entstand aus dem Bedürfnis, die Bande zwischen den beiden Welten zu deuten und neu aufzuarbeiten. Die Mehrzahl der prominenten Autoren, die daran mitgearbeitet haben, proklamieren statt argentinischer Selbstbestätigung eher Wachsamkeit und Argwohn. Sie sind sich der Kluft zwischen Wunsch und Wirklichkeit bewußt: zwischen dem intelligiblen Ideal und der dunklen Welt, welche sich den Schemata des Begreifens nicht fügen will. Hier stellen sich unwiderstehlich Sarmientos Bilder der Leere wieder ein, als Metaphern für eine Neugründung, der keine Wirklichkeit entspricht: für die Gründung eines Landes, welches man sich erträumte wie jenes sagenhafte Trapalandia oder wie die goldene Stadt der Cäsaren, eines Landes, welches dem Eroberer oder Einwanderer jedoch statt der erhofften Reichtümer eine nackte Unermeßlichkeit bot, der sich nur um den Preis der Arbeit etwas abgewinnen läßt. Ein Land, welches die Erwartungen enttäuschte, welches deshalb auch nie wirklich bewohnt und geliebt wurde, welches uns – unter dem europäischen Lack – zur periodischen Wiederkehr der »Barbarei« und des Chaos verdammt: so die düstere Vision von Ezequiel Martínez Estrada (1957), welche die damalige Generation und die Nachwelt weithin beeinflußte. Héctor Alvarez Murena fügt dem Bild dieser von Wind und Wetter gepeitschten Unwirtlichkeit noch das Merkmal eines Archipels der Verbannten hinzu. Amerika ist *Finis terrae*, namen- und grenzenloses Niemandsland, wo sich der lebendige, furchtgebietende und faszinierende Gott noch nicht geoffenbart hat. Der Bruch in der Geschichte, welcher zu einer zweiten Austreibung aus dem Paradies – der Austreibung aus Europa – führt, erscheint nicht so sehr als Sündenfall, sondern als Trennung, als erzwungene Umsiedlung, als *Herausgeschleudertwerden aus dem Zentrum*; das Übel ist nicht mehr Substanz, sondern *Distanz*. Die Nachfahren der europäischen Konquistadoren haben sich von einer Kultur getrennt, welche ihnen in Amerika, für Amerika, zu nichts nütze ist, sie sind aber auch nicht imstande, einen fruchtbaren Dialog mit den einheimischen Kulturen in Gang zu bringen und sich deren Götter geneigt zu machen. Sie haben wie Kain den Bruder gemordet, ohne auf ihn zu hören und ihn zu verstehen, und für dieses Vergehen bezahlen sie mit einer Irrsal, die niemals zur Ruhe kommt und niemals zu wirklicher Seßhaftigkeit findet.[6]

Mit diesen autochthonen Kulturen befaßte sich später ein argentinischer Philosoph, der nicht zum Kreis um *Sur* gehörte: Rodolfo Kusch (1953, 1962, 1970; Sada 1966), Zeitgenosse von Murena, fand die Möglichkeit, unsere Wirklichkeit in

---

6   Vgl. als Beispiel für die ersten Schaffensphase von Murena sein berühmtes Buch *El pecado original de América* Später entwickelte sich seine Position weiter, als er auf das Problem der unterdrückten Eingeborenenkulturen aufmerksam wurde, vgl. *El nombre secreto* (1969).

Gedanken zu fassen, vom Eingeborenendenken her, welches nur scheinbar der Vergessenheit anheimgefallen war. Für ihn gibt es zwei grundlegende Weltanschauungen, die man berücksichtigen muß: diejenige des *Mestizentums* – wechselseitige Durchdringung der Kulturen, die sich in keiner Weise in der Rassenmischung erschöpft und sogar ohne diese vorkommen kann –, und diejenige des *Phagozytentums*, welches darin besteht, daß das an den Rand gedrängte, im Untergrund abgelagerte präkolumbianische Denken in einem beständigen Prozeß auf die europäischen Schematismen zurückwirkt, die nur an der Oberfläche wirksam sind. Aufgrund dieses andauernden geheimen Prozesses ergibt sich eine zunehmende Differenz zwischen Argentinien und Europa, bildet Argentinien darüberhinaus durch die Wirksamkeit des gemeinsamen autochthonen Substrats zunehmend eine Einheit mit den übrigen Ländern Lateinamerikas. Schon vor Rodofo Kusch hatte der aus Santiago stammende Bernardo Canal Fejóo, der wie dieser nicht zum *Sur*-Kreis gehörte und das Land nicht aus dem Blickwinkel der Metropole betrachtete, auf das Mestizentum als Grundlage unserer Bevölkerungsstruktur und unserer Kultur sowie auf den Einfluß der über den Rundfunk verbreiteten Indio-Melodien in der Gründungsphase der großen Städte verwiesen. Der Essayist aus Santiago kennzeichnet die »außergewöhnliche argentinischen Geisteshaltung« als eine Verirrung, sofern diese nur solche Formen von Kultur als gültig anerkennt, welche von irgendwoher »ankommen«, und sofern die Argentinier sich keine Kultur vorstellen können, die »entsteht« und entstehen *kann*, eine Kultur in ihrer natürlichen Zeitlichkeit und mit den historisch-geographischen Wesensmerkmalen Argentiniens (1944, 58f.). Er weist daraufhin, daß der Indio »auf dem Grund des amerikanischen und argentinischen Daseins zwangsläufig immer anwesend ist« (S.79), und er kritisiert an der Konzeption des Gauchos, daß es sich hierbei zwar um ein bodenständig-argentinisches Leitbild handelt, das jedoch unter einem hispanischen Blickwinkel anthropologischer Mythenbildung entworfen wurde. Kurzum – so betont Canal Fejóo: Die Bestimmung dieser aus vielfältigen Wurzeln hervorgegangenen hispanoamerikanischen Kultur, der wir alle zugehören, kann keine andere sein als die einer »fortschreitenden Amerikanisierung«.

Die innere Grenzlinie und das autochthone Element, das zum Kreolischen gehört, sind als Randzone und als bedrohliche Peripherie oder auch als verborgener Kern deutlich in Erscheinung getreten und haben dabei während der inneren Migration und der sozialen Unruhe der Ära Perons unter den Intellektuellen Reaktionen von sehr unterschiedlichem Tenor hervorgerufen. Die Mestizen wurden häufig als Nachfahren der föderierten Partisanen gesehen, als »barbarische« Eroberer, die wie ein Gewittersturm die Gestade der Städte umzingelten (wie man in etlichen Texten von Martínez Estrada, Julio Cortázar, Bustos Demecq u.a. nachlesen kann).

3. Auf dem Weg zum inneren Mittelpunkt?

Man muß bis in die sechziger Jahre weitergehen, um eine forschreitende »Lateinamerikanisierung« des argentinischen Bewußtseins konstatieren zu können. Erst zu diesem Zeitpunkt erfolgte auf seiten des hauptstädtischen Zentrums eine bewußte Zuwendung zu dem bis dahin als Peripherie betrachteten Inneren. Die

Werke von Moyano, Tizón, Juan José Hernández, Ernesto Sábato, Germán Rozenmacher, Haroldo Conti und von Di Benedetto erinnern an die begrabenen Ureinwohner und verweisen uns auf das gemeinsame Schicksal Südamerikas, welches
Borges – unabhängig von seinen politischen Anschauungen, die bei einem Menschen (wie er selbst festgestellt hat) das Vergänglichste sind – mit ästhetischer
Hellsichtigkeit zu erschauen vermochte.

Es ist kein beiläufiger Umstand, daß diese sechziger Jahre zusammenfallen mit
den Anfängen jener geistigen Strahlung, welche wir heute das postmoderne Denken nennen: mit der Wiedereinbeziehung »ambivalenter symbolischer Dimensionen, der Mischung von Codes und der Wiederaneignung lokaler und regionaler
Überlieferungen« (so der Philosoph Andreas Huyssen, 1991, 276). Damals begann
die – von manchem, wie dem Franzosen Finkielkraut, dem Deutschen Habermas
oder dem Argentinier Sebrel, für unheilvoll gehaltene – Ära eines Anti-Ethnozen-
trismus, welcher letztlich zu einer Relativierung der Werte und der Kulturen führte,
und damit zum Zusammenbruch des universellen Zivilisationsideals, welches
durch die europäische Moderne etabliert worden war. Auf diese Weise entstand ein
Klima, welches es begünstigte, daß plötzlich die Andern (die Verdammten dieser
Erde, die Verleugneten, die Außenseiter und Randexistenzen, die Andersartigen)
und das Andere (die dunkle und fließende Welt der Begierde, der Wahnsinn, der
Tod, – jenseits der mimetischen Ästhetik und des Formalismus) ins Gesichtsfeld
rückten.

Seit dieser Zeit vollzog sich (wie Victoria Coen Imach, 1994, vermerkt) in
Argentinien eine Wiederentdeckung der Tradition, die parallel verlief zu der Kultur
des *folk* in den Vereinigten Staaten. Die argentinischen Autoren (die in den großen
argentinischen Verlagen bis 1955 kaum veröffentlicht wurden) gewannen nun auch
auf dem einheimischen Buchmarkt ein Publikum, – vor allem diejenigen, die aus
der Provinz kamen oder diese thematisierten. Die Rolle der Hauptstadt als Zentrum
wurde einer Revision unterzogen; das Ex-zentrische, die Randzonen wurden zu
einem geschätzten Element. Dementsprechend wandten sich Erzähler wie Conti
und Rozenmacher der Landesinneren zu und richteten den Blick auf die eigene
Kultur; dies bedeutete eine Grenzüberschreitung, welche »den Schriftstellern in
einer langen Etappe der argentinischen Literaturgeschichte verboten gewesen war,
daß nämlich die Eingeborenen und die Wüste, der Urwald und der Süden als das
Eigene anerkannt werden« (ebd. S.305). Das Landesinnere ist nun nicht mehr nur
ein bloßes Thema unter andern, sondern »ein symbolischer Ort, repräsentativ für
die Möglichkeit zur Erlangung der nationalen und kontinental-amerikanischen und
darüberhinaus der ganz persönlichen Identität« (ebd.). Nunmehr werden die Heterogenität und der Nomadismus gerühmt, die Fähigkeit zu Grenzüberschreitungen,
zu Entdeckungsreisen durch Zeit und Raum, bei denen bisher unterdrückte Stimmen wahrgenommen und zur Sprache gebracht werden.

Seit einigen Jahren bildet die Aufarbeitung der Geschichte, die Erarbeitung
anderer Versionen der Geschichte, eine der Hauptströmungen der argentinischen
Erzählkunst. Dieser Blick auf das Landesinnere, diese Rückbeziehung auf die
Vergangenheit auf der Suche nach Bedeutungen und nach neuen Entschlüsselun-
gen fällt zeitlich zusammen mit einem Moment äußerster wirtschaftlicher Offenheit und mit der Hochkonjunktur weltweiter »Globalisierung«; sie hat vor diesem
Hintergrund fast den Charakter einer kompensatorischen Erkundung der eigenen

Identität, ist der Versuch einer Situierung des Argentinischen in einer immer komplexeren, immer mehr vernetzten und immer durchlässigeren Welt. Periphere Elemente wie die Eingeborenenkulturen, die in der offiziellen Geschichtsschreibung ausgeklammert blieben, sind auf bedeutsame Weise wieder ins Blickfeld gerückt. *Daimón* (1989) und *Los perros del paraíso* (1983) von Abel Posse, *Señales del cielo* (1994) von María Angélica Scotti, *Esta maldita lujuria* (1992) von Antonio Brailovsky kehren, wie auch andere Werke, zu den Zeiten der spanischen Eroberung zurück, um die Begriffe der Dichotomie von Zivilisation und Barbarei in Frage zu stellen und zu verändern. Andere Texte verweisen auf die argentinischen Eingeborenen verschiedener Ethnien: auf die Colastiné (in *El entenado*, 1983, von Saer); auf die Guaraní-Indianer (in *Karaí, el héroe*, 1988, von Adolfo Colombres, in *Borrasca en las clepsidras*, 1980, von Laura del Castillo, sowie in *Intangible*, 1990, von Laura Nicastro); auf die Matacos (in *Eisejuaz*, 1971, von Sara Gallardo) und auf die Ranquel-Indianer der zentralargentinischen Pampa (in parodistischer Spiegelung bei César Aira, 1991, und Ester Cross, 1993, oder auch in *La pasión de los nómades*, 1994, von der Verfasserin dieses Artikels), und schließlich auf die Feuerland-Indios in *Fuegia* (1991) von Eduardo Belgrano Rawson. Aufs Tapet kommen auch die großen Themen der Akkulturation und der Andersheit, die Ethnozentrismusdebatte, die andersartige Vorstellung von Wirklichkeit und Zeitlichkeit als Ursprung unsichtbarer und verschwiegener Grenzen zwischen den verschiedenen Welten, welche koexistieren, ohne einander zu verstehen und ohne sich wirklich zu integrieren. Der Beitrag der Einwanderer wird in Werken wie *Santo Oficio de la Memoria* (1991) von Mempo Giardinelli, oder *Mar de Olvido* (1992) von Rubén Tizziani diskutiert.

Darüberhinaus verschiebt sich noch eine weitere Grenze: diejenige, welche die Frauen aus der offiziellen und öffentlichen Geschichte ausgeschlossen hatte. *Lorenza Reynafé* (1992) von Mabel Pagano, *La amante del Restaurador* (1993) von María Esther de Miguel und *Las fábulas del viento* (1987) von Paulina Movsichoff verschaffen den Frauen eine Präsenz, welche in der früheren literarischen Landschaft kriegerischer Husarenstücke keinen Raum gehabt hatte. Mit außergewöhnlicher Kraft feiert die immer noch strahlende Gestalt von Eva Perón ihre Wiederkehr (Abel Posse: *La Pasión según Eva*, 1994; Tomás Eloy Martínez: *Santa Evita*, 1995), die jahrzehntelang als Inbegriff der peronistischen »Barbarei« gegolten hatte, und die als Frau, die so viele Normen der Epoche brach, noch mehr verfemt gewesen war.

Wir befinden uns demnach offensichtlich auf dem Höhepunkt einer kritischen Phase der Selbstreflexion, mit vielen Zweifeln (von denen einige ziemlich ätzend sind) in Bezug auf die Berechtigung der Zivilisations- und Technik-Utopie, welche von den tonangebenden Zentren aus propagiert wurde – ein Aspekt, welcher etwa in den Romanen von Rodolfo Rabanal (1978) und Pablo Urbanyi (1994), oder in der Science ficcion *sui generis* von Angélica Gorodischer (1990) besonders hervortritt; in dieser Phase vollzieht sich eine (nicht bloß nostalgische, sondern kreative und umwälzende) Rückkehr zu den verborgenen und irritierenden Rändern der orthodoxen historiographischen Erzählweise – einer Erzählweise, welche nunmehr keine Kohärenz mehr gewährleisten kann und welche –, sofern es um die Erkundung einer reicheren symbolischen Wahrheit geht – paradoxerweise durch einen offen fiktiven Erzählstil abgelöst oder zumindest ergänzt wird. Diese Innenschau in die eigene Geschichte bedeutet auch eine grundlegende Revision der altherge-brachten Dichotomien von Zivilistation und Barbarei, Zentrum und Peripherie, entsprechend der Tatsache, daß sich das Leben unserer Epoche vor einem gewan-delten Horizont abspielt, einem Horizont, innerhalb dessen die Grenzen schmaler und brüchiger werden und die Nationalstaaten sich gegenüber der allgegenwärti-gen Macht der großen ökonomischen Gruppierungen als zerbrechlich erweisen. Im kritischen Moment einer weltumspannender Medienüberflutung richtet die Litera-tur eines Landes, welches geographisch und wirtschaftlich nach wie vor eine periphere Position hat, bei ihren Fiktionen das Interesse auf ein möglichen inneren Mittelpunkt: auf das Gedächtnis, dieses identitätsstiftende Zentrum, damit es auf diese oder jene Weise dem unermeßlichen Fluß der planetarischen Information und der virtuellen Realitäten mit der Beschwörung des Eigenen Widerpart biete, damit es in der Flut des Gleichförmigen die Einzigartigkeit und die Verschiedenheit der eigenen Bilderwelt bewahre.

Bibliographie

Aira, C. 1991: La liebre, Buenos Aires: Emecé.

Bajtín, M. 1974: La cultura popular en la Edad Media y el Renacimiento. Barcelona: Seix Barral.

Belgrano Rawson, E. 1991: Fuegia, Buenos Aires: Sudamericana.

Biagini, H. E. 1980: Cómo fue la generación del 80, Buenos Aires: Plus Ultra.

Borges, J. L. 1974: El muerto, *El Aleph*, Obras Completas, Buenos Aires: Emecé.

Brailovsky, A. 1992: Esta maldita lujuria, Buenos Aires: Planeta.

Canal Feijóo, B. 1951: Teorías de la ciudad argentina, Buenos Aires: Sudamericana.

Canal Feijóo, B. 1944: Proposiciones en torno al problema de una cultura nacional argentina, Bue-nos Aires: Institución Cultural Española.

del Castillo, L. 1980: Borrasca en las clepsidras, Buenos Aires: Suae Editio Gentis.

Clementi, H. 1994: National Identity and the Frontier, in: Where Cultures meet. Frontiers in Latin American History, Wilmington, Delaware: Jaguar Books in Latin America (Nr.6).

Cohen Imach, V. 1994: De utopías y desencantos. Campo intelectual y periferia en la Argentina de los sesenta, San Miguel de Tucumán: Universidad Nacional de Tucumán.

Colombres, A. 1988: Karaí, el héroe. Mitopopeya de un zafio que fue en busca de la Tierra Sin Mal, Buenos Aires: Ediciones del Sol.

Cross, E. 1993: La inundación, Buenos Aires: Emecé.

Cymerman, C. 1993: Significación de la ciudad y el campo en la obra literaria de Eugenio Camba-cérès, in: Diez estudios cambacerianos, acompañados de una bibliografía, Rouen: Université de Rouen, (N°.187).

Gallardo, S. 1971: Eisejuaz, Buenos Aires: Sudamericana.

Giardinelli, M. 1991: Santo Oficio de la Memoria, Santa Fé de Bogotá: Norma.

Gorodischer, A. 1990 ([1] 1983): Kalpa Imperial, Barcelona: Alcor.

Huyssen, A. 1991: Guía del posmodernismo, in: El debate modernidad/posmodernidad, Buenos Aires: Puntosur.

Kusch, R. G. 1953: La seducción de la barbarie, Buenos Aires: Raigal.

Kusch, R. G. 1962: América profunda, Buenos Aires: Hachette.

Kusch, R. G. 1970: El pensamiento indígena y popular en América, Buenos Aires: Hachette.

Lojo, M. R. 1996: Nuevas fronteras en el fin del milenio, in: Cuadernos Americanos, Universidad Nacional Autónoma de México, 56 (2), 71-86.

Lojo, M. R. 1994a: La pasión de los nómades, Buenos Aires: Emecé, Atlántida.

Lojo, M. R. 1994b: La »barbarie« en la narrativa argentina (siglo XIX), Buenos Aires: Corregidor.

Lojo, M. R. 1996: »El sueño de los héroes« en *Adán Buenosayres*: mito, estereotipo y poética, in: Actas de las Jornadas Marechalianas, Buenos Aires: Universidad Católica Argentina..

Lojo, M. R. 1997: La frontera en la narrativa argentina, in: Hispamérica, USA.

Ludmer, J. 1994: Los escándalos de Juan Moreira, in: Las culturas de fin de siglo en América Latina, Buenos Aires: Beatriz Viterbo.

Lugones, L. 1972 (^{1}1916): El Payador, Buenos Aires: Huemul.

Martínez, T. E. 1995: Santa Evita, Buenos Aires: Planeta.

Martínez Estrada, E. 1957: Radiografía de la Pampa, Buenos Aires: Losada.

de Miguel, M. E. 1993: La amante del Restaurador, Buenos Aires: Planeta.

Movsichoff, P. 1987: Las fábulas del viento, Buenos Aires: Torres Agüero.

Murena, H. A. 1954: El pecado original de América, Buenos Aires: Sur.

Murena, H. A. 1969: El nombre secreto, Caracas: Monte Avila.

Nicastro, L. 1990: Intangible, Buenos Aires: Grupo Editor Latinoamericano.

Pagano, M. 1992: Lorenza Reynafé, o Quiroga, la barranca de la tragedia, Buenos Aires: Ada Korn.

Posse, A. 1983: Los perros del paraíso, Barcelona: Argos Vergara.

Posse, A. 1989: Daimon, Buenos Aires: Emecé.

Posse, A. 1994: La pasión según Eva, Buenos Aires: Emecé.

Prieto, A. 1988: El discurso criollista en la formación de la Argentina moderna, Buenos Aires: Sudamericana.

Rabanal, R. 1978: Un día perfecto, Buenos Aires: Pomaire.

Sada, G. 1996: Los caminos americanos de la filosofía en Rodolfo Kusch, Buenos Aires: García Cambeiro.

Saer, J. J. 1983: El entenado, Buenos Aires: Folios.

Salas, H. 1996: El Centenario. La argentina en su hora más gloriosa, Buenos Aires: Planeta.

Sarlo, B. 1981: Sobre la vanguardia, Borges y el criollismo, in: La crítica literaria contemporánea, Buenos Aires: Centro Editor de América Latina.

Sarlo, B. 1983: Vanguardia y criollismo: La aventura de Martín Fierro, in: Ensayos argentinos. De Sarmiento a la vanguardia, Buenos Aires: Centro Editor de América Latina, 127-171.

Sarlo, B. 1988: Una modernidad periférica: Buenos Aires 1920 y 1930, Buenos Aires: Nueva Visión.

Sarmiento, D. A. 1961 (1845): Facundo. Civilización y barbarie (prólogo y notas de Alberto Palcos), Buenos Aires: Ediciones Culturales Argentinas.

Schwartz, J. 1993: Vanguardia y cosmopolitismo en la década del Veinte, Buenos Aires: Beatriz Viterbo.

Scotti, M. A. 1994: Señales del cielo, Buenos Aires: Atlántida.

Svampa, M. 1994: El dilema argentino: civilización o barbarie. De Sarmiento al revisionismo peronista, Buenos Aires: El cielo por asalto.

Tizziani, R. 1992: Mar de olvido, Buenos Aires: Emecé.

Urbanyi, P. 1994: Silver, Buenos Aires: Atlántida.

(Aus dem Spanischen von Dr. Ernst Mögel, Tübingen)

Roland Spiller

Die literarische Kultur in Argentinien

»No nos une el amor, sino el espanto, será por eso que la quiero tanto« so Jorge
Luis Borges über sein Verhältnis zu Buenos Aires. Der »Vorzeige-Europäer« charakterisiert damit zugleich auch seine Einstellung zur eigenen Kultur. Seine Liebe
zu Argentinien ist zwiespältig, weil sie auf seine Beziehung zu Europa verweist.
Diese Ambiguität und die von ihr erzeugten Spannungen mit ihren inneren Widersprüchen charakterisieren die gesamte literarische Kultur Argentiniens. Es war
mithin kein Zufall, daß Borges zum Repräsentanten des argentinischen Selbstverständnisses stilisiert wurde. Sein unaufhaltsamer literarischer Aufstieg, der seit
dem Zusammenbruch der letzten Militärdiktatur in den achtziger Jahren außerordentliche Dimensionen annimmt, ist nicht zuletzt auf seine literarischen Reflexionen über die Repräsentation der argentinischen Kultur und seinen Umgang mit
deren internen Widersprüchen zurückzuführen. Insofern ist diese literarische Ka-
nonisierung eines politisch heftig umstrittenen Autors repräsentativ für die Entwicklung des kulturellen Felds in Argentinien. Wie bei allen Kanonisierungsver-
fahren spielt das Ineinandergreifen von Rezeptionsmechanismen und Selbstinsze-
nierung eine erhebliche Rolle. Das Auftreten des erblindenden Bibliothekars als
Universalgelehrter und »Universalargentinier« erfüllte nicht nur den nationalen
Erwartungshorizont, sondern in einer Konjunktur mit den allgemeinen Globalisie-
rungstendenzen auch den internationalen. Borges vereinte in seiner Literatur, die
von der Konfrontation von Sprachen und Kulturen lebt, das Paradigma der argentinischen Kultur und der postmodernen Kulturtheorie: die Heterogenität.[1] Sein Umgang mit den aus der Mischung der Kulturen entstandenen Konflikten, an denen
seit Domingo Faustino Sarmiento so viele Autoren gescheitert waren, und seine Art
diese literarisch zu gestalten, zeugen von einer seltenen Gelassenheit. Diese ist
nicht etwa darauf zurückzuführen, daß er eine Lösung für die von der Modernisierung verursachten sozio-kulturellen Assymetrien gefunden hätte, sondern daß er
Kulturkonflikte und Interkulturalität kreativ umzusetzen wußte wie kaum ein anderer. Repräsentativ ist freilich auch der enge biographisch begründete Bezug zu
Europa und die Differenziertheit seiner Wahrnehmung der alten Welt. Das Bewußtsein eine Verlängerung Europas zu sein, ist Bestandteil des kollektiven Selbstverständnisses. Aus der festen und keineswegs unbegründeten Überzeugung, das
Europa Lateinamerikas zu sein, entwickelten sich die bestimmenden Pole der
kulturellen Topographie Argentiniens. Diesem Paradigma entsprechend teilte man
die Literatur des 19. Jahrhunderts in zwei Hälften: eine argentinisierende mit dem
»Martín Fierro« von José Hernández, dem Hauptwerk der Gaucho-Literatur, als
Mustertext und eine europäisierende, deren Modell die von Domingo Faustino
Sarmiento, dem Schriftsteller und Staatspräsidenten, verfaßte Caudillo-Biographie
»Facundo« bildete. Im 20. Jahrhundert ging man dazu über, die Wechselseitigkeit

---

1   Einen aktuellen bibliographischen Überblick zum Thema gibt die Sammelrezension von Ette, Ottmar:
    »Heterogeneidad cultural y homogeneidad teórica?«, in: notas, Vol. 3, (1996), N° 1, S. 2-17.

der Beziehungen der vermeintlichen Hälften zu berücksichtigen, indem man argentinische Literatur als substantiell europäische mit argentinischem Tonfall definierte.
Sämtliche literaturgeschichtliche Darstellungen orientierten sich konzeptuell an dieser Ambiguität und Hybridität, die zur Erklärung des typisch Argentinischen – des spezifischen Humors, der alles durchdringenden Nostalgie des Tangos, der Neigung zum Grotesken und Phantastischen – herangezogen wurden.

Vor dem historischen Hintergrund dieses Paradigmas, dessen folgenreichste Konkretisierung die im Untertitel des »Facundo« genannte Dichotomie von Zivilisation und Barbarei ist, erscheint die literarische und kulturelle Entwicklung seit der Unabhängigkeit als langwieriger Prozeß der Entmythisierung. In einem noch unabgeschlossenen Prozeß verabschiedet man die Stereotype und Allgemeinplätze, die den Mythos des nationalen Selbstverständnisses konstituierten.[2] Diese Mythosbildung, die seit ihren Anfängen weit über den literarischen Bereich hinausging, ist ein fester Bestandteil der politischen und ökonomischen Kultur. Allgemeinplätze wie der des »großen Argentinien« (»gran Argentina« und »grandeza argentina«), des sagenhaften natürlichen Reichtums des Landes und der »madurez social«, waren nicht nur Ausdruck von Wunschdenken, sondern sie basierten auf den durch die Modernisierung erreichten gesellschaftlichen und wirtschaftlichen Leistungen. Diese wiesen Argentinien, aufgrund eines Exportbooms, der in den zwanziger Jahren einen Höhepunkt erreichte, einen Spitzenplatz unter den führenden Industrienationen zu.[3] Auffassungen wie »Dios es argentino« bezeugen sowohl eine zum Hyberbolismus neigende Selbstironie als auch die historische Sonderstellung des Landes im lateinamerikanischen Kontext. Die mit der fehlenden indianischen Hochkultur und der massiven Immigration historisch begründete Besonderheit blockierte die Entwicklung einer differenzierteren Sichtweise noch zusätzlich. Auch die Erkenntis, daß die Modernisierung eine periphere Modernität hervorbrachte und daß der sensationelle Aufschwung der Exportwirtschaft infrastrukturell in einer peripheren Ökonomie erfolgte, verbreitete sich nur allmählich. Zudem zog man dabei nicht selten eine weitere inzwischen zum Gemeinplatz gewordene Argumentation heran, derzufolge die wirtschaftliche Armut kulturellen Reichtum hervorbringt: Die »Dritte Welt« ist die »Erste Welt« der Kultur. Diese von Octavio Paz als »modernidad compensatoria« deklarierte kreative Kraft wurde zu einer Standarderklärung für das Hervorbringen der großen Werke der lateinamerikanischen Literatur.[4] Aus der kritischen Weiterführung dieses Ansatzes entwickelten sich die neueren lateinamerikanischen Kulturtheorien, deren Erkenntnisleistung darin besteht, daß sie die konzeptuellen Ungereimtheiten zwischen Moderne und Postmoderne im Hinblick auf die eigenen Kulturen fruchtbar machten, nachdem die Hoffnung Lateinamerikas auf eine Modernisierung im Sinne von politischer Emanzipation und Beseitigung soziokultureller Assymetrien gescheitert war. Die Grundlegung einer über das eurozentrische Denken von Moderne und Postmoderne hinausreichende eigenständige Erkenntnistheorie der Peripherie war längst

---

2 Zur Rolle von Stereotypen bei der Identitätsstiftung in der argentinischen Literatur vgl. Daniel Castillo Durante: »El estereotipo como condición de posibilidad de la identidad argentina. La interacción entre cultura, identidad y estereotipo en las novelas de Sábato y Puig«, in: Spiller: 1995, 79-96.

3 Vgl. dazu Tulio Halperín Donghi 1996, 19.

4 Paz, Octavio, Los hijos del limo, Barcelona: Seix Barral 1974. Zur Fortsetzung dieses Argumentationsschema siehe auch Abel Posse, z.B.: »Die Dritte Welt – die Erste der Kultur«, in: Fünf Jahrhunderte Einsamkeit. Die europäische Kultur in der Erfahrung der anderen, Kopfbahnhof, Almanach, 5, Leipzig: Reclam 1992, 23-24.

überfällig. Zu deren Hauptaufgaben zählt die allmählich in Gang kommende modernekritische Revision der eigenen kulturellen Pardigmen.[5] Im Bereich der Theoriebildung bedeutet dies die Emanzipation von der Vorherrschaft europäischer und nordamerikanischer Modelle. Innerhalb der Literaturwissenschaft scheint dieser selbstreflexive Prozeß eine Domäne der Frauen zu sein. Beatriz Sarlo, Josefina Ludmer und Cristina Iglesia legten mit ihren zur Kulturtheorie hin offenen Arbeiten die Fundamente, deren Vertiefung und Ausdifferenzierung inzwischen von der wachsenden Gruppe ihrer Schüler und Schülerinnen unterstützt wird.

Im Rahmen dieser diskursübergreifenden Revision des kulturellen Selbstbildes ist eine Standortbestimmung der argentinischen Literatur heute ebenso wichtig wie es im 19. Jahrhundert die Diskussionen um ihre Funktion und später die um ihre Institutionalisierung waren. Wie aber läßt sich der Ort der Literatur innerhalb der argentinischen Kultur definieren? Der Weg vom Gauchoepos zur Weltliteratur läßt sich nur mit einem nicht-statischen Begriff beschreiben. Als Europäer, der über argentinische Literatur spricht, erscheint mir der Begriff der Passage als am besten geeignet. Die Passage ist in mehrfacher Hinsicht und im doppelten Wortsinn ein Motiv der literarischen Kultur Argentiniens. Sie ist in der Vielheit ihrer Formen – Schwelle, Grenze, Brücke, Tunnel, Überschreitung, Übergang, Durchfahrt, Reise, Suche, Metamorphose – ein literaturgeschichtliches Motiv ersten Ranges, dessen Dimensionen – architektonisch, literarisch, musikalisch, politisch, psychologisch, astronomisch, usw. – beliebig kombinierbar sind. Und schließlich ist die Passage eine diskursive Antriebskraft, die in den verschiedenen gesellschaftlichen Bereichen je eigene Horizonte eröffnet und (intermediale) Verbindungen zwischen schriftlichen, bildlichen, musikalischen und auditiven Zeichensystemen ermöglicht.[6] Die Passage bezeichnete in Louis Aragons »Le paysan de Paris« (1926) und in Walter Benjamins unvollendet gebliebenen »Passagen-Werk« (1982) die Lesbarkeit der Stadt.[7] In Erweiterung dieser Perspektive kann man Literatur und Kultur als Passagen von einem System in ein anderes betrachten, die auf der Lesbarkeit der Welt beruhen. Julio Cortázar entfaltete in der Erzählung »El otro cielo« (1966) ausgehend von den Passagen in Paris und Buenos Aires, die faszinierende Vielschichtigkeit des Motivs.[8] Die Passage ist ein Leitmotiv seines Gesamtwerks, das er virtuos auf den verschiedensten Ebenen variierte.[9]

Die argentinische Literatur war seit ihrem Beginn mit Esteban Echeverrías »La cautiva« (1837) stets am Entwurf der leitenden Kulturmodelle des Landes beteiligt.[10] Ihr besonderer Beitrag zur kulturellen Identitätsbestimmung war dabei zweifelsohne der Blick in das Unbewußte und die Auseinandersetzung mit den Phantasmen und paranoiden Knotenpunkten des kollektiven Gedächtnisses. Exemplarisch dafür ist das Werk von Ernesto Sábato, dessen Essays und Romane von einer Kritik der Aufklärung durchdrungen sind, die durchaus mit der von Adorno und Horkhei-

5   Siehe Beatriz Sarlo: Una modernidad periférica: Buenos Aires 1920 y 1930, Buenos Aires: Nueva
    Visión 1988. Zur Theoriebildung im Bereich der Neubestimmung der lateinamerikanischen Kultur als
    »periphere Modernität« siehe: Herlinghaus, Hermann / Walter, Monika (Hg.), Posmodernidad en la
    periferia. Enfoques latinoamericanos de la nueva teoría cultural, Berlin: Langer 1994 und Scharlau,
    Birgit: 1994.
6   Die Erzählungen »Las babas del diablo« und »Apocalipse en Solentiname« von Julio Cortázar sind
    exemplarisch für die »Intermedialität« von Bild und Text.
7   Vgl. dazu Stierle: 1993 erstes Kapitel.
8   Vgl. dazu Schaper, Rainer Michael, Der gläserne Himmel. Die Passagen des 19. Jahrhunderts als Sujet
    der Literatur, Frankfurt/M.: Athenäum 1988.
9   Zur Rezeption von Walter Benjamin in Argentinien und Lateinamerika siehe: Massuh, Gabriela: 1993.
10 Vgl. dazu Berg: 1995.

mer vergleichbar ist. Die zivilisationskritischen Werke Sábatos dokumentieren jenen Unterschied von Weisheit (sabiduría) und Wissen (saber), der zur Korrektur der totalisierenden Verselbständigung des aufklärerischen Diskures nötig und fähig ist. Eine technokratische Modernität, die sich in Unkenntnis ihrer Grenzen einzig durch die wissenschaftliche Vernunft legitimiert, ist in den Augen des ehemaligen Physikers Tyrannei, die unweigerlich in den Untergang der Menschheit führt.[11]

Den Dreh- und Angelpunkt der hier gestellten Thematik bilden wie in allen Ländern mit der Erblast einer kolonialen Vergangenheit die von der gesellschaftlichen Modernisierung und Ausdifferenzierung aufgeworfenen Fragen und Probleme. Die Übergänge vom Kolonialismus zu den neokolonialen Abhängigkeiten verdeutlichten, daß Unabhängigkeit nicht auf ein Datum fixierbar ist. Die Entkolonisierung verlief vielmehr als langwieriger historischer Prozeß, der den gesellschaftlichen Stellenwert von Kultur und Literatur maßgeblich determinierte.[12] Die Frage nach dem Sinn und Wert von Literatur stellte sich in den ehemaligen Kolonien im Rahmen einer anderen sozio-kulturellen Konstellation als in den kolonialisierenden Kulturnationen. Ohne stabile Wirtschaftsentwicklung läuft Kultur – zumal in direkter Konfrontation mit dem Elend breiter Bevölkerungsschichten – sehr schnell Gefahr als Luxus zu gelten – das Attribut der »Unterentwicklung« ist dem Diktum Bertolt Brechts vom Fressen und der Moral zufolge hierfür nicht erforderlich. Eine der großen Entwicklungslinien der argentinischen Literatur besteht in diesem Zusammenhang im historischen Wandel der Position von Literatur und der Funktion der Intellektuellen innerhalb der Gesellschaft. Etwas vereinfachend könnte man von einer Revision der traditionellen Antinomie von »formalismo« und »contenidismo« sprechen, die allerdings nicht mit den entpolitisierenden Tendenzen, die sich in Europa und Nordamerika im Zuge der Postmoderne verbreiteten, gleichzusetzen ist. Es erfolgte zwar eine gewisse Lockerung der Pflicht zur gesellschaftspolitischen Verpflichtung, dem »compromiso político«, der die Schriftsteller in ein nicht-literarisches Korsett zwang, aber dabei ging es vor allem darum, die so gestellte Alternative als falsche Polemik zu enthüllen.[13] Nur aus diesem Blickwinkel kann man feststellen, daß während bei Autoren wie Sarmiento der politisch-pädagogische Impuls dominierte, im Laufe der literaturgeschichtlichen Entwicklung eine Passage zum fiktionalen Pol erfolgte. Im Unterschied zu Europa und den USA ist der Autoritarismus ein kontinuierliches Phänomen, dem sich kein Schriftsteller ganz entziehen kann. Die durch politische Repression, Machtmißbrauch und Kriminalisierung des Staates verursachten Probleme betreffen die Literatur in der Gesamtheit ihrer Erscheinungsformen. Aus diesem Grund verlief die Hinwendung zum Persönlichen in einer ganz anderen sozio-politischen Konstellation als in den westlichen Industrienationen.

11 Sábato ist vielleicht der entschlossenste, jedoch gewiß nicht der einzige Schriftsteller, der sich an der Revision der aufklärerischen Diskurses beteiligte und damit zu einer Kritik der Moderne beiträgt. Exemplarisch hierfür ist in der Gegenwartsliteratur »Respiración artificial« (1980) von Ricardo Piglia. Vgl. Vf. 1993: 138-195.
12 Das lateinische Wort »cultura« (Pflege, von colere anbauen) wurde von der Agrikultur auf andere Bereiche übertragen. Seit der Aufklärung ist Kultur an die Entwicklung der modernen Nationalstaaten gebunden. Auch das Wort Kolonialismus stammt von *colere* ab. Der gemeinsame etymologische Ursprung signalisiert den Zusammenhang von Kultur und Kolonialismus. Der Inbegriff der Kulturnation war auch in Argentinien Frankreich. Die Ideen der Aufklärung dienten als politisches und kulturelles Modell.
13 Vgl. dazu Juan José Saer: »Para mí la literatura es una propuesta antropológica« in: Giardinelli, 1992: 191-200.

Die kulturelle Entwicklung Argentiniens war auch nach dem Scheitern des liberalen Projekts durch die nationale Dimension determiniert.[14] Seit dem Sturz Hipólito Yrigoyens trat mit den totalitären Regierungsformen ein weiteres Merkmal der peripheren Modernität zutage.

Der Weg zur Autonomie der Literatur ist eine kulturelle Leitlinie der Moderne. Die Modernisierungsschübe des *modernismo* und der darauf folgenden Avantgardbewegungen, brachten nur ein reduziertes – peripheres – Maß an Professionalisierung und Autonomie der Schriftsteller mit sich. Die erfolgreiche Laufbahn von Rubén Darío, der von Buenos Aires aus für die Verbreitung des *modernismo* sorgte, ist eine Ausnahme. Dagegen waren Problemfälle vom Typus eines Roberto Arlt, der sich nicht nur literarisch zum Erfinder stilisierte, sondern tatsächlich versuchte, mit Erfindungen sein Leben zu verdingen, in Argentinien die Regel. Selbst ein Bestseller-Autor wie Manuel Gálvez beklagte sich über mangelnde Anerkennung. In Argentinien, so schreibt er: »el escritor es nada. Quizá se considere un poco al que ha triunfado, pero su nombre, junto a los representantes de otras actividades, nada significa«.[15] Seine in *El mal metafísico* (1916) lebendig dargestellte Einschätzung des Schriftstellers im literarischen Feldes seiner Zeit hat bis heute nicht an Aktualität verloren. Der gesellschaftliche Nutzen der Kulturschaffenden wird weiterhin mißachtet und an wirtschaftlichen Kriterien gemessen- wie der Marktwert von Unternehmern, Bänkern, Informatikern und Fußball- oder Tennisspielern.

Die Passage ist das »Initialparadigma« der argentinischen Kultur, denn sie erfaßt mit der Zivilisierung des leeren Raumes der Pampa den programmatischen Übergang von der Natur zur Kultur und den Beginn der argentinischen Literatur.[16] Die vierzehn Provinzen umfassende Pampa erinnert an das autochthone und mestizische Fundament der argentinischen Nation und an die gaucheske Literatur, die die Grundlage der verschiedenen an sie anknüpfenden Traditionen bildet. Eine Archäologie der kulturellen Modernität und der ihr entsprechenden Schichten und Figurationen in der Literatur stößt unweigerlich auf die gaucheske Literatur mit den von ihr tradierten Werten und Konflikten, sowie auf die populäre Kultur der Provinzen als in allen Gattungen stetig wiederkehrendes Element, das, obwohl es in den verschiedenen Modernisierungschüben – Romantik, Modernismo, Avantgarde, Post-Avantgarde, Boom, Postboom – eine zentrale Rolle spielte, in den Hintergrund gedrängt wurde. Seit der Konstitution des Nationalstaates und besonders seit dem liberalen Staatsprojekt der 80er Generation des 19. Jahrhunderts traten mit der wirtschaftlichen und politischen Modernisierung die Züge der urbanen, europaorientierten und kosmopolitischen Kultur in den Vordergrund.[17] Als Folge der Gleichsetzung von Verstädterung und literarischem Universalismus und der Fixierung beider Prozesse auf Buenos Aires, entstand das Klischee einer urbanen und europäisierenden Weltliteratur, das, in der Tradition des Zentralismus stehend, die kontinuierliche Präsenz und die fundamentale Bedeutung der ländli-

---

14 Vgl. dazu Castillo, Adriana/ Berchenko, Pablo: 1989.
15 Szmetan, Ricardo, »La situación del escritor en la obra de Manuel Gálvez (1916-1935)«, (New York: Lang 1994) analysiert die Situation des Schriftstellers in der argentinischen Gesellschaft zu Beginn des 20. Jahrhunderts und die Darstellung des Schriftstellers im Werk von Manuel Gálvez.
16 Vgl. dazu: Rama, Angel, »El sistema literario de la poesía gauchesca«, in: Literatura y clase social, México: Folios 1983; Ludmer, Josefina: 1988; Prieto, Adolfo: 1988; Montaldo, Graciela: 1993.
17 Zur Verschränkung von nationalem und literarischem Diskurs in diesem Zusammenhang siehe: Perilli, Carmen: »Cuerpo y letra en la novela argentina«, in: Spiller, 1995: 121-130; und ausführlicher dies.: »Las ratas en la Torre de Babel. La novela argentina entre 1982 y 1992«, Buenos Aires: Letra Buena 1994.

chen aus den Provinzen kommenden Traditionen für den literarischen Erneuerungsprozeß ausblendete. Seit der Unabhängigkeit hatte sich ein sozio-kultureller Zentralismus entwickelt, der als gleichzeitig zentrifugale und zentripedale Kraft alle Aktivitäten in Buenos Aires vereinte. Ihre außerordentliche kulturelle Ausstrahlung und Anziehungskraft festigte die Vorherrschaft der Haupt- und Hafenstadt derart, daß man argentinische Literatur mit der von Buenos Aires gleichsetzte. Buenos Aires ist jedoch nicht Argentinien und Argentinien regional so vielfältig wie Lateinamerika auf kontinentaler Ebene. Die zentralistische Kulturpolitik blendete allerdings mit der Pluralität des Landes auch weitgehend die populäre Kultur und damit den Reichtum der Mündlichkeit aus: »no se trata únicamente de lo rural, se trata de la cultura popular incursionando en la letrada, de las voces de una oralidad perdida en medio de citas de las bibliotecas cosmopolitas«.[18]

Heute verschaffen Literatur und Literaturkritik diesen Stimmen wieder Gehör. Autoren wie César Aira, Mempo Giardinelli, Juan Martini, Ricardo Piglia, Manuel Puig und Juan José Saer nahmen sich ihrer an ebenso wie Juan José Hernández, Daniel Moyano, Héctor Tizón und die anderen überwiegend an ihren Herkunftsprovinzen orientierten Autoren des *nuevo interior*.[19] Beide Gruppen errichten damit Passagen zwischen Provinzen und Hauptstadt, die gleichzeitig einen Transfer von den mündlichen Traditionen zur Schrift und damit von der Vergangenheit in die Gegenwart bedeuten. Die Stimmen der verlorenen Mündlichkeit erzählen Verdrängtes, sie brechen mit den Klischeevorstellungen und den Mythen, die das auf einem *pars pro toto* beruhende kulturelle Selbsverständnis Argentiniens prägten. Damit bestätigen sie jene ihnen vorausgehende Texte von Autoren wie Horacio Quiroga, der schon zur Zeit des *modernismo* demonstrierte, daß Modernität keineswegs an die Großstadt gebunden ist.[20] Der Großteil der argentinischen Stadtliteratur drehte sich im Teufelskreis der als heils- und zivilisationsbringend aufgefaßten Modernität. Dabei spielte die Beziehung zu Paris, das als Inbegriff der Moderne den Mythos der Stadt schlechthin verkörperte, stets eine zentrale Rolle.[21] In Argentinien waren (wie auch in Frankreich) die Schriftsteller seit jeher die besten Leser der Natur und des Landes, sie waren deshalb auch die hellsichtigsten Leser der Zeichensysteme der Stadt.[22] Die Stadt und die Stadtliteratur sind sicherlich eindeutige Zeichen der Modernität. Sie sind jedoch nicht die einzigen und nur im Zusammenhang ihres Entstehungshintergrundes und ihrer Konstruiertheit erfassbar. Der Glaube das Europa Lateinamerikas zu sein, beruhte auf der Übernahme des metropolitanen Mythos, für den die Ausblendung und Abwertung des Eigenen, der *indios* und Gauchos, ein konstitutives Element war. Diese nie ganz aufgehende Exklusion gab zu Umschichtungen in der Literaturgeschichte Anlaß gab und sie steht als offene Frage am Ausgangspunkt der argentinischen Essayistik, deren Gravitationspunkt sie bildet.

---

18 Montaldo, Graciela, 1993: 12.
19 Zahlreiche weitere Autorenbeispiele nennt Cilento, Laura Fabiana, »Tensiones campo / ciudad en la novela (1970-1993)«, in: Spiller, 1995: 111-120.
20 Vgl. hierzu die Nachbemerkung von Enrique Foffani zu der vom ihn herausgegebenen Anthologie: Argentinien erzählt, Frankfurt/M.: Fischer 1992, S. 249-254.
21 Freilich entwickelte sich auch eine Tradition der literarischen Kritik, die wie Roland Barthes den (Großstadt-)Mythos nicht als Ausdruck der Moderne betrachtete, sondern als ihre Vedrängung durch die Illusion der Zeitlosigkeit. Zu kritischen Darstellungen des Großstadt siehe Röhl-Schulze, 1990: 201-226. Zur Bedeutung von Paris in der lateinamerikanischen Literatur siehe Nelle: 1996.
22 Zur »Lesbarkeit« von Paris siehe das erste Kapitel von Stierle: 1993.

Die Diskrepanzen von Schein und Sein, Illusion und Realität, stehen nicht nur im Mittelpunkt der im Essay diskutierten Identitätsproblematik, sondern sie charakterisieren in diffuser Form sämtliche literarische Gattungen und finden sich in nahezu allen großen Romanen leitmotivisch oder als textstrukturierendes Prinzip wieder. Sie charaktersisieren darüber hinaus die politische Kultur und andere nicht-literarische Diskurse.[23]

In der Literatur sind die aufeinanderfolgenden Lektüren des Gauchoepos »Martín Fierro« (1872-1879) von José Hernández ein Indikator der Nicht-Verdrängbarkeit des autochthonen Substrats. Weder die physische Vernichtung der *indios* durch Genozid, noch das »natürliche« Aussterben der Gauchos, blieben spurenlos im zivilisatorischen Bewußtsein. Der »Martín Fierro« ist insofern ein Beispiel für die Neuerschaffung und die Bedeutungsveränderung von Texten durch den Leser, die Borges in »Pierre Menard, autor del Quijote« (in: »Ficciones« 1944), einer seiner bekanntesten Erzählungen, dargestellt hat. Der Uruguayer Bartolomé Hidalgo eröffnete die das Werk von Hernández vorbereitende und in kreativer Rezeption fortsetzende Textserie. Ihm folgten Hilario Ascasubi und Estanislao del Campo, Ricardo Güiraldes und Benito Lynch. Stellvertretend für die Auseinandersetzung mit dem argentinischen »Nationalepos« im Essay sei hier »Muerte y transfiguración de Martín Fierro« (1948) von Ezequiel Martínez Estrada genannt.[24] Der wohl bedeutendste argentinische Essayist hatte sich bereits in »Radiografía de la pampa« (1933) kritisch mit der symbolischen Dimension der Leere der Landes und der Fortschrittsgläubigkeit auseinandergesetzt. Um die in dieser Textkette auftretende Tendenz und die Zeitgebundenheit der jeweiligen Perspektive zu demonstrieren, sei an die Kritik von Borges an Ricardo Güiraldes' »Don Segundo Sombra« erinnert. Das darin entworfene Bild des Gauchos hielt Jorge Luis Borges für zu harmonisch und glatt.[25] Diese verklärende Vergangenheitsdarstellung gemischt mit dem Gefühl nostalgischer Sehnsucht ist ein Sujet, das in der Gegenwartsliteratur einer kritischen Revision unterliegt. Man könnte darin eine Variante des »ubi sunt«-Topos erkennen, der nicht nur den Tango charakterisiert, sondern in anderer Form auch die Gattung der »nueva novela histórica«. Im historischen Roman, eine der vitalsten Erscheinungen der Gegenwartsliteratur, gilt die Suche dem verlorenen Paradies. In den Romanen »Daimón« (1978) und »Los perros del paraíso« (1983) von Abel Posse führt dieses Unternehmen zurück bis zu Lope de Aguirre und Kolumbus. In »Composición de lugar« (1984) von Juan Martini erscheint es in Form der Ursprungthematik kombiniert mit dem Exil – und musikalisch untermalt mit dem Tango »Volver«.

Die Bezugnahme auf die ländliche Tradition ließe sich jedoch über den »Martín Fierro« hinaus von der Unabhängigkeit bis in die Gegenwart verfolgen auch und gerade bei den Avantgardisten wie bereits der Titel ihrer Zeitschrift, »Martín Fierro« (1924-1927), signalisiert. Weder Borges noch die anderen *martinfierristas* kamen ohne Bezugnahme auf die eigenen nicht-urbanen Traditionen aus. Borges schrieb einen neuen vom Zentrum in die Peripherie des Vorstadtmilieus verrückten Mythos der Stadt, er fühlte und erfüllte jedoch auch sein »destino sudamericano«

---

23 Die Diskrepanz zwischen den europäischen und nordamerikanischen Verfassungstraditionen verpflichteten Gesetzestexten und der juristischen Praxis ist nur ein Beispiel, das als typisch lateinamerikanische Problematik in Argentinien auf den vergeblichen Versuch verweist, dem von Borges so bezeichneten »südamerikanischen Schicksal« (»destino sudamericano«) zu entfliehen.

24 Vgl. dazu Montaldo, Graciela, 1993: 103-118.

25 Vgl. dazu, Sarlo, Beatriz, 1988: 31-43.

(Vgl. Sarlo: 1995). Dies beweisen die Erzählungen »El sur« und »Historia del guerrero y la cautiva«, in denen die kreolisch-indianische Welt über die gebildeten Repräsentanten der Stadtkultur siegt.

Alle bedeutenden argentinischen Schriftsteller und Intellektuelle nahmen zur Modernisierung der Nation Stellung. Die Moderne (die gesellschaftliche Modernisierung und der literarische *modernismo*) basiert auf der Opposition von alt und neu. Aber was heißt das in einem Land wie Argentinien? Das Oppositionsverhältnis von alt und neu war zu keiner Zeit eindimensional bipolar, sondern es enthielt stets weitere Dimensionen. Bereits bei Sarmientos Gegenüberstellung von europäischer Zivilisation und argentinischer Barbarei kommt mit der Faszination der überwiegend mestizischen und deshalb negierten Bevölkerung die Ambivalenz deutlich zum Vorschein.[26]

Sarmiento führte mit der Darstellung des Gegners im Code der aufgeklärten Vernunft die Dichotomie von Zivilisation und Barbarei auf einen ersten Höhepunkt. Die politischen Konsequenzen seines Weltbildes war der als »Wüstenfeldzug« (campaña del desierto) bezeichnete Genozid der Indios, der von einem argentinischen Heer auf Anordnung einer argentinischen Regierung durchgeführt wurde. Die blutige Auseinandersetzung mit den anderen im eigenen Land steht mit Esteban Echeverrías »La cautiva« (1837) und »El matadero« (1871) am Anfang der argentinischen Literatur. Ihm folgend stehen viele Texte in der oben erwähnten Tradition der »Grenzliteratur«. Lucio Victorio Mansillas »Una excursión a los indios Ranqueles« (1870) markiert den Wendepunkt. Der Autor durchbricht das Entweder-Oder-Schema (Zivilisation vs. Barbarei, Gut vs. Böse), indem er ein differenzierteres Bild der Indios und Gauchos zeichnete.[27] Jedoch erst in den zeitgenössischen Texten von César Aira, »Ema, la cautiva« (1981) und José Pablo Feinman, »El ejército de ceniza« (1986) erscheint in der Auseinandersetzung mit den Traumata der eigenen Interkulturalität ein konsequentes Umdenken.[28]

Stellvertretend für andere Variationen der Zivilisations- und Barbarei-Thematik seien noch zwei weitere Beispiele genannt. Argentinien ist verglichen mit dem kulturell befriedeten Europa ein Land des Konfliktes, in dem die bürgerliche Mittelschicht die literarische Entwicklung maßgeblich mitbestimmte. Julio Cortázar stellte in »La casa tomada« (1946) mit alptraumhafter Eindringlichkeit die verborgenen Ängste der Mittelschichten vor der Inbesitznahme bürgerlicher Besitzstände durch das Volk dar. Adolfo Bioy Casares beschrieb in der Erzählung »Un león en el bosque de Palermo« (In: »El lado de la sombra«, 1962) die Furcht der gut situierten und zivilisierten Schichten vor der barbarischen Bedrohung des Volkes. Beide Autoren stellen den Einbruch des Un-heimlichen in die trügerische Idylle des bürgerlichen Heimes dar.

Die Erzählung ist vielleicht *die* Gattung Argentiniens und des Río de la Plata-Raumes schlechthin. Sie ist neben dem Roman die Gattung, in der die wechselseitige

---

26 Vgl. ausführlich zur Entwicklung der literarischen Darstellung der Barbarei im 19. Jahrhundert Lojo, María Rosa: 1994; Einen allgemeine Überlick vermitteln: Fernández Retamar, Roberto: 1979 und Svampa, Maristella: 1994.

27 Vgl. grundlegend hierzu Campra, Rosalba, 1987: 27-48. Die Autorin bezeichnet dort die Indios, Gauchos und Immigranten als »Archetypen der Marginalität«.

28 Zu Feinmann und Sarmiento vgl. Berg, W.B.: »Civilización hecha cenizas. La presencia de Sarmiento en la novela histórica contemporánea« in: Spiller, 1991: 77-97. Zu Aira vgl. Pollmann, Leo: »Una estética del más allá del ser. *Ema, la cautiva* de César Aira«, in: Spiller, 1991: 177-194.

Durchdringung von Realität und Fiktion, die subtile Vielschichtigkeit der Passagen zwischen Realismus und Phantastik, am deutlichsten hervortraten. Mit Horacio Quiroga ist es ein in Uruguay geborener Autor, der den Beginn der modernen argentinischen Kurzgeschichte markiert und damit auf die Passagen zwischen beiden Ufern des Río de la Plata verweist. Seine zwischen 1917 und 1935 publizierten *cuentos* nutzen die Möglichkeiten einer neuen Art von realistischer Schreibweise, die die regionalistischen und naturalistischen Elemente zugleich integriert und überwindet.[29] Angesichts der europäischen Abstammung der Gattung gibt die Entwicklung der Phantastik eine ausgeprägte regionale Eigenheit zu erkennen. Wenn Literatur gemeinhin in den Kontext der kulturellen Normen der Repräsentation von Wirklichkeit eingebunden ist, so weicht die argentinische Phantastik stark von den Konventionen der europäischen ab. Die Stellungnahmen von Borges, dem Verfechter einer nicht-realistischen und nicht-psychologischen Literatur, stärkten den Emanzipationsprozeß der literarischen Modernisierung nachhaltig. Freilich mußte Julio Cortázar in den sechziger Jahren in einer Polemik mit Oscar Collazos die Gattung erneut vor dem Vorwurf des »escapismo« verteidigen. Während Cortázar, dem Phantastischen eine wirklichkeitsverändernde Wirkung zuerkannte, berief sich Borges stets auf die uneingeschränkte ästhetische Freiheit des Schriftstellers, ohne sich je zu einer Rechtfertigung dafür herabzulassen. Im Bereich des *cuento* zeichnet sich in der Gegenwartsliteratur eine weitere Passage ab, deren Ausgang noch offen ist. Mit dem bereits von Borges und Adolfo Bioy Casares kultivierten *cuento policial* eröffnet sich der auf beiden Seiten des Río de la Plata dynamisch wachsende Bereich des *género negro*.[30]

Die argentinische Literatur ist ein denkbar geeignetes Beispiel für die Vielfalt der Bezüge zu anderen Kulturen und Literaturen. Victoria Ocampo und Julio Cortázar erhoben die Vorstellung der Literatur als Brücke zwischen den Kulturen zum Leitmotiv ihres Lebens und Schreibens. Brücken sind Orte der Passage, die nach Überschreitung verlangen. So wichtig Grenzen und Grenzüberschreitungen in der argentinischen Literatur sind, so unbegrenzt ist auch ihr kulturelles Potential. Die von Cortázar und zuvor von Ocampo gewählte Metapher ist mehr als nur ein Sprachbild. Sie verweist mit den Städten Paris und Buenos Aires auf die gelebte Erfahrung einer anderen, der französischen, Kultur.[31] Das berühmte, in Kapitel 41 von *Rayuela* (»capítulo del tablón«) entworfene Bild führt nicht nur die Fragilität solcher Brücken vor Augen, sondern auch ihre Absurdität und die Möglichkeit ihres Abbruchs. Wie beim ebenfalls im Roman zitierten Bild der Pariser »Pont des Arts«, stellt der Autor damit die kommunikativen Dimensionen der Passage dar.[32] Freilich ist die Brücke, und dies nicht nur in der argentinischen Literatur, eine

29 »Los cuentos misioneros de Quiroga sorprenden hoy no sólo por su modernidad; significan además una verdadera revolución en la literatura de las primeras décadas del siglo, [...]«, so Beatriz Sarlo in der Einleitung von: El cuento argentino contemporáneo, Buenos Aires: CEAL 1976.

30 Vgl. dazu Lafforgue, Jorge/ Rivera, Jorge B., Asesinos de papel. Ensayos sobre narrativa policial, Buenos Aires: Colihue 1995; Lafforgue, Jorge, »Narrativa policial entre dos orillas«, in: Spiller, 1995: 545-556; Young, Richard A., »La sombra de la tradición: continuidad y transgresión en el cuento argentino (Fresán, Manzur, Saccomano)«, in: Spiller, 1995: 141-154.

31 Frankreich verfolgte seit 1820 eine Lateinamerikapolitik, deren Hauptmerkmal ihre kulturelle Intensität war, die sich vor allem sprachlich niederschlug. Das Französische war bis zur Mitte des 20. Jahrhunderts die Sprache der Oberschichten und der Bildungselite. Victoria Ocampo ist der Prototyp des aus der Oberschicht kommenden, an der französischen Kultur orientierten Intellektuellen. Im letzten Drittel dieses Jahrhunderts orientierten sich die sogenannten Eliten mehr am Englischen und an wirtschaftlichen Werten. Allerdings ging die vorherige Neigung zu Frankreich bei nicht wenigen Intellektuellen mit einer Vorliebe für die angelsächsische Kultur einher.

32 Vgl. dazu Berg, Walter Bruno, 1991: 196-198.

moderne Allegorie, deren ehemals sakrale Dimension heute zum Ort »profaner Erleuchtung« (Benjamin) werden kann.

Cortázar wurde damit zu einem Typus des argentinischen Intellektuellen, der, obwohl in Paris niemals völlig entwurzelt, dennoch nicht nach Argentinien zurückkehren konnte, ohne sich dort entfremdet zu fühlen. Auch sein Protagonist Horacio Oliveira scheiterte bei diesem Unterfangen. Dennoch war Julio Cortázar, im Brotberuf Lehrer und Übersetzer, ein erfolgreicher Vermittler zwischen den Welten und Sprachen. Das Leben in der Sprache einer anderen Kultur verweist auf die sprachliche Beschaffenheit der Brücke, auf die Bedeutung der Sprache selbst, und auf die damit verbundene Über-setzung. Dieses kulturelle Übersetzen prägt die literarische Kultur Argentiniens seit der Unabhängigkeit. In der Literatur ist damit der gesamte Bereich der Übersetzung von Texten gemeint, einschließlich unterschwelliger Formen von Intertextualität wie dem Plagiat. Die im Deutschen nicht nachvollziebare Trias von »tradición – traducción – traición« läßt sich nicht nur auf die durch Übersetzung vollzogene Argentinisierung von literarischen Gattungen beziehen, sondern auf die Übersetzung und Argentinisierung von Kultur in ihrer ganzen diskursiven Breite.

Auch aus diesem Grund sind die Passagen zwischen Eigenem und Fremden ein Paradigma der argentinischen Kultur. Ein ganzes Arsenal von Figuren, Stereotypen und Klischeevorstellungen zeugt von der Umsetzung dieses Paradigmas. Es gibt kaum ein Buch und kaum einen Film, in dem Rollen wie der »Fremde«, der Italiener (tano), der Spanier (gallego), der Araber oder Türke (turco), der Franzose oder der *afrancesado* nicht vorkommen. Viele dieser Rollen sind Mischtypen und Variationen des kulturellen Überläufers (»tránsfuga cultural«). Während im Deutschen der aus dem Militärischen stammende Begriff des Überläufers negativ mit Verrat konnotiert ist, entstand in Argentinien daraus eine eigene diskursive Tradition des Grenzgängers und der Grenzüberschreitung hervorbrachte. Das transkulturelle Paradigma manifestiert sich nicht nur auf der inhaltlichen Ebene der Figuren und Motive, sondern auch in der Schreibweise und den Gattungen. Der koloniale Roman und die Reiseliteratur sind deren prägnanteste Ausformungen. Darüber hinaus bildet die Reise nach Europa ein in sämtlichen literarischen Gattungen wiederkehrendes Motiv.[33] Die Europareise war jedoch nicht nur eine Bildungsreise zurück zu den Ursprüngen, sondern seit der Romantik stets auch unfreiwilliges Exil. Das Exil aus politischen Gründen brachte eine reichhaltige Exilliteratur hervor.[34] In diesem Zusammenhang ist eine lange Tradition von staatlicher Repression und Autoritarismus zu erwähnen.[35] Die diktatorialen Regime schufen eine Kultur der Angst, die im kollektiven Bewußtsein eingegraben ist und das von Borges in »Nuestro pobre individualismo« (In: »Otras inquisiciones«, 1952) beschriebene ohnehin schwache Vertrauen in den Staat und seine Repräsentanten noch zusätzlich geschwächt hat.

Hinter der kulturspezifischen und klischeehaften Darstellung des Anderen in Form literarischer Figuren und Gattungen verbirgt sich ein Mechanismus, der dem Umgang mit dem Fremden zugrunde zu liegen scheint.[36] In der Literatur manife-

---

33 Viñas, David, »La mirada a Europa: del viaje colonial al viaje estético«, 1995: 13-59.

34 Vgl. dazu Cymerman, Claude, »La literatura rioplatense y el exilio«, in: Spiller, 1995: 489-517; Kohut, Karl: 1983; Schumm, Petra, »Exilerfahrung und Literatur lateinamerikanischer Autoren in Spanien«, in: José Morales Saravia (Hg.), Die schwierige Modernität Lateinamerikas, Frankfurt/M.: Vervuert 1993.

35 AA. VV., Formas no políticas del autoritarismo, Buenos Aires: Goethe-Institut 1991.

stieren sich die Mechanismen des Abgrenzens und Ausschließens jedoch auch in umgekehrter Richtung. Bei der Aneignung des Anderen mit dem Wunsch selbst ein Anderer zu werden handelt es sich um eine Art der kulturellen Metamorphose, die auf Faszination, Offenheit und Neugierde beruht. Julio Cortázars Erzählung »Axolotl« ist ein Beispiel für diese Art der Verwandlung.

Abschließend ist noch auf eine besonders wichtige Dimension der Passage einzugehen. Das konstitutive Element der Literatur ist die Sprache. Da die Auseinandesetzung um die symbolischen Werte einer Gesellschaft in der Sprache erfolgt, ist auf den Kampf der Sprachen und Sprachregister hinzuweisen, aus dem das argentinische Spanisch als Sieger hervorging. Die Geschichte der argentinischen Literatur ist von der Emanzipation des argentinischen Spanisch nicht zu trennen. Die Texte von Adolfo Bioy Casares und Jorge Luis Borges, beides aus der Oberschicht stammende Autoren, sind Beispiele für den Siegeszug des Argentinischen ebenso wie die von Roberto Arlt, Julio Cortázar und Manuel Puig, drei sozial und politisch ganz anders orientierten Autoren. Heute ist die argentinische Herkunft eines Textes sofort erkenntlich. Das argentinische Spanisch wirkt, ohne deshalb gleichmacherisch zu sein, über alle Gräben hinweg, die die postkoloniale Gesellschaft aufgerissen hat, als verbindendes Element, das über ideologische und weltanschauliche Konflikte hinausweist. Insofern ist die Literatur die argentinischste der nationalen Kunstformen, auch und nicht selten gerade dann wenn Autoren wie Ricardo Piglia die nationale Dimension aufgrund ihres Mißbrauchs durch Diktaturen kritisch hinterfragen.

Es ist insbesondere die Stimme und weniger die *Schrift*, die in der argentinischen Literatur zu vernehmen ist. Manuel Puigs meisterliche literarische Umsetzung der Stimmen, die das argentinische Spanisch konstituieren, ist in diesem Zusammenhang besonders hervorzuheben.[37] Eine der großen von der Literatur vermittelten Erkenntnisse ist die der mündlichen Tradierung von Kultur. Der Triumph der »habla argentina« in der literarischen Schriftkultur führte die Literatur an ihre Ursprünge im Volk zurück. Das Volk wurde von lateinamerikanischen Literaturwissenschaftlern wie Angel Rama in zunehmenden Maße als Träger der Kultur identifiziert. In dieser Hinsicht erwies sich die Literatur nicht nur als Brücke zwischen den Kulturen, zwischen Europa und Amerika, sondern auch zwischen Zentrum und Peripherie, zwischen Hauptstadt und Provinzen, zwischen Universalismus und Regionalismus und damit auch zwischen den Sprachen innerhalb einer Sprache, zwischen gesprochenem Wort und Schriftlichkeit.

---

36   Aus kulturanthropologischer Sicht scheint das menschliche Bewußtsein ohne kulturelle Oppositionen nicht funktionsfähig zu sein. Zweipolige und darauf basierende dreipolige Strukturen sind eine Konstante bei so unterschiedlichen Denkern wie Karl Marx, Sigmund Freud und Michel Foucault. In Foucaults historischen Analysen bildet die Unterscheidung von Vernunft und Unvernunft die den westlichen Kulturkreis prägende Dichotomie. Mit Hilfe eines historischen Längsschnitts zeigte er, daß die Funktion dieser Opposition als Prozeß der Ab- und Ausgrenzung über mehrere Jahrhunderte hinweg ebenso stabil war wie ihre Inhalte unstabil. Die Zuschreibungen darüber, was als vernünftig oder unvernünftig zu gelten hatte, unterlag einem ständigen Wechsel.

37   Zur fundamentalen Bedeutung der literarischen Integration der Umgangssprache im Prozeß der Identitätsfindung vgl. Ulla, Noemí: 1990.

Bibliographie:

Balderston, D. 1993: Out of Context. Historical Reference and the Representation of Reality in Borges, Durham/London: Duke University Press.

Berg, W. B. 1991:Grenz-Zeichen Cortázar. Leben und Werk eines argentinischen Schriftstellers der Gegenwart, Frankfurt/M.: Vervuert.

Berg, W. B. 1995: Lateinamerika. Literatur, Geschichte, Kultur. Eine Einführung, Darmstadt: Wissenschaftliche Buchgesellschaft.

Campra, R. 1987: La identidad y la máscara, México: Sg. XIX.

Castillo, A. / Berchenko, P. 1989:»Area Cono Sur«, in: Bremer, T./Peñate Rivero, J. (Hrg.), Diseño social y praxis literaria. Historia social de las literaturas latinoamericanas, I, Giessen/ Neuchâtel, 108-173.

Donghi, T. H. 1996:»Die historische Erfahrung Argentiniens im lateinamerikanischen Vergleich. Konvergenzen und Divergenzen im Laufe des 20. Jahrhunderts«, in: Nolte/Werz (Hrsg.), 15-28.

Ette, Ottmar: Heterogeneidad cultural y homogeneidad teórica?, in: notas, Vol. 3, (1996).

Fernández Retamar, R. 1979: Calibán y otros ensayos. Nuestra América y el mundo, Havana: Arte y Literatura. [Dt. Übersetzung unter dem Titel: Kaliban. Essays zur Kultur Lateinamerikas: München: Piper 1988].

Giardinelli, M. 1992: Así se escribe un cuento, Buenos Aires: Beas.

Heydenreich, T. / Schneider, J. (Hrsg.), 1983: Argentinien und Uruguay. Lateinamerika-Studien 12, München: Fink.

Kohut, K. 1983: Escribir en Paris, Frankfurt/M.: Vervuert.

Kohut, K. / Pagni, A. 1989: Literatura argentina hoy. De la dictadura a la democracia, Frankfurt/M.: Vervuert.

Lojo, R. M. 1994: La »barbarie« en la narrativa argentina (siglo XIX), Buenos Aires: Corregidor.

Ludmer, J. 1988: El género gauchesco. Un tratado sobre la patria, Buenos Aires: Sudamericana.

Massuh, G. / Fehrmann, S. (Hrsg.) 1993: Sobre Walter Benjamin. Vanguardias, historia, estética y literatura. Una visión latinoamericana, Buenos Aires: Alianza/Goethe-Institut.

Montaldo, G. 1993:De pronto, el campo. Literatura argentina y tradición rural, Rosario: Beatriz Viterbo.

Nelle, F. 1996: Atlantische Passagen. Paris am Schnittpunkt südamerikanischer Lebensläufe zwischen Unabhängigkeit und kubanischer Revolution, Berlin: Tranvia.

Nolte, D. / Werz, N. (Hrsg.) 1996: Argentinien. Politik, Wirtschaft, Kultur und Aussenbeziehungen, Frankfurt/M.: Vervuert.

Prieto, A. 1988: El discurso criollista en la formación de la Argentina moderna, Buenos Aires: Sudamericana.

Röhi-Schulze, B. 1990: Einsamkeit, Entfremdung und Melancholie in der zeitgenössischen argentinischen Literatur (1955 bis zur Gegenwart), Köln/Wien: Böhlau.

Rössner, M. (Hrg.) 1995: Lateinamerikanische Literaturgeschichte, Stuttgart/Weimar: Metzler.

Sarlo, B. 1988: Una modernidad periférica: Buenos Aires 1920 y 1930, Buenos Aires: Nueva Visión.

Sarlo, B. 1995: Borges, un escritor en las orillas, Buenos Aires: Ariel.

Scharlau, B. (Hrg.) 1994: Lateinmaerika denken. Kulturtheoretische Grenzgänge zwischen Moderne und Postmoderne, Tübingen: Narr.

Spiller, R. 1993: Zwischen Utopie und Aporie. Die erzählerische Ermittlung der Identität in argentinischen Romanen der Gegenwart: Juan Martini, Tomás Eloy Martínez, Ricardo Piglia, Abel Posse und Rodolfo Rabanal, Frankfurt/M.: Vervuert.

Spiller, R. 1994: Die Gegenwartsliteraturen des Cono Sur, in: Kritisches Lexikon zur fremdsprachigen Gegenwartsliteratur 35. Neulieferung, Heinz Ludwig Arnold (Hrg.), München: text + kritik.

Spiller, R. 1995: Culturas del Río de la Plata. Transgresión e intercambio (1973-1993), Lateinamerika-Studien, 36, Frankfurt/M.: Vervuert.

Stierle, K. 1993: Der Mythos von Paris. Zeichen und Bewußtsein der Stadt, München/Wien: Hanser.

Svampa, M. 1994: El dilema argentino: civilización o barbarie. De Sarmiento al revisionismo peronista, Buenos Aires: EL cielo por asalto.

Ulla, N. 1990: Identidad rioplatense, 1930. La escritura coloquial (Borges, Arlt, Hernández, Onetti), Buenos Aires: Torres Agüero.

Viñas, D. 1995: Literatura argentina y política, Buenos Aires: Sudamericana

Elena Oliveras

Argentinische Kunst in den neunziger Jahren

Die argentinische Malerei der achtziger Jahre, die von der »Transavantgarde«
und Neoexpressionismus beeinflußt ist, entwickelt sich synchron zu ähnlichen
Tendenzen in Europa. Ihre Merkmale erscheinen vielleicht in gewisser Weise als
»voraussehbar«: die Rückwendung zur reinen Malerei, die Vorliebe für das Groß-
format und die drastische Geste, der Eklektizismus, die Zitate vergangener Malerei,
die Opposition gegen das avantgardistische Ideal des »Neuen«. Dies sind einige
bezeichnende Wesenszüge, welche in der Ausstellung *Das neue Bild* (La Nueva
imagen), die im Jahr 1982 in Buenos Aires stattfand, besonders deutlich wurden,
gerade zwei Jahre nach der internationalen Vorstellung des Transavantgarde bei der
Eröffnung der Biennale von Venedig.

Die Gleichzeitigkeit mit Europa erklärt sich zum großen Teil daraus, daß die
Ideen der italienischen *transvanguardia* –vermittelt durch den Kunstkritiker und
Promoter Achille Bonito Oliva – in Argentinien eine sehr schnelle Verbreitung
fanden. Seine in Buenos Aires gehaltenen Vorträge und die schnelle Lektüre seiner
Arbeiten[1] trugen zum *aggiornamento* der jungen argentinischen Maler bei. Unter
den ersten, die sich der neuen Tendenz anschlossen, waren Guillermo Kuitca,
Osvaldo Monzo, Juan José Cambre, Rafael Bueno, Duilio Perri, Alfredo Prior und
Armando Rearte.

Wenn die Kunst der achtziger Jahre aus der europäischen Perspektive also
vielleicht als »vorhersehbar« erscheint, so ist dies mit der Kunst der neunziger
Jahre nicht im gleichen Maß der Fall. Sie hat teil an der Vielfalt an Richtungen, die
sich in der ganzen Welt beobachten läßt. Wenn die Dekade der achtziger Jahre
durch die – fast einförmige – Rückkehr zur Malerei gekennzeichnet ist, so ist die
der Neunziger gekennzeichnet durch eine Vielfalt an Orientierungen. Malerei und
Plastik bleiben als Techniken in Kraft, aber zu ihnen treten andere Strategien hinzu,
die für diese Jahre vor der Jahrhundertwende charakteristisch sind, wie etwa die
Installationskunst und die Fotoperformance. Dieser Unterschied betrifft nicht nur
das breite Spektrum der technischen Mittel, sondern auch – und vor allem – eine
Reihe von eigenen Wahrnehmungen. Eine der bedeutsamsten ist diejenige, welche
durch die von Frauen gemachte Kunst ins Spiel kommt, von der später die Rede
sein wird. Auch rhetorische Kunstgriffe finden Verwendung, etwa das Zitat, die
Appropriation, die Ironie, die Hyperbel (wobei diese letztere besonders geeignet
ist, wenn es darum geht, die Exzesse der Massengesellschaft zu thematisieren).

Light art

Die Benennung, welche für die Kunst der ausgehenden Achtziger- und der
beginnenden neunziger Jahre am bezeichnendsten war, ist wohl der freilich un-

---

1 Zu den meistgelesenen Texten gehört *Transavantgarde internacional*, Milano: Giancarlo Politi, 1982.

glückliche Begriff *light art*. Derjenige, der in Argentinien zuerst von *light art* gesprochen hat, war Jorge López Anaya[2], aber er tat dies nicht in dem abwertenden Sinn, der nachher aufkam. Wenn man mit Elementen von Kitsch und Konsum und mit Wegwerfartikeln arbeitet, so muß dies auf der konzeptuellen Ebene keineswegs Leichtfertigkeit beinhalten. Die *light art* ist keine gefällige, leichtfertige, dekorative, keine »kalorienarme« Kunst. Sie ist als Kunst nicht weniger intensiv. Sie »beleuchtet« (ein Bedeutungsaspekt des Wortes »light«!) vielmehr ihre Inhalte. Sie erzeugt eine Reibung zwischen dem provokativ geringfügigen Gegenstand und der *transzendierenden* Bedeutung, welcher das greifbare Ding in einer bestimmten Weise wahrnehmen läßt.

In der *light art* verhilft die scheinbare Geringfügigkeit des bedeutungshaltigen Gegenstands zu der Distanz, die wir brauchen, um ihn besser sehen zu können und um den latenten »Terror« unserer Gesellschaft besser abschätzen zu können.

Die *light art* – vertreten durch Künstler wie Marcelo Pombo, Miguel Harte, Jorge Gumier Maier, Omar Schiliro, Sebastián Gordín, Fabio Kacero, Rosana Fuertes, Ernesto Ballesteros, Feliciano Centurión, Pablo Siquier – nimmt gewöhnlich eine aus Ironie erwachsende Distanzhaltung ein, ein Ausdrucksmittel, welches keineswegs naiv oder harmlos ist, sondern dazu dient, im Betrachter einen bestimmten Sinneffekt auszulösen. Die rhetorische Distanz dieser Künstler ist eine aktive Distanz, vergleichbar jener, welche zu ihrer Zeit die Stoiker über eine gespielte Indifferenz erreichten. Sie setzten der Indifferenz der Natur ihrerseits eine noch weitreichendere entgegen.

Light art ist in vielen Fällen mit dem Kitsch, mit dem Luxus, mit dem Exzeß verbunden. So stellt sie sich jedenfalls bei zwei unlängst an Aids gestorbenen Künstlern dar: *Omar Schiliro* (1962-1994) und *Feliciano Centurión* (1962-1996). Im Hinblick auf die Objekte von Schiliro könnte man den Terminus »light« durch »bright« (glänzend, leuchtend) ersetzen. Nachdem er sich zunächst mit Juwelierarbeiten beschäftigt hatte, übernahm er später glänzende Materialien und handwerkliche Techniken in seine Kunst. Das dekorative, schimmernde, spiegelnde Accessoire kontrastiert nun aber mit der Opazität und Geringfügigkeit der von ihm gleichzeitig verwendeten Schüsseln und Brunnen aus billigem Plastikmaterial. Mit diesen prosaischen Elementen erstellt er ironische Skulpturen, welche er mit Fransen, mit gläsernen Spinnenbeinen und mit farbigen Lichtern ausstattet, – Anspielungen auf die Eitelkeit und das – künstliche – Bedürfnis nach Festlichkeit in einer Welt, in welcher es allem Anschein nach nicht allzuviel zu feiern gibt. Eine seiner Plastiken simuliert ein Roulette und lädt den Betrachter ein, es in Gang zu setzen. Indem man eine Scheibe anstößt, bewegt sich ein Pfeil, der auf einen Dokumentenschrank zeigt, in welchem Zukunftsprognosen zu lesen sind. »Der Horizont ist ausgelöscht« (Nietzsche) – ist das Schicksal dann mehr als ein Spiel?

Centurión malte auf geringwertige wollene Bettdecken, die er sich in *Once*, einem der volkstümlichsten Geschäftsviertel von Buenos Aires, besorgte. In dieser Gegend werden die Modetrends der Oberschicht mit billigen Materialien kopiert

---

2   Jorge López Anaya vertritt die These, daß die gegenwärtige Gesellschaft »nicht nur im Fall der Milch, der Süßstoffe und des koffeinfreien Kaffees nach dem Künstlichen verlangt. Auch die Kunst identifiziert sich immer mehr mit der ›Fiktion‹, mit der allgemeinen ›Leichtheit.‹« Er fügt aber hinzu, daß »die Evokation des ›light‹ kein trivialer Vorgang« sei, daß vielmehr die Kunstwerke, die es ins Spiel bringen, »eine unverkennbare kritische Funktion erfüllen: sie unterziehen die Bedeutungsschichten des Kunstwerks einer hellsichtigen Revision, indem sie sich vom Lakonismus der alten *concept art* lösen, deren Erbe sie sind« (*El absurdo y la ficción en una notable muestra*, Das Absurde und die Fiktion in einer bemerkenswerten Ausstellung, in: *La Nación*, 1.August 1992).

und dem Massengeschmack angepaßt. Der Künstler kehrte diese Konstellation um: Er verwandelte Massenware in Unikate, indem er ihr seinen persönlichen Stempel aufprägte. Centurión malte nicht nur; er bezog auch die handwerklichen Tätigkeiten der Heimwerkerinnen mit ein, von Webtechniken bis zum Häkeln und zum *ñandutí* (eine Technik, die vor allem in Paraguay – seinem Ursprungsland – verbreitet ist). Die graphischen Motive sind dabei bewußt dekorativ: Seesterne, Kraken, Margeriten.

Ethik des Nächstliegenden

Man spricht seit einiger Zeit von einer »ethischen Wende«, um die gegenwärtige Epoche von der vergangenen zu unterscheiden, welche weithin durch eine »Abwertung der Bedeutungsgehalte« bestimmt gewesen war. Welches sind nun die hervorstechenden Kennzeichen der »neuen Ethik«, soweit sich diese in der Kunst dokumentiert?

Entsprechend der Schwächung der großen Ideologien finden wir in der Kunst der neunziger Jahre keine extremen Positionen und keine großen Reden. Die Quote an Rebellion und an frontalem Widerspruch ist gering. Man verschreibt sich auch nicht den großen Bewegungen der Vergangenheit. Der Gestus des Heilbringers ist nicht mehr zu finden; dies bedeutet nicht, daß es an Engagement mangelt, sondern einfach, daß sich das Engagement mehr im Bereich des Nächstliegenden und Konkreten vollzieht. Infolgedessen schält sich eine »Ethik des Nächstliegenden« heraus, zu welcher sich z.B. ein Künstler wie *Marcelo Pombo* (geb. 1959) bekennt, wenn er darauf hinweist, daß ihn dasjenige am meisten interessiert, »was ihn im Umkreis eines von höchstens einem Meter umgibt«.

»Ich habe – fügt er hinzu – genug vom abstrakten Engagement. Mein Leben hält mich unablässig in Trab und überwältigt mich. Alles, was ich um mich habe, ist wichtig. Für mich hat mein ethisches Verhalten Vorrang, und dabei halte ich mich an das Geringfügigste und Elementarste, denn hier kann ich ernsthaft, d.h. nicht bloß deklamatorisch engagiert sein. Wenn ich von diesem Meter spreche, bin ich kilometerweit weg vom Problem der argentinischen Indios. Irgend eine Art von Deklamation, eine Unterschrift oder eine Solidaritätsausstellung für die Indios wäre etwas absolut Leichtes und würde mein Gewissen erleichtern. Aber das Format eines Menschen, die Ethik, sieht man in dem Ring seines eigenen Daseins, im eigenen Stall, im Schlamm. Wenn ich von diesem Meter spreche, spreche ich von meinen Nachbarn, meinen aidskranken Freunden, meinen Bildhauerfreunden. Das sind deine Kumpels, mit denen du im Wettsstreit stehst, auf die du neidisch bist (es sind deine besten Freunde, aber das kommt vor). Mir scheint, es ist schon sehr viel und das Allerwichtigste, wenn man in unter den gegebenen Umständen ein wenig *Würde* behält« (Pombo 1994).

Die Ethik der Nähe hat bewirkt, daß die Künstler immer mehr auf bereichsbezogene Differenzen abheben (Frauen, Schwarze, Immigranten aus peripheren Ländern, Schwule, Lesben usw.). Wenn wir an die USA denken, so besteht die Differenz nicht nur darin, daß es sich um einen Einwohner der schwarzen Rasse handelt, sondern auch darin, daß er außerdem z.B. in New York lebt. Seine Situation wird sich etwa von der eines Einwohners von Los Angeles oder San Francisco unterscheiden. Dementsprechend ist auch die Lage (die »Differenz«) eines Emigranten aus Zentralamerika, der in Miami lebt, nicht identisch mit derjenigen des Bewohners einer anderen nordamerikanischen Stadt. Die Ethik des Nächstliegenden dient somit als Fundament für eine Ästhetik der Differenzen.

Pombo spricht in seinen Werken von einer Welt, die uns absolut naheliegt: von derjenigen des Konsums. Er findet in ihr jedoch nicht die versprochene Idealwelt, sondern gewalterfüllte Alpträume. In *Frutillitas y la enredadera* (1992) macht er sich ein kindliches Bettuch-Design im Stil von Saray Kay zu eigen. Die einzelnen Motive sprechen von Glück und Harmonie, von einem Ort, an welchem sich die Kinder ruhig dem Schlaf hingeben können. Bei Pombo verwandelt sich der erfrischende Schlaf jedoch in eine Drohung. Er übermalt das bezaubernde kindgemäße Muster mit Zweigen, deren Blätter die Augen der dargestellten Figuren verdecken. Die unschuldigen Kinderaugen sind geblendet. Auf diese Weise zerstört er die Atmosphäre eines ersehnten Friedens, so wie seine Girlanden zu ersticken scheinen und den Gedanken des Festes untergraben.

Auch die Objekte (und Arbeiten in Mischtechniken) von *Miguel Harte* (geb. 1961) wecken den Eindruck einer Beklemmung, die uns quält: Der Mensch scheint in einer »Plastikwelt« zu versinken. Harte knüpft an den durch Konsumzwänge geformten Alltagsgeschmack an. Er benutzt Resopal, ein Material, das als praktisch, hygienisch, dauerhaft und komfortabel geschätzt wird. In gewisser Weise ist es der »Luxus« der Armen.

Angeregt durch die metaphorische Stummheit des Resopals hebt Harte nun den imitatorischen Charakter dieses Stoffs hervor, seine Eignung zur Vortäuschung anderer Materialien (Holz, Marmor, Granit), die es freilich mit sich bringt, daß die spezifischen Eigentümlichkeiten des Imitierten negiert werden. So wird zum Beispiel die Zeit, die dem Holz ihre Furchen eingegraben hat, durch die neutrale Plastikoberfläche völlig zum Verschwinden gebracht. Dürfen wir im Werk von Harte eine Parodie auf den übertriebenen Verweisungscharakter der Konsumindustrie sehen? Eine solche Interpretation wäre wohl durchaus angebracht.

Die Strategie der Ironie

Die Bilder von *Pablo Siquier* (geb. 1961) lassen sich als Parodie auf das Prinzip der Verweisung definieren. Bei diesem Vertreter des *neo-geo* besteht die künstlerische Strategie darin, etwas durch sein Gegenteil zu benennen. Er begibt sich auf das Feld der Ironie, um die (geometrische) Abstraktion auf dem Weg über das Figürliche zu benennen, und umgekehrt. Er geht von der Selbstbezüglichkeit des Konkretismus über zu dem nach außen gerichteten Verweisungscharakter architektonischer Ornamente (wie z.B. derjenigen, die sich an den Häusern der verschiedenen Stadtviertel von Buenos Aires finden). Der figürliche Bildeindruck wird in diesen Fällen durch den gemalten Schatten noch intensiviert.

Auch *Fabio Kacero* (geb. 1961) arbeitet mit gegensätzlichen Bedeutungen. Er nimmt bei seinen Objekten Elemente der Verpackungskunst auf, wobei Schaumgummi, metallbeschichteter Stoff und durchsichtiges Plastik (welches den Stoff umhüllt) Verwendung finden. Dieses Material simuliert beflockte Tapeten, die bequem gepolstert sind. Der Widerspruch der Sinnebenen springt ins Auge: Das

Warme und Gefällige wird dem kalten und traurigen Bild eines Grabsteins gegenübergestellt.

In einigen Arbeiten erscheinen die Namen unbekannter symbolistischer Künstler und vereinzelt – in der Funktion von Bezugspunkten – auch der irgend eines bekannten (wie Gustave Moreau, 1826-1898). In diesem Fall erweist sich das Vergessen als das eigentliche Thema. In andern Arbeiten wiederum verwendet er mathematische Formeln vergangener Zeiten, die heute keine Gültigkeit mehr haben und so Zeugnis ablegen vom Veralten als einer Form des Vergessens.

Sebastian Gordin minimalisiert die grandiosen Dimensionen der Metropolen (wie Brasilia oder Los Angeles), indem er mit kleinen Architekturmodellen arbeitet. In ihrer distanzierten und handwerklich soliden Ausführung erwecken diese beim Betrachter einen Eindruck, als ob es mit einer didaktischen Sammlung zu tun hätte. Zugleich wecken sie in ihm das Bedürfnis, eine Geschichte zu erfinden. Er wird genötigt, sich wie Sherlock Holmes verschiedene Möglichkeiten auszudenken und Rätsel zu lösen – so etwa, wenn er plötzlich mit einem vermutlichen Mordfall konfrontiert wird, indem in einem Haus ein Mordopfer erblickt, es gewissermaßen heimlich ausspäht (nämlich durch eine eigens zu diesem Zweck in das Dach eingelassene Öffnung).

Das Kleinformat stellt uns auf die Stufe des Spiels, aber das zugrundeliegende Drama versetzt uns in die Lage des in einer feindseligen Umwelt lebenden Großstädters. Der Künstler thematisiert auf diese Weise das Eingezwängtsein in kleine Räume, die Befindlichkeit von Menschen, die sich dazu »verdammt« sehen, die Welt über den Fernsehschirm wahrzunehmen.

Der Installationismus

Inzwischen ist nicht nur der Begriff *light art* zur gängigen Münze geworden, es wird auch immer wieder von »Installation« geredet. Zu den schädlichen Begleiterscheinungen, welche die Moden mit sich bringen, gehört, daß der Installationismus für alle, die »à la page« sein wollten, zur einzigen Option wurde. Diese Kunstrichtung vergrößert somit die lange Liste der in die Geschichte eingegangenen »Ismen«, welchen sich allerdings immer wieder auch echte Künstler anschlossen – und natürlich auch solche, die wenig oder nichts zu sagen hatten.

Die Konjunktur der Installationskunst in Buenos Aires wird – wenn wir nur an das Jahr 1994 denken – durch vier wichtige Großausstellungen belegt: *20 Installationen* (Museo Nacional de Bellas Artes), *A, e, i u o* (Centro Cultural Recoleta), *Installationen der achtziger und neunziger Jahre* (ebenfalls Centro Cultural Recoleta) und *Installationen IV* (Palais de Glace).

Die Künstler, die mit Installationen arbeiten, haben, wie man leicht feststellen kann, untereinander ganz verschiedene Orientierungen, was die Wandlungsfähigkeit dieses Genres beweist. Die Installation hat in ganz verschiedenen Ausformungen Furore gemacht, zum Teil auf der Grundlage einer existentiellen Problematik (Beuys, Horn, Wilson), zum Teil als Spielform der *arte povera* (Merz, Penone, Kounellis), des *Konzeptualismus* (Haacke, Kosuth, Venet), des *Minimalismus* (Armleder, Halley, Raynaud), des *Pop* (Warhol, Wesselman, Oldenburg) oder des *Neo-Pop* (Kelley, Koons, McCollum).

Die Bedeutung der Installationskunst zeigt sich – unter vielen anderen – an den Arbeiten von Alfredo Jaar und Gonzálo Díaz (Chile), Doris Salcedo (Kolumbien), Mónica González (Paraguay), José Bedia (Cuba), Tunga Adriane Guimaraes (Brasilien), von Ana María Mazzei und Max Pedemonte (Venezuela). Was Argentinien anbelangt, so ist das Spektrum ebenfalls vielfältig: auf der einen Seite Clorindo Testa, Roberto Elía oder Alfredo Prior mir ihrer neokonzeptuellen Ausrichtung, auf der andern Fernando Fazzolari, Juan Paparella oder Silvia Young mit ihrer drastisch existentiellen Haltung.

Kann die Installationskunst dadurch, daß sie den Betrachter unmittelbar körperlich einbezieht, dazu beitragen, mit den neuen Kommunikationstechnologien einhergehenden Neutralität und Gleichgültigkeit zu brechen? Wenn dies zuträfe, so wäre sie in diesen Jahren des ausgehenden Jahrhunderts mehr als gerechtfertigt.

Es entsprach ganz der Eigentümlichkeit der Installationskunst, daß *Silvia Rivas* (geb. 1957) im Fall ihrer mit dem Titel *Superficies* überschriebenen Arbeit (ausgestellt in: *20 Installationen*, Museo Nacional de Bellas Artes, 1994) den Zuschauer ins Zentrum der Szene versetzte. Sie zeigte auf diese Weise, daß es zwar vom Künstler vorprogrammierte »Interessenzentren« geben kann, daß es aber andererseits nicht weniger wahr ist, daß der Betrachter selbst seinen Weg machen und sich dabei körperlich engagieren muß. Sie hob damit im Grunde die auf die Renaissance zurückgehende Konzeption des Guckfenster-Theaters auf, verweigerte einen im voraus bestimmten Bildausschnitt mit fixen Fluchtpunkten und festgelegter Perspektive. Wie in der Theaterszene des Barock (vgl. Deleuze 1988, Kap. 3) wird der Betrachter einbezogen und dazu genötigt, sich permanent neu zu situieren. Er kann sich auch im »Labyrinth« verlieren, wie etwa im Fall der so betitelten Installation von *Diana Schufer* (geb. 1957), die in derselben Ausstellung gezeigt wurde.

Auch die provozierende Installation von *Marta Ares* (geb. 1961), die in *A, e, i u o* ausgestellt war, bringt einen bestimmten Zug der Installationskunst zur Geltung: Der Zuschauer bleibt nicht mehr draußen auf dem Parkett, sondern tritt in die »Szene« ein. Wir erleben, daß die Installationskunst zusammen mit dem Theater, dem Tanz und der Oper eine neue Art von Präsenz gewinnt (daß sie eine »Präsenz-Front« bilden, um es mit George Banu zu sagen, 1991, 45). Liegt in dieser aktiven Teilnahme vielleicht eine Möglichkeit, jene »zerstreute Aufmerksamkeit« aus den Angeln zu heben, die Benjamin als Eigentümlichkeit des zeitgenössischen Menschen beschrieb? (1973, 56f.)

Die Installation von Ares bedeutete in erster Linie eine Aufforderung zum Eintreten (und damit zugleich zur Überwindung der Hemmung, von anderen selbst als »Kunstwerk« wahrgenommen zu werden). Der Betrachter mußte sich in enge und destabilisierende Gänge hineinbegeben, die von mit dunkelfarbigem Wasser gefüllten Zubern gesäumt waren, aus denen Pfrieme mit scharfgeschliffenen Spitzen herausragten. Den Körper im Alarmzustand, bewegte man sich in einem destabilisierenden »Innen« vor oder zurück, welches aufgrund der Intensität und Dichte der hier anzutreffenden Materialien einen starken Kontrast zu der Neutralität des »Außen« bildete, welches man für einen Moment verlassen hatte. Und doch verspürte man irgendwie einen Anreiz, den Weg fortzusetzen: Man fühlte sich genötigt, seine Neugier zu befriedigen, nachdem man einen Text gelesen hatte, welcher sich im Mittelpunkt des zu durchwandernden Bezirks befand und welcher den Schlüssel zur Deutung des Kunstwerks enthielt; er lautete: »Alles hat einen

Sinn. Solange, bis ich am Tag danach wieder aufstehe. Gestern nacht tötete ich im Traum zwei Menschen. Die Frage war, wohin mit dem Blut. Ein solches Problem ist viel logischer als die meisten Dinge, die ich tagsüber tun muß. Zum Beispiel, dir zu sagen, daß ich dich liebe«.

Ebenso wie *Antro-Socio* von Bruce Naumann (*Dislocation*, Museum of Modern Art, New York, 1991) thematisierte Ares die Ungereimtheiten des täglichen Lebens. In der spektakulären Installation von Naumann wiederholte ein kahlgeschorener Kopf unablässig die Worte: »Gib mir zu essen, hilf mir, verwunde mich...«. Freilich fügte Ares etwas inhaltlich Neues hinzu, indem er auf die Existenz sozialer Rollen verwies, die gemeinhin als spezifisch weiblich eingeschätzt werden, z.B. auf die Äußerung von Affekten.

Die weibliche Verschiedenheit

Es liegt auf der Hand, daß der Hinweis auf die *light art* und auf die Installationskunst keineswegs hinreicht, um das ganze Spektrum der facettenreichen »Kunst der neunziger Jahre« zu umgrenzen. Es wäre illusorisch, hier eine erschöpfende Beschreibung geben zu wollen. Was den Aufbruch neuer Themen oder Konzeptionen anbelangt, so kommt in der letzten Zeit der sogenannten »Frauenkunst« unleugbar eine überragende Bedeutung zu. Eines der deutlichsten Anzeichen dafür ist, wie zunächst festgehalten sei, daß sich der statistische Befund gegenüber früheren Jahrzehnten völlig verändert hat: Der Anteil der Frauen kommt heutzutage dem der Männer gleich, ja er übersteigt ihn häufig sogar. Diese Tatsache, die sich auch international konstatieren läßt, hat auch in Argentinien tiefgehende Auswirkungen.

In den neunziger Jahren trat hier – im Vergleich zu Europa und den Vereinigten Staaten mit einer gewissen Verspätung – eine hohe Anzahl von Künstlerinnen auf. In der internationalen Kunst vollzog sich ganz offensichtlich ein Wandel von dem strikten, engagierten und kampflustigen Feminismus der sechziger und siebziger Jahre zu dem lockeren Feminismus der achtziger Jahre, der in seinem Kampf gegen das andere Geschlecht weniger frontal war; bei uns fand die Entwicklung des Feminismus freilich nicht in diesen Etappen statt.

Die Frauenkunst der gegenwärtigen Dekade wandte sich allgemeineren Themen zu, die alle gleichermaßen interessieren können. Ein solches Thema ist z.B. das Umweltproblem, welches in den Werken von Zulema Maza, aber auch von Nicolás García Uriburu oder Juan Carlos Romero beschworen wird. Oder das Identitätsproblem, welches von Marcela Mouján oder Alicia Herrero ebenso aufgegriffen wird wie von Eduardo Médici oder Remo Bianchedi; oder die Ausdehnung des physischen, gedanklichen und geistigen Erfahrungsraums des Menschen, ein Sachverhalt, welcher von Graciela Sacco und Nora Correas, aber auch von Alfredo Portillos oder Pablo Suárez aufs Tapet gebracht wird.

Unter den Künstlerinnen, welche heute von der weiblichen Verschiedenheit sprechen, sei besonders an *Alicia Herrero* (geb. 1954) erinnert. Ihre Werke versetzen uns in den Umkreis der Familie, indem sie einige Merkmale des häuslichen Bereichs (Hygiene, Ordnung, Reinemachen) evozieren. Ein Mittel dazu ist das

Geschirrtuch, das zu einem Symbol für den niedrigen Status der Frau und für die puritanische Moral geworden ist.

Die Bilder von Herrero zeigen meist drei oder auch mehr Teller (ein einzelner Teller könnte Einsamkeit symbolisieren, zwei Teller könnten für die Paargemeinschaft stehen, drei für die Familie). Als malende Frau spielt sie, von ihrem speziellen Standpunkt aus, auf eine der gewöhnlichsten und häufigsten Tätigkeiten ihrer Geschlechtsgenossinnen an: Im Sinne der sozialen Rolle ist die Frau ja diejenige, die »Teller spült«. Auf der andern Seite nimmt Alicia Herrero jedoch auch die Stelle des Andern – des Mannes – ein. Sie tut es, indem sie sich dasjenige aneignet, was ihr von seiten der Männer abgesprochen worden war, nämlich die Öltechnik im Unterschied zum Aquarell, der Zeichnung – und dem Kleinformat –, die gemeinhin als die dem »Weiblichen« am ehesten entsprechenden Techniken betrachtet werden.[3]

Der Stil, in welchem die Teller malerisch dargestellt werden, ist ebenso »realistisch« wie abstrakt-geometrisch. Auf diese Weise geht Alicia Herrero bis an die Grenzen des Dekorativen, wodurch die dargestellten Objekte gleichsam »gezähmt« werden. Dasselbe geschieht auch, wenn sie das Geschirrtuch faltet, als ob es Krawatten wären, und sie auf diese Weise in den männlichen Bereich verlagert, um diesen ebenfalls zu »zähmen«.

Herrero entwirft in ihrer Kunst die Möglichkeit einer Vereinigung von Tätigkeiten, die traditionell unter männlichem oder weiblichem Vorzeichen stehen. Indem sie dies tut, postuliert sie die Möglichkeit einer nicht-linearen Ausrichtung des feministischen »Projekts«.

Das Individuelle und Private

Die Frauen, die heutzutage künstlerisch tätig sind, reklamieren für sich ein breites Spektrum von Einstellungen und Verhaltensmöglichkeiten. Sie stützen sich eher auf die Entwicklung einer fließenden und freien Subjektivität als auf den Unterschied der Geschlechter und stellen den Gedanken einer *weiblichen Verschiedenheit* als solchen in Frage. Dies schließt freilich nicht aus, daß man bestimmte Punkte benennen kann, von denen Schriftstellerinnen bevorzugt ausgehen. So bildet etwa die Welt des Individuellen und Privaten ein häufiges, wenn auch nicht ausschließliches Motiv der Frauenkunst, denken wir etwa an Marta Ares, Silvia Gai, Claudia del Río, María Luz Gil, Gachi Hasper oder Diana Schufer, wobei es freilich ungerecht wäre, in diesem Zusammenhang Künstler wie Oscar Bony oder Diego Gravinese zu übergehen.

Zunächst sei klargestellt, daß »individuell« und »privat« nicht dasselbe sind. Das Individuelle ist mit dem Häuslichen verknüpft, mit dem eigenen Heim, damit, wie eine Frau die Wohnung, die sie mit der Familie teilt, einrichtet und schmückt. Diese Welt erscheint z.B. im Werk von Alicia Herrero. Das Private hingegen ist etwas, woran man andere nicht so leicht teilhaben lassen kann, die Welt der intimeren Erfahrungen, des Traums und der Erinnerung. Es ist dasjenige, was uns z.B. in der bereits besprochenen Installation von Marta Ares begegnet.

---

3   Bei dieser Aneignung erinnert Alicia Herrero an Sherrie Levine.

Die Installation von Ares dokumentiert eine Grundtendenz von Frauenkunst, die Auseinandersetzung mit der Welt des Privaten. Wie bereits angedeutet, ist diese Tendenz nicht auf die Frauenkunst beschränkt, wenn sie hier auch besonders hervortritt. Sie ist durchaus im Werk von Malern, wie etwa *Diego Gravinese* (geb. 1971) zu beobachten.

Das künstlerische Schaffen von Gravinese bewegt sich zu einem guten Teil zwischen der Welt des Privaten und der Welt des Konsums und der *Massenmedien*.

Den Bereich des Öffentlichen thematisiert er in *Plastilandia o*, wobei er sich des *Comic*, der Fotoerzählung und der verschlüsselten Information bedient. Die Privatsphäre wiederum kommt ins Spiel, wenn der Künstler Fotos aus seiner Kindheit zeigt, die einem Familienalbum entnommen sind.

Gravinese ist weit davon entfernt, sich auf einen der Pole festzulegen: in seinen Bildern fließen beide Welten zusammen, wodurch sich zwischen den Bedeutungsebenen eine beredte Spannung ergibt. So verbindet er in *Everyone needs a Madonna* das Bild seiner eigenen Mutter mit einem semantischen Code, welcher das Stereotype, ständig Wiederholte symbolisiert, und zwar durch Bezugnahme auf jenen Typus von Mütterlichkeit, welcher in den traditionellen Darstellungen der Jungfrau Maria und des Jesuskinds vorgegeben ist.

Gravinese beschreibt auf diese Weise eine Zeit der Widersprüche, aber auch der Wechselwirkungen zwischen den entgegengesetzten Polen, und so auch zwischen dem zeitlos-Bedeutsamen und dem Vergänglichen, dem generalisierten Prototyp und der unwiederholbaren Individualität.

Das soziale und humanistische Engagement

Wir haben bereits darauf bezuggenommen, daß sich in den letzten Jahren dieses Jahrhunderts eine neue Ethik des Nächstliegenden entwickelt hat. Nicht weniger wahr ist aber auch, daß die Künstler eine allgemeinere Ethik ins Spiel bringen, die mit dem sozialen und humanistischen Engagement verknüpft ist.

Daniel Ontiveros (geb. 1963), welcher (ebenso wie *Rosana Ruertes*, geb. 1962, und *Alicia Herrero*, geb. 1954) Argentinien 1995 auf der Biennale von Havanna vertreten hat, spricht in seinen Bildern von der sozialen Ungerechtigkeit, von den Schrecken des Krieges, von den Problemen der *outcasts*. Dabei geht er von der besonderen Situation Argentiniens aus, von den Wirren des Kriegs mit England um die Islas Malvinas, von den Verschwundenen während der Jahre des Militärdiktatur, von den Mißgriffen auf dem Gebiet der Kulturpolitik usw.

Indem er diese allgemeinen Themen behandelt, bringt er zugleich seine ganz eigenen persönlichen Erfahrungen mit ein. Ontiveros war Soldat auf den Malvinas, nahm an einem Krieg teil, der für uns auch heute noch kaum begreiflich ist, sah seine jungen Kameraden fallen, und diese Erfahrung reflektiert sich direkt in seinen Werken.

In *Trompe l'oeil* (1993) malt er seine eigene Soldatenuniform, aufgehängt vor dem Hintergrund einer Meereslandschaft. Ontiveros nimmt in diesem Werk doppelt auf das eigene Leben Bezug: auf seine Kriegsteilnahme und auf seine Arbeit als Maler. Wie in andern seiner Arbeiten findet sich auch in dieser das Motiv der Margerite. Was hat diese Blume zu bedeuten? Nach Auskunft des Malers hat sie eine vielfältige und widersprüchliche Bedeutung: Auf der einen Seite steht sie für *Margaret* (Thatcher); auf der andern Seite repräsentiert sie das Gefühl, die Liebe, das Leben, die Auferstehung, die Demut. Diese Konnotationen bezeichnen den Gegensatz zwischen der Arroganz dessen, der beschloß, den Krieg zu entfesseln (des Generals Galtieri) und der Schutzlosigkeit der im Kampf gefallenen Jungen, denen Zuwendung und Liebe verweigert wurde.

In *La casa es grande pero el corazon es chico* kehrt er eine volkstümliche Redensart (»Das Haus ist klein, aber das Herz ist groß«) um, welche die Großzügigkeit gegenüber den Gästen umschreibt. Eine Landkarte der Republik Argentinien, gefertigt aus Stacheldraht und geziert mit acht Schultafeln, auf denen verächtliche Sprüche gegen arbeitslose Einwanderer aus den Nachbarländer stehen, thematisiert die in Argentinien herrschende Ausländerfeindlichkeit. Diese wendet sich vor allem gegen »bolitas« (Bolivianer) und gegen »cabezitas negras« (dunkelhäutige Menschen aus dem Hinterland). Dabei handelt es sich um abfällige Wortbildungen, so wie man etwa in Spanien die Südamerikaner »sudacas« nennt.

Wenn Ontiveros die Malvinas vom Standpunkt seiner eigenen Erfahrungen als Soldat in seine Bilder einbringt, so thematisiert *Rosana Fuertes* (1962) aufgrund ihrer eigenen Erfahrungen – als Lehrerin im öffentlichen Schulwesen – das Problem der verelendeten Kinder. Dabei wendet sie eine im Schulbereich übliche Maltechnik an, nämlich die nachträglich sorgfältig ausgemalte Zeichnung. Auf diese Weise reflektiert sich in ihren Werken ganz deutlich die individuelle Erfahrung (wie oben erläutert).

Ebenso wie Ontiveros gebraucht Fuertes in ihren Bildern das weiße Tuch, und zwar als Symbol der *Madres de Plaza de Mayo*, welche für ihre während der Jahre der Militärdiktatur (1977-83) verschwundenen Kinder demonstrieren. Das weiße Tuch, womit sich diese Mütter den Kopf bedecken, während sie beharrlich ihren Weg um die Plaza de Mayo machen, ist eine der eindringlichen Ikonen, welche Fuertes in ihrem Werk verwendet. Zuweilen verwandelt sich das Tuch in eine Windel als Symbol der mütterlichen Fürsorge, des Schutzes und auch der Unversehrtheit.

Nach Art eines Fazits

Einige der besprochenen Werke konfrontieren uns mit Situationen, die den heutigen Menschen ganz allgemein betreffen und nicht auf das Entstehungsland dieser Kunstwerke eingeschränkt sind; andere hingegen sind mit individuellen, lokalen oder landestypischen Erfahrungen verknüpft. In all diesen Fällen aber kommt es – sowohl im thematischen Material als auch in den künstlerischen Strategien – deutlich zum Ausdruck, daß die herkömmliche Spaltung zwischen der Kunst der peripheren und der zentralen Länder überwunden werden muß.

Die aktuellen Strömungen der argentinischen Kunst – wie der lateinamerikanischen im ganzen – unterstreichen die Hinfälligkeit der Unterscheidung zwischen zentralen und peripheren Ländern (die auf der wirtschaftlichen Ebene natürlich angebracht sein kann). In Zeiten der Globalisierung wie der unsrigen, wo sich die Information augenblicklich verbreitet, wo wir uns alle im »Netz« begegnen können, erweist es sich als unmöglich, künstliche Wasserscheiden zu errichten. Es gibt nicht auf der einen Seite eine periphere Kunst und auf der andern Seite eine Kunst der »ersten Welt«; es gibt nur gute und weniger gute Kunstwerke.

Damit soll nicht geleugnet werden, daß es eine Reihe von existentiellen Erfahrungen gibt, die einer bestimmten Region eigentümlich sind und sich darum mehr oder weniger direkt auch den jeweiligen Kunstwerken einprägen. Ebenso wahr ist aber auch, daß solche Erfahrungen Begegnung schaffen und daß sie mit anderen Menschen geteilt werden können, so daß sie sich auch in den Werken von Künstlern ganz entfernter Länder niederschlagen können. Auf jeden Fall scheint die neurotische Obsession, »an der Peripherie zu liegen«, heute endgültig der Vergangenheit anzugehören.

Bibliographie

Banu, G. 1991: Théâtre: la présence perdue, in: Art Press 157.

Benjamin, W. 1973: La obra de arte en la época de su reproductibilidad técnica, in: Discursos interrumpidos 1, Madrid: Taurus.

Deleuze, G. 1988: Le Pli Leibniz et le baroque, Paris: Minuit.

Politi, G. 1982: Transavantgarde internacional, Milán.

Pombo, M. 1994: Perseverar en el bochorno, in: Espacio del Arte (Rosario), 2 (4) 41-42.

(Aus dem Spanischen von Dr. Ernst Mögel, Tübingen)

Carlos Escudé

Die argentinische Außenpolitik:
ein Paradigmenwechsel?

Die Hypothese: Es gibt eine Beziehung
zwischen Kultur und Außenpolitik

Ein geheimes Memorandum des State Department der Vereinigten Staaten vom
30. April 1951, das die gegenüber Argentinien künftig einzuschlagende Politik
behandelte, stellte fest, daß »das größte Hindernis für die nordamerikanisch-argen-
tinischen Beziehungen die traditionelle Tendenz Argentiniens ist, seine Position in
der Welt zu überschätzen«[1]. Vier Monate früher, am 2. Januar 1951, hatte der
Assistent Secretary of State für Interamerikanische Angelegenheiten, Edward G.
Miller, vertraulich erklärt, daß »(...) es Argentinien chronisch an einer seiner
Stellung in der Welt angemessenen Perspektive ermangelt (hat). Die Argentinier
haben dazu geneigt, sich als Rivalen der Vereinigten Staaten zu sehen, sind es aber
nicht im entferntesten.«[2]

Und unter zahlreichen weiteren möglichen Beispielen listete ein drittes Memorandum des State Department vom 23. April 1952 auf, was »Argentinien von den
Vereinigten Staaten erwartet«. Der erste Punkt lautete »Anerkennung (Argentiniens) als Weltmacht und als die dominierende und wichtigste Macht Lateinamerikas«.[3]

Ich beginne meinen Beitrag über den Paradigmenwechsel in der argentinischen
Außenpolitik mit diesen Zitaten aus geheimen Dokumenten, die vor wenigen
Jahren nach Aufhebung der Geheimhaltung der allgemeinen Benutzung in den
National Archives zugänglich gemacht wurden, um die typischen Wahrnehmungen
ausländischer Diplomaten über mangelnden Realismus, Größenwahn und sogar
Megalomanie zu illustrieren, die das vorhergehende Paradigma gekennzeichnet
haben. Die oben zitierten Dokumente stammen aus der Zeit, als Perón bemüht war,
den Peronismus durch die Gründung der ATLAS (Asociación de Trabajadores
Latinoamericanos Sindicalistas), die den Anspruch erhob, die peronistische Internationale der Arbeit zu sein, ins Ausland zu exportieren. Zeiten, in denen die
nordamerikanische Diplomatie in aller Welt die heftige antinordamerikanische
Propaganda studierte, die von den argentinischen Botschaften und Konsulaten
stammte. Reichlich gedrucktes Material, Broschüren und Plakate sprachen vom
diabolischen Charakter sowohl des nordamerikanischen Kapitalismus als auch des
sowjetischen Kommunismus und kündigten als Erlösungsoption für die Welt den
Justizialismus an, dessen Dritte Position eine neue Ära des Friedens und der
Brüderlichkeit für die gesamte Menschheit darstelle[4].

1 »Proposed country policy statement on Argentina«, 611.35/4-3051, RG 59, State Department (DOS),
   National Archives, Washington DC (im folgenden als NA abgekürzt).
2 Council on Foreign Relations, »Discussion Meeting Report«, 611.35/3-151, RG 59, DOS, NA.
3 »US policy toward Argentina«, 611.35/6-2352, RG 59, DOS, NA.
4 Die ATLAS versuchte, mit der pro-nordamerikanischen ORIT (Organización Regional Interamericana

Leider sind die privaten und vertraulichen Beobachtungen ausländischer Diplomaten über die Linien der Außenpolitik der jüngeren Zeit in Dokumenten enthalten, die noch für viele Jahre als geheim eingestuft bleiben werden. Man kann sich aber vorstellen, daß, als eine argentinische Militärdiktatur 1982 mit fast einhelliger Unterstützung breitester Schichten des Volkes gegen England – d.h. die Weltmacht Nr. 3 und zugleich den Hauptalliierten der Vereinigten Staaten – einen Krieg begann, die privaten Meinungen der deutschen, französischen, nordamerikanischen oder spanischen Diplomaten wohl kaum weniger sarkastisch gewesen sein dürften als die zitierten.

Die erwähnten Zitate zeigen uns eine sonderbare Pathologie auf, denn sie beziehen sich nicht auf einmalige Verirrungen der argentinischen Außenpolitik, sondern auf chronische, traditionelle Tendenzen, die den demokratischen und militärischen Regimes und verfassungsmäßigen Regierungen konservativer, »radikaler« und peronistischer Orientierung gleichermaßen zu eigen waren. Trotz wechselnder Regime ist in der Tat die Kontinuität vieler außenpolitischer Linien, die dem bis zur Regierung Menem gültigen Paradigma entsprachen, höchst beachtenswert, da es die leichthin aufgestellte politologische These dementiert, daß der Typus der Außenpolitik eine eng mit dem Typ des politischen Regimes verbundene Variable ist.

Beispielsweise rühmte sich Argentinien in beiden Weltkriegen seiner neutralen Haltung, erfand dann die »dritte Position« und schloß sich später der Bewegung der Blockfreien an. Eine genauere Untersuchung dieser Neutralistätstradition zeigt uns sogar noch erstaunlichere Kontinuitäten. Während des ersten Weltkriegs blieb Argentinien unter der bis 1916 amtierenden konservativen Regierung neutral. Als dann die Unión Cívica Radical die Macht übernahm, behielt sie die Neutralität bei. Von diesem Augenblick an widersetzten sich die Konservativen der Neutralität, obwohl sie, solange sie selbst an der Regierung waren, ebenfalls neutral geblieben waren. Später, im zweiten Weltkrieg, war Argentinien unter einer konservativen Regierung erneut neutral. Als im Juni 1943 diese Regierung abgesetzt wurde, blieb die Neutralität unter dem neuen Militärregime nicht nur erhalten, sondern die radikale Partei erklärte der de-facto-Regierung und ihrer Neutralitätspolitik ihre »aufrichtige und offizielle Unterstützung«, die sie erst zurückzog, als General Pedro P. Ramírez (der erste Präsident des 1943 an die Macht gekommenen Regimes) Anfang 1944 von General Edelmiro J. Farrell abgesetzt wurde (siehe Escudé 1983; Snow 1965, 59). Zu diesem Zeitpunkt opponierten viele Konservative gegen die Neutralität, obwohl sie, als sie an der Regierung waren, die gleiche Politik betrieben hatten, was uns zu der Annahme führt, daß ihre plötzliche Opposition gegen die Neutralität eher Teil ihrer allgemeinen Oppositionspolitik denn eine echte Regierungsplattform war. Und wie bereits erwähnt wurde, nahm nach dem zweiten Weltkrieg der argentinische Staat die Dritte Position ein und trat später den Blockfreien bei.

Tatsächlich gab es vor der Ära Menem nur sehr vereinzelt Ausnahmen zu dieser Neutralitätstradition, und diese waren zudem im allgemeinen von einer perversen Pathologie begleitet. Ein typischer Fall ist der der letzten Militärdiktatur, die glaubte, daß ihre söldnerische Zusammenarbeit mit dem schmutzigen Krieg, den die Vereinigten Staaten in Zentralamerika führten, für jene Großmacht von solcher Bedeutung sei, daß sie ihr die nordamerikanische Unterstützung oder zumindest

de Trabajadores) und mit der kommunistischen CTAL (Confederación de Trabajadores de América Latina) zu konkurrieren (Deiner 1969; Escudé 1991).

Neutralität im Malvinas-Abenteuer bescheren würden und daß die USA Großbritannien, ihren ältesten und verläßlichsten Verbündeten, im Stiche zu lassen bereit wären.

Dies alles führt uns zu dem Gedanken, daß die Vorstellung Gramscis vom »Komplex Staat-Zivilgesellschaft«, die von dem nordamerikanischen Wissenschaftler Robert Cox in die Theorie der internationalen Beziehungen aufgenommen wurde, für das Verständnis der langfristigen Tendenzen der argentinischen Außenpolitik eher dienlich ist als das konventionellere Verständnis des Staates als eines »rational« Handelnden (s. Escudé 1995a; 1997; Cox 1986; 1987; Gramsci 1971; Hoare 1977; Forgacs 1988; Gill 1993). Argentinien bewahrte seine Neutralitätstradition, obwohl diese ihm enorme Kosten verursachte (zum Beispiel einen wütenden nordamerikanischen Boykott während des zweiten Weltkriegs) (Escudé 1983). Das Land behielt diese Neutralitätspolitik bei, weil die äußere Dimension der argentinischen politischen Kultur dieser Politik Popularität verlieh und dem, der sie betrieb, innenpolitische Macht gab und gleichzeitig dazu beitrug, den politischen Handlungsspielraum von allzu hartnäckigen Gegnern zu beschneiden. In der Tat ist die Geschichte der argentinischen Haltung während des zweiten Weltkriegs besonders faszinierend, weil sie uns zeigt, daß je näher der alliierte Sieg rückte, desto entfernter von den Alliierten und näher an der Achse Argentinien stand, und dies mit dem Wohlwollen der großen Mehrheit der Bevölkerung und trotz der furchtbaren Sanktionen, die die Vereinigten Staaten verhängten. Aufgrund der negativen Bilanz der *externen* Kosten-Nutzen-Rechnung war diese Außenpolitik als *Außen*politik irrational, aber wegen der außerordentlich *positiven* Kosten-Nutzen-Rechnung *im Inneren* war sie völlig rational, wenn wir sie als eine *Innen*politik betrachten, deren Ziel die Erringung der Macht in Argentinien war (selbst wenn sie völlig selbstzerstörerisch im Hinblick auf den materiellen Wohlstand und auf die argentinische Macht in der zwischenstaatlichen Ordnung war)(Escudé 1995b).

In der gleichen Weise war der Malvinaskrieg ein Fall von extremer Irrationalität, wenn wir ihn als *Außen*politik werten, denn selbst wenn er weniger katastrophal geendet hätte, wären seine äußeren Kosten immer viel höher gewesen als der aus ihm resultierende Nutzen (selbst wenn Argentinien sich der Malvinas hätte bemächtigen können, so wäre es doch immer mit schwersten Sanktionen belegt worden und hätte in Wahrheit nicht gewußt, was mit den Inseln anfangen). Aber wenn wir den Krieg nicht als Außenpolitik, sondern als einen Versuch der im Niedergang befindlichen Militärjunta begreifen, innenpolitische Macht zurückzugewinnen, dann handelte es sich vor allem um eine Fehlkalkulation. Tatsächlich war die Eroberung der Malvinas in Argentinien immens populär, und dies ist das Motiv, weswegen die Malvinas überfallen wurden: in Wahrheit (und perverserweise) eher, um die Popularität zu steigern, als um die Inseln zurückzugewinnen, denn diese waren eher ein Mittel denn Selbstzweck.

Dies bedeutet, daß jener Krieg möglich war wegen einer *kulturellen* Determinante, die ihn *populär* machte. Und dies bedeutet zugleich, daß der wirkliche Akteur auf der internationalen Bühne nicht einfach der Staat ist, sondern eher der »Komplex Staat/Zivilgesellschaft« war. Dieser Begriff erlaubt es uns, die erstaunlichen Inter-Regime-Kontinuitäten zu begreifen, die das in Argentinien vor den Veränderungen, die die Regierung Menem vornahm, gültige außenpolitische Paradigma kennzeichneten. Und zugleich erlaubt uns dieser Begriff, *die Hypothese aufzustel-len, daß dieser Wandel sich nur langfristig vollziehen und die gegenwärtige Außen-politik Argentiniens in ein wahrhaft neues Paradigma verwandeln wird, wenn die in den letzten zwanzig Jahren gelebte Geschichte dazu dient, die argentinische politische Kultur in einem solchen Ausmaß zu verändern, daß wir feststellen können, daß sich einige der zentralen Merkmale des Komplexes Staat/Zivilgesell-schaft dieses Landes gewandelt haben.*

Die äußere Dimension der argentinischen politischen Kultur

Diese Erwägungen führen uns zu zwei auf der Hand liegenden und komplemen-tären Fragen. Die erste ist die bereits skizzierte: Hat sich die argentinische Kultur wirklich geändert? In welchem Maße? Ist diese Veränderung von Dauer? In Wahr-heit wissen wir es nicht. Wir haben keine Kristallkugel.

Die zweite Frage lautet: Welches waren die Merkmale einer Kultur, die das vorherige Paradigma konditionierte? Welches war die Kultur, die den Malvinas-krieg möglich (und populär) machte? Welches war die Kultur, die bewirkte, daß es für die verschiedenen aufeinander folgenden argentinischen Regierungen der vier-ziger Jahre *innen*politisch *rational* sein konnte, sich den Achsenmächten zu nähern, je mehr sich diese auf die Niederlage zu bewegten?

Diese Fragestellung habe ich durch eine Reihe von Forschungen über den nationalistischen Gehalt der argentinischen Kultur zu beantworten versucht. Natür-lich geben uns die eingangs zitierten nordamerikanischen Beobachtungen einen Hinweis zur Beantwortung der gestellten Frage. Sie stellten fest, daß die Argentini-er einer chronischen Tendenz unterlagen, ihre eigene Bedeutung zu überschätzen, sich als eine Weltmacht anzusehen, ohne es im mindesten zu sein. Doch es liegt auf der Hand, daß diese Dokumente für eine wissenschaftliche und empirische Antwort auf die Fragestellung nicht ausreichen.

Auf der anderen Seite ist die Erschließung der Inhalte einer politischen Kultur *in der Vergangenheit* ein Problem, das sich für die Anwendung einer direkten Metho-de nicht eignet. Wir können z. B. Umfragen machen, um zu erfahren, was die Bevölkerung derzeit denkt und glaubt, aber wir können sie nicht retrospektiv einsetzen, um zu erfahren, was sie 1940, 1944, 1952 oder 1982 dachte und glaubte.

Mein methodischer Ansatz war daher, die nationalistischen Inhalte der argentini-schen *Erziehung* zu untersuchen. In einem ersten Schritt arbeitete ich die nationali-stischen Inhalte der von 1879 bis 1986 benutzten Erdkundebücher heraus und anschließend die Inhalte der offiziellen pädagogischen Lehren zwischen 1900 und 1950[5].

5 Um genauer zu sein, gründet dieser Abschnitt auf einer aus mehreren Teilen bestehenden Forschung, die vom Autor dieses Beitrags durchgeführt wurde. Der erste Teil bestand darin, die territorialen Mythen der argentinischen Kultur herauszuarbeiten; das Ziel war, die territorialistische Dimension ihrer Außenpolitik zu begreifen versuchen, die unter anderem im Grenzstreit um die Inseln im Beagle-Kanal mit Chile, der 1978 fast zu einem Krieg führte, und im Malvinaskrieg von 1982 deutlich wurde. Frucht dieses ersten Teils waren mehrere Veröffentlichungen. Die erste Annäherung an das Thema wurde veröffentlicht in Escudé 1984; die zweite Annäherung war eine Arbeit über den histori-schen Ursprung der territorialen Mythen, vorgestellt in Escudé 1986. Später hat der Autor sich der Analyse des nationalistischen Inhalts der im Primar- und Sekundarschulunterricht zwischen 1879 und 1986 verwendeten argentinischen Erdkundebücher gewidmet. Diese Untersuchung wurde veröffent-licht in Escudé 1987. Zu guter Letzt hat der Autor die ideologischen Inhalte der pädagogischen Lehren des argentinischen Primarschulwesens (vor allem im öffentlichen Bereich) zwischen 1900 und 1950

Die Ergebnisse meiner Forschungen hätten nicht besser mit den zitierten nord-amerikanischen Beobachtungen übereinstimmen können. Sie gaben außerdem all jenen Witzen recht, die über die Argentinier in ganz Lateinamerika verbreitet werden. In Wahrheit begann alles um 1908, als die alte herrschende Klasse ange-sichts des Immigrantenstroms, den sie selbst herbeigerufen hatte, erschrak und mit einer Kampagne zur Argentinisierung der Kinder der Einwanderer begann, wofür sie die Schulprogramme radikal umschrieb und Reformen einführte, die unter dem Namen »patriotische Erziehung« bekannt geworden sind.

Den Geist der 1908 von José María Ramos Mejía eingeführten Programme, die in den darauffolgenden vier Jahren vervollkommnet und dann bis 1939 nicht verändert wurden, illustriert am besten die zündende Ansprache, die Enrique de Vedia, leitendes Mitglied des Nationalen Erziehungsrats (Consejo Nacional de Educación) und Rektor des Colegio Nacional de Buenos Aires, im Jahre 1910 hielt. De Vedia verkündete: »Bilden wir (...) mit jedem Kind im schulpflichtigen Alter einen frenetischen Götzendiener der Argentinischen Republik, indem wir ihm zeigen – denn es ist wahr –, daß kein Land der Erde in seiner Geschichte höhere Ruhmestaten, uneigennützigeres Streben, freiheitlichere Institutionen, gesündere Kultusgemeinschaften, großzügigeres Handeln aufweist und eine leuchtendere Zu-kunft vor sich hat. Laßt uns auf diesem Wege zu allen Exzessen gelangen, ohne Ängste noch Verzagtheiten (...)« (de Vedia 1910).

Wie wir sehen können, liegt hier der eigentliche Anfang und Ursprung der Argentinierwitze. 1908 begann ein breites Programm ausgeklügelter kultureller Aufrüstung positivistischer und jakobinischer Prägung, dessen rationales Ziel es war, mit Hilfe der Erziehung die irrationalen Emotionen der künftigen Staatsbürger zu manipulieren. Die solchermaßen erzeugte Megalomanie stützte sich auf die seit 1880 erreichten spektakulären wirtschaftlichen Erfolge, die Argentinien zu einem Land der Verheißung für Millionen bettelarmer Europäer machte, die als Immi-granten an seinem Hafen anlandeten[6]. Und zugleich erlaubt uns das daraus resultie-rende extremistische Kulturprojekt einer »patriotischen Erziehung«, nicht nur den kulturellen Hintergrund vieler Exzesse in der späteren Außenpolitik zu begreifen, sondern es hilft uns durch seine militaristischen und autoritären Inhalte auch zu

untersucht. Diese Etappe der Untersuchungen ist zu finden in Escudé 1990, und in Italienisch in Escudé 1992a. Später erschienen mehrere Zusammenfassungen der gesamten Publikationsreihe, dieses Mal in dem Bestreben, das Thema der politischen Kultur mit dem der Außenpolitik und den verschiedenen Brüchen des demokratischen Systems zu verbinden. In Englisch erschienen in Escudé 1992c, in Spanisch veröffentlicht als Kapitel 4 in Escudé 1992 und als Artikel in Escudé 1992d. Und schließlich hat der Autor einige Versuche unternommen, kurze Synthesen dieser Untersuchungsreihe zu verbinden mit theoretischen normativen Reflexionen über die argentinische Außenpolitik: z. B. in Escudé 1992e und in verschiedenen Vorträgen in Argentinien und an den Universitäten Harvard, Oxford (St. Antony's College), London, Duke und UNC/Chapel Hill.

6   Siehe Díaz-Alejandro 1970. Man erinnere sich daran, daß das argentinische Pro-Kopfeinkommen damals zeitweilig um 40 % höher war als das Österreichs, fast gleich so hoch wie das französische und dreimal so hoch wie das italienische (Maizels 1963). Der Hintergrund des nationalen Größenwahns war daher nicht, wie in Mexiko, die Kehrseite eines zuerst durch die spanische Eroberung und später durch die nordamerikanische Hegemonie hervorgerufenen Minderwertigkeitskomplexes. Der Argentinier fühlte, daß *er* der Konquistador Amerikas war. Außerdem lag Argentinien weit weg von anderen Zentren relativer Entwicklung und die Argentinier litten unter einer Art von Inseldasein, das dazu führte, daß sie sich von »Wilden« umringt fühlten. Man lese John Gunthers Beobachtungen von 1941: »Niemals habe ich etwas Ähnliches erlebt, außer in Japan. Sogar die Streichholzschachteln tragen patriotische Parolen. Fast alle Argentinier, die ich kennenlernte, erzählten mir sofort mit berechtigtem Stolz auf die großen Qualitäten ihrer Nation, wie groß sie war und warum (...). Sie empfinden sich den Nachbarn unendlich überlegen; sie schließen Leute wie die Venezolaner oder die Ecuatorianer wie weit entfernte Wilde aus. Jeder Argentinier *weiß*, daß seinem Land eine große imperiale Zukunft bevorsteht. Jeder Argentinier *weiß*, daß Buenos Aires die beste Stadt der Welt ist.« (Gunther 1941, 293).

verstehen, warum 1930 die verfassungsmäßige Regierung ohne nennenswerten Widerstand einer willfährigen und »verständnisvollen« Gesellschaft gestürzt werden konnte.

Im Hinblick auf die Dimension des Autoritarismus ist es interessant zu beobachten, daß häufig das Beispiel der deutschen Erziehung als bewunderns- und nachahmenswert erwähnt wurde. Der technische Generalinspekteur des Nationalen Erziehungsrats war präzise: »Deutschland hat großen Nutzen aus den Lehren der Geschichte unter nationalen und patriotischen Vorzeichen gezogen, weil es erkannte, daß das wichtigste Ziel der Geschichte die Belebung des Nationalgefühls und der Vaterlandsliebe ist, um durch die Pflege des Patriotismus seine Einheit zu erreichen (...). Der deutsche Staat bemächtigt sich des Kindes, kaum daß es zu lallen beginnt, und läßt es nicht mehr los; er befiehlt ihm, sich zu bilden, und die bemerkenswertesten Ereignisse seiner Geschichte zu lernen; wie auch die Opfer, die das Vaterland verlangt, die Achtung, die man dem Gesetz schuldet, und die Verpflichtung, die das Kind hat, jenes mit seinem Blut und seinem Leben zu verteidigen, auf sich zu nehmen.« (Bavio 1910a).

Und mehr noch, über das Thema »die Helden der Zivilisation« verkündete der technische Inspektor, daß »es nichts Achtenswerteres gibt als das Heer und die Marine eines Volkes (...). Das Gefühl begeistert sich bei der Erinnerung an die Großtaten der Helden, die in den Annalen des Vaterlands illustriert sind und die die Fahne mit Ruhm bedecken.« An einer späteren Stelle im gleichen Text, wo der Geschichtsunterricht behandelt wird, behauptete der Inspektor, daß es in der Geschichte »drei große Zyklen« gebe, den der Helden, den der Staaten und den der Welt, und fügte hinzu: »(...) In den drei ersten Jahren der allgemeinen Schule darf nichts anderes vorkommen als der erste Zyklus, nämlich der der Helden, und der Unterricht muß dramatisch und legendenhaft sein, in der bewußten Absicht, die leicht beeindruckbare Einbildungskraft des Kindes lebhaft zu verletzen (...). Wir glauben nicht, daß die Universalgeschichte (dritter Zyklus) die geeignetste für die allgemeine Schule ist (...).«

Solcherart wurden gleichzeitig die Emotionalität (und die Irrationalität) in Angelegenheiten des öffentlichen Lebens und der Autoritarismus sowie der Militarismus genährt, im Rahmen eines Dogmatismus, der das Denken aktiv entmutigte, denn vom wirklichen Denken bis zur Kritik dieser Begriffe ist es nur ein kurzer Schritt. Die extremistische Inspiration dieses Erziehungsprojektes hätte nicht deutlicher sein können. So bezeugen es die Worte des technischen Inspektors, als er den italienischen Schriftsteller De Amicis bei der Betrachtung über die Unvermeidlichkeit des japanischen Triumpfes im Krieg gegen Rußland zustimmend zitierte: »Es konnte gar nicht anders geschehen. Durch die Kraft des nationalen Geistes und durch militärische Organisation war Japan so überlegen, daß man am Erfolg seines Kampfes nicht zweifeln konnte. Das japanische Volk hat keine Armee, es ist eine Armee. Der Japaner tritt in das Heer ein, wenn er in die Schule eintritt. Der Staat, der ihm den Unterricht kostenlos erteilt, legt ihm das Alphabet und das Gewehr gleichzeitig in die Hände. Die gesamte schulische Erziehung ist patriotisch und kriegerisch. Der Lehrer ist der erste militärische Erzieher des Kindes. Die Wände der Schule sind bedeckt mit martialischen Inschriften, heroischen Sprüchen, glorreichen Erinnerungen an die kriegerischen Epopöen des Vaterlands (...). Dem Kinde wird ständig wiederholt, daß es weder dem Vater noch der Mutter gehört, und daß es, wenn es eine eigene Familie hat, sich niemals als der Familie zugehörig ansehen darf, sondern seinem Lande, das über allem steht und dem es sich schuldet (...). Ein wahrhaft gescheites Land muß das sein, welches solchermaßen die Primarschullehrer zu ehren und zu preisen weiß, weil es sich in angemessener Weise der Schule als eines ergiebigen Regierungsinstruments und eines fruchtbaren Akkers zu bedienen weiß, wo alle großen Gefühle und die größten und solidesten Disziplinen keimen und sich entwickeln. Deshalb wird, als der Krieg beendet ist, dort der siegreiche General in Port Arthur belohnt, indem man ihn zum ... Schulmeister ernennt! Ein wunderschönes Beispiel, das das Land der aufgehenden Sonne den übrigen Völkern der Erde gibt!« (Bavio 1910b).

Wie bereits erwähnt, blieben die von dieser Ideologie inspirierten Programme bis 1939 unverändert, und als sie geändert wurden, war es zum Schlimmeren. Obwohl man es hätte erwarten können, bewirkte der Regimewechsel von 1916 (als dank der Geltung eines neuen Wahlgesetzes die Regierung in die Hände der Unión Cívica Radical überging, einer liberalen Partei, die die Mittelschichten repräsentierte) keine substantiellen Änderungen bei der Indoktrination im Schulbereich, der die argentinischen Massen ausgesetzt waren. Es gab allenfalls eine Verringerung der Schrillheit, die aber eher auf die menschliche Katastrophe des ersten Weltkriegs als auf die Machtübernahme durch eine Volkspartei zurückzuführen ist. Die Beibehaltung der Leitlinien der patriotischen Erziehung wird z. B. illustriert durch den Prozentsatz der Lieder mit »patriotischen« oder »nationalisierenden« Inhalten, die im Jahre 1920, also nach mehrjähriger Amtszeit des radikalen Vorkämpfers Don Hipólito Yrigoyen, zu lernen Pflicht war.

Prozentsatz der Lieder mit »patriotischem« oder »nationalisierendem« Inhalt[7]

1. Klasse (Primer grado inferior)	14 %
2. Klasse (Primer grado superior)	33 %
3. Klasse (Segundo grado)	58 %
4. Klasse (Tercer grado)	71 %
5. Klasse (Cuarto grado)	85 %
6. Klasse (Quinto grado)	100 %
7. Klasse (Sexto grado)	93 %

Die »Hymne an den Morgen«, sonderbare und einsame Ausnahme zum »patriotischen« Ton der für die siebte Klasse [= sexto grado] vorgesehenen Lieder, bricht ein ansonsten perfektes *Crescendo*. Diese Situation von 1920 steht in völliger Übereinstimmung mit den Anweisungen an die Musiklehrer von 1910, die sich auf Umfragen gründeten, deren Ziel es war, die emotionalen Auswirkungen der Musik auf Kinder im schulpflichtigen Alter zu untersuchen. Die Schlußfolgerungen dieser Umfragepioniere waren, daß die Hymne und Militärmärsche ein »höchst wirkungsvoller Erzeuger von Vaterlandsliebe« sind, denn sie riefen, den Antworten der Kinder zufolge, »das stolze Gefühl, ein Patriot zu sein« hervor; »eine von Gott befohlene Sache; viel Achtung«, »Heldentum und Begeisterung«; »das Verlangen,

---

7 Quelle der Tafel: eigene Berechnungen des Verfassers auf der Grundlage der auf den Seiten 161-165 im Monitor vom 31. Dezember 1920 veröffentlichten Liederliste. In Argentinien nannte man das erste Schuljahr der Primarschule »primer grado inferior« und das zweite Schuljahr »primer grado superior«.

gleichzeitig zu lachen und zu weinen«. Nach den Untersuchungen sieht »das Kind (...) im Soldaten die Verkörperung des Vaterlandes (...). Die von einer Militärmusikkapelle gespielten Töne gelangen in das Ohr des Kindes wie eine phantastische und faszinierende Sprache (...)«. Solchermaßen, auf rationale Weise, suchten jene Positivisten die Irrationalität zu nähren, um sie in den Dienst einer nationalen Sache zu stellen, die sie selbst erfunden hatten. Wie der Generalinspektor für Musik des Erziehungsrates es ausdrückte: »Als der ehrenwerte Nationale Erziehungsrat eine wohldurchdachte Maßnahmenfolge zur Stärkung des erhabenen vaterländischen Gefühls in der Seele der argentinischen Kinder und zur Verwandlung der Schule in die festeste und unstreitige Stütze des nationalistischen Ideals unserer Tradition und leuchtenden Vergangenheit feierlich eröffnete, wies er der Musik bei dieser großartigen Aufgabe eine höchst wichtige Rolle zu, ja man kann sogar sagen, die entscheidende, die sie wegen ihrer wesenseigenen poetischen Unbestimmtheit und intensiven Emotionalität weitestgehend erfüllen kann.«[8]

Allmählich entstand so das Instrument einer Indoktrination mit dem Ziel, das nationale und patriotische Gefühl zu preisen, und in diesem Vorhaben gab es eine Kontinuität zwischen dem konservativen Regime, dem es sein Entstehen verdankte, und der radikalen Regierung, die ab 1916 amtierte. Das Kuriose und Interessante ist, daß diese Vorstellung von Patriotismus sich nicht so sehr darum bemühte, die staatsbürgerliche Tugend hervorzuheben und das Pflichtgefühl zu schmieden, als vielmehr künstliche Emotionen zu erzeugen, die in großer Zahl vorgetäuscht waren (mit anderen Worten, sie bemühte sich, ein Laster zu erzeugen). Der technische Generalinspektor erklärte es richtig (und zustimmend): es ist kein Verdienst, das Land zu lieben, in dem man geboren wurde, denn dies ist nur natürlich; es geht darum, dieses natürliche Gefühl in eine Leidenschaft zu verwandeln, und um dieses Ziel zu erreichen, muß die Schule vom zartesten Alter eines jeden Kindes an aktiv werden.

Die Kontinuität zwischen beiden Regimen im Bereich der nationalistischen Indoktrination in der Schule kann ebenfalls mit dem obligatorischen Schwur des »nationalistischen Bekenntnisses« illustriert werden, der 1920 für die Lehrer eingeführt wurde. Zur Begründung führte der Erlaß u. a. aus: »Der Nationale Erziehungsrat steht in der unausweichlichen Pflicht, darüber zu wachen, daß sich im Unterricht keine schädlichen Keime einschleichen, die in der Zukunft imstande wären, bittere Früchte zu tragen. Diejenigen, die nicht einverstanden sind mit der nationalistischen Orientierung, die der Rat dem Erziehungswesen gegeben hat, müssen die Loyalität haben, von ihrer Stelle als Lehrer zurückzutreten. Sie gewinnen so ihre Handlungsfreiheit wieder und begehen keinen wahrhaften Vertrauensmißbrauch, indem sie sich der Elemente und der Autorität, die der Staat in ihre Hände legt, bedienen, um seine Fundamente zu untergraben.«

Der Erziehungsrat beschloß daher, daß zu Beginn eines jeden Schuljahres in allen Schulen gleichzeitig mit der Feier zum Unterrichtsbeginn ein Gelöbnis der Lehrer, »Berufsgelöbnis« genannt, zu erfolgen habe, gemäß der Formel: »Um der Fahne des Vaterlands willen, gelobt ihr, für die argentinische Kindheit die Würde und Stärke des Charakters zu erhalten; den Schatz der Geschichte des Vaterlands, seine glorreiche Tradition, seine gesegneten Symbole, seinen demokratischen und humanitären Geist zu bewahren und zu verehren; *Sorge zu tragen, daß niemand es*

---

8 Monitor, 31. Juli 1911, S. 128.

wage, nicht einmal in Gedanken, die Vorrechte der Nationalität zu entweihen? (...).«

Der Erlaß legte fest, daß vor dem Schwur die Nationalhymne zu singen sei und anschließend ein Lied auf die Fahne; zu guter Letzt hatten die Lehrer die Schwurformel in einem besonderen Protokoll zu unterschreiben. Artikel 4 besagte, daß »jeglicher Verstoß gegen die Bestimmungen dieses Erlasses als willentlicher und manifester Ungehorsam zu betrachten und den für schwere Verfehlungen vorgesehenen Sanktionen unterworfen ist (Artikel 79 der Ordnung)«[9].

Es verwundert daher nicht, daß ein Denker wie Ricardo Rojas, der, obwohl Mitglied der Unión Cívica Radical, einer der geistigen Väter der von den Konservativen eingeführten Reform der »patriotischen Erziehung« war, sich 1922 damit brüsten konnte, seine alten Ideen seien nunmehr die Ideen fast der gesamten Nation. Sein Buch »Die nationalistische Restauration«, das 1909 den Weg der patriotischen Reformen gewiesen hatte, offenbarte sich als ein fruchtbarer (wenn auch perverser) Samen (indem es sich in einen argentinischen Klassiker verwandelte). Im Vorwort zur zweiten Auflage des Werkes sah Rojas es bereits für gegeben an, daß seine Lehren inzwischen integraler und, man kann beinahe sagen, dauerhafter Bestandteil der argentinischen Erziehung und Kultur waren: »Das gütige Geschick, das ›Die nationalistische Restauration‹ in zwölf Jahren erfuhr, erklärt, warum ich von ihr mit unüblicher Unbescheidenheit spreche; es erscheint mir nämlich, als spräche ich nicht von mir noch von meiner Sache. Die Botschaft, die sie verkündete, ist heute die Losung vieler Gewissen. *Vom individuellen Seelenzustand strebte sie hin zum kollektiven Seelenzustand.* Die Presse, die Universität, die Literatur, die Künste, die argentinische Politik spüren jetzt die Unruhe, die von den dort aufgeworfenen Problemen ausgeht. Die Arbeiten an einer idealistischen Wiedergeburt, die ich in den ›Schlußfolgerungen‹ des Buches entwarf, sind seit 1910 unter der Schirmherrschaft verschiedener sozialer Institutionen allmählich verwirklicht worden.«[10]

Wenn dies der Geist der Radikalen war, verwundert es nicht, daß mit dem Putsch von 1930 die Erlasse für die Lehrerschaft den autoritären Nationalismus, der charakteristisch für die Indoktrination an den argentinischen Schulen war, verstärkten. Sie besagten: »1. Die Argentinische Schule muß sich von den ersten Schuljahren bis zur Universität vornehmen, in den Argentiniern die inbrünstige Überzeugung zu entwickeln, daß das offenbare Schicksal ihrer Nationalität darin besteht, eine eigene Zivilisation eminent demokratischen Charakters zu vollbringen, die Erbin der begradigten geistigen Werte der abendländischen Zivilisation ist (...). 2. Als Folge davon (...) nimmt sich die Argentinische Schule vor, zur Bildung einer Rasse beizutragen, die fähig ist, das offenbare Schicksal der Nationalität zu verwirklichen (...). 3. Der argentinische Erzieher muß zur Bildung eines menschlichen Typus beitragen, der widerstandsfähig ist gegenüber Ermüdung und Krankheit, der gelassen und schnell gegenüber der Gefahr und geeignet zur Arbeit ist (...). 4. Die Argentinische Schule hat zur Aufgabe, die psychische Persönlichkeit unseres Kindes nach Maßgabe des kollektiven Ideals zu erziehen (...).«[11]

---

9   »Beruflsgelöbnis«, Note im Offiziellen Teil des Monitor, 30. September 1920, S. 34f. Hervorhebung von mir.

10 R. Rojas, im Text zitiertes Werk, Prolog »Kurze Geschichte dieses Buches«, datiert 1. Januar 1922, S. 23 der Ausgabe von Peña Lillo 1971. Hervorhebung von mir.

11 »La orientación moral de la escuela argentina« (»Die moralische Orientierung der argentinischen Schule«), Monitor, September-Dezember 1930.

Und um die Geschichte abzukürzen, die in detaillierter Form die Grenzen dieses Kapitels erheblich überschreiten würde, schauen wir uns noch die doktrinären Worte von José Astolfi an, einem Erzieher, der durch seine zahlreichen, massiv verbreiteten Texte einen großen Einfluß auf ganze Generationen von Zöglingen ausübte. Seine Ideologie ist lehrreich. 1940 schlug er in den Seiten des offiziellen Organs des Nationalen Erziehungsrats als Reaktion auf die »Dekadenz des Abendlands« die »Mystik« vor: »Mystik, vom griechischen *mystis*, ist die Anerkennung der menschlichen Beschränktheit, das Mysterium zu lösen (...). Die Mystik des Unterrichts verbindet sich mit der Mystik des Nationalismus, einem Gefühl, das uns weder neu noch exotisch ist (...). Diese Mystik des Nationalismus muß in der Schule entzündet werden. Wir sind ein Schwemmland [von Immigranten] (...). Trotz der bewundernswerten Assimilationskraft unserer Gesellschaft wehren sich gewisse ausländische Kreise dagegen, in der gemeinsamen Masse aufzugehen; ein solcher Widerstand erzeugt eine unleugbare Gefahr. Man hat eine neue Technik der Eroberung geschaffen. Früher erschienen die Konquistadorenvölker mit ihrer Flotte und ihren Armeen an den Stränden oder Grenzen der begehrten Länder, um sie auf offenem Felde zu unterwerfen. Jetzt werden Methoden raffinierten psychologischen Eindringens angewandt: geduldig werden die Risse im sozialen Ganzen erweitert, die Gemüter aufgewiegelt, die Gegensätze übersteigert, alte Ansprüche und schlafende Beschwerden wiederbelebt, es wird die Begierde der Egoisten und der Appetit der Ehrgeizlinge geweckt, allüberall werden Orientierungslosigkeit, Verwirrung und Mutlosigkeit gesät, und wenn das Gebäude bis auf die Grundmauern morsch ist, reicht ein einziger anmaßender Ansprung, um es krachend zum sofortigen Einsturz zu bringen. Möge Gott verhüten, daß das Heer sich jemals vor der Notwendigkeit sieht, unseren Boden durch einen militärischen Feldzug zu verteidigen, aber die Lehrerschaft muß bereits jetzt ihren Platz einnehmen, um gegen diese andere vorbereitende Kampagne zu kämpfen, denn ihr obliegt an erster Stelle diese Aufgabe. Der Patriotismus ist eine liebenswerte Ausdrucksform gewesen, die in herzlichem Geiste begangen wurde: ein Wehen der Fahnen, ein Anstimmen der Hymnen, ein jauchzendes Defilieren der Kinder, Soldaten und Bürger; heute ist er ein kategorischer Imperativ; ein unabweisbares Werk der nationalen Erhaltung.« (Astolfi 1940).

Das Problem der Kausalität

Kann es nach dieser Übersicht über die den argentinischen Köpfen eingeimpften Inhalte verwundern, daß es 1944 der Zivilgesellschaft nicht zuwider war, ihren Staat näher bei den Achsenmächten als bei den Alliierten stehen zu sehen? Kann es verwundern, daß die »frenetischen Götzendiener der Argentinischen Republik«, die Enrique de Vedia hatte formen wollen, 1982 der Invasion der Malvinasinseln mit primitivem Gegröle applaudierten? Ich denke, nein. Die Argentinier sind permanent indoktriniert worden mit der Vorstellung, das Salz der Erde zu sein, und daß Gott Argentinier ist. Diese Indoktrination reichte bis in jüngste Zeiten. Ein Beispiel aus dem Jahr 1971: Zu den Klängen des von Perón geprägten und vom Diktator General Juan Carlos Onganía 1966 neu aufgelegten Slogans »Argentinien, Großmacht« [Argentina, potencia], indoktrinierte José María Dagnino Pastore, Wirtschaftsminister der Republik und (als Autor massiv verbreiteter Texte) Schmied der nationalistischen Kultur einer großen Anzahl von Argentiniern, seine jungen Landsleute, in treuer Befolgung der von Vedia sechs Jahrzehnte zuvor ausgegebenen Losung:»Wir haben deutlich gemacht, welches Gewicht die argentinische Produktion im internationalen Handel hat, indem wir aufzeigten, daß ihre exportierbaren Überschüsse an Getreide, Fleisch, Leder, Wolle und Quebrachoextrakt Werte von hoher Bedeutung darstellen. Dieser Beitrag unseres Landes zur Befriedigung drückender Bedürfnisse der europäischen und amerikanischen Nationen gibt ihm eine herausragende Position. Um dies mit Nachdruck zu bestätigen, genügt die Feststellung, daß die Ernährung von Millionen von Menschen durch die argentinischen Lieferungen gesichert ist. (...) Es ist weltweit anerkannt, daß Argentinien aufgrund seines großen Ernährungspotentials, wegen der vielfältigen Verfügbarkeit von Rohstoffen und, umgekehrt, weil es eine Verbrauchernation mit hoher Kaufkraft ist, von keinem Plan zur Neustrukturierung der Weltwirtschaft ausgeschlossen werden kann. Sagen wir zum Schluß, daß, wenn Argentinien einen wahrhaft bedeutenden Platz in der Weltwirtschaft errungen hat, ihm der erreichte kulturelle Fortschritt gleichzeitig eine herausragende Position nicht nur unter den amerikanischen, sondern auch unter den zivilisiertesten Ländern Europas zuweist. Sein Beitrag auf dem Gebiet der Wissenschaften ist bemerkenswert. Und seine ständige und wertvolle Beteiligung an internationalen Kongressen erlaubt es, seine Kultur in umfassender Form ins Ausland zu bringen.«[12]

Auf der anderen Seite zeigen uns Umfragen aus den achtziger Jahren, daß die Indoktrination in der Schule, die die Bevölkerung fast das ganze 20. Jahrhundert lang empfing, von den Argentiniern verinnerlicht worden ist. In der Tat machen Meinungsumfragen von 1981, 1982 und 1984 deutlich, daß ungefähr 80 % der Argentinier glaubten, ihr Land verdiene einen wichtigen Platz in der Welt; der gleiche Prozentsatz meinte, Argentinien sei das wichtigste Land Lateinamerikas, 60 % waren der Ansicht, Argentinien brauche von den Ländern in Nordamerika und Westeuropa nichts zu lernen, und 50 % glaubten umgekehrt, daß diese Länder viel von Argentinien zu lernen hätten; und 62 % meinten, daß die argentinischen Techniker, Akademiker und Wissenschaftler die besten der Welt sind[13].

Wie man sieht, können wir nicht nur den Hintergrund der Fehlgriffe der argentinischen Außenpolitik des vorhergehenden Paradigmas erklären, wir können nicht nur besser verstehen, warum das Land so häufig der autoritären Versuchung unterlag, sondern wir vermögen auch die Genese der Witze über die Argentinier zu erklären. Diese Kultur machte es möglich, daß ein Malvinaskrieg populär war. Diese Kultur machte es möglich, daß es den Argentiniern durchaus logisch und verständlich erschien, daß ihr Land nicht bereit war, sich gegenüber der internationalen Gemeinschaft juristisch zu binden, keine Atombomben herzustellen, und daß es sich zwei Jahrzehnte lang unter den unterschiedlichsten Regierungen weigerte, das Abkommen über die Nichtverbreitung von Atomwaffen zu unterzeichnen und das Abkommen über die Ächtung von Kernwaffen in Lateinamerika (Tlatelolco) zu ratifizieren. Und diese Kultur machte es möglich, daß der angesehene Demokrat

---

12 Dagnino Pastore 1971, 126. Zusammen mit seinem Vater, Lorenzo Dagnino Pastore, formte dieser Autor in zahlreichen Büchern, zuerst vom Vater geschrieben, dann vom Vater und Sohn gemeinsam, zuletzt vom Sohn allein, ganze Generationen im Geiste dieser naiven, aber selbstzerstörerischen nationalistischen Kultur.

13 Umfragen IPSA, RISC-Projekt, repräsentative statistische Erhebungen stratifizierter Art mit über 80 % Repräsentativität für die urbane Bevölkerung des Landes.

Raúl Alfonsín, von seinen Anhängern als Kandidat für den Friedensnobelpreis vorgeschlagen, zu Beginn seiner Präsidentschaft, im Januar 1984, ein geheimes Abkommen mit Irak, Ägypten und Libyen unterzeichnete, um eine Rakete zu entwickeln, die Condor II, die fähig gewesen wäre, eine Atomladung von Bagdad nach Tel Aviv zu transportieren. Mehr noch: Es war diese Kultur, die es ermöglichte, daß die Publizistik und die Politiker *der Linken* sich plötzlich, als die Regierung Menem das Condor-Projekt zerstörte, in Militaristen verwandelten und den Skandal anprangerten, der die Opferung des am meisten geliebten Vogels des Vaterlands bedeutete.

Natürlich geben uns diese Forschungen über die Kultur nur Daten in bezug auf eine Konditionierung der vom argentinischen Staat betriebenen Außenpolitik bis zu dem Moment, in dem die Hyperinflation die Mythen über die argentinische Größe zerstörte und die Menem-Administration das Paradigma umkehren konnte, indem sie das Land in strategisch-militärischen Fragen den Vereinigten Staaten unterordnete. Meine Untersuchungen über die Kultur können uns nicht erklären, warum Argentinien die Malvinen 1982 überfiel, anstatt es 1980, 1977 oder 1950 zu tun. Um dies zu verstehen, ist es notwendig, den Entscheidungsprozeß und seine politische Dynamik zu untersuchen. Aber diese Angaben über die argentinische Kultur können uns sehr wohl helfen zu verstehen, warum die Option, die Malvinas zu überfallen, in Argentinien potentiell populär war. Und dies erklärt uns zugleich, warum seit etwa 1950 die Eroberung der Malvinas auf dem *Menü der Optionen* der Regierungen dieses Landes stand.

Mit anderen Worten: Es gibt bei den mit politischen Entscheidungen zusammenhängenden Phänomenen mindestens zwei Kausalitätsebenen. Die erste, die wir die »direkte Kausalität« nennen können, hat mit den Gründen zu tun, die dazu führen, die Option »B« aus einem Menü zu wählen, das auch »A« und »C« enthält. Die zweite hat hingegen nicht mit der Wahl eines speziellen Menüs zu tun, sondern mit dem *Ursprung des Optionsmenüs.* An dieser Stelle erlangen die Studien über die kulturellen Bedingungen ihre Bedeutung. Die Invasion der Inseln St. Pierre et Michelon (die der Küste von Labrador vorgelagert sind und die keine bessere Begründung haben, französisch zu sein, als die Malvinas-Inseln, englisch zu sein), war nie auf dem Menü der Optionen einer kanadischen Regierung, weil diese Maßnahme in Kanada in keinem Fall populär wäre. Der Bau einer australischen Atombombe und ihr Verkauf an Irak stand nie auf dem Menü der Optionen einer australischen Regierung, weil das den australischen Bürgern absolut widerwärtig wäre (und die Regierenden spüren dies genau). Ähnliche Maßnahmen standen hingegen auf dem Optionen-Menü der argentinischen Regierungen, weil die Kultur, die sie uns von 1908 an vererbten, diese Maßnahmen in vernünftige, legitime und sogar wünschenswerte Alternativen verwandelte.

Schlußfolgerung: Paradigmenwechsel?

Gemäß meiner Hypothese waren dies die Merkmale der kulturellen Bedingungen der argentinischen Außenpolitik bis zur Hyperinflation von 1989-90. Dies war der Hintergrund, vor dem die argentinische Zivilgesellschaft Einfluß auf die Alternativen nahm, die den außenpolitischen Entscheidungsträgern des argentinischen

Staates offenstanden, bis der Tod der Währung den Bewohnern des Landes zeigte, daß sie nicht das Salz der Erde sind, wie man es sie gelehrt hatte und wie sie es blind – fast wie ein religiöses Dogma (man erinnere sich an die Thesen von Anderson 1983) – geglaubt hatten. So lernten sie (schmerzhaft), daß sie allenfalls Bürger eines armen, verletzlichen, abhängigen und peripheren Landes sind, das in der internationalen Politik nicht ein Spiel spielen kann, als wäre es Frankreich, ohne nicht nur den »nationalen«, sondern auch den individuellen Ruin der fünfund-dreißig Millionen Bürger zu verursachen. Dort starb das Paradigma »Argentinien Großmacht« und entstand das des »peripheren Realismus« (siehe Escudé 1992b; 1992e; 1995a). Vielen gefällt dies nicht. Sie trauern den alten Zeiten nach. Aber die Umfragen sagen uns, daß die schweigende Mehrheit keine Einwände gegen die derzeitige Außenpolitik der strategischen Unterordnung unter die Vereinigten Staaten hat. Im Gegenteil, sie bejaht sie in passiver Form, ohne Begeisterung.

Wird diese Konfiguration nachhaltig sein? Wird das neue Paradigma von Dauer sein? Befinden wir uns tatsächlich vor einem Wendepunkt in der Geschichte der argentinischen Außenpolitik oder allenfalls vor einer anormalen Episode, die dieser neuen Dimension der Politik einer Kleinrepublik lediglich eine neue Quote an Unvorhersehbarkeit verleiht?

Wie ich eingangs sagte, können wir dies nicht wissen. Die Antwort auf diese Fragen hängt davon ab, wie tief die von der Hyperinflationskrise gegebene Lehre Wurzeln schlug, die ganze Jahrzehnte der Indoktrinierung zu neutralisieren vermochte.

Aber eine Sache ist klar. Argentinien ist nicht mehr das, was es war, als jene Indoktrinierung begann. Was seinen Ursprung in Zeiten relativen wirtschaftlichen Glanzes und politischer Stabilität hatte, konnte, auch wenn es stark übertrieben war, den damaligen Opfern der Indoktrination glaubwürdig erscheinen. Aber in zunehmenden Maße, nach aufeinander folgenden und wiederholten nationalen Fehlschlägen (insbesondere seit ungefähr 1941[14]) hat sich die Botschaft dieser Indoktrination unübersehbar immer mehr in eine Karikatur verwandelt. Daher gibt es eine erhebliche, wenn auch nicht quantifizierbare Wahrscheinlichkeit, daß die von den dramatischen Lektionen der Hyperinflation 1989-90 ausgehende Bescheidenheit von Dauer sein wird. Und außerdem, ob es uns gefällt oder nicht, hat die Abfolge dieser Fehlschläge die argentinische Macht so stark erodiert, daß jenseits der Frage, ob die Argentinier ihre Lektion auf Dauer gelernt haben oder nicht, Argentinien für niemanden mehr eine Gefahr darstellt außer für sich selbst[15].

Die Argentinierwitze haben ihre Gültigkeit verloren. Ich meine, das ist etwas Gutes.

---

14 Jahr des Eintritts der Vereinigten Staaten in den zweiten Weltkrieg und Beginn des nordamerikanischen Boykotts gegen Argentinien. S. Escudé 1983.
15 Über die einseitige Abrüstung Argentiniens, forciert durch die prekäre wirtschaftliche und monetäre Lage zu Beginn der Regierung Menem, s. Escudé/Fontana 1995 (Beitrag zu einem Symposium des *Inter-American Dialogue* über hemisphärische Sicherheit); englische Fassung im Druck in einem von Jorge I. Domínguez herausgegebenen Buch, Pittsburgh University Press (das wahrscheinlich Anfang 1998 erscheint). Zu den weiteren Elementen, die in diesem Zusammenhang zu berücksichtigen sind, gehört die fast vollständige Demontage der argentinischen Rüstungsindustrie; die Abschaffung der Wehrpflicht; Anlagen und Geräte sind außerdem derart obsolet, daß es fast unmöglich ist, dies zu reparieren, und die Pro-Kopf-Ausgabe für Verteidigung nähert sich der Hälfte der chilenischen.

Bibliographie

Anderson, B. 1983: Imagined Communities, London/New York: Verso.

Astolfi, J. H. 1940: Los maestros y el nacionalismo, in: El Monitor de la Educación Común (offiz. Organ des Consejo Nacional de Educación) Juni, 117-123.

Bavio, E. 1910a: La historia en las escuelas argentinas, Parte I, in: El Monitor de la Educación Común (offiz. Organ des Consejo Nacional de Educación) 31. März, 712-713.

Bavio, E. 1910b: La historia en las escuelas argentinas, Parte II, in: El Monitor de la Educación Común (offiz. Organ des Consejo Nacional de Educación) 30 April, 69-72.

Cox, R. W. 1986: Social Forces, States and World Orders: Beyond International Relations Theory, in: Keohane, R.O. (Hg.), Neorealism and its Critics, New York: Columbia University Press.

Cox, R. W. 1987: Production, Power and World Order: Social Forces in the Making of History, New York: Columbia University Press.

Dagnino Pastore, J. M. 1971: Estudios sociales económicos argentinos, Buenos Aires.

Deiner, J. T. 1969: ATLAS: A Labor Instrument of Argentine Expansionism Under Perón, Diss., Rutgers University.

Díaz-Alejandro, C. 1970: Essays on the Economic History of the Argentine Republic, New Haven: Yale University Press.

Escudé, C. 1983: Gran Bretaña, Estados Unidos y la declinación argentina, 1942-1949, Buenos Aires: Belgrano.

Escudé, C. 1984: La Argentina, ¿Paria internacional?, Buenos Aires: Belgrano.

Escudé, C. 1986: La Argentina vs. las grandes potencias: El precio del desafío, Buenos Aires: Belgrano.

Escudé, C. 1987: Patología del nacionalismo: El caso argentino, Buenos Aires: Tesis/Instituto Di Tella; und als »Contenido Nacionalista de la Enseñanza de la Geografía en la Argentina, 1879-1986«, in: Ideas en Ciencias Sociales 9, 1988, und in: Borón, A./ Fernández, J. (Hg.), Malvinas hoy: Herencias de un Conflicto, Buenos Aires 1989: Puntosur

Escudé, C. 1988a: Nacionalismo territorial argentino, in: Perina, R., Russell, R. (Hg.), Argentina en el Mundo 1973-1987, Buenos Aires: GEL.

Escudé, C. 1988b: Argentina Territorial Nationalism, in: Journal of Latin American Studies.

Escudé, C. 1990: El Fracaso del proyecto argentino: Educación e ideología, Buenos Aires: Tesis/Instituto Di Tella.

Escudé, C. 1991: ›Argentina: The Cost of Contradiction«, in: A. F. Lowenthal (Hg.), Exporting Democracy: The United States and Latin America, Baltimore: The Johns Hopkins University Press.

Escudé, C. 1992a: La »Reconquista« argentina: Scuola e nazionalismo, Fiesole: Edizione Cultura della Pace.

Escudé, C. 1992b: Realismo Periférico: Fundamentos para la Nueva Política Exterior Argentina, Buenos Aires: Planeta.

Escudé, C. 1992c: Education, Political Cultural and Foreign Policy: The Case of Argentina, in: Working Paper Series 4, Duke-University of North Carolina Program in Latin American Studies.

Escudé, C. 1992d: Los obstáculos culturales para el desarrollo democrático en la Argentina: la generación de una cultura autoritaria a través de los contenidos de la educación durante el siglo XX, in: Indice (Buenos Aires): Centro de Estudios Sociales de la DAIA.

Escudé, C. 1992e: Cultura política y política exterior: el salto cualitativo de la política exterior argentina inaugurada en 1989 (o Breve Introducción al Realismo Periférico), in: Russell, R. (Hg.), La política exterior argentina en el Nuevo Orden Mundial, Buenos Aires: GEL.

Escudé, C. 1995a: El Realismo de los Estados débiles: La Política Exterior del Primer Gobierno Menem frente a la Teoría de las Relaciones Internacionales, Buenos Aires: GEL.

Escudé, C. 1995b: Un Enigma: La »Irracionalidad« frente a la Segunda Guerra Mundial, in: Estudios Interdisciplinarios de América Latina y el Caribe 6 (2) 5-33, Tel Aviv: Universidad de Tel Aviv.

Escudé, C. / Fontana, A. 1995: Divergencias estratégicas en el Cono Sur: Las Políticas de Seguridad de la Argentina Frente a las de Brasil y Chile, Buenos Aires: Universidad Torcuato Di Tella, documento de trabajo 20.

Escudé, C. 1997: Foreign Policy Theory in Menem's Argentina, Gainesville: University Press of Florida.

Forgacs, D. (Hrsg.) 1988: An Antonio Gramsci Reader, New York: Schocken Books.

Gill, S. (Hg.) 1993: Gramsci, Historical Materialism and International Relations, Cambridge: Cambridge University Press.

Gramsci, A. 1971: Selections from the Prison Notebooks of Antonio Gramsci, New York: International Publishers.

Gunther, J. 1941: Inside Latin America, New York: Harper and Bros.

Hoare, Q. (Hg.) 1977: Selections from Political Writings 1910-1920, New York: International Publishers.

Maizels, A. 1963: Industrial Growth and World Trade, Cambridge.

Snow, P. G. 1965: Argentine Radicalism, Iowa.

de Vedia, E. 1910: La escuela, in: El Monitor de la Educación Común (offiz. Organ des Consejo Nacional de Educación) 31. Oktober, 21-30.

Bernhard Thibaut

Parteiensystem und Regierbarkeit im argentinischen Präsidentialismus[1]

1. Einleitung

Das Interesse für den Zusammenhang zwischen Parteiensystemmerkmalen und Problemen der Regierbarkeit ergibt sich aus der Frage nach den Bedingungen von Stabilität und Funktionsfähigkeit der Demokratie. Das Thema steht also in engem Bezug zu Kernproblemen der politischen Entwicklung, die über weite Strecken des 20. Jahrhunderts in Argentinien, wie in zahlreichen anderen Ländern Lateinamerikas, nicht gelöst werden konnten[2].

Stabilität und Funktionsfähigkeit (i.e.: Regierbarkeit) der Demokratie als Bezugsgrößen einer Bewertung der politischen Entwicklung eines Landes[3] verweisen auf den institutionellen und den prozessualen Bereich der Politik: auf die Bedeutung und die Folgen von Wahlen für das verfassungspraktische Zusammenspiel der verschiedenen Organe des Regierungssystems[4]. Das Parteiensystem als jene Arena der Willensbildung, in der ein wesentlicher Teil der Vermittlungsleistungen zwischen Gesellschaft und politischem System erbracht werden müssen, welche insgesamt die Stabilität der politisch-institutionellen Ordnung zu gewährleisten haben, ist für dieses Ineinander-, Zusammen- oder Gegeneinanderwirken der Staatsorgane ganz unmittelbar bedeutsam. Parteiensystemmerkmale sind immer folgenreich für die Funktionsweise einer politischen Ordnung, die auf kompetitiven Wahlen beruht. Damit ist eine wichtige Begrenzung des Themas angesprochen: Es geht weniger um die einzelnen Parteien als vielmehr um das Parteiensystem insgesamt (und zwar v.a. auf der Ebene der institutionellen politischen Repräsentation, weniger auf der Ebene der Stimmenverteilung bei Wahlen). Die Differenz ist bedeutsam[5]. Zwar lassen sich Regierbarkeitsfragen letztlich nicht ohne Bezug auf die

1 Ich danke Martín Lauga für kritische Anmerkungen und Hinweise zu einer ersten Version des Beitrags.
2 Vgl. für einen allgemeinen Überblick Nohlen 1994b. Versteht man unter Stabilität einer politischen Ordnung zunächst ihr bloßes Überdauern in der Zeit, so ist Argentinien ein paradigmatischer Fall politischer Instabilität in Lateinamerika. Zwischen 1930 und 1983 kam es sechsmal zu Militärputschen; keine konstitutionelle Regierung, mit Ausnahme der ersten (quasi-autoritären) peronistischen konnte ihre Amtszeit voll absolvieren. Für eine elaborierte Auseinandersetzung mit dem Begriff der politischen Stabilität vgl. Garzón Valdes 1988, der sich auch speziell der argentinischen Erfahrung widmet.
3 Funktionsfähigkeit bzw. Regierbarkeit kann grob definiert werden als die Fähigkeit einer politischen Ordnung, gesamtgesellschaftlich verbindliche Entscheidungen über die Verteilung knapper Güter, insbesondere öffentlicher Güter, herbeizuführen und umzusetzen und in diesem Prozeß die aus den Reihen der Gesellschaft artikulierten Leistungsanforderungen so zu verarbeiten, daß im Ergebnis die Anerkennung des bestehenden demokratischen Institutionensystems zumindest aufrechterhalten bleibt. Das entscheidende Kriterium hierfür wird nicht durch ein spezifisches Problem oder Problemset bestimmt, welches der Beobachter herausgreift (etwa: die Entwicklung der Preissteigerung oder der Arbeitslosigkeit), sondern durch Variablen, die auf der »Input-Seite« des politischen Prozesses erhoben werden müssen: Wahlergebnisse, anders ermittelte Partizipationsraten (z.B. unkonventionelle Beteiligungsformen) sowie Einstellungsmuster der Bevölkerung in bezug auf die politischen Institutionen etc. Die Beiträge zur Regierbarkeits- und Legitimitätsproblematik sind Legion. Vgl. statt vieler bereits Huntington 1968 und Linz 1978. Zur Regierbarkeitsdebatte insgesamt vgl. Murswieck 1995.
4 Das bedeutet nicht, daß Stabilität und Funktionsfähigkeit der Demokratie allein oder auch nur überwiegend von institutionellen Faktoren abhängen.

Leistungsfähigkeit einzelner Parteien, insbesondere der Parteien, die in der Regierung vertreten sind, beantworten. Aber es ist eine paradoxe Wahrheit, daß Parteien, die für sich genommen zumindest einigen Hauptanforderungen genügen, welche aus politikwissenschaftlicher Sicht an diese Organisationen zu stellen sind (politische Sozialisation, Elitenrekrutierung, Interessenaggregation ...), insgesamt ein in bezug auf die Regierbarkeitsproblematik vollständig dysfunktionales System bilden können. »Partidos viejos, sistema débil« – Alte Parteien, schwaches System, ist ein bekannter Aufsatz von Marcello Cavarozzi über das argentinische Parteiensystem untertitelt, der teilweise von dieser Einsicht lebt (vgl. Cavarozzi 1989a). Umgekehrt ist es möglich, daß Parteien, die hinsichtlich wesentlicher Funktionsanforderungen besorgniserregende Defizite aufweisen, ein Parteiensystem bilden, das unter dem Gesichtspunkt der Regierbarkeit weniger problematisch ist, als man vermuten müßte, würde man einfach die funktionale Bewertung der einzelnen Parteien aufaddieren[6].

2. Das Regierungssystem – »Hyperpräsidentialismus« als konstantes Merkmal der argentinischen Staatsverfassung

In Argentinien besteht bekanntermaßen – wie in den anderen lateinamerikanischen Ländern – ein präsidentiellen Regierungssystem, fußend auf der klassischen Doktrin, wonach die horizontale Trennung der Staatsgewalten – hier Exekutive, da Legislative und neben oder hinter beiden die Judikative – die beste Gewähr gegen Machtmißbrauch und Tyrannei biete. Historisch wurde freilich in Argentinien – wie in beinahe allen Ländern der Region – diese Doktrin in der Verfassungspraxis dadurch aufgeweicht, daß die konfliktreichen Prozesse der territorialen Arrondierung und Integration des Nationalstaates eine starke Zentralisierung von Entscheidungsbefugnissen und Handlungsressourcen in den Händen des Präsidenten erforderlich zu machen schien[7]. Die Fundamentaldemokratisierung des politischen Systems, zunächst 1912 bis 1930 und dann in den vierziger Jahren, brachte keine effektive Stärkung der repräsentativen (Kongreß) und judiziellen (Oberster Gerichtshof) Instanzen der Regierungskontrolle und Machtbegrenzung hervor, sondern sorgte im Zusammenhang mit den wachsenden Staatsaufgaben im Bereich der wirtschaftlichen und sozialen Entwicklung eher noch für eine weitere Zuspitzung des politischen Entscheidungsprozesses auf die Figur des Präsidenten[8]. Der vor einigen Jahren früh verstorbene argentinische Staatsrechtler Carlos Nino hat zu Recht von »Hyperpräsidentialismus« als einem Hauptmerkmal und Kernproblem der politischen Entwicklung Argentiniens gesprochen.

Die Redemokratisierung des politischen Systems 1983 war in bezug auf die institutionellen Grundarrangements »restaurativ«: Ebenso wie bei allen anderen

---

5   Vgl. hierzu bereits Lepsius 1980; für einen systematischen Entwurf funktionaler Parteiensystemanalyse vgl. neuerdings Helms 1995.
6   In dieser merkwürdigen, aber aus der Theorie ja wohlbekannten Differenz zwischen dem System und seinen konstitutiven Elementen liegt wohl einer der Gründe dafür, daß die (auch in den etablierten westlichen Demokratien) vielbeschworene »Krise« der Parteien bislang fast nirgends die oftmals befürchteten demokratiegefährdenden Konsequenzen hervorgebracht hat. Ein weiterer und vielleicht wichtigerer Grund kann allerdings sein, daß die Parteien häufig an realitätsfernen oder zumindest überzogenen Ansprüchen gemessen werden, die »Krise« also in Teilen ein Konstrukt der Kritik ist.
7   Zur »oligarchischen« Periode nach dem Abschluß der Staatsbildung vgl. Botana 1977.
8   Vgl. zu dieser Periode Torre/De Riz 1988. Für Lateinamerika insgesamt vgl. Fernández/Nohlen 1991.

»Redemokratisierungen«, die das Land seit den dreißiger Jahren erlebt hat, wurde die Verfassung von 1853/60 wiederbelebt[9]. Diese institutionelle Restauration war kein Ergebnis einer geteilten Überzeugung der maßgeblichen politischen Kräfte, diese Verfassung sei ein den Erfordernisse stabiler Demokratieentwicklung angemessener Ordnungsentwurf. Sie war in hohem Maße den konjunkturellen Umständen der argentinischen Transition geschuldet. Im Kontext der Auseinandersetzung mit den Militärs lag es zum einen strategisch nahe, die Wiederbelebung der alten, symbolträchtigen Verfassung zu fordern. Zum andern hatten die in Opposition zur Diktatur stehenden Kräfte sich zunächst herzlich wenig Gedanken um die Gestalt eines eventuellen künftigen Institutionensystems gemacht, und sie wären aufgrund eines tiefsitzenden wechselseitigen Mißtrauens auch kaum in der Lage gewesen, in der kurzen Zeitspanne des Übergangs zur Demokratie einen diesbezüglichen Konsens zu finden.

Die Frage einer Reform des Regierungssystems rückte in Argentinien Mitte der achtziger Jahre auf die Tagesordnung[10]. Im Dezember 1985 berief Präsident Alfonsín eine Kommission, die Vorschläge für institutionelle Reformen im Sinne einer Konsolidierung der Demokratie ausarbeiten sollte (Consejo para la Consolidación de la Democracia – CCD). Das Verhältnis zwischen Präsident und Parlament geriet zum Schwerpunkt der Arbeit der Kommission, die der bereits erwähnte Staatsrechtler Carlos Nino leitete[11]. In zwei 1986 und 1987 vorgelegten Berichten empfahl der CCD, zu einem weitgehend am französischen Modell orientierten semipräsidentiellem Regierungssystem überzugehen[12]. Das Schicksal dieser Reformvorschläge, die sich Alfonsín zu eigen machte, wurde durch den 1987 einsetzenden rapiden Kapazitätsverlust seiner Regierung bestimmt. Absprachen mit der Führung der Peronisten (damals noch Antonio Cafiero), die dem Reformprojekt noch 1986 eine gute Realisierungschance zu geben schienen, wurden obsolet, sobald sich das Scheitern der makroökonomischen Stabilisierung (Plan Austral) abzeichnete und die Kongreßwahlen von 1987 der Opposition gute Aussichten eröffneten, die 1989 anstehenden Präsidentschaftswahlen zu gewinnen. Auch der parteiinterne Machtwechsel bei den Peronisten von Cafiero zu Menem trug dazu bei, die frühere Übereinkunft zu Fall zu bringen.

Im Zusammenhang mit dem Wandel der politischen Stärkeverhältnisse zwischen Radikalen und Peronisten (s.u.) kam es nach einigen Jahren »Stillstand« der Verfas-

---

9   Im Gegensatz zu vielen anderen lateinamerikanischen Ländern äußerte sich die politische Instabilität Argentiniens nie in wechselnden Verfassungen; der einzige echte Verfassungswechsel seit 1860 – die peronistische Verfassungsreform von 1949 – war weniger eine Folge als selbst eine Ursache für die Delegitimierung und Destabilisierung des politischen Systems. Ansonsten war der »Verfassungsstillstand« Ausdruck der mißtrauischen Unversöhnlichkeit und mangelnden Kompromißfähigkeit der maßgeblichen politischen Akteure. Zur langen Geschichte vergeblicher Bemühungen um eine Reform und Modernisierung der Verfassung von 1860 vgl. CDN 1989 sowie Padilla 1986. Zur institutionellen Restauration 1983 vgl. ausführlicher Thibaut 1996, 211ff.

10 Vgl. zur Institutionendebatte in Argentinien statt vieler Muzzopappa/Smulovitz/Wainfield 1989 und Nohlen/De Riz 1991

11 Nino, der sowohl die Arbeit des CCD als auch die Reformansichten Alfonsíns stark beeinflußte, war selbst Anhänger eines deliberativen Demokratiemodells mit betont partizipativen und konsensbildenden Entscheidungsprozessen. Vgl. dazu Nino 1992a.

12 Vgl. CCD 1986: 49ff., 97ff. sowie 1987 und 1988. Das umfangreiche Reformprojekt sah unter anderem vor, die Leitung der Regierungsgeschäfte einem Premierminister zu übertragen. Dieser sollte vom Präsidenten frei ein- und abgesetzt werden können, gleichzeitig jedoch dem Parlament verantwortlich sein. Der Präsident selbst sollte künftig direkt gewählt, seine Amtszeit auf vier Jahre verkürzt und die Möglichkeit einer einmaligen Wiederwahl geschaffen werden. Einem Verfassungsrat (Consejo Constitucional) würde die Aufgabe zugewiesen, bei Konflikten zwischen Exekutive und Legislative zu vermitteln. Für eine knappe Zusammenfassung des Reformprojekts vgl. Botana/Mustapic 1991, 75f.

sungsreformdebatte 1994 zu einer zwischen beiden Parteien paktierten Verfassungsreform

In der Abbildung 1 sind wesentliche Strukturmerkmale des argentinischen Regierungssystems vor und nach der Reform von 1994 verzeichnet. Für die Zwecke unserer Analyse sind folgende Aspekte hervorzuheben:

– Im Zentrum des Regierungssystems stand und steht der Präsident als alleiniger Chef der Exekutive. Der Umstand, daß durch die Reform von 1994 das Amt eines Ministers im Rang des Kabinettschefs (»Jefe de Gabinete«) geschaffen wurde, der durch ein parlamentarisches Mißtrauensvotum gestürzt werden kann (Art. 100 und 101 Constitución), ändert daran kaum etwas. Diese Figur stellt nurmehr einen matten Abglanz der früheren Pläne dar, zu einem semipräsidentiellen System überzugehen. Die Regierungsführung blieb explizit in den Händen des Präsidenten (Art. 99 Constitución), Aufgaben und Kompetenzen des Kabinettschefs hängen, wie kritische Kommentatoren anmerkten, beinahe ausschließlich von seiner Bereitschaft ab, Regierungsfunktionen zu delegieren[13].

– Die Legislative wurde und wird durch den aus zwei Kammern bestehenden Kongreß gebildet. Es handelt sich dabei um ein »starkes Zweikammernsystem«: Abgeordnetenhaus und Senat sind gleichberechtigte Gesetzgebungsorgane, doch sind beide Kammern unterschiedlich zusammengesetzt[14]. Über die Mehrheitsverhältnisse im Abgeordnetenhaus entscheidet vor allem die Stimmenverteilung in den bevölkerungsreichen, urbanen Gebieten (v.a. Hauptstadt und Provinz Buenos Aires), die die mit Abstand größten Wahlkreise bilden[15]. Im Senat hingegen sind – entsprechend dem Föderalismusprinzip – alle Provinzen unabhängig von ihrer Bevölkerungszahl gleich stark vertreten: bis 1994 durch jeweils zwei Mandatsträger, die jeweils für neun Jahre von den Provinzparlamenten zu wählen waren; seither mit jeweils drei direkt gewählten Repräsentanten, wobei zwei Mandate der stärksten und das dritte der zweitstärksten Partei zugesprochen werden. Die Mehrheitsverhältnisse im Senat spiegeln also die aggregierten Kräftekonstellationen in den 23 Provinzen des Landes wider.

– Unter dem Gesichtspunkt der Interrelation der Wahlperioden und des technischen Zusammenhangs zwischen Präsidentschafts-, Abgeordneten- und Senatswahlen war das argentinische Regierungssystem stets auf eine eher getrennte Konstituierung der verschiedenen Staatsorgane ausgerichtet. Zwar finden Präsidentschaftswahlen gemeinsam mit Parlamentswahlen statt, aber die Wahlperioden sind unterschiedlich. Alle zwei Jahre werden die Hälfte der Abgeordneten und ein Drittel der Senatoren neu gewählt, so daß Präsidenten stets mit einer eventuellen Veränderung der parlamentarischen Mehrheitsverhältnisse rechnen müssen (oder darauf hoffen können).

– Außerhalb des Parlaments angesiedelte Institutionen der Regierungskontrolle und Begrenzung politischer Macht haben in Argentinien stets eine nur geringe

13 Vgl. Sabsay/Onaindia 1994, 335f. Obwohl die Verfassungsreform vorsah die Funktionen und Kompetenzen des Jefe de Gabinete durch ein gesondertes Ausführungsgesetz zu regulieren, traf Präsident Menem die entsprechenden Festlegungen durch ein Präsidialdekret (Carreras 1996, 253).

14 Im Unterschied etwa zu Uruguay oder auch Venezuela, wo Senat und Repräsentantenhaus zwar ebenfalls gleichberechtigt an der Gesetzgebung beteiligt sind, jedoch aufgrund einer zeitlichen und technisch-systematischen Koinzidenz der Wahlen zu beiden Kammern in aller Regel gleichförmige Mehrheitsverhältnisse aufweisen.

15 Vgl. für die Wahlkreisgrößen bei den Abgeordnetenwahlen von 1995 Floria 1995, 55. Nur die Hauptstadt (12 Mandate) sowie die Provinzen Buenos Aires (35), Córdoba (9) und Santa Fé (10) konstituieren große Wahlkreise, in den anderen Provinzen werden zwischen zwei und maximal fünf Abgeordnete gewählt.

Formalstruktur des Regierungssystems vor und nach der Reform von 1994

	Verfassung von 1853/60	Reformierte Verfassung von 1994
Staatsorganisation	föderal, vage umgrenztes Interventionsrecht des Zentralstaats	föderal, genau umgrenztes Interventionsrecht des Zentralstaats
Präsident	Staats- und Regierungschef	idem
Amtszeit	sechs Jahre	vier Jahre
Wahlsystem	indirekt, relative Mehrheit	direkt, qualifizierte Mehrheit*
Wiederwahl	nicht unmittelbar	einmalig
Vetorecht	Gesamtveto (2/3-Mehrheit; in der Praxis aber auch Partialveto mit Teilverkündung üblich	Gesamt- und Partialveto** (2/3-Mehrheit)
Regieren per Dekret	nicht vorgesehen, aber in der Regierungspraxis seit 1983 und besonders seit 1989 häufig vorgekommen	*decretos de necesidad y urgencia* dürfen in besonderen Fällen erlassen werden, wenn der Kongreß nicht tagt; sie bedürfen der Zustimmung des Kongresses innerhalb von 20 Tagen
Parlament	starkes Zweikammersystem***	idem
Mandatsdauer		
Abgeordnete	vier Jahre (1/2 alle zwei Jahre)	idem
Senatoren	neun Jahre	sechs Jahre (1/3 alle zwei Jahre)
Wahlsystem		
Abgeordneten-haus	Verhältniswahl (unterschiedlich große Wahlkreise; starre Listen; 3%-Sperrklausel; d'Hondt)	idem
Senat	indirekt: relative Mehrheitswahl durch Provinzparlamente (je zwei)	direkt: je Provinz zwei mandate für die stärkste Partei, eins für die zweitstärkste
Einfluß auf Regierungsbildung	nein	begrenzt/passiv; Möglichkeit der Abwahl des *jefe de gabinete* (durch absolute Mehrheit in beiden Kammern), dessen Funktionen jedoch allein vom Präsidenten bestimmt werden
Zusammenhang zw. Parl.- u. Präs.wahlen		
zeitlich	gering	gering
technisch	nein	nein
Verfassungsgerichts-barkeit	Ja (Oberster Gerichtshof); in der Praxis aber keine effektive Schlichtungsfunktion	idem
Personelle Unabhän-gigkeit der Justiz	mangelhaft; weitgehend unilaterale und unter Menem offen parteiliche Richterbestellung	formal durch ein überparteiliches Verfahren der Richterbestellung garantiert; praktische Erfahrungen zweifelhaft****

*Quorum von 45% bzw. 40%, wenn der Vorsprung vor dem zweitplatzierten Kandidaten mindestens 10% beträgt.
** Teilverkündung nur möglich, wenn der »Geist« und die »Einheit« des betreffenden Gesetzes dadurch nicht verfälscht wird.
*** Abgeordnetenhaus und Senat sind unterschiedlich zusammengesetzt und gleichrangig am Gesetzgebungsverfahren beteiligt (für diese Kriterien vgl. Lijphart 1984, 99).
**** Ende 1995 wurde unter Mißachtung der Geschäftsordnung des Senats eine vakante Richterstelle im Obersten Gerichtshof mit einem Kandidaten besetzt, »dessen Hauptqualifikation die Freundschaft zu Präsident Menem war« (Nolte 1996, 112).

Rolle gespielt. Der Oberste Gerichtshof, dem die Verfassungsgerichtsbarkeit obliegt, konnte sich nie zu solcher Unabhängigkeit gegenüber der Regierung aufschwingen, daß er ein anerkanntes Medium der Konfliktschlichtung etwa im Verhältnis zwischen Kongreß und Präsident geworden wäre. Das war auch nach 1983 nicht der Fall; vielmehr waren seit dem Amtsantritt von Präsident Menem Interventionen der Exekutive in die oberste Gerichtsbarkeit zu verzeichnen, v.a. durch eine manipulative, z.T. eklatant verfassungswidrige Praxis der Richterberufung (vgl. Smulovitz 1995). Die Reform von 1994 sollte in dieser Hinsicht eine größere Unabhängigkeit gewährleisten, indem sie ein Verfahren der Richterberufung etablierte, das der direkten Kontrolle des Präsidenten entzogen ist und die Rechte parlamentarischen Opposition stärkt. Die praktischen Erfahrungen damit sind bislang jedoch eher zweifelhaft geblieben.

Was die Bewertung der Verfassungsreform von 1994 in bezug auf die Struktur des Regierungssystems insgesamt angeht, so scheint Carlos Ninos Diktum von einem hyperpräsidentiellen System ihre Gültigkeit behalten zu haben. Man darf jedenfalls vermuten, daß er selbst an dieser Zuordnung festhalten würde, zumal sie sich ja weniger auf die Form als auf die Wirklichkeit der argentinischen Staatsverfassung bezog. Der Einschätzung, wonach die Reform von 1994 »eine Tendenz in Richtung eines weniger präsidentialistischen und stärker parlamentarischen politischen Systems begründet«[16], steht die wohl realistischere Klage oppositionsnaher Staatsrechtler und Politologen entgegen, die Verfassungsänderungen im Bereich der Regierungsorganisation stellten im wesentlichen eine Festschreibung, wenn nicht eine weitere Verstärkung jener präsidentiellen Übermacht dar, welche die Verfassungswirklichkeit bereits vor der Reform bestimmt hatte (vgl. Sabsay/Onaindia 1994).

3. Strukturmerkmale und Entwicklungstendenzen des Parteiensystems im historischen Vergleich

Für eine systematisch orientierte Beschreibung des argentinischen Parteiensystems kann man an neuere theoretisch orientierte Beiträge zur vergleichenden Analyse lateinamerikanischer Parteiensysteme anknüpfen (vgl. Mainwaring/Skully 1995; Bendel 1996), die drei Untersuchungsdimensionen in den Mittelpunkt stellen, welche für eine Bewertung der Bestands- bzw. Konsolidierungschancen von Demokratien bedeutsam sind.

– Die wichtigste betrifft die *Institutionalisierung* oder *Strukturiertheit* des Parteiensystems (vgl.Mainwaring/Scully 1995; Bendel 1996, 37; 356ff.).
– Der *Fragmentierungsgrad* ist die klassische und lange Zeit vorherrschende Betrachtungsebene der Parteiensystemforschung.
– Der *Polarisierungsgrad* eines Parteiensystems ist demgegenüber die wichtigere Größe (vgl. in bezug auf die westlichen Industrieländer Sani/Sartori 1983).

3.1 Entwicklungslinien vor der Redemokratisierung 1983

Orientiert man sich an den eben unterschiedenen Dimensionen der Parteiensystemanalyse, so ist festzustellen, daß das argentinische Parteiensystem über alle Brüche der politischen Entwicklung hinweg seit Beginn des 20. Jahrhunderts und bis zur Redemokratisierung von 1983 folgende Merkmale aufwies:

– Die wichtigen Parteien (zunächst die Radikalen und seit Ende der 40er Jahre die Peronisten) waren in organisatorischer Hinsicht stets schwach strukturiert.
– Das Parteiensystem wurde kaum durch sozioökonomische, sozialstrukturell vermittelte Konfliktlinien strukturiert[17].

16 Mignone 1994, 35; ähnlich auch die »offizielle« Einschätzung in einem Verfassungskommentar, den ein enger Berater und der Bruder von Präsident Menem verfaßten (Dromi/Menem 1994, 352ff.). Diese Autoren sprechen von einer »Abschwächung« des Präsidentialismus.
17 Dem stand zum einen der »Bewegungscharakter« der beiden führenden Parteien entgegen, zum anderen aber wohl auch die über weite Strecken des 20. Jahrhunderts stark außenbetonte Artikulation politischer Konflikte. Seit den 20er Jahren wurden weniger Verteilungskonflikte zwischen klar abgrenzbaren politischen Gruppierungen mit einheitlicher materieller Interessenlage ausgetragen als das Verhältnis der argentinischen Ökonomie und Gesellschaft zur Außenwelt (Weltwirtschaft, internationa-

– Nach 1930 und jedenfalls nach dem Aufkommen des Peronismus hörte das Parteiensystem insgesamt auf, eine zentrale Arena der politischen Konfliktregulierung zu sein.

– Die Dynamik des Parteiensystems wurde stets durch eine zwar nicht (oder nur in relativ geringem Maß) ideologisch-programmatisch begründete, aber in machtpolitischer Hinsicht dennoch ausgesprochen starke Polarisierung geprägt.

– Die Fragmentierung des Parteiensystems war dementsprechend relativ gering. Es gab nie ein »Zweiparteiensystem« im strengen Sinn, aber »dritte Parteien« spielten in der Regel keine bedeutende Rolle.

– Es gab aber stets eine manifest oder latent dominante oder sogar hegemoniale Partei, die es allen anderen schwer oder sogar unmöglich machte, auf »legalem« Weg, also über demokratische Wahlen die Regierungsmacht zu erobern. Das war so in den Jahren 1916 bis 1930 unter der manifesten Vorherrschaft der Radikalen Partei und in den Jahren 1946 bis 1955 sowie 1973-1976 unter der manifesten Vorherrschaft der Peronisten (vgl. Torre/De Riz 1988), und das war auch so in der Phase des »unmöglichen Spiels« unter den beiden semidemokratischen Regimen 1956 bis 1966, als die Peronisten just wegen ihrer potentiellen Dominanz vom Wahlwettbewerb ausgeschlossen blieben[18].

3.2 Die postautoritäre Entwicklung 1983-1995

Die Redemokratisierung des politischen Systems in Argentinien 1982/83 stellte jene Organisationen ins Zentrum des Geschehens, die sich bei Wahlen um politische Ämter und Einflußpositionen bewerben (vgl. Mainwaring 1988, 92). Im Umfeld der Transition wurde eine »Verparteilichung der Politik« in Argentinien konstatiert (vgl. García Delgado 1984; vgl. dazu auch Fleischhacker 1994, 45). In welchem Verhältnis stehen nun Kontinuität und Wandel in bezug auf die relevanten Dimensionen des argentinischen Parteiensystems? Zunächst zu der m.E. wichtigsten Frage nach der Institutionalisierung des Parteiensystems:

– In organisatorischer Hinsicht wurde an die vorautoritären Strukturen angeknüpft.

– Als Instanzen der Interessenvermittlung und Konfliktregulierung blieben die Parteien jedoch eher schwache Akteure (vgl. Alcántara Sáez 1989, 263). In den achtziger Jahren traten weiterhin korporative Akteure als konkurrierende Machtfaktoren auf. Vor allem aber vermochten weder die Radikalen noch die Peronisten, ihre traditionelle organisatorische Schwäche zu überwinden.

– Betrachtet man den gesamten Zeitraum seit 1983 im Überblick, wird man ungeachtet der in der Literatur so häufig vermerkten organisatorischen Schwäche beider Traditionsparteien[19] konstatieren können, daß das Parteiensystem als Arena der Konfliktregulierung gegenüber den früheren Phasen der politischen Entwicklung erheblich an Bedeutung gewonnen hat.

– Der Bedeutungsverlust nicht parteiförmig auftretender Agenturen der Interessenvermittlung wurde allerdings nicht durch eine nachhaltige Stärkung der repräsentativen, interessenartikulierenden Funktion der bestehenden bzw. etablierten Parteien begleitet. Umfrageforschungen dokumentierten zwar über die gan-

les System) zum Gegenstand entwicklungsstrategischer Kontroversen gemacht, bei denen sich sozioökonomisch höchst heterogene Interessenkonstellationen ergaben.

18 Vgl. dazu das entsprechend titulierte Kapitel in O'Donnell 1979; Cavarozzi 1986; Smulovitz 1986. Für eine Gesamtdarstellung der Entwicklung bis 1966 vgl. auch Canton 1973.

19 Vgl. in diesem Sinn neuerdings auch Carreras 1996, 243ff.

zen achtziger Jahre hinweg eine überwiegend positive Bewertung der politischen Parteien[20]. Doch gingen die Zustimmungswerte seit Anfang der 90er Jahre deutlich zurück.[21] Ein Blick in die Daten den »Latinobarómetro«, der seit einem Jahr nach dem Vorbild des »Eurobarometer« in insgesamt acht Ländern Lateinamerikas erhoben wird, zeigt, daß Mitte der neunziger Jahre die Einstellungsmuster der Bevölkerung in bezug auf die Parteien alles andere als beruhigend sind, wenngleich Argentinien in bezug auf andere wichtige Indikatoren der politischen Kultur (sofern man diese Daten als solche werten kann) deutlich besser dasteht als Länder wie Brasilien, Paraguay, Peru, Venezuela oder Mexiko und eher in einer Gruppe mit Chile und Uruguay einzustufen ist (vgl. zum folgenden Latinobarómetro 1995, P23 bis P27).

- Chile (75%), Uruguay (71%) und Argentinien (68%) waren 1995 demnach die drei Länder mit den höchsten Anteilen von Befragten, die von der Sauberkeit der Wahlen in ihrem Land überzeugt waren. Das Datum für Argentinien verdient festgehalten zu werden, weil im politischen und intellektuellen Diskurs seit 1994 Wahlbetrugsvorwürfe (Provinzwahlen in Santa Fé) stark zugenommen haben (vgl. hierzu De Riz 1995, 16f.). Der relativ hohe Anteil derer, die mit dem Ablauf der Wahlprozesse zufrieden sind, sagt natürlich nichts über die tatsächlichen Verhältnisse aus. Aber er zeigt, daß von dieser Seite her die Anerkennung des Wahlwettbewerbs und seiner Ergebnisse weitaus weniger prekär ist als in den meisten anderen Ländern der Region.

- 69% der Argentinier glauben, daß Wahlen von substantieller Bedeutung sind, also Veränderungen bewirken können. Nur in Uruguay (69%) und in Peru (67%) wird dieser Prozentsatz noch erreicht; in allen anderen Ländern liegen die entsprechenden Anteile um 50%. Auch das ist ein höchst interessantes Datum, berücksichtigt man, daß die programmatische Spannweite der zur Wahl stehenden Positionen in Argentinien – wie auch in den meisten anderen Ländern – zumindest im zentralen Feld der Wirtschaftspolitik heute deutlich geringer ist, als dies in früheren Phasen der Fall war.

- In bezug auf die Abneigung der Wähler gegenüber Ihren Repräsentanten liegt Argentinien etwa im Durchschnitt der Länder, die im Latinobarómetro berücksichtigt werden. Etwa drei Viertel der Befragten glauben, daß Senatoren und Abgeordnete sich nicht weiter darum scheren, was Leute »wie man selbst« denken.

- Fragen nach dem Vertrauen der Bürgerinnen und Bürger in soziale und politische Institutionen erweisen das stark gesunkene Ansehen der Parteien. In Tabelle 1 sind die akkumulierten Werte für »viel« und »etwas Vertrauen« zu verschiedenen Institutionen in acht lateinamerikanischen Ländern ausgewiesen. In bezug auf jene Institutionen, die unmittelbar oder mittelbar für die Konstitution des Parteiensystems von Bedeutung sind (die Parteien selbst und der Kongreß), weist Argentinien im Vergleich zu den oben erwähnten Umfra-

---

20 Edgardo Catterberg zufolge wurden 1984 die Parteien mit mehr als 80% Zustimmung deutlich positiver bewertet als sämtliche anderen organisierten Gruppen bzw. Machtfaktoren der argentinischen Gesellschaft (Gewerkschaften, Unternehmerverbände, Streitkräfte). Bis 1988 sanken die Zustimmungsraten sukzessive ab, blieben jedoch im Bereich einer zu etwa 60% positiven Bewertung (vgl. Catterberg 1989, 88ff.).

21 Vgl. Mora y Araujo 1991, 98ff., der die Trends der öffentlichen Beurteilung verschiedener sozialer Akteure seit den achtziger Jahren als Bestätigung seiner These wertet, wonach die »traditionelle« politische Klasse des Landes versäumte, sich auf den Einstellungswandel der Bevölkerung im Sinne einer Höherbewertung von Effizienz sowie Innovations- und Kooperationsfähigkeit einzustellen.

Tabelle 1: Vertrauen in soziale und politische Institutionen 1995*								
Institution	ARG	BRAS	CHIL	MEX	PARA	PERU	URUG	VEN	Ges.
Kirche	64	74	80	73	86	76	54	77	72
Militär	37	59	54	50	32	63	44	54	51
Gewerkschaften	19	38	45	42	36	32	37	18	33
Justiz	34	39	40	32	34	26	52	39	46
Presse	51	44	47	45	72	50	50	49	50
Goße Unternehmen	34	39	46	52	32	43	32	36	40
Öffentliche Verwaltung	27	28	42	39	18	30	40	22	32
Polizei	36	33	62	27	29	41	47	35	39
Kongreß	**36**	**26**	**47**	**39**	**41**	**35**	**41**	**22**	**36**
Parteien	**26**	**17**	**32**	**39**	**21**	**19**	**36**	**16**	**26**
Unternehmerverbände	28	25	43	45	29	33	28	26	34
Regierung	38	41	59	34	35	69	43	37	42
Fallzahlbasis	1200	1200	1240	1204	587	1226	1213	1200	9070

* akkumulierte Prozentangaben für »viel Vertrauen« und »etwas Vertrauen«. Die Differenz auf 100 entspricht jeweils der Summe aus den Werten für »wenig Vertrauen«, »überhaupt kein Vertrauen« und Antwortverweigerungen.
Quelle: Latinobarómetro 1995: P27.

gedaten aus dem Zeitraum von Beginn der achtziger bis Beginn der neunziger Jahre erheblich verschlechterte Werte auf. Für eine angemessene Interpretation ist m.E. jedoch der vergleichende Blick auf die anderen Länder sowie auf den »Vertrauensstatus« der anderen Institutionen hilfreich. Die Zustimmungsraten zum Kongreß und zu den Parteien liegen in Argentinien, wenn man so will, genau im lateinamerikanischen Durchschnitt. Was die Parteien anbelangt, sind die Werte nur in Chile, Mexiko und Uruguay besser, in den anderen Ländern erheblich schlechter (Brasilien, Peru, Venezuela). Diese Beobachtung gewinnt an Gewicht, wenn man berücksichtigt, daß in bezug auf alle anderen Institutionen – mit Ausnahme der Presse – die Vertrauensäußerungen in Argentinien teilweise drastisch unterhalb der Werte in den übrigen Ländern liegen. Argentinien gilt – nicht zuletzt bei Argentiniern selbst – als ein Land, in dem die Wertschätzung öffentlicher Einrichtungen besonders gering und das Mißtrauen ihnen gegenüber besonders krass ausgeprägt ist[22]. Interpretiert man die in der Tabelle ausgewiesenen Daten vor diesem Hintergrund, so erscheinen die zweifellos beunruhigenden Vertrauenswerte der politischen Institutionen in einem etwas gemilderten Licht.

• Diese Einschätzung kann man halten, wenn man die Antworten auf die Frage berücksichtigt, ob die Parteien von grundlegender Bedeutung für die Demokratie sind. 71% der Argentinier sind dieser Überzeugung. Nur in Uruguay (77%) liegt der Prozentsatz höher, in allen anderen Ländern zum Teil erheblich niedriger (Durchschnitt: 58%; Latinobarómetro 1995, P34).

Was die organisatorische Struktur und die Dynamik des Parteisytems anbelangt so läßt eine knappe Überblicksbetrachtung der Entwicklung zwischen 1983 und 1995 m.E. folgende Tendenzen erkennen (vgl. dazu die Tabellen 2 und 3):

– Ungeachtet der bereits erwähnten Protagonistenrolle der Radikalen und der Peronisten erregte seit Ende der achtziger Jahre der Bedeutungszuwachs »dritter

---

22 Vgl. für entsprechende Überlegungen zur politischen bzw. öffentlichen Kultur in Argentinien Waldmann 1996, der sich über weite Strecken auf Nino 1992b stützt.

Parteien« zunehmend Aufmerksamkeit. Unzufriedenheit mit den beiden »traditionellen Parteien« kanalisierten zahlreiche Kleinparteien. Auf der rechten Seite des politischen Spektrums schien sich mit der oben bereits erwähnten UCeDé zudem eine Partei des konservativen Liberalismus fest zu etablieren. Die Möglichkeit einer landesweiten Sammlung des Protestpotentials wurde ab Ende der achtziger Jahre auch vom Aufkommen des rechtsnationalistischen MODIN befürchtet. Insgesamt scheinen immer weniger Argentinier sich einer bestimmten Partei dauerhaft verbunden zu fühlen[23].

– Das Zweiparteienformat wurde aber erst im Zusammenhang mit der zwischen Peronisten und Radikalen ausgehandelten Verfassungsreform wirklich erschüttert. Gegen die Verfassungsreform und den Pakt von Olivos sowie gegen die Rigorosität und soziale Rücksichtslosigkeit der neoliberalen Strukturanpassungspolitik, zu der die UCR in den Augen vieler keine glaubhafte Alternative anbot, bildeten mehrere Links- und Mitte-Links-Parteien 1993 das Bündnis Frente Grande[24].

– Im Hinblick auf die Polarisierung des Systems und die zwischen den relevanten Parteien vorherrschenden Interaktionsmuster trat im Vergleich zur vorautoritären Phase ein Wandel ein, der gleichwohl die Nachwirkungen der jahrzehntelang vorherrschenden Konfrontation zwischen Peronismus und Anti-Peronismus nicht gänzlich beseitigen konnte. Der Hegemoniekonflikt, der seit dem Aufkommen des Peronismus die politische Instabilität Argentiniens bestimmt hatte, verlor im Zuge der Redemokratisierung deutlich an Schärfe. Zwar brachen weder der PJ noch die UCR vollends mit ihrem tradierten Selbstverständnis als nationale politische Bewegung mit latent hegemonialem Anspruch. Doch sollte der mit der Redemokratisierung verknüpfte Wandel im Selbstverständnis der Parteien nicht unterschätzt werden (vgl. McGuire 1995, 229ff.).

– Die aus heutiger Sicht wohl wichtigste Tendenz der argentinischen Parteiensystementwicklung besteht aber in der ab 1987 zunehmend sich ausprägenden dominanten Position der Peronisten, die seither fünf Teilwahlen in Folge gewannen, während die UCR nach einer kurzen Blüte 1983-1985 kontinuierlich an Gewicht einbüßte. 1995 konnten sich die Peronisten erstmals die absolute Mehrheit der Mandate im Abgeordnetenhaus sichern (ihr Stimmenanteil betrug bei den Teilwahlen von 1993 und 1995 jeweils ca. 43%). Durch ihre dominierende Stellung in der Mehrzahl der Provinzen waren die Peronisten im Senat bereits seit 1983 die stärkste Partei gewesen und verfügten im Oberhaus des argentinischen Kongresses ab 1989 über eine absolute Mehrheit, die ihnen auch im neuen, erweiterten Senat – vorbehaltlich organisatorischer Abspaltungen – auf absehbare Zeit sicher ist.

---

23 In bezug auf die Peronisten ist gleichwohl hervorzuheben, daß sie ungeachtet der programmatischen Kehrtwendung zum Neoliberalismus ihre klassische Klientel aus den Unterschichten halten konnten. Vgl. De Riz 1995, 4f. Als Indiz rückläufiger Parteiidentifikation wird in der Literatur der bei den Wahlen von 1995 vergleichsweise hohe Anteil der Wähler gewertet (20%), die bei Präsidentschafts- und Parlamentswahlen für unterschiedliche Parteien votierten. Vgl. dazu auch Sabsay 1995, 71.

24 Der Frente Grande erreichte bei den Wahlen zur Verfassunggebenden Versammlung im landesweiten Durchschnitt 13,6%. In Buenos Aires wurde er mit 37,6% stärkste Kraft. PJ (37,7%) und UCR (19,9%) erlitten starke Verluste im Vergleich zu den Parlamentswahlen von 1993. Bei den Parlamentswahlen von 1995 konnte der PJ diese Verluste jedoch beinahe vollständig kompensieren, und auch die UCR erholte sich leicht.

Tabelle 2: Zusammensetzung des Abgeordnetenhauses 1983-95 (in %)[a]

	83-85	85-87	87-89	89-91	91-93	93-95	95-97[d]
Hauptparteien							
UCR	50,8	50,8	45,2	35,4	32,7	33,2	27,2
PJ	43,7	39,8	40,9	47,2	46,7	49,2	51,8
Rechte							
UCeDé	0,8	1,2	2,8	4,3	3,9	2,0	0,8
MODIN	-	-	-	0,4	1,2	2,7	1,6
Linke							
PI	1,2	2,3	2,0	0,8	0,8	0,4	k.A.
Unidad Socialista	-	-	0,4	0,4	1,2	1,6	-
FREPASO	-	-	-	-	-	-	10,5
Provinzparteien[b]	3,1	4,3	5,9	6,7	7,4	8,9	k.A.
Übrige	0,4	1,6	3,2	5,6	7,3	3,6	8,2[e]
N	11	15	19	25	21	k.A.	k.A.
$N_{eff.}$[c]	2,2	2,4	2,7	2,9	3,0	2,8	k.A.

a) Gesamtzahl der Mandate: 1983-89: 254, ab 1989: 257 (in der Periode 1991-1993 blieb ein Mandat unbesetzt); b)1983: 6 Parteien, 1985: 8, 1987: 10, 1989: 12, 1991: 9; c) Für die Berechnung wurden in Ermangelung detaillierter Daten die Provinzparteien als jeweils gleich stark behandelt. Da für 1993 keine Daten über die Anzahl der Provinzparteien vorliegen, wurde ihre Zahl als gegenüber 1991 unverändert angenommen; d) vorläufige Daten nach Clarín (21.5.1995); e) einschließlich Provinzparteien.
Quellen: Nohen 1993; McGuire 1995; De Riz 1996.

Tabelle 3: Zusammensetzung des Senats 1983-96 (in %)[a]

	1983-86	1986-89	1989-96
UCR	39,1	39,1	30,4
PJ	45,7	45,7	54,3
Übrige	15,2	15,2	13,0

a Gesamtzahl der Mandate: 1983-1996: 46; ab 1996: 69 (Die Verfassungsänderung von 1994 erhöhte die Zahl der Senatoren je Provinz von zwei auf drei).
Quelle: De Riz 1996.

Versucht man, die Entwicklung des argentinischen Parteiensystems seit 1983 mit den eingeführten Kategorien der vergleichenden Forschung zu erfassen, wird man feststellen können, daß sich das unmittelbar nach der Redemokratisierung bestehende beinahe-Zweiparteiensystem im Zuge einer sukzessiven Schwächung der Radikalen seit 1987, gleichzeitiger Positionsgewinne der Peronisten und eines (diskontinuierlichen) Zuwachses dritter Kräfte bis Mitte der neunziger Jahre zunehmend auf jenen Randtypus eines pluralistischen Systems zubewegt hat, in dem die Konfliktschlichtung mäßigen bis ausgeprägten Polarisierungstendenzen unterworfen ist und in dem eine Partei (der PJ) die dominante Position der »natürlichen« Regierungspartei einzunehmen scheint (vgl. zu diesem Typus Beyme 1992, 330). Historische Parallelfälle in Lateinamerika lassen sich vielleicht in Venezuela in den Jahren nach 1958 und in Costa Rica zwischen 1948 und 1990 finden – allerdings bei jeweils wohl geringerer Polarisierung (vgl. hierzu Thibaut 1993).

Im Vergleich der lateinamerikanischen Länder ist das argentinische Parteiensystem derzeit aus meiner Sicht – trotz der angesprochenen Probleme – der Gruppe mit eher günstigen Bedingungen zuzuordnen. Das gilt für die Dimensionen der

Institutionalisierung und der Fragmentierung, und es gilt in geringerem Maß auch in bezug auf die vorherrschenden Interaktionsmuster zwischen den Parteien (Polarisierungsdimension). Nun könnte man natürlich auf das bekannte Sprichwort verweisen, wonach unter Blinden der Einäugige König ist. Ein historischer Vergleich, den ich nun kurz im Blick auf die institutionellen Bedingungen der Regierbarkeit führen möchte, zeigt aber, daß die aktuellen Verhältnisse in Argentinien nicht rundweg negativ bewertet zu werden brauchen, sondern bei aller Ambivalenz auch eine Chance beinhalten.

4. Muster der Regierungsbildung und -führung

In der Tabelle 4 sind Merkmale der Regierungsbildung und Regierungsführung der aus kompetitiven oder semikompetitiven Wahlen hervorgegangenen Präsidenten Argentiniens seit 1916 ausgewiesen. Die Klassifizierungen in der den Spalten »Regierungstypus« und »Beziehungen Präsident-Parlament« müssen kurz erläutert werden. Man kann auf der Basis einer empirischen Analyse von Strategien präsidentieller Regierungsbildung und -führung im wesentlichen vier Typen unterscheiden[25]: »Alleinregierungen«, bei denen sich der Präsident mit mehr oder weniger großer Handlungsautonomie nur auf seine eigene Partei stützt; mehr oder minder formelle »Koalitionsregierungen«, an denen zweite und dritte Parteien beteiligt sind, die aufgrund einer gewissen Fraktionsdisziplin dafür bürgen können, daß ihre Parlamentarier die Regierungspolitik unterstützen; »parlamentarisch kooptierte Regierungen«, in denen eine solche Unterstützung aufgrund der mangelnden Parteidisziplin nicht gewährleistet ist, aber vom Präsidenten dennoch gesucht wird; und schließlich »nicht-parlamentarisch kooptierte Regierungen«, bei deren Zusammenstellung der Präsident versucht, sich die Unterstützung von politische mächtigen Akteuren außerhalb des Parlaments zu sichern, oder ein rein technokratisches Personalkonzept verfolgt.

Wie Tabelle 4 zeigt, hat unter den möglichen Typen der Regierung im präsidentiellen System in Argentinien bislang die Alleinregierung dominiert. In der Regel konnte dabei die Partei des jeweiligen Präsidenten keinen signifikanten Einfluß auf Regierungsbildung und Regierungsführung nehmen. Die argentinischen Präsidenten pflegten beinahe durchweg einen dezisionistischen Regierungsstil und bereiteten ihrer eigenen Partei insbesondere bei der Berufung von Ministern und hochrangigem politischem Personal mitunter herbe Enttäuschungen. (Dennoch konnten sich die »Alleinregierungen« im Zweifelsfall auf die Disziplin ihrer Parteibasis im Kongreß verlassen. Das gilt v.a. natürlich für Yrigoyen und Perón; es gilt aber auch für Alfonsín und Menem). Man kann die darin zum Ausdruck kommende Distanz zwischen Präsidentenpartei und Regierung zum Teil darauf zurückführen, daß es sich um ein präsidentielles System handelt, in dem der Staats- und Regierungschef kraft plebiszitärer Legitimation einen höheren Entscheidungsspielraum hat als ein Premierminister im parlamentarischen System, der im Zweifelsfall von seiner Partei gestürzt werden kann[26]. Zum Teil resultiert diese Distanz aber sicher auch

---

25 Vgl. im einzelnen Thibaut 1996, 282ff., wo auf einer Arbeit von Amorim Neto 1994 aufgebaut wird.
26 Freilich tritt eine solche Distanz auch in parlamentarischen Systemen auf. Bekanntlich hat sich Bundeskanzler Kohl immer wieder – und im Verlauf seiner langen Amtszeit wohl in zunehmendem Maß – bei Ministerberufungen souverän über seine Partei und v.a. die CDU-Fraktion im Bundestag hinweggesetzt.

aus der oben bereits angesprochenen organisatorischen Schwäche der Parteien selbst.

Tabelle 4: Formen präsidentieller Regierungsbildung und -führung

Präsident	Zeitraum	Regierungstypus	Mehrheit im Abg.-Haus?	Mehrheit im Senat?	Beziehungen Reg.-Parlament
Yrigoyen	1916-22	Alleinregierung	ja	nein	Blockade
Alvear	1922-28	Koalitionsregierung (?)	nein	nein	Kompromißbildung
Yriogen	1928-30	Alleinregierung	ja	nein	Blockade
Perón	1946-51	Alleinregierung	ja	ja	Präsidentialsuprematie
Perón	1951-55	Alleinregierung	ja	ja	Präsidentialsuprematie
Frondizi	1958-61	nicht-parlamentarische Kooptation	(ja)	(ja)	weitgehend irrelevant
Illia	1963-66	Alleinregierung	nein	ja	weitgehend irrelevant
Perón	1973-66	Alleinregierung	ja	ja	Kompromißbildung
I. Perón	1974-76	Alleinregierung	ja	ja	weitgehend irrelevant
Alfonsin	1983-89	Alleinregierung, ab 1986 mit nicht-parlament. Kooptation	ja (bis 1987)	nein	Blockade
Menem	1989-95	Alleinregierung /nicht-parlamentarische Kooptation	nein	ja	Präsidentialsuprematie
Menem	1995-	Alleinregierung	ja	ja	Präsidentialsuprematie

In vergleichender Perspektive ist hervorzuheben, daß es in Argentinien bislang keine signifikanten und erfolgreichen Erfahrungen mit einer bündnisförmigen oder sogar koalitionsmäßigen Regierungsführung gab, die sich an den parlamentarischen Mehrheitsverhältnissen orientiert. Dieser Umstand unterscheidet Argentinien von fast allen anderen Ländern Lateinamerikas, zumal von den Nachbarländern Chile, Uruguay und Brasilien. In diesen Ländern haben Präsidenten, deren Partei im Parlament über keine eigene Mehrheit vefügte, häufig versucht, sich durch informelle oder formelle Bündnisse, also im wesentlichen durch eine Regierungsbeteiligung anderer Parteien, in eine günstigere institutionelle Position zu manövrieren. Die Erfolge dieser Bemühungen waren und sind natürlich wechselhaft, gerade aber in jüngerer Zeit beachtlich. In Argentinien hat es solche Versuche allenfalls rudimentär gegeben (eine genauere Analyse der Regierung Alvear wäre in dieser Hinsicht interessant). Statt dessen versuchten »Minderheitenpräsidenten« von Yrigoyen bis Menem, im Verhältnis zum mehrheitlich oppositionellen Kongreß eine Präsidialsuprematie durchzusetzen, und zwar vermutlich aus folgenden Gründen, die allesamt mit oben angesprochenen Merkmalen des Parteiensystems zu tun haben:

– Die Intransigenz der Parteien bzw. ihrer maßgeblichen Führungspersonen und ihr latenter oder manifester Alleinvertretungsanspruch. Dies gilt vor allem für die beiden Präsidentschaften Yrigoyens.
– Die institutionelle Schwäche des Parteiensystems ingesamt, das v.a. in den semidemokratischen Phasen nach 1955 gar nicht der entscheidende Ort war, Bündnispartner zu suchen. Der Korporatismus legte Strategien »nicht-parlamentarischer Kooptation« sehr viel näher als Bemühungen, sich im Kongreß eine

institutionelle Mehrheit zu verschaffen. Dieser Faktor spielte auch für Alfonsín und für die erste Regierung Menem eine erhebliche Rolle.

– Die Zweikammernstruktur des Kongresses scheint unter den Bedingungen eines im wesentlichen dualistischen Parteiensystems dezisionistische, statt bündnisförmige Strategien nahezulegen, wenn eine Partei die Mehrheit in einer Kammer, nicht aber in der anderen hat. Alfonsín folgte mit seiner Mehrheit im Abgeordnetenhaus bis 1987 dem falschen Kalkül, er habe institutionell eine genügend starke Basis, um in Kombination mit seiner öffentlichen Ausstrahlungskraft den Widerstand der Opposition im Senat zu brechen. Für Menem hingegen war die gesicherte Mehrheit im Senat und die relativ starke Positionen des PJ im Abgeordnetenhaus eine unerläßliche Bedingung (neben der manipulativ herbeigeführten »Regierungshörigkeit« des Obersten Gerichtshofs und der zumindest anfänglich gegebenen wirtschaftlichen Notlage) für den exzessiven »decretismo« seiner Regierung[27].

Der Umstand, daß der politische Wettbewerb in Argentinien seit Beginn dieses Jahrhunderts immer wieder durch die Existenz einer tatsächlich dominanten oder gar hegemonialen Partei geprägt war, bedingte freilich auch, daß einige Präsidenten gar nicht vor der Wahl standen, entweder die parlamentarische Unterstützung ihrer Politik bündnisförmig abzusichern oder aber zu versuchen, am Parlament vorbeizuregieren.

In der Regierungspraxis implizierte die institutionelle Mehrheitsposition eines argentinischen Präsidenten durchweg dessen Supramatie gegenüber der parlamentarischen Opposition, auch dann, wenn Parlamentarier aus den Reihen der Regierungspartei mitunter eine oppositionelle Haltung einnahmen. Man darf nicht vergessen, daß im Präsidialsystem sich den Parlamentariern, die prinzipiell die Regierungsposition stützen, die Chance bietet, unpopulären Entscheidungen fallweise die Zustimmung zu verweigern und auf diese Weise symbolisch die volle Verantwortung der Exekutive zuzuweisen, ohne diese jedoch durch eine Ausschöpfung parlamentarischer Kontroll- oder Obstruktionsmöglichkeiten in ernste Bedrängnis zu bringen. Das fällt umso leichter in einem System, in dem aufgrund traditioneller Gepflogenheiten oder außerordentlicher Umstände eine Regierung auf das Mittel der Notverordnung zurückgreifen kann, wie das in Argentinien nach 1989 der Fall war.

Unter dem Gesichtspunkten der Regierbarkeit waren bislang praktisch alle Varianten der Regierungsweise im argentinischen Präsidentialismus problematisch. Yrigoyen und Alfonsín waren parlamentarisch »blockierte« Präsidenten, denen es vor allem in wirtschaftlich kritischen Situationen an Handlungsfähigkeit mangelte. »Blockiert« und handlungsunfähig waren auch Frondizi und Illia, deren Regierungen vor außerparlamentarischen Machtfaktoren kapitulieren mußten und denen zudem der Makel einer zweifelhaften wahlpolitischen Legitimation anhaftete. Andererseits war just die Hegemonie des Peronismus in den vierziger Jahren und die zunehmend autoritären Tendenzen der Regierung (vgl. hierzu Halperín Donghi 1986) der Grund dafür, daß die Opposition im autoritären Gegenmittel eines Putsches die einzig mögliche Rettung erblickte. Und der unter dem Gesichtspunkt

---

27 Vgl. zum »decretismo« Ferreira/Goretti 1995 sowie Molinelli 1995; zur Rolle der Justiz Smulovitz 1995. Zu einer Interpretation der präsidentiell-parlamentarischen Beziehungen, die m.E. plausibler ist als die bloße Feststellung, Menem habe sich allenthalben über den Kongreß hinweggesetzt vgl. Palermo 1995, dessen Analyse auf die Grenzen des »democracia delegativa«-Konzeptes von O'Donnell 1992 verweist.

der Regierungseffektivität außerordentlich »erfolgreiche« Dezisionismus Menems
war und ist in bezug auf die Normgerechtigkeit, die Repräsentativität und die
Verantwortlichkeit der Regierung mit hohen Kosten verbunden, die das demokratische Institutionensystem zweifellos belasten. Wie sind die gegenwärtigen Verhältnisse also zu bewerten?

5. Schlußbetrachtung

Die derzeit dominante Stellung des Partido Justicialista im argentinischen Parteiensystem und die damit verbundene Suprematie Präsident Menems gegenüber der
parlamentarischen (und außerparlamentarischen) Opposition hat einen problematischen Aspekt insofern, als sie Erinnerungen an die alte Hegemonie des Peronismus
weckt, deren quasi-autoritäre Manifestation in den vierziger Jahren mitunter als
eine Hauptursache aller Übel der späteren wirtschaftlichen und politischen Entwicklung Argentiniens betrachtet wird. Dabei ist unbestritten, daß sowohl die
historischen Rahmenbedingungen als auch die substantiellen politischen Orientierungen des Peronismus heute grundverschieden sind von den damaligen Verhältnissen. Doch der Umstand, daß es die Peronisten sind, die sich in einer wahlpoli-
tisch und regierungspraktisch dominanten Position befinden, begründet für einige
argentinische Intellektuelle – abgesehen von der Kritik an der Regierungspraxis
des Menemismo – die Sorge, um die Effektivität des politischen Wettbewerbs und
der demokratischen Institutionen in Argentinien könne es schlecht bestellt sein.

So fragte Liliana de Riz in einer Analyse der Ergebnisse der Wahlen von 1995:
»Kann es sein, daß sich der PJ, im Unterschied zu einem de facto existierenden
Einparteiensystem unter Perón, als dominierende Partei eines kompetitiven Systems halten wird? Die Zusammensetzung des Kongresses und die aus diesen
Wahlen hervorgegangenen Provinzregierungen lassen jedenfalls Zweifel aufkommen, ob es auch in Zukunft eine funktionierende politische Opposition in Argentinien geben wird« (De Riz 1996, 135). Und Carlos Floria zufolge hat die Wiederwahl Menems als wesentlicher Ausdruck der Dominanz des Peronismus die Nach-
folgeproblematik zu einem Schlüsselproblem der künftigen Entwicklung der argentinischen Demokratie erhoben: »Dieses Thema steht unter anderem aus zwei
Gründen zur Debatte: Weil (die Nachfolge, B.T.) ein entscheidender Faktor der
Stabilität eines politischen Regimes ist und weil der Justizialismus noch beweisen
muß, daß er fähig ist, sich als Teil – wettstreitend und besiegbar – eines Ganzen zu
begreifen und nicht als ein ›anderes Ganzes‹ (un ›todo aparte‹), das unfähig ist, auf
die Macht zu verzichten, wenn es sie einmal besetzt hat« (Floria 1995, 51). Dieser
Sichtweise zufolge eröffnete die Wiederwahl Menems sogar die Frage, ob die
Transition zur Demokratie in Argentinien abgeschlossen sei.

Andererseits jedoch sorgt die Dominanz der Peronisten auf nationaler Ebene
dafür, daß in bezug auf die Interrelation zwischen Parteiensystem und Regierungssystem derzeit in Argentinien so klare Verhältnisse bestehen, wie man sie sich in
einem demokratischen präsidentiellen System unter dem Gesichtspunkt der Handlungsfähigkeit und potentiellen Verantwortlichkeit der Regierung vor den Wählern
im Grunde nur wünschen kann. Eventuelle Mißerfolge oder negative Folgeerschei-
nungen in bezug auf die von der Regierung angestrebte Transformation Argentini-

ens in ein modernes, kompetitiv in den Weltmarkt integriertes Land lassen sich jedenfalls nicht auf den Obstruktionismus der Opposition im Kongreß zurückführen. Die Opposition kann ihre Kritik an der Regierung mit dem Hinweis darauf führen, daß diese alle Möglichkeiten hat, um wirtschaftliche und soziale Probleme im Wege verfassungsmäßiger Verfahren zu lösen. Die institutionelle Mehrheitsposition der Peronisten in beiden Kongreßkammern macht es auch möglich, Partei und Regierung stärker miteinander zu identifizieren als das bislang der Fall war. Davon kann auch die Opposition profitieren.

Eine nachhaltige Hegemonie des »menemistischen« Peronismus, die mit der des klassischen Peronismus vergleichbar wäre, ist zudem kaum zu befürchten. Im Blick auf die Wahlen von 1995 läßt sich die Authentizität der »kompetitiven Bewährung« Menems und des PJ nicht bestreiten. Subnationale Wahlen, bei denen die Frage der makroökonomischen Stabilität nicht im Vordergrund stand, haben seither mehrfach gezeigt, daß die Opposition sich durchaus erfolgreich profilieren und dem »oficialismo« Niederlagen beibringen kann. Da nun aber auf nationaler Ebene der hergebrachte Dualismus des Parteienwettbewerbs aufgehoben zu sein scheint und die Radikalen selbst um ihre bisherige Position als zweitstärkste Partei fürchten müssen, sind die Oppositionsparteien, also v.a. die UCR und der FREPASO mehr denn je darauf verwiesen, die Kräfte zu bündeln. Aus heutiger Sicht jedenfalls erscheint eine Ablösung des PJ von der Regierung 1999 nur mit einer bündnisförmigen Strategie möglich. So betrachtet beinhaltet die gegenwärtige Problematik die Chance, eine bislang fortbestehende Erblast der politischen Entwicklung Argentiniens in diesem Jahrhundert zu überwinden: die mangelnde Fähigkeit, dauerhafte Kompromisse zu schließen und Koalitionen zu bilden und auf diese Weise sowohl die Entscheidungsfähigkeit als auch eine größere Repräsentativität und Verantwortlichkeit der Regierung im präsidentiellen System sicherzustellen. Ob es sich um eine reelle Chance handelt, die von den politischen Akteuren erkannt und genutzt werden kann, sollte ein ferner Beobachter freilich nicht beurteilen wollen.

Bibliographie

Acuña, C. / Smulovitz, C. 1996: Ajustando las fuerzas armadas a la democracia. Las FF.AA. como actor político en el Cono Sur, in: Agora 5 (Buenos Aires), 97-134.

Alcántara Sáez, M. 1989: Democracia, alternancia y crisis en Argentina, in: Revista de Estudios Políticos 66 (Madrid), 263-297.

Amorim Neto, O. 1994: Formação de gabinetes presidenciais no Brasil: coalizão versus cooptação, in: Nova Económica 4 (1), 9-34.

Bendel, P. 1996: Parteiensysteme in Zentralamerika. Typologien und Erklärungsfaktoren Opladen.

Beyme, K. von 1984: Parteien in westlichen Demokratien, München.

Beyme, K. von 1992a: Parteiensysteme, in: Schmidt (Hrsg.), 326-332.

Birle, P. 1989: Parteien, Parteiensystem und Demokratie in Argentinien: die neuere Entwicklung der Unión Cívica Radical und ihre Stellung innerhalb des argentinischen Parteiensystems, Mainz.

Birle, P. 1991: Demokratie und Politik in Argentinien. Eine Bilanz der Jahre 1983-1990, in: Jahrbuch für Politik 1 (1), 41-75.

Birle, P. 1992: Von der Agonie zur Ekstase. Die argentinischen Gouverneurs-, Parlaments- und Kommunalwahlen von 1991, in: Lateinamerika. Analysen – Daten – Dokumentation 17-18, 119-130.

Birle, P. 1995: Argentinien: Unternehmer, Staat und Demokratie, Frankfurt/M.

Botana, N. R.1977: El orden conservador, Buenos Aires.

Botana, N. R. / Mustapic, A.M. 1991: La reforma constitucional frente al régimen político argentino, in: Nohlen,/De Riz, (Hrsg.), 45-92.

Bunuel, J. 1992: Pactos y agresiones. El sindicalismo argentino ante el desafio neoliberal, Buenos Aires.

Canton, D. 1973: Elecciones y partidos políticos en la Argentina. Historia, interpretación y balance: 1910-1966, Buenos Aires.

Carreras, S. 1996: Die Entwicklung der Parteien seit Beginn der Demokratisierung, in: Nolte/Werz (Hrsg.), 241-259.

Catterberg, E. 1989: Los argentinos frente a la política, Buenos Aires.

Cavarozzi, M. 1979: Sindicatos y política en Argentina 1955-1958, in: Estudios Cedes (Buenos Aires) 2 (1).

Cavarozzi, M. 1986: Political Cycles in Argentina since 1955, in: O'Donnell/Schmitter/ Whitehead (Hrsg.), 19-48.

Cavarozzi, M. 1989: El esquema partidario argentino: partidos viejos, sistema débil, in: Ders./Garretón (Hrsg.), 297-334.

Cavarozzi, M. 1989: Muerte y resurrección. Los partidos políticos en el autoritarismo y las transiciones del Cono Sur, Santiago de Chile.

Cavarozzi, M. 1992: Beyond Transitions to Democracy in Latin America, in: Journal of Latin American Studies and World Affairs 24 (3), 665-684.

CCD (Consejo para la Consolidación de la Democracia) 1986: Reforma Constitucional: Dictamen Preliminar del CCD, Buenos Aires.

CCD 1987: Reforma Constitucional: Segundo Dictamen del CCD, Buenos Aires.

CCD 1988: Presidencialismo vs. Parlamentarismo. Materiales para el estudio de la Reforma Constitucional, Buenos Aires.

CDN, Oficina de Informaciones Legislativas 1989: Reforma Constitucional. Proyectos presentados en el Congreso de la Nación (1862-1989), Buenos Aires.

CEI (Centro de Estudios Institucionales) 1991: Presidencialismo y estabilidad democrática en la Argentina, Buenos Aires.

Ciria, A. 1974: Parties and Power in Modern Argentina, Albany (orig. 1964, Buenos Aires).

Crawley, E. 1984: A House Divided. Argentina 1880-1980, London.

Dahl, R. 1989: Democracy and ist Critics, New Haven/London.

De Riz, L. 1989: Política y partidos: ejercicio de análisis comparado: Argentina, Chile, Brasil y Uruguay, in: Cavarozzi/Garretón (Hrsg.), 35-78.

De Riz, L. 1995: Las elecciones en Argentina de 1991 a 1995, Trabajo presentado en el VII Curso Interamericano de Elecciones (29 de nov. – 2 de dic.), San José.

De Riz, L. 1996: Menem - zweiter Akt: Die Wiederwahl, in: Nolte/Werz (Hrsg.), 133-147.

De Riz, L. / Feldman, J. 1993: El partido en el gobierno: La experiencia del radicalismo 1983-1989, in: Nohlen (Hrsg.): Elecciones y sistemas de partidos en América Latina, San José., 447-463.

De Riz, L. / Sabsay, D.A. 1991: Perspectivas de modificar el sistema presidencialista en Argentina, in: Nohlen/Fernández (Hrsg.), 111-120.

De Riz, L. / Smulovitz, C. 1991: Instituciones y dinámica política. El presidencialismo argentino: un análisis comparado, in: Nohlen/De Riz (Hrsg.), 121-176.

Di Tella, T. 1990: Menems Argentina, in: Government and Opposition, 25 (1), 85-97.

Di Tella, T. 1993: Historia de los partidos políticos en América Latina, Siglo 20, Buenos Aires/Mexiko.

Dromi, R. / Menem, E. 1994: La Constitución reformada: comentada, interpretada y concordada, Buenos Aires.

Epstein, E. C. (Hrsg.) 1992: The New Democracy in Argentina, New York.

Fernández, M. / Nohlen, D. 1991: El presidencialismo latinoamericano: evolución y perspectivas, in: Nohlen/Fernández (Hrsg.), 37-50.

Ferreira R., D. / Goretti, M. 1995: Gobernar la Emergencia. Uso y abuso de los decretos de necesidad y urgencia, in: Agora (Buenos Aires) 2 (3), 75-94.

Fleischhacker, H. 1994: Politische Parteien in Argentinien – Schrittmacher der Demokratie?, Magisterarbeit, Geschwister-Scholl-Institut für politische Wissenschaft, München.

Floria C. A. 1995: Argentina. Elecciones Presidenciales, 14 de mayo de 1995, in: Boletín Electoral Latinoamericano 13, 41-59.

Garzón Valdés, E. 1988: Die Stabilität politischer Systeme. Analyse des Begriffs mit Fallbeispielen aus Lateinamerika, Freiburg i. B.

García Delgado, D. 1984: Nuevos patrones de participación política en procesos de transición a la democracia: el caso argentino, in: Oszlak, O. et al. (Hrsg.):»Proceso«, crisis y transición democrática, Buenos Aires, 88-132.

Halperín Donghi, T. 1986: Argentina: la democracia de masas, Buenos Aires.

Halperín Donghi, T. 1996: Die historische Erfahrung Argentiniens im lateinamerikanischen Vergleich. Konvergenzen und Divergenzen im 20. Jahrhundert, in: Nolte/Werz (Hrsg.), 15-28.

Helms, L. 1995: Parteiensysteme als Systemstruktur. Zur methodisch-analytischen Konzeption der funktional vergleichenden Parteiensystemanalyse, in: Zeitschrift für Parlamentsfragen 4, 642-657.

Huntington, S. P. 1968: Political Order in Changing Societies, New Haven/London.

Huntington, S. P. 1991: The Third Wave. Democratization in the Late Twentieth Century, Norman/London.

Latinobarómetro 1995. Market Opinion Research International (MORI), Santiago de Chile.

Lechner, N. 1996: Thesen über Parteien und Zivilgesellschaft in Lateinamerika, Diskussionspapier für eine Tagung der Friedrich-Ebert-Stiftung, Mexiko, mimeo.

Lepsius, M.R. 1980: Parteiensystem, Wählerbewegung und sozialer Wandel in Westeuropa, in: Büsch (Hrsg.): Wählerbewegung in der europäischen Geschichte, Berlin, 539-547.

Lijphart, A. 1984: Democracies. Patterns of Majoritarian and Consensus Government in 21 Countries, New Haven/London.

Linz, J.J. 1978: Crisis, Breakdown, and Reequilibrium, Bd. 4 von Linz/Stepan (Hrsg.): The Breakdown of Democratic Regimes, Baltimore/London.

Linz, J. J. / Stepan, A. 1996: Problems of Democratic Transition and Consolidation, Baltimore/London.

Mainwaring, S. 1988: Political Parties and Democratization in Brazil and the Southern Cone, in: Comparative Politics 21 (1), 91-120.

Mainwaring, S. 1993: Presidentialism, Multipartism, and Democracy. The Difficult Combination, in: Comparative Political Studies 26 (2), 198-228.

Mainwaring, S. / Scully, T. (Hrsg.) 1995: Building Democratic Institutions. Party Systems in Latin America, Stanford.

Merkel, W. (Hrsg.) [2]1996: Systemwechsel I. Theorien, Ansätze, Konzeptionen, Opladen.

Merkel, W. / Sandschneider, E. / Segert, D. (Hrsg.) 1995: Systemwechsel II. Die Institutionalisierung der Demokratie, Opladen.

McGuire, J. 1995: Political Parties and Democracy in Argentina, in: Mainwaring/Scully (Hrsg.), 200-246.

Mignone, E. F. 1994: Constitución de la Nación Argentina, 1994. Manual de Reforma, Buenos Aires

Molinelli, N. G. 1995: President-Congress Relations in Argentina, 1983-95, paper presented at the 18th Congress of the Latin American Studies Association, Washinton, D.C.

Mora y Araujo, M. 1991: Ensayo y error. La nueva clase política que exige el ciudadano argentino, Buenos Aires.

Murswieck, A. 1995: Regieren / Regierbarkeit / Unregierbarkeit, in: Nohlen/Schultze (Hrsg.): Politische Theorien (Lexikon der Politik Bd. 2), München, 533-539.

Mustapic, A. M. 1995: Tribulaciones del Congreso en la nueva democracia argentina. El veto presidencial bajo Alfonsín y Menem, in: Agora (Buenos Aires) 2 (3), 61-74.

Mustapic, A. / Goretti, M. 1992: Gobierno y oposición en el congreso: La práctica de la cohabitación durante la presidencia de Alfonsín (1983-1989), in: Desarrollo Económico 126, 252-269.

Muzzopappa, H. / Smulovitz, C. / Wainfield, M. 1989: Actores e instituciones. Sistema político y Constitución en la Argentina, Buenos Aires.

Nino, C. S. 1992a: ¿Qué reforma constitucional?, in: Propuesta y Control (Buenos Aires) 21, 2307-2335.

Nino, C. S. 1992b: Un país al margen de la ley, Buenos Aires.

Nino, C. S. 1993: Transition to Democracy, Corporatism and Presidentialism with Special Reference to Latin America, in: Greenberg, Douglas u.a. (Hrsg.): Constitutionalism and Democracy. Transitions in the Contemporary World, New York/Oxford, 46-64.

Nohlen, D. (Hrsg.) 1993: Handbuch der Wahldaten Lateinamerikas und der Karibik, Opladen.

Nohlen, D. 1994a: Unabhängigkeit zwischen Diktatur und Demokratie, in: Junker / Nohlen / Sangmeister (Hrsg.): Lateinamerika am Ende des 20. Jahrhunderts, München, 12-26.

Nohlen, D. 1994b: Sistemas electorales y partidos políticos, Mexiko.

Nohlen, D. 1995 (Hrsg.): Democracia y neocrítica, Frankfurt am M./Madrid.

Nohlen, D. 1996: La trilogía presidencialismo, sistema electoral y sistema de partidos, Heidelberg (Ms.)

Nohlen, D. / De Riz, L. (Hrsg.) 1991: Reforma institucional y cambio político, Buenos Aires.

Nohlen, D. / Fernández, M. (Hrsg.) 1991: Presidencialismo versus Parlamentarismo. América Latina, Caracas.

Nohlen, D. / Solari, A. (Hrsg.) 1988: Reforma política y consolidación democrática, Caracas.

Nohlen, D. / Thibaut, B. 1994b: Transitionsforschung zu Lateinamerika: Ansätze, Konzepte, Thesen, in: Merkel (Hrsg.), 195-228.

Nolte, D. (Hrsg.) 1995: Ein Volk von Menemisten? Argentinien nach den Parlaments- und Präsidentschaftswahlen vom Mai 1995, in: Lateinamerika. Analysen – Daten – Dokumentation 12, 9-24.

Nolte, D. / Werz, N. (Hrsg.) 1996: Argentinien. Politik, Wirtschaft, Kultur und Außenbeziehungen, Frankfurt/M.

O'Donnell, G. 1979: Modernization and Bureaucratic Authoritarianism. Sudies in South American Politics, Berkeley.

O'Donnell, G. 1992: ¿Democracia delegativa?, in: Cuadernos del CLAEH 61, 5-20.

O'Donnell, G. 1993: On the State, Democratization and some Conceptual Problems, in: World Development 21 (8), 1355-1369.

O'Donnell, G. / Schmitter, P.C. / Whitehead, L. (Hrsg.) 1986: Transitions from Authoritarian Rule, Baltimore u.a.

Padilla, A.J. 1986: Proyectos y reformas a la Constitución Nacional. Apuntes sobre el período 1930-1983, in: Criterio n° 1975, 577-589.

Palermo, V. 1991: Argentina: Democracia y populismo en tiempos difíciles, in: Revista de Estudios Políticos (Madrid) 74, 211-240.

Palermo, V. 1995: Reformas estructurales y régimen político, in: Agora (Buenos Aires) 2 (3), 95-114.

Perelli, C. / Picado, S. / Zovatto, D. (Hrsg.) 1995: Partidos y clase política en América Latina en los 90, San José.

Sabsay, D. A. 1995: Argentina. Elecciones Generales, 14 de mayo de 1995, in: Boletín Electoral Latinoamericano 13, 61-78.

Sabsay, D. A. / Onaindia, J. M. 1994: La constitución de los argentinos. Análisis y comentario de su texto luego de la reforma de 1994, Buenos Aires.

Sangmeister, H. 1996: Demokratie und Marktwirtschaft, in: Internationale Politik 51 (7), 1-10.

Sani, G. / Sartori, G. 1983: Polarization, Fragmentation and Competition in Western Democracies, in: Daalder / Mair (Hrsg.): Western European Party Systems: Continuity and Change, Beverly Hills, 307-340.

Sartori, G. 1976: Parties and Party Systems. A Framework for Analyses, Cambridge.

Sartori, G. 1994: Comparative Constitutional Engineering, Houndmills usw.

Shugart, M. S. / Carey, J. M. 1992: Presidents and Assemblies. Constitutional Design and Electoral Dynamics, Cambridge/New York.

Smith, W. C. 1990: Democracy, Distributive Conflict and Macroeconomic Policy-Making in Argentina 1983-1989, in: Journal of Interamerican Studies and World Affairs 32, (2).

Smith, W. C. 1993: Neoliberale Restrukturierung und die neuen Demokratien in Lateinamerika,
in: Prokla 23 (1), 72-93.

Smulovitz, C. 1986: El sistema de partidos en la Argentina: Modelo para armar, in: Desarrollo
Económico (Buenos Aires) 101.

Smulovitz, C. 1995: El poder judicial en la nueva democracia argentina. El trabajoso parto de un
actor, in: Agora (Buenos Aires) 1 (2), 85-106.

Thibaut, B. 1993: La estructura y dinámica de la competencia partidaria y el problema de la estabilidad de las democracias presidenciales en Costa Rica y Venezuela, in: Nohlen, D. (Hrsg.):
Elecciones y sistemas de partidos en América Latina, San José., 269-313.

Thibaut, B. 1996: Präsidentialismus und Demokratie in Lateinamerika. Argentinien, Brasilien,
Chile und Uruguay im historischen Vergleich, Opladen.

Torre, J. C. 1991: América Latina. El gobierno de la democracia en tiempos difíciles, in: Revista
de Estudios Políticos (Madrid) 75, 145-161.

Torre, J. C. / de Riz, L. 1988: Argentina since 1946, in: Bethell (Hrsg.): The Cambridge History of
Latin America, Bd. 8 (Latin America since 1930), 73-193.

Waldmann, P. 1974: Der Peronismus 1943-1955, Hamburg.

Waldmann, P. 1992: »Was ich mache ist Justizialismus, nicht Liberalismus«. Menems Peronismus
und Perons Peronismus: Ein vorläufiger Vergleich, in: Ibero-Amerikanisches Archiv N.F. (Berlin) 18 (1/2), 5-30.

Waldmann, P. 1995: Argentinien, in: Nohlen, D. / Nuscheler, F. (Hrsg.): Handbuch der Dritten
Welt, 3. Auflage, Bd. 2 (Südamerika), Bonn, 146-180.

Waldmann, P. 1996: Anomie in Argentinien, in: Nolte/Werz (Hrsg.), 58-80.

Wynia, G.W. 1995: Argentina's New Democracy: Presidential Power and Legislative Limits, in:
Close (Hrsg.) 1995: Legislatures and the New Democracies in Latin America, Boulder/Lon-
don, 71-87.

Sandra Carreras

Das argentinische politische System – eine konsolidierte Demokratie?

Nachdem die Euphorie über die gelungene Transition von autoritären zu demokratischen Regimen verklungen war, wurde die Frage der Konsolidierung der neuen Ordnung in Lateinamerika zu einem der zentralen Themen der achtziger Jahre, bis sie schließlich von der Wirtschaftskrise begraben wurde. Von da an konzentrierte sich die Aufmerksamkeit der Forscher in erster Linie auf die Chancen für das Überleben der neuen Regime, gemessen nahezu ausschließlich nach ihrer wirtschaftlichen Effizienz.

Ohne die Wichtigkeit dieser Dimension leugnen zu wollen, empfiehlt es sich, die Frage der »politischen« Konsolidierung wieder aufzugreifen, die, weit davon entfernt, befriedigend beantwortet zu sein, in der aktuellen Diskussion über die »Qualität der Demokratie« mit neuem Gesicht eine Auferstehung erfährt.

Heute ist es üblich, die demokratische Konsolidierung als einen Prozeß zu begreifen, der sich auf verschiedenen Ebenen abspielt. So läßt sich beispielsweise in Anlehnung an Linz/Stepan argumentieren, daß eine Demokratie dann auf der Verhaltensebene als konsolidiert gelten kann, wenn kein wichtiger sozialer, wirtschaftlicher, politischer oder institutioneller Akteur seine Ziele mittels eines Regimeumsturzes zu erreichen versucht und wenn folglich das Verhalten der Regierung nicht von dem Problem beherrscht wird, wie der Zusammenbruch der Institutionen zu vermeiden ist. Auf der Einstellungsebene kann von demokratischer Konsolidierung gesprochen werden, wenn selbst inmitten einer schweren wirtschaftlichen oder politischen Krise die große Mehrheit der Bevölkerung der Überzeugung ist, daß jeglicher Wandel das Resultat demokratischer Vorgehensweisen sein müsse. Die »verfassungsmäßige« Konsolidierung ist schließlich dann erreicht, wenn alle politischen Akteure sich daran gewöhnt haben, daß Konflikte nur in Übereinstimmung mit den bestehenden Normen zu lösen sind (Linz / Stepan 1996, 15f).

Wolfgang Merkel hat den Versuch unternommen, dieses Modell um eine vierte Dimension zu erweitern. Für diesen Autor entwickelt sich die Konsolidierung 1.) auf der Ebene der Institutionen (konkret: der Verfassungsorgane und des Wahlsystems), 2.) auf der Ebene der Repräsentationsstrukturen, d.h. der Parteien und Interessenverbände, 3.) auf der Ebene des Akteursverhaltens, schließlich 4.) auf der Ebene der »civic culture«, das heißt, einer in der Bevölkerung weit verbreiteten demokratischen politischen Kultur. Merkel glaubt, daß von einer wahrhaft konsolidierten Demokratie erst dann gesprochen werden kann, wenn eine Konsolidierung auf allen vier Ebenen erreicht ist.

Nach dieser Interpretation kann – so Merkel – der Zusammenbruch der europäischen Demokratien zwischen den beiden Weltkriegen beispielsweise damit erklärt werden, daß diese Demokratien lediglich die Konsolidierung auf der ersten Ebene erreicht hatten. Die Ebene der Repräsentation und Interessenvermittlung konnte hingegen niemals konsolidiert werden, was die sozialen Akteure dazu verleitete, außerhalb und gegen die demokratischen Institutionen zu handeln. Da sich auch in der Bevölkerung keine demokratische politische Kultur entwickeln konnte, fehlte es in weiten Teilen der Bevölkerung an einer soliden Unterstützung der Institutionen, die sie vor dem Eingreifen der antidemokratischen Kräfte hätte schützen können (Merkel 1995, 38f).

Auf den ersten Blick scheint die Merkelsche Erklärung plausibel, bei näherer Betrachtung stellt man jedoch fest, daß sein Modell einige Schwierigkeiten aufweist, die letztlich auf ein und dieselbe Frage verweisen: Entgegen der Annahme des Autors handelt es sich bei der Konsolidierung der drei ersten Ebenen nicht um drei unterschiedliche Prozesse, die sich möglicherweise zeitlich versetzt entwickeln, sondern um drei verschiedene Aspekte ein und desselben Phänomens. Hinsichtlich der Institutionenebene bleibt die Devise »polity first« selbstverständlich in der Hinsicht unbestritten, daß ohne die Etablierung von Verfassungsnormen und eines Wahlsystems im Grunde nicht von einer Demokratie, schon gar nicht von einer konsolidierten Demokratie gesprochen werden kann. Wenngleich eine demokratische Verfassung die notwendige Bedingung für die Einrichtung eines demokratischen Systems darstellt, so ist diese keineswegs ausreichend, um sein Überleben zu garantieren und schon gar nicht seine Konsolidierung. Um zu bestimmen, ob es sich um einen Prozeß »institutioneller« Konsolidierung handelt oder nicht, ist es folglich unabdingbar, die weiteren Ebenen in die Analyse einzubeziehen.

Ebenso inadäquat ist die Gegenüberstellung zwischen der Verhaltensebene der Akteure und jener der Repräsentationsstrukturen, sind beide Ebenen in der Realität doch die zwei Seiten einer Medaille. Wenn es auch nicht immer leicht ist, zu bestimmen, welches das Huhn und welches das Ei ist, so zeigt uns doch die politische Realität, daß die Schwäche der Repräsentationsmechanismen stets begleitet wird von der Prädisposition der sozialen Akteure, über andere Kanäle Einfluß auszuüben, und umgekehrt. Vergegenwärtigt man sich, daß die »Strukturen« der Repräsentation (Parteien, Unternehmerverbände, Gewerkschaften etc.) zugleich »Akteure« sind, wird die Künstlichkeit der Unterscheidung offensichtlich.

Zusammengefaßt: Es macht wenig Sinn, auf der einen Seite die Rolle der demokratischen Institutionen zu bewerten und auf der anderen Seite die der Mechanismen der Repräsentation oder das Verhalten der Akteure, da die einzigen, wirklich existierenden *Institutionen* jene sind, die die *Akteure* täglich mit ihrem *Verhalten* funktionieren lassen.

So gesehen impliziert die Konsolidierung eines Regimes die Stärkung bestimmter Praktiken und die Schwächung anderer als Resultat von positiven oder negativen feedback-Prozessen.

Nach der Bildung einer demokratischen Regierung ist es allerdings durchaus möglich, daß bestimmte Praktiken, die das von der Verfassung vorgesehene Funktionieren der Institutionen untergraben, sich reproduzieren und verstärken. Wie Guillermo O'Donnell zu Recht festgestellt hat, werden diese Situationen üblicherweise als fehlende Institutionalisierung des politischen Systems interpretiert und – konsequenterweise – als Anzeichen dafür, daß das System sich noch nicht konsolidiert hat. Wenn diese Art von Situationen andauert, macht es jedoch wenig Sinn, von einer »fehlenden« Institutionalisierung zu sprechen, vielmehr von der Stärkung von informellen Normen, die das politische Spiel tatsächlich orientieren, sei es parallel zu den Institutionen oder diese überlagernd, kurz: daß man sich einem Prozeß der Institutionalisierung[1] der informellen Regeln gegenüber sieht (O'Donnell 1996, 6ff.).

Im Unterschied zu den Verfassungsregeln sind die informellen Regeln nirgends schriftlich niedergelegt. Um sie zu entdecken, gilt es, die Aufmerksamkeit auf das Verhalten der Akteure zu lenken, mithin zu beobachten, wie sich das politische Spiel innerhalb und außerhalb der Verfassungsinstitutionen tatsächlich entwickelt.

Auf der Grundlage dieser Überlegungen sollen mit dem Ziel, den aktuellen Zustand des politischen Systems Argentiniens zu bewerten, nicht nur seine formalen Regeln berücksichtigt werden, sondern insbesondere das tatsächliche Verhalten der Akteure im Rahmen des politischen Prozesses. Entsprechend werden folgende Aspekte behandelt:

1.) Die Basisregel der Demokratie, d.h. das Wahlsystem als zentraler Mechanismus des Zugangs zur politischen Macht;

2.) der politische »Stil« und

3.) seine Wirkungen auf die Repräsentationsstrukturen und das Funktionieren der formalen Institutionen.

1. Die Wahlen als Mechanismus des politischen Machtzugangs

Das Jahr 1983 bedeutet ohne Zweifel einen Wendepunkt in der jüngeren argentinischen Geschichte. Seitdem wird das Land von frei gewählten Regierungen geführt und hat damit den 1930 initiierten Zyklus hinter sich gelassen, der durch institutionelle Instabilität und den Wechsel zwischen Zivil- und Militärregierungen charakterisiert war.

Der Regierungsübergang von Alfonsín zu Menem kann nicht hoch genug veranschlagt werden. Zum ersten Mal in der Geschichte des Landes übertrug ein frei gewählter Präsident die Regierungsverantwortung an einen ebenfalls demokratisch gewählten Nachfolger, der aus den Reihen der bisherigen Oppositionspartei kam.

Wenngleich es bislang noch zu keinem zweiten »turn over« gekommen ist, eine Bedingung, die von einigen Autoren als Indikator für eine gelungene demokratische Konsolidierung genannt wird (Huntington 1991), herrscht mehrheitlich die Überzeugung, daß die Basisregel der Demokratie heute weder von den relevanten politischen Akteuren, noch von der Bevölkerung in Frage gestellt wird. Angesichts dieses verbreiteten Konsenses wäre daran zu erinnern, daß es bei den Wahlen der letzten Jahren verschiedentlich zu »Unregelmäßigkeiten« kam. Zu erwähnen wäre beispielsweise aus dem Jahr 1991 der zur Anzeige gebrachte Wahlbetrug in der Stadt Avellaneda sowie in der Provinz Santiago del Estero, 1995 ein ernster Wahlskandal in Santa Fe, Anzeigen über Wahlfälschungen in den Provinzen Misiones und Entre Ríos sowie Manipulationen bei den Wahlen in Buenos Aires (Novaro/Palermo 1996, 131s; *Clarín* und *Página* 12, Oktober 1995). Diese Unregelmäßigkeiten wurden zwar alle angezeigt und beeinflußten die Wahlergebnisse nicht wesentlich; andererseits ist offensichtlich, daß derartige Praktiken sich kaum mit einer

---

1 Eine der bekanntesten Definitionen der »Institutionen« ist die, die sie identifiziert mit den Einschränkungen, die die Menschen sich selbst auferlegen. Diese Einschränkungen können formeller oder informeller Natur sein (Einzelheiten hierzu s. North 1990).

konsolidierten Demokratie vertragen, in der die Basisregel des Machtzugangs ohne Einschränkung respektiert wird.

2. Der Regierungsstil

Der Regierungsstil Menems stellt eine Mischung unterschiedlicher Elemente dar. Seit der Übernahme der Amtsgeschäfte 1989 regiert Menem mit einer Mischung von ungeniertem Pragmatismus, technokratischen Komponenten und typisch populistischen Versatzstücken, wie Personalismus, Klientelismus und direkter Kommunikation mit der Bevölkerung. (Zum folgenden s. u.a. Borón et al. 1991; Cerruti 1993; Sarlo 1994; Birle 1995, 292ff; Novaro 1994; Novaro/Palermo 1996).

Die technokratische Komponente wurde vor allem von den verschiedenen Wirtschaftsministern verkörpert, insbesondere von Domingo Cavallo (1991-1996). Der Erfolg des Konvertibilitätsplans auf dem Gebiet der Inflationsbekämpfung bildete über Jahre die zentrale Legitimationsressource, die es der Regierung erlaubte, die von der Verfassung gesetzten Grenzen ihrer Kompetenzen zu ignorieren und ihre Macht bis weit in den Entscheidungsraum der anderen Verfassungsorgane auszudehnen.

Der gegenwärtige argentinische Präsident Menem startete seine politische Laufbahn als Gouverneur von Rioja, eine Provinz, deren sozioökonomische Struktur zu den rückständigsten des Landes gehört und deren politische Tradition charakterisiert werden kann als eine Verbindung des konservativen Patrimonialismus und des Massenklientelismus, zwei Prinzipien, die sich keineswegs widersprechen, vielmehr perfekt ergänzen. Einmal an die Regierung gelangt, verstand es Menem, weit davon entfernt, die genannten Praktiken aufzugeben, sie an die neuen Handlungsbedingungen anzupassen: das Image des folkloristisch herausgeputzten Provinzcaudillo sowie seine persönlichen Besuche in den Armenvierteln wurden allmählich ersetzt durch das Image eines städtischen Playboy, der das Einflußpotential der Massenmedien geschickt nutzte, um bis in die letzten Winkel des Landes die Inszenierung seines Privatlebens zu transportieren.

Die rigorose Anpassungspolitik, zu der sich die Regierung Menem bekannte, erlaubte ihr nicht mehr, in größerem Umfang Ämter zur Gefolgschaftssicherung anzubieten, wie dies Menem noch in seinen Gouverneurszeiten praktiziert hatte. Dies bedeutet jedoch nicht, daß damit der Klientelismus verschwunden wäre. Der nationalen Regierung gelang es vielmehr, die bislang in zahlreiche lokale Machtzentren aufgesplitterte Entscheidungsgewalt zu konzentrieren. Damit erfuhren die traditionellen Transmissionskanäle für die Forderungen aus dem gesellschaftlichen Raum eine erhebliche Veränderung, wurden die klientelistischen und caudillistischen Netzwerke aufgebrochen und ersetzt durch andere, deren einziger Referenzpunkt die Exekutive ist. So hatten beispielsweise zu den Sozialfonds nur solche Funktionäre Zugang, die sich dem Willen des Präsidenten unterordneten, zusätzlich einige peronistische Abgeordnete und Gouverneuere aus jenen Wahldistrikten, die die Regierung als strategisch ansah. Die Verwendung von Haushaltsmitteln seitens des Wirtschaftsministeriums diente auch dazu, die Opposition zurückzudrängen, sei es durch Destabilisierung ihrer wirtschaftlichen Basis in den Fällen, in denen sie die Provinzregierung stellten, oder durch finanzielle Unterstützung »linientreuer« Administrationen in Vorwahlzeiten, um das Anwachsen von sozialem Protest zu vermeiden.

Eines der bemerkenswertesten Kennzeichen der Menem-Administration war schließlich ihr ungehemmter Dezisionismus. Der »Gebrauch und Mißbrauch« der Notstands- und Dringlichkeitsdekrete (Ferreira Rubio/ Goretti 1996), die Nutzung von partiellen Vetos mit dem Ziel, vom Kongreß vorgenommene Abänderungen von Gesetzesvorlagen der Regierung zu annulieren (Mustapic 1995), die Korruption (Verbitsky 1991) sowie die Eingriffe der Exekutive in den Entscheidungsraum der Dritten Gewalt (Verbitsky 1993) erreichten eine Größenordnung, die nur schwer mit dem Argument verteidigt werden konnte, dies sei notwendig, um den »Notstand« zu kontrollieren. Sie sind vielmehr Zeichen eines deutlichen Auseinanderklaffens zwischen den formalen Vorgaben und den informellen, aber sehr realen Praktiken des argentinischen politischen Systems.

3. Die Schwäche der formalen Institutionen und der Repräsentationsstrukturen

Seit dem Regimewechsel 1983 sorgten Verfassungsbestimmungen, Wahlergebnisse und die Merkmale des argentinischen Parteiensystems dafür, daß der erste nachdiktatoriale Präsident, der Radikale Alfonsín, nicht mit einer automatischen parlamentarischen Unterstützung für seine Politik rechnen konnte. Diese Situation, die in Argentinien wie in anderen Demokratien der Region wahrgenommen wurde als ein dem Präsidentialismus inhärentes Problem der Regierbarkeit, alimentierte in der vergangenen wie in den ersten Jahren dieser Dekade eine umfangreiche politische und politologische Debatte über die Vorteile der Parlamentarisierung der lateinamerikanischen politischen Systeme. Das Erstaunlichste an dieser Diskussion war die Tatsache, daß offensichtlich niemand daran dachte, die Argumente des »Federalist« aufzugreifen – sie waren exakt die, die die argentinischen Verfassungsgeber einst inspiriert hatten –, aus denen mit aller Klarheit abgelesen werden kann, daß die verschränkten Beziehungen zwischen Präsident und Kongreß ein bewußt gewählter Mechanismus war, der die Tyrannei einer der Gewalten vermeiden sollte. So gesehen müßte sich die Aufmerksamkeit bei dem Versuch, die Beziehungen zwischen Exekutive und Legislative und zwischen den im Parlament vertretenen Parteien unter der Zielgröße »demokratische Konsolidierung« zu untersuchen, nicht auf die Fähigkeit des Präsidenten richten, dem »Problem« auszuweichen, sondern im Gegenteil auf die Bereitschaft aller Beteiligter, im Rahmen des demokratischen Spiels zu kooperieren.

Während der Präsidentschaft Alfonsíns kam es zu keiner konstruktiven Zusammenarbeit zwischen der Regierungspartei, der UCR, und der Oppositionspartei, der PJ, die zur demokratischen Konsolidierung beigetragen hätte. Abgesehen von einigen punktuellen Übereinkommen fanden Regierungs- und Oppositionspartei zu keinen gemeinsamen Positionen in fundamentalen Fragen der Wirtschaftspolitik und einer raschen demokratischen Kontrolle der Streitkräfte. Dies lag u.a. daran, daß die Bedingungen eines Regimewechsels infolge des Zusammenbruchs des alten Regimes keine substantielle Übereinkommen zwischen den demokratischen Kräften verlangten, da die subjektive Bereitschaft der Regierung Verhandlungen nicht begünstigte und die internen Konflikte des Peronismus solche Verhandlungen beträchtlich erschwerten (Cavarozzi 1992; Birle 1995, 189ff).

Der Wechsel zu Menem vollzog sich unter äußerst kritischen Bedingungen. Das Land stand am Rande der Unregierbarkeit. Die gewählte Lösung, die vorgezogene Amtsübernahme, bedeutete zum einen beachtlichen Fortschritt gegenüber der politischen Tradition des Landes, da das in der letzten Phase der Alfonsín-Regierung entstandene Machtvakuum schließlich von seinem durch Wahlen legitimierten Nachfolger wieder ausgefüllt wurde und die Krise ohne institutionellen Bruch überwunden werden konnte. Auf der anderen Seite waren sowohl die Regierbarkeitskrise wie deren »parakonstitutionelle« Lösung Symptom und Konsequenz der Tatsache, daß die verschiedenen soziopolitischen Akteure nicht in der Lage waren, so zu kooperieren, daß die Krise vermieden worden wäre.

Nach dem vorgezogenen Regierungswechsel zeigten die Abgeordneten der UCR, die bis zum regulären Ende der Legislaturperiode über die Mehrheit verfügten, sich bereit, mit der peronistischen Regierung zusammenzuarbeiten. Diese Bereitschaft übersetzte sich jedoch nicht in eine gemeinsame Verabschiedung von Reformgesetzen, sondern in die Verabschiedung von zwei Rahmengesetzen über den »wirtschaftlichen Notstand« und die »Staatsreform«. Mit der Billigung beider Gesetzeswerke übertrug das Parlament der Exekutive weitreichende Vollmachten. Die Art dieses »Kompromisses« versteht man besser, wenn man berücksichtigt, daß der neue Präsident diesbezüglich erheblichen Druck ausübte, genau wissend, daß ein beachtlicher Teil seiner eigenen Partei nicht bereit war, seine Politik zu unterstützen, was einem tiefen Bruch mit der programmatischen Tradition des Peronismus gleichkam.

Unbestritten ist, daß der Kongreß mit seiner Zustimmung zu den beiden Gesetzen der Regierung eine Art Blankoscheck ausstellte, in den Wirtschaftsprozeß, die öffentliche Verwaltung und die Privatisierung der öffentlichen Unternehmen zu intervenieren. Die Entscheidung des Parlaments kam einem Verzicht auf seine Kontrollfunktion gleich und stellte eine bedenkliche Annäherung an die »Delegation außerordentlicher Vollmachten« dar, die die Verfassung von 1853, als Antwort auf die Diktatur von Rosas, in Artikel 29 ausdrücklich verboten hatte.

Angesichts dieses Hintergrunds überrascht nicht, daß zu Beginn des Jahres 1990, inmitten der zweiten Hyperinflationskrise, die Regierung ernsthaft daran dachte, den Kongreß zu schließen. Daß dies letztlich doch nicht geschah, war weniger dem parlamentarischen Widerstand zu verdanken als der Tatsache, daß die Regierung eine Strategie vorzog, die die Vorteile der formalen Aufrechterhaltung der demokratischen Institutionen verband mit solchen ihrer de facto-Mißachtung in der Praxis.

So kam es, daß Menem, obwohl seine Partei von 1989 bis zur Verfassungsreform 1994 in beiden Kammern über eine Mehrheit verfügte, in diesem Zeitraum nicht weniger als 336 Not- und Dringlichkeitsdekrete unterzeichnete, ein in der geltenden Verfassung nicht vorgesehenes Rechtsgebilde. Im Unterschied zu den üblichen Dekreten, deren Zahl in diesen Jahren knapp über 13.500 (!) lag, sind als Not- und Dringlichkeitsdekrete diejenigen zu bezeichnen, die bestehende Gesetze abändern bzw. abschaffen oder solche Materien »gesetzlich« regeln, die nach der Verfassung ausdrücklich dem Kongreß vorbehalten sind.

Bei 51% dieser Ausnahme-Dekrete hielt es die Exekutive nicht für nötig, auf ihren Not- bzw. Dringlichkeitscharakter zu verweisen oder doch zumindest mit irgendeinem Argument das Aushebeln der parlamentarischen Befugnisse zu rechtfertigen. Nahezu 40% der Dekrete des genannten Typs enthalten nicht einmal Hinweise auf eine Benachrichtigung des Kongresses. In 91% der Fälle zeigte das Parlament keinerlei Reaktion, 26 Dekrete wurden von ihm bestätigt und vier zu Fall gebracht. In zwei Fällen annullierte die Exekutive den parlamentarischen Einspruch, indem sie ihrerseits ein Veto einlegte (Ferreira Rubio/ Goretti 1996, 445ff.)

Das »Schweigen« des Kongresses läßt sich unterschiedlich interpretieren. Die Passivität beider Kammern kann als »Selbstmord« oder als Akt politischer Unverantwortlichkeit angesehen werden. Anfangs mag das Verhalten schlicht Ausdruck der Sprachlosigkeit gewesen sein, in die die überraschende Richtungsänderung der neuen Regierung die Parlamentarier versetzte. Die (Nicht-)Reaktion kann auch als Symptom für die Schwäche der Legislative gegenüber einer immer stärkeren Exekutive gewertet werden. Die Passivität konnte außerdem als eine Art parlamentarische Selbstzensur zur Überwindung der wirtschaftlichen Krise gedeutet werden oder konnte auf die spezifischen Merkmale einer in verschiedene politische Parteien fragmentierten Kammer zurückgeführt werden und deren Schwierigkeiten, zu einem Übereinkommen zu gelangen, das ihr ein koordiniertes Vorgehen gegenüber der Exekutive erlaubte. Schließlich ließ sich das Verhalten des Parlaments auch als ein Zeichen dafür interpretieren, daß die Abgeordneten sich nicht mit der Politik der Regierung identifizierten, gegen sie jedoch auch nicht opponieren wollten, sei es, weil sie ihren eigenen Kräften nicht trauten oder weil sie glaubten, daß sie, falls sie es täten, die Unterstützung der Wähler verlieren würden. Die plausibelste Erklärung ist, daß das parlamentarische Schweigen mit all diesen Faktoren zu tun hat.

Bei der Bewertung des Verhaltens von Exekutive und Legislative sollte nicht vergessen werden, daß in Argentinien die Anpassungspolitik die Form einer Schocktherapie annahm und erst nach einer schweren Krise durchgesetzt werden konnte. Daß die Reformen schließlich an der Verfassung vorbei, wenn nicht explizit gegen die Verfassung implementiert wurden, war nicht ausschließlich auf die Person des Präsidenten und seiner Minister oder den Wankelmut der Parlamentarier zurückzuführen. Wichtiger war der Umstand, daß am Rande der Regierbarkeitskrise nach allgemeiner Überzeugung die einzige Möglichkeit, die politische und wirtschaftliche Ordnung in dem spezifisch argentinischen Kontext zu retten, im Dezissionismus der Exekutive bestand, was einmal mehr ein Zeichen für die Ineffektivität der Institutionen darstellt, die Probleme im Rahmen ihrer »formalen« Kompetenzen zu lösen. Dieses Unvermögen der demokratischen Institutionenordnung, die Krise zu vermeiden oder zu lösen, ist ein Phänomen, das sich auch in anderen lateinamerikanischen Ländern (wenn auch sicher nicht in allen) beobachten läßt, wobei Peru das extremste Beispiel darstellt.

Wenngleich der Beitrag des Kongresses und der politischen Parteien zur Begrenzung der Kompetenzüberschreitungen der Exekutive ziemlich mager ausfiel, so wird doch auch die Vorstellung einer übermächtigen Regierung der Realität ebensowenig gerecht. Die Tatsache, daß einige für die Exekutive wichtige Projekte die Unterstützung des Parlaments fanden, zeigt zudem an, daß zumindest in Einzelfällen beide Gewalten zusammenarbeiten. Andererseits ist die von verschiedenen peronistischen Abgeordneten und Senatoren praktizierte Opposition gegen einige Regierungsinitiativen, insbesondere auf dem Gebiet der Arbeitsbeziehungen und der Sozialversicherung, Zeichen wahltaktischen Kalküls, zudem aber auch Ausdruck dafür, daß die Regierung nicht einmal in den eigenen Reihen für Ordnung sorgen konnte und daß ihre Macht sich in jüngster Zeit abnutzte. Der Rückgang ihrer Popularität und ihre größere Bereitschaft zu Kompromissen sind klarer Beleg dieser Tendenz.

Stellt man in Rechnung, daß die Regierung früher oder später die Macht abgeben muß, stellt sich die Frage, in welchem Zustand sich dann die demokratischen Institutionen und die formalen Repräsentationsstrukturen befinden werden. Das politische Erbe, daß die Regierung Menem auf lange Sicht hinterlassen wird, beinhaltet u.a. eine reformierte Verfassung, die Transformation des argentinischen Parteiensystems und eine irreversible Veränderung des Beziehungsverhältnisses zwischen Staat und soziopolitischen Akteuren mit der konsequenten Umwandlung der traditionellen Machtfaktoren.

Die *Verfassungsreform* von 1994 bedeutete zum einen die Überwindung einer alten Blockade, da es seit der Verabschiedung der historischen Verfassung nicht gelungen war, deren Text substantiell zu modifizieren, ohne daß dies nicht von einem wichtigen Teil des politischen Spektrum als illegitim bezeichnet worden wäre. Andererseits trug der Inhalt der neuen Verfassung, entgegen den ursprünglichen Versicherungen ihrer Befürworter, wenig zur effektiven Begrenzung der Exekutivmacht in Richtung eines wierderhergestellten Gleichgewichts zwischen den Gewalten bei, stärkte vielmehr im Gegenteil einige ihrer Prärogativen. Hinzu kommt, daß viele jener Elemente, die auf die Stärkung der Rechte und Garantien der Bürger, der Judikative und der Kontrolle der öffentlichen Verwaltung abzielen, im Verfassungstext nicht spezifiziert wurden, vielmehr in ihm als Gegenstand spezieller Gesetzgebung ausgewiesen wurden. Dies erlaubte es, daß die Exekutive auf deren Inhalt in ihrem eigenen Interesse einen erheblichen Einfluß nahm und daß zahlreiche Fragen bis heute ungeregelt sind (Ferreira Rubio/Goretti 1995; *Clarín* 14.5.1996).

Obwohl die neue Verfassung in vielen Regelungen einen Fortschritt darstellt, ist angesichts der genannten Defekte kaum zu erwarten, daß die neue formale Legalität, die sie zum Ausdruck bringt, von den politischen Entscheidungsträgern mehr respektiert wird als die ihrer Vorgängerin.

Seit dem Übergang zur Demokratie machte das argentinische *Parteiensystem* einen erheblichen Wandlungsprozeß durch. Die wichtigste Änderung war, daß der Peronismus und der Radikalismus sich, wenn auch mit gewissen Schwierigkeiten, jeweils als Bestandteile eines gemeinsamen politischen Systems anerkannten und damit Schluß machten mit der bisherigen Praxis des wechselseitigen Ausschlusses, vielmehr nunmehr die Basisregeln des Wettbewerbs anerkannten. Beide traditionellen politischen Kräfte etablierten sich fortan als die zentralen Protagonisten auf nationaler Ebene. Nach einer kurzen Phase radikaler Vorherrschaft, in der die Peronisten zum ersten Mal in ihrer Geschichte die Rolle der Opposition gegenüber einer legitimen Regierung einnehmen mußten, wurde die PJ zur dominierenden Kraft, eine Position, die sie bis heute halten konnte, während die Radikalen kontinuierlich Verluste hinnehmen mußten.

Zum gegenwärtigen Zeitpunkt ist noch schwierig zu bewerten, ob das Auftauchen der Mitte-Links-Kraft FREPASO, die bei den letzten Präsidentschaftswahlen 28,2% der Stimmen erhielt und die Radikalen auf den dritten Rang verbannte, die definitive Entstehung eines Dreiparteiensystems auf nationaler Ebene bedeutet. Wenig wahrscheinlich ist jedenfalls, daß sich die alte, in den ersten Jahren der Alfonsín-Ära vorherrschende Bipolarität zwischen Radikalen und Peronisten wiederherstellt.

Getrennt betrachtet, durchlebten die führenden argentinischen politischen Parteien hinsichtlich ihrer Identität, ihrer Programmatik und Organisation tiefgreifende Veränderungen, die unterschiedlichste Bewertungen erfuhren. Zusammenfassend lassen sich folgende Defizite ausmachen: eine zunehmende Schwächung der institutionellen Strukturen, wachsender Personalismus in der Parteispitze, eine nur ungenügende Teilnahme der Parteimitglieder am Binnenleben der Parteien, ein programmatisches Vakuum, ein geringes Engagement der Parteien bei der Regierungsbildung und der Personalrekrutierung, eine nur mangelhafte Ausfüllung der Oppositionsrolle, die Unfähigkeit, wichtige Anforderungen aus der Gesellschaft aufzugreifen und zu kanalisieren, schließlich die Degradierung der Parteien zu reinen Wahlmaschinen – eine Funktion, die heutzutage mit größerer Wirksamkeit von Massenmedien und den Werbeagenturen wahrgenommen wird (De Riz 1993; Carreras 1996).

Gegen diese pessimistische Bilanz führen einige Beobachter beispielsweise die Schlüsselrolle Cavallos bei der Transformation der peronistischen Partei als einen Fortschritt in Richtung einer größeren Repräsentativität dieser politischen Kraft und ihrer konsequenten Konsolidierung ins Feld (Nolte 1995, 17; Novaro/Palermo 1996, 126f) Diese Interpretation verwechselt allerdings die Bedeutung der technokratischen Komponente in der Regierungszusammensetzung mit der internen Entwicklung einer Partei, die höchst selten zu wichtigen Fragen konsultiert wurde und übersieht zudem die nicht unbedeutende Tatsache, daß Cavallo vor, während und nach Ablauf seiner Tätigkeit als Wirtschaftsminister nicht müde wurde gegenüber jedem, der es hören wollte, zu betonen, daß er kein Peronist sei.

Ein gutes Beispiel für die untergeordnete Rolle, die die Parteien spielten, bietet jener Prozeß, der zur Verfassungsreform von 1994 führte. Sie wird üblicherweise als ein breites Übereinkommen zwischen den politischen Parteien dargestellt. Der »Pakt von Olivos« wurde jedoch hinter verschlossenen Türen inszeniert von einem von der Idee seiner Wiederwahl besessenen Menem und einem Alfonsín, der zu jenem Zeitpunkt nicht einmal ein Parteiamt innehatte, das ihn zur Teilnahme an solchen Verhandlungen mit dem amtierenden Präsidenten berechtigt hätte. Die Verfassungsreform war so nicht das Ergebnis der Zusammenarbeit zwischen den beiden führenden politischen Parteien, sondern das Endresultat eines »Falke – Taube – Spiels« zwischen zwei personalistischen Führern, die weder Hemmungen hatten, das prekäre interne Gleichgewicht ihrer Parteien zu gefährden, noch einen Frontalzusammenstoß zu riskieren, der eine institutionelle Krise hätte auslösen können (Acuña 1995). Der Umstand, daß das ursprüngliche Abkommen ein auch im weiteren Fortgang nichtmodifizierbares Verhandlungspaket enthielt, macht gleichfalls deutlich, bis zu welchem Grade die Parteiführer ihren Gefolgsleuten nicht zutrauten, sich im Falle echter Reformverhandlungen ihrem Willen zu unterwerfen.

Die in den letzten Jahren durchgesetzten Reformen haben die Beziehungen zwischem dem Staat und den verschiedenen sozialen Akteuren auf irreversible Weise verändert, was in Verbindung mit der Transformation letzterer zu einer *tiefgreifenden Umwandlung der traditionellen Machtfaktoren* führte.

Zunächst gilt es festzuhalten, daß nach der Regierbarkeitskrise von 1989 der politische Führungsapparat es schaffte, sich wiederum einen Autonomieraum für politische Entscheidungen zu sichern, den einige Autoren als Stärkung der »staatlichen« Autorität interpretierten (Novaro/Palermo 1996, 123ff.) und andere als deren Degradierung zugunsten der Macht bestimmter Interessengruppen (De Riz 1993, 86ff.).

Das Verhältnis zwischen den Gewerkschaften und dem Staat erfuhr durch die von Menem durchgesetzten Reformen, aber auch als Konsequenz von seit längerem wirkenden sozioökonomischen Prozessen eine grundlegende Veränderung. Der Verzicht des Staates auf Regulierung und die Veränderungen der Beschäftigungsstruktur verminderten den Einfluß des Gewerkschaftsdachverbands CGT und einiger Industriegewerkschaften, die in der Vergangenheit über ein beachtliches Machtpotential verfügt hatten. Andererseits hatte es ein Gutteil der »Gewerkschaftsbürokratie« vermocht, sich zu einem »Geschäfte-Syndikalismus« zu häuten, dem es in der Form von Dienstleistungsunternehmen für seine Mitglieder und das Publikum im allgemeinen gelang, sich aktiv in die Privatisierung der öffentlichen Unternehmen einzuschalten und an den neuen Sozialversicherungs- und ärzlichen Versorgungssystemen zu partizipieren (Nolte 1996, 105 ff.). Die Einrichtung des Kongresses der Argentinischen Arbeiter (MTA) auf der Basis von Organisationsprinzipien, die sich von der zentralistischen Tradition der argentinischen Arbeiterbewegung vollständig unterschieden, ist schließlich ein neues Experiment und zugleich Ausdruck der Diversifizierung der Gewerkschaftsakteure, ihrer Strategien und Ziele in einem Kontext, in dem der Staat nicht mehr bereit ist, sie in den diversen Politikfeldern als obligatorischen Ansprechpartner anzuerkennen.

Auf Unternehmerseite, die im Unterschied zur Arbeiterbewegung niemals eine hierarchische und einheitliche Repräsentationsstruktur organisiert hatte, wurde die politische Strategie des Anstiftens und der Unterstützung der autoritären Interventionen aufgegeben zugunsten der direkten Kommunikation mit den Entscheidungsinstanzen- aus offensichtlichen Gründen vor allem der Exekutive – sei es in der Form des mehr oder weniger organisierten *lobbying* oder – mit Vorrang – mittels informeller Allianzen, wenn nicht direkt mittels ausschließlich personeller Kontakte. Die Veränderungen der letzten Jahre führten dazu, daß die argentinischen Unternehmer sich nicht mehr durch Verteilungstendenzen bedroht fühlen, die zu früheren Zeiten die demokratischen Regierungen charakterisierten. Als zentraler Motor der wirtschaftlichen Expansion angesehen, genießen ihre Interessen heute die vorrangige Aufmerksamkeit der politischen Entscheidungsträger. Die eingeschlagenen Politiken der letzten Jahre haben andererseits die einzelnen Wirtschaftssektoren und die jeweiligen Unternehmer innerhalb dieser unterschiedlich getroffen. Gewinner und Verlierer haben verständlicherweise unterschiedliche Auffassungen über die Rolle, die der Staat auf bestimmten Gebieten (der Industriepolitik, der Exportpolitik etc.) zu spielen hat. Im allgemeinen stimmen beide jedoch überein in ihrer Unterstützung für die Grundlinien des Deregulierungsmodells und ziehen es vor, mit der Zielrichtung einer Verminderung der Arbeitskosten Druck auszuüben als differenzierte Sektorpolitiken auszuarbeiten (Birle 1995 passim).

Die Entschärfung der militärischen »Bedrohung« bildet wahrscheinlich die entscheidendste Veränderung der Machtbeziehungen innerhalb des politischen Systems Argentiniens. Sie ist zweifellos ein vielversprechendes Anzeichen für die Möglichkeiten einer Konsolidierung der Demokratie. Es sollte jedoch daran erinnert werden, daß, wie Huntington betonte, die größte Gefahr, die den Demokratien der »dritten Welle« heute droht, nicht so sehr ihr Umsturz als ihre Erosion ist, d.h. ihre systematische Schwächung von Seiten jener Kräfte, die gewählt wurden, um sie zu führen (Huntington 1991, 8).

So gesehen, sind die Perspektiven für Argentinien weniger vielversprechend. Die Schwächung der traditionellen Machtfaktoren hat sich bislang nicht in eine Stärkung transparenter Strukturen der Bürgerrepräsentation verwandelt, sondern in eine Art Feudalisierung der Politik: »... der Staat nimmt die Form einer ›black box‹ an, wo mächtige Akteure, Gefolgschaften und Freunde – in einem Wort: Notable – die eher als ›persönliche Referenten‹ denn als Repräsentanten der Korporationen handeln und mit der Exekutive jenseits jeglicher öffentlicher Transparenz Begünstigungen aushandeln, wobei ihr Druckpotential und ihr Höflingsgebaren in Regierungsmaßnahmen übersetzt werden« (Novaro 1994, 64f.).

4. Vorläufige Schlußfolgerungen über die Konsolidierung der Demokratie und den Rechtsstaat in Argentinien

Wie Linz und Stepan 1996 betonten, erfordert die demokratische Konsolidierung etwas mehr als freie Wahlen und Märkte; sie erfordert u.a. einen funktionierenden Rechtsstaat. Dies impliziert die Unterordnung der Regierenden unter das Gesetz und die Verfassung, eine klare Hierarchie der Gesetze, deren Interpretation durch ein unabhängiges Justizsystems, die Reduzierung des freien Machtermessens auf ein Minimum und den ungehinderten Zugang der Bürger zu den Gerichten, um sich vor dem Staat und seinen Funktionären zu verteidigen: »Eine Demokratie mit einem Führer, der die anderen Institutionen ingoriert, gering schätzt bzw. in sie eingreift, entspricht nicht unserer Vorstellung eines Rechtsstaats in einem demokratischen System. Die formelle oder informelle Institutionalisierung eines derartigen Systems bietet wenige Möglichkeiten, sich in eine konsolidierte Demokratie zu verwandeln, es sei denn, diese Entscheidungswillkür wird kontrolliert« (Linz/Stepan 1996, 20).

Das weiter oben gesagte genügt, um zu zeigen, daß die bestehende Diskrepanz zwischen den formalen Institutionen und dem wirklichen Funktionieren der informellen politischen Mechanismen groß genug ist, um als eine Bedrohung für die demokratische Konsolidierung, wenn nicht sogar für die Demokratie an sich begriffen zu werden. Ist erst ein bestimmtes endemisches Niveau erreicht – Argentinien hat sich diesem bedrohlich angenähert –, hört die Mißachtung der formalen Normen auf, eine Frage der Quantität oder sogar der Qualität der Demokratie zu sein, sie wird vielmehr zu einer existentiellen Frage, da ein politisches System nicht unbegrenzt Illegalität und fehlende *accountability* absorbieren kann, ohne an einen Punkt zu gelangen, wo es aufhört, demokratisch zu sein.

Sicher, es wäre übertrieben, heute die These aufzustellen, das argentinische politische System habe diese Schwelle – wie so oft in der Vergangenheit – auch jetzt wieder überschritten. Seit 1983 funktionierte das politische Leben des Landes auf der Basis einer speziellen Verbindung von formalen und informellen Elementen, bei der das Gewicht der letzteren gelegentlich die ersteren erstickte, ohne sie jedoch ganz zum Verschwinden zu bringen. Dies erweckt den Eindruck, daß die Demokratie aufrechterhalten blieb oder sogar gestärkt wurde »trotz« solcher »Schwierigkeiten«. Realistischer wäre es indes, auf die besondere Verbindung von formalen und informellen Elementen zu achten und auf die Tatsache, daß nach der Feststellung des Untergangs der Regierung Alfonsín inmitten des Scheiterns der »formalen Institutionen«, Menem es gerade deshalb gelang, das politische System zu stabilisieren, weil er auf informelle bis antidemokratische Ressourcen zurückzugreifen verstand, diese in einer Weise nutzend, die ihm den größtmöglichen politischen Gewinn garantierten.

Die mememistische Lösung trug so sicherlich dazu bei, die formalen Mechanismen noch mehr zu schwächen und mit ihnen die Institutionen und Repräsentationsstrukturen, ohne allerdings so weit zu gehen, daß sie auch die Geltung der vertikalen *accountability* unterdrückt hätte: Das letzte Wort haben nach wie vor die Wähler. Während es trotz aller oben erwähnter Unregelmäßigkeiten zum gegenwärtigen Zeitpunkt keinen Zweifel gibt, daß die Basisregel der Demokratie bestehen bleibt, ist es wesentlich weniger sicher, daß die Institutionen über jene Kapazität verfügen, die sie zu ihrer Revitalisierung bedürften. Ein Feedback-Prozeß, der gleichzeitig das Fortleben und die Reproduktion jener informellen Normen entmutigt, die heute das Funktionieren der Institutionen unterminieren, ist ebensowenig in Sicht.

Das Zerbröckeln der gesellschaftlichen Unterstützung für Menem, der wachsende Unmut der Bürger über den Patrimonialismus der Regierung und ihr allmähliches Bewußtwerden der negativen Wirkungen der in Argentinien implementierten Anpassungspolitik, eröffnen die Möglichkeit einer veränderten politischen Konstellation. Vier mögliche Szenarien zeichnen sich ab:

1.) daß der Menemismus jene Kontrolle wiedergewinnt, die er bis vor kurzem innehatte;

2.) daß angesichts der institutionellen Schwäche das Zerbrechen der bisher bestehenden Machtkonstellation das politische und/oder ökonomische System mit sich reißt;

3.) daß die gegenwärtige Regierung durch eine neue Administration – peronistischer oder anderer Couleur – ersetzt wird, die die Grundzüge der aktuellen Machtkonfiguration mit ihrer besonderen Kombination von Legalität und Illegalität beibehält, schließlich

4.) daß die zentralen politischen und sozialen Akteure zu einem Minimalkonsens über die Notwendigkeit gelangen, den Rechtsstaat zu rekonstruieren und zu festigen und sicherzustellen, daß Rechtsbrüche politisch und juristisch geahndet werden.

Von diesen vier Möglichkeiten ist die letzte vielleicht die unwahrscheinlichste, aber zugleich die einzige, die es erlaubte, in Richtung einer demokratischer Konsolidierung voranzuschreiten, die nicht nur als das Verschwinden der Drohung eines

Militärputsches verstanden wird, sondern vielmehr als die Stärkung einer politischen Ordnung, die die Bürger vor Willkür schützt.

Bibliographie

Acuña, C. 1995: Algunas notas sobre los juegos, las gallinas y la lógica política de los pactos constitucionales, in: Acuña, C. (Hrsg.), La nueva matriz política argentina, Buenos Aires, 115-150.

Birle, P. 1995: Argentinien: Unternehmer, Staat und Demokratie, Frankfurt/M.

Borón, A. et al. 1991: El Menemato. Radiografía de dos años de gobierno de Carlos Menem, Buenos Aires.

Carreras, S. 1996: Die Entwicklung der Parteien seit Beginn der Demokratisierung. Eine Bilanz, in: Nolte/Werz (Hrsg.), Argentinien. Politik, Wirtschaft, Kultur und Aussenbeziehungen. Frankfurt/M., 241-259.

Cavarozzi, M. 1992: Patterns of elite negotiation and confrontation in Argentina and Chile, in: Higley/Gunther (Hrsg.), Elites and Democratic Consolidation in Latin America and Southern Europe, Cambridge, 208-236.

Cerruti, G. 1993: El jefe. Vida y obra de Carlos Saúl Menem, Buenos Aires.

De Riz, L. 1993: Los partidos políticos y el gobierno de la crisis en la Argentina, in: Sociedad 2, 73-91.

Ferreira Rubio, D. / Goretti, M. 1995: La reforma constitucional argentina: ¿un presidente menos poderoso?, in: Contribuciones (Buenos Aires) 1, 69-90.

Ferreira Rubio, D. / Goretti, M. 1996: Cuando el presidente gobierna solo. Menem y los decretos de necesidad y urgencia hasta la reforma constitucional (julio 1989 – agosto 1994), in: Desarrollo Económico (Buenos Aires) 141, 443-474.

Huntington, S. 1991: The Third Wave: Democratization in the Late Twentieth Century, University of Oklahoma Press.

Linz, J. / Stepan, A. 1996: Toward Consolidated Democracies, in: Journal of Democracy 7 (2) 14-33.

Merkel, W. 1995: Theorien der Transformation: die demokratische Konsolidierung postautoritärer Gesellschaften, in: von Beyme/Offe (Hrsg.), Politische Theorien in der Ära der Transformation. PVS- Sonderheft 26, 31-58.

Mustapic, A. M. 1995: Tribulaciones del Congreso en la nueva democracia argentina. El veto presidencial bajo Alfonsín y Menem, in: Agora (Buenos Aires) 3, 61-74.

North, D. 1990: Institutions, Institutional Change and Economic Performance, Cambridge.

Nolte, D. 1995: Ein Volk von Menemisten? Argentinien nach dem Parlaments- und Präsidentschaftswahlen vom Mai 1995, in: Lateinamerika. Analysen-Daten-Dokumentation (Hamburg) 12 (28) 9-24.

Nolte, D. 1996: Ein neuer Perón? Eine Bilanz der ersten Präsidentschaft von Carlos Menem (1989-1995), in: Nolte/Werz (Hrsg.), Argentinien. Politik, Wirtschaft, Kultur und Aussenbeziehungen. Frankfurt/M., 98-124.

Novaro, M. 1994: Menemismo y peronismo: viejo y nuevo populismo. in: Cuadernos del CLAHE (Montevideo) 71 (3) 55-78.

Novaro, M. / Palermo, V. 1996: El menemismo y la consolidación democrática en Argentina, in: Cuadernos del CLAHE (Montevideo) 76 (2) 107-145.

O'Donnell, G. 1996: Another Institutionalization: Latin America and elsewhere. The Hellen Kellog Institute for International Studies, Working Paper 222, March.

Sarlo, B. 1994: Argentina under Menem: The Aesthetics of Domination, in: NACLA Report on the Americas XXVIII, 2, 33-37.

Verbitsky, H. 1991: Robo para la corona. Los frutos prohibidos del árbol de la corrupción, Buenos Aires.

Verbitsky, H. 1993: Hacer la corte. La construcción de un poder absoluto sin justicia ni control, Buenos Aires.

Christian von Haldenwang

Legitimierung und politische Konsolidierung in Argentinien: die »zweite Phase« im Anpassungprozeß[1]

1. Einleitung

Am 24. Mai 1996 verkündete die argentinische Regierung feierlich den Beginn der »zweiten Staatsreform«.[2] Ein zentrales Ziel der geplanten Eingriffe war es, noch 1996 über *Effizienzsteigerungen* im zentralstaatlichen Haushalt zu substantiellen Einsparungen zu kommen, nachdem der Freiraum für weitere Leistungskürzungen mittlerweile immer enger wurde. Die Staatsreform bildete damit (neben der Steuerreform, der Exportsteigerung und weiteren Privatisierungen) einen Eckpfeiler für die ehrgeizigen fiskalischen und wirtschaftlichen Vorgaben, auf die sich Argentinien in einem *policy memorandum* gegenüber dem IWF im März 1996 verpflichtet hat.[3]

Gleichzeitig weist das Projekt von seiner Konzeption her über kurzfristig angelegte fiskalische und makroökonomische Stabilisierungsversuche hinaus. Mit der Bezeichnung *segunda reforma del Estado* wird auch an die internationale Diskussion über die »zweite Phase der Anpassung« angeknüpft und der Wille zu einer weiterführenden Modernisierung des argentinischen Staates unterstrichen. Von den geplanten Einschnitten im Bereich der Exekutive würde zudem ein politisch sehr wichtiger traditioneller Verteilungsmechanismus – nämlich die Ämterpatronage – zumindest kurzfristig stark betroffen. Die erwähnten Maßnahmen werden durch das Projekt einer Verlagerung zentralstaatlicher wie provinzieller Regulierungskompetenzen auf insgesamt sechs große Regionen ergänzt, womit die Verdoppelung von Verwaltungsstrukturen überwunden und die Koordination der Politiken verbessert werden sollen. Auch in diesem Fall würden, käme das Vorhaben zur

1   Der Beitrag entstand im Rahmen eines von der Volkswagen-Stiftung geförderten Forschungsprojektes zur *Legitimierung von Anpassungsprozessen in Lateinamerika*. Mein herzlicher Dank geht daneben an Monica Rubiolo und Andreas Hasenclever für ihre kritische Lektüre des Textes.
2   Wesentliche Inhalte der Reform sind (1) die personelle und organisatorische »Verschlankung« des zentralen Verwaltungsapparates, (2) die Sanierung der öffentlichen Sozialversicherung, v.a. der Pensionskassen der Streit- und Sicherheitskräfte, (3) die arbeitsrechtliche Reform des öffentlichen Dienstes, (4) eine weiterführende Flexibilisierung der Arbeitsbeziehungen im privaten Sektor, (5) die Schaffung eines einheitlichen zentralstaatlichen Regimes der Beschaffung und Auftragsvergabe und (6) eine Reorganisation der staatlichen Regulierungsinstanzen im Hinblick auf die privatisierten Unternehmen im Dienstleistungsbereich. Im Gespräch ist der Abbau von 20.000 bis 30.000 Arbeitsplätzen. Mit dem Dekret Nr. 660 vom Juni 1996 wurden 18 *secretarías* und 42 *subsecretarías* der Exekutive abgeschafft. Daß solch ehrgeizige Vorgaben in der Praxis aber nicht immer vollständig umgesetzt werden, zeigen die Erfahrungen mit der »ersten Staatsreform« unter Wirtschaftsminister Erman González. Vgl. Haldenwang 1994, 50f. Die Diskussion der jüngsten Entwicklungen in Argentinien stützt sich wesentlich auf Informationen der übers Internet verbreiteten elektronischen Ausgabe der Tageszeitung *Clarín* (www.clarin.com).
3   U.a. ein Haushaltsdefizit von unter 2,5 Mrd. Pesos, ein Wachstum des BIP von fünf Prozent, eine Jahresinflation von zwei Prozent und eine Erhöhung der Devisenreserven der Zentralbank um 1,2 Mrd. US$. Das Memorandum ist abgedruckt in Argentina – Ministerio de Economía 1996a, 159-164.

Realisierung, tradierte Machtpositionen und Reproduktionsmuster von politischen Eliten auf nationaler wie auch provinzieller Ebene berührt.

Zur gleichen Zeit verändert sich allem Anschein nach auch die Haltung der argentinischen Bevölkerung zum Anpassungsprozeß. Stand noch der Wahlkampf 1995 klar unter dem Zeichen der Stabilisierung und ihrer Bedrohung durch den »Tequila-Effekt«,[4] sind mittlerweile die heimischen Ursachen der wirtschaftlichen und sozialen Krise wieder stärker in den Vordergrund gerückt. Insbesondere die auf einem hohen Niveau verharrende Arbeitslosigkeit, verbunden mit einem tiefgreifenden Wandel der Arbeitsverhältnisse[5] und gesellschaftlichen Integrationsmuster, haben zum Resultat, daß mancher Argentinier makroökonomische Stabilität und fiskalische Austerität nicht mehr ohne weiteres und für alle Zukunft als die wichtigsten Ziele der Wirtschafts- und Sozialpolitik anerkennen möchte. Gewerkschaften und Oppositionsparteien machen sich die Forderungen nach weiterführenden, materiell wie auch symbolisch integrativen Leistungen des Staates zu eigen und entwickeln Phantasie und Mobilisierungsvermögen bei ihrer Artikulation. Offenbar kann die Regierung Menem gegenwärtig nicht mehr auf jene fast absolute Meinungsführerschaft bauen, mit der sie den Anpassungsprozeß ab 1989 gestaltet hat.

Hinzu kommt, daß das Reformprojekt der Regierung alsbald durch zwei Faktoren überschattet wurde: Die Entlassung von Wirtschaftsminister Cavallo im Juli 1996 führte dazu, daß die Glaubwürdigkeit des »Modells Argentinien« national wie international kurzfristig wieder ins Zentrum der Debatte rückte. Mit der Ernennung des orthodox-liberalen *técnicos* Roque Fernández, zuvor Zentralbankchef, versuchte Menem, Zweifeln des internationalen Finanzkapitals vorzubeugen und grundlegende Kontinuität in Wirtschaftsfragen zu demonstrieren. Tatsächlich gelang es, den von vielen mit großer Sorge antizipierten Amtswechsel relativ reibungsarm über die Bühne zu bringen.

Die Ablösung Cavallos vollzog sich indessen inmitten einer allgemeinen Neubestimmung der wirtschaftlichen und fiskalischen Situation Argentiniens. Die Vorgaben aus dem IWF-Memorandum erwiesen sich rasch als unrealistisch. Noch unter der Ägide Cavallos beschloß die Regierung eine weitere Kürzung von Sozialleistungen und eine Ausweitung der Neuverschuldung. Unter dem neuen Wirtschaftsminister wurde im August 1996 in aller Eile ein weiteres Sparpaket geschnürt, das u.a. eine Erhöhung der Steuer auf Treibstoffe und eine Ausweitung der Mehrwertsteuer (IVA) vorsah. Anders als noch im März 1995[6] mußte die Regierung diesmal allerdings erhebliche Anstrengungen unternehmen, um die Zustimmung des Kongresses zu erreichen. Zeitliche Verzögerungen und Abänderungen am ursprünglichen Paket machten deutlich, daß die Parlamentarier sich ihre legislative Gestaltungsmacht nicht mehr ohne weiteres aus der Hand nehmen lassen wollten. In wesentlichen Teilen wurden die Reformen Ende September 1996 jedoch verabschiedet. Entscheidend, neben dem Druck durch die Regierung und den Präsidenten selbst, war dabei wohl der Umstand, daß Mitte September ein *letter of intent*

---

4   Vgl. dazu Nolte 1996; Haldenwang 1996a; Delamata 1995. Zu den Auswirkungen des »Tequila-Effektes« in Argentinien: García / Gómez 1995; ökonomische Daten in: Argentina – Ministerio de Economía 1996a.

5   Von García Delgado (1995, 9f) treffend unter den Stichwörtern »Tertiärisierung«, Informalisierung und Destabilisierung subsumiert. Zum Problem der soziopolitischen Fragmentierung vgl. Repetto 1995.

6   Vor dem Hintergrund des Tequila-Effektes und der bevorstehenden Wahlen war es damals gelungen, ein radikales Spar- und Steuerpaket binnen zehn Tagen durch den Kongreß zu bringen.

gegenüber dem IWF formuliert wurde, der ein Defizit von nunmehr sechs Mrd. Pesos für 1996 vorsah, die zusätzlichen Einkünfte aus dem Reformpaket aber bereits berücksichtigte. Damit war klar, daß die Zustimmung des IWF wie auch die Freigabe der restlichen Tranchen des Anfang 1996 vereinbarten *stand by*-Kredites von der positiven parlamentarischen Behandlung des Paketes abhing.

Argentinien befindet sich damit einmal mehr in einer Situation, in der die langfristige Anpassung des Systems der staatlichen Regulierung durch kurzfristige Stabilisierungsbestrebungen überdeckt zu werden droht. Kann insofern überhaupt von einem Eintritt in die »zweite Anpassungsphase« gesprochen werden? Welche politische Dynamik weist die gegenwärtige Situation auf und wie wird sie sich auf die Konsolidierung des politischen Systems auswirken? Diese Fragen sollen im folgenden erörtert werden. Hierzu wird der nächste Abschnitt versuchen, den Begriff der *Anpassungsphasen* anhand einer Darstellung verschiedener Ansätze zu klären. Der Wandel der Prioritäten im Anpassungsprozeß und die Entstehung eines strukturellen Legitimierungsdilemmas werden dabei als zentrale Ursachen des Übergangs von der ersten zur zweiten Phase identifiziert. Der gegenwärtige Stand der Reformen in Argentinien wird der Gegenstand des zweiten Abschnittes sein. Hier soll untersucht werden, inwieweit die (argentinische) Empirie der Theorie folgt. Die Diskussion möglicher Auswirkungen der aktuellen Entwicklung auf den Prozeß der politischen Konsolidierung bildet den Abschluß des Artikels.

2. Anpassungsphasen: zum Stand der Diskussion

Die Debatte über verschiedene Phasen im gegenwärtigen Anpassungsprozeß hat ihren Ursprung in der Frage des »sequencing« von makroökonomischen und politisch-administrativen Maßnahmen im Rahmen der von den internationalen Finanzorganisationen empfohlenen Reformpakete (vgl. Edwards 1995, 70f; Fanelli/Frenkel/Rozenwurcel 1994). Es lassen sich zwei Perspektiven ausmachen:

1. Mit Blick auf das Wirtschaftssystem wird zwischen *Stabilisierung* und *struktureller Anpassung* differenziert. Maßnahmen der ersten Phase sind (a) die Beschränkung des Geldmengen- und Kreditwachstums, (b) die Verringerung des Haushaltsdefizits und (c) die Korrektur der Währungsparität (i.d.R. durch Abwertung). Im Zentrum der zweiten Phase stehen u.a. (a) Steuerreform, (b) Privatisierung, (c) Reform der staatlichen Institutionen (Effizienzsteigerung, »Verschlankung«), (d) Reform der Arbeitsbeziehungen und Lohnregime, (e) Exportförderung, (f) Außenhandelsliberalisierung und (g) Reform des Finanzsektors (Betz 1995, 6f; Gamarra 1994, 8f).

2. In bezug auf die politische Ökonomie des Anpassungsprozesses wird die *Initiierung* von der *Konsolidierung* der Reformen unterschieden.[7] (a) Die erste Phase ist durch hohe Unsicherheit über den zukünftigen Nutzen der Maßnahmen gekennzeichnet. Die potentiellen Nutznießer sind politisch fragmentiert und kaum zur Unterstützung zu mobilisieren. Die Begünstigten des bestehenden, traditionellen Modells weisen dagegen klare Präferenzen und eine vergleichsweise hohe Artikulationsfähigkeit auf. Die Konzentration von Entscheidungskompetenzen in

---

[7] Zu diesem Abschnitt: Haggard/ Kaufman 1992, 19f; 1994, 10-15; 1995, 9f. Edwards (1995, 9f) stützt sich auf diese Autoren, geht aber von einem dreistufigen Prozeß aus (Initiierung, Implementierung, Konsolidierung).

der Exekutive, so die Vertreter des Ansatzes, sei in dieser Phase wichtig, um politische Widerstände zu überwinden. (b) Für die Konsolidierung des Anpassungsprozesses ist hingegen die Stabilisierung der Erwartungen an das System der staatlichen Regulierung von Bedeutung. Aus dieser Perspektive macht es Sinn, die Möglichkeiten arbiträren Handelns durch die Exekutive einzuschränken. Dies geschieht durch die Entpersonalisierung und Dezentralisierung von Entscheidungskompetenzen und durch die Stärkung der politisch-administrativen Kontrollinstitutionen. Gleichzeitig muß die Effizienz der staatlichen Verwaltung gesteigert werden. Schließlich ist es notwendig, den Organisationsgrad der Zivilgesellschaft zu erhöhen und »Unterstützungsnetzwerke« zu bilden, wobei den Parteien eine Schlüsselrolle zukommt.[8]

Beide Differenzierungsschemata beruhen indessen explizit oder implizit auf zwei Annahmen: (1) Es gibt spezifische *Sets oder Bündel von Politiken*, die sich jeweils einer der Phasen zuordnen lassen. (2) Beide Phasen weisen einen spezifischen *Politikstil* auf, der sich aus der unterschiedlichen Komplexität der Reformen und der Verschiedenartigkeit der politischen Rahmenbedingungen begründet. Diese Annahmen sollen im folgenden näher untersucht werden.

Phasenspezifische Politiken: ein Problem der Prioritäten

Der Beginn der Anpassungsprozesse wird für die meisten Länder Lateinamerikas auf die zweite Hälfte der achtziger Jahre gelegt.[9] Bei der Beobachtung dieser Prozesse wurde indessen sehr rasch deutlich, daß *zeitgleich* mit jenen Maßnahmen, die kurzfristig auf eine makroökonomische Stabilisierung abzielten, immer auch schon Reformen implementiert wurden, die eine strukturelle Veränderung der Rahmenbedingungen wirtschaftlichen Handelns bewirken sollten. Während andere Autoren dies als ein Nebeneinander von kurz- und langfristigen Orientierungen in der Anpassungspolitik auffassen,[10] weisen Fanelli et al. (1994, 108) zu Recht darauf hin, daß makroökonomische Stabilisierung unter den heutigen Bedingungen strukturelle Reformen im o.e. Sinn von Beginn an zwingend erforderlich macht.

Aus der Erkenntnis dieses Sachverhaltes haben Autoren wie Morales (1995) und Naím (1994) den Schluß gezogen, daß eine phasenreine Verteilung von Stabilisierungs- und Strukturreformen in der Praxis nicht vorzufinden ist. Morales (1995, 2-6) spricht stattdessen von Reformen der ersten und der zweiten Generation. (1) Erstere verfolgen die Ziele makroökonomischer Stabilisierung, einer Korrektur der relativen Preise, einer Außenöffnung der Wirtschaft und der Beseitigung von Hindernissen für das Funktionieren der Märkte. (2) Die Maßnahmen der zweiten Generation bezwecken eine Neudefinierung der Rollen des Staates und des privaten Sektors. Privatisierung und Dezentralisierung sind hier von Bedeutung. Außerdem sollen die interne Spar- und die Investitionsquote erhöht werden, etwa über

---

8 In ihrem jüngsten Jahresbericht mit dem Themenschwerpunkt der Transformation von der Plan- zur Marktwirtschaft unterscheidet die Weltbank (1996) *Transformation* von *Konsolidierung*. Erstere umfaßt Maßnahmen der Stabilisierung, Liberalisierung, Privatisierung und Armutsbekämpfung. Letztere erfordert die Durchsetzung rechtsstaatlicher Normen, die Förderung der Bildung von Humankapital sowie Reformen des Finanzsektors und der staatlichen Institutionen (Dezentralisierung, Steuerregime etc.).

9 Ausnahme: Chile, wo der Prozeß bereits in den siebziger Jahren einsetzte. An anderer Stelle wurde im übrigen darauf verwiesen, daß die Anpassungsprozesse vielerorts nicht mit der Stabilisierung beginnen, sondern bereits zuvor mit der Destruktion des alten ISI-Modells und seiner tragenden Machtgruppen, bzw. mit einer Phase mißglückter Reformversuche nach traditionellem (»keynesianistischen«) Muster. Vgl. Haldenwang 1996b; zu letzterem Punkt auch Edwards 1995, 33-39.

10 So etwa Haggard/ Kaufman 1994, 6-10; ausführlicher Edwards 1995, 69-292.

Tabelle 1: Zwei Phasen ökonomischer Liberalisierung nach Naim		
	STAGE 1	**STAGE 2**
Priorities	Reduce inflation • Restore growth	Improve social conditions • Increase international competitiveness • Maintain macroeconomic stability
Reform Strategy	Change macroeconomic rules • Reduce size and scope of state • Dismantle institutions of protectionism and statism	Create and rehabilitate institutions • Boost competitiveness of private sector • Reform production, financing, and delivery of health care, education, and other public services • Create »economic institutions of capitalism« • Build new »international economic insertion«
Typical Instruments	Drastic budget cuts and tax reform • Price liberalization • trade and foreign-investment liberalization • Private-sector deregulation • Creation of social »emergency funds« bypassing social ministries • »Easier« privatizations	Reform of labor legislation and practices • Civil-service reform • Restructuring of gov't, esp. social ministries • Overhaul of admin. of justice • Upgrade of regulatory capacities • Improvement of tax collection capabilities • Sectoral conversion and restructuring • »Complex« privatizations • Building of export-promotion capacities • Restructuring of relations between states and federal government
Principal Actors	Presidency • Economic cabinet • Central banks • World Bank and IMF • Private financial groups and foreign portfolio investors	Presidency and cabinet • Congress • Public bureaucracy • Judiciary • Unions • Political parties • Media • State and local governments • Private sector
Public Impact of Reforms	Immediate • High public visibility	Medium and long term • low public visibility
Administrative Complexity of Reforms	Moderate to low	Very high
Nature of Political Costs	»Temporary corrections« widely distributed among the population	Permanent elimination of special advantages for specific groups
Main Governmental Challenge	Macroeconomic management by insulated technocratic elites	Institutional development highly dependent on midlevel public-sector management

Reformen der Sozialversicherungssysteme und der Investitionsregime. Daneben gibt es eine Reihe von Politiken, wie Steuer- und Haushaltsreformen, die in beiden Phasen vorzufinden sind, aber unterschiedlichen Motivationen folgen: Geht es zunächst v.a. um fiskalische Sanierung, gewinnen später Fragen der Effizienz und sozialen Gerechtigkeit (*equity*) an Wichtigkeit. Gleichzeitig erhöht sich die technische und politische Komplexität der Eingriffe.

Die wohl detaillierteste Darstellung von Anpassungsphasen stammt von Naím (1994). Zunächst stellt auch er fest: »Stabilization and structural change take place in both stages of the reform process« (ebd., 37). Die spezifischen Charakteristika beider Phasen werden dann anhand von acht Beurteilungskriterien herausgearbeitet und tabellarisch gegenübergestellt (Tabelle 1). Naím geht es allerdings nur um den Prozeß der ökonomischen Liberalisierung, weswegen er nicht alle Politiken berücksichtigt, die andere hier diskutierte Autoren als wesentlich für den Anpassungsprozeß bezeichnet haben.

Dessen ungeachtet bietet die Tabelle ein breites Spektrum von Beurteilungsmaßstäben an. Wie auch Morales geht Naím im übrigen davon aus, daß Glaubwürdigkeit ein wichtiges Motiv für die Implementierung von teilweise sehr radikalen Strukturreformen (»*overshooting*«) in der Stabilisierungsphase ist. Beide Autoren betonen zudem die Existenz unterschiedlicher Politikstile und verweisen darauf, daß die Reformen der ersten Phase in einem höheren Maße theoretisch fundiert und praktisch erprobt sind als jene der zweiten.

Was nun aber das Problem jeweils klar zuzuordnender Reformstrategien und -instrumente anbelangt, gelingt es auch den vorsichtigen und wirklichkeitsnäheren Ansätzen von Naím und Morales nicht, alle Zweifel zu zerstreuen. Natürlich verändert sich die Reformagenda der lateinamerikanischen Staaten im Verlauf des Anpassungsprozesses. Gleichwohl ist der Mix von (kurzfristigen) makroökonomischen Eingriffen und (mittel- bzw. langfristigen) Strukturreformen fast durchweg höher, als es das oben dargestellte Schema nahelegt. Sogar in Ländern mit traumatischen Erfahrungen der Hyperinflation und Destabilisierung (und dazu gehören beileibe nicht alle lateinamerikanischen Anpassungsfälle) lassen sich von Beginn der Stabilisierung an (bzw. zum Teil sogar bereits im Vorfeld) umfangreiche administrative Reformen, »komplexe« Privatisierungen, tiefgreifende Änderungen am Steuerregime und ambitiöse Dezentralisierungen beobachten, teilweise in mehreren kleineren Schritten, teilweise auch immer wieder überlagert durch Perioden, in denen die makroökonomische Stabilität erneut vordringlich wird.

Hinzu kommt, daß der Anpassungsprozeß, unabhängig von einem etwaigen stufenförmigen Verlauf, in aller Regel Brüche und Umkehrungen aufweist. Dies gilt in besonderem Maße für (1) die Währungspolitik, die in Naíms Tabelle erstaunlicherweise nicht vorkommt: Sie ist bekanntlich eines der heikelsten und auch konfliktivsten Themen der Anpassungsdebatte. Abwertung und Vereinheitlichung unterschiedlicher Wechselkurse im Rahmen der Stabilisierung, schleichende Überbewertung durch ausbleibende Anpassungsschritte, Destabilisierung durch kurzfristige externe Kapitalzu- oder –abflüsse u.ä.m. sind Probleme, die vielen lateinamerikanischen Regierungen Kopfzerbrechen bereiten. (2) In diesem Zusammenhang steht auch die Behandlung des externen Kapitals. Eine größtmögliche Öffnung der Finanzmärkte mag zu Beginn der Reformen notwendig sein, um den externen Ressourcenzustrom sicherzustellen. Spätestens mit der Mexiko-Krise wird die potentiell destabilisierende Wirkung von Portfolio-Investitionen oder kurzfristigen externen Krediten aber deutlich erkannt. Einige Länder der Region haben mit mehr (Chile) oder weniger (Kolumbien) großem Erfolg versucht, den Zustrom externen Kapitals hin zu langfristigen Direktinvestitionen im Produktivsektor zu kanalisieren. Weitere Problembereiche, in denen Politikwechsel durchaus an der Tagesordnung sein können, sind (3) der Außenhandel und (4) die internen Kreditmärkte.

Schließlich darf nicht unerwähnt bleiben, daß wesentliche Reformen der zweiten Phase in vielen Fällen erst auf dem Papier mehr oder weniger bindender Regierungsprogramme oder Kommissionsberichte existieren. Die Komplexität und Radikalität dieser institutionellen Eingriffe, mit denen ja die qualitative Unterscheidung von Phasen *unter anderem* begründet wird, ist also in vielerlei Hinsicht erst noch Postulat. Wie die politischen Systeme auf den zweifellos vorhandenen Reformbedarf reagieren, ist noch nicht immer klar. Daß sie die Wunschzettel der Modellutopisten vollständig abarbeiten werden, scheint aber eher unwahrscheinlich.

Ist es unter diesen Umständen überhaupt möglich und sinnvoll, empirisch vorfindliche Anpassungsprozesse in Phasen zu unterteilen? Was die Möglichkeit anbetrifft, ist diese Frage trotz der vorgebrachten Einwände durchaus mit ja zu beantworten. Das entscheidende Kriterium sollte allerdings nicht die Identifizierung typischer Politiken (sprich: Strategien und zugehöriger Instrumente) sein, sondern der *Wandel der Prioritäten und des Zeithorizontes* im Anpassungsprozeß. Dieser Wandel vollzieht sich nicht nur innerhalb der politischen Führungsspitze, sondern auch und vor allem in der Öffentlichkeit. (1) Die Prioritätensetzung auf den Wert »Stabilität« in der ersten Phase bedeutet, daß (a) bei anpassungspolitischen Zielkonflikten die kurzfristig integrative Leistung der makroökonomischen Stabilisierung höher bewertet wird als mögliche Integrationsgewinne durch Verteilung und daß (b) die gestiegene Effizienz des »makroökonomischen Managements« stärkere Beachtung findet als die Aussicht auf langfristige Effizienzgewinne durch institutionelle Reformen.[11] (2) In der zweiten Anpassungsphase werden diese Leistungen indessen als unzureichend empfunden. Die Prioritäten verschieben sich hin zu weniger unstrittigen Konzepten wie »Gleichheit«, »soziale Integration«, »Effizienzsteigerung statt Leistungskürzung« oder auch »Wettbewerbsfähigkeit«. Dies hat zum Resultat, daß institutionelle Reformen ins Blickfeld rücken, komplexere Maßnahmen diskutiert werden, der Zeithorizont der Reformdiskussion sich in den mittel- und langfristigen Bereich verschiebt, Verteilungskonflikte an Schärfe gewinnen und die politischen Organisationen verstärkt Zugang zum Entscheidungsprozeß suchen (und erhalten).

Bleibt die Frage, wie sinnvoll es ist, eine Einteilung nach Phasen vorzunehmen, wenn (1) die Maxime für die Anpassungspolitiker nach Ansicht des Chefökonomen der Weltbank für Lateinamerika ohnehin lauten muß, überall dort voranzuschreiten, wo es ihnen möglich ist,[12] wenn (2) strukturelle Anpassung sowieso immer wieder hinter dem Primat konjunktureller makroökonomischer, aber auch politischer Stabilisierung zurückstehen muß und wenn (3) die modernisierungstheoretische Vorstellung einer stufenförmigen Entwicklung mit immer attraktiveren »Fortschrittsprämien« den realen Risiken und Fährnissen der Anpassung offensichtlich nicht gerecht wird.

Der analytische Wert des Phasenarguments liegt weniger im ökonomischen als vielmehr im politischen Bereich: Es verweist darauf, daß sich den Anpassungsphasen unterschiedliche Rahmenbedingungen politischen Handelns zuordnen lassen, die mit der öffentlichen Diskussion von Prioritäten des gesellschaftlichen Wandels in Beziehung stehen. Der »qualitative Sprung« von der ersten zur zweiten Anpassungsphase läge also weniger in der Auswahl spezifischer Politiken als vielmehr in einer strukturellen Veränderung der politischen Entscheidungsprozesse und des Legitimierungsdrucks, dem diese ausgesetzt sind. Dies soll im folgenden weiter ausgeführt werden.

---

11 An anderer Stelle wurden »Effizienz / Effektivität« und »Integration« als die zwei wesentlichen gesellschaftlichen Legitimierungsforderungen identifiziert. Vgl. Haldenwang 1996a, 181f.

12 »Increasingly, however, policy analysts are coming to the conclusion that sequencing is mostly a political issue. Reformers should try to make progress on whatever front they can« (Edwards 1995, 71).

Phasenspezifische Politikstile: ein Problem der Legitimierung

Es ist inzwischen fast zu einem Gemeinplatz geworden, daß die zweite Anpassungsphase sich nicht mehr auf die autoritative Durchsetzung von Reformen stützen kann, sondern eine Ausweitung des politischen Entscheidungsprozesses und eine Änderung des Politikstils erfordert. Die These stützt sich v.a. auf zwei Argumente:

1.Die Verschärfung der Verteilungskonflikte nach erfolgter Stabilisierung macht nach Ansicht einiger Autoren den Aufbau von »effective networks of support and communication« im Zuge der Konsolidierung erforderlich (Haggard / Kaufman 1995, 10; Floria 1995, 10). Daraus folgt jedoch nicht, daß die »*accountability*« eines Regimes allgemein erhöht werden muß, um strukturelle Eingriffe in das System der staatlichen Regulierung erfolgreich durchzuführen. Die notwendige Unterstützung kann theoretisch ja auch durch begrenzte Elitenpakte eingeworben werden.

2.Noch wesentlich weiter verbreitet ist die Meinung, daß die zunehmende »Komplexität« der Anpassungsmaßnahmen es gebietet, die Konzentration von Kompetenzen in der Exekutive und die wenig transparente Gestaltung der Entscheidungsprozesse zu revidieren. Eine stärkere Beteiligung der anderen staatlichen Institutionen (insbesondere des Parlaments und der untergeordneten Gebietskörperschaften mit ihrer jeweils eigenen Legitimitätsbasis) und der gesellschaftlichen Organisationen wird als notwendig betrachtet, um einen möglichst breiten Konsens über die Lastenverteilung im Anpassungsprozeß zu erzielen, die Implementation der Reformen zu erleichtern und eine höhere Effizienz staatlicher Regulierung zu erreichen.

Für die Einteilung des Anpassungsprozesses nach Politikstilen spricht in der Tat einiges. Warum aber die Komplexität der Reformen für den »qualitativen Sprung« verantwortlich sein soll, vermag nicht so ohne weiteres einzuleuchten. Es wurde oben ja bereits festgestellt, daß auch komplexere Strukturreformen schon in der Phase stabilisierender Anpassung vorkommen können. Das duale Schema des »Komplexitätsansatzes« – einfache Reformen per Dekret dort, schwierigere per Aushandelung hier – ist insofern selbst unterkomplex. Es ist zudem keineswegs ausgemacht, daß die Realisierung komplexerer Reformen nicht auch über hierarchisch geordnete und autoritativ gesteuerte Entscheidungsprozesse und Verwaltungsstrukturen erfolgen *kann*. Pinochet, Fujimori, Paz Estenssoro, Menem und andere haben zu unterschiedlichen Zeiten und im Rahmen unterschiedlicher politischer Regime *strukturelle* Veränderungen am System staatlicher Regulierung durchsetzen können, ohne daß gleichzeitig ein Wechsel der Politikstile im Sinne des Ansatzes stattgefunden hätte. Andersherum scheiterten Politiker wie Alfonsín und Siles Zuazo mit Stabilisierungsprogrammen, weil die anpassungspolitischen wie auch gesellschaftlichen Prioritäten den realen Möglichkeiten staatlicher Regulierung nicht entsprachen. Angesichts der vielfach noch ungelösten Probleme der aktuellen Reformagenda ist es im übrigen völlig unklar, ob und ggf. an welchem Punkt die anstehenden Maßnahmen einen Wandel der Entscheidungsprozesse tatsächlich und zwingend notwendig machen würden.

Wenn nun aber die Komplexität der Reformen nicht ohne weiteres zur Begründung von phasenspezifischen Politikstilen herangezogen werden kann, worauf soll sich dann eine Theorie des politischen Wandels im Anpassungsprozeß stützen? Zwei Beobachtungen können hier vielleicht weiterhelfen:

1. Mit den *veränderten Prioritäten* wachsen in der zweiten Phase der Anpassung die Anforderungen an die staatliche Regulicrung. (a) Das liegt zum einen daran, daß gesellschaftliche Verteilungskonflikte und –forderungen an den Staat zunehmen, wenn die makroökonomische Stabilisierung als gesichert angesehen wird.[13] Da die Regierung gleichzeitig gezwungen ist, die fiskalische Disziplin aufrechtzuerhalten (bzw. zu erhöhen), um die mühsam errungene Stabilität nicht zu gefährden, ist der wirtschaftliche Erfolg für sie evtl. mit erhöhtem politischen »Streß« verbunden. (b) Hinzu kommt, daß die Reformen des politisch-administrativen Systems und die Formulierung eines Programms nachhaltiger Entwicklung sich im Gegensatz zu den Stabilisierungsmaßnahmen nicht auf ein hegemoniales Modell stützen können. Ein Reformprojekt muß sich daher u.U. mit Alternativen auseinandersetzen, die auch praktikabel und rational sind, aber die Lasten der Anpassung anders verteilen. Damit verändern sich auch die Bedingungen des politischen Wettbewerbs. (c) Der erweiterte Zeithorizont der Maßnahmen hat seine Auswirkungen auf die Implementierung: Unter dem Eindruck gefährdeter Stabilität mögen implementierende Instanzen oder betroffene gesellschaftliche Gruppen bereit sein, in der Hoffnung auf zukünftige Kompensationen (oder aus Furcht vor größeren Verlusten) kurzfristig höhere Lasten zu akzeptieren bzw. sie gegenüber ihrer Klientel zu verantworten. Rückt die langfristige Dimension der Eingriffe ins Zentrum der Diskussion, wird diese Bereitschaft jedoch deutlich abnehmen.

2. Wesentlich für den Wandel ist daneben die Entstehung eines *strukturellen Legitimierungsdilemmas* in der ersten Anpassungsphase. Kurzfristig wirksame Maßnahmen und »makroökonomisches Management« haben in dieser Periode wie oben erwähnt Priorität über Reformen am System der politischen Institutionen. Das bedeutet, daß traditionelle Mechanismen der Legitimierung zwangsläufig toleriert oder sogar noch erweitert werden.[14] Daneben werden teilweise neue und legitimatorisch ebenfalls bedeutsame Formen staatlicher Regulierung geschaffen.[15] Das Fortbestehen traditioneller, vergleichsweise kostenträchtiger Legitimierungsmuster und die ineffiziente Doppelung von Regulierungsleistungen im Bereich der politischen Integration kollidieren jedoch mit dem Zwang zu fiskalischer Austerität und Rationalisierung des Systems der staatlichen Regulierung. Es entsteht ein Widerspruch zwischen fiskalischer Anpassung und der Legitimierung gegenüber jenen Gruppen, auf deren Unterstützung oder zumindest Neutralität das Regime in dieser Phase angewiesen ist. Dieser Widerspruch beeinträchtigt zudem die Legitimitätsbasis eines Regimes, dessen Anerkennung zu diesem Zeitpunkt ja nicht mehr nur auf traditionellen Mustern, sondern v.a. auch auf seiner ökonomischen Performanz beruht.

---

13 Vgl. Manzetti / Dell'Aquila 1988, 21. Die Argumentation dieses und des folgenden Absatzes stützt sich zudem auf Ausführungen, die bereits an anderer Stelle gemacht wurden. Vgl. Haldenwang 1996b.

14 Als »traditionell« gelten Legitimierungsmuster, die die Entwicklungsperiode der ISI charakterisiert haben, hier insbesondere (1) die Gewährung von Renten und Subventionen zugunsten spezifischer Gesellschafts- und Kapitalsektoren, (2) das direkte unternehmerische Engagement des Staates und (3) die Bildung von Klientel- und Patronagebeziehungen zur Herrschaftssicherung und Elitenreproduktion.

15 Darunter fallen in dieser Phase v.a. die Dezentralisierung, die Verlagerung von Kompetenzen auf »technische Institutionen« wie die Zentralbank und die Bildung technokratischer *change teams* (Waterbury 1992), die weitgehend abgeschirmt von gesellschaftlichen Einflüssen operieren sollen.

Die auftauchenden Legitimitätsdefizite können auf dreierlei Art und Weise verarbeitet werden: (1) Das Regime kann für die *autoritäre Entlastung* von Legitimierungsforderungen optieren. Ob auf diesem Wege jedoch die Reformen der *zweiten* Anpassungsphase erfolgreich durchgeführt und das betreffende Land politisch wie auch ökonomisch konsolidiert werden können, ist zumindest fraglich. (2) Eine weitere Option besteht in der (vorübergehenden oder dauerhaften) *Erweiterung der Verteilungsmasse*, über die sich Legitimitätsdefizite kompensieren lassen. Dies wäre z.B. durch erhöhte externe Ressourcenzuflüsse möglich (Beispiel Mexiko). Auch Renten (Venezuela) oder dynamisches Wachstum (Korea) sind Faktoren, mit denen das beschriebene Dilemma von ineffizienter politischer Regulierung vs. fiskalischer Disziplin zulasten letzterer entschärft werden kann. (3) Für die meisten Länder Lateinamerikas gilt jedoch, daß derartige Strategien über kurz oder lang an ihre Grenzen stoßen. Effizienzsteigernde Reformen, v.a. eine vertiefte *Institutionalisierung von Legitimierungsbeziehungen* im Rahmen des demokratischen Regimes, sind dann kein »Luxus«, sondern bilden eine rationale Alternative zu den beiden anderen beschriebenen »Auswegen« aus dem Legitimitätsdilemma.

Ausgangspunkt der zweiten Anpassungsphase ist der Druck, das relative Reformdefizit des politischen Systems i.e.S. gegenüber dem »makroökonomischen Management« abzubauen und auf diesem Wege jene Effizienzgewinne zu erzielen, die eine politisch-ökonomische Konsolidierung längerfristig möglich machen sollen. Die beschriebenen Veränderungen im Politikstil ergeben sich somit in erster Linie aus einem Zusammenspiel von zwei Faktoren: (1) Die Reformen berühren zunehmend traditionelle Mechanismen der Herrschaftssicherung und eliteninternen Konfliktregulierung und (2) ihre langfristige Orientierung führt zu veränderten Bedingungen bei der Implementierung, wie sie oben beschrieben wurden. Ein verstärkter Rekurs auf Konsensbildung, Delegierung und Verhandlung bietet in einer solchen Situation nicht nur Vorteile bei der Implementierung, sondern erweitert auch den Kreis der Verantwortlichen für den Strukturwandel. Angesichts wachsender Anforderungen an die staatliche Regulierung mag das von einer Regierung, die sich bislang vornehmlich über ihre Erfolge im Stabilisierungsprozeß legitimiert hat, als Entlastung empfunden werden.

Zusammengefaßt: Anpassung verläuft als stufenförmiger Prozeß, in welchem (1) die Prioritäten und (2) der zeitliche Horizont des gesellschaftlichen Wandels, (3) die Bedingungen für eine erfolgreiche Legitimierung des Systems staatlicher Regulierungen und damit (4) auch die Reformagenda sich qualitativ verändern, während (5) gleichzeitig die Kosten reformerischer Untätigkeit ansteigen (Legitimierungsdilemma). Im folgenden soll nun untersucht werden, inwieweit sich der Fall Argentinien in dieses Schema einfügt und welche Schlüsse sich daraus mit Blick auf die politische und ökonomische Konsolidierung des Landes ziehen lassen.

3. Anpassungsphasen in Argentinien

Trotz des wirtschaftlichen Einbruchs im Zuge der »Mexiko-Krise«, teilweise auch gerade aufgrund der Art, wie der »Tequila-Effekt« verarbeitet wurde, gilt Argentinien nach wie vor vielerorts als anpassungspolitischer Erfolgsfall. Hierzu trägt v.a. die hohe Preisstabilität und das dynamische Wachstum zwischen 1991 und 1994 bei. Als problematisch gilt demgegenüber bei Kritikern wie auch Befürwortern des »Modells Argentinien« die anhaltende Abhängigkeit von externen Ressourcenzuflüssen infolge der niedrigen internen Sparquote und der fiskalischen Defizite. Für letztere werden u.a. die Defizite der öffentlichen Sozialversicherungen, Anpassungsprobleme in den Provinzen, eine hohe Schuldendienstquote, eine immer noch zu umfangreiche zentralstaatliche Verwaltung und ein unzulängliches Steuerregime verantwortlich gemacht. In jüngster Zeit wird von Vertretern der Regierung und der internationalen Finanzorganisationen zudem verstärkt auf Rigiditäten im System der Arbeitsbeziehungen hingewiesen, die als zentrales Hindernis für eine Absenkung der Arbeitslosigkeit betrachtet werden (*Clarín* vom 3. 10. 1996). Kritische Autoren und Anhänger der Opposition sind dagegen der Ansicht, daß die Lasten der Anpassung falsch verteilt wurden und die zukünftige sozioökonomische wie auch politische Entwicklung Argentiniens durch die Regierung Menem in unverantwortlicher Weise aufs Spiel gesetzt wird.[16]

Ist Argentinien bei alledem ein Beispiel für einen in Phasen verlaufenden Reformprozeß? Zunächst liefert dieser Fall gute Argumente für die Kritik an den oben dargestellten »Policy-« und »Komplexitätsansätzen«. Selbst wenn man den Beginn des Anpassungsprozesses in Argentinien auf den Regierungswechsel Mitte 1989 legt,[17] lassen sich klare zeitliche Überschneidungen von »makroökonomischem Management« und Strukturreformen, von relativ einfachen und komplexeren Maßnahmen beobachten. Beispiele:

1. Der *Privatisierungsprozeß*: Die Veräußerung von Großunternehmen wie ENTel oder Aerolíneas Argentinas gehörte sicherlich nicht zu den »einfacheren« Privatisierungen. Gleichwohl wurde sie bereits im Vorfeld der Stabilisierung vom April 1991 durchgeführt, wobei die Regierung allerdings teure Lernprozesse durchzumachen hatte. Die Gründe für die große Eile lagen in diesem Fall darin, daß die Glaubwürdigkeit des Prozesses innen- wie außenpolitisch erhöht und der öffentlichen Hand gleichzeitig dringend benötigte Ressourcen zugeführt werden sollten (Schvarzer 1993).

2. Die Dezentralisierung von administrativen Entscheidungskompetenzen setzte bereits in den Jahren der Militärherrschaft ein. Sie wird unter Menem weiter vertieft, wobei die kurzfristige Konsolidierung der staatlichen Haushalte ebenso eine Rolle spielt wie der langfristige Umbau der öffentlichen Dienstleistungen (Erziehung, Gesundheit, Infrastruktur). Auch der Umbau des Regimes der steuerlichen Einkünfte (*Coparticipación*) verläuft phasenübergreifend. Wie oben erwähnt, wird nun erwogen, in bestimmten Politikfeldern Kompetenzen zu regionalisieren.

3. Schrittweise Reformen auch beim Regime der Arbeitsbeziehungen: Erste Eingriffe in das Streikrecht finden im Oktober 1990 statt (Dekret 2148), also vor der Stabilisierung ab April 1991. Die Deregulierung der Arbeitsbeziehungen, im November 1991 angekündigt, kann von den Gewerkschaften zunächst hinausgezögert werden, wird aber im April 1993 zumindest in Teilen durchgesetzt (Dekret

---

16 Zu den Kritikern aus dem Bereich der Wissenschaften zählen etwa Schvarzer 1995; Gerchunoff/ Machinea 1995; Azpiazu/ Nochteff 1994 in ökonomischer, und García Delgado 1994; Palermo 1995 und O'Donnell 1995 in politischer Hinsicht.

17 Eine Sichtweise, die hier nicht geteilt wird: Nicht nur fanden bereits unter Alfonsín zunehmend modellnahe Stabilisierungsversuche statt, sondern wesentliche Voraussetzungen für den Strukturwandel der letzten Jahre wurden schon unter der letzten Militärdiktatur geschaffen. Ausführlicher dazu wie auch zu den folgenden Punkten: Haldenwang 1994, 37-179.

407). Auch der Umbau der gewerkschaftlichen Sozialwerke wird im Oktober 1996 per Präsidentialdekret eingeleitet. Das jüngste Regierungsprojekt zur *flexibilización laboral* wird dieser Tage lebhaft diskutiert und soll der Reform neuen Schub geben. 4.Schließlich ist auch die eingangs des Artikels angesprochene Reform der Exekutive keine absolute Neuheit, sondern knüpft an Maßnahmen an, die schon unter Wirtschaftsminister Erman González (vom Dezember 1989 bis Januar 1991 im Amt) ins Auge gefaßt, wenn auch nur teilweise realisiert wurden (der sog. *Plan Erman III*).

Kurz nach dem Amtsantritt Carlos Menems erreicht die Regierung die Verabschiedung von zwei *Gesetzen*, welche die politischen und regulativen Voraussetzungen für die nachfolgenden anpassungspolitischen Maßnahmen schaffen.[18] Die darin enthaltenen Bestimmungen und Ausführungen zeigen mit großer Klarheit, daß das kurzfristige Ziel der makroökonomischen Stabilisierung bereits zu diesem Zeitpunkt von langfristigen Plänen eines radikalen Strukturwandels der staatlichen Regulierung begleitet wurde.

Auch hinsichtlich der Beziehung zwischen Politikstil und Komplexität der Reformen stützt der Fall Argentinien die oben formulierte Kritik. Wesentliche Teile des Reformpaketes wurden von technokratischen *change teams* vorbereitet und per Präsidentialdekret durchgesetzt. Exponent dieses Politikstils wurde Wirtschaftsminister Domingo Cavallo, dem im April 1991 die makroökonomische Stabilisierung gelang. Wofern Verhandlungen mit dem Kongreß notwendig waren, um komplexere Maßnahmen durchzuführen oder legislativ abzusichern,[19] war der Verweis auf die Gefährdung der Stabilisierung durch Veränderungen oder Verzögerungen der Reformprojekte ein probates und i.d.R. auch erfolgreiches Mittel zur Disziplinierung der Parlamentarier. Daran zeigt sich auch, daß Verhandlungen zwischen staatlichen Institutionen nicht schon *per se* auf Änderungen am Politikstil hindeuten.[20]

Wesentlich für die Gestaltung des Anpassungsprozesses in dieser Phase scheint zu sein, daß ein grundlegender Wandel der Prioritäten im Sinne des hier vertretenen Ansatzes lange Zeit nicht stattgefunden hat. Zwar veränderte sich in den Jahren 1993 und 1994 die politische Situation: Die sozialen Kosten der Anpassung wurden zunehmend thematisiert. Die Wiedervereinigung der Gewerkschafts-Dachverbände und die Bildung einer linken Oppositionspartei mit Wahlerfolgen v.a. in der Hauptstadt Buenos Aires führten dazu, daß alternative politische Diskurse an Bedeutung gewannen. Für die Legitimierung des »Modells Argentinien« blieben die makroökonomische Stabilität und die wirtschaftspolitische Performanz der Regierung jedoch zentrale Faktoren. Die »Mexiko-Krise« und der »Tequila-Effekt« verhinderten zudem, daß der Wandel der Prioritäten vor den Wahlen von 1995 die Hegemonie des »Stabilisierungsdiskurses« ernsthaft in Frage stellte. Die Legitimierung des Modells funktionierte vornehmlich auf der Basis einer Kombination

---

18 Die Rede ist von den Gesetzen 23.696 (*Ley de Reforma del Estado*) und 23697 (*Ley de Emergencia*) vom August bzw. September 1989. Vgl. IDEP 1989.

19 Dies ist vor allem bei Reformen der Fall, die Prärogative der Provinzen berühren, wie etwa bei der jüngsten Anhebung der Treibstoffsteuern die Veränderungen am System der *Coparticipación*, das die Verteilung von Steuereinkünften zwischen Nation und Provinzen regelt. Vgl. zu diesem Punkt auch Palermo 1995.

20 Das gilt im übrigen auch für den »Pakt von Olivos« vom November 1993, bei dem sich Alfonsín und Menem auf die Durchführung und Grundzüge einer Verfassungsreform einigten. Eher ist dies ein typisches Beispiel für ein informelles eliteninternes Abkommen *zulasten* höherer Transparenz des politischen Entscheidungsprozesses. Vgl. Ferreira Rubio/ Goretti 1995; Jackisch 1996.

von technischer Effizienz und politischer Integration, personifiziert und charismatisch unterlegt von Wirtschaftsminister Cavallo und Präsident Menem (Haldenwang 1996a).

»Tequila-Effekt« und Wandel der anpassungspolitischen Rahmenbedingungen
Dessen ungeachtet veränderten sich mit dem »Tequila-Effekt« im Rezessionsjahr 1995 aber auch die Grundlagen für eine Fortführung des Anpassungsprozesses nach dem Muster der ersten Phase. Konnten in den Wachstumsjahren davor einige spezifische Verteilungsleistungen des Regimes noch durch steigende Steuereinkünfte und die Ressourcen aus dem Privatisierungsprozeß finanziert werden,[21] führten sinkende Revenuen der öffentlichen Hand und der rapide Anstieg der Arbeitslosigkeit auf Werte zwischen 15 und 20 Prozent zu einer klaren Verschärfung der sozialen Situation. Nicht zufällig wurde der Abbau der Arbeitslosigkeit neben der Stabilitätssicherung zum zentralen Thema des Wahlkampfes 1995.

Die wirtschaftliche Entwicklung des Jahres 1995 hatte zum Resultat, daß die Regierung nach ihrem Wahlerfolg kaum mehr über den Spielraum verfügte, (1) etwaige Legitimitätsdefizite über materielle ad-hoc-Leistungen zu kompensieren und (2) die traditionellen Legitimierungsmuster peronistischer Politik (quasi-feudale Politikstrukturen in den Provinzen, Ämterpatronage, Klientelismus) längerfristig aufrechtzuerhalten.[22] Damit waren die Bedingungen für eine Entfaltung des beschriebenen *strukturellen Legitimierungsdilemmas* gegeben, die aber zunächst von zwei Faktoren gebremst wurde:

1. Einmal mehr spielte die politische Konjunktur der Regierung Menem in die Hände. (a) Die FREPASO (*Frente para un País Solidario*), die aus den Wahlen als dritte Kraft hervorging,[23] war zunächst nicht imstande, sich zu konsolidieren. Persönliche Rivalitäten, programmatische Differenzen zwischen den verschiedenen Organisationen der Frente und Probleme beim Aufbau einer Parteiorganisation ließen die Zukunft des gemäßigt linken Oppositionsbündnisses ungewiß erscheinen. (b) Die UCR mußte ihrerseits zuerst die historische Niederlage vom Mai 1995 (nur 16,4 Prozent bei den Präsidentschaftswahlen) verarbeiten. Hinzu kommt, daß mit Eduardo Angeloz und Horacio Massaccesi zwei prominente Vertreter des Radikalismus in juristische Auseinandersetzungen um den Mißbrauch öffentlicher Gelder verwickelt sind. (c) Angesichts des klaren peronistischen Wahlsieges waren schließlich auch die Gewerkschaften nicht in der Lage, ihre internen Auseinandersetzungen kurzfristig zu überwinden und ein kohärentes alternatives Projekt sozialer Integration zu formulieren.

2. Wesentlich war daneben auch, daß die internen Ursachen der Rezession in der Öffentlichkeit weniger deutlich zur Sprache kamen, als die externen (»Tequila-Effekt). Die Stabilisierungspolitik des Gespanns Menem – Cavallo wurde in dieser

21 Gemeint sind hier v.a. der sog. *Plan de Justicia Social en el Conurbano Bonarense* und punktuelle Zugeständnisse an die Provinzen, mit welchen jene ihre Anpassungsprozesse sozialverträglicher, z.T. wohl auch »elitenfreundlicher« gestalten konnten. Vgl. u.a. Repetto 1995, 108f. Insgesamt war der finanzielle Spielraum natürlich gleichwohl sehr eng, schon aufgrund der hohen Belastung durch den externen Schuldendienst. Allerdings wurden mit dem Brady-Plan bekanntlich Zahlungen auf die kommenden Jahre verschoben, was eine kurzfristige Entlastung bedeutete, die Perspektiven einer wirtschaftlichen Erholung Argentiniens aber gerade heute zusätzlich verdüstert.

22 Palermo (1995, 87) beschreibt den Politikstil der Regierung Menem als Zusammenspiel des »peronistischen« mit dem »technokratischen Faktor«.

23 Sie kam bei den Präsidentschaftswahlen mit 28,2 Prozent auf den zweiten, bei den Wahlen zum Abgeordnetenhaus mit 21,2 Prozent knapp hinter der UCR (*Unión Cívica Radical* – 21,8 Prozent) auf den dritten Platz. Für eine ausführlichere Wahlanalyse vgl. Delamata 1995; de Riz 1996; Nolte 1996.

Periode, wie zuvor schon, als angemessen, wenn auch schmerzlich, wahrgenommen. Eine rationale Alternative schien nicht in Sicht. Die typischen Bedingungen der ersten Phase – ein hegemoniales, theoretisch fundiertes und global wirksames Anpassungsmodell vor dem Hintergrund einer als kritisch eingeschätzten makroökonomischen Lage – kamen zu diesem Zeitpunkt insofern noch einmal voll zum Tragen.

Die anpassungspolitische Situation änderte sich jedoch ab Ende 1995: (1) Die makroökonomische Stabilität war offensichtlich fürs erste nicht (mehr) gefährdet, weil internationale Rettungsaktionen den notwendigen Zufluß von Ressourcen sichergestellt hatten. Mehr noch: Die prompte Reaktion der Finanzorganisationen ließ erwarten, daß ein Zusammenbruch des »Modells Argentinien« auch künftig mit allen Mitteln verhindert werden würde. Damit verlor – ein paradoxes Resultat des »Tequila-Effekts« – das »Stabilitätsargument« im internen politischen Diskurs an Bedeutung. (2) Anfang 1996 wurde zudem deutlich, daß sich die Rezession in das laufende Jahr hinein erstrecken würde. Als problematische Größen erwiesen sich insbesondere das Wachstum des produktiven Sektors und die Investitionen.[24] Eine schnelle Kompensation der Stabilisierungskosten war daher nicht in Sicht, vielmehr zeichneten sich neue Belastungen auch für jene ab, die vom Anpassungsprozeß bislang grundsätzlich profitieren konnten. (3) In diesem Zusammenhang mußten auch die Aussichten auf eine baldige Verbesserung der sozialen Situation immer diffuser erscheinen. Die halbjährliche Umfrage des statistischen Amtes INDEC erbrachte für den Mai 1996 einen abermaligen Anstieg der Arbeitslosigkeit von zuletzt (Oktober 1995) 16,4 auf 17,1 Prozent. Im Laufe des Jahres wurden zudem, wie oben erwähnt, weitere Einschnitte bei den Sozialprogrammen beschlossen.

Damit unterscheidet sich die Situation heute in einem wesentlichen Punkt von jener des Jahres 1991: Während damals die Stabilisierung in einer dynamischen wirtschaftlichen Aufschwungphase stattfand (Wachstum des BIP 1991: 8,9 Prozent) und somit breiten Bevölkerungssektoren günstige ökonomische Zukunftsperspektiven eröffnete, wurde die Bewahrung der Stabilität jetzt mit einer Rezession erkauft, deren ökonomische und soziale Folgen nicht so rasch überwunden werden können, wie die Regierung das vor und nach den Wahlen suggeriert hat. Forderungen nach sozioökonomischen Integrationsleistungen können in einer solchen Situation nicht weiter auf den Markt verlagert werden. Legitimitätsdefizite des neuen Modells der Beziehungen von Staat und Gesellschaft drohen auf das gesamte politische System durchzuschlagen. Die typische Legitimitätsbasis einer Regierung der ersten Anpassungsphase – makroökonomische Erfolge bei geringer Transparenz des politischen Prozesses – erweist sich dann als zu schmal, um eine Vertiefung der Reformen und eine Konsolidierung des Modells zu gewährleisten.

Argentiniens zweite Anpassungsphase

Unter den neuen Bedingungen führten die eingangs des Artikels geschilderten Austeritätsmaßnahmen Mitte des Jahres 1996 dazu, daß sich der politische Druck auf die Regierung Menem stark erhöhte. Generalstreiks der Gewerkschaften im August und September stellten eine bislang ungewohnte Herausforderung für die

---

24 Der produktive Sektor schrumpfte im ersten Quartal 1996 um 5,9 Prozent gegenüber dem gleichen Vorjahreszeitraum, die Investitionen sogar um 14 Prozent. Vgl. Argentina – Ministerio de Economía 1996b, 15-30.

peronistische Regierung dar. Den Oppositionsparteien gelang im September zudem ein *golpe de opinión* in Form eines fünfminütigen Lichterlöschens als Ausdruck des Protestes gegen die sozialen Kosten der Anpassung. Wichtiger noch: Die Regierung sieht sich heute vor der Gefahr, die politische Initiative und die Meinungsführerschaft bei der Gestaltung des Anpassungsprozesses einzubüßen. Alternative Projekte, formuliert von den gesellschaftspolitischen Organisationen, zunehmend aber auch von den Provinzen und im Kongreß, untergraben die hegemoniale Position des »menemistischen« Projektes.

Gleichzeitig machen sich die veränderten Implementierungsbedingungen der erweiterten Reformagenda bemerkbar. Lief die fiskalische Anpassung bisher mehr schlecht als recht über Leistungseinschränkungen und den regulatorischen Rückzug des Staates, steht die Regierung nun unter dem Druck, Effizienzgewinne im System staatlicher Regulierung zu erzielen, will sie nicht die politischen Kosten immer schärferer Austeritätsmaßnahmen auf sich laden. Dies erfordert jedoch eine vertiefte Einbindung weiterer staatlicher wie privater Akteure in den politischen Entscheidungsprozeß. Zentrale Instanzen sind in dieser Beziehung die Provinzen und der Kongreß, während sich der Einfluß der gesellschaftlichen Interessengruppen wohl eher auf die Verhinderung nicht genehmer Politiken als auf die positive Gestaltung des Reformprozesses konzentrieren wird.

1.Verhandlungen mit den Provinzen sind eine Konstante im argentinischen Anpassungsprozeß nach 1983. Unter Alfonsín hatte die geringe fiskalische Disziplin der Provinzen wesentlichen Anteil am Scheitern der diversen Stabilisierungsprogramme (Haldenwang 1994, 64-67). Auch unter Menem blieben provinzielle Anpassungsmaßnahmen lange Zeit aus oder erfolgten nur unter Druck, auch wenn die große Mehrzahl der Provinzen peronistisch regiert wird. Entscheidende Reformen sind die Privatisierung der Provinzbanken (in der Vergangenheit wichtige Ressourcenquellen zur Finanzierung provinzieller Defizite) und die »Verschlankung« der Verwaltungen. In Zusammenarbeit mit der Weltbank wurden hierfür finanzielle Unterstützungspakete geschnürt. Bis dato sind diese Kredite jedoch noch nicht vollständig in Anspruch genommen worden (*Clarín* vom 7. 9. 1996). Das o.a. Projekt einer Regionalisierung zielt v.a. auf Effizienzsteigerungen bei der Steuereinwerbung und den öffentlichen (Infrastruktur-) Investitionen ab. Daneben dürfte jedoch auch eine erweiterte und besser koordinierte Dezentralisierung notwendig sein, um die staatlichen Dienstleistungen zu verbessern.

2.Die erhöhte Bedeutung des Kongresses in der zweiten Anpassungsphase hängt weniger an der veränderten Natur der Reformen: Auch in der Vergangenheit war es, wie erwähnt, immer wieder erforderlich oder opportun, Anpassungsmaßnahmen in Gesetzesform zu bringen. Dem Wandel der gesellschaftlichen Prioritäten können sich die Parlamentarier heute jedoch weniger leicht entziehen als die Exekutive. Die Bildung eigenständiger Positionen wird zusätzlich dadurch gefödert, daß (a) die Regierungspartei PJ (*Partido Justicialista*) über eine absolute Mehrheit in beiden Kammern verfügt, was sich negativ auf die Parteidisziplin auswirkt, und (b) das Rennen um die Präsidentschaftskandidatur für 1999 bereits in vollem Gange ist. Ein Kongreß, der sich an der Formulierung anpassungspolitischer Reformprojekte beteiligt, bildet da ein willkommenes Profilierungsfeld.

Auf diese politischen Herausforderungen hat die Regierung in mehrfacher Weise reagiert: (1) Zum einen hat sie, wie in der Einleitung geschildert, eine Reihe von neuen Reformvorschlägen aufs Tapet gebracht (Regionalisierung, *flexibilización laboral*, zweite Staatsreform), um auf diese Weise die politische Initiative wiederzuerlangen. (2) Zum anderen ist die Entlassung von Wirtschaftsminister Cavallo wohl weniger auf die persönliche Geltungssucht Menems (bzw. Cavallos) zurückzuführen, als vielmehr Ausdruck einer »*Repolitisierung*« des Anpassungsprozesses, mit der das strukturelle Legitimitätsdefizit der ersten Phase überwunden und die Voraussetzungen für eine aktive Gestaltung der zweiten Phase geschaffen werden sollen. Das *change team* der Stabilisierungstechniker, so die offensichtliche Einschätzung, ist nicht in der Lage, den *politischen* Prozeß der Auswahl zwischen mehreren rationalen Politikalternativen effektiv zu dirigieren. Dies gilt umsomehr, wenn es, wie im Falle von Cavallo und seinem Stab, in der Vergangenheit bereits des öfteren seine geringe Neigung zu politischen Aushandelungen hat erkennen lassen. (3) Schließlich hat Menem nach der Entlassung von Cavallo verstärkt die Rückendeckung der internationalen Finanzorganisationen gesucht und auch gefunden. Dabei haben wohl mehrere Überlegungen eine Rolle gespielt: Erstens ging es darum, die von vielen mit großer Besorgnis erwartete Ablösung Cavallos möglichst reibungslos über die Bühne zu bringen und seinem Nachfolger Roque Fernández rasch eine Vertrauensbasis zu schaffen. Zweitens hat Menem angesichts der anstehenden Verhandlungen ein Interesse daran, »Unterstützungsnetzwerke« (Haggard/ Kaufman 1995, 10) zu bilden, und die *Bretton-Woods*-Organisationen werden auf absehbare Zeit wichtige Akteure im argentinischen Anpassungsprozeß bleiben. Drittens schließlich ist internationale Anerkennung nach dem Abgang Cavallos ein Weg, die Rationalität der Anpassungspolitik zu bekräftigen und damit den Präsidenten zu entlasten.

Die bisherigen Ausführungen lassen den Schluß zu, daß sich Argentinien in der Tat an der Schwelle zur zweiten Anpassungsphase befindet: (1) In der Öffentlichkeit hat ein Wandel der anpassungspolitischen Prioritäten und eine Erweiterung des zeitlichen Horizontes stattgefunden. Die strukturellen Bedingungen für eine dauerhafte sozioökonomische Entwicklung kommen nun verstärkt zur Sprache und werden legitimatorisch wirksam. (2) Der Widerspruch zwischen ineffizienten Mustern staatlicher Regulierung und dem Zwang zu fiskalischer Austerität entfaltet sich somit zu einem strukturellen Legitimitätsdilemma und erhöht den Reformdruck auf die Regierung. (3) Diese reagiert mit neuen Offensiven im sich verschärfenden politischen Wettbewerb und mit einer teilweisen Änderung des Politikstils, also durchaus reformfreudig. Im abschließenden Kapitel soll nun gefragt werden, welche Zukunftsperspektiven sich mit Blick auf die politische wie auch ökonomische Konsolidierung Argentiniens erkennen lassen.

4. Anpassung und Konsolidierung

In einem 1994 veröffentlichten Artikel zu Argentinien stellt sich Carlos Acuña (1994, 56) die Frage: »why democracy is consolidated«, und beantwortet sie im folgenden, indem er die gewandelten politischen Einstellungen der beiden traditionell antidemokratischen Akteure in Argentinien – Militär und Bourgeoisie – hervorhebt. Die Demokratie, so Acuña (ebd., 63), sei konsolidiert, aber politisch wie auch ökonomisch ausschließend und fragmentierend (»exclusionary and fragmentary«). Übernimmt man die Akteursperspektive, steht die demokratische Konsolidierung Argentiniens tatsächlich außer Frage. Ergänzend könnte man noch hinzufügen, daß bei den letzten Wahlen demokratiefeindliche Parteien fast jede Bedeutung verloren haben. Auch ließen sich mit Nolte (1996, 115f) Umfragen zitieren, die eine mehrheitlich positive Einstellung der Bevölkerung zur Demokratie dokumentieren.[25] Nach allgemeiner Einschätzung existiert in Argentinien heute ein breiter gesellschaftlicher Konsens über die Legitimität der demokratischen Ordnung (Floria 1996, 11).

In einem zweiten Schritt verlagert Acuña[26] jedoch die Diskussion über die Leistungen des Systems staatlicher Regulierung auf die Ebene von Demokratie*typen*. Ein solches Vorgehen mag nun gewisse heuristische Vorteile mit sich bringen, auch eine stationäre Zuordnung von Entwicklungen in vergleichender Perspektive erlauben, es scheint aber wenig geeignet, um die oben beschriebene politisch-ökonomische Entwicklung des »qualitativen Sprungs« im Anpassungsprozeß zu analysieren. (1) Zunächst einmal wird mit der Bildung von Regime(sub)typen wie jenem der »democracia delegativa« eine Institutionalisierung von Regulierungsleistungen und Legitimierungsbeziehungen suggeriert, die auf Beobachtungen aus der Phase stabilisierender Anpassung beruht. Hierdurch wird (2) die Frage nach der Konsolidierung präjudiziert, indem eine politische wie auch ökonomische Stabilität »auf niedrigem Niveau« angenommen wird.[27] Auf diese Weise werden aber (3) weder die möglichen positiven Konsequenzen des strukturellen Legitimitätsdilemmas der ersten Phase berücksichtigt, noch können (4) die Gefahren anpassungspolitischer Rückschritte und politisch disruptiver Tendenzen angemessen beurteilt werden.

Im Zentrum der aktuellen politischen Entwicklung in Argentinien (und anderswo) steht nicht die Frage nach der Legitimität der demokratischen Institutionen, sondern die Auseinandersetzung um das gegenwärtige und künftige Modell der Beziehungen von Staat und Gesellschaft. Diese Auseinandersetzung ist zumindest in Argentinien noch nicht entschieden – weder in negativer Hinsicht einer *democracia delegativa y excluyente* noch in positiver Hinsicht einer Umkehrung der sozioökonomischen Polarisierungstendenzen im Rahmen demokratischer Entscheidungsprozesse. Sie wird allerdings durch eine Reihe von positiven wie auch negativen Faktoren beeinflußt:

1. Zu den *negativen Faktoren* zählt sicherlich die jüngste Entwicklung der argentinischen Wirtschaft. Nicht nur erweist sich die Überwindung der Rezession als mühsamer und langwieriger Prozeß, sondern es ist auch nicht zu erkennen, daß die Wirtschaft in absehbarer Zeit so dynamisch wachsen *kann*, daß eine substantielle Senkung der Arbeitslosigkeit möglich wird, zumal gleichzeitig die Produktivität gesteigert werden soll, weitere Entlassungen im öffentlichen Dienst anstehen und neue Bevölkerungssektoren in den Arbeitsmarkt eintreten. Mehr noch: Niedrige Sparquoten und Investitionsraten, die tendenzielle Verschlechterung der Dienstleistungen im Bereich der Humankapitalbildung (Ausbildung, Gesundheit, Forschung und Entwicklung) und unzureichende Infrastrukturinvestitionen stellen schwere, langfristig wirksame Belastungen für die argentinische Entwicklung dar.

---

25 Allerdings sind Umfragen m.E. als Nachweis politischer Konsolidierung wenig sinnvoll, solange nicht geklärt wird, inwieweit die abgefragten Einstellungen überhaupt legitimatorisch wirksam werden.
26 Ähnlich wie übrigens auch O'Donnell 1994. Vgl. aber auch O'Donnell 1995, wo betont wird, daß die *democracias delegativas* unfähig sind, die Tendenz zur sozioökonomischen Polarisierung in der Gesellschaft umzukehren und eine *demokratische* Konsolidierung herbeizuführen.
27 Vgl. zu diesem Punkt auch O'Donnell 1996.

2.Ein weiterer Negativfaktor ist der bereits angesprochene Umstand, daß der argentinische Staat es trotz Privatisierung, Deregulierung und Steuerreformen bislang nicht geschafft hat, seine fiskalischen Defizite dauerhaft in den Griff zu bekommen. Da der Privatisierungsprozeß gleichzeitig vor seinem Abschluß steht, ist zu fragen, wie in den nächsten Jahren die Ressourcen erwirtschaftet werden sollen, um Schuldendienstzahlungen in Höhe von (1997) 14,4 bzw. (1998) 13,3 Mrd. US\$ zu erbringen. Nun zeichnet sich schon jetzt ab, daß die externen Außenstände Argentiniens abermals umgeschuldet werden, aber die fiskalischen und wirtschaftspolitischen Handlungsspielräume dieser und der folgenden Regierungen werden weiterhin äußerst gering sein.

Insgesamt ist somit abzusehen, daß mittelfristig weder die sozialen Integrations*leistungen* des Staates, noch die sozioökonomischen Integrations*effekte* des Marktes zureichend sein werden, um die Segmentierungstendenzen in der argentinischen Gesellschaft abzufangen. Bleiben gesellschaftliche Integrationsforderungen indessen dauerhaft unbefriedigt, steigt die Gefahr struktureller Legitimitätskrisen und politischer Destabilisierungen.

Auf der anderen Seite wäre es aber nicht redlich, *positive Faktoren* in der jüngeren Entwicklung Argentiniens unterschlagen zu wollen. Zu ihnen zählt sicherlich der immer wieder beschworene demokratische Konsens. Auch mag der breite »Stabilisierungskonsens«, wie er zuletzt im Wahlkampf dokumentiert wurde (Nolte 1996, 104), zumindest in der nächsten Zeit eine Barriere für »irrationale« (also den nationalen wie globalen Rahmenbedingungen zuwiderlaufende) Anpassungspolitiken sein. Grundsätzlich positiv wäre m.E. auch, wenn Oppositionsparteien, Gewerkschaften und unabhängige Massenmedien in der zweiten Anpassungsphase als Katalysatoren für alternative politische Projekte wirkten und den geschlossenen, hegemonialen Legitimierungsprozeß der stabilisierenden Anpassungsphase dadurch wieder offen gestalteten. Das mag unter dem Aspekt des makroökonomischen Managements lästig sein, ist jedoch eine wichtige Voraussetzung für die zukünftige politische Konsolidierung. Ansätze zu einer solchen Entwicklung lassen sich in der jüngeren Vergangenheit durchaus erkennen, ob hier aber bereits ein Trend vorliegt, ist noch offen. Ein weiterer positiver Faktor ist schließlich die Tatsache, daß Argentinien im lateinamerikanischen Kontext nach wie vor hohe Standards aufweist, was Ausbildung, Gesundheit, Infrastruktur, Sicherheit und Rechtsstaatlichkeit anbelangt. Diesen Vorsprung leichtfertig zu verspielen, ist sicherlich der schwerwiegendste Vorwurf, der an die Anpassungspolitik und ihre Urheber zu richten wäre.

Unter den geschilderten Umständen muß die Bewältigung der aktuellen Anpassungsprobleme als eine enorme Herausforderung an die argentinische Politik aufgefaßt werden. Der Schritt in die zweite Anpassungsphase mit ihren spezifischen legitimatorischen und reformerischen Charakteristika wird gegenwärtig vollzogen. Angesichts der dynamischen Entwicklung scheint es wenig sinnvoll, von der Konsolidierung des »Modells Argentiniens« auszugehen und die Reichweite, die Gefahren, aber auch die Möglichkeiten des aktuellen Wandels damit auszublenden. Der Versuch eines autoritativen Strukturwandels unter Rekurs auf die Politikinstrumente der ersten Anpassungsphase mag kurzfristig geeignet scheinen, gesellschaftliche Blockaden zu überwinden. Er würde die politische wie auch sozioökonomische Polarisierung der argentinischen Gesellschaft aber erhöhen. Resultierende anpassungspolitische Legitimitätsdefizite würden dann über kurz oder lang auf das politische System durchschlagen. Repräsentationskrisen, das Aufkommen populistischer oder reaktionärer Projekte u.ä.m. wären die möglichen Resultate.

Die Reformbereitschaft und politische Flexibilität der Regierung Menem ist insofern grundsätzlich zu begrüßen. Ob sie zu einer Änderung ihres Politikstils und zu anpassungspolitischen Verhandlungen veranlaßt werden kann, steht noch dahin. Im sich verschärfenden politischen Wettbewerb der zweiten Anpassungsphase wird ihr wohl nichts anderes übrig bleiben, soll nicht Argentinien auf politische Verhältnisse zusteuern, an denen niemandem gelegen sein kann.

Bibliographie

Acuña, C. H. 1994: Politics and Economics in the Argentina of the Nineties (Or, Why the Future No Longer Is What It Used to Be), in: Smith W.C. et. al. (Hrsg.) 1994b.

Argentina – Ministerio de Economía 1996a: Economic Report 1995, Buenos Aires.

Argentina – Ministerio de Economía 1996b: Economic Report. First Quarter 1996, Buenos Aires.

Azpiazu, D. / Nochteff, H. 1994: El desarrollo ausente. Restricciones al desarrollo, neoconservadurismo y élite económica en la Argentina, Buenos Aires: FLACSO, (tesis).

Betz, J. 1995: Einführung, in: Betz, J. (Hrsg.): Politische Restriktionen der Strukturanpassung in Entwicklungsländern, Hamburg: Deutsches Übersee-Institut.

Bustos, P. (Hrgs.) 1995: Más allá de la estabilidad. Argentina en la época de la globalización y la regionalización, Buenos Aires: FES.

Castiglioni, F. 1996: Argentina: política y economía en el menemismo, in: Nueva Sociedad, (Caracas) 143.

Delamata, G. 1995: Las elecciones presidenciales en Argentina: menemismo o victoria de Menem?, in: América Latina Hoy (Madrid) 2, (11-12).

De Riz, L. 1996: Menem – zweiter Akt: Die Wiederwahl, in: Nolte, D./Werz, N. (Hrsg.), 133-148.

Edwards, S. 1995: Crisis and Reform in Latin America. From Despair to Hope, Washington, D.C. New York: World Bank, Oxford University Press.

Fanelli, J. M. / Frenkel, R. / Rozenwurcel, G. 1994: Growth and Structural Reform in Latin America: Where We Stand, in: Smith W. C. et al. (Hrsg.).

Ferreira Rubio, D. / Goretti, M. 1995: La reforma constitucional argentina: un presidente menos poderoso?, in: Contribuciones, (Buenos Aires) 12, (1).

Floria, C. 1995: Argentina: la dimensión política y la búsqueda de la consistencia, in: América Latina Hoy (Madrid) 2, (11-12).

Gamarra, E. A. 1994: Market-Oriented Reforms and Democratization in Latin America: Challenges of the 1990s, in: Smith et al. (Hrsg.): 1994a.

García, A. T. / Gomez, R. R. 1995: El efecto tequila, in: Realidad Económica, (Buenos Aires) 129.

García Delgado, D. R. 1994: Estado y sociedad: la nueva relación a partir del cambio estructural. Buenos Aires: FLACSO, (tesis).

Garcia Delgado, D. R. 1995: Argentina: la coyuntura socio-política y la cuestión de la equidad. Buenos Aires: FLACSO (vervielf.).

Gerchunoff, P. / Machinea, J. L. 1995: Un ensayo sobre la política económica después de la estabilización. in: Bustos, P. (Hrsg.).

Haggard, S. / Kaufman, R. (Hrsg.) 1992: The Politics of Economic Adjustment: International Constraints, Distributive Conflicts, and the State, Princeton, N.J.: Princeton University Press.

Haggard, S. / Kaufman, R. 1994: The Challenges of Consolidation, in: Journal of Democracy, 5, (4).

Haggard, S. / Kaufman, R. 1995: The Political Economy of Democratic Transitions, Princeton, N.J.: Princeton University Press.

Haldenwang, Ch. von 1994: Dezentralisierung und Anpassung in Lateinamerika: Argentinien und Kolumbien. Münster, Hamburg: LIT-Verlag (Serie Demokratie und Entwicklung, Vol. 14).

Haldenwang, Ch. von 1996a: Der argentinische Anpassungsprozeß und das Problem der Legitimierung, in: Nolte D./Werz N. (Hrsg.)

Haldenwang, Ch. von 1996b: Die zweite Stufe der Anpassung in Lateinamerika: Probleme der Legitimierung. Tübingen (Vortrag im Rahmen des Workshops der Friedrich-Ebert-Stiftung über »Parteienkrise und Zivilgesellschaft in Lateinamerika«, Bonn, Mai 1996).

IDEP 1989: Crisis y reforma del Estado. Buenos Aires.

Jackisch, C. 1996: Die Verfassungsreform von 1994 und die Wahlen vom 14. Mai 1995, in: Nolte, D. / Werz, N. (Hrsg.), 125-132.

Manzetti, L. / Dell'Aquila, M. 1988: Economic Stability in Argentina: The Austral Plan, in: Journal of Latin American Studies, 20 (1).

Morales, J. A. 1995: Bolivia and the Slow Down of the Reform Process. La Paz: Universidad Católica Boliviana (IISEC, vervielf.).

Naim, M. 1994: Latin America: The Second Stage of Reform, in: Journal of Democracy, 5 (4).

Nolte, D. 1996: Ein neuer Perón? Eine Bilanz der ersten Präsidentschaft von Carlos Menem (1989-1995), in: Nolte, D. / Werz N. (Hrsg).

Nolte, D. / Werz, N. (Hrsg.) 1996: Argentinien: Politik, Wirtschaft, Kultur und Außenbeziehungen. Frankfurt/M. Vervuert, 98-124.

O'Donell, G. 1994: Delegative Democracy, in: Journal of Democracy, 5 (1).

O'Donell, G. 1995: Democracias y exclusión, in: Agora, (Buenos Aires) 1 (2).

O'Donell, G. 1996: Ilusiones sobre la consolidación, in: Nueva Sociedad, (Caracas), 144.

Palermo, V. 1995: Reformas estructurales y régimen político. Argentina, 1989-1994, in: América Latina Hoy, (Madrid) 2, (11-12).

Repetto, F. 1995: Argentina y la fragmentación excluyente: notas sobre el nuevo vínculo Estado-sociedad, in: América Latina Hoy, (Madrid) 2, (11-12).

Schvarzer, J. 1993: El proceso de privatizaciones en la Argentina. Implicaciones preliminares sobre sus efectos en la gobernabilidad del sistema, in: Realidad Económica 120.

Schvarzer, J. 1995: Grandes grupos económicos en la Argentina. Formas de propiedad y lógicas de expansión, in: Bustos, P. (Hrsg.).

Smith, W. C. / Acuña, C. H. / Gamarra, E. A. (Hrsg.) 1994a: Latin American Political Economy in the Age of Noeliberal Reform, Miami, New Brunswick: North-South-Center, Transaction Publishers.

Smith, W. C. / Acuña, C. H. /. Gamarra, E A. (Hrsg.) 1994b: Democracy, Markets, and Structural Reform in Latin America, Miami, New Brunswick: North-South-Center, Transaction Publishers

Waterbury, J. 1992: The Heart of the Matter? Public Enterprise and the Adjustment Process, in: Haggard, S./Kaufman, R. (Hrsg.).

Weltbank, 1996: Vom Plan zum Markt. Weltentwicklungsbericht 1996. Washington, D. C.

Emilio Mignone

Zur Rolle der Kirche

In einem 1986 veröffentlichten Buch, das weite Verbreitung fand, in vier Sprachen übersetzt wurde und in der spanischen Ausgabe vergriffen ist, habe ich die Rolle der katholischen Kirche während der argentinischen Militärdiktatur 1976-1983 im Detail analysiert (siehe Bibliographie). Ich tat dies vom Standpunkt eines katholischen Christen und als Verteidiger der Menschenrechte und des demokratischen Miteinanderlebens aus; zudem war ich wegen der Festnahme und des Verschwindens meiner Tochter Monica im Jahre 1976 ein Opfer des Staatsterrorismus. Das im erwähnten Werk Dargelegte habe ich 1991 in einer zweiten Veröffentlichung ergänzt, in der ich die Merkmale des Militärregimes und die Verantwortung anderer Bevölkerungssektoren untersuche: nichtkatholische Konfessionsgemeinschaften, politische Parteien, Massenmedien usw. In der gleichen Arbeit beschreibe ich den Entstehungs- und Entwicklungsprozeß der argentinischen Menschenrechtsorganisationen und der bis heute erzielten Ergebnisse ihrer Tätigkeit (Mignone 1991). Zum jetzigen Zeitpunkt ist die Literatur, die sich mit der letzten argentinischen Militärdiktatur und der ihr folgenden Transition zur Demokratie befaßt, ungeheuer zahlreich und schließt die unterschiedlichsten Untersuchungsaspekte ein: Militärisches, Politisches, Erziehungsfragen, Kulturelles, Ökonomisches, Institutionelles ebenso wie Rechtsfragen, Zeugenberichte usw. Im allgemeinen offenbart diese Literatur den Abscheu des größten Teils der Gesellschaft gegenüber dem Geschehenen und beweist das Fortdauern der kollektiven Erinnerung an das vergangene Grauen in einer Gesellschaft, die den Anschein hatte, als ob sie dazu nicht gewillt sei. Innerhalb dieses Rahmens sind jedoch die Studien über die Entwicklung des erwähnten Bereichs in den unterschiedlichen Konfessionsgemeinschaften nicht allzu vielfältig. Daher haben sich meine Beiträge, wiewohl noch fragmentarisch, in die fast einzige Referenz verwandelt. Die spärlichen Beiträge anderer Autoren sind nach meiner Ansicht exzessiv einseitig, ideologisch oder pamphletarisch oder aber es ermangelt ihnen an korrektem Wissen über die verschiedenen theologischen Strömungen und die Gegenwartsgeschichte der katholischen Kirche. Es ist meine Absicht, meine Bücher zu aktualisieren und neu aufzulegen und dabei die Untersuchung der heutigen Situation einzubeziehen. In gewisser Weise ist der vorliegende Essay ein Vorgriff auf diese Arbeit. Ein Beweis des durch die Fragestellung geweckten Interesses leitet sich aus einer Untersuchung ab, die derzeit unter meiner Leitung an der Universidad Nacional de Quilmes, Provinz Buenos Aires, durchgeführt wird, und die sich mit der Rolle der katholischen Diözese von Quilmes und ihrem Bischof Jorge Novak beschäftigt. Es wurden bereits einige Artikel veröffentlicht. Dieses Projekt hat in der erwähnten Universität zur Entstehung einer Arbeitseinheit »Religion, Gesellschaft und Menschenrechte« geführt, mit diesem Profil die erste in Argentinien. Sie bereitet zur Zeit eine erste Internationale Tagung vom 29. bis 31. Oktober 1997 vor. Das Niveau der Teilnehmer, die bereits zusagten, läßt fruchtbare Diskussionen erwarten.

Die ersten Reaktionen

Nach der Wiederherstellung der Demokratie (1983) kam es zu einer weit verbreiteten Kritik an der Kirche, die von den Menschenrechtsorganisationen vorgebracht wurde. Die ersten Reaktionen von seiten der Mehrheit der Mitglieder der katholischen Hierarchie und der Bischofskonferenz waren Verärgerung oder vorsichtiges Schweigen. In der Bischofsversammlung von November 1986, die unmittelbar nach dem Erscheinen meines Buches »Kirche und Diktatur« stattfand, zeigte einer der Teilnehmer, der Bischof von Morón Justo Laguna, ein Exemplar und bat, ohne seine eigene Meinung zu äußern, seine Amtsbrüder, es zu lesen. Ich bin überzeugt, daß diese Anregung nicht aufgegriffen wurde, denn der größte Teil der Prälaten sahen die kleinste Kritik als etwas Tendenziöses, Ungerechtes oder von den traditionellen Feinden der Kirche Stammendes an. Die Überzeugung, allein durch die Ordinierung und durch ihre Investitur im Besitze der Wahrheit zu sein, und Vorhaltungen oder Warnungen nicht zuzulassen, war die in jener Zeit vorherrschende Vorstellung im Bischofskollegium. Auf der anderen Seite hat kein Bischof versucht, öffentlich eine Antwort zu geben. Aber es war unzweifelhaft, daß die Situation ihnen unbequem war und ihre Fähigkeit, die Wirklichkeit zu verstehen, überstieg. Das Verhalten der einflußreichsten Sektoren der Gesellschaft, insbesondere das der führenden Politiker der beiden großen Parteien, der Justizialistischen Partei und der »Unión Cívica Radical«, erleichterte seinerseits diese Haltung. Diese Politiker waren bemüht, jeglichen Konflikt mit der Kirche zu vermeiden und waren andererseits auch nicht immun gegen Disqualifizierungen der gleichen Art. Ein Beispiel für diese Verhaltensweise ist das Verhalten der Presse nach dem Erscheinen meines bereits erwähnten Buches. Obwohl es mehrere Monate auf der Liste der Bestseller stand, erschienen in den bibliographischen Spalten von Zeitungen und Zeitschriften keine Kommentare zu dem Werk. Die Interpretation dieses Schweigens von seiten der kommerziellen und politischen Publikationen war, mit einer einzigen, unbedeutenden Ausnahme, daß sie es nicht wagten, den Aussagen des Buches zu widersprechen, es aber zugleich auch nicht loben wollten, um Schwierigkeiten mit der Kirche zu vermeiden. Was die katholischen Zeitschriften anbelangt, so vermieden selbst die objektivsten es, sich zu dem Thema zu äußern, da sie wußten, daß jegliche Übereinstimmung mit jenen Kritiken kirchliche Sanktionen provozieren konnte. Die Buchhandlung einer katholischen Ordensgemeinschaft verkaufte beispielsweise das Buch, wenn ein Kunde es verlangte, hielt es jedoch unter dem Ladentisch. Dieses Schweigen war jedoch nicht gleichbedeutend mit einer Situation des Stillstands. In Pfarrgemeinden, Basisgemeinschaften, Seminaren, Ordensgemeinschaften, Schulen, Studien- und Pastoralzentren setzte sich langsam eine Haltung durch, die darauf abzielte, in objektiver Weise das Verhalten der unterschiedlichen Sektoren und Ebenen der Kirche (Bischöfe, Priester, Ordensangehörige, Laien) während der Militärdiktatur zu untersuchen. Zugleich kam es zu besseren Beziehungen zu den Menschenrechtsorganisationen, insbesondere zum »Movimiento Ecuménico por los Derechos Humanos« (MEDH) [Ökumenische Bewegung für die Menschenrechte], einer Organisation, die im Februar 1976, kurz vor dem Staatsstreich der Militärs, von den »Iglesias de Dios«, der evangelischen Methodistenkirche Argentiniens, der Evangelischen Kirche am Rio de la Plata, der Evangelischen Waldenserkirche (Nordpresbyterium), der Evangelischen

Kirche der Jünger Jesu und der Vereinten Evangelisch-Lutherischen Kirche gegründet worden war. Ihnen schloß sich kurze Zeit später die katholische Diözese von Quilmes an, als der erste Bischof, Jorge Novak, am 19. September des gleichen Jahres sein Amt antrat. Der MEDH hat seitdem in Zusammenarbeit mit anderen Organismen verdienstvolle Arbeit zur Verteidigung der Würde der menschlichen Person und bei der Suche nach Wahrheit, Gerechtigkeit und Frieden geleistet. Wie man aber bemerken kann, trat lediglich eine katholische Diözese der Organisation bei. Während der Militärdiktatur nahmen zwei weitere Prälaten, der Bischof von Neuquén, Jaime de Nevares – der zum Ko-Präsidenten der »Asamblea Permanente por los Derechos Humanos« (APDH) [Ständige Versammlung für die Menschenrechte] gewählt wurde und später Mitglied der »Comisión Nacional sobre Desaparición de Personas« (CONADEP) war –, und der Bischof von Viedma, Miguel Esteban Hesayne, zusammen mit Novak eine feste Haltung der Anprangerung der begangenen Verbrechen und der Unterstützung der Opfer und ihrer Angehörigen ein. Immer wieder, wiewohl ohne Erfolg, schlugen sie im Plenum der Bischofskonferenz energische Maßnahmen vor, wie den Bruch der Beziehungen zur Militärregierung und die Schaffung einer Solidaritätsvikarie ähnlich der in Chile existierenden. Zuweilen wurden ihre Vorschläge von anderen Bischöfen unterstützt, die dies aber nicht öffentlich machten, wie Justo Laguna, Bischof von Morón, Vicente Zaspe, Erzbischof von Santa Fe, Emilio Bianchi di Cárcano, Bischof von Azul und Alcides Casaretto, Bischof von San Isidro. Jedoch kam es häufig vor, daß bei der Endabstimmung sich nur drei positive Stimmen befanden.

Zu der zunehmenden Bewußtseinsbildung, die unter anderen von der Bewegung »Centro Nueva Tierra« betrieben wurde, einer aktiven Koordinatorin von kirchlichen Basisgemeinschaften, kam hinzu, daß neue Presbytergenerationen in der Bischofskonferenz Einzug hielten. Da diese nicht mit der früheren Haltung der Konferenz kompromittiert waren und Vorstellungen hegten, die den Werten und Grundsätzen des Zweiten Vatikanischen Konzils näher standen, eröffneten sie im Schoße der Bischofskonferenz eine Debatte über die Notwendigkeit, die Fehler und das Versagen in der Vergangenheit einzugestehen, und mehr noch, die Gesellschaft um Vergebung zu bitten wegen des die Gebote des Evangeliums verletzenden Verhaltens. Ich habe von dieser Tatsache erfahren, da ich seit 1990 erneut Einladungen zur Teilnahme an pastoralen und akademischen Begegnungen der katholischen Kirche erhalte und mehrere Bischöfe, deren Namen ich logischerweise nicht preisgebe, gaben mir diese Absicht kund, und teilten mir zugleich mit, daß sie den Inhalt und die Schlußfolgerungen meines Buches von 1986 für zutreffend hielten.

Der Pastoralbrief vom 27. April 1996

Die im vorhergehenden Absatz beschriebenen Vorschläge führten zu einer Debatte, die drei Jahre dauerte und sechs Versammlungen der Bischofskonferenz in Anspruch nahm, mit Entwürfen, die nie die einhellige Zustimmung fanden. Gegen das Vorhaben verschwor sich die Politik des Kollegiums, nur Dokumente zu veröffentlichen, die einstimmige Zustimmung erfahren hatten, und dies selbst bei nebensächlichen Themen. Schließlich eröffnete das Apostolische Schreiben des Papstes zur Vorbereitung des Jubiläums des Jahres 2000, »Dem dritten Jahrtausend entgegen« *(Tertio millenio adveniente)*, vom 10. November 1994, die Möglichkeit, zu einem Text zu gelangen, der, wenn auch in spitzfindigen Begriffen, diese Irrtümer und Versäumnisse eingestand. In diesem Dokument bekräftigt Papst Johannes Paul II., daß »es am Ende des zweiten Jahrtausends des Christentums geziemend ist, daß die Kirche mit wacheren Gewissen die Sünden ihrer Kinder auf sich nehme und aller der Umstände gedenke, in denen sich jene im Laufe ihrer Geschichte vom Geiste Christi und seines Evangeliums entfernten, der Welt statt des Zeugnisses eines auf den Werten des Glaubens beruhenden Lebens den Anblick von Denk- und Handlungsweisen bietend, die wahrhaft Formen des Gegenzeugnisses und des Ärgernisses waren.... Es ist gut, daß die Kirche diesen Schritt im klaren Bewußtsein dessen tue, was sie im Verlauf der letzten zehn Jahrhunderte erlebte. Sie kann die Schwelle des neuen Jahrtausends nicht durchschreiten, ohne ihre Kinder zu ermuntern, sich in der Reue über Irrtümer, Unglauben, Scheitern und Langsamkeiten zu reinigen... Ein anderes schmerzliches Kapitel, auf das die Kinder der Kirche im Geiste der Reue zurückkommen müssen, ist gebildet aus der vor allem in einigen Jahrhunderten offenbaren Zustimmung zu Methoden der Intoleranz und sogar der Gewalt im Dienste der Wahrheit... Die Zubilligung mildernder Umstände enthebt die Kirche nicht von der Pflicht, die Schwächen so vieler ihrer Kinder zutiefst zu bedauern, die ihr Antlitz verunstaltet haben und dadurch verhindern, daß sie das Bildnis ihres gekreuzigten Herrn in seiner Vollendung widerspiegelt, dem unübertrefflichen Zeugen geduldiger Liebe und demütigen Sanftmutes«. Ohne Zweifel sind die hier wiedergegebenen Gedanken zum großen Teil anwendbar auf das Handeln der argentinischen Bischofskonferenz in der Zeit von 1976 bis 1983, selbst wenn es Bischöfe gab, die hartnäckig bei der Verteidigung ihres Vorgehens blieben. Dies führte im Verlaufe der Debatten zu heftigen Spannungen, die in gewisser Weise mit Hilfe des Papstwortes überwunden werden konnten. Schließlich veröffentlichte die Bischofskonferenz am 27. April 1996, die Massenmedien waren wie zum Abschluß früherer Bischofsversammlungen erneut in gespannter Erwartung, den Pastoralbrief: Auf dem Wege in das dritte Millenium [Caminando hacia el tercer milenio], Er stellt ein auf die in der vorher erwähnten Periode durchlebte Situation bezogenes Echo auf das päpstliche Dokument dar. In einer ausgeglichenen und kompensatorischen Sprache gehalten, die den unterschiedlichen in der Versammlung vorherrschenden Kriterien gerecht zu werden trachtet, führt der Text – neben anderen Gedankengängen – das folgende aus: »Im Verlauf der nationalen Geschichte, häufig und auf unterschiedliche Weise, hat sich die Botschaft des Evangeliums von der gebotenen Ausstrahlung auf das politische Leben dissoziiert. Diese Dissoziierung äußert sich in blutiger Weise in den sechziger und siebziger Jahren, die vom Terrorismus der Guerrilla und vom repressiven Terror des Staates gekennzeichnet sind. Ihre tiefen Wunden sind noch nicht verheilt. Ohne Verantwortung zu übernehmen für Geschehnisse, an denen die Kirche keinen Anteil hatte, müssen wir anerkennen, daß es Katholiken gab, die die systematische Gewalt rechtfertigten und von ihr als Mittel zur ›nationalen Befreiung‹ Gebrauch machten, indem sie versuchten, die politische Macht zu erringen und eine neue, der marxistischen Ideologie verpflichtete Gesellschaftsform einzuführen, bedauerlicherweise viele junge Menschen mit sich reißend. Und es gab andere Gruppen, unter denen sich viele Kinder der Kirche befanden, die der Guerrilla

illegal auf unmoralische und entsetzliche Weise antworteten, die uns alle mit
Scham erfüllt. Deshalb ist es zweckmäßig, das bereits Gesagte zu wiederholen:
Wenn irgendein Mitglied der Kirche, welchen Standes auch immer, mit seiner
Empfehlung und Komplizenschaft einige dieser Geschehnisse unterstützt haben
sollte, so hätte er unter seiner persönlichen Verantwortung gehandelt, im Irrtum
oder in schwerer Sünde wider Gott, die Menschheit und das Gewissen.« Und
vorher stellt die Erklärung fest: »Wie nicht Schmerz empfinden ob des Mangels an
Urteilsfähigkeit, die zuweilen nicht wenige Christen dazu führt, der Verletzung
fundamentaler Menschenrechte durch totalitäre Regime beizupflichten? Und ist –
unter den [dunklen] Schatten der Gegenwart – die Mitverantwortung so vieler
Christen bei schweren Formen von Ungerechtigkeit und sozialer Marginalisierung
nicht zu bedauern?«. Das Zitierte besagt nicht viel, aber wenn man sich die frühere
Haltung der Bischofskonferenz in Erinnerung ruft, die sich weigerte, irgendeine
Verfehlung oder Irrtum zuzugeben, bedeutet es einen Fortschritt, der – davon bin
ich überzeugt – allmählich mit größerer Klarheit dargestellt werden wird. In meinen öffentlichen Kommentaren habe ich darauf hingewiesen, daß die Aussage, die
sich auf »irgendein Mitglied der Kirche, gleich welchen Standes«, bezieht, die
Bischöfe, die Komplizen, Begünstiger oder Rechtfertiger waren, nicht ausschließt;
deren Namen werden zwar nicht genannt, ich habe aber auf sie mit aller Deutlichkeit und glaubhaften Beweisen in meinem bereits zitierten Buch hingewiesen. Der
Pastoralbrief enthält weitere Absätze, die es verdienen, untersucht zu werden. Es
wird dort gesagt, daß seit den Anfängen der beschriebenen Tragödie die Bischofskonferenz »sich bemühte, das Evangelium der Gerechtigkeit, des sozialen Miteinander und der Versöhnung in aller Klarheit zu verkünden«. Der Brief spielte damit
auf verschiedene bereits veröffentlichte Dokumente an. Jedoch ist nach meiner
Ansicht in Situationen von solchem Ernst die Darstellung der christlichen Lehre
allein nicht ausreichend, und um ihre Wiederholung zu vermeiden, bedarf es der
klaren Benennung der Verantwortlichen, etwas, das nicht getan wurde, obwohl jene
leicht feststellbar waren. Es wird ergänzt, daß die Kirche um eine besondere
Gewissenserforschung in bezug auf terroristischen Taten, Folterungen, Verstümme-
lungen und Morde bittet, und die Vergebung Gottes für die begangenen Verbrechen
anfleht, darin einbeziehend die Kinder der Kirche in den Reihen der Guerrilla oder
jene, die die Staatsmacht innehatten oder zu den Sicherheitskräften gehörten. Es
wird aber nicht das öffentliche Schuldbekenntnis verlangt, wie es in den ersten
Jahrhunderten des Christentums für die öffentlichen Sünden, vor allem für die, die
von den Regierenden verübt werden, üblich war. Das Dokument gibt zu, daß man
neben der – immer ohne Namensnennung erfolgten – Anprangerung der Übergriffe
häufig (allerdings geheime) Schritte unternommen habe, aber – so wird hinzugefügt – man sei auf die unnachgiebige Haltung vieler Behörden gestoßen, die sich
wie eine undurchdringliche Mauer verhielten. Es erscheint mir, daß diese Haltung
[der Behörden] eine wahrhafte Verspottung des Episkopats darstellte. Und wie
einer der Gesprächspartner, Monseñor Justo Laguna, seine Teilnahme bereuend
ausführte, hätte dieses Ergebnis es angeraten erscheinen müssen, solche unnützen
Bemühungen abzubrechen, die die Kirche zur Komplizin machten und die öffentliche Meinung verwirrten.

Weil er das Eingeständnis einer möglichen Schuld andeutet, ist der vielleicht
interessanteste Absatz der Erklärung der folgende: »Nicht wenige urteilen, daß die

Bischöfe in jenen Augenblicken jegliche Beziehung zu den Regierungsgewalten hätten abbrechen müssen, weil sie meinen, daß ein solcher Bruch eine wirksame Geste gewesen wäre, die Freiheit der Gefangenen zu erreichen. Allein Gott weiß, was geschehen wäre, hätte man diesen Weg eingeschlagen... Aber ohne Zweifel reichte alles Getane nicht aus, um so viel Grauen zu verhindern«. Ohne Gott zu sein, meine ich, daß diese Haltung, die einzige wirklich ehrenwerte und intelligente, gerade die war, die das Grauen hätte aufhalten können, und zwar aufgrund des Folgenden: Da die Militärdiktatur ihre Legitimität auf der Verteidigung der »abendländischen und christlichen Zivilisation« gründete, war eine öffentliche Verurteilung durch die katholische Kirche die einzige Möglichkeit, die eine Änderung ihrer Methoden bewirken konnte, da sie der Diktatur die ideologische und politische Grundlage entzog. Es ist wahr, daß andere Sektoren der Gesellschaft, unter ihnen kurioserweise, aus Gründen, die ich an anderer Stelle erläutert habe, die kommunistische Partei, ebenfalls Komplizen oder Begünstiger der Militärdiktatur waren. Aber aus besagtem Grund besaß keiner dieser Sektoren die gleiche Fähigkeit, den militärischen Willen zu beugen.

Schließlich gibt es im Dokument auch den Ausdruck der Entschuldigung und die Bitte, wenn auch in abgemilderter Form, um Vergebung: »Wir bedauern zutiefst, daß wir es nicht vermochten, den von einem so großen Drama verursachten Schmerz zu lindern. Wir solidarisieren uns mit jenen, die sich deshalb verletzt fühlen und bedauern aufrichtig die Beteiligung von Kindern der Kirche bei der Verletzung der Menschenrechte... Wir bitten Gott, unsern Herrn, demütig um Vergebung wegen der Schuld, die man uns anlasten könnte. Wir bitten auch die Brüder, die sich gekränkt fühlen, uns zu verzeihen. Unsererseits sind wir bereit, die Kränkungen zu vergeben, deren Ziel die Kirche gewesen sein könnte«.

Die Erklärung hat meines Erachtens vier Auslassungen. Die erste: Die Verantwortung der katholischen Hierarchie und der Bischofskonferenz bei einigen der aufgezeigten Voraussetzungen wird nicht zugegeben. Die zweite: Es werden zwar die Versuche seitens der sogenannten Guerrilla verurteilt, die politische Macht gewaltsam zu erobern, es fehlt aber gleichzeitig der Hinweis, daß in dieser Hinsicht den Streitkräften die anfängliche und größere Verantwortung zukommt, die bei sechs Gelegenheiten in einem knappen halben Jahrhundert (1930 bis 1976) die Regierung gewaltsam übernahmen, indem sie ebenso viele verfassungsmäßige Regierungen durch einen Staatsstreich zu Fall brachten. Die dritte Auslassung: Bei der Erwähnung der Christen, die mit terroristischen Methoden an der Repression teilnahmen, weist der Pastoralbrief nicht darauf hin, daß es sich nicht um Maßnahmen individueller, sondern institutioneller Natur handelte, die bewußt und nach vorhergehender Beschlußfassung durch die höchsten Militärbefehlshaber getroffen wurden, die auf Schritt und Tritt ihr Katholikentum und ihre Absicht wiederholten, die sogenannte »abendländische und christliche Zivilisation« zu verteidigen. Und die vierte Auslassung: Es wird nicht hervorgehoben, daß das System des sogenannten Verschwindenlassens, von den Streitkräften geplant und systematisch durchgeführt, aufgrund seiner Feigheit und Grausamkeit das abscheulichste von allen in diesem Prozeß angewandten Instrumente ist und die tiefste Wunde im sozialen Bewußtsein darstellt und deshalb nicht vernarben kann.

Um zu schließen, möchte ich wiederholen, daß das Beschriebene aus meiner Sicht einen wichtigen, jedoch unzureichenden Schritt seitens der katholischen

Kirche bei der Anerkennung ihres Anteils an Verantwortung für die Menschenrechtsverletzungen, die in den erwähnten Jahrzehnten verübt wurden, darstellt. Es
handelt sich, wie ich bereits erwähnte, um einen Anfang, dem ohne Zweifel mit der
Zeit eine angemessene Vertiefung folgen wird.

Bibliographie

Mignone, E. F. 1986: Iglesia y Dictadura: el papel de la Iglesia a la luz de sus relaciones con el
régimen militar, Buenos Aires: Ediciones del Pensamiento Nacional.

Mignone, E. F. 1987: Igreja e Ditadura, übers. von María Isabel Cañete Ekvanossofá, Porto Alegre, Brasil: Tchéi Editora.

Mignone, E. F. 1988a: Witness to the Truth: The complicity of Church and Dictatorship in Argentina, übers. von Philip Berryman, Maryknoll, New York: Orbis Books.

Mignone, E. F. 1988b: La Testimonianza Negata: Chiesa e Dittatura in Argentina, übers. von Silva-
na Gurizzan und Gabriele Colleoni, Bologna: Quaderni EMI/SUD.

Mignone, E. F. 1990: Les »disparus« d´Argentine – Responsabilité d´une Église, Martyre d´un
peuple (préface d´Adolfo Pérez Esquivel), übers. von Daniel Gilbert, Paris: Les Éditions du
Cerf.

Mignone, E. F. 1991: Derechos Humanos y Sociedad: el caso argentino, Buenos Aires: Ediciones
del Pensamiento Nacional/Centro de Estudios Legales y Sociales.

(Aus dem Spanischen von Dr. Arnold Spitta, Bonn)

Osvaldo Bayer

Das Echo der Verschwundenen

Zwei kürzliche Ereignisse im Leben Argentiniens vermögen vielleicht, das Drama der kollektiven Erinnerung und der Verschwundenen mit größerer Genauigkeit widerzuspiegeln als der Versuch einer umfassenden analytisch-soziologischen Analyse. Im Januar dieses Jahres wurde der Bildreporter eines Nachrichtenmagazins (ähnlich dem *Spiegel*) ermordet, der sich mit Untersuchungen über das Verhalten der Polizei und von Unternehmern, die binnen weniger Jahre riesige Vermögen angehäuft hatten, befaßte. Es war wie der Tropfen, der das Faß überlaufen läßt. Eine einstimmige Reaktion der Journalisten wurde von der Mehrheit der Medien unterstützt. So wie in Italien die Ermordung eines Richters eine Diskussion über die Macht der Mafia entfacht hatte, führte in Argentinien die Ermordung des Fotografen Cabezas dazu, die tiefgreifende Korruption der argentinischen Gesellschaft, insbesondere der polizeilichen Sphären und der nationalen Regierung und ihrer Verbindungen mit den neuen Mächtigen des Wirtschaftslebens, offenzulegen. Zu den Personen, die der Anstiftung zu diesem Verbrechen verdächtigt werden, gehört ein Unternehmer arabischen Ursprungs, Alfredo Nallib Yabrán, der dem Präsidenten Menem sehr nahe steht und mit diesem befreundet ist. Yabrán – aus einfachen Verhältnissen stammend – legte den Grundstock seines Vermögens unter der Militärdiktatur von Videla, vermehrte es unter der Regierung Alfonsín und wurde – bereits unter Menem – einer der reichsten Männer des Landes. Obgleich sowohl die Polizei als auch die Justiz im Fall Cabezas in zweifelhafter Form vorgingen und noch immer vorgehen und sich dadurch dem Verdacht aussetzten, die Mächtigen zu begünstigen – zum Beispiel beschuldigte man anfangs eine kleine, »los pepitos« genannte Diebesbande der Täterschaft, was sich aber nach kurzer Zeit als eine absurde Beschuldigung herausstellte –, wird die Untersuchung fortgesetzt. Sie hat z. B. zutage gefördert, daß der Unternehmer Yabrán zu seinen Leibwächtern bekannte Kriminelle zählt, die während der Diktatur Videlas als Offiziere des Heeres, der Kriegsmarine und der Polizei dienten. Unter ihnen mehrere, die der Folterung und des Verschwindenlassens von Personen in der ESMA beschuldigt werden, der zu trauriger Berühmtheit gelangten Escuela de Mecánica de la Armada, von der aus die Hubschrauber starteten, die die Opfer in das Meer warfen. Diese Wirklichkeit – die Verbindung Yabrán-wirtschaftliche Macht aus der Zeit der Diktatur einerseits, die Präsenz von Repressoren als Angestellten des Unternehmers andererseits – legt die Immoralität offen, die Alfonsíns Gesetze der Gehorsamspflicht und des Schlußpunktes bedeuteten, und zeigt auf, daß diese Gesetze all jene so gut wie waffenlos ließen, die die Moral und die Erinnerung einfordern.

Das andere kürzliche Ereignis ist das Auftauchen eines Dokuments des Archivs der Repression, das in sensationalistischer Form in einer Modesendung des Fernsehens vorgestellt wurde. Das Dokument gab die letzten Aussagen des ehemaligen Direktors der Zeitung »El cronista comercial«, Dr. Perotta, im Verhör durch

Militärkräfte vor seiner Ermordung in den ersten Monaten der Diktatur Videlas wieder. Das Dokument wurde in Anwesenheit der zwei – inzwischen erwachsenen – Kinder des Opfers präsentiert. Die Sendung machte deutlich (durch Vergleich mit Zeugenaussagen, die bereits von 1983 stammten), daß der Journalist Perotta nicht nur entführt, sondern auch in bestialischer Weise gefoltert wurde. Nach seiner Ermordung ließen sich die Repressionskräfte mit dem falschen Versprechen, ihn frei zu lassen, von den Hinterbliebenen die Summe von 86.000 Dollar ausbezahlen. Man hat festgestellt, daß die Repressionskräfte, als sie erfuhren, daß die in Angst und Sorge lebende Familie das Lösegeld bezahlt hatte, eine große Feier im Konzentrationslager veranstalteten. Wie bereits erwähnt, sind alle diese fürchterlichen Henker aufgrund der im nationalen Parlament von der radikalen Regierung Alfonsín verabschiedeten Gesetze der Gehorsamspflicht und des Schlußpunktes der Strafverfolgung enthoben.

Diesen zwei exemplarischen Beispielen des aktuellen Zustands der argentinischen Gesellschaft ließen sich zwei weitere Tatsachen hinzufügen, die sogar geeignet sein könnten, an der Treue des argentinischen Volkes den demokratischen Institutionen gegenüber zu zweifeln: Der derzeitige Gouverneur der Provinz Tucumán, General Bussi, gehört zu den Exkulpierten des Gehorsamspflichtsgesetzes, obwohl ihm wiederholte, während der Diktatur begangene Verbrechen nachgewiesen wurden, als er in den Jahren des Bleis Kommandant in dieser Provinz war und dort Konzentrationslager errichtete, die berühmt wurden ob der Brutalität, mit der gegen die Gefangenen vorgegangen wurde. Trotz der allgemeinen Proteste der Menschenrechtsorganisationen Argentiniens und des Auslands präsentierte sich General Bussi – nachdem das Gesetz der Gehorsamspflicht ihm die Freiheit schenkte – als Kandidat und erhielt den Rückhalt der Mehrheit der Wähler, so daß er alle übrigen Kandidaten besiegte, darunter den der Justizialistischen Partei, die bis dahin alle Wahlen in dieser Nordprovinz gewonnen hatte. Der andere notorische Fall ist der des Kommissars Patti. Man nennt ihn »Kommissar Schießfreudig« [comisario gatillo fácil]. Das Gesetz der Gehorsamspflicht exkulpierte ihn von einem eigenhändig verübten, kaltblütigen Mord an zwei jungen Leuten, die verdächtigt wurden, »Montoneros« zu sein. Wieder auf freiem Fuß, präsentierte er sich als Kandidat der Regierungspartei – des Justizialismus – für das Amt des Bürgermeisters der Bonaerenser Stadt Escobar und wurde mit 60 % der Stimmen von der Bevölkerung gewählt. Escobar ist ein Ort, wo die obere Mittelschicht ihre »countries« besitzt. Mit »countries« bezeichnen die Argentinier Wochenendhäuser mit Parkanlage und Schwimmbad. Da dieser Ort aufgrund der Nähe zu zahlreichen Slums eine Zeit häufiger Diebstähle erlebte, schlossen sich die Wochenendhausbesitzer zusammen und wählten Patti »Schießfreudig«, denn sie wissen, daß mit diesem Kommissar jeder entdeckte Dieb auf der Stelle liquidiert wird.

In den letzten Jahren sind die Bewachungs- und privaten Polizeiunternehmen wie die Pilze aus dem Boden geschossen und gewachsen. Der Multimillionär Yabrán besitzt mehrere von ihnen, darunter die wichtigsten der Branche. Mitte Juni 1997 berichteten die Zeitungen vom Tod des argentinischen Unternehmers Herberto Gut Beltramo in Spanien. Er war Eigentümer des Bewachungs- und Werttransportunternehmens Prosegur, das 1996 einen Umsatz von 570 Millionen Dollar machte. Die Mehrheit der Leitungsposten dieses Unternehmens ist von ex-Repressoren der Streitkräfte und der argentinischen Polizei aus der Zeit der Diktatur

Videla besetzt. Der spanische Staatsanwalt Carlos Slepy Prada erklärte der Presse, daß die Justiz die in Spanien ansässigen Sicherheitsunternehmen, die mit argentinischen Repressoren in Verbindung stehen, untersucht. »Es ist kein Zufall – führte er aus – daß viele Repressoren der argentinischen Militärdiktatur sich nach Spanien abgesetzt haben und Anstellung in diesen Unternehmen fanden, die eine paramilitärische Struktur aufweisen und paramilitärisch geführt werden« (*Noticias* Buenos Aires vom 14.6.97).

Der radikale Parlamentsabgeordnete Jaroslavsky, der während der Regierung Alfonsín Präsident der Abgeordnetenkammer der Nation war, ist ein persönlicher Freund des Unternehmers Yabrán und hat dies öffentlich kundgetan. Jaroslavsky war fanatischer Befürworter der Gesetze der Gehorsamspflicht und des Schlußpunktes. Er war es, der die Abgeordneten des radikalen Blocks einzeln davon überzeugte, für diese Exkulpierungsgesetze der Militärs, denen Verbrechen wie Ausraubung von Opfern, Entführungen usw., sowie der Erschaffung des Systems des Verschwindenlassens von Personen zur Last gelegt wurden, zu stimmen. Angesichts von Beschuldigungen verschiedener politischer Sektoren – unter ihnen des ehemaligen Innenministers Béliz – gegen Alfonsín wegen dessen Beziehungen zum Multimillionär Yabrán leugnete dieser sie nicht, behauptete aber, daß er keine Geschäftsbeziehungen zu jenem unterhalten habe.

Diese Beispiele aus der heutigen argentinischen Wirklichkeit zeigen, wie kompliziert die Lage ist und welche Aktualität die Beziehungen zwischen Verbrechen, Geld und heutiger Tätigkeit der Repressoren weiterhin haben. Von daher sind die beiden Straffreiheitsgesetze Alfonsíns für das Land so folgenschwer. Menems Begnadigung der höchsten Repräsentanten der letzten Militärdiktatur vollendete zwar das Werk der Straffreiheit, hatte und hat aber bei weitem nicht so viele Folgewirkungen wie die zwei früheren Gesetze, die zudem von den alfonsinistischen Mehrheiten im Parlament verabschiedet wurden, während die Entscheidung Menems von ihm allein, als eine Maßnahme der Exekutive, getroffen wurde.

Gegen die alfonsinistischen Gesetze der Exkulpierung der Repressoren hat der Friedensnobelpreisträger Pérez Esquivel eine breite Volksbefragung in Gang gesetzt, um die Annullierung wegen Verfassungswidrigkeit und wegen Verstoßes gegen internationale Vereinbarungen, die von verschiedenen argentinischen Regierungen unterzeichnet wurden, zu erreichen. In der Tat sind Folter, die Ausraubung Verhafteter, ihre illegale Entführung und Ermordung Verbrechen, die in die Kategorie der Verbrechen gegen die Menschlichkeit fallen und daher nach der internationalen Gesetzgebung nicht verjährbar sind.

Sehr positiv gesehen wird von den verschiedenen Menschenrechtsorganisationen Argentiniens die Verurteilung »in absentia« des Fregattenkapitäns Astiz, einem der Repressoren des berüchtigten Konzentrationslagers »Escuela de Mecánica de la Armada«, der an der Entführung und dem Verschwindenlassen von zwei französischen Nonnen, die in den ersten Jahren der Diktatur Videlas die Mütter der Plaza de Mayo unterstützten, beteiligt war. Die französische Justiz verurteilte ihn zu lebenslanger Haft. Sie bemühte sich um die Auslieferung des Marineoffiziers, doch die argentinischen Behörden lehnten dies ab. Dennoch war es in jedem Fall ein positiver Schritt, denn der genannte Kriminelle kann das argentinische Staatsgebiet nicht verlassen, da er sonst von INTERPOL festgenommen wird. Dem Bespiel Frankreichs folgend, hat die spanische Justiz wegen Dutzender von spanischen

Staatsangehörigen, die auf argentinischem Staatsgebiet zwischen 1976 und 1981 verschwunden sind, Gerichtsverfahren gegen argentinische Generäle, Admirale und Polizisten in Gang gesetzt. Die Menschenrechtsorganisationen Argentiniens erwarten das gleiche Verhalten von seiten der deutschen Justiz, da 76 zur Zeit der Militärdiktatur Verschwundene die deutsche Staatsangehörigkeit besaßen.

Zweifellos wird das Thema der Verschwundenen und der kollektiven Erinnerung am intensivsten unter Studenten und Oberschülern diskutiert. Es sind die neuen Generationen, die begonnen haben, die klassische Frage zu stellen:»Papa, was hast Du in jener Zeit gemacht? Wie war es möglich, daß so etwas geschehen konnte?«. In der Mehrzahl der Schul- oder Hochschulgebäude, sei es in der Eingangshalle oder im Innnenhof, sind Inschriften, die die Namen der Verschwundenen tragen, enthüllt worden. Die Fakultät für Architektur der Universität von La Plata war die erste, an der eine Gedenkfeier stattfand. Obwohl eine relativ kleine Fakultät, weist sie eine Liste von 108 in den Konzentrationslagern verschwundenen Studenten und Professoren auf. Es folgte die Geisteswissenschaftliche Fakultät der Universität von Buenos Aires, die in einem feierlichen Akt die Mahntafel am Haupteingang anbrachte: 120 verschwundene Studenten und Dozenten. Es ist den Studenten und Professoren zur Gewohnheit geworden, eine Minute schweigend vor der Tafel zu verweilen und einen der Namen zu lesen, um sich vorzustellen, wie jener damals war, wie er heute wäre und warum er so grausam von den Henkern in Uniform ermordet wurde.

In der Folgezeit führte die überwiegende Zahl der Schulen und Hochschulen solche Mahnfeiern durch. Einer der wenigen Fälle, in dem die Schüler diese Gedächtnisfeier noch nicht durchführen konnten, ist der der deutschen Schule Villa Ballester. Zwei ex-Schüler dieser Schule gehören zu den Verschwundenen, einer von ihnen, Klaus Zieschank, war der beste Schüler seines Jahrgangs und sehr beliebt bei seinen Mitschülern und denen, die ihn kannten. Trotz der Bemühungen von Schülern und ex-Schülern hat der Vorstand des Schulvereins es bisher abgelehnt, einer solchen Erinnerungsakt abzuhalten. 1976 war die Mutter, die Lehrerin an der Schule war, vom Vorstand der Schule entlassen worden, weil sie die Mutter eines Verschwundenen war.

Es sind die Kinder der Verschwundenen, die sich in der Vereinigung HIJOS zusammengeschlossen haben. Ebenso wie die Mütter (Madres de Plaza de Mayo), kämpfen sie um das Andenken ihrer Eltern und um die Bestrafung der Schuldigen.

Eine Maßnahme der Regierung Menem führte zu großen Diskussionen innerhalb der Menschenrechtsorganisationen: Durch Gesetz erhalten die Familienangehörigen in direkter Linie eine finanzielle Entschädigung von rund 200.000 Dollar, zahlbar in zehn Jahren mit Titeln [Bonos] der Auslandsschuld, die an der Börse gehandelt werden. Ebenfalls erhalten eine Entschädigung alle jenen politischen Gefangenen, die »zur Verfügung der Exekutivgewalt«, d. h. ohne Gerichtsurteil, inhaftiert waren. Die »Madres de Plaza de Mayo«, deren Vorsitzende Hebe de Bonafini ist, haben die Entschädigung mit dem Hinweis abgelehnt, daß sie die Erinnerung an ihre Kinder nicht verkaufen würden, während deren Mörder allesamt in Freiheit seien. Die andere Organisation, »Madres de Plaza de Mayo« (Gründungslinie) hingegen nahm die Entschädigung an.

Vielleicht ist die Entscheidung, das Geld nicht anzunehmen, eine Diskussion wert: Es gibt z. B. sehr arme Familien, fast immer tragen sehr alte Großmütter die

Verantwortung für ihre Enkel (die Kinder ihrer ermordeten Kinder) und erhalten Altersrenten, die kaum 200 Dollar im Monat betragen. Mit den Entschädigungen könnten sie ihre Enkelkinder unterhalten und deren Ausbildung finanzieren. Oder aber, daß die Kinder von Verschwundenen, die heute in studierfähigem Alter sind, sich mit dieser Entschädigung ihr Studium finanzieren.

Dies alles stellt nicht in Frage, daß die Entscheidung der Madres, keinerlei Entschädigung zu kassieren, solange der Gerechtigkeit nicht genüge getan wird, eine bewunderungswürdige Haltung offenbart. Eine historische Geste und zugleich eine heroische Selbstlosigkeit. Der Fall von Hebe de Bonafini ist es wert, hervorgehoben zu werden: Sie würde 600.000 Dollar erhalten, womit sie für Jahre bequem leben könnte, heute erhält sie kaum 200 Dollar im Monat Rente.

Die Politik der »Abuelas de Plaza de Mayo« [Großmütter der Plaza de Mayo] ist völlig anders. Sie bemühen sich, ihre Enkel zu finden – die Säuglinge oder Kleinkinder waren oder während der Gefangenschaft ihrer Mütter geboren wurden –, und stehen dafür mit dem Unterstaatssekretariat für Menschenrechte der Regierung Menem in Verbindung, in der Hoffnung, von den Streitkräften Informationen zu erhalten.

Bei den Streitkräften haben sich in der Zwischenzeit keine großen Änderungen ergeben. Generalleutnant Balza – der höchste Offizier des Heeres – übte Selbstkritik, in der er die in der Vergangenheit verübten Verbrechen anerkannte und dabei versicherte, daß kein Offizier jemals wieder unmenschlichen Befehlen gehorchen dürfe, wie Foltern, Stehlen, Töten oder Entführen. Diese Selbstkritik entbehrte jedoch der Feierlichkeit und Ernsthaftigkeit, die sie in Anbetracht der Schwere der Taten hätte haben müssen, denn der erwähnte ranghohe Offizier übte sie im Fernsehprogramm eines Journalisten – Bernardo Neustadt –, der als Kollaborateur des diktatorialen Regimes des Generals Videla bekannt ist. Die Oberbefehlshaber der Marine und der Luftwaffe übten ebenfalls Selbstkritik, jedoch in oberflächlicherer Form und indem sie immer voranstellten, daß die Verbrechen des Militärs das Ergebnis des »schmutzigen Kriegs« gegen die Subversion gewesen seien.

Der Vorschlag des Oberbefehlshabers des Heeres, General Balza, einen ehemaligen Folterer des Konzentrationslagers La Perla (Provinz Córdoba), den Oberstleutnant Carlos Villanueva, für ein hohes Amt zu nominieren, hat in Argentinien wegen des Mangels an Gerechtigkeit und außerdem wegen der offensichtlichen Kungelei zwischen der politischen Macht und den Militärs neue Wunden aufgerissen. Das Beförderungsgesuch für einen Mann, der beschuldigt wird, am Tode des populären Folkloresängers Jorge Cafrune beteiligt gewesen zu sein, ruft erneut die Erinnerung an alle die anderen Beförderungen von Militärs wach, denen Verbrechen gegen die Menschlichkeit vorgeworfen wurden; diese Beförderungen erreichten ihren Höhepunkt unter Alfonsín, der – gegen alle Proteste – vorschlug, Kapitän Astiz zu befördern, welcher, wie wir sagten, in Frankreich zu lebenslanger Haft verurteilt wurde.

Die kürzlich einer Zeitung von Rosario gegenüber gemachten Erklärungen des deutschen Botschafters in Argentinien zur Zeit der Militärdiktatur, Jörg Kastl, der heute im Ruhestand lebt, haben noch größere Klarheit über jene Jahre der Schande und der Geschäfte geschaffen. Der ehemalige Botschafter führte wörtlich aus: »Alle politischen Parteien Argentiniens unterstützten den Militärputsch von Videla«. Auch die katholische Kirche; und in diesem Sinne führte Kastl aus, daß, als er

bei Erzbischof Primatesta das Gespräch auf die Repression lenkte, dieser als
Antwort »vom Wetter, von den Ernten und ähnlichen Dingen« zu sprechen begann.
Und Kastl fügte hinzu, »die katholische Kirche hätte zugeben müssen, daß sie
gesündigt hat«. »Ich habe nie versäumt, auf gesellschaftlichen Veranstaltungen
vom Thema zu reden. Im Deutschen Klub, zum Beispiel, sagte man mir: Achtung,
unsere Geschäfte sind viel wichtiger als Ihre Beschwerden wegen dieser Leute von
der Linken; ich habe mich tatsächlich bei meinen Freunden aus der Oberschicht
ziemlich unbeliebt gemacht, denn sie wollten mir nicht zuhören«. Er fügte hinzu,
daß »alle in Argentinien akkreditierten Botschafter über das, was passierte, infor-
miert waren«, und daß sie nicht immer »so heftig reagierten wie unsere Botschaft.
Aber 1977 wußten wir noch nicht, daß viele der Verschwundenen aus Militärflug-
zeugen heraus in den Fluß geworfen wurden«. Und zuletzt sagte der ehemalige
deutsche Botschafter noch die klärenden Schlußworte:»Lange Zeit danach stellten
die Argentinier fest, daß ihre Militärs nicht nur folterten, mordeten und stahlen,
sondern daß sie auch schlechte Soldaten waren«. Das letztere spielt auf die schnelle
Kapitulation der argentinischen Offiziere während des Malvinaskrieges an.

General Balza wies die Erklärungen des deutschen Botschafters zurück, indem
er darauf verwies, daß »es so schiene, als ob alle argentinischen Militärs Folterer,
Mörder und Diebe seien«. Selbst wenn es nicht alle gewesen wären, hat doch die
Annahme der Gesetze der Gehorsamspflicht und des Schlußpunktes sie gleichgestellt, weil diese die Verbrechen verbargen und ihre weitere Aufklärung verhinderten. Diese Gesetze hatten zur Folge, daß die wirklich Schuldigen versteckt blieben
und daß die Schuld sich verallgemeinerte. Gemäß der »militärischen Ehre« hätten
alle Militärs diese Gesetze ablehnen und die Einleitung von Gerichtsverfahren
verlangen müssen, um ihre Unschuld zu beweisen. Niemand tat es. Balza selbst –
der in jenen Jahren Militärattaché in Perú war – hat niemals die Entführung von
argentinischen Staatsbürgern in Lima durch die Geheimdienste des Heeres erklären
können, er hat sich nicht einmal bemüht, deutlich zu machen, daß er mit diesen
Verbrechen nichts zu tun hatte. Im Gegensatz zu den wenigen Offizieren, die sich
heute im »Centro de Militares Democráticos« (CEMIDA) unter dem Vorsitz des
Obersten Ballester zusammengeschlossen haben, und die sich seinerzeit weigerten
zu foltern, zu entführen und Gefangene zu ermorden, und die deshalb aus den
Reihen des Heeres entfernt wurden. Ein klassisches Beispiel für die Straflosigkeit
in Argentinien ist die Entlassung des Obersten Cesio aus dem aktiven Heeresdienst,
weil er an einem der Protestmärsche der Madres de Plaza de Mayo teilgenommen
hatte. Weder Präsident Alfonsín noch Menem waren imstande, die Maßnahme zu
überprüfen und die Zivilcourage und den Altruismus des genannten Obersten mit
der Wiedereinsetzung in sein Amt zu belohnen. Das Lächerlichste an dem Fall ist,
daß das Heer der Ehefrau Cesios eine Witwenpension zahlt, da er selbst für die
Institution als tot gilt.

Aber die vielleicht größte Beleidigung der Ethik, unter der die argentinische
Gesellschaft leidet, ist die Behandlung der Häftlinge von La Tablada. Im Januar
1989 kündigte eine Gruppe von Männern und Frauen – fast alle im Alter von
ungefähr zwanzig Jahren –, die der »Bewegung Alle für das Vaterland« [Movimi-
ento Todos por la Patria] angehörten[1], in einer Pressekonferenz an, sie hätten
Nachrichten über einen bevorstehenden Militärputsch unter der Führung des Ober-

---

1   Eine Gruppierung der lateinamerikanistischen Linken, die sich aus mehreren Mitgliedern von Organi-
    sationen zusammensetzte, die in den siebziger Jahren für den bewaffneten Kampf gewesen waren.

sten Seineldín, der von Carlos Menem, damals Präsidentschaftskandidat, unterstützt werden würde. »Todos por la Patria« kündigte an, daß sie sich jedem Versuch
der Putschisten, Militärs der äußersten Rechten, widersetzen würden. Eine Woche
später griff jene Organisation die nahe der Hauptstadt gelegene Kaserne von La
Tablada an und besetzte sie. Alfonsín, der die Militärs bei keinem der drei früheren
Staatsstreiche angegriffen hatte, der im Gegenteil mit ihnen paktiert hatte wie
Ostern zwei Jahre zuvor – was zu den Exkulpationsgesetzen für die Militärs führte
– befahl dem Heer in diesem Fall, angesichts einer Gruppierung der Linken, sie mit
aller Gewalt niederzuwerfen. Hierzu ernannte er General Arrillaga, einen der
brutalsten Repressoren aus der Zeit der Diktatur. Er war der Urheber der sogenannten »Nacht der Krawatten«, in der in der Stadt Mar del Plata alle die Anwälte
entführt wurden, die politische Häftlinge verteidigten, und von denen die meisten
verschwunden blieben. Im Falle des Anwalts Tomás Fresneda erreichte die Grausamkeit ein unerträgliches Maß: Die Repressionskräfte des Generals Arrillaga
entführten nicht nur den Anwalt, sondern auch seine schwangere Frau. Das Ehe-
paar ist seitdem verschwunden und auch von dem kurz vor der Geburt stehenden
Kinde hörte man nie wieder etwas. Just diesem General gab Alfonsín den Befehl,
die Kaserne von La Tablada anzugreifen. Der setzte Panzer und Artillerie ein,
bombardierte mit Napalmbomben usw. Obwohl die linken Angreifer bald die
weiße Fahne zeigten, fuhren die Truppen des genannten Generals mit der Bombar-
dierung fort. Das Ergebnis dieser völlig unverhältnismäßigen militärischen Repression war der Tod der Hälfte der Eindringlinge, und der Tod einiger Soldaten und
Polizisten – bei denen nicht festgestellt wurde, ob sie durch Kugeln der militärischen Repression oder durch die der zivilen Angreifer starben. Natürlich wurden
die Kasernengebäude durch den Bombenhagel der Regierung fast völlig zerstört.
Die gesamte militärische Aktion wurde von den Fernsehkanälen »live« übertragen.
Als General Arrillaga die Operation endlich für beendet erklärte, kam Alfonsín, um
»die Sieger« zu beglückwünschen und die Zeitungen konnten am Tage darauf
Fotos des Präsidenten der Nation mit den Offizieren und den Leichnamen der
jungen Eindringlinge veröffentlichen.

Die Eindringlinge wiesen darauf hin, daß sie die Kaserne eingenommen hatten,
um den nahenden Staatsstreich des Obersten Seineldín aufzuhalten. Dieses Argument zählte für die Richter nicht, die fast alle Angeklagten zu hohen – darunter
viele zu lebenslänglichen – Gefängnisstrafen verurteilten. Das Gerichtsverfahren
ist vom Rat für Menschenrechte der Organisation der Amerikanischen Staaten mit
Sitz in Costa Rica als parteiisch angesehen worden und man erwartet vom Interamerikanischen Gerichtshof in Washington eine Entscheidung in diesem Sinne.
Inzwischen büßen die Häftlinge von La Tablada ihre Strafe im Gefängnis von
Caseros ab, einem Gebäude, das der Diktator Videla gegen alle humanitären Normen erbauen ließ. Wer heute das Gefängnis besucht, kann am Eingang eine Bron-
zeplakette lesen, auf der steht »Dieses Gefängnis wurde von Generalleutnant Jorge
Rafael Videla erbaut«. Wegen seiner grausamen Baugestaltung könnte man meinen, der genannte Militär hätte sich zu Lebzeiten sein eigenes Denkmal gesetzt. Die
Häftlinge sind in Zellen eingesperrt, die lediglich winzige Luken haben und es gibt
keinen Innenhof, so daß sie sich seit acht Jahren an keinem Sonnenstrahl erfreuen
konnten. Neun Monate nach dem Angriff auf die Kasernen von La Tablada kam es

zu dem angekündigten Putsch des Obersten Seineldín, so wie es die Mitglieder des Movimiento Todos por la Patria angekündigt hatten.

Wiewohl man das Vorgehen der Guerrilleros als abenteuerlich werten kann, ist es dennoch unerträglich, daß sie zu so drakonischen Strafen bis hin zu lebenslänglich verurteilt wurden, und dies im Schlimmmsten der Gefängnisse, während die Verantwortlichen für unsägliche Verbrechen gegen die Menschlichkeit, Verbrechen, die im übrigen in öffentlichen Gerichtsverfahren nachgewiesen wurden, wie Videla, Galtieri, Massera sich absoluter Freiheit erfreuen.

Zusammenfassend: Die argentinische Gesellschaft befindet sich in einer tiefen moralischen Krise wegen ihrer doppeldeutigen Sprache über die jüngste Vergangenheit. Die ethischen Siege, die erreicht werden konnten, gelangen dank der Proteste und Widerstandsbewegungen. Und hier kommt es allmählich zu einigen Siegen: Zum Beispiel mußte der Staatssekretär für Sicherheitsfragen der Provinz Salta, Kommandant Nazario, von seinem Amt zurücktreten, als seine Beteiligung an den Verbrechen des Konzentrationslagers El Vesuvio aufgedeckt wurde. Und dies aufgrund der empörten öffentlichen Reaktionen.

An zwei Worten kann man messen, wie die Argentinier über ihre Vergangenheit denken. Diese Worte sind »El proceso« oder »La dictadura«. Diejenigen, die mit der Militärdiktatur kollaborierten oder jenen Zeiten von »Ordnung und Disziplin« nachtrauern, nennen die fast acht Jahre dauernde Militärdiktatur »El proceso«; dies war der Begriff, den die Militärs selbst ihrer mit dem Putsch vom 24. März 1976 begonnenen Regierung gaben. Hingegen bezeichnen die Opfer und alle diejenigen, die für ethische demokratische Grundsätze eintreten, das Militärregime als »La dictadura«.

Positive Tatsachen sind die Polemiken, die sich jüngst an der Frage der Zusammenarbeit der Intellektuellen mit der Diktatur entzündeten. Als Details aus neueren Untersuchungen bekannt wurden, hat vor allem die Jugend mit Enttäuschung ob des damaligen Verhaltens insbesondere der bereits etablierten Schriftsteller reagiert. Ein soeben veröffentlichtes Buch »Sábato y la moral de los argentinos« [Sábato und die Moral der Argentinier] von Maria Pía López und Guillermo Korn ist eine tiefgehende Untersuchung zu der Frage, warum die argentinische Mittelschicht diesem Schriftsteller soviel Verehrung entgegenbringt. Es werden alle seine Erklärungen, sein Besuch – zusammen mit anderen Intellektuellen – bei dem Diktator Videla, seine Unterstützung einer früheren Diktatur, der von Onganía, und die Tatsache, daß er Mitarbeiter einer früheren Militärregierung, der des Generals Aramburu, war, analysiert. Zudem hat ein Satz in einem Buch Ernesto Sábatos Bedauern und Ablehnung hervorgerufen. In seinem Buch »El otro rostro del peronismo« [Das andere Gesicht des Peronismus] nennt er es eine tadelnswerte Sünde, daß Perón ein außerehelicher Sohn war: »... seine (Peróns) eigene Erfahrung des sozial Benachteiligten [=Ressentimentgeladenen] als außerehelicher Sohn der er war« heißt es in dem 1956 geschriebenen Buch, kurze Zeit nachdem Perón von einem Militärputsch gestürzt worden war. An der Figur Sábatos werden alle Irrungen und Wirrungen einer zwischen Diktaturen und verfassungsmäßigen Regierungen, die von Korruption und inneren Widersprüchen untergraben wurden, pendelnden Gesellschaft untersucht.

Es ist in dieser Hinsicht interessant, daß die Jüngeren beginnen, die Vergangenheit und das Verhalten jener Menschen zu hinterfragen, die von dieser in ethischen Fragen so ekklektischen Gesellschaft, die sich durch ihr Schweigen gegenüber dem Verbrechen mitschuldig machte, zu Vorbildern erhoben wurden.

Es hat ebenfalls eine Diskussion über das Verhalten der sogenannten »Kommunikatoren« begonnen, Gestalten der Presse, des Rundfunks und des Fernsehens, die die Meinung der Generäle unterstützt hatten und dann hurtig in das demokratische Lager Alfonsíns hinüberwechselten. Sie taten es ohne Pause und in Eile. Heute erscheinen sie auf dem Bildschirm, als ob im Lande nie etwas geschehen wäre. Es sind Bernardo Neustadt, Mariano Grondona, Magdalena Ruiz Guinazú, Julio Lagos, Llamas de Maradiaga und viele viele andere, die das Substantiv »proceso« benutzen und nicht »dictadura«. Die gesunde und moralische Reinigung, die 1983, mit dem Sturz der Diktatur, hätte vorgenommen werden müssen, findet erst jetzt, im langsamen Prozeß des Generationswechsels, statt. Dies liegt auch daran, daß die Eigentümer der Medien – sieht man von ehrenvollen Ausnahmen ab – ebenfalls die Eroberung der Macht durch die Generäle unterstützt haben und das Grauen der Repression in dieser schwarzen Nacht der argentinischen Geschichte, die so schwer zu verstehen ist für die Kinder derer, die damals nichts sahen, nichts sagten, nichts hörten, mit Stillschweigen übergingen.

Es gibt aber nicht nur Reaktionen der neuen Generationen gegen das Verschweigen der jüngsten Erinnerung, sondern auch das große Schweigen gegenüber dem Genozid des vorigen Jahrhunderts, das vom argentinischen Heer gegen die Indios der Pampas und Patagoniens verübt wurde: gegen die Mapuches, Tehuelches, Pehuenches, Ranqueles. In Bariloche, in der südlichen Provinz Rio Negro gelegen, gibt es eine Volksinitiative zur Beseitigung der auf dem Hauptplatz jener Stadt stehenden Statue des Generals Julio A. Roca, der die Truppen kommandierte, die 1879 den Genozid begingen, der fälschlicherweise als „Wüstenfeldzug" [Campaña del Desierto] bezeichnet wird. Die Eingeborenen, die nicht getötet wurden, schickte man in die tropischen Gebiete um Zuckerrohr zu schneiden, und dort kamen sie um, als Opfer des ungewohnten Klimas und der tropischen Krankheiten. Die Indianerinnen trennte man von ihren Kindern und zwang sie, als Dienstmägde in den Städten zu arbeiten. Die Kinder »erzog« man christlich in katholischen Familien, die sie als Diener und Jungknechte [peoncitos] nutzten.

Die Mapuche-Organisationen verlangen, daß man die Statue des völkermordenden »Konquistadoren« vom Platz der Stadt entferne. Die Behörden weigern sich und man kann das lächerliche Schauspiel einer ständig – Tag und Nacht – von zwei Gendarmen bewachten Statue beobachten.

Kämpfe, die zum Wesen der Demokratie gehören. Mit ihnen lernt man Demokratie. Man muß die derzeitigen Freiheiten nutzen, um Widerstand zu zeigen, der die demokratischen Institutionen wachsen und erstarken läßt. Der einzige Weg, um Korruption und Ungerechtigkeit im heutigen Argentinien zu beseitigen.

(Aus dem Spanischen von Dr. Arnold Spitta, Bonn)

Dirk Messner

Wirtschaft und Entwicklung in Argentinien in den neunziger Jahren: ein schwieriger Neuanfang

Die internationale Wirtschaftspresse hat Lateinamerika wiederentdeckt. Nach der »verlorenen Dekade« und der tiefen Verschuldungskrise der 80er Jahre wird der Kontinent Mitte der 90er Jahre als neuer Wachstumspol in der Weltwirtschaft gehandelt. Viele Beobachter sehen Lateinamerika auf den Spuren der asiatischen Schwellenländer wandeln. Einen solch radikalen Perspektivwechsel kann man auch in der Berichterstattung und den wissenschaftlichen Publikationen zu Argentinien beobachten. Nicht selten ist vom »argentinischen Wunder« die Rede, womit gemeint ist, daß es unter der Regierung Menem gelang, die chronische Inflation, die in den 80er Jahren durchschnittlich über 400 % betrug, ab Anfang der 90er Jahre auf einstellige Preissteigerungsraten zu reduzieren, zwischen 1991 und 1996 ein durchschnittliches Wachstum um die 5 % zu erreichen und nach der Kapitalflucht der 80er Jahre, die auf 50 Mrd. US-$ geschätzt wird, ausländisches Kapital in Höhe von gut 30 Mrd. US-$ anzuziehen. Diese Erfolgsdaten suggerieren vielen Beobachtern, daß in Argentinien das Kunststück gelungen sei, eine erfolgreiche Stabilisierungspolitik mit einer Wachstumsstrategie zu verbinden. Das »Wirtschaftswunder« hat jedoch auch seine Schattenseiten: 1995 sank das BIP nach vier Wachstumsjahren um 4,6 % und die Arbeitslosigkeit schnellte auf beinahe 20 %; das Finanzsystem geriet in Folge der Mexiko-Krise in große Bedrängnis und konnte nur durch hohe Kredite von IWF und Weltbank stabilisiert werden. Auch wenn sich die wirtschaftliche Situation 1996 wieder entspannte und das BIP um 4,4 % wuchs, kann festgehalten werden, daß der schwierige sozio-ökonomische Reformprozeß in Argentinien nach längst nicht abgeschlossen ist.

Eine Beurteilung der ökonomischen Entwicklungsdynamik Argentiniens oder gar Prognosen sind jedoch schwierig, da sich das Land in einem komplexen Umbruch von der jahrzehntelang verfolgten binnenmarktorientierten Importsubstitution hin zur Weltmarktorientierung befindet.

Die neoliberal geprägten Wirtschaftspolitiken, die seit Anfang der 90er Jahre konsequent umgesetzt werden, geben der Entwicklung eine neue Richtung und lösen vielfältige Anpassungsprozesse in Unternehmen, staatlichen Institutionen und gesellschaftlichen Organisationen aus: im Liberalisierungs- und Deregulierungsprozeß werden Entwicklungshemmnisse abgebaut, zugleich entstehen jedoch auch neue Regulierungsdefizite; tradierte Privilegien fallen politischen Reformen zum Opfer, neue Begünstigungen entstehen; politische und institutionelle Routinen der vergangenen Jahrzehnte werden überwunden, und dennoch sind viele Strukturen und Werte weiterhin durch die lange Phase der Binnenorientierung geprägt; veraltete (z.B. technologisch-organisatorische) Wissensbestände werden radikal entwertet, und das Land steht vor der Herausforderung, sich rasch an die internationalen Informationspole und -flüsse anzudocken, um in der Weltwirtschaft bestehen zu können. Institutionelle Modernisierungen werden bisher vernachlässigt, und es mangelt an sozialen und umweltpolitischen Flankierungen des Reformprozesses. Argentinien befindet sich also in einem tiefgreifenden Transformationsprozeß, in dem vielfältige Übergangsphänomene auftauchen.

Die Kategorien der auf kurze Zeiträume orientierten Konjunkturanalyse taugen nicht für die Erfassung dieser Umbrüche, weil

– kurzfristige Krisenerscheinungen von längerfristigen Trends unterschieden sowie deren Zusammenwirken thematisiert werden müssen,

– ein Analyseinstrumentarium notwendig ist, um Übergangsphänomene und Formen neuer Strukturbildung differenzieren zu können,

– es oft schwierig ist, festzustellen, ob sozioökonomische Probleme auf die aktuellen Wirtschaftspolitiken, externe Effekte oder noch auf die nachwirkenden Kosten bzw. Strukturen des gescheiterten Entwicklungsmodells zurückzuführen sind.

Die aktuellen Bestandsaufnahmen zu Lateinamerika im allgemeinen und zu Argentinien im speziellen vernachlässigen häufig diesen spezifischen Hintergrund, bedienen sich der Beschreibung quantitativ leicht meßbarer Indikatoren (Wachstum, Inflation, Beschäftigung usw.) und konzentrieren sich auf kurze Beobachtungszeiträume. Diese Methodik führt dann auch zu eigentümlich verzerrten Interpretationen: kurze Wachstumsphasen werden häugig ebenso wie die folgenden Einbrüche überbewertet. Der Feststellung, daß die lateinamerikanische Krise nun endlich überwunden sei, folgt zugleich die Einschätzung, daß sich eigentlich noch gar nicht verändert habe: »The past years have changed expectations more than reality.« (Economist, 9.12.1995)

Chaotische Wirtschaftsentwicklung in den 80er Jahren

Die einschneidenden Reformen der 90er Jahre können nur vor dem Hintergrund der Entwicklungen in den 80er Jahren verstanden werden. Die von galoppierender Inflation begleitete Verschuldungskrise, die in Argentinien 1981 virulent wurde, war Ausgangspunkt einer Dekade chaotischer Anpassungsversuche in Politik und Wirtschaft. In nur 10 Jahren, zwischen April 1981 und April 1991, versuchten fünf Präsidenten und nicht weniger als 10 Wirtschaftsminister die ökonomische Krise in den Griff zu bekommen. Die Wirtschaftspolitik konzentrierte sich vor allem auf das Management der monetären Ungleichgewichte. Immer kurzfristigere Lösungsansätze wurden ausprobiert: Preise für bestimmte Güter wurden eingefroren – und bald wieder freigegeben; Einkommenserhöhungen zur Stärkung des Binnenmarktes wurden anvisiert, durch Lohnstops abgelöst, die dann ebenfalls alsbald wieder aufgegeben wurden; Wechselkurse wurden zur Bekämpfung der Inflation aufgewertet und dann wieder zur Dynamisierung des Wachstums und der Exporte abgewertet; ein dreigeteiltes Wechselkurssystem wurde eingeführt und rasch wieder verworfen; öffentliche Konsolidierungs- und Nachtragshaushalte lagen im Monatsrythmus vor (als Überblick Bodemer 1991).

Die »zig-zag-Wirtschaftspolitiken« (Schvarzer 1996) verfehlten ihre Ziele und trugen nicht unwesentlich zum ökonomischen Niedergang bei: Die Verschuldung stieg weiter, und die Inflation lag seit Mitte der 70er Jahre bei durchschnittlich rund

400 %, mit Phasen vierstelliger Preissteigerungen (1989: 3700 %). Im Ergebnis kam es zu einem tiefen Einbruch der Investitionen: Die Investitionsquote, die in den 70er Jahren noch bei 20 % lag, schwankte in der zweiten Hälfte der 80er Jahre um die 10 %. Der Kapitalstock der argentinischen Wirtschaft verfiel aufgrund ausbleibender Ersatz- und Neuinvestitionen. Das BIP pro Kopf sank im Verlauf der 80er Jahre um insgesamt 23,5 %. Die Berg- und Talfahrt in der Wirtschaftspolitik spiegelte sich auch in der Entwicklung der Industrieproduktion wieder. Immer kürzer werdende Zyklen kennzeichneten die Dekade: Die Industrieproduktion sank 1981-82, erholte sich 1983-84 leicht, um 1985 erneut zu schrumpfen. Der Plan Austral führte 1986 und 1987 zu einer kurzen Erholung in der Industrie, die ab 1988 durch einen erneuten Rückgang der Produktion abgelöst wurde. Im Ergebnis lag die Industrieproduktion 1990 16 % unter dem Niveau von 1974. Die Reallöhne in der Industrie halbierten sich zwischen 1975 und 1990.

Am Ende der achtziger Jahre kristallisiert sich ein neuer wirtschaftspolitischer Konsens heraus. Es besteht nun besteht breite Übereinstimmung darin, daß die Kernelemente des alten Entwicklungsmodells der nachholenden Industrialisierung jenseits des Referenzrahmens Weltmarkt sich bereits seit Mitte der 70er Jahre entwicklungs- und modernisierungshemmend auswirkten. Angesteuert wird nun die Integration in die Weltwirtschaft. Strittig bleibt, welche wirtschaftspolitische Strategie zur Schaffung wettbewerbsfähiger Wirtschaftsstrukturen beitragen kann.

Zielsystem der wirtschaftsliberalen Strukturanpassung der neunziger Jahre

Die argentinische Regierung Menem orientiert sich in der Umbruchphase seit Anfang der neunziger Jahre, wie die Regierungen der meisten lateinamerikanischen Länder, an neoliberal inspirierten Wirtschaftspolitiken. Die Stabilisierungsanstrengungen sowie die Außenöffnungs-, Deregulierungs- und Liberalisierungsmaßnahmen eröffnen vielfältige Chancen und können Beiträge zur Überwindung der langandauernden Stagnation leisten:

– Erfolgreiche Stabilisierungsmaßnahmen (z.B. Sanierung der Staatshaushalte, Abbau interner Verschuldung, stabilitätsorientierte Geldpolitik, langfristige Umschuldungsprogramme mit privaten Banken und bi- sowie multilateralen Gebern) sind notwendige Bedingung für die Reduzierung der hohen Inflation, die in den 70er und 80er Jahren zu sozialen und ökonomischen Verwerfungen führte, Kapitalbildung und Investitionen behinderte und massive Kapitalflucht induzierte.

– Die Außenöffnung zielt auf die Stärkung der Exportfähigkeit und die Erschließung neuer Märkte und Wachstumspotentiale ab. Dies ist angesichts einer außerordentlich niedrigen Exportquote von 8% (1995) wichtig, um nach jahrzehntelanger Stagnation (Wachstum des BIP 1950-1990: 0,5 % p.a.) Wachstumsblockaden zu überwinden. Die einseitige Binnenmarktorientierung der Vergangenheit war in einer Stagnationsfalle gemündet.

– Die Außenöffnung erhöht den Wettbewerbsdruck auf die Unternehmen und trägt dazu bei, oligarchische Unternehmensstrukturen aufzubrechen. Damit wird ein produktivitätsgetriebenes Wachstum, das Spielräume für Reallohnerhöhungen eröffnete, überhaupt erst möglich. Während die Reallöhne in der argentinischen Industrie seit Anfang der 80er Jahre kontinuierlich gesunken sind, wurden sie in den exportstarken ostasiatischen Ökonomien (Südkorea, Taiwan, Hongkong, Singapur) auf der Grundlage hoher Produktivitätssteigerungen im Verlauf der vergangenen 15 Jahre um über 170 % erhöht.

– Die Orientierung am Referenzrahmen Weltmarkt kann organisatorisch-technologische Lernprozesse in Unternehmen und Organisationen, die während der Binnenorientierung langsam ausfielen, beschleunigen. Dies ist für die wirtschaftliche und ökologische Modernisierung der Region bedeutend.

– In den Jahrzehnten der Importsubstitution herrschte in Argentinien eine politische und wirtschaftliche Pattsituation zwischen der traditionellen Agraroligarchie und den binnenorientierten Industrieunternehmern vor, was die Gestaltung kohärenter und langfristig verläßlicher Wirtschaftspolitiken erschwerte. In den 80er Jahren blockierten sich die Kräfte, die auf eine Modernisierung des alten Entwicklungsmodells setzten, und diejenigen, die eine Außenöffnung ansteuerten, wechselseitig. Der wirtschaftliche Umbruch könnte zur Entblockierung gesellschaftlicher Verkrustungen führen.

– Privatisierung und Deregulierung können zum Abbau hypertropher staatlicher Bürokratien beitragen, die Marktkräfte stärken und die Bedingungen für den Aufbau leistungsfähiger staatlicher Institutionen und tragfähiger Steuerungskonzepte verbessern.

– Liberalisierung und Außenöffnung unterminieren entwicklungsblockierende klientelistische Strukturen. Ein Beispiel: Im Rahmen der abgeschotteten Ökonomien war es für Unternehmer wichtiger, »gute Beziehungen« zu den Verantwortlichen in den Ministerien für Zollpolitik zu pflegen, um so das eigene Unternehmen vor Wettbewerb zu schützen, als betriebliche Modernisierungsstrategien zu entwickeln.

Das Zielsystem der neoliberalen Strukturanpassung zielt demnach durchaus auf die Überwindung wichtiger Entwicklungsblockaden ab. Die wirtschaftspolitische Umorientierung greift jedoch erstens aufgrund ihrer einseitig und nahezu ausschließlich makroökonomischen Orientierung zu kurz und vernachlässigt die Komplexität der neuen Herausforderungen. Zudem schafft sie zweitens neue Probleme. Beide Punkte werden im Verlauf der Argumentation vertieft.

»Die Schatten der Vergangenheit«: sozio-ökonomische Ausgangsbedingungen im Umbruch zur Weltwirtschaft

Wirtschafts- und Sozialindikatoren 1976 – 1995

Bereits ein Vergleich einiger zentraler Wirtschafts- und Sozialdaten der 70er Jahre und 1995 veranschaulicht, daß die argentinische Wirtschaft und Gesellschaft einen langen und schwierigen Weg vor sich hat, um ihre Stellung in der Weltwirtschaft zu verbessern und in den 60er Jahren bereits einmal erreichte soziale und ökonomische Entwicklungsniveaus wieder zu erreichen (Nochteff 1996, 121).

• Das BIP pro Kopf lag 1995 12,7 % unter dem Niveau von 1974. Der durchschnittliche Reallohn sank im gleichen Zeitraum um über 50 %. Die Arbeitslosenquote stieg von 3,4 % auf 17,4 %, die Unterbeschäftigungsquete von 5,4 % auf 12 %.

- Die Einkommensverteilung verschlechterte sich zwischen 1975 und 1995 nachhaltig. Die Anteil der unter 40 % der Einkommenspyramide am Volkseinkommen sank um 28 %, der der unteren 10 % gar um 42 %; der Anteil der oberen 20 % stieg um 24,4 %.
- Der Anteil der offiziell Armen an der Gesamtbevölkerung stieg von 1974 bis 1992/93 von 4 % auf 20 %.
- Die Exportquote sank zwischen 1973 und 1995 von 9,6 % auf 8 %.

Das Erbe der Importsubstitution

Die jahrzehntelange Abschottung der Industrien vor der internationalen Konkurrenz durch exzessiv hohe Zölle führte zu einer Abkopplung von organisatorisch-technologischen Lernprozessen in der Weltwirtschaft, zunehmenden Konzentrationsprozessen, abnehmendem Wettbewerb und niedriger Innovationsdynamik. Statt sich den internationalen Produktivitätsstandards anzunähern, wurde die Kluft zwischen dem argentinischen und dem weltwirtschaftlichen Effizienzniveaus immer größer. Die in den 80er Jahren in Argentinien noch weit verbreitete Hoffnung, der Übergang von der Binnen- zur Weltmarkorientierung könnte relativ linear und krisenfrei bewältigt werden, mußte sich daher als Irrtum erweisen. Auch die sich seit 1993 wiederholenden Ankündigungen des argentinischen Präsidenten Menem, nach der Reduzierung der Inflation sei das Reformprogramm zur Überwindung der Wirtschaftskrise quasi abgeschlossen, man befinde sich auf dem direkten Weg in Richtung der Entwicklung einer modernen Ökonomie, verdeutlichen, daß die Dimensionen und die Reichweite des Umbruchs unterschätzt werden. Die Öffnung zur Weltwirtschaft und die Notwendigkeit, international wettbewerbsfähige Wirtschaftsstrukturen aufbauen zu müssen, konfrontiert die argentinische Gesellschaft mit großen Herausforderungen.

Der Versuch eines wirtschaftlichen Neuanfangs findet also vor dem Hintergrund des spezifischen Erbes der einseitig binnenmarktorientierten Importsubstitution statt. Die Dynamik des Umbruchprozesses und die Bedingungen, unter denen die ökonomische Neuorientierung umgesetzt werden, lassen sich in acht Problemfeldern zusammenfassen:

1. Die Arbeitsproduktivität ist in Argentinien in den vergangenen Dekaden nur langsam gestiegen; die Innovationsfähigkeit des Importsubstitutionsmodells war gering. Im Kontext der Verschuldungskrise und niedriger Investitionsquoten in den 80er Jahren ist die technologisch-organisatorische Kompetenz der Unternehmen im Vergleich zu den weltwirtschaftlichen Niveaus weiter gesunken. Den Kontrastfall bieten vor allem die ostasiatischen Tigerökonomien (Südkorea, Taiwan, Hongkong, Singapur), in denen das Produktivitätsniveau Anfang der 60er Jahren weit unter dem argentinischen lag. Die Arbeitsproduktivität wächst in den ostasiatischen Neuen Industrieländern seit drei Dekaden um jahresdurchschnittlich etwa 10 %. In Argentinien sind demnach enorme Produktivitätssprünge notwendig, um die Wettbewerbsfähigkeit nachhaltig zu steigern. Währenddessen schickt sich in Asien bereits die zweite Generation der Schwellenländer an (Indonesien, Malaysia, Thailand; China), sich in der Weltwirtschaft zu etablieren.

2. Seit den 80er Jahre verändern sich infolge weitreichender technolgischer Umbrüche die weltwirtschaftlichen Strukturen und die Determinanten internationaler Wettbewerbsfähigkeit. Ein neues organisations- und wissensbasiertes Produktionsparadigma setzt sich durch (Eßer et al. 1996). In dieser Phase raschen technologischen Wandels schwankten die Investitionsquoten in Argentinien (1982-89) zwischen 9,9 % und 15 %; in Südkorea und Taiwan lagen sie hingegen bei über 30 % (CEPAL, World Bank). Daraus folgt, daß die argentinische Ökonomie über einen weitgehend veralteten Produktionsapparat verfügt. Zugleich sind auch die Ausgaben für Forschung und Entwicklung (F&E), als einem wichtigen Indikator für Investitionen in den Aufbau technologischer Kompetenz, seit Jahrzehnten niedrig. Der Anteil der F&E-Ausgaben am BSP liegt in Argentinien seit Anfang der 80er Jahre bei etwa 0,4 %. In Ländern wie Taiwan und Südkorea, mit denen sich die fortgeschrittenen lateinamerikanischen Ländern gern vergleichen, liegt der Anteil der F&E-Investitionen am BSP seit zwei Dekaden bei etwa 3 %. Vor diesem Hintergrund wird deutlich, daß und weshalb im Prozeß der Außenöffnung Bereinigungs- und Deindustrialisierungsprozesse stattfinden: der Abstand zum internationalen technolgischen Niveau ist oft so groß, daß eine Modernisierung der veralteten Unternehmen kostspieliger ausfiele als Investitionen in neue Produktionsanlagen. In Argentinien muß also ein beschleunigter Aufholprozeß und eine tiefgreifende Modernisierung des Produktionsapparates einsetzen, wenn die Ökonomie nicht weiter an Bedeutung in der Weltwirtschaft verlieren will. Dazu sind vor allem deutlich höhere (interne) Spar- und Investitionsquoten als in der Vergangenheit notwendig.

3. Das Importsubstitutionsmodell war auf den Aufbau geschlossener Industrieapparate (complete industrialization) ausgerichtet. Argentinien verfügt (oder verfügte vor der radikalen Außenöffnung) über beachtlich diversifizierte Industriestrukturen, die in der Vergangenheit fälschlicherweise als Indikator für gelungene nachholende Modernisierung galten. Das Problem besteht – ähnlich wie in den ehemaligen sozialistischen Ländern – darin, daß die aufgebauten Industrien (im Regelfall) ineffizient sind und in der Weltwirtschaft nicht bestehen können. Die Restrukturierung und Weltmarktorientierung der Industrie mündet notwendigerweise in Spezialisierungsstrategien; daher sind in der Umbruchphase Deindustrialisierungsprozesse unvermeindlich und der Abbau von Arbeitsplätzen die Folge. Ein instruktives Beispiel sind die Entwicklungen in der argentinischen Automobilindustrie. Dort sind die Wachstumsdynamik und die Produktivitätssteigerungen seit 1990 spektakulär. Die Zahl der produzierten Autos konnte von etwa 100.000 (1990) auf über 400.000 (1995) gesteigert werden. Die Beschäftigungseffekte sind zwar positiv, jedoch aufgrund hoher Produktivitätssteigerungen gering (Beschäftigungszuwachs 10 %).

Die entscheidene Frage ist demnach, ob es zukünftig gelingt, in dem neuen wirtschaftspolitischen Rahmen ausreichende Beschäftigung zu generieren. Die Erfahrungen der ostasiatischen Länder, die derzeit eher mit zu knappen Arbeitskräfteangeboten zu tun haben, zeigen, daß dies im Prinzip möglich ist. In Südkorea und Taiwan sorgten eine aktive Beschäftigungspolitik, eine weitsichtige Modernisierungsstrategie für ländliche Räume und die Landwirtschaft sowie insbesondere Wachstumsraten des BSP von gut 7 % über einen Zeitraum von drei Dekaden dafür, daß trotz hoher Produktivitätssteigerungen keine hohe Arbeitslosigkeit entstand. Gerade letzteres ist für Argentinien kaum realistisch, so daß die erfolgreiche Modernisierung der Wirtschaft mit steigender Arbeitslosigkeit einhergehend wird.

4. Nach jahrzehntelanger industrieller Importsubstitution besteht das Exportpaket Argentiniens überwiegend aus Agrargütern, Rohstoffen sowie kaum verarbeiteten Produkten mit geringer Wertschöpfung; der Anteil technologieintensiver Exportprodukte ist gering. Die Exportfähigkeit steht also auf äußerst schwachen Füßen; die Unternehmen sind nicht in den weltwirtschaftlichen Wachstumssektoren präsent und verfügen überwiegend nur in einfachen, preissensitiven Produktionsbereichen über Wettbewerbsvorteile. Diese Exportschwäche gilt nicht nur für Argentinien sondern gesamt Lateinamerika: Das Exportvolumen des Kontinents (1996: 250 Mrd. US $) ist nicht größer als die (addierten) Exporte Südkoreas und Taiwans. Allein Südkorea exportiert mehr Industriegüter als alle lateinamerikanischen Länder zusammen.

5. Umfassende Anpassungsleistungen stehen auf der Unternehmensebene an. *Erstens* sind die argentinischen Unternehmen im internationalen Vergleich in ihrer Mehrzahl klein, mit entsprechenden negativen Auswirkungen auf ihre Fähigkeit, massiv in F&E zu investieren oder eigenständig in die Weltwirtschaft vordringen zu können. So betragen in Argentinien die Betriebsgrößen (gemessen am Umsatz) Anfang der 90er Jahre nur etwa ein Zehntel der international üblichen Niveaus (Kosacoff 1993). *Zweitens* verfügen die Klein- und Mittelindustrieunternehmen – oft als Hoffnungsträger in Sachen Beschäftigung gehandelt – in ihrer großen Mehrheit über wenig Entwicklungs- und Exportpotential. Die CEPAL in Buenos Aires schätzt, daß von den 65.000 argentinischen Klein- und Mittelunternehmen nur einige hundert in der Lage sein werden, Exportpotentiale aufzubauen (Kosacoff 1995). *Drittens* sind die Mehrzahl der argentinischen Betriebe vertikal integrierte, isoliert agierende Unternehmen. In der Weltwirtschaft dominieren statt dessen Unternehmens-Netzwerke oder Industrie-cluster; die Wettbewerbsfähigkeit von Unternehmen basiert zunehmend auf der Leistungsfähigkeit ihrer Zulieferer und dem institutionellen Unternehmensumfeld (Porter 1990, Eßer et al. 1996). Letzteres ist in Argentinien schwach entwickelt, da in den vergangenen Jahren kaum in die Verbesserung des Wirtschaftsstandorts investiert wurde. *Viertens* ist das Export-Know how der argentinischen Unternehmer nach jahrzehntelanger Binnenmarktorientierung gering. Es braucht – wie z.B. auch die chilenischen, guatemaltikischen und uruguayischen Erfahrungen zeigen (Eßer 1996) – Zeit, um Wissen über technische u.a. Normen, Qualitätsstandards und jeweilige Märkte und Marktsegmente im Welthandel zu kumulieren und tragfähige Kommerzialisierungsstrategien zu entwickeln.

6. Der traditionelle argentinische Entwicklungsstaat war überzogen interventionistisch, bürokratisch, zentralistisch organisiert, allgegenwärtig und daher überfordert und leistungsschwach. Die institutionellen Strukturen des Landes werden sich grundlegend verändern müssen, um den neuen Anforderungen gerecht zu werden. Dabei ist es mit rein quantitativen Reduzierung des Staatsapparates nicht getan. Es geht um tiefgreifende Verwaltungsreformen, eine Neudefinition der Rolle des

Staates sowie die Herausbildung neuer Formen der Arbeitsteilung zwischen dem privaten und dem öffentlichen Sektor sowie intermediären Institutionen und den Organisationen der Zivilgesellschaft. Die Unternehmerverbände – die sich sehr lange an dem für sie durchaus vorteilhaften Modell der »geschützten Industrialisierung« orientierten – sind schwach entwickelt und verfügen über wenig konzeptionelles und technisches Potential, um durch eigene Anstrengungen (z.B. im Berufsbildungsbereich) zur Modernisierung der Wirtschaftsstandorte beizutragen. Zivilgesellschaftliche Kräfte konnten sich im Verlauf der jahrzehntelangen Dominanz des Entwicklungsstaates kaum entfalten, und auch die Gewerkschaften stecken in einer tiefen Orientierungskrise (Portella de Castro/ Wachendorfer 1995). Sie haben sich lange gegen die wirtschaftspolitische Neuorientierung gewehrt, müssen nun die sozialen Anpassungskosten verarbeiten und zugleich ihre neue Rolle als kooperationsfähige Gegenmacht im neuen wirtschaftspolitischen Rahmen definieren. Es besteht die Gefahr, daß nach dem einseitig etatistischen Entwicklungsmodell der vergangenen Jahrzehnte auf ebenso überzogene marktreduktionistische Konzepte gesetzt wird. Zugleich ist deutlich, daß die wirtschaftliche Umstrukturierung ohne gesellschaftliche Strukturbildung nicht gelingen kann und in sozialer Desintegration mündet (Messner 1995).

7. In der Phase des Umbruchs zur Weltwirtschaft werden sich die sozialen Probleme zunächst verschärfen. Hohe Produktivitätszuwächse sind Bedingung für den Aufbau von Wettbewerbsfähigkeit; sie produzieren zugleich Beschäftigungsabbau, der nur durch hohe Wachstumsraten überkomensiert werden kann. Dies lehrt auch die chilenische Erfahrung. Chile, dessen Außenöffnung schon Mitte der 70er Jahre begann, hatte über eine Dekade (1974-1986) mit massiver Arbeitslosigkeit zu kämpfen. Erst ab Ende der 80er Jahre entschärft sich das Beschäftigungsproblem infolge langandauernder hoher Wachstumsraten. In Argentinien stieg die offizielle Arbeitslosigkeit seit Anfang 1993 von 10 % auf knapp 20 %. Die Arbeitslosigkeit in der Gruppe der Bevölkerung, die über die geringsten Einkommen verfügt (das untere Quintel), liegt gar bei etwa 30 %.

Die soziale Schieflage ist allein durch Wachstum nicht zu glätten. Auf die Ärmsten orientierte Sozialpolitiken und Umverteilung sind notwendig; dies ist weniger ein ökonomisches als ein politisches Problem. Anlaß zu vorsichtigem Optimismus (in der mittelfristigen Perspektive) geben durchaus die Erfahrungen der ersten und der zweiten Schwellenländergeneration Asiens. Von Südkorea und Taiwan ist bekannt, daß der Prozeß der Weltmarktintegration einherging mit einer relativ ausgewogenen Einkommensverteilung. Auch in Thailand, Indonesien und Malaysia haben sich seit dem Prozeß der Außenöffnung (der Ende der 70er Jahre einsetzte) die Einkommensverhältnisse für die unteren zwanzig Prozent der Einkommenspyramide absolut wie relativ (im Verhältnis zum oberen Quintel) beachtlich verbessert. Die Eingliederung in die Weltwirtschaft ist also, entgegen häufig zu lesender gegenteiliger Vermutungen, kein Projekt, daß auf Kosten der Ärmsten gehen muß. Aber: in Asien erfolgte die Außenöffnung sukzessive, nationale Industrien wurden und werden in der Phase des Aufbaus von Weltmarktkompetenz durch langfristig orientierte Industrie-, Technologie- und Innovationspolitiken gestärkt und (zeitlich befristet) vor der internationalen Konkurrenz geschützt – die Weltmarktorientierung folgt hier also keineswegs neoliberalen Politikempfehlun-

gen. Außerdem wird im Bereich der Bildungspolitik die Grundbildung stark gefördert, und die Sozialpolitik ist auf Armutsgruppen ausgerichtet. In Argentinien
stehen ähnliche Weichenstellungen aus.

Die soziale Krise stellt nicht nur eine ethische Herausforderung dar, sondern
wirkt auch als Modernisierungshemmnis und ökonomisches Problem. Armut und
Arbeitslosigkeit untergraben mittelfristig die Legitimität und damit die Handlung-
fähigkeit des Staates und den Reformprozeß insgesamt. Solange die chaotischen
wirtschaftlichen und politischen Verhältnisse sowie die Hyperinflation der letzten
Phase des alten Entwicklungsmodells noch im Gedächnis der Menschen verankert
sind, werden in der Übergangsphase selbst hohe soziale Kosten akzeptiert. Mittelfristig werden die sozialen Verwerfungen jedoch erneut zu einem Dauerproblem,
das den wirtschaftlichen Reformprozeß sowie die Demokratie gefährden könnte.
Darüberhinaus ist ein Abbau der Armut Bedingung für die Mobilisierung der
Kreativität der Bevölkerung und insofern ein Baustein für die Steigerung der
wirtschaftlichen Leistungsfähigkeit der Länder. Daß außerdem sozialer Friede eine
ökonomische Produktivkraft darstellt, sollte aus der Erfolgsgeschichte der westeu-
ropäischen Nachkriegsgeschichte gelernt werden.

8. Letztlich muß Argentinien auch seine ökologischen Hausaufgaben machen, um
einen Weg zukunftsfähiger Entwicklung zu gehen. Die ökologische Krise hat fünf
Hauptquellen. *Erstens* ist die Wirtschaft noch immer stark durch die ressourcen-
und energieintensiven Produktionsanlagen der siebziger Jahren geprägt (Moderni-
sierungsdefizit). *Zweitens* werden Umweltprobleme durch Armut und ungerechte
Verteilungsstrukturen verschärft (z.B. Abbrennung von Wälder zur Gewinnung von
Ackerland durch Kleinbauern). *Drittens* steht Argentinien zur Bewältigung der
Verschuldungslasten unter »Exportzwang«, was nicht selten zur Übernutzung von
Ressourcen und niedrigen Umweltstandards führt. *Viertens* gehen die neoliberalen
Reformen mit einer »Untersteuerung« im umweltpolitischen Bereich einher; es
mangelt an stabilen umweltpolitischen Rahmenbedingungen. *Fünftens* werden im
Prozeß der Außenöffnung sukzessive modernere Umwelttechnologien eingesetzt
und Umweltstandards importiert, also ökologische Modernisierungsprozesse ausgelöst; zugleich steht Argentinien zukünftig – wie die Industrieländer – vor dem
grundlegenden Problem, wirtschaftliche Entwicklung und Umweltanforderungen
aufeinander abzustimmen zu müssen, weil natürlich die wirtschaftliche Modernisierung sowie die Weltmarktorientierung neue umweltpolitische Probleme mit sich
bringen.

Die Skizzierung der acht Problemfelder verdeutlicht, daß in Argentinien im Prozeß
der entwicklungsstrategischen Neuorientierung alle Sektoren der Gesellschaften
unter hohem Reformdruck stehen. Ohne einen unnötigen Entwicklungspessimis-
mus nähren zu wollen, sollte die Dynamik des Umbruchs und der Stand des
Reformprozesses klar geworden sein: dieser ist keineswegs abgeschlossen, vielmehr beginnt er gerade erst.

Das Konvertibilitätsgesetz von 1991 und die Konturen der Wirtschaftspolitik seit 1991: Stabilisierung, Liberalisierung, Privatisierung und Deregulierung

Ende März 1991 wird im argentinischen Parlament das Konvertibilitätsgesetz verabschiedet, das primär darauf ausgerichtet ist, die Hyperinflation, die das politische System und die argentinische Volkswirtschaft nachhaltig destabilisierte, zu stoppen (vgl. Mármora 1992; Schvarzer 1996; IRELA 1995, 12 ff.). Das Programm basiert auf drei Kernelementen: Erstens wird der argentinische Peso fest im Verhältnis 1:1 an den US-Dollar gebunden; eine Modifizierung des Wechselkurses ist nur durch Gesetzesänderung möglich. Die Regierung garantiert die volle Konvertabilität des Peso in den US-Dollar. Zweitens ist die Zentralbank verpflichtet, die monetäre Basis (Bargeldumlauf, Kassenbestände der Geschäftsbanken, und Einlagen der Geschäftsbanken bei der Zentralbank in Landeswährung) durch Devisenreserven und Goldbestände (im Verhältnis ein Peso pro US-Dollar) zu decken, so daß die früher übliche, beliebig hohe Geldschöpfung zur Finanzierung von staatlichen Haushaltsdefiziten unmöglich wird. Die Zentralbank darf Emissionen nur dann tätigen, wenn diese mit einer äquivalenten Zunahme ihrer Reserven verbunden ist. Zugleich werden alle Kapitalverkehrskontrollen abgeschafft. Drittens wird die Indexierung von Löhnen gesetzlich untersagt, die in der Vergangenheit zu einer Verstetigung der Inflation beigetragen hatte. Die Lohnentwicklung soll sich künftig an der Produktivitätsentwicklung orientieren.

Dieses Stabilitätspaket wird ergänzt durch wichtige Strukturreformen: (1) Die breit angelegte Privatisierung von Staatsunternehmen soll zur Effiziensteigerung der Unternehmen beitragen und stellt eine wichtige Finanzierungsquelle für die Sanierung der Staatsfinanzen dar. Zwischen 1991 und 1994 wurden Staatsbetriebe im Wert von 24 Mrd. US-$ verkauft. (2) Die Importzölle werden von durchschnittlich etwa 50 % auf einheitliche 10 % gesenkt und die nicht-tarifären Handelshemmnisse weitgehend abgebaut. (3) Der Regierung gelingt 1993 eine Refinanzierung der Außenverschuldung im Rahmen des Brady Plans. Durch die Umschuldung kurz- und mittelfristiger in langfristige Kredite, die Vereinbarung tilgungsfreier Phasen und eine Senkung der Zinsen auf LIBOR-Niveau können die jährlichen Zinz- und Tilgungsbelastungen für den Staatshaushalt erheblich reduziert werden. Die Schuldendienstquote (Zins plus Tilgung / Exporten) sinkt von etwa 37 % (1993) auf gut 20 % (1994). (4) Eine Erhöhung der Mehrwertsteuer sowie verschärfte Steuerkontrollen verbessern die Einkommensseite des Staates; eine umfassende Steuerreform wird vorbereitet (Gerchunoff / Machinea 1995, S. 87 ff.).[1] Die Arbeitsgesetzgebung wird flexibilisiert. Tarifverhandlungen finden nicht mehr auf Branchenebene, sondern mit einzelnen Betriebsgewerkschaften statt.

Die Reformanstrengungen wurden zudem durch die Stabilisierung und Reaktivierung der Ökonomien der Nachbarländer (insbesondere der Mercosur-Region) sowie relativ niedrige Zinsen auf den internationalen Finanzmärkten begünstigt.

---

1   Verläßliche Daten zur Entwicklung der Steuereinnahmen der jüngsten Vergangenheit liegen nicht vor. Die Steuerquote (Steueraufkommen/BIP) lag Anfang der neunziger Jahre bei etwa 12 % und ist bis Mitte der neunziger Jahre auf etwa 15 – 18 % gestiegen. Damit liegt die Steuerquote etwa auf dem Niveau von Ländern wie Brasilien, Chile und Mexiko und beträgt etwa die Hälfte der in Industrieländern üblichen Steuerquoten.

Makroökonomische Entwicklung im Kontext der Stabilisierung: 1991 – 1994

Bis Ende 1994 induziert das Reformprogramm erstaunliche Veränderungen der makroökonomischen Grundlagen. Sichtbarster Erfolg ist die radikale Reduzierung der Preissteigerung, die 1990 noch vierstellig ausfiel. Die Inflation sinkt ab 1991 auf Werte unter 10 %; 1994 liegt sie bei 4 %. Die realwirtschaftlichen und psychologischen Wirkungen dieser Entwicklung können nicht hoch genug eingeschätzt werden. Nach jahrzehntelanger Hoch- und Hyperinflation, mit all den damit verbundenen Unsicherheiten für Unternehmen, die Bürger als Wirtschaftsakteure und private Konsumenten, sowie allein acht gescheiterten Stabilisierungsprogrammen zwischen Juli 1989 und März 1991 (unter dem Präsidenten Menem), zeigen argentinische Meinungsumfragen seit 1991, das makroökonomische Stabilität und niedrige Inflation zu den wichtigsten politischen Prioritäten der Argentinier zählen. Das BIP wächst zwischen 1991 und 1994 um etwa 7 % p.a; die industrielle Produktion expandiert mit einer vergleichbaren Dynamik. Inbesondere die Binnennachfrage nach Konsumgütern erhöht sich, da erstens infolge der drastisch sinkenden Inflationsrate die »Inflationssteuer« verschwindet, die insbesondere die Bezieher unterer Einkommensschichten betraf, die sich nicht durch die Flucht in Sachwerte oder Hartwährungen gegen die Inflation wehren konnte. Zweitens steigen die Reallöhne in der Industrie zwischen 1991 und 1994 um gut 30 % (Kosacoff 1995b, 5).

Die Steuereinnahmen des Staates verdoppeln sich als Ergebnis der wirtschaftlichen Erholung, aber auch der Anhebung der Mehrwertsteuer und verbesserten Kontrollmaßnahmen. Die Regierung beweist zudem Haushaltsdisziplin und erwirtschaftet zwischen 1991 und 1994 Überschüsse, aus denen die Zinsen für interne und externe Verschuldung finanziert werden können. In den achtziger Jahren lag das durchschnittliche Haushaltsdefizit bei etwa 9 % des BSP. Die Erfolge in der Haushaltspolitik speisen sich aus drei Quellen: den Einnahmen aus der Privatisierung (die Mitte der neunziger Jahre weitgehend abgeschlossen sind), den gestiegenen Steuereinnahmen und Einsparungen infolge der Reduzierung der Beschäftigtenzahlen im öffentlichen Sektor: Zwischen November 1990 und Ende 1993 wurde die Zahl der öffentlichen Angestellten auf der bundesstaatlichen Ebene von 671.000 auf 284.000 reduziert. Dabei kam es zu 103.000 Entlassungen. 284.000 ehemalige Lehrer und Angestellte aus dem Gesundheitswesen des Nationalstaates wurden auf die Provinzen verteilt.

Die Investitionsquote, die 1990 bei etwa 13 % gelegen hatte, erreicht 1993 und 1994 immerhin ein Niveau um die 19 %. Bemerkenswert sind auch beachtliche externe Kapitalzuflüsse; 1991 fließen etwa 3,2 Mrd. US-$ in die argentinische Volkswirtschaft, 1992 11 Mrd. US-$, 1993 10,7 Mrd. US-$ und 1994 etwa 8 Mrd. US-$. Die Kapitalzuflüsse basieren vor allem auf den massiven Privatisierungen, an denen sich ausländische Unternehmen beteiligen, sowie eher kurzfristigen, spekulativen Kapitalanlagen (Portfolioinvestitionen in zweistelliger Milliardenhöhe), die einerseits die relative makroökonomische Stabilität reflektieren und andererseits Folge des im Vergleich zu den internationalen Finanzmärkten hohen Zinsniveaus in Argentinien sind.

Alles in allem kann festgestellt werden, daß die Stabilisierungspolitik in den ersten vier Jahren nach dem Cavallo-Plan bemerkenswerte Resultate erzielte; ein erstaunlicher Erfolg, den im Frühjahr 1991, dem Zeitpunkt der Implementierung des Konvertabilitätsprogrammes, nur wenige Beobachter für möglich hielten. Nicht unterschätzt werden dürfen zudem die Verhaltens- und Orientierungsveränderungen insbesondere der Unternehmer. Letztere waren jahrzehntelang gewohnt, zur Durchsetzung ihrer Interessen und Schutz vor lästiger Importkonkurrenz vom Staat die Manipulation von Nominalwerten (Preisen, Löhnen, Wechselkursen, Zöllen) zu fordern. Sie waren zudem angesichts des Außenschutzes und der oligopolen Angebotsstrukturen in vielen Binnenmärkten, in der bequemen Lage, ihre Kosten problemlos auf die Preise abwälzen zu können. Das Festhalten an dem festen Wechselkurs und die konsequente liberale Außenhandelspolitik zwingen die Unternehmen nun, aktiv ihre unternehmensinternen Angebotsbedingungen durch Strategien zur Steigerung der Produktivität und den Aufbau von Wettbewerbsvorteilen zu verbessern (Mármora 1992).

Das »Wirtschaftswunder« hat jedoch auch eine gewaltige Schlagseite. Zwar stiegen die Exporte seit 1990 leicht an (von etwa 14 Mrd. US-$ in den Jahren 1990-1992 auf immerhin 15,7 Mrd. und dann knapp 17 Mrd. US-$ 1993 bzw. 1994), die Importe vervierfacht sich jedoch im gleichen Zeitraum und zwar von 6,4 Mrd. US-$ (1990) auf 23,5 Mrd. US-$ (1994). Damit verwandelte sich ein Handelsbilanzüberschuß von über 8 Mrd. US-$ im Jahr 1990 in ein Handelsbilanzdefizit von gut 6 Mrd. US-$ im Jahr 1994. Das Leistungsbilanzdefizit beträgt 1994 gar 10 Mrd. US-$. Dies ist die Kehrseite der Strategie der Inflationsbekämpfung durch Überbewertung der Währung bei gleichzeitiger radikaler Außenhandelsliberalisierung.

Das Krisenjahr 1995: Reaktionen auf die Mexiko-Krise und Fallstricke der Reformstrategie

Die Mexiko-Krise beendete in der ersten Hälfte 1995 den kurzen Traum von der »schmerzfreien« Strukturanpassung. Der »Tequila-Effekt«, ausgelöst durch die Krise des mexikanischen Währungssystems, verunsichert – nicht zuletzt angesichts der stark defizitären argentinischen Leistungsbilanz – auch die ausländische Anleger am Rio de la Plata. Zwischen Januar und April 1995 werden 8,7 Mrd. US-$ aus Argentinien transferiert. Die Einlagen im Bankensystem sinken zwischen Dezember 1994 und Mai 1995 von 46 Mrd. US-$ auf 37, 5 Mrd. US-$. Die Devisenreserven der argentinischen Zentralbank sinken zwischen dem Dezember 1994 und Mai 1995 um 6 Mrd. US-Dollar auf 11 Mrd. US-$.[2] Aufgrund des Konvertibilitätsgesetzes verringert sich damit auch die nationale Geldbasis. Die Kapitalflucht mündet in explodierenden Zinsen auf dem argentinischen Finanzmarkt. Die Zinssätze für Kredite mit einer Laufzeit von 6 Monaten an Großunternehmen (für kleine und mittlere Unternehmen ist es kaum möglich, überhaupt Kapital aufzunehmen) verdreifachen sich zwischen November 1994 bis April 1995 von 8 % auf 24 %. Die massiven Liquiditätsprobleme innerhalb des argentinischen Finanzsystems führen

---

2   Trotz der unverkennbaren Parallelen zwischen der Krise in Argentinien und der Mexiko-Krise, zeigen folgende Daten (von Ende 1994), daß die Situation in Argentinien noch keine mexikanischen Ausmaße angenommen hatte: Daß Verhältnis zwischen den Devisenreserven und der Außenverschuldung betrugen in Argentinien 18 %, in Mexiko 5 %; die argentinischen Devisenreserven reichten aus, um die Importe von 8 Monaten zu finanzieren, die mexikanischen Devisenreserven deckten nur die Importe eines Monats.

zu einer Pleitewelle im Bankensystem: Die Zahl der am Markt operierenden Banken sinkt von 205 (1994) auf etwa 150 (Mitte 1995).

Die Krise wird überwiegend als extern verursacht wahrgenommen. Tatsächlich reflektiert sie zugleich die Fragilität des argentinischen Weges aus der Krise. Die Stabilisierungspolitik der Regierung Menem destabilisiert sich ab 1994 selbst. Die Deviseneinnahmen aus der Privatisierung versiegen, nachdem nahezu alle Staatsunternehmen veräußert sind, und den Kapitalanlegern müssen, angesichts explodierender Importe, nur langsam ansteigender Exporte und steigendem externen Kapitalbedarf sowie zunehmender Unsicherheit hinsichtlich möglicher Modifizierungen der Stabilitäts- und insbesondere der Wechselkurspolitik, immer höhere Zinsen geboten werden, um Kapitalexporte zu vermeiden. Die steigenden Zinsen unterminieren die Investitionsdynamik und die Wettbewerbsfähigkeit der argentinischen Unternehmen; Versuche, durch sinkende Zinsen die Konjunktur zu stabilisieren, hätten ohne Zweifel einen massiven Kapitalabfluß und in dessen Folge ebenfalls Investitionseinbrüche und eine Infragestellung der Parität zwischen Dollar und Peso zur Folge gehabt.

Der IWF stellt der argentinischen Regierung in dieser bedrohlichen Situation des ersten Quartals 1995 einen 7 Mrd. Dollar-Kredit zur Verfügung, um das argentinische Finanzsystem zu stabilisieren, die drohende Zahlungsfähigkeit weiterer Banken abzuwenden und einen Domino-Effekt in Lateinamerika – infolge der Mexiko-Krise – zu verhindern. Die Regierung stützt mit etwa 3 Mrd. US-$, die der argentinische Steuerzahler wird zurückzahlen müssen, vom Konkurs bedrohte und z.T. marode Banken. Die Nettoauslandsverschuldung Argentiniens steigt allein im ersten Halbjahr 1995 um 2,5 Mrd. US-$. Kommt es nicht zu erneuten Umschuldungsmaßnahmen, wird Argentinien 1996 Schuldendienstzahlungen (Zinsen plus Tilgung) in Höhe von 9,4 Mrd. US-$ leisten müssen. Die Außenverschuldung erreicht 1995 ein Niveau von 99,5 Mrd. US-$ und liegt 1996 bei 110 Mrd. US-$. Zwischen 1997 und 1999 werden die jährliche Schuldendienstzahlungen 11 Mrd. US-$ betragen. Das südamerikanische Land droht demnach, trotz der erfolgreichen Umschuldung im Rahmen des Brady-Plan und der massiven externen Kapitalzuflüsse im Kontext der Privatisierungen, in eine erneute Schuldenspirale hineinzugeraten: »... es como si una empresa hubiese aumentado su deuda al tiempo que vendía sus activos.« (Nochteff 1996, 123)

Die ökonomischen Turbulenzen beschränken sich nicht nur auf den Finanzmarkt. Die steigenden Zinsen drosseln die Investitionen und den Konsum; für viele argentinische Unternehmen verschließt sich der Zugang zu den internationalen Kapitalmärkten, Investitionsvorhaben müssen aufgegeben werden. Zwar sinken die Zinsen ab Mitte 1995 wieder; sie liegen jedoch noch immer weit über den internationalen Zinsniveaus. Zudem sind die sinkenden Zinsen weniger ein Indikator für eine Stabilisierung des Finanzsektors als vielmehr eine Konsequenz sinkender Investitionen und geringer Kreditnachfrage infolge unsicherer Zukunftserwartungen. Das BIP sinkt 1995 um 4,6 %.

Der Wachstumseinbruch verschärft die Situation auf dem Arbeitsmarkt: die offizielle Arbeitslosenquote steigt von 9,4 % im Mai 1994 auf 18,6 % Ende 1995. Eine solch hohe und in der jüngeren Geschichte Argentiniens nie erreichte Arbeitslosigkeit ist nicht nur ein ökonomische Datum; sie bedroht die politische Stabilität und den Fortgang des Strukturanpassungsprozesses.

Konsolidierung 1996

Dank der massiven Unterstützungenmaßnahmen durch die internationalen Finanzinstitutionen gelingt 1996 die Stabilisierung des argentinischen Finanzsystems. Die Devisenreserven steigen zwischen Mitte 1995 und Ende 1996 um 7 Mrd. US-$ auf 18 Mrd. US-$ (Importdeckung 18 Monate). Die Beruhigung der Kapitalmärkte ist Grundlage für eine Steigerung des BIP um 4,4 %. Besonders günstig entwickeln sich die Exporte (Wachstum 13 %; Volumen: 23,7 Mrd. US-$), die bereits 1995, u.a. als Reaktion auf die interne Rezession, um gut 20 % gestiegen waren. Das Wachstum trägt jedoch kaum zur Entlastung des Arbeitsmarktes bei. Die Arbeitslosenquote liegt Ende 1996 bei gut 17 %; die Unterbeschäftigung steigt im Verlauf von 1996 gar von 10,4 % auf 13,6 %. Die Unternehmen versuchen durch die Steigerung der Arbeitsproduktivität und Beschäftigungsabbau die Krise zu meistern. Einiges, z.B. der in vielen Sektoren noch immer große Abstand zwischen den international und in argentinischen Unternehmen üblichen Effizienzniveaus, spricht dafür, daß sich dieser Prozeß fortsetzen wird.

Die Exportentwicklung der Jahre 1995/96 mündet in Handelsbilanzüberschüssen von 2,2 bzw. 1,7 Mrd. US $. Für den positiven Exporttrend lassen sich vier Ursachen benennen: (1) Die argentinische Ernte fällt 1995/96 aufgrund günstiger klimatischer Bedingungen in nahezu allen Agrarsektoren außerordentlich günstig aus. (2) Die Preise für wichtige argentinische Exportprodukte steigen seit 1995 und liegen auf einem Niveau, das sich mittelfristig sicher nicht stabilisieren wird. Dies gilt z.B. für Rindfleisch, Ölsaaten, Erdöl, Weizen und Wolle. Insgesamt entfielen 1996 auf den Agrarbereich 60 % der Exporte. (3) Die Exporte nach Brasilien steigen 1995 um etwa 30 % auf 4,5 Mrd. US-$ an (etwa 25 % der Gesamtexporte). Dies ist erstens eine Folge der Aufwertung der brasilianischen Währung gegenüber dem Dollar und dem argentinischen Peso, zweitens Ergebnis des relativ hohen Wachstums in der großen Nachbarökonomie und drittens eine Konsequenz steigender Zölle bzw. der Einrichtung von Quoten durch die brasilianische Regierung gegenüber Importen aus nicht-MERCOSUR-Ländern in Produktbereichen, in denen Argentinien als Anbieter auftritt und somit Wettbewerbsvorteile in Form von windfall profits erhält. Etwa 50 % des argentinischen Exportwachstums und 75 % des Wachstums der industriellen Exporte von 1995 lassen sich auf die steigenden Ausfuhren nach Brasilien zurückführen. Dieser Trend setzt sich, nach den vorliegenden Schätzungen 1996 fort. (4) In einigen ressourcennahen Branchen, insbesondere der Nahrungsmittelindustrie, konnten die Arbeitsproduktivität und die Produktqualität in den vergangenen Jahren nachhaltig gesteigert werden.

Argentinien bleibt abhängig von kontinuierlichen externen Kapitalzuflüssen

Auch die wirtschaftliche Erholung von 1996 kann nicht darüber hinwegtäuschen, daß das Stabilisierungsprogramm nur der Anfang und nicht das Ende des wirtschaftspolitischen Kurswechsels nach dem endgültigen Bruch mit der Strategie der etatistischen und einseitig binnenorientierten Importsubstitution darstellen kann. Nach dem Stabilitätspaket bedarf es nun eines Modernisierungsprojektes und damit einer qualitativen Weiterentwicklung der Wirtschaftspolitik, um die Stellung der argentinischen Ökonomie in der Weltwirtschaft nachhaltig zu verbessern, den nationalen Wirtschaftsstandort zu optimieren und die internationale Wettbewerbsfähigkeit der Unternehmen zu steigern. Daß die argentinische Wirtschaft noch auf sehr fragilen Beinen steht und die bisherige Wirtschaftspolitik nur zu einer prekären Stabilisierung führte, verdeutlicht der Hinweis auf drei Kernprobleme, die Mitte der neunziger Jahre offensichtlich sind:

Erstens lagen die argentinischen Inflationsraten seit der Einführung des Konvertibilitätsplanes im Schnitt (Ausnahme 1996) über den internationalen und insbesondere den us-amerikanischen Preissteigerungsraten. Das Festhalten an der Parität zwischen Peso und Dollar impliziert daher eine kontinuierliche Aufwertung der argentinischen Währung. Die faktische Überbewertung wird Mitte der neunziger Jahre auf etwa 30 % geschätzt.[3] Dieser Trend wirkt sich zwar – durch die Verbilligung der Importe – positiv auf die Inflationsrate aus, jedoch negativ auf die Entwicklung des produktiven Sektors. Billige Importe bedrohen, in der nun offenen argentinischen Volkswirtschaft, die Produktion nationaler Unternehmen, und die Erfolgschancen der (potentiellen) Exporteure verringern sich. Damit gerät zunehmend die stabilitätsorientierte Wechselkurspolitik mit der Notwendigkeit in Konflikt, eine Modernisierungspolitik zur Stärkung der Wettbewerbsfähigkeit der Unternehmen zu formulieren.

Zweitens verweisen die mit der Mexiko-Krise erneut in Gang gesetzte Verschuldungsdynamik und das trotz der seit 1995 relativ günstigen Entwicklung der Handelsbilanz steigende Leistungsbilanzdefizit (1995: –2,4 Mrd. US-$; 1996: –4,3 Mrd. US-$; Schätzung für 1997 –6,5 Mrd. US-$, 1998: –7,8 Mrd. US-$) auf zwei zentrale Problemfelder: erstens bleibt das argentinische Wachstumsmodell auf permanente externe Kapitalzuflüsse angewiesen, um die steigenden Leistungsdefizite auszugleichen; zweitens wird durch das Leistungsbilanzproblem auch sukzessive die Stabilitätspolitik gefährdet, da die Parität zwischen Peso und Dollar durch gesetzlich fixierte entsprechende Devisenreserven abgesichert ist. Zu Beginn des Konvertibilitätsprogramms waren ein hoher Handelsbilanzüberschuß sowie die massiven Devisenzuflüsse im Rahmen der Privatisierung Garanten für solide Devisenreserven der Zentralbank. Mitte der 90er Jahre sind diese Stabilitätsanker des Konvertibilitätsplanes erodiert. Stabilität muß zukünftig vor allem durch eine wachsende Exportdynamik gesichert werden. Auch die Exporterfolge ab 1995 können jedoch nicht darüber hinwegtäuschen, daß die Exportquote (Exporte/BIP) 1995 mit 8 % noch sehr niedrig lag. Erstaunlich ist auch die Feststellung, das die Außenhandelsquote (Exporte plus Importe/BIP) 1991-1995, also in der Phase der Außenhandelsliberalisierung und des expliziten Versuches der Öffnung der Ökonomie zur Weltwirtschaft, um die 14 % schwankte und damit niedriger lag als

---

3   In die (methodisch schwierige) Bestimmung eines »gleichgewichtigen Wechselkurses« und Aussagen über das Niveau der Überbewertung gehen natürlich noch andere Faktoren ein, als die Entwicklung der nationalen sowie der US-Inflationsraten. Bedeutend ist, inwieweit die Differenz zwischen der nationalen und der US-Inflationsrate durch Produktivitätssteigerungen der argentinischen Unternehmen und Kostensenkungen für nicht handelbare Konsumgüter kompensiert werden können. Doch auch von dieser Seite verschlechtert sich die Wettbewerbs- und Kostenposition der argentinischen Unternehmen. Einerseits stiegen generell die Kosten für Dienstleistungen, da Subventionen im Bereich Telekommunikation, Transport und Energie entfielen. Andererseits stieg zwar die Arbeitsproduktivität in der Industrie zwischen 1990 und 1993 um durchschnittlich (kumulierte) 40 %, die Arbeitskosten jedoch (gemessen in US-$) um 83 %, so daß sich die Lohnstückkosten um gut 30 % erhöhten (Kosacoff 1995b, 5).

1969-1973 (16,8 %), in der Hochphase der Importsubstitution. Der Prozeß des Aufbaus dynamischer Exportpotentiale steht demnach noch ganz am Anfang.

Drittens stieg zwar in den vergangenen Jahren die Investitionsquote (von unter 15 % in der zweiten Hälfte der achtziger Jahre, auf nun etwa 17-19 %), die nationale Sparrate sank jedoch zwischen 1990 und Mitte der neunziger Jahre von 18,4 % auf etwa 17 %. Die Investitionsdynamik bleibt entsprechend von kompensatorischen externen Kapitalzuflüssen abhängig.

Die Kapitalimporte werden somit zu einer kritischen Größe, sowohl für die Investitionsdynamik, als auch für die Stabilitätspolitik. In der ersten Phase nach dem Konvertibilitätsplan wurden die Kapitalzuflüsse – nach der Dekade der Kapitalflucht – zu Recht als Zeichen einer einsetzenden Stabilisierung der argentinischen Ökonomie interpretiert. Noch so hohe Zinsen konnten in den 80er Jahren, der Phase der Hyperinflation, keine ausländischen Anleger dazu bewegen, Kapital nach Argentinien zu transferieren. Die Argumentation der argentinischen Regierung war, daß mit steigenden Zuflüssen die internen Zinsen sinken würden, was die Investitionsdynamik stärken könnte. Eine zunächst plausibel klingende Argumentation. Die Prognose hat sich jedoch nicht bewahrheitet. Das Stabilisierungspaket aus festem (und überbewertetem) Wechselkurs, hohen Zinsen, Privatisierung und radikaler Außenöffnung führt, wie das Leistungsbilanzdefizit und die niedrige Sparquote zeigen, weiterhin zu einem hohen externen Kapitalbedarf, damit zu potentieller Unsicherheit für Kapitalanleger und infolgedessen hohen Zinsen. Die monetäre Stabilität steht auf tönernen Füßen; der Sprung von der Stabilisierungs- zur offensiven Modernisierungsphase steht noch aus.

Veränderungen in der Wirtschaftsstruktur im Verlauf der neunziger Jahre

Die Investitionen der neunziger Jahre fließen vor allem in Privatisierungsprojekte, also in ehemals öffentliche Dienstleistungen, in Unternehmen, die primär nicht handelbare Güter für den Binnenmarkt produzieren (z.B. Dienstleistungen, Handwerk) und damit nicht dem harten internationalen Wettbewerb ausgesetzt sind, sowie in Projekte, die auf eine neue Arbeitsteilung innerhalb des MERCOSUR ausgerichtet sind (z.B. Autoindustrie). Neuinvestitionen in den Aufbau von Exportkapazitäten spielen erstens nur eine untergeordnete Rolle und konzentrieren sich zweitens auf den Bergbau, Gas, Erdöl sowie den Agrarbereich; neue industrielle, wertschöpfungsintensivere Exportkapazitäten entstehen kaum (Nochteff 1996).

Verlauf und Wirkungen der Privatisierung: Neue wettbewerbsfreie Räume entstehen

Im Verlauf von nur vier Jahren wurden nahezu alle ehemals staatlichen Unternehmen privatisiert. Die argentinischen Ökonomen Azpiazu, Bang und Nochteff (Azpiazu / Nochteff 1994, 157 ff.; Azpiazu / Bang / Nochteff 1995) arbeiten detailliert die Schwächen des Privatisierungsprozesses heraus. Sie zeigen, daß aufgrund mangelhafter ordnungspolitischer Vorgaben (z.B. fehlende Monopolgesetzgebung;

nicht existierende verbindliche Regeln für den Privatisierungsprozeß) und der mangelnden Berücksichtigung industriepolitischer sowie gesamtwirtschaftlicher Effekte der Privatisierung in vielen Fällen aus staatlichen Monopolen private Mono- oder Oligopole wurden. Die Privatisierung folgte der kurzfristigen Logik der makroökonomischen Stabilisierung: das Haus- sowie das Leistungsbilanzdefizit mußten ausgeglichen werden, und ausländische Kapitalzuflüsse waren notwendig, um den Wechselkurs zu stabilisieren.

Auch ein beachtlicher Teil der Direktinvestitionen fließen im Kontext der Privatisierung in Dienstleistungssegmente, in denen auch nach der Privatisierung kaum Wettbewerb herrscht, so daß die Preise von den Unternehmen festgesetzt werden können und daher in vielen Fällen weit über den international üblichen Preisniveaus liegen. Azpiazu und Nochteff weisen diesen Sachverhalt unter anderem für die Bereiche Telekommunikation, Gas sowie Straßen- und Verkehrssysteme nach. Die überhöhten Preise für diese und andere Dienstleistungen gehen in die Kosten der exportorientierten Unternehmen ein und schwächen deren Wettbewerbsfähigkeit. Die Privatisierung führt also nicht generell zu der anvisierten und angenommen Effizienzsteigerung, sondern perpetuiert in vielen Fällen Marktverzerrungen. Die Monopolstellung des Staates wird in einigen Bereichen demnach nicht etwa durch Marktmechanismen aufgebrochen, sondern auf private Akteure übertragen; neue »cuasi rentas de privilegio« (Azpiazu 1997, 24) sind entstanden.

Die im Vergleich zu anderen Unternehmen priviligierte Position der privatisierten Betriebe und Anzeichen für neue »cuasi rentas de privilegio« manifestieren sich auch im Krisenjahr 1995. Von den 200 größten Unternehmen Argentiniens partizipierten etwa ein Drittel an den Privatisierungen. Diese in quasi wettbewerbsfreien Räumen agierenden Unternehmen konnte trotz der schwierigen Wirtschaftslage hohe Rentabilitätsraten (tasa de rentabilidad sobre ventas) zwischen 8,9 % und 20,7 % (im Durchschnitt 12,5 %) erwirtschaften, während die nicht am Privatisierungsprozeß beteiligten Großunternehmen nur durchschnittliche Rentabilitätsraten von 1,7 % erzielten (Azpiazu 1997).

Neue Spezialisierungsmuster im Export: Argentinien geht den ressourcenbasierten »chilenischen Weg«

Argentinien verfügte Mitte der siebziger Jahre über eine außerordentlich diversifizierte Industriestruktur, bis hin zu einer nationalen Kapitalgüterindustrie. Die Hoffnung vieler argentinischer Ökonomen basierte darauf, nach einer Reorganisation der makroökonomischen Rahmenbedingungen und der Beseitigung von exporthinderlichen Strukturen, die während der Phase der Importsubstitution kumulierte technologische Kompetenz mobilisieren und in eine dynamische, weltmarktorientierte Industrialisierung überführen zu können. Hinter den Wachstumsraten in der Industrie seit 1991 verbirgt sich jedoch keineswegs eine allgemeine Erholung der Industrie. Vielmehr verlieren im Trend gerade die technologieintensiven Branchen, wie die Kapitalgüter- oder die Elektronikindustrie, rapide an Bedeutung, während wertschöpfungsschwache und ressourcennahe Industriezweige boomen.

Die Hoffnung, sich auf der Grundlage der jahrzehntelangen Industrialisierungs-erfahrungen im Rahmen der Importsubstitution – anders als z.B. das Nachbarland Chile (Messner / Scholz 1996) – nicht als Ressourcen- sondern als Industriegü-terexporteur in die Weltwirtschaft integrieren zu können, werden enttäuscht.

Mitte der neunziger Jahre zeichnet sich im Export folgendes Spezialisierungs-profil ab, das deutlich zeigt, wie es um die internationale Wettbewerbsfähigkeit des argentinischen Wirschaftsstandortes und die zukünftige Stellung der Ökonomie im weltwirtschaftlichen Kontext bestellt ist:

– Die Exporte bestehen (nach Dekaden industrieller Importsubstitution) noch im-mer zu 70 % aus Rohstoffen und Agarprodukten, also Primärgütern.

– Von den Industriegüterexporten entfallen beinahe 70 % auf ressourcennahe Pro-dukte mit geringer Wertschöpfung (Öl; Gas; Nahrungsmittel). Die Wachstumsra-ten sind gerade in diesen Segmenten besonders hoch. Die »nicht-traditionellen« argentinischen Exporte sind in diesem Bereich angesiedelt (Speiseöl, Fisch, Obst und Gemüse).

– 20 % der Industriegüterexporte entfallen auf industrielle Basisprodukte wie Stahl, Zellulose und Papier sowie einige petrochemische Güter. In diesen Indu-striesektoren sind im Verlauf der 80er Jahre international wettbewerbsfähige Unternehmen entstanden. Diese Segmente sind durch wenig komplexe, ausge-reifte Produktionstechnologien und – was für eine verschuldete Ökonomie, in der Kapital ein knappes Gut ist, paradox erscheint – außerordentlich kapitalin-tensiv (Chudnovsky/ López 1994).

– Weniger als 10 % der Industriegüterexporte entfallen auf Produkte, die man als technologieintensiv bezeichnen könnte. Hier sind zweierlei Beobachtungen wichtig: Einerseits werden diese komplexeren Exportprodukte im wesentlichen innerhalb des Mercosur, also unter Präferenzbedingungen gehandelt (dies gilt z.B. für einige Autoteile); andererseits bilden sich in diesem Segment keine Industriekomplexe heraus (wie im Fall der Nahrungsmittelindustrie), sondern es handelt sich im wesentlichen um einzelne, besonders innovative Unternehmen, von denen – zumindest bisher – wenige Ausstrahlungseffekte ausgehen.

– Insgesamt ist die Exportquote der argentinischen Wirtschaft mit etwa 8 % (1995/96) weiterhin sehr niedrig (zum Vergleich: Chile 35 %).

Dieses Exportprofil verdeutlicht, daß die argentinische Industrie bisher nicht in der Lage ist, dynamische, technologiebasierte Wettbewerbsvorteile aufzubauen. Nach jahrzehntelange Industrialisierung und dem Versuch der »nachholenden Industria-lisierung« jenseits des Referenzrahmens Weltmarkt, befindet sich Argentinien Mit-te der neunziger Jahre auf dem Stand eines agrar- und ressourcenbasierten Ent-wicklungsmodells, das sich um eine Exportsteigerung von niedrigem Niveau aus bemüht (Bisang/ Kosacoff 1995). Das neue Spezialisierungmuster gruppiert sich um drei Achsen: ressourcennahe Produkte (Speiseöl, Fleisch, Fisch), technologisch ausgereifte Prdouktionszweige mit niedriger und mittlerer Wertschöpfung (z.B. Autoteile) sowie kapital- und energieintensive Segmente (Stahl, Aluminium, Ölraf-finerie). Entscheidend für die Exportdynamik sind zukünftig vor allem die Ent-wicklung der Rohstoff- und Agrargüterpreise sowie die Kosten für Kapital (Zinsni-veau). Von den kapital- bzw. ressozurcennahen Exportsektoren gehen nur geringe Impulse für das Beschäftigungsniveau aus. Sollte sich das abzeichnende Spezialisierungsmuster konsolidieren, ist davon auszugehen, daß sich selbst bei relativ hohem Exportwachstum die strukturelle Arbeitslosigkeit des Landes verfestigt.

Ausblick

Trotz dieser ernüchternden Zahlen und Trends ist es nicht einfach, die zukünftige Entwicklung der argentinischen Wirtschaft abzuschätzen. Wie schwierig Prognosen in einer Umbruchphase sind, lehrt der chilenische Fall. Nach der tiefen Krise in Chile, Anfang der 80er Jahre, mit zweistelligen Einbrüchen des BIP und dem Kollapps des Finanzsektors, war die Regierung gezwungen, den Kurs der Überbewertung zur Inflationsbekämpfung aufzugeben und die nationale Währung stark abzuwerten. Viele Beobachter fürchteten damals eine erneute Inflationsspirale und massive Kapitalflucht. Statt dessen setzte der bis heute andauernde Aufschwung ein; die in der Phase davor eingeleiteten mikroökonomischen Anpassungsprozesse hatten zur Herausbildung einer tragfähigen produktiven Basis beigetragen, die nach der Abwertung mobilisiert werden konnte. Ob die derzeitige Reformdynamik in Argentinien ausreicht, um mittelfristig einen ähnlichen Entwicklungsprozeß in Gang zu setzen, kann heute niemand mit Gewissheit sagen.

Zu beobachten ist eine Patchwork-Modernisierung, die sich noch nicht zu einem genauen Bild verdichtet. Konstatiert werden kann, daß Argentinien, ähnlich wie Chile seit den 80er Jahren, den Einstieg in das neue weltmarktorientierte Entwicklungsmodell als Ressourcen- und Argarökonomie beginnt. Die bisher realisierte Investitionsquote von unter 20 % wird sicher nicht ausreichen, um die notwendigen Aufholprozesse umzusetzen; auch die geringen Aufwendungen von nur etwa 0,3 % des BSP für Forschung und Entwicklung (zum Vergleich: Südkorea etwa 3 %) stimmen nicht gerade optimistisch.

Wichtig ist der Trend, daß sich in den letzten Jahren einige Großunternehmen herausgebildet haben, die Betriebsgrößen erreichen, die in der Weltwirtschaft üblich sind. Im Schnitt betrugen die Betriebsgrößen (gemessen am Umsatz) in den achtziger Jahren in Argentinien nur etwa ein Zehntel der international üblichen Niveaus. Entscheidend wird sein, ob es den Großunternehmen gelingt, sich intern zu reorganisieren sowie Angebotsstärken und leistungsfähige Zuliefererstrukturen aufzubauen. Der Aufbau leistungsfähiger Zuliefererstrukturen wird durch die Schwäche der argentinischen Klein- und Mittelindustrie, die kaum über einen Zugang zu den Finanzmärkten verfügt und daher noch keine interessante Investitionsdynamik entfalten konnte, erschwert.

Interessant ist ein Trend zu ökonomischer Dezentralisierung, der von den dynamischen ressourcennahen Wirtschaftszweigen ausgeht. Während in der Phase der Importsubstitution die Industrie im wesentlichen um Buenos Aires herum entstand, entwickeln sich nun exportorientierte Pole in den Agrarregionen des Landes (z.B. Mendoza: Wein, Nahrungsmittel; Misiones: Holzverarbeitung, Papier u.a.). Diese Entwicklung könnte zukünftig breitenwirksamere Wachstumsprozesse als in der Vergangenheit ermöglichen.

Entscheidend für die Zukunft der argentinischen Wirtschaft ist, wie sich der Mercosur entwickelt. Insgesamt ist festzustellen, daß sich der Handel Argentiniens mit der Region sehr dynamisch entfaltet hat (Chudnovsky/ Porta 1995). Der Anteil der intraregionalen Exporte (in den Mercosur-Raum) an den Gesamtexporten ist zwischen 1990 und Mitte der 90er Jahre von etwa 25 % auf über 40 % gestiegen. 1995 gingen 25 % der Exporte nach Brasilien. Das Nachbarland ist damit zum wichtigsten Handelspartner geworden.

Bedeutend ist folgende Beobachtung: Zwischen 1990 und 1994 sind 90 % der Zuwächse der argentinischen Industrieexporte auf Ausfuhren in den Mercosur (und überwiegend nach Brasilien) zurückzuführen. Eine ernsthafte Chance, in wertschöpfungsintensivere Exportbereiche hineinzuwachsen gibt es demnach in einer ersten Phase nur im Rahmen des regionalen Marktes, der Marktdimensionen eröffnet, die für die in Argentinien agierenden Unternehmen interessant sein könnte. Zudem stellt die enge Kooperation innerhalb des Mercosur eine Chance dar, den subregionalen Wirtschaftsstandort durch gemeinsame Standortpolitiken zu stärken und innerhalb der Weltwirtschaft zu verankern.

Ein tragbarer Weg in die Zukunft verlangt zudem erstens große Anstrengungen zur Bewältigung der *sozialen Krise,* die durch die explodierende Arbeitslosigkeit entstanden ist. Zweitens ist eine *Modernisierung des Staates* wesentliche Bedingung für die notwendige Weiterentwicklung der Wirtschafts- und Gesellschaftspolitik, die generelle Stärkung der Problemlösungskompetenz der Politik und die Bekämpfung der in den vergangenen Jahren erneut grassierenden Korruption.

Ein Kernproblem bleibt bestehen: Das »Argentinien-Syndrom« (Eßer 1996, 400) der Vergangenheit bestand in einer nicht entwicklungsbezogenen Verwendung der mit geringer Mühe erzielten Deviseneinnahmen aus Agrarexporten. Die »neuen« Exportsegmente und Wettbewerbsvorteile des Landes basieren im wesentlichen wiederum auf Rohstoffen und ressourcenbasierten Industriegütern. Es droht somit die Gefahr einer Verlängerung oder Neuauflage der traditionellen Rentenorientierung der vermögenden Gruppen des Landes, die – unter veränderten Rahmenbedingungen – weiter auf »soft options«, spekulative und wenig entwicklungsorientierte Kapitalverwendung setzen: »Die neuen Entwicklungsvorteile (können) ... leicht zu Entwicklungshemmnissen werden.« (Eßer 1996, 401)

Bibliographie

Amsden, A. 1989: South Korea and Late Industrialization, New York.

Azpiazu, D. 1997: El nuevo perfil de la elite empresarial, in: Realidad económica (Buenos Aires) 145.

Azpiazu, D. / Bang, J. H. / Nochteff, H. 1995: Cambios en los precios relativos en un marco de estabilidad. La privatización de los servicios públicos y la economía de la Provincia de Buenos Aires, unveröffentlichtes Manuskript, FLACSO, Buenos Aires.

Azpiazu, D. / Nochteff, H. 1994: El desarrollo ausente – Restricciones al desarrollo, neoconserva - dorismo y elite económica en la Argentina, Buenos Aires.

Beccaria. L. / López, N. 1995: Reconversión productiva y empleo en Argentina, in: Bustos (Hrsg.).

Bisang, R. 1994: Perfil techno-productivo de los grupos económicos en la industria argentina, CEPAL, Publikationsreihe CAN 93, 41, Santiago de Chile.

Bisang, R. / Kosacoff, B. 1995: Tres etapas en la búsqueda de una especialización sustentable – Exportaciones industriales argentinas (1974-1993), CEPAL, Documento de Trabajo 59, Buenos Aires.

Bodemer, K. 1991: Von Alfonsín zu Menem – Argentinische Wirtschaftspolitik im Wechselbad kontroverser Strategien, in: Nolte, D. (Hrsg.): Lateinamerika im Umbruch, Hamburg.

Bustos, P. (Hrsg.) 1995: Más allá de la estabilidad, Buenos Aires.

Cardoso, F. / E. Faletto 1976: Abhängigkeit und Entwicklung in Lateinamerika, Frankfurt.

Chudnovsky, D. / López, A. 1994: Del capitalismo asistido al capitalismo incierto – El caso de la industria petroquímica argentina, CEPAL, Publikationsreihe CAN 93, 41, Santiago de Chile.

Chudnovsky, D. / Porta, F. 1995: Antes y después de la Unión Aduanera del Mercosur – Prioridades de la política, in: Bustos (Hrsg.).

Eßer, K. 1996: Die wirtschaftlichen Perspektiven Lateinamerikas, in: Internationale Politik und Gesellschaft 4.

Eßer, K. / Hillebrand, W. / Messner, D. / Meyer-Stamer, J. 1996: Systemic Competitiveness, London.

Gerchunoff, P. / Machinea, José L. 1995: Un ensayo sobre la política económica después de la estabilización, in: Bustos (Hrsg.).

IRELA, 1995: Argentina en los 90: Avances y perspectivas durante el gobiernio de Menem, Dosier 54/95, Instituto de Relaciones Europeo-Latinoamericanas, Madrid.

Katz, J. / Kosacoff, B. 1989: El proceso de industrialización en la Argentina: evolución, retroceso y prospectivas, CEPAL, Buenos Aires.

Kosacoff, B. 1993: El desafío de la competitividad – La industria argentina en transformación, Buenos Aires.

Kosacoff, B. 1995a: La industria argentina, un proceso de reestructuración desarticulada, in: Bustos (Hrsg.).

Kosacoff, B. 1995b: Argentina: El desafio industrial, unveröffentlichtes Manuskript, CEPAL, Buenos Aires.

Kosacoff, B. 1995c: Argentine Industry: Looking for a New Strategy after Import-Substitution, Working Paper 53, CEPAL, Buenos Aires.

Mármora, L. 1992: Argentinien – Vom Plan Cavallo zum »emerging market«?, in: vierteljahresberichte 128.

Mármora, L. / Messner, D. 1992: Jenseits von Etatismus und Neoliberalismus – Zur aktuellen Steuerungsdiskussion am Beispiel Argentinien und Südkorea, Hamburg.

Messner, D. 1995: Die Netzwerkgesellschaft – Wirtschaftliche Entwicklung und internationale Wettbewerbsfähigkeit als Probleme gesellschaftlicher Steuerung, Köln.

Messner, D. / Scholz, I. 1996: Wirtschaftliche Entwicklungsdynamik und gesellschaftliche Entwicklungsblockaden, in: Nord-Süd-Aktuell 4.

Nochteff, H. 1996: La experiencia argentina: ¿desarrollo o sucesión de burbujas?, in: CEPAL 59.

Prebisch, R. 1968: Für eine bessere Zukunft der Entwicklungsländer, Berlin.

Portella de Castro, A. / A. Wachendorfer 1995: Sindicalismo latinoamericano, Caracas.

Porter, M. 1990: The Competitive Advantage of Nations, New York.

Schvarzer, J. 1996: La industria que supimos conseguir, Una historia política y social de la industria argentina, Buenos Aires.

World Bank, 1993a: Argentina: From Insolvency to Growth, Washington.

World Bank, 1993b: Argentina´s Privatization Program: Experience, Issues, and Lessons, Washington.

Klaus Eßer

MERCOSUR – Sprungbrett zum Weltmarkt?

Regionalisierungstendenzen

Die Globalisierung der Kapital- und Gütermärkte geht mit einer Intensivierung des Handels und der ausländischen Direktinvestitionen im regionalen Rahmen einher. Eher als das globale Netzwerk verstärkt die Tendenz, vom internationalen Handel mit Gütern und Dienstleistungen zur Produktion vor Ort überzugehen, die intraregionale industrielle Arbeitsteilung. Dies gilt ganz besonders für die Industrieländerregionen.

Vom Weltexport entfielen 1994 auf die drei Industrieländergruppen (Nordamerika ohne Mexiko, Westeuropa, Japan und die industriell fortgeschrittenen Länder Ost- und Südostasiens) 87,5 %. Der intraregionale Export machte 53 % des Weltexports aus. Er wächst insbesondere in den Industrieländerregionen schneller als der Gesamtexport, z.B. 1985 – 1994 im Falle der EU von 54,4 % auf 62,3 %. In Nordamerika stieg er auf 36,9 %, in Asien auf 48,5 %. Wahrscheinlich wird er im Jahre 2000 in Westeuropa 74 %, in Amerika 60 % und in Asien 50 % erreichen (WTO 1995, 39 Tab. III. 3; Brand 1992, 10 u. 15, Abb. 3; Eßer 1994, 6f.).

Die ausländischen Direktinvestitionsströme intensivieren die intraregionale industrielle Arbeitsteilung. Sie konzentrieren sich auf die drei Industrieländerregionen (75 % auf die alten Industrieländer, 15,4 % auf die industriell fortgeschrittenen Länder Ost- und Südostasiens einschließlich China, wo sie besonders dynamisch ausfallen (UNCTAD 1995, XXXVII). Attraktiv sind große Märkte; vor allem Japan gelingt es, seine globale Strategie mit einer regionalen Strategie zu verknüpfen, indem es ein integriertes regionales Produktionsnetzwerk aufbaut.

Im Falle der Transformations- und Entwicklungsländer fallen der Anteil des intraregionalen am Weltexport (1,9 %, davon Lateinamerika 0,9 %), der Anteil des intraregionalen am Gesamtexport (Lateinamerika 20,2 %, Afrika 9,7 %, Naher Osten 9,1 %), der Anteil an den gesamten Direktinvestitionsströmen (Lateinamerika 4,4 %; der größte Teil entfällt auf Brasilien und Mexiko) sowie die intraregionalen ausländischen Direktinvestitionen niedrig aus. In Lateinamerika trug die einseitige Binnenorientierung im Zeitraum 1930 – 1990 hierzu bei. Der Anteil am Weltexport nahm ab (1984 6 %, 1994 4,5 %); der intraregionale Handel stagnierte (1980 22,2 % des Gesamtexportes); er nahm zeitweise sogar ab (1985 12,6 % des Gesamtexportes). Die ausländischen Investoren, auch die intraregionalen, wurden vor allem gegen Ende der industriellen Importsubstitution abgeschreckt. Hierdurch erklären sich die industrielle Rückständigkeit Lateinamerikas und seine Abseitsstellung in der Weltwirtschaft. Die Importe wuchsen lange Zeit schneller als die Exporte. Ergebnisse der einseitigen Binnenorientierung sind Kapitalflucht (150 – 300 Mrd. US $), Außenverschuldung (1995 625 Mrd. US $), zudem eine geringe Neigung zu sparen, die sich mit einer starken Neigung zur Außenfinanzierung verbindet.

In Lateinamerika steht der Prozeß der Entwicklung einer globalen und regiona-

len Strategie erst am Anfang. Erstere muß darauf abstellen, den Anteil technologie-
und dann auch forschungsintensiver Güter am Gesamtexport deutlich zu erhöhen.
Bisher ist nur eine exportorientierte Mobilisierung der natürlichen Ressourcen in
Gang gekommen. Die Ausfuhr besteht größtenteils aus Rohstoffen, rohstoffnahen
Industriegütern und – im Falle Mexikos sowie zentralamerikanischer und karibi-
scher Länder – Erzeugnissen der Lohnveredelungsindustrie. Lateinamerika muß es
mittel- bis langfristig erreichen, den Anteil des intraregionalen Exports am Gesamtexport (1994 19,5 %, Industriegüter 22,1 %) auf 40 – 50 % (Industriegüter 60 %
und mehr) zu steigern und zugleich ein möglichst integriertes regionales industrielles Produktionsnetzwerk aufzubauen. Dies gilt insbesondere für Südamerika. Zu
beachten ist, daß der Anteil der USA an Mexikos Ausfuhr von 70 % 1980 auf
85,2 % 1994 (Industriegüter 88,2 %) zunahm; der entsprechende Export wuchs
1990 – 1994 um 30 % pro Jahr. Vor allem deswegen beläuft sich der Anteil
Amerikas am Export Mexikos auf 89,4 % (Industriegüter 92,5 %), außerdem der
Anteil Amerikas am lateinamerikanischen Export auf 66,5 % (Industriegüter
83,4 %),(ECLAC 1996, 9 Tab. 5). Auch dies spricht eher für Regionalisierung als
für Globalisierung.

Gerade die neue Markt- und Weltmarktorientierung in Lateinamerika löst ein
Bemühen um neue Muster regionaler Integration aus, welche die Bedingungen
industrieller Entwicklung und aktiver Eingliederung in die Weltwirtschaft verbessern. Dies gilt für den Aufbau zahlreicher bilateraler und einiger subregionaler
Freihandelszonen, außerdem für die Schaffung einiger subregionaler Zollunionen,
wobei dem *Mercado Común del Sur*/MERCOSUR (Argentinien, Brasilien, Paraguay, Uruguay) die größte Bedeutung zukommt. Der Zweiteilung in Amerika –
einerseits dem *North American Free Trade Agreement*/NAFTA, dem Mexiko angehört, und der Tendenz zur Angleichung der Zugangsbedingungen zum US-Markt
an NAFTA-Konditionen für die zentralamerikanischen und karibischen Länder der
Caribbean Basin Initiative/CBI, andererseits der Tendenz zur Erweiterung des
MERCOSUR, vielleicht auf ganz Südamerika – begegnen die USA durch den
Vorschlag, bis 2005 (neuerdings sogar bis 2000) eine Amerikanische Freihandelszone (*Western Hemisphere Free Trade Area*) aufzubauen. Eine Phase der Auseinandersetzung mit dem expandierenden MERCOSUR (seit 1996 ist Chile, seit 1997
auch Bolivien assoziiertes Mitglied); vielleicht tritt Venezuela 1997/98 bei; Verhandlungen zwischen MERCOSUR und der Andengruppen um den Aufbau einer
gemeinsamen Freihandelszone finden statt) zeichnet sich ab;[1] es sind aber auch
Kompromisse möglich.

Der Gesamtexport des MERCOSUR erreichte 1995 70,5 Mrd. US $ (einschließ-
lich Chile und Bolivien 88,5 Mrd.), von denen 14,3 Mrd. US $ auf den Intra-MER-
COSUR-Export entfielen. Im Falle der kleinen Mitgliedsländer (Paraguay und
Uruguay), auf die nur 3 % des BIP der vier Mitgliedsländer entfallen) betrug der
intraregionale Export etwa die Hälfte des Gesamtexports, für Argentinien 32 %, für
Brasilien jedoch nur 12 %. Der intraregionale Handel ist komplementär, teils

1   Washington setzt auf große Freihandelszonen (APEC, Amerikanische FHZ), die vor allem für US-
    Computer- und Informationstechnologie offen stehen. Eine Zollunion wie der MERCOSUR, die
    Produktion vor Ort verlangt, dazu noch expandiert, stört in diesem exportorientierten Konzept. A.
    Yeats, ein Ökonom der Weltbank, griff den MERCOSUR-Protektionismus an, der ineffiziente Industri-
    en vor internationaler Konkurrenz schütze. US-Konzerne, die in Brasilien investieren und in dieses
    Land exportieren, unterstützen die Position der US-Regierung nicht. Brasilien belegte durch eine
    Untersuchung, die USA behindere seit einigen Jahren seine Exportprodukte immer stärker durch
    nichttarifäre Hemmnisse.

interindustriell, der in und zwischen den Industrieländergruppen dagegen zu einem großen Teil intraindustriell. In den MERCOSUR flossen 1995 5,43 Mrd. US $ an ausländischen Direktinvestitionen. Die intraregionalen Direktinvestitionen entwickeln sich dynamisch. Mehr als 300 brasilianische Unternehmen engagieren sich in Argentinien, mehr als 150 argentinische in Brasilien. Chilenische Unternehmen beteiligen sich in allen umliegenden Ländern, insbesondere in Argentinien, am Aufbau eines modernen Dienstleistungssektors, wozu nicht selten Finanzierung aus Drittländern beiträgt.[2]

Ziele des MERCOSUR sind es, die Freihandelszone bis 2000 zu vervollständigen, die Ausnahmeregelungen der Zollunion größtenteils abzubauen, die Wirtschaftspolitik in einigen Feldern zu koordinieren, die Forschung in interessanten Feldern (Informatik, Biotechnologie) zu bündeln, die Integrationsgruppe möglichst auf Südamerika auszudehnen, zumindest eine *Área de Libre Comercio Sudamericana*/ALCSA zu vereinbaren, und die handelspolitischen Beziehungen zu Nordamerika, Europa und Asien zu intensivieren. Die wirtschaftspolitische Neuorientierung in Lateinamerika, NAFTA und MERCOSUR sowie das US-Angebot einer Amerikanischen Freihandelszone, lösten u.a. ein Interesse der EU an einer Freihandelszone mit dem MERCOSUR aus, die bis 2000 entstehen soll. Von großem Interesse für die Mitgliedsländer ist es, die Handelsbeziehungen zu den schnell wachsenden Ländern Ost- und Südostasiens (einschließlich China) zu vertiefen, was bisher vor allem Chile gelang (Anteil am Export etwa 1/3).

Löst die regionale Integration in Südamerika eine ähnliche Regionalisierungstendenz wie in den Industrieländergruppen aus?[3] Begünstigt sie eine dynamische industrielle Entwicklung und ein überproportionales Wachstum des Industriegüterexports? Die folgenden sechs thesenartig zugespitzten Punkte beleuchten Kernprobleme in Südamerika und des MERCOSUR.

Globalisierung – nationalstaatliches Handeln – regionale Integration: Beurteilung und Vision

Nicht selten wird angenommen, die Globalisierung der Kapital- und Gütermärkte schränke den Handlungsspielraum der Nationalstaaten ein. Ohne Zweifel setzt die Globalisierung Handlungsfelder des Nationalstaates unter Druck. Dennoch aber bleibt der Nationalstaat auf absehbare Zeit entscheidender Bezugsrahmen für gesellschaftliche Entwicklung; seine Reform- und Steuerungsfähigkeit bleibt erhalten, muß jedoch verändert und verbessert werden. Es ist noch wichtiger als bisher geworden, daß der Nationalstaat sein gesamtes Handlungspotential mobilisiert, um die Standort- und Wettbewerbsbedingungen weiterzuentwickeln, Armut zu vermeiden oder abzubauen und den Entwicklungsprozeß nachhaltiger zu gestalten (vgl. Eßer 1997).

Die neuen technologischen und weltwirtschaftlichen Anforderungen verlangen eine Konzentration auf die Entwicklung der Organisations- und Steuerungsfähigkeit auf allen Handlungsebenen des Nationalstaates: Es gilt, die zentralstaatliche Steuerungsfähigkeit durch ein dialogorientiertes Steuerungsmuster zu verbessern, welches auf Konsens- und Verbundbildung zwischen den strategischen Akteuren

---

2 Die Cámara de Comercio rechnet im Unterschied zur Zentralbank die Finanzierung aus Drittländern zu den chilenischen Direktinvestitionen im Ausland. Erstere gibt z.B. für Argentinien im Zeitraum 1975 – Mai 1996 5,5 Mrd. US $ an, letztere nur 1,3 Mrd. US $ an.
3 Zur Regionalisierung in den Industrieländergruppen z.B.: Hirst/Thomson 1992, 357-396.

gerichtet ist (vgl. Messner 1995). Die vertikale Teilung der Souveränität – einerseits die begrenzte Abgabe von Souveränitätsrechten an substaatliche Einheiten (Regionen, Gemeinden), andererseits die Etablierung teilsouveräner suprastaatlicher regionaler Integrationsgruppen – reduziert zwar traditionelle Souveränitätsbestandteile des Nationalstaates; gerade diese Souveränitätsteilung ist aber zu einer wichtigen Bedingung für die Ausweitung des nationalen Handlungsspielraums geworden.

Für Entwicklungsländer bedeutet dies u.a., daß sie versuchen müssen, regionale Integrationsgruppen aufzubauen, um ihr nationales Handlungspotential auszuweiten. Aus diesem Grunde sollte auch die Entwicklungszusammenarbeit der Industrieländer darauf gerichtet sein, den Aufbau regionaler Integrationsgruppen im Süden, in Südostasien (ASEAN), in Südafrika oder in Südamerika (MERCOSUR) zu unterstützen. Dies wird freilich nur dann Erfolg haben, wenn die betreffenden Länder selbst Anstrengungen unternehmen, so wie dies im MERCOSUR der Fall ist, die regionale Integration voranzutreiben.

Angesichts der Globalisierung sollten Industrie- und Entwicklungsländer das Leitbild einer »multipolar strukturierten Weltwirtschaft verfolgen. In dieser setzt eine jede Weltregion die eigenen Kräfte ein, um die endogenen Potentiale zu mobilisieren. Zugleich aber engagieren sich in einer jeden Region auch ausländische Unternehmen, um Standort- und Wettbewerbsvorteile zu nutzen. Indem der intra- und interregionale Handel sowie die gegenseitigen Direktinvestitionen wachsen, verringert sich die Störanfälligkeit des multilateralen Handelssystems, das bei einem weltwirtschaftlichen Integrationsmodell undifferenzierter Arbeitsteilung nicht selten überfordert ist.

In einer multipolaren Weltwirtschaft würde künftig eine jede Region Konsum- und Kapitalgüter, auch forschungsintensive Produkte, hauptsächlich selbst erzeugen, diese aber zugleich auch einführen. Es gibt, auch im MERCOSUR, Anzeichen für eine technisch- organisatorische Modernisierung, die längerfristig dazu führen kann, daß zumindest in den industriellen Agglomerationskernen die technischen, organisatorischen und schließlich auch manche sozialen Bedingungen sich an die in den industriellen Kernen anderer Weltregionen annähern.

In- und ausländische Investoren im MERCOSUR engagieren sich angesichts der Markt- und Weltmarktorientierung der Mitgliedsländer mit modernen Technologien und den in Industrieländern üblichen Organisationsformen. Damit benötigen sie attraktive Märkte. Angesichts der Schwierigkeiten, einen großen Teil der Industriegüter in andere Regionen auszuführen, bleibt nur die Möglichkeit, große regionale Wirtschaftsräume zu schaffen. Im Falle des MERCOSUR bedeutet dies, daß die Vereinbarung einer südamerikanischen Freihandelszone, die sich zu einer Zollunion weiterentwickelt, für die Mitgliedsländer von Nutzen ist und im – aufgeklärten – Interesse der Industrieländergruppen liegt, da sie auch deren Investoren, indirekt auch ihren Exporteuren Expansionschancen eröffnet.

Bedeutung einer attraktiven Binnennachfrage im Falle des MERCOSUR

Der Dimension der Binnennachfrage kommt im Falle des MERCOSUR eine noch wichtigere Bedeutung zu als in dem der international wettbewerbsstarken Industrieländergruppen. Viele Faktoren sprechen dafür, daß die Mitgliedsländer des MERCOSUR den Weg schneller aufholender industrieller und technologischer

Entwicklung, den eine Reihe von Ländern Ost- und Südostasiens und auch China eingeschlagen haben, zumindest in absehbarer Zeit nicht gehen können:

– Für eine wettbewerbsorientierte Industrialisierung sind Spar- und Investitionsquote zu gering; letztere ist in Ost- und Südostasien mit über 30 % um mehr als die Hälfte höher, erreicht jedoch in Chile immerhin 27 %.

– In Lateinamerika steht die Spezialisierung auf Rohstoffe und rohstoffbasierte Industriegüter wohl noch lange Zeit im Mittelpunkt der Exporttätigkeit. Die Zahl der Industrieunternehmen, die technologisch anspruchsvolle Güter ausführen, ist gering.

– Das Bildungswesen sowie Forschung und Entwicklung werden in Lateinamerika – im Unterschied zu Ost- und Südostasien traditionell – heute wegen eines überzogenen Marktvertrauens vernachlässigt.

Die regionale Integration im MERCOSUR baut immerhin Größennachteile ab: der Märkte, der Unternehmen und auch in der Forschung. Sie vergrößert die Marktdimension für solche Industriegüter, die mangels internationaler Wettbewerbsfähigkeit der lokalen Unternehmen oder auch wegen des Interesses ausländischer Konzerne mit Tochtergesellschaften in der Region zumindest kurz- bis mittelfristig kaum in Drittländern abgesetzt werden können.

Es gibt auch Anzeichen dafür, daß klassische, nach dem neuesten Stand der Technik gefertigte Produkte aus fortgeschrittenen Ländern Lateinamerikas auf Märkten der Region im Wettbewerb mit asiatischen Konkurrenten bestehen können. Der Regionalmarkt MERCOSUR mit 200, im Falle einer südamerikanischen Integration 315 Millionen Konsumenten bietet vielen lokalen Unternehmen Expansionschancen. Er eröffnet außerdem Industrieunternehmen Gelegenheiten, in einer regionalen Test- und Erprobungsphase Lernprozesse zu durchlaufen, um anschließend im weltweiten Wettbewerb bestehen zu können.

Es ist davon auszugehen, daß der Anteil der Industriegüter am intraregionalen Export im MERCOSUR, der sich auf 56 % beläuft, schnell weiter zunehmen wird. Der Regionalmarkt bietet Unternehmen auch die Chance, in Größenordnungen hineinzuwachsen, die eine Eingliederung in den weltweiten Wettbewerb erleichtern. Das Unternehmen in Lateinamerika ist durchschnittlich 1/10 so groß wie ein Unternehmen in entsprechenden Branchen in Industrieländern. Bei den ausländischen Tochtergesellschaften ist zu beobachten, daß sie den Regionalmarkt nutzen, um sich technisch-organisatorisch zu modernisieren, dann aber, wenn diese Phase durchlaufen ist, auch Märkte außerhalb der Region beliefern, natürlich in Absprache mit ihren Mutterhäusern.

Volkswirtschaftliche und regionale Integration:
Zu Art und Qualität des nationalstaatlichen Handelns

In Lateinamerika wird das einseitige Staatsvertrauen durch überzogenes Marktvertrauen abgelöst. Die Privatisierung von Staatsunternehmen sowie die Konzentration auf den Export begünstigen Großunternehmen. Der Wirtschaftsförderung, etwa zur Unterstützung der technisch-organisatorischen Modernisierung von Klein- und Mittelunternehmen/KMU, ihrer zwischenbetrieblichen Kooperation und ihrer Exportanstrengungen (z. B. Eßer et al. 1995), wird wenig Bedeutung beigemessen. Dies gilt auch für die Verbesserung der Humankapitalausstattung,

Forschung und Technologie, vor allem die imitative Innovation, und Exportförderung, ferner die Lohn- und Einkommenspolitik.

Aus diesen Gründen verschärft sich zum einen die Vermögens- und Einkommenskonzentration, ohnehin die höchste aller Regionen der Welt (z. B. Pipitone 1996, 515-522; vgl. Deininger/Squire 1996; Perotti 1996) weiter; zum andern kommt es angesichts der allenfalls geringen Anstrengungen, höherwertige Produkte herzustellen und zu exportieren, sowie der Vernachlässigung der Ausweitung der Beschäftigung nicht zu einer Stärkung der Binnennachfrage. Massenkaufkraft kann jedoch nicht durch Luxusnachfrage und Export ersetzt werden. In einigen Ländern ist die Qualität des nationalstaatlichen Handelns zu gering, um dafür Sorge zu tragen, wie dies etwa im Falle Chiles gelingt, daß die realwirtschaftliche Anpassung durch den Finanzsektor unterstützt wird; dieser dient vielmehr, z.b. in Argentinien, vor allem spekulativen Zwecken.

Eine regionale Integration, die eine attraktive Marktdimension schafft, kann Defizite dieser Art nur teilweise und allenfalls zeitweise überspielen. Die regionalwirtschaftliche Nachfrage im MERCOSUR stimuliert jedoch bisher die industrielle Modernisierung. Dies gilt vor allem für in- und ausländische Großunternehmen, die langlebige Konsumgüter, z.B. Kfz, herstellen. Diese Unternehmen formen auch moderne Zuliefernetzwerke, welche die KMU-Modernisierung erzwingen. Insofern trägt die Regionalisierung zu Produktivitätsfortschritten und zur Verbesserung der Wettbewerbsfähigkeit bei. Darüber hinaus gibt es auch, vor allem in Grenzregionen, eine wachsende Zahl von KMU, die in Nachbarländer exportieren, sowie ein zunehmendes Regionalisierungsinteresse von Dienstleistungsunternehmen, z.B. Banken, Versicherungen, Kaufhausketten und Schiffahrtsgesellschaften.

Die regionale Integration trägt also zur Entstehung eines modernen, wettbewerbsorientierten Unternehmenssektors bei, womit sich die entsprechenden Tendenzen im nationalen Rahmen, vor allem der größeren Mitgliedsländer, verstärken. Eine moderne Großindustrie ist eine Bedingung für die Umsetzung industrieller und technologischer Anschlußstrategien. Solche zeichnen sich bisher in Lateinamerika nicht ab – nur in Brasilien gibt es Ansätze für eine differenzierte Wirtschaftspolitik –, würden aber ebenfalls durch die regionale Integration begünstigt.

Die regionale Integration vermag jedoch nicht nationale Anstrengungen zu volkswirtschaftlicher und gesellschaftlicher Integration zu substituieren. Diese verlangen eine Weiterentwicklung der nationalen Makropolitik, die Ausgestaltung des spezifischen Unternehmensumfeldes durch Mesopolitiken, die Einübung neuer Steuerungsmuster, z.B. strategischer Dialoge zwischen regionalen oder nationalen staatlichen und privaten Akteuren über mittelfristige Ziele industrieller und gesellschaftlicher Entwicklung, sowie mittel- und langfristig angelegte verteilungsorientierte Politiken (Grundschulerziehung, eine öffentliche Sozialpolitik, die auf den Abbau der kritischen Armut gerichtet ist, oder soziale Wohnungsbauprogramme).

Raumwirtschaftliche und mesoökonomische Dimension
und die regionale Integration

Industrielles Wachstum ist räumlich konzentriert. Es gibt keine starke industrielle Dynamik, die nicht aus industriellen Agglomerationszentren heraus erfolgt. Daher die Bedeutung der Strategien industrieller Polarisierung in Ländern Asiens, während Lateinamerika im Rahmen der Binnenorientierung auf Politiken regionaler Verstreuung der Industrie setzte. Ein Ergebnis war die Schwäche der industriellen Agglomerationszentren. Heute wird in diesen die Wettbewerbsfähigkeit von Industrie- und Dienstleistungsunternehmen verbessert: Ökonomische Distanzen werden verkürzt. „Nähe" ist ein Standortvorteil für in- und ausländische Unternehmen. In den Agglomerationszentren wachsen Industrie- und Dienstleistungssektor allmählich zusammen. Eigenständige Organisations- und Steuerungsmuster bilden sich aus: in den Unternehmen, aber auch auf der Gemeinde- und Regionalebene.

Die raumwirtschaftliche Strukturierung durch industrielle Entwicklung und starke Exportorientierung verstärkt die subnationalen regionalen Ungleichgewichte, indem etwa starke Exportregionen heranwachsen, verbessert jedoch zugleich die Bedingungen, den nationalen Wettbewerbsvorteil zu entwickeln sowie die Volkswirtschaft und die Gesellschaft mittel- und langfristig zu integrieren. Ein Prozeß industrieller Kernbildung mit regionaler Ausstrahlung ist in Gang gekommen. Wichtigster industrieller Agglomerationskern ist das brasilianische Industrie-, Technologie- und Konsumdreieck im Raum São Paulo – Rio de Janeiro – Belo Horizonte.

Die Erfahrung in Projekten regionaler Integration zeigt, daß die Wirksamkeit regionaler Politiken in der Regel von derjenigen der nationalen Politiken abhängt. Aus diesem Grunde steht die Koordinierung der Makro-, Infrastruktur-, Technologie-, Sozial- und Umweltpolitik im MERCOSUR erst am Anfang. Es kommt zunächst auf nationale Mesopolitiken an, welche zur Kostensenkung (der Arbeits-, Rohstoff-, Energie-, Transport-, Informations- und Kommunikationskosten), zur technologischen Innovation (unternehmensnahe Bildungs-, Forschungs- und Technologiepolitiken und –institutionen) sowie zur Ausweitung des Exports (Exportförderung als Absatzförderung und zur Verbesserung der internationalen Wettbewerbsfähigkeit der Unternehmen) beitragen. Den extraregionalen Konkurrenten steht ein dichtes unterstützendes Umfeld einschließich einer differenzierten Wirtschaftsförderung meist seit langem zur Verfügung.

Allerdings kann die raumwirtschaftliche Entwicklung in der regionalen Integrationsgruppe durch eine national und regional angelegte Politik zur Entwicklung der materiellen Infrastruktur vorangetrieben werden, welche die Defizite nationaler Infrastrukturpolitiken teilweise überspielt. Eine solche Politik ist wesentlich, um die Bedingungen für die Intensivierung des intraregionalen Handelns und des Engagements in- und ausländischer Investoren zu verbessern. Bisher war z.B. der intraregionale Handel wegen hoher Transaktions- und Transportkosten meist weit teurer als der mit entfernten Regionen. Der MERCOSUR bewirkte bereits eine Vereinfachung der Abfertigungsverfahren und eine Modernisierung der Abfertigungsinstitutionen. Er schafft außerdem Vertrauen bei in- und ausländischen Investoren, eine regionale Infrastruktur aufzubauen.

So entsteht ein regionaler Energieverbund, etwa ein regionales Erdgasnetz, welches nicht nur die Produktionskosten senkt und die Energieimporte aus Drittländern verringert, sondern auch die Nutzung einer relativ schadstoffarmen Energie erlaubt. Ein modernes Straßennetz wird zwischen São Paulo und Buenos Aires aufgebaut. Das ökologisch umstrittene Projekt *Hidrovía*, also die Schiffbarmachung der Flüsse Paraguay, Paraná und Uruguay, soll die Entwicklungs- und Exportchancen des wenig erschlossenen Hinterlandes erhöhen. Am wichtigsten ist, daß mit der Privatisierung oder Kommerzialisierung der staatlichen Telekommunikationsunternehmen ein regionales Informations- und Kommunikationsnetzwerk heranwachsen kann.

Indem im MERCOSUR die Energie-, Transport- und Kommunikationskosten gesenkt werden und regionale Infrastrukturnetzwerke entstehen, auch regionale Informationssysteme für die exportorientierten Unternehmen aufgebaut werden, verbessern sich die Bedingungen für den intraregionalen Handel. Der Forderung in- und ausländischer Unternehmen nach Standorten, an denen zu internationalen Preisen und Standards produziert werden kann, wird Rechnung getragen. Standorte einer Qualität werden entwickelt, die weltweite Exporte ermöglicht und das Interesse in- und ausländischer Unternehmen an Direktinvestitionen in der Region steigert. Ein regionalbezogenes industrielles Wachstum wird möglich, das die Bedingungen für die regionale Raumstrukturierung durch industrielle Agglomerationszentren verbessert. Nun erst entstehen regionale Wirtschaftskreisläufe.

Internationale Wettbewerbsfähigkeit durch ein
integriertes regionales Produktionsnetzwerk?

Welche Hemmnisse, welche Möglichkeiten gibt es, im MERCOSUR ein integriertes regionales Produktionsnetzwerk aufzubauen, welches dem regionalen Industrieverbund um Japan herum ähnlich ist? Dessen Unternehmen verlagern seit den 60er Jahren ihre weniger wettbewerbsfähige, im Produktzyklus „ausgereizte» Produktion in benachbarte Niedriglohnländer. Sie verfolgen vier Ziele:
– die günstige Belieferung der heimischen Produzenten, vor allem im Bereich der Endmontage, mit Vorprodukten,
– die Gewinnung von Marktanteilen vor Ort,
– den Export von Fertigprodukten von dort aus in andere Weltregionen sowie
– die Belieferung der Niederlassungen der heimischen Unternehmen in anderen Weltregionen mit billigen Zwischenprodukten.

Zum einen schaffen die Unternehmen Japans ein integriertes regionales Produktionsnetzwerk; zum anderen entfalten Unternehmen und Staat in den Nachahmerländern eine starke eigene technologisch-industrielle Dynamik. Diese setzt darauf, die Produktion und den Export von Industriegütern durch heimische Unternehmen zu steigern. Indem der Abstand zu Japan abnimmt, vertiefen die Nachahmerländer der ersten Generation, z.B. die Republik Korea und Taiwan, ihrerseits den regionalen Industrieverbund mit Niedriglohnländern Südostasiens. Wegen der Kostenentwicklung finden auch bereits Produktionsverlagerungen von Singapur nach Malaysia, von Malaysia nach Indonesien und Thailand sowie von Singapur, Malaysia und Thailand nach Vietnam, Myanmar und Laos statt (z. B. Brand 1992).

Ähnliche, wenn auch weniger intensive Tendenzen gibt es in Nordamerika, allerdings mit zwei signifikanten Unterschieden: Zum einen richtet sich das Interesse der US-Unternehmen vor allem auf die Nutzung von niedrigen Löhnen – Beispiele sind die *maquiladora* in Mexiko und die *maquila* in Zentralamerika –; zum andern ist die Fähigkeit von Unternehmen und Staat in den Niedriglohnländern, Mexiko oder Guatemala, den externen Anstoß in eigenständige industrielle Dynamik umzusetzen, weitaus geringer als in den Nachahmungsländern Asiens. Aus beiden Gründen bleibt die Dynamik des regionalen Industrieverbundes in Nordamerika – wie übrigens auch in Europa – gering.

Zwei Charakteristika des MERCOSUR werden deutlich: Zum einen können die geographisch von den Industrieländern weit entfernt liegenden Länder nicht wie Niedriglohnländer in den Randzonen der Industriekerne des Nordens funktionieren. Zum andern verfügt Brasilien zwar über den stärksten Industrie- und Technologiekern in Südamerika, aber keineswegs über ein ähnliches Potential wie die dominanten Ökonomien des Nordens, Japan in Asien, Deutschland in der EU und die USA in Nordamerika.

Drei Schlußfolgerungen ergeben sich: Erstens handelt es sich beim MERCOSUR um ein Integrationsprojekt mit einem technologisch, industriell und finanziell schwachen Kern. Von dessen Stärkung hängt die industrielle und technologische Entwicklung in Südamerika in erheblichem Maße ab. Zweitens wird das Wachstumsmuster im MERCOSUR anders ausfallen als in den bisherigen Industrieregionen. Die Agroindustrie wird noch lange Zeit im Kern des Industrialisierungsprozesses stehen. Der Export von Rohstoffen und agroindustriellen Gütern bestimmt den Wachstumsprozeß in starkem Maße. Dies hat vielfältige, für die Beschäftigung negative Folgen. Drittens muß trotz dieser Schwierigkeiten versucht werden, Elemente eines integrierten regionalen Produktionsnetzwerkes um das brasilianische industrielle Agglomerationszentrum herum zu entwickeln. Bisher tragen vor allem die Tochtergesellschaften ausländischer Konzerne zur intraregionalen industriellen Spezialisierung bei. Diese kann auch durch staatliche Unterstützung der Regionalisierung von Dienstleistungsunternehmen, regionalarbeitender privater Exportorganisationen, z.B. von Handelshäusern, sowie regionaler Zuliefernetzwerke vorangetrieben werden.

Ökonomische und nichtökonomische Gründe für die
regionale Integration in Südamerika
Die regionale Integration in Südamerika ist aus ökonomischen, aber auch aus einer Reihe von nichtökonomischen Gründen wichtig:

– Sie schafft neue Möglichkeiten, die Erlöse aus dem Export von Rohstoffen und rohstoffnahen Industrien zur Entwicklung des Industrie- und Dienstleistungssektors und einer regionalen Infrastruktur zu nutzen. Sie ist wegen der Globalisierung der Kapital- und Gütermärkte, zunächst aber auch wegen der geringen Massenkaufkraft in den Mitgliedsländern erforderlich. Sie verbessert die Bedingungen für eine regionale industrielle Spezialisierung, vielleicht sogar für ein regionales industrielles Netzwerk, um die internationale Wettbewerbsfähigkeit der heimischen Unternehmen – hierzu zählen auch die Tochtergesellschaften ausländischer Unternehmen – zu verbessern.

– Sie ermöglicht es, arme kleine Länder, die aus eigener Kraft industrielle und technologische Strategien allenfalls stückweise umsetzen können, etwa Paraguay und Bolivien, einzubinden und mitzuziehen. Es kommt hierbei zunächst vor allem auf eine Einbeziehung in regionale Produktions- und Exportnetzwerke an. Erst mittel- bis langfristig können wirksame Mechanismen eines interregionalen und internationalen Finanzausgleichs in der Integrationsgruppe aufgebaut werden. Von großer Bedeutung ist das Beispiel der starken Mitgliedsländer, z.B. im Hinblick auf die Innovations- und Wettbewerbskraft von Unternehmen oder die Entwicklung einer differenzierten Wirtschaftspolitik. Erfolgreiche Konzepte, so zeigt sich auch im MERCOSUR, werden bald nachgeahmt. Beispiele sind

Institutionen der Exportförderung wie PROCHILE, z.B. durch PROPARA-GUAY, Fonds zur Förderung der Infrastruktur oder private Betreibergesellschaften im Infrastruktursektor.

– Sie ist aus sicherheitspolitischen Gründen wichtig. Interventionen Brasiliens verhinderten in Paraguay die Machtübernahme durch Militärs. Bei gewaltsamen Auseinandersetzungen in oder zwischen Mitgliedsländern käme ihnen eine entscheidende Bedeutung zu. Die regionale Integration beendet die Phase der Grenzkonflikte sowie der Aufrüstung gegeneinander, z.B. zwischen Argentinien, Brasilien und Chile, die während Militärdiktaturen Höhepunkte zu erreichen pflegte. Sie erlaubt es, die bereits niedrigen Verteidigungsausgaben der Mitgliedsländer weiter zu senken und kann mittelfristig zu einem regionalen Sicherheitsbündnis führen.

– Sie verbessert die Chancen, das internationale Verhandlungspotential, das im Falle der einzelnen Mitgliedsländer gering ist, zu erhöhen, etwa um Märkte in Drittländern zu öffnen und die internationale Regulierung zu beeinflussen.

– Sie stellt schließlich eine erste Phase dar, um von Freihandelszone und Zollunion zu einem Gemeinsamen Markt (Angleichung der Wirtschafts-, Finanz- und Sozialpolitik) sowie einer Währungs- und Politischen Union voranzuschreiten, also einen einheitlichen Wirtschaftsraum in Südamerika zu entwickeln.

Aus diesen Gründen besitzt der MERCOSUR, indem er sich vertieft und erweitert, große Bedeutung für die Lösung einer nicht unbedeutenden Zahl von Entwicklungsproblemen in Südamerika. Seine institutionelle Struktur sollte schrittweise weiterentwickelt, eine Bürokratisierung wie in der EU jedoch vermieden werden. Anders als lange Zeit die EU sollte der MERCOSUR hauptsächlich auf investitions- und innovationsstimulierende Politiken setzen, zumal in der EU trotz aller Umverteilung, teilweise vielleicht auch wegen dieser, die interregionalen und internationalen Ungleichgewichte weiter wachsen. Es kommt z.B. in einer jeden Region darauf an, das Entwicklungspotential aus eigener Kraft zu erschließen; Nationalstaat und Integrationsgruppen sollten diesen Prozeß stimulieren und zeitlich begrenzt unterstützen.

Bibliographie

Brand, D. 1992: Konsequenzen der regionalen Blockbildung für die Welthandelsentwicklung, in: ifo Schnelldienst 12 (10-15), Abb.3.

Deininger, K. / Squire, L. 1996: Measuring Income Inequality: A New Database, Washington, D. C.

ECLAC, 1996: Open Regionalismus: Latin America and the Caribbean in the Global Economy, Santiago de Chile, 9, Tab.5.

Eßer, K. 1994: Lateinamerika – Wettbewerbsorientierung und Integrationsdynamik, Berichte und Gutachten, Berlin: DIE 9.

Eßer, K. et al., 1995: Neue Tendenzen der Exportförderung – Anforderungen an Konzepte und Instrumente. Beispiel Uruguay, Berlin: DIE.

Eßer, K. 1997: Nationaler Handlungsspielraum durch systemische Wettbewerbsfähigkeit, in: ders. (Hrsg.), Globaler Wettbewerb und nationalstaatliches Handeln. Neue Anforderungen an Staat, Wirtschaft und Gesellschaft, Köln: DIE.

Hirst, P. / Thomson, G. 1992: The Problem of »Globalization«: International Economic Relations, National Economic Management and the Formation of Trading Blocks, in: Economy and Society 21 (4), 357-396.

Messner, D. 1995: Die Netzwerkgesellschaft. Wirtschaftliche Entwicklung und internationale Wettbewerbsfähigkeit als Probleme gesellschaftlicher Steuerung, Köln: DIE.

Perotti, D. 1996: Growth, Income Distribution, and Democracy: What the Data Say, in: Journal of Economic Growth.

Pipitone, U. 1996: Crecimiento y distribución del ingreso en América Latina: un mundo inrresuelto, in: Comercio Exterior Mexiko, 515-522.

UNCTAD, World Investment Report 1995, Transnational Corporations and Competitivenesss, New York / Genf, XXXVII.

WTO, 1995: Internationale Trade. Trends and Statistics, 39, Tab. III.3.

Peter Birle

Keine Angst mehr vor der Demokratie? Die argentinischen Unternehmerverbände nach dem Ende alter Bedrohungsperzeptionen[1]

Einleitung

Den argentinischen Unternehmern wurde wiederholt vorgeworfen, sie seien mitverantwortlich für die jahrzehntelange politische und ökonomische Instabilität des Landes. Dagegen hat sich die Privatwirtschaft seit der Redemokratisierung wiederholt zur Demokratie bekannt. Warum ist es zu diesem Einstellungswandel gekommen und welche Konsequenzen ergeben sich daraus für die Konsolidierung der Demokratie? Um diese Fragen zu beantworten, beleuchtet der vorliegende Beitrag fünf Themen, die für ein Verständnis des politischen Verhaltens der Unternehmer zentral sind: das Verbandsspektrum der Privatwirtschaft, das Einfluß- und Konfliktpotential der Verbände, die Auswirkungen divergierender Entwicklungsstile auf das politische Handeln der Unternehmer, die Beziehungen zwischen Unternehmerverbänden und politischen Parteien sowie das Verhältnis der Unternehmer zur Demokratie.

1. Das Verbandsspektrum der Privatwirtschaft

Die beiden wichtigsten Unternehmerverbände Argentiniens – die *Sociedad Rural Argentina* (SRA) und die *Unión Industrial Argentina* (UIA) – entstanden im letzten Drittel des 19. Jahrhunderts. Damals begann ein umfassender Modernisierungsprozeß, in dessen Verlauf das Land auf der Grundlage einer am Agrarexport orientierten Entwicklungsstrategie innerhalb weniger Jahrzehnte zu einem der reichsten Länder der Welt aufstieg. Bis zur Weltwirtschaftskrise von 1929/1930 wurde die Entwicklungsstrategie nicht grundsätzlich in Frage gestellt. Dieser Konsens schlug sich auch in der Organisation und im Handeln der Unternehmerverbände nieder, deren Beziehungen durch grundsätzliche Interessenhomogenität geprägt waren. Die dominierende Rolle der in der SRA und zwei weiteren Verbänden, der *Cámara Argentina de* Comercio (CAC) und der *Bolsa de Comercio de Buenos Aires* (BOLSA), organisierten Großunternehmer des Agrar-, Handels- und Finanzsektors wurde auch von den meisten der in der UIA organisierten Industriellen, deren Interessen eng mit dem Agrarexportmodell verknüpft waren, akzeptiert (Schvarzer 1990).

In allen Wirtschaftssektoren entstanden im 20. Jahrhundert konkurrierende Verbände. So bildeten sich im Agrarsektor vier nationale Verbände heraus.[2] SRA, CRA

---

1   Bei dem vorliegenden Beitrag handelt es sich um eine gekürzte und aktualisierte Fassung einer früheren Arbeit (Birle 1996).

und CONINAGRO zeichneten sich weniger durch grundlegende Interessendivergenzen, sondern eher durch abweichende Mitgliedschaftsstrukturen und unterschiedliche Handlungsstile aus. Die SRA kann sich aufgrund ihrer guten Verbindungen zum Establishment einen »diskreten« Aktionsstil leisten, während die CRA und ihr wichtigster Mitgliedsverband, die *Confederación de Asociaciones Rurales de Buenos Aires y la Pampa* (CARBAP), traditionell auf einen konfliktorientierten Handlungsstil setzen (Palomino 1988 u. 1989). CONINAGRO ist aufgrund ihres Selbstverständnisses als Dienstleistungsunternehmen in politischer Hinsicht zurückhaltender als die übrigen Verbände. Eine abweichende Haltung nimmt innerhalb des Agrarsektors die FAA ein. Die von ihr repräsentierten kleinen und mittleren Produzenten sind am stärksten von staatlicher Hilfe abhängig. Im Gegensatz zu den anderen Verbänden des Sektors war die FAA stets an einer aktiven wirtschaftspolitischen Rolle des Staates interessiert.

Im Industriesektor kam es erstmal in den 30er Jahren zum Versuch, die Monopolstellung der UIA zu überwinden. Die UIA beanspruchte zwar für sich, die Interessen des gesamten Sektors zu repräsentieren, aber für die binnenmarktorientierte Klein- und Mittelindustrie und für die im Landesinneren angesiedelten Betriebe bot sie kaum Repräsentationsmöglichkeiten. Mit Unterstützung der peronistischen Regierung fand 1953 die Gründung der *Confederación General de la Industria* (CGI) statt, die sich mit der *Confederación General Económica* (CGE) als Konkurrenz zu den traditionellen Unternehmerverbänden etablieren konnte.

Nach dem Sturz Peróns 1955 führte die heterogene Interessenlage innerhalb der Privatwirtschaft zur Bildung von zwei Lagern. Die wirtschaftsliberal und antiperonistisch orientierten Verbände (SRA, UIA, CAC, BOLSA, etc.) schlossen sich 1958 zur *Asociación Coordinadora de Instituciones Empresarias Libres* (ACIEL) zusammen, die sich als Gegenorganisation zur CGE verstand. Die beiden Lager lieferten sich bis in die 70er Jahre heftige ideologische und politische Auseinandersetzungen. Im Verlauf der letzten Diktatur veränderte sich dieses Bild, denn die binnenmarktorientierten Produzenten und deren Verbände (CGE/CGI) erlitten durch die Wirtschaftspolitik der Militärdiktatur eine deutliche Schwächung. Die Krise des Entwicklungsstaates und der Bedeutungsgewinn neoliberaler Ideen führte dann seit den 80er Jahren dazu, daß sich der größte Teil der Unternehmer seitdem für eine offene Marktwirtschaft ausspricht. Allerdings fallen die Erwartungen und Ansprüche gegenüber dem Staat weniger einheitlich aus, als der rhetorische Konsens vermuten lassen könnte.

Eine konstruktive Zusammenarbeit zwischen Regierung und Privatwirtschaft gestaltet sich schwierig, denn trotz des Rückgangs entwicklungsstrategischer und ideologischer Konflikte konnte die traditionelle Heterogenität des unternehmerischen Organisationsspektrums auch nach der Redemokratisierung nicht überwunden werden. Von einer funktionierenden Interessen*aggregation* durch die Unternehmerverbände kann kaum die Rede sein. In der Regel sehen sich die politischen Entscheidungsinstanzen mit einer Fülle von unterschiedlichen, oft widersprüchlichen Forderungen konfrontiert. Dies gilt insbesondere für den Industriesektor. Dort konnte die von den Streitkräften aufgelöste und erst 1984 wiederzugelassene CGI ebensowenig wie die CGE an die Bedeutung früherer Jahre anknüpfen. Zwar wird

2   Neben der SRA handelt es sich um die *Federaciones Agrarias Argentinas* (FAA; gegründet 1912), die *Confederaciones Rurales Argentinas* (CRA) und die *Confederación Intercooperativa Agropecuaria* (CONINAGRO; gegründet 1956).

die UIA ihrem Anspruch, Sprachrohr des gesamten Industriesektors zu sein, seit
einer 1981 durchgeführten Statutenreform besser gerecht als früher. Die Demokratisierung der Organisationsstrukuren und der innerverbandlichen Entscheidungsprozesse führte allerdings auch zu wachsender Heterogenität. Innerhalb des Ver-
bandes bildeten sich informelle Bündnisse, die um die Besetzung der Führungspositionen konkurrieren. Widersprüchliche Mitgliederinteressen werden nur in geringem Ausmaß verbandsintern verarbeitet. Die UIA tendiert dazu, sich auf die
Repräsentation allgemeiner Forderungen zu beschränken (Lattuada 1990). Daher
suchten insbesondere die Großunternehmer in den 80er Jahren nach Möglichkeiten, um direkter mit politischen Entscheidungsträgern in Kontakt zu treten. Es
entstanden informelle Bündnisse wie der *Grupo de los 9* (G9) und die *Capitanes de
la Industria* (CI). Dabei konnten jedoch stets nur *punktuelle* und *gegen* eine
bestimmte Politik gerichtete Übereinkünfte erzielt werden. Ein programmatischer
Konsens kam nie zustande, denn letztlich überwogen immer die kurzfristigen
Interessen der beteiligten Akteure.

Die wichtigsten Verbände der argentinischen Unternehmer			
Industrie	UIA	Unión Industrial Argentina	1887
	CGI	Confederación General de la Industria	1951
	CAI	Consejo Argentino de la Industria	1982
Landwirtschaft	SRA	Sociedad Rural Argentina	1866
	FAA	Federación Agraria Argentina	1912
	CRA	Confederaciones Rurales Argentinas	1942
	CONINAGRO	Confederación Intercooperativa Agro pecuaria Limitada	1956
Handel, Bauwe-	CAC	Cámara Argentina de Comercio	1924
sen und Dienstlei-	CACAON	Cámara Argentina de la Construcción	1936
stungen	UDECA	Unión del Comercio Argentino	1981
	CAME	Coordinadora de Actividades Mercantiles Argentinas	1981
	UAC	Unión Argentina de la Construcción	1985
Finanzsektor	ABRA	Asociación de Bancos de la Rep. Argentina	1919
	ABIRA	Asociación de Bancos del Interior de la Rep. Argentina	1956
	ADEBA	Asociación de Bancos Argentinos	1972
	FEBACOOP	Federación de Bancos Cooperativos	1973

2. Das Einfluß- und Konfliktpotential der Unternehmerverbände

Innerhalb der Volkswirtschaft spielte der Agrarsektor immer eine wichtige Rolle.
Während der Blütezeit des Agrarexportmodells (1880-1930) beruhte der Wohlstand nahezu ausschließlich auf der landwirtschaftlichen Produktion. Daher konnte
die SRA zu einem zentralen Machtfaktor werden. Die von ihr vertretenen Interessen besaßen aufgrund der Abhängigkeit des Landes von der Exportwirtschaft eine
große Konfliktfähigkeit. Zudem war das von der SRA propagierte Entwicklungsmodell bis zur Weltwirtschaftskrise fester Bestandteil der herrschenden Wertvorstellungen. Danach wurde die exportorientierte Entwicklungsstrategie zwar verschiedentlich in Frage gestellt, aber das Verhältnis zwischen der SRA und den
politischen Entscheidungsträgern blieb, von wenigen Ausnahmen abgesehen, bis in
die 40er Jahre durch enge und harmonische Beziehungen geprägt. Die SRA stellte
bis 1943 nicht nur die meisten Landwirtschaftsminister, sondern auch zahlreiche

Präsidenten, Vizepräsidenten, Außen-, Finanz- und Justizminister sowie andere hochrangige politische Entscheidungsträger.

Mit der Machtübernahme durch den Peronismus veränderte sich diese Situation. Perón bemühte sich um die Etablierung eines neuen Entwicklungsmodells, das der Entwicklung des Binnenmarktes und den Interessen des urbanen Industriesektors Priorität einräumte, und stellte den überkommenen Status der Großagrarier in Frage. Dadurch sanken die Möglichkeiten der SRA, Entscheidungsprozesse zu beeinflussen. Trotzdem behielten die von den Agrarverbänden vertretenen Interessen eine erhebliche Konfliktfähigkeit, denn auch wenn der Anteil der Landwirtschaft am BSP seit Mitte des Jahrhunderts zurückging, blieb dieser Sektor doch der wichtigste Devisenbringer. Insbesondere die Großproduzenten des Sektors sind dazu in der Lage, Entscheidungsträger durch ihr Investitionsverhalten unter Druck zu setzen. Solche systemrelevanten Leistungsverweigerungen wurden zusammen mit politischen Druckmitteln wiederholt eingesetzt, um unliebsame Entscheidungen zu verhindern, zu revidieren oder um Regierungen zu destabilisieren.

Heute verfügen die Agrarverbände nicht mehr über jene hegemoniale Stellung, die sie bis in die 40er Jahre ausübten. Der Bedeutungszuwachs der Industrie steigerte auch die Verhandlungsmacht der Verbände des Sektors. Dies gilt in erster Linie für die Großindustriellen, die bis 1981 die UIA dominierten. Dagegen konnten die von CGE und CGI repräsentierten Klein- und Mittelunternehmer nur dann Einfluß auf politische Entscheidungsprozesse nehmen, wenn Regierungen ihnen einen hervorgehobenen Status einräumten, d.h. vor allem unter den peronistischen Regierungen der Jahre 1946 bis 1955 und 1973 bis 1976. Nach 1955 gelang es CGI/CGE nur durch die Zusammenarbeit mit den Gewerkschaften, im Rahmen »defensiver Allianzen« Regierungen zu Zugeständnissen zu bewegen (O'Donnell 1977 u. 1982). Auch unter der dritten peronistischen Regierung konnten CGI/CGE nur so lange eine zentrale Rolle bei der Gestaltung der Wirtschaftspolitik spielen, wie sie von Perón protegiert wurden.

Die Klein- und Mittelindustrie war einer der großen Verlierer der letzten Militärdiktatur, und auch die Regierungen Alfonsín und Menem räumten ihr nur einen untergeordneten Status ein. Zwar profitieren auch kleine und mittlere Unternehmer davon, daß die argentinische Gesellschaft das freie Unternehmertum heute viel stärker akzeptiert als in früheren Jahrzehnten, und daß sich die Regierungen um ein gutes Verhältnis zur Privatwirtschaft bemühen, aber es waren insbesondere die Interessenvertreter der exportorientierten Großunternehmen, die im Rahmen der seit Ende der 80er Jahre vollzogenen entwicklungsstrategischen Wende auf offene Ohren bei politischen Entscheidungsträgern stießen.

3. Entwicklungsstil und politisches Handeln der Unternehmer

Bis zur Machtübernahme durch den Peronismus wurden die Interessen der durch SRA, CAC, BOLSA und UIA repräsentierten Unternehmer durch den vorherrschenden Entwicklungsstil weitgehend zufriedengestellt. Nur vereinzelt übten sie Druck auf Regierungen aus. Ihre Beziehungen zu politischen Entscheidungsträgern waren in der Regel durch »diskrete« Formen der Beeinflussung (Besetzung von Schlüsselpositionen; informelle Übereinkünfte) geprägt. Dagegen waren diejenigen Unternehmer, deren Interessen durch Art und Ausmaß der Staatstätigkeit nicht zufriedengestellt wurden, aufgrund der geringen Konfliktfähigkeit ihrer Verbände bis in die 40er Jahre nicht dazu in der Lage, staatliche Entscheidungen zu beeinflussen. Mit der Machtübernahme durch den Peronismus änderte sich diese Situation. Zum einen setzte Perón einen Entwicklungsstil durch, der den Interessen der bis zu diesem Zeitpunkt dominierenden Unternehmer widersprach. Zum anderen verhalf er neuen gesellschaftlichen Akteuren (CGT, CGE) zum Durchbruch, die auch nach dem Sturz Peróns über Möglichkeiten verfügten, um ihre Interessen im Rahmen politischer Entscheidungsprozesse zur Geltung zu bringen.

Keine der ab Mitte der 50er Jahre amtierenden zivilen Regierungen verfolgte einen Entwicklungsstil, der auf die Zustimmung der wirtschaftsliberal orientierten Unternehmer gestoßen wäre. Da die zivilen Regierungen ihnen nur geringe Möglichkeiten zur Mitgestaltung von Entscheidungen einräumten, sahen sie sich mit einem erheblichen Druck von seiten der entsprechenden Verbände konfrontiert. Die Großunternehmer warfen ihnen regelmäßig Ineffizienz, Populismus, Demagogie, Verstöße gegen die Verfassung und Schwäche gegenüber den Forderungen der Gewerkschaften vor. Solche Bedrohungsperzeptionen, die die Großunternehmer wiederholt zur Destabilisierung demokratischer Regierungen und zur Unterstützung von Militärputschen veranlaßten, waren gegenüber den autoritären Regierungen nicht vorhanden. Die von den Militärdiktaturen unternommenen Versuche, den Entwicklungsstil zu modifizieren, stießen auf Zustimmung der Großunternehmer. Allerdings manifestierte sich auch gegenüber den Militärdiktaturen in dem Maße die Kritik der Großunternehmer, wie die in Aussicht gestellte entwicklungsstrategische Wende nicht oder nur partiell verwirklicht wurde.

Die engsten Bindungen zur letzten Militärdiktatur wiesen die Unternehmer des Handels- und Finanzsektors auf. Mitglieder dieser Verbände besetzten Schlüsselpositionen innerhalb der Regierung. Insgesamt waren die Einflußmöglichkeiten der Unternehmer auf politische Entscheidungsprozesse jedoch geringer als unter früheren Diktaturen. Anders als im Nachbarland Chile kam es nicht zu einer Institutionalisierung des Verbandseinflusses (Imbusch 1995). Wichtige Entscheidungen fielen im engen Umfeld des Wirtschaftsministeriums. Eindeutige Gewinner der Diktatur waren die Unternehmen des Handels- und Finanzsektors sowie einige wenige Wirtschaftsgruppen. Letztere profitierten von den Spekulationsmöglichkeiten, die sich durch Marktöffnung, Finanzreform sowie durch den Mißbrauch der Industrie- und Regionalförderung boten. Zur Redemokratisierung leisteten die Unternehmer keinen aktiven Beitrag. Im Unterschied zur chilenischen Privatwirtschaft sprachen sie sich aber nach der Niederlage im Krieg gegen Großbritannien und angesichts der tiefgreifenden Wirtschaftskrise in den letzten Jahren der Diktatur auch nicht für eine Aufrechterhaltung der Militärherrschaft aus.

Nach 1983 bemühte sich die Regierung Alfonsín um die Neuauflage einer binnenmarktzentrierten Entwicklungsstrategie. Sie bot den Unternehmern zwar einen Dialog an, aber eine gemeinsame Gestaltung der Wirtschafts- und Sozialpolitik lehnte sie ab. Beide Tatsachen provozierten Prosteste der Privatwirtschaft. Auch nach 1985 kam es nur phasenweise zu einer funktionierenden Zusammenarbeit zwischen Regierung und Unternehmern. Die verschiedenen Stabilisierungsprogramme stießen nur kurzfristig auf Zustimmung. Für Konflikte sorgte auch die widersprüchliche Bündnispolitik der Regierung. Nach Inkrafttreten des *Plan*

Austral setzte sie zunächst auf eine Zusammenarbeit mit den *Capitanes de Industria*. 1987 schwenkte sie um zu einer Kooperation mit einem Teil der Gewerkschaften. Im Zuge des *Plan Primavera* bemühte sie sich um eine Zusammenarbeit mit UIA und CAC. Jedes dieser Bündnisse implizierte jeweils die Ausgrenzung anderer relevanter Akteure. Da keine der Allianzen dauerhaften Bestand hatte, kam es im Ergebnis zu einer wachsenden Isolierung der Regierung.

Demgegenüber bemühte sich Menem von Anfang an um eine pragmatische Zusammenarbeit mit der Privatwirtschaft. Im Zuge ihrer Deregulierungs-, Privatisierungs- und Marktöffnungspolitik erfüllte die Regierung zahlreiche traditionelle Forderungen der wirtschaftsliberal orientierten Unternehmerverbände: Abschaffung der Agrarexportabgaben, Reduzierung der Staatsausgaben, Gewährung größerer Freiräume für private Investoren, Gleichbehandlung ausländischen Kapitals, Öffnung der Volkswirtschaft, Steuer- und Abgabensenkungen, Reform des Arbeitsrechts, etc. Die entwicklungsstrategische Wende und die Mitgestaltungsmöglichkeiten, die Menem den Großunternehmern einräumte – während des *Plan Bunge & Born* besetzten die *Capitanes de Industria* Schlüsselpositionen im Wirtschaftskabinett, später wurden die Unternehmer*verbände* zu privilegierten Gesprächspartnern –, führten dazu, daß von seiten der Privatwirtschaft weitaus weniger öffentlicher Druck gegenüber der Regierung manifestiert wurde als in früheren Jahren.

4. Unternehmerverbände und politische Parteien

Bis 1916 kam den politischen Parteien nur eine untergeordnete Rolle innerhalb der argentinischen Politik zu, die eigentliche Macht im Staat ging von den Interessenverbänden der Oligarchie aus, wobei insbesondere die SRA eine zentrale Rolle spielte. Die Einführung des allgemeinen Wahlrechts für Männer 1912 führte zu einer partiellen Öffnung des politischen Systems und ermöglichte der UCR die Übernahme der Regierungsgeschäfte in den Jahren 1916 bis 1930. Demgegenüber sank der Stimmenanteil der liberal-konservativen Wählerschaft nach 1916 auf etwa 25%. Mitglieder der Oligarchie hatten zwar wiederholt auf die Notwendigkeit hingewiesen, Anstrengungen zur Etablierung einer konservativen Massenpartei zu unternehmen, entsprechende Bemühungen blieben jedoch erfolglos. Dadurch war der Oligarchie die Möglichkeit versperrt, über Wahlen eine erneute Übernahme der Regierung anzustreben. Dies erwies sich zunächst nicht als größeres Problem, denn die UCR-Regierungen strebten keine grundlegende Veränderung der ökonomischen und sozialen Strukturen an. Als die Oligarchie dann aber Ende der 20er Jahre eine Bedrohung ihrer Interessen empfand, verdrängte sie mit Hilfe der Streitkräfte die UCR von der Macht. Unter den Fassaden-demokratien der 30er Jahre spielten die Parteien erneut nur eine sekundäre Rolle.

Die durch den Peronismus vorangetriebene Öffnung des politischen Systems für neue gesellschaftliche Akteure führte zur Herausbildung von Loyalitäten, durch die sich die Chancen der liberal-konservativen Kräfte, durch Wahlen an die Macht zurückzukehren, weiter verringerten. Somit existierte seit Mitte des Jahrhunderts innerhalb des Parteiensystems keine relevante Kraft, die den Großunternehmern die Möglichkeit geboten hätte, ihre Interessen über parteipolitische Kanäle in Entscheidungsprozesse einzubringen. Die beiden aus der Spaltung des Radikalismus hervorgegangenen Parteien (*Unión Cívica Radical Intransigente* [UCRI], *Unión Cívica Radical del Pueblo* [UCRP]) waren für diese Gruppe keine vertrauenserweckenden Partner. Der UCRI begegnete man wegen ihrer Bereitschaft, die Teilnahme des *Partido Justicialista* (PJ) an Wahlen zuzulassen, mit Vorbehalten. Die antiperonistisch orientierte UCRP kam wegen ihres »populistischen« Wirtschaftsprogramms nicht in Frage. Als einzige Möglichkeit der Einflußnahme bot sich somit in Phasen der zivilen Herrschaft die außerparlamentarische Druckausübung durch die Verbände. Auch nach 1983 stellte sich die Situation aus der Perspektive der wirtschaftsliberal orientierten Unternehmer zunächst so dar wie noch in den 70er Jahren: Keine der beiden großen Parteien bot ihnen eine »politische Heimat«. Die Politisierung der Unternehmerverbände und die direkte Artikulation von Forderungen gegenüber den Entscheidungsträgern des politischen Systems blieben deshalb auch während der Amtszeit von Präsident Alfonsín ein prägendes Kennzeichen der argentinischen Politik (Lattuada 1989 u. 1990).

Zwei Entwicklungen führten in den 80er Jahren dazu, daß sich das Mißtrauen der Unternehmer gegenüber Parteien und Parlament verringerte. Zum einen konnte sich mit der *Unión del Centro Democrático* (UCeDé) eine wirtschaftsliberal-konservative Partei etablieren, die bei den Wählern auf Zustimmung stieß (Gibson 1990). Zum anderen vollzogen die beiden großen Parteien eine Abkehr von ihren traditionellen Vorstellungen. Ab 1987 bekannten sich Teile der UCR zu wirtschaftsliberalen Positionen. Ihr Präsidentschaftskandidat Angeloz warb 1989 offen um die Unterstützung der Unternehmer. Demgegenüber lehnte der PJ als Oppositionspartei noch 1988 jede Maßnahme ab, die ein Entgegenkommen gegenüber traditionellen Forderungen der Großunternehmer bedeutet hätte. Präsident Menem vollzog dann jedoch ab 1989 einen radikalen Kurswechsel, den große Teile der Partei zumindest verbal mittragen. Die Unternehmerfreundlichkeit von UCR und PJ fand ihren Ausdruck auch darin, daß bei den Wahlen der vergangenen Jahre wiederholt Vertreter der Privatwirtschaft auf vorderen Listenplätzen kandidierten. Andererseits führte die Offenheit von UCR und PJ für liberal-konservatives Gedankengut dazu, daß die UCeDé wieder an Bedeutung verlor.

Obwohl sich den Unternehmern innerhalb des Parteiensystems heute mehr Anknüpfungspunkte für ein Einbringen ihrer Interessen bieten als früher, kommt dem direkten Agieren führender Verbandsfunktionäre gegenüber Entscheidungsträgern nach wie vor eine zentrale Rolle für die Einflußnahme von seiten der Privatwirtschaft zu. Dies hängt damit zusammen, daß die Exekutive nach wie vor das Gravitationszentrum des politischen Systems ist. Gesetze gehen in der Regel auf Initiativen der Regierung zurück, die von der Legislative lediglich abgesegnet werden. Die Regierung Alfonsín und noch mehr die Regierung Menem setzten umstrittene Entscheidungen auch wiederholt mit Hilfe von Dekreten und unter Umgehung des Parlaments durch. Der direkte, informelle Meinungsaustausch zwischen Regierung und Verbandsvertretern – sei es im Rahmen von Audienzen, die der Präsident Vertretern der Privatwirtschaft gewährt, sei es anläßlich von gesellschaftlichen Aktivitäten – spielt für die Unternehmer daher nach wie vor eine wichtigere Rolle als beispielsweise die Mitarbeit in Parlamentskommissionen. Die Legislative rückt in der Regel nur dann in den Mittelpunkt des Handelns der Verbände, wenn im Rahmen der informellen Kontakte mit der Exekutive keine zufriedenstellenden Ergebnisse erzielt werden konnten. Dann versucht man, Regierungsinitiativen durch eine Beeinflussung der Parlamentarier zu modifizieren oder zu blockieren.

5. Unternehmer und Demokratie

Die im 20. Jahrhundert wiederholt gezeigte ablehnende Haltung vieler Unternehmer gegenüber der Demokratie kann nicht zuletzt darauf zurückgeführt werden, daß sich damit für die Unternehmer verschiedene Bedrohungsperzeptionen verbanden. 1916 akzeptierte die Oligarchie die Installation eines demokratischen Regimes, denn durch den Regimewechsel drohte keine grundsätzliche Änderung der Entwicklungsstrategie: die Politik der UCR-Regierungen bewegte sich innerhalb von Grenzen, die die Großunternehmer zu tolerieren bereit waren. Die Besetzung von Schlüsselpositionen innerhalb des Regierungsapparates verschaffte ihnen gute Möglichkeiten, um ihre Interessen durchzusetzen. Zur »Bedrohung« wurde das demokratische Regime erst, als sich die entwicklungsstrategischen Präferenzen der zivilen Regierung veränderten und diese versuchte, den Einfluß der Oligarchie im Staatsapparat zu reduzieren. Auch die Unterstützung für den Putsch gegen Perón wurde durch Bedrohungsperzeptionen ausgelöst, und zwar in Form der binnenmarktzentrierten Entwicklungsstrategie und der damit einhergehenden Redistribution von Ressourcen vom Agrarsektor in den urbanen Industriesektor, der systematischen Förderung der regierungstreuen Gewerkschaften sowie von Versuchen, die Verbände der Privatwirtschaft in staatskorporatistische Repräsentationsstrukturen einzubinden.

Nach 1955 existierten mehrere Faktoren, die eine Akzeptanz demokratischer Regime durch die Unternehmer erschwerten: Demokratie war für viele von ihnen nicht nur gleichbedeutend mit »populistischen« Wirtschaftspolitiken und »unverantwortlich handelnden Parteien«, sondern auch mit einer wachsenden »Bedrohung« durch gesellschaftliche Gegenmacht in Form der Gewerkschaften und der CGE. Dies veranlaßte die Interessenverbände der Großunternehmer wiederholt dazu, die Legitimität der zivilen Regierungen in Frage zu stellen und an der Herstellung eines für Staatsstreiche günstigen Meinungsklimas mitzuwirken (O'Donnell 1982). Demgegenüber verfolgten die Militärregierungen nicht nur entwicklungsstrategische Zielsetzungen, die eher den Interessen der Großunternehmer entsprachen, sie gewährten deren Repräsentanten auch mehr Möglichkeiten zur Mitgestaltung der Politik als die zivilen Regierungen. Für große Teile der Privatwirtschaft war die Aussicht auf ein undemokratisches, aber stabiles politisches System auch deshalb verlockend, weil man einer »starken« Regierung eher zutraute, die Hegemonie des Peronismus innerhalb der Gewerkschaften zu brechen und der Arbeiterbewegung »Disziplin und Ordnung« aufzuzwingen.

Es soll allerdings nicht der Eindruck erweckt werden, als seien die Unternehmerverbände die einzigen gesellschaftlich relevanten Akteure gewesen, deren Einstellungen und Verhalten eine Stabilisierung demokratischer Regime verhindert hätten. Weder die Streitkräfte, noch die Parteien, die Gewerkschaften, die Kirche oder die Ende der 60er Jahre entstandene außerparlamentarische Protestbewegung sowie die Guerilla betrachteten die Demokratie als ein schützenswertes Gut. Alle genannten Akteure trugen wiederholt zur Destabilisierung ziviler Regierungen bei. Liberaldemokratische Wertvorstellungen konnten nicht in der politischen Kultur des Landes verankert werden. Dazu trugen zum einen jene Akteure bei, die vorgaben, im Namen der liberalen Demokratie zu handeln, aber de facto einen großen Teil der Bevölkerung von politischen Entscheidungsprozessen ausgrenzten, d.h. die oligarchischen Regime bis 1916, die Machthaber der »Fassadendemokratien« in den 30er Jahren und die Anführer der »Revolución Libertadora« von 1955. Zum anderen etablierte der Peronismus eine Vorstellung von »substantieller« Demokratie, die soziale Teilhabe höher einstufte als politische Partizipation. Nicht demokratische Institutionen und Verfahren, sondern die direkte Beziehung zwischen Führer und Massen und die korporatistische Einbindung der sozialen Basis in ein von oben gelenktes Treueverhältnis prägten die Politik während der Regierungszeit Peróns. Auch die zivilen Regierungen von 1958-62 und von 1963-66 können lediglich als »semi-demokratisch« charakterisiert werden, insofern jeweils ein relevanter Teil der Gesellschaft (die peronistische Partei) von den Wahlen ausgeschlossen blieb. Die Situation spitzte sich zu, weil ab Ende der 60er Jahre Revolutionstheorien marxistischer Provenienz wachsenden Zuspruch fanden.

Im Zuge der Erfahrungen mit der letzten Militärdiktatur kam es zu einer Veränderung der politischen Kultur im Sinne einer höheren Wertschätzung für liberaldemokratische Grundrechtsgarantien, Institutionen und Prozesse. Diese veränderte politische Kultur hat dazu geführt, daß die argentinische Gesellschaft nach 1983 wenig empfänglich war für erneute »autoritäre Experimente«. Dies hängt auch mit der außerordentlichen Brutalität der letzten Diktatur zusammen. Nachdem das ganze Ausmaß der von den Streitkräften zu verantwortenden Menschenrechtsverletzungen bekannt wurde, erlitt das Militär Legitimationseinbußen, die bei weitem den Ansehensverlust im Zuge früherer Diktaturen überstiegen.

Für die Privatwirtschaft erwiesen sich die Militärs nach 1976 als ein unberechenbarer Partner. Das von ihnen hinterlassene wirtschaftliche Chaos ließ bei den sozio-ökonomischen Eliten Zweifel an den Militärs als Allianzpartner aufkommen. Insofern würde eine erneute Diktatur auch von den Unternehmern eher als Risiko denn als berechenbare Alternative zu zivilen Herrschaftsformen eingestuft werden. Anders als in Chile, wo zahlreiche Unternehmer die Pinochet-Diktatur bis heute als erfolgreich betrachten, war der »Proceso de Reorganización Nacional« für die argentinischen Unternehmer kein »Erfolg« – für die wirtschaftsliberal orientierten nicht, weil das »Programm von 1976« nicht »konsequent genug« umgesetzt wurde; für viele Klein- und Mittelunternehmer nicht, weil ihre Betriebe unter den Konsequenzen der verfehlten Politik zu leiden hatten. In Chile fand unter Pinochet eine radikale Abkehr von traditionellen wirtschaftlichen und sozialpolitischen Strukturmustern statt. Dazu gehörte die Privatisierung staatlicher Unternehmen, die Öffnung gegenüber dem Weltmarkt, die Liberalisierung des Finanzmarktes, die Reform der Arbeits- und Gewerkschaftsgesetzgebung, des Sozialversicherungssystems und des Erziehungswesens. In Argentinien blieben die unternehmerischen Funktionen des Staates dagegen während der Diktatur trotz einer anderslautenden Rhetorik von zentraler Bedeutung für das Funktionieren der Wirtschaft. Es gab so gut wie keine Privatisierungen von Staatsunternehmen, die Industrie- und Regionalförderungspolitik wurde weitergeführt und sogar ausgedehnt. Die in der zweiten Hälfte der siebziger Jahre durchgeführten Strukturreformen, insbesondere die Finanzreform und die radikale Marktöffnung, wurden gegen Ende der Diktatur im

Zuge des Krieges mit Großbritannien teilweise rückgängig gemacht. Im Sozialversicherungssystem erfolgten Kürzungen, aber keine grundsätzlichen Korrekturen. Das Arbeitsrecht wurde für die Dauer der Diktatur außer Kraft gesetzt, aber nicht grundlegend reformiert. Nach 1983 kehrte man zunächst zum status quo ante zurück (Birle 1995a, 119ff.).

Alle Akteure, die von den Großunternehmern in der Vergangenheit als bedrohlich empfunden wurden, haben im Zuge der letzten Militärdiktatur und nach 1983 entweder einen Wandel vollzogen, aufgrund dessen sie für diese Unternehmer keine Bedrohung mehr sind, oder sie sind von der politischen Bühne verschwunden. Letzteres gilt für die von den Streitkräften zerschlagene Guerilla genauso wie für jene seit 1983 zunehmend in der Bedeutungslosigkeit versunkenen Linksparteien, die eine sozialistische Wirtschafts- und Gesellschaftsordnung anstrebten. Auf den Positionswandel der beiden großen politischen Parteien wurde bereits hingewiesen. In diesem Zusammenhang ist zu betonen, daß dem Wahlsieg der UCR 1983 aus der Sicht der Unternehmer eine nicht zu unterschätzende Bedeutung zukam. Auch wenn es später zu großen Konflikten zwischen der Regierung Alfonsín und der Privatwirtschaft kam, so stellte doch die UCR damals die von der Privatwirtschaft bevorzugte Option dar. Durch ihren Wahlsieg wurde nicht nur das »eiserne Gesetz« gebrochen, daß bei demokratischen Wahlen »automatisch« der PJ – von dem 1983 und selbst noch 1988 kaum jemand angenommen hätte, daß er sich einmal zu den traditionellen Positionen der wirtschaftsliberalen Großunternehmer bekennen würde – den Sieg davontragen würde. Auch die gewerkschaftskritische Haltung der Regierung Alfonsín stieß auf Zustimmung von seiten der Unternehmerverbände.

Das unternehmerische Verbandsspektrum weist zwar nach wie vor eine große Heterogenität auf, aber die extremen ideologischen Konfrontationen sind verschwunden. Dies liegt weniger daran, daß diejenigen Verbände, die traditionell gegen die CGE und ihre Mitgliedsverbände Front machten, ihre Positionen geändert hätten, sondern daran, daß die strukturelle Machtposition der CGE, die ohnehin immer nur unter peronistischen Regierungen zum Tragen kam, durch die Wirtschaftspolitik der Militärdiktatur deutlich geschwächt wurde. Zudem vollzogen CGE und CGI im Laufe der 80er Jahre in entwicklungsstrategischer Hinsicht einen Wandel, aufgrund dessen sich ihre Verbandsideologien nicht mehr derart grundlegend von denen der übrigen Unternehmerverbände unterscheiden wie früher.

Die Gewerkschaften spielten als *columna vertebral* der peronistischen Bewegung seit Mitte des Jahrhunderts nicht nur unter den vom PJ gestellten Regierungen eine wichtige Rolle. Ihr Organisations- und Mobilisierungspotential konnte auch anderen zivilen und sogar den von den Streitkräften gestellten Regierungen das Leben schwer machen. Die massive Repression der letzten Militärdiktatur gegen die gewerkschaftliche Basis, die wirtschaftliche und soziale Krise der 80er Jahre, die zunehmende Arbeitslosigkeit, Unterbeschäftigung und Arbeitsplatzunsicherheit, der allgemeine Ansehensverlust einer oft mit antiquiert wirkenden Konfrontationsstrategien und geringer technischer Expertise operierenden Führungsspitze, interne Konflikte und nicht zuletzt der »Menem-Schock« sind Faktoren, die zu einer Schwächung und Fragmentierung der Gewerkschaften geführt haben. Auch innerhalb des PJ mußten sie Positionseinbußen hinnehmen. Die gegen den erklärten Willen der Gewerkschaften, aber ohne größeren Widerstand durchgeführten strukturellen Reformen unter Menem sind ein Beleg dafür, daß sich die nach 1955 existierende gesellschaftliche Pattsituation zugunsten der Unternehmer aufgelöst hat.

Diese Gewichtsverschiebungen gingen einher mit einer allgemeinen Veränderung der Beziehungen zwischen Gewerkschaften und Unternehmern. Trotz aller gegenseitigen Bedrohungsperzeptionen traten beide Akteure nach 1955 durchaus nicht immer als direkte Gegner auf. Im Rahmen der nach außen abgeschotteten Wirtschaft, in der der Staat als »Schiedsrichter« der Arbeitsbeziehungen eine zentrale regulierende Rolle spielte, etablierte sich ein – für Lateinamerika nicht untypisches – Beziehungsmuster, das Schvarzer/Sidicaro als »Klassenkampf durch Mittelsmann« bezeichnet haben (Schvarzer/Sidicaro 1987:8). Die korporative Logik des politischen, ökonomischen und sozialen Systems veranlaßte beide Akteure dazu, sich mit ihren jeweiligen Forderungen an den Staat zu richten. Die Gewerkschaften verlangten von ihm höhere Löhne, die Unternehmer mehr Schutz vor ausländischer Konkurrenz oder höhere Subventionen. Auch in der Anfangsphase der Regierung Alfonsín waren die Auswirkungen dieser über lange Jahre eingeübten Verhaltensmuster noch zu spüren. Aber spätestens mit der Marktöffnung unter Präsident Menem hat sich der »Klassenkampf normalisiert«. Da der Wettbewerbsdruck von seiten der ausländischen Konkurrenz es nicht mehr zuläßt, Lohnerhöhungen einfach auf die Preise abzuwälzen, forderten – und erreichten – die Arbeitgeber immer neue Reduzierungen der Arbeitskosten, von der Senkung der Arbeitgeberbeiträge zur Sozialversicherung über die Anpassung der Löhne an die Produktivitätsentwicklung bis zur Senkung der Entschädigungszahlungen bei Arbeitsunfällen und Entlassungen, sowie eine weitreichende »Flexibilisierung« der Arbeitsgesetzgebung.

Daher kann konstatiert werden, daß es für die Unternehmer zum gegenwärtigen Zeitpunkt gute Gründe gibt, das demokratische Regime zu akzeptieren: Erstens ist die argentinische Gesellschaft aufgrund einer veränderten politischen Kultur weniger empfänglich für neuerliche autoritäre Experimente. Jeder Versuch, das für die Errichtung einer Diktatur erforderliche Meinungsklima herzustellen, dürfte auf absehbare Zeit zum Scheitern verurteilt sein. Zweitens haben die Erfahrungen mit der letzten Diktatur zu einem starken Legitimationsverlust der Streitkräfte geführt. Zudem erwiesen sie sich für die wirtschaftsliberal orientierten Unternehmer als unzuverlässiger Allianzpartner. Drittens sind die politischen Parteien und die gesamte argentinische Gesellschaft heute wesentlich offener als früher für liberalkonservatives Gedankengut. Die Unternehmer verfügen dadurch über gute Möglichkeiten, um ihre Interessen im Rahmen demokratischer Spielregeln in politische Entscheidungsprozesse einzubringen und zu verwirklichen. Viertens hat die Regierung Menem im Zuge der strukturellen Reformen die meisten traditionellen Forderungen der wirtschaftsliberal orientierten Unternehmerverbände erfüllt. Da die Tragweite der Reformen es unwahrscheinlich macht, daß zukünftige Regierungen sie einfach rückgängig machen können, dürften die grundlegenden Interessen der Unternehmer langfristig gesichert sein. Fünftens erfuhr die organisierte gesellschaftliche Gegenmacht eine derartige strukturelle Schwächung, daß die Demokratie für die Unternehmer auch in dieser Hinsicht keine Bedrohung mehr darstellt.

Man kann sich, darin ist Guillermo O'Donnell zuzustimmen, kaum wirtschaftliche und politische Rahmenbedingungen vorstellen, die für die lateinamerikanische Privatwirtschaft noch günstiger wären, als dies gegenwärtig der Fall ist (O'Donnell 1992:44; vgl. auch Cavarozzi 1992). Dies wirft die Frage auf, mit welchen Reaktionen der Unternehmer zu rechnen ist, wenn die gegenwärtig dominierenden Entwicklungsstrategien von zukünftigen Regierungen erneut radikal in Frage gestellt werden sollten. Wird dies lediglich zur Kritik an der Wirtschaftspolitik führen oder erneut eine illoyale Haltung der Unternehmer gegenüber den demokratischen Regimen zu befürchten? Betrachten die Unternehmer die Demokratie inzwischen als Wert an sich, der im Konfliktfall höher einzuschätzen ist als Marktwirtschaft, oder akzeptieren sie sie lediglich aufgrund eines utilitaristischen Kalküls? Die Frage ist insofern hypothetisch, als bislang keine »Testfälle« für eine mögliche Antwort zur Verfügung stehen. Zudem agieren die Unternehmer nicht in einem Vakuum, sondern ihre Einstellungen und ihr Verhalten sind genauso wie das aller anderen gesellschaftlichen Akteure auch von anderen Variablen (politische Kultur, internationale Situation, etc.) abhängig. Es ist jedoch zumindest Skepsis angebracht, ob die Unternehmer auch dann noch vorbehaltlos für die Demokratie optieren, wenn grundlegende Parameter der gegenwärtig dominierenden Entwicklungsstrategien von relevanten Akteuren erneut in Frage gestellt werden sollten.

Bibliographie

Acuña, C. H. 1988: Empresarios y política (Parte I). La relación de las organizaciones empresarias con regímenes políticos en América Latina: Los casos argentino y brasileño, in: Boletín Informativo Techin 255, 17-45.

Acuña, C. H. 1990: Intereses empresarios, dictadura y democracia en la Argentina actual, Buenos Aires (Documento CEDES/39).

Acuña, C. H. / Golbert, L. 1990: Empresarios y política (Parte II). Los Empresarios y sus organizaciones: ¿Qué pasó con el Plan Austral?, in: Boletín Informativo Techin 263, 33-52.

Alberti, G. / Golbert, L. / Acuña, C. H 1984.: Intereses industriales y gobernabilidad democrática en la Argentina, in: Boletín Informativo Techin 235, 77-123.

Bartell, E. / Payne, L. A. (Hrsg.) 1995: Business and democracy in Latin America, Pittsburgh.

Birle, P. 1995a: Argentinien. Unternehmer, Staat und Demokratie, Frankfurt/M.

Birle, P. 1995b: Gewerkschaften, Unternehmer und Staat in Lateinamerika, in: Mols, M./Thesing, J. (Hrsg.), Der Staat in Lateinamerika, Mainz, 317-348.

Birle, P. 1996: Die Unternehmerverbände. Neue »Columna Vertebral« des Peronismus?, in: Nolte, D./Werz, N. (Hrsg.): Argentinien. Politik, Wirtschaft, Kultur und Außenbeziehungen, Frankfurt/M., 205-224.

Birle, P. 1997: Arbeitsbeziehungen in Lateinamerika – Traditionslinien, Reformen und Perspektiven, in: Dombois, R. et al. (Hrsg.): Neoliberalismus und Arbeitsbeziehungen in Lateinamerika, Frankfurt/M. (im Druck).

Birle, P. 1997: Die südamerikanischen Gewerkschaften und Unternehmerverbände im Systemwechsel. Eine historisch-vergleichende Betrachtung, in: Merkel, W./Sandschneider, E. (Hrsg.): Systemwechsel 4. Interessengruppen und Verbände, Opladen, (im Druck).

Birle, P. / Mols, M. 1994: Staat, Gewerkschaften und Unternehmer in Lateinamerika: Sozialpartner von morgen? in: Grewe, H. Mols, M. (Hrsg.): Staat und Gewerkschaften in Lateinamerika. Wandel im Zeichen von Demokratie und Marktwirtschaft, Paderborm u.a., 11-39.

Borón, A. 1992: Becoming Democrats? Some Skeptical Considerations on the Right in Latin America, in: Chalmers/Campello de Souza (Hrsg.), 68-95.

Cavarozzi, M. 1992: Patterns of Elite Negotiation and Confrontation in Argentina and Chile, in: Higley, J. / Gunther, R. (Hrsg.), 208-236.

Chalmers, D. A. / Campello de Souza, M. (Hrsg.) 1992: The Right and Democracy in Latin America, New York.

Cúneo, D. 1984: Comportamiento y crisis de la clase empresaria, 2 Bände, Buenos Aires.

Di Tella, T. S. 1971: La búsqueda de la fórmula política argentina, in: Desarrollo Económico (Buenos Aires) 11 (42-44), 317-325.

Fernández, E. 1985: Comportamiento de los organismos empresarios en la Argentina (1976-1983), Buenos Aires: (CEPNA).

FESUR (Fundación Friedrich Ebert en el Uruguay) (Hrsg.) 1992: Organizaciones empresariales y políticas públicas, Montevideo.

Gibson, E. L. 1990: Democracy and the New Electoral Right in Argentina, in: Journal of Interamerican Studies and World Affairs 32, 177-228.

Higley, J. / Gunther, R. (Hrsg.) 1992: Elites and Democratic Consolidation in Latin America and Southern Europe, Cambridge.

Imbusch, P. 1995: Unternehmer und Politik in Chile, Frankfurt/M.

Lattuada, M. 1990: El Estado argentino y los intereses industriales, Buenos Aires.

Lattuada, M. 1991: Corporaciones y democracia. Los intereses agropecuarios en el Congreso Nacional, in: Ruralia, Buenos Aires 1, 43-78.

Mainwaring, S. / O'Donnell, G. / Valenzuela, J. S. (Hrsg.) 1992: Issues in Democratic Consolidation. The New South American Democracies in Comparative Perspective, Notre Dame / Indiana.

Martínez Nogueira, R. 1986: Las organizaciones corporativas del sector agropecuario. Notas para un ensayo interpretativo desde sus comportamientos, Buenos Aires: (CISEA).

Niosi, J. 1974: Los empresarios y el Estado Argentino (1955-1969), Buenos Aires.

O'Donnell, G. 1977: Estado y alianzas en la Argentina, 1956-1976, in: Desarrollo Económico (Buenos Aires) 64, 523-554.

O'Donnell, G. 1982: El Estado burocrático autoritario: Triunfos, derrotas y crisis, 1966-1973, Buenos Aires.

O'Donnell, G. 1992: Substantive or Procedural Consensus? Notes on the Latin American Bourgeoisie, in: Chalmers/Campello de Souza (Hrsg.), 43-47.

Ostiguy, P. 1990: Los capitanes de la industria. Grandes empresarios, política y economía en la Argentina de los años 80, Buenos Aires.

Palomino, de M. L. 1988: Tradición y poder: La Sociedad Rural Argentina (1955-1983), Buenos Aires.

Palomino, de M. L. 1989: CARBAP (Confederación de Asociaciones Rurales de Buenos Aires y la Pampa) 1955-1983, Buenos Aires: CISEA.

Sábato, J. F. 1988: La clase dominante en la Argentina moderna. Formación y características, Buenos Aires.

Schvarzer, J. 1990: Estructura y comportamiento de las grandes corporaciones empresarias argentinas (1955-1983). Un estudio «desde adentro" para explorar su relación con el sistema político, Buenos Aires: (CISEA).

Schvarzer, J. 1991: La Unión Industrial Argentina, Buenos Aires.

Schvarzer, J. / Šidicaro, R. 1987: Empresarios y Estado en la reconstrucción de la democracia en la Argentina, in: El Bimestre Político y Económico (Buenos Aires) 35, 5-14.

Smith, W. C. 1989: Authoritarianism and the Crisis of the Argentine Political Economy, Stanford.

Jorge Schvarzer

Das System der Lohnregulierung im modernen Argentinien. Eine Annäherung an seine globalen Bedingungen

1. Geschichtliche Vorläufer

Um 1870 betrug die Bevölkerung Argentiniens knapp zwei Millionen Einwohner. Nur ein Drittel seiner fast drei Millionen Quadratkilometer war bewohnt, das riesige Territorium fast menschenleer, die einzige wichtige Stadt war Buenos Aires. In jener Zeit begann der durch die Erzeugung von Fleisch und Getreide für den Exportmarkt hervorgerufene *Boom*, um den herum sich die Nation neu strukturierte. In zwanzig Jahren verdoppelte sich die Bevölkerung dank des europäischen Einwanderungsstroms, der hundert- bis zweihunderttausend Personen pro Jahr umfaßte. 1914 zählte das Land acht Millionen Einwohner, eine Zahl, die sich erst 1947 wieder verdoppelte. Danach bedurfte es mehr als vierzig Jahre, um die Zahl von 32 Millionen Einwohnern zu überschreiten.

Die Viehzucht der Pampa erforderte nur eine sehr kleine Zahl von Landarbeitern; diese, die normalerweise zu Pferde arbeiteten, bildeten eine besondere soziale Gruppe, die *Gauchos*. Die extensive Landwirtschaft der Pampa brauchte zur Erntezeit eine geballte Masse an Arbeitskräften; ein Angebot, das im allgemeinen aus dem Ausland kam. Man nannte diese Arbeitskräfte »Schwalbenarbeiter«, weil sie nach Beendigung der Arbeit in ihre Heimat zurückkehrten. Die Arbeitskraft zur Errichtung der großen Infrastrukturwerke wie Eisenbahnen und Häfen schwankte mit dem Zyklus und der Orientierung der Investitionen und wanderte auf dem Staatsgebiet entsprechend dem Bedarf der Projekte; sie bestand hauptsächlich aus eingewanderten Arbeitern und war saisonal.

Die Einwanderung sah sich bei der Ansiedlung in den ländlichen Gebieten wegen der dortigen Besitzverhältnisse und in anderen Gebieten wegen der Arbeitsbedingungen vor Schwierigkeiten gestellt. Diese Bedingungen führten eine Mehrheit der Ausländer dazu, sich in der Stadt Buenos Aires niederzulassen. Aufgrund dieses Zustroms stieg die Einwohnerschaft der Großstadt zwischen 1870 und 1914 von 15 auf 30 % der Gesamtbevölkerung des Landes. Im letztgenannten Jahr war die Hälfte ihrer Einwohner im Ausland geboren. Wegen ihres durchschnittlichen Alters stellten diese Einwanderer einen noch höheren Prozentsatz der örtlichen Arbeitskraft[1].

---

1   Die Stadt Buenos Aires umfaßt einen großen äußeren Ring von Einwohnern, der Teil der Jurisdiktion der Provinz Buenos Aires ist. Eine Trennung, die stets Probleme statistischer Art als auch des Bezugspunktes aufwirft, weil die Information nicht immer zwischen dem einen und dem anderen Teil unterscheidet, denn die Hauptstadt ist unter formalen Gesichtspunkten eine autonome Einheit. In diesem Beitrag wird von der Stadt als einem urbanen Ganzen gesprochen und das Problem der Jurisdiktionen beiseite gelassen. Wegen dieser Option müssen die Angaben als relativ allgemeine Schätzungen angesehen werden.

Die Bevölkerungskonzentration in Buenos Aires schuf ein urbanes Zentrum, das zu Beginn des Jahrhunderts aufgrund der Einwohnerzahl zu den größten der Welt zählte. Da die Stadt einen bedeutenden Teil der Gewinne abschöpfte, die sich aus den komparativen Vorteilen der Pampa-Produktion ergaben, verfügte sie über einen hohen Pro-Kopf-Reichtum; ihr großer Konsumentenmarkt stimulierte sowohl die Einfuhren wie auch die Ansiedlung einer Reihe von Industrien zur Befriedigung der lokalen Nachfrage. Eine ausgefeiltes und komplexes Normennetz teilte den Markt in zwei Teile auf, die unter monopolistischen Bedingungen operierten. Ein Teil war bestimmten englischen Gütern reserviert (Eisenbahngerät, Kohle und Textilien). Ihren Import zu Vorzugsbedingungen sah man als erforderliche Gegenleistung an die Nation an, die die Hauptabnehmerin der argentinischen Agrarerzeugnisse war. Der andere Teil, der mit jenem Angebot nicht konkurrierte, war durch diverse Schutzmechanismen den örtlichen Unternehmern vorbehalten.

Diese Situation schuf frühzeitig eine Reihe von Produktionsstätten in geschützten Branchen (Wein, Bier, Zucker, Konfektion, Sackleinen), deren Nachfrage nach Arbeitskräften zu der der großen öffentlichen Dienstleistungsunternehmen (Eisenbahnen, Häfen) hinzukam und so einen urbanen Arbeitsmarkt entstehen ließ, der im letzten Jahrzehnt des vorigen Jahrhunderts Gestalt annahm. Es ist kein Zufall, daß von diesem Zeitpunkt an die ersten Gewerkschaften entstanden und die ersten Arbeitskonflikte registriert wurden. Die Gewerkschaften wurden von Arbeiterimmigranten organisiert und bald dominierten in ihnen anarchistische, und, in geringerem Maße, sozialistische Tendenzen, die in dieser sozialen Gruppe vorherrschten. In den ersten Jahrzehnten nach ihrer Entstehung entschied sich die Gewerkschaftsbewegung für die Konfrontation, um ihren Forderungen Nachdruck zu verleihen; die Antwort bestand in einer heftigen Repression.

Der Konflikt spitzte sich im Laufe der Zeit in einem sich selbst nährenden Prozeß zu. Ein großer Streik im Jahre 1902 führte zur sofortigen Verabschiedung eines Gesetzes (Aufenthaltsgesetz – Ley de Residencia – genannt), das die Ausweisung eines Aufwieglers erlaubte, wenn es sich um einen Ausländer handelte, eine Maßnahme, die über Jahrzehnte mit Nachdruck angewandt wurde in der Erwartung, die Gewerkschaftsführung dadurch zum Nachgeben zu zwingen. 1909 tötete ein militanter Anarchist den Polizeichef bei einem Attentat; diese Antwort auf die staatliche Gewalt hatte lediglich eine weitere Steigerung der Repression zur Folge. Der Sieg des Kandidaten der radikalen Partei (die erste mit reformistischen Positionen) bei den Präsidentschaftswahlen von 1916 brach zum ersten Mal die politische Hegemonie der alten herrschenden Klasse und ermunterte das Anwachsen sozialer Forderungen; die daraus folgende Mobilisierung der Arbeiterschaft wurde von der Polizei – und, wenn nötig, vom Militär – blutig unterdrückt.

Die Unterdrückung eines Streiks in einem großen Stahlwerk im Jahre 1919 verursachte den Tod zahlreicher Arbeiter; die darauf folgenden Demonstrationen und ein Generalstreik führten zu neuen Toten. Der als »Semana Trágica« (Tragische Woche) bekannte Konflikt, einer der schwersten in der argentinischen Geschichte, mobilisierte die Kräfte der Rechten und schürte den Zorn der Arbeiterschaft. Zwei Jahre später führte ein weiterer Streik, der Landarbeiter in Patagonien, die sich mit großer Energie mobilisierten, zu einer erneuten, hart geführten militärischen Unterdrückung, die mehrere hundert Tote hinterließ, darunter zahlreiche, die von den im Einsatz befindlichen Truppen erschossen wurden. Dieser systematischen Repression gelang es letztendlich, den sozialen Protest für einige Jahrzehnte einzudämmen, bis die Arbeiterbewegung unter veränderten Umständen und mit neuen Strategien zu neuem Leben erwachte.

Die Bedeutung dieser Proteste läßt sich besser ermessen, wenn man bedenkt, daß die Industriearbeiterschaft 1914 nahezu 25 % der ökonomisch aktiven Bevölkerung (población económicamente activa – im Spanischen als PEA abgekürzt) von Buenos Aires ausmachte, ein Prozentsatz, der sich in der Geschichte der Stadt (und des Landes) trotz der späteren industriellen Expansion nicht wieder ergeben hat. Diese Klasse setzte sich im wesentlichen aus Handarbeitern mit geringer Qualifizierung zusammen, die sich in einer kleinen Anzahl großer Unternehmen sowie im Eisenbahnwesen und in anderen städtischen Dienstleistungsbetrieben konzentrierte. Ihre Präsenz verwandelte Buenos Aires in eine Arbeiterstadt; eine breite Schicht von Frauen (und Kindern) arbeitete in den Fabriken oder daheim, um Unternehmeraufträgen nachzukommen. Im Verhältnis zu Europa war der Lohn dank dem Reichtum des Landes und dem Angebot an billigen Lebensmitteln hoch; jedoch litten die Arbeiter unter sehr harten Arbeitsbedingungen und am Mangel an bestimmten Gütern und Dienstleistungen. Der Wohnraum war sehr teuer und Gegenstand städtischer Spekulation. Als eine Art Ausgleich gab die Entfaltung eines massiven Erziehungsangebots den Kindern der in den *conventillos* – Mietskasernen – zusammengepfercht lebenden Arbeiter Perspektiven sozialen Fortschritts.

Anfang des Jahrhunderts gab es wenige und beschränkte Sozialgesetze. Die Verteidiger bestimmter reformistischer Positionen gingen in der Repressionswelle und der Härte der gewerkschaftlichen Zusammenstöße unter. Das Gesetz, das den Achtstundentag (und 48 Wochenstunden) einführte, wurde erst 1929 verabschiedet. Jedoch findet man seit Mitte der zwanziger Jahre eine gewisse Bereitschaft, den in privilegierten Beschäftigungsbereichen organisierten Arbeitern soziale Vergünstigungen (die ersten Altersrenten) zu gewähren. Die Bahn- und Telefonarbeiter, die städtischen Angestellten der Haupstadt und anderer großer Städte zählten zu den ersten Privilegierten dank ihrer Verhandlungsstärke auf dem Markt und der einschlägigen gewerkschaftlichen Forderungen. Die zugunsten dieser Gruppen getroffenen Maßnahmen dienten als Präzedenzfall für die in den vierziger Jahren in massiver Form verabschiedeten Reformen, als sich die Funktionsweise der Wirtschaft und das Kräfteverhältnis auf dem Arbeitsmarkt modifizierte.

2. Die Periode der wirtschaftlichen Entwicklung mit Vollbeschäftigung

Die Vollbeschäftigung wird in Argentinien Mitte der vierziger Jahre erreicht und bleibt bis Ende der achtziger Jahre erhalten. Im Laufe dieser vierzig Jahre erscheint die Arbeitslosigkeit gelegentlich als eine rhetorische Sorge in den Polemiken, jedoch fast nie als ein reales Problem; die Ausnahmen sind auf einige Konjunkturen (so die Krise von 1962-63) oder auf bestimmte Regionen begrenzt, wo sie aus sektorialen oder spezifischen Gründen manifest wird (wie es in Tucumán der Fall ist)[2]. Auf nationaler Ebene (aufgrund seiner wirtschaftlichen und sozialen Präsenz

2 Der Fall von Tucumán ist aufgrund der Krise der Zuckerindustrie von besonderer Art. Eine Krise, die sich seit den zwanziger Jahren hinschleppte und in heftiger Form in den fünfziger Jahren explodierte, um mehr als dreißig Jahre lang als ein Problem, das unlösbar schien, fortzubestehen. In den sechziger

vor allem in Buenos Aires) konzentrieren sich die bedeutendsten Diskussionen auf die Höhe des Reallohns und auf andere, von den Arbeitern bereits erreichte oder erwünschte Sozialleistungen; dies in einem Kontext, der implizit oder explizit, die Vollbeschäftigung als gegeben ansah.

In diesem Sinne war die Vollbeschäftigung, die 1946 als ein explizites Ziel der Wirtschaftspolitik der Vereinigten Staaten (im *Full Employment Act*), und in den Folgejahren in den größeren europäischen Staaten unter dem Druck sozialer Forderungen aufgegriffen wurde, in Argentinien schon Realität, als man sie in der Nachkriegsperiode zu einem politischen Ziel erklärte.

Die Vollbeschäftigung wurde begleitet von der beschleunigten Expansion der Gewerkschaftsbewegung, die in den vierziger Jahren alle ihre modernen Merkmale erhielt.1940 gab es 450.000 Gewerkschaftsmitglieder; die Zahl erhöhte sich auf 880.000 um 1946 und auf zwei Millionen im Jahr 1950. Die zuletzt genannte Zahl stand für ein Drittel der ökonomisch aktiven Bevölkerung und für mehr als 40 % der Gesamtheit der Lohnabhängigen des Landes. Die Gewerkschaften organisierten sich in Branchen und vertikal in einer einzigen, durch ein Gesetz geförderten, nationalen Gewerkschaftszentrale, der CGT [Confederación General del Trabajo]. Auf diesem Wege gewann diese politische und soziale Macht als ein Organismus, der seine Forderungen in den Verhandlungen mit den Unternehmern und der Regierung geltend zu machen verstand. Außerdem zählten bis Anfang der achtziger Jahren die größten Teilgewerkschaften der CGT zum Industriebereich. Sie bestimmten die Führung der Zentrale, während sich die traditionelle Rolle der Eisenbahner abschwächte. In der gesellschaftlichen Wahrnehmung waren Gewerkschaften und Industrie zwei Seiten ein und desselben Phänomens.

Kurzum: Argentinien zeichnete sich ab 1945 durch Vollbeschäftigung aus, die gekennzeichnet war durch einen Engpaß des externen Sektors und durch eine Strategie, die als importsubstituierende Industrialisierung bekannt wurde. Diese Politik konsolidierte sich trotz der wehmütigen Erinnerung der traditionellen Elite an die klassische Periode der Ausbeutung der natürlichen komparativen Vorteile des Landes, von der sie annahm, daß sie wiederholbar sei. Im Laufe des gesamten Zeitabschnitts waren die politischen Konflikte wirtschaftlichen Restriktionen unterworfen, deren markantester Ausdruck der Mangel an Devisen für Importe war, was in periodische Krisen mündete; diese Konflikte wurden durch soziale Einschränkungen verschärft, die sich insbesondere aus der Vollbeschäftigung ergaben, und aus den Spannungen, die diese auf dem Arbeitsmarkt verursachte.

Die Gewerkschaftsbewegung unter den Bedingungen der Vollbeschäftigung

Die Gewerkschaftsbewegung als Ausdruck der Arbeitermasse war stark wegen ihrer Organisation und wegen der Vollbeschäftigung, die ihren Forderungen Nachdruck verlieh. Die wiederholten Angriffe gegen die Gewerkschaften im gesamten Zeitraum zeigten die Grenzen einer Strategie, die die ständige Spannung auf dem Arbeitsmarkt unberücksichtigt ließ. Die Politik der aufeinanderfolgenden Regierungen schwankte zwischen Repression und Verhandlung, ohne den Grundkonflikt zwischen Kapital und Arbeitskraft lösen zu können. Die »natürliche« Lösung lag

---

Jahren wanderten mehr als 10 % der Bevölkerung der Provinz in andere Regionen, um der Arbeitslosigkeit zu entgehen, und konnten dort dank ihrer geringen quantitativen Bedeutung integriert werden (Tucumáns Bevölkerung liegt unter 5 % der Gesamtbevölkerung des Landes).

im Wirtschaftswachstum, aber dessen Rhythmus reichte nicht aus, um sämtliche Forderungen befriedigen zu können.

Die CGT wurde während des Peronismus (1946-1955) von der Regierung manipuliert, in den Folgejahren (1955-58) unter staatliche Zwangsverwaltung gestellt und verfolgt, inmitten heftiger politischer und sozialer Zusammenstöße neu strukturiert (1958-63) und war in den Jahren danach das Objekt verschiedener Manipulationen.

Der Einfluß der CGT war spürbar bei gesetzlichen Entscheidungen, wie zum Beispiel bei der Einführung einer Reihe von Sozialleistungen, und bei den Maßnahmen zur Absicherung eines Mindestlohns, der ein als Minimum anerkanntes Konsumniveau sichern sollte. Die CGT hatte aufgrund der langjährigen Zugehörigkeit ihrer Führer zur peronistischen Bewegung, die von den Gewerkschaften gestützt wurde, eine intensive politische Präsenz, so daß Gewerkschaften und Peronismus in der örtlichen politischen Arena zu Synonymen verschmolzen. In dem Maße, in dem die Einzelgewerkschaften danach strebten, die sektorialen Löhne zu verteidigen (so daß diese z. B. in der Metallbranche höher lagen als im Nahrungsmittelbereich) und spezifische Leistungen zu erhalten, die zu denen hinzukamen, die durch die politischen Kämpfe auf nationaler Ebene errungen worden waren, erfüllten sie ergänzende Funktionen.

Die Gewerkschaftsstruktur und die Vollbeschäftigung waren die Elemente, die die Versuche der Regierung, die Arbeiterbewegung offen zu bekämpfen, neutralisierten. Aufeinanderfolgende Regierungen stellten die CGT unter Zwangsverwaltung, riefen den inneren Notstand und die Zwangsmobilisierung der Arbeiter aus oder bekämpften die Streiks mit den Waffen, ohne langfristig eine stabile Lösung zu erreichen. Im Januar 1959 rief die Regierung aufgrund eines Streiks der Arbeiter einer Gefrierfleischfabrik in Buenos Aires erneut nach dem Militär; die Panzer drangen in das Fabrikgelände ein und die Gewerkschaften riefen zu einem Generalstreik auf, der drohte, die »Semana Trágica« zu wiederholen. 1964 und 1965 ordnete die CGT die »friedliche Besetzung« zahlreicher Fabriken als Teil einer Kampagne gegen die Regierung an. 1969 entfesselte eine Protestbewegung in den großen Automobilwerken der Stadt Córdoba eine urbane Mobilisierung und eine polizeiliche Repression, die die nationale Politik erschütterten. Diese als »Cordobazo« bekannt gewordenen Geschehnisse entfachten Mobilisierungen in anderen Regionen des Landes und trugen zu einem Wechsel innerhalb der Militärregierung wie auch zur Suche nach einem politischen Ausweg bei, der 1973 mit der Rückkehr des Peronismus an die Macht kulminierte. 1974 und 1975 arbeiteten diverse bewaffnete Gruppen mit einigen Gewerkschaften zusammen, um Forderungen nach gewissen sozialen Errungenschaften zu unterstützen oder voranzutreiben. Diese sich hochschaukelnden Pressionen, die die Forderungen der CGT überstiegen, geschahen inmitten sozialer Kämpfe und bewaffneter Auseinandersetzungen, die im März 1976 in einen neuen Militärputsch und in die blutigste Unterdrückung der argentinischen Geschichte mündeten.

Der Lohn in einem »angespannten« Markt

Zwischen 1940 und 1948 stieg der Reallohn in Folge der Vollbeschäftigung und des gewerkschaftlichen Vordringens auf organisatorischer und politischer Ebene zwischen 30 und 50 %; der höhere Wert gilt für die Landarbeiter und der niedrigere für qualifizierte Arbeiter. Auf diese Weise eigneten sich die Arbeiter einen beträchtlichen Teil des in den Jahren des zweiten Weltkriegs erzielten Wachstums an nationalem Reichtum an. Dieser Fortschritt ähnelte dem, der sich früher oder später in allen Ländern auf dem Wege zur Industrialisierung ereignete. Es gibt keine ökonomische Methode, um das »Gleichgewicht« dieser Ergebnisse zu evaluieren (in Begriffen der Produktionsförderung und/oder der Einkommensverteilung). Tatsache ist jedenfalls, daß ab 1950 dieser Fortschritt in Argentinien verebbte. Danach ist eine rückläufige Entwicklung des Reallohns feststellbar, dessen Höhe als »unvereinbar« mit der lokalen Entwicklung angesehen wurde. Die Krise des externen Sektors von 1951 (die erste nach dem Kriege) trug zu einem Verfall des Reallohns um etwa 10 bis 20 % bei; dieser Tendenzwechsel rief eine Reaktion der Arbeiter hervor, die abgemildert wurde durch ihre politische Bindung an den an der Macht befindlichen Peronismus und durch die beschwichtigende Haltung der Gewerkschaftsführung. Mehrere Streiks und Zusammenstöße mit der Regierung machten die wachsende Unzufriedenheit mit der neuen Lage deutlich, die aufrechterhalten werden konnte dank der durch den Peronismus konzentrierten politischen Macht.

Die Löhne stagnierten, während die Regierung verschiedene Alternativen ausprobierte, um die Kontrolle der Produktionstätigkeit, die die betrieblichen Gewerkschaftsausschüsse ausübten, zu konditionieren oder einzuschränken. Der Aktivismus dieser Ausschüsse schränkte die Entscheidungsfreiheit in den Werkhallen ein und rief bei den Unternehmern, die behaupteten, daß man unter diesen Umständen nicht mehr produzieren könne, Unbehagen hervor. Ein Produktivitätskongreß, der Gewerkschaftler und Unternehmer zusammenführte, wie auch verschiedene Initiativen, um in den Fabriken die Kontrolle durch die Unternehmer wiederherzustellen, scheiterten am gewerkschaftlichen Widerstand, bis der Staatsstreich von 1955 die peronistische Regierung absetzte. Die Versuche, die gewerkschaftliche Kontrolle der Produktionstätigkeit zu demontieren, gewannen seit diesem Wechsel in der politischen Orientierung an Stärke und dehnten sich über einen sehr langen Zeitraum aus. Die im Verlauf der Zeit offenbar werdenden Ergebnisse legen den Schluß nahe, daß die Fortschritte in dieser Richtung im Tausch gegen eine relative Lohnstabilität auf der Höhe der früher erreichten Werte erkauft wurden.

In dieser Zeit begann sich der Prozeß ständiger Preiserhöhungen zu konsolidieren, der sich zum Merkmal der modernen argentinischen Wirtschaft entwickeln sollte. Mit erheblichen Schwankungen betrug der Jahresdurchschnitt der Inflation zwischen 1955 und 1975 25 %; um 1959 registrierte man ein Maximum von 100 %, während man im Jahre 1968 das Minimum von 8 % jährlich erreichte. Über ihre Ursachen hinaus diente die Inflation u.a. der Regulierung der Realeinkommen; diese sanken 1959, beeinträchtigt von der Beschleunigung der Preiserhöhungen, und von diesem Moment an sahen sich die Lohnabhängigen gezwungen, ihre Realeinkommen zu verteidigen. Die Diskussionen kreisten um Nominalwerte, deren Kaufkraft sich durch die ständigen Preissteigerungen rasch veränderte. Die verfügbaren Datenreihen deuten an, daß der Reallohn zwischen 1955 und 1965 erhalten blieb, zwischen 1965 und 1972 eine geringfügige Aufwärtstendenz zeigte und in den folgenden zwei Jahren in Übereinstimmung mit der Rückkehr des Peronismus an die Regierung einen Sprung machte. Es folgte ein neuerlicher Rückschritt, der seine Ursachen in der Inflationsspirale und in der Politik einer neuen Militärregierung hatte[3].

Der größte Unterschied scheint zwischen der Einkommensentwicklung der gelernten und ungelernten Arbeiter gelegen zu haben; den ersteren gelang es, ihre Position tendenziell zu verbessern, während die letzteren den in der besten Epoche der fünfziger Jahre verdienten Reallohn nicht wieder erreichten[4].

1973 und 1974 führte die Politik der Produktionsanreize der neuen peronistischen Regierung die Vollbeschäftigung an ihre Grenzen, was eine Stärkung der gewerkschaftlichen Forderungen nach Reallohnerhöhungen bewirkte. Dieser Prozeß gipfelte in einer Explosion der Inflation, die als »Rodrigazo« (abgeleitet von Rodrigo, dem Minister, dessen Maßnahmen zu einem Preisanstieg von 100 % im Monat Juli 1975 führten) bekannt wurde. Von diesem Augenblick an stieg die Inflation für die folgenden fünfzehn Jahre auf einen Durchschnittswert von 300 % jährlich, ein Phänomen, das dazu beitrug, die Bedingungen der argentinischen Wirtschaft und die Rolle der Lohnabhängigen in ihr tiefgreifend zu verändern.

Reallohn und sozioökonomische Dynamik

Das größte Problem des importsubstituierenden Industrialisierungsmodells war zugleich der Grund für dessen Anwendung: der externe Engpaß. Der Devisenmangel verhinderte den Import von Maschinen, die für die Ausweitung der Produktion nötig waren. Dieser Mangel hinderte sogar die Aufrechterhaltung des Modells, da er die Erneuerung der während des zweiten Weltkriegs abgenutzten Maschinen (die erst erst lange nach den sechziger Jahren ausgewechselt wurden) und den Import notwendiger Zwischenprodukte unmöglich machte.

Die Exporte des Landes reichten nicht aus, um diese Käufe zu bezahlen, noch waren sie auf anderen Wegen finanzierbar, da es in der »Welt von Bretton Woods« an Devisenkrediten fehlte. Der externe Engpaß setzte dem Rhythmus der industriellen Wachstumsprozesse und der nationalen Wirtschaft eine Grenze.

Die Zunahme der Industrieproduktion bedurfte der Einfuhr von Maschinen und Zwischenprodukten, ein Importbedarf, der zu Zahlungsbilanzkrisen führte, die allein durch eine Rezession und durch Anreize für die Ausfuhr (die fast vollständig aus Agrarprodukten bestand) gelöst werden konnten. Dieser Prozeß des *stop and go* wiederholte sich in den ersten drei Nachkriegsjahrzehnten ein ums andere Mal, ohne daß eine Lösung gefunden werden konnte. Das Problem war nicht unlösbar (wie es die Erfahrungen anderer Länder lehren), aber die Interessenkonflikte, strategischen Irrtümer und die enormen und ständigen Wechsel in der staatlichen Politik verhinderten für lange Zeit seine Lösung[5].

Jede Zahlungsbilanzkrise führte zu einer rezessiven Politik, die bestimmt war, den Binnenkonsum exportierbarer Güter (Fleisch und Getreide) schrumpfen zu lassen und die Einfuhr von Zwischenprodukten zu senken. Sobald diese Konjunk-

---

3   Eine ökonometrische Studie über die Reallöhne in der Periode 1950-1965 weist darauf hin, daß die signifikanteste Variable, die bis zu 99 % ihrer Entwicklung erklärt, der Konsumentenpreisindex ist. Die Löhne folgten den Preisen und hielten sich, in Realwerten gemessen. Die Autorin konnte keinen Nachweis der »Gewerkschaftsmacht« (nach unterschiedlichen Kriterien gemessen) finden, der eine andere Art von Variationen erklärt hätte. Siehe Montuschi (1979). Diese Ergebnisse tragen zur Aufstellung der Hypothese bei, daß die Vollbeschäftigung der entscheidende Faktor der Arbeitsmarktentwicklung war, und dies trotz der von der andauernden Inflation hervorgerufenen Verwerfungen.

4   In den Jahren der stärksten Prädominanz der CGT (1948-1955) tendierten die Löhne der gelernten und ungelernten Arbeiter dazu, »flacher« zu werden, und zwar von einer Relation von 1,5 zu 1 auf 1,25 zu 1. Später gab es eine leichte Differenzierungstendenz, die sich trotz der Proteste der CGT seit Mitte der siebziger Jahre konsolidierte. Siehe Moyano Llerena (1972).

5   Eine ausgezeichnete Übersicht über dieses Modell gibt Canitrot (1975), dessen Veröffentlichung just im Augenblick des Richtungswechsels des argentinischen Wirtschaftssystems erfolgte.

tur überwunden war, erneuerte sich der Industrieimpuls, bis sich die nächste Krise einstellte.

Wenn das zentrale Problem der Engpaß der Zahlungsbilanz war, so bot sich als Lösungsform der Verfall des Reallohns an. Dies bei den argentinischen Verhältnissen zu erreichen, war nicht leicht. En Mitglied des lokalen Establishments schlußfolgerte 1972, daß die vom Internationalen Währungsfonds seit 1955 vorgeschlagenen Wirtschaftspolitiken gescheitert waren, weil keine »politische Kraft die Stabilität zu so hohen sozialen und wirtschaftlichen Kosten durchsetzen« konnte, wie sie zur Erreichung dieser Ziele nötig waren[6].

Es erscheint daher nicht verwunderlich, daß eine der Thesen, die sich allmählich in den traditionellen Eliten festsetzten, dem gewählten Industrialisierungsmodell die Schuld zuwies; die Industrie erzeugte Vollbeschäftigung, führte zu Lohnpressionen der Arbeiter und Gewerkschaften, brach das »Gleichgewicht« des Systems und löste die Themen der lokalen Entwicklung nicht, weil sie zu hohen Preisen und mit geringer Qualität produzierte. Die Fehlschläge der argentinischen Wirtschaft wurden solcherart auf die Probleme der industriellen Entwicklung und der politischen Präsenz der Arbeiterklasse beschränkt; auf diese Weise löste sich die Diagnose von den Schwierigkeiten, die das Beharren auf einer aus der Vergangenheit stammenden Wirtschafts- und Sozialstruktur verursachte, um weiterhin auf der Ausbeutung der natürlichen Standortvorteile zu insistieren[7].

Mediation und Krise auf dem Arbeitsmarkt

In einem 1943 geschriebenen scharfsinnigen Artikel wies M. Kalecki darauf hin, daß eine Vollbeschäftigungsordnung Probleme aufwerfe, die von der Wirtschaft zur Politik führen, weil sie die Fähigkeit der Unternehmer mindern könne, die Disziplin aufrechtzuerhalten, die sie im Arbeitsprozeß für notwendig erachteten. In diesem Fall, fuhr er fort, seien die Unternehmer sogar bereit, »eine Gewinnminderung zu akzeptieren«, wenn es ihnen dadurch gelinge, die »Disziplin in den Fabriken und die politische Stabilität« zurückzugewinnen[8]. Das Ziel der sozialen Kontrolle, verbunden mit der Macht, konnte hinreichend stark sein, um das Verhalten der Unternehmer zu bestimmen. Kalecki widersetzte sich der simplifizierenden These, daß jene allein an einer (konjunkturellen) Gewinnmaximierung interessiert seien; daher spekulierte er in seiner Arbeit mit der Hypothese, daß die Unternehmer eine Rezession akzeptieren oder gar herbeiführen könnten, um das Beschäftigungsniveau zu senken und die Kontrolle über das Arbeitsregime wiederzugewinnen.

Es ist wahrscheinlich, daß dieses Analysemodell die Unzufriedenheit eines großen Teils der argentinischen Unternehmerschaft mit dem Peronismus im Zeitraum 1946-1955 erklären kann, ein Regime, das als verantwortlich für die Vollbeschäftigung und für »allzu große« Nachgiebigkeit gegenüber den gewerkschaftlichen Forderungen galt. Die Bemühungen nach dem Staatsstreich von 1955 konzentrier-

---

6   Das Zitat stammt von Juan Alemann, der seine Erfahrung als Regierungsbeamter in den Jahren 1967-69 zusammenfaßt und Maßnahmen vorschlägt, um das Land aus dieser Situation herauszuführen. Einige davon wurden in den Jahren 1976-80 angewandt, als er das Amt des Staatssekretärs für Finanzen inne hatte. Unter anderem schlägt der Autor vor, »Streiks zu verbieten, die als ein Ausdruck des Rechts auf Gewalt in unserer Zeit ein Anachronismus sind«.

7   Diese Diagnose, die nicht immer so drastisch ausgesprochen wurde, wird bei Schvarzer (1986) als Teil einer Untersuchung der Wirtschaftspolitik der Militärregierung von 1976 analysiert; sowie in Schvarzer (1991a) und (1996) als Teil einer Studie über das Verhalten der argentinischen Industriellen.

8   Kalecki, »Political Aspects of Full Employment«, ursprünglich 1943 in *Political Quarterly* veröffentlicht und bei Felwell (1975, 225) kommentiert.

ten sich auf den Abbau einer Reihe von Maßnahmen, die die gewerkschaftliche Position in den Betrieben begünstigten, wie der Figur des Betriebsdelegierten, der kraft eigener Entscheidung die Arbeitsabläufe unterbrechen konnte, wenn er es für notwendig hielt. Dieser Kampf, der lange Jahre dauerte und eine ganze Epoche des argentinischen Gewerkschaftslebens geprägt hat, zeigte die Grenzen auf, an die die herrschenden Sektoren unter den realen Funktionsbedingungen der argentinischen Wirtschaft und Gesellschaft stießen. Die Arbeitgeber beschnitten die Macht des Betriebsdelegierten, schufen ihn jedoch nicht ab. Die Gewerkschaftskraft führte, zusammen mit den Bedingungen der Vollbeschäftigung, zu einem langfristigen Gleichgewicht, in dem sich die Reallöhne und die Gewerkschaftsmacht relativ stabil erhielten.

Die Konjunkturkrisen erlaubten es den Unternehmern, gegenüber dieser Macht an Terrain zu gewinnen, bis der Zyklus wieder umschlug. Der lange Inflationsprozeß bewirkte, daß die Forderungen der Arbeiter eine gewisse »defensive« Rolle in bezug auf den Lohn einnahmen; der Preisanstieg führte dazu, daß das Bemühen, ein bestimmtes früheres Niveau zu erreichen, in Krisenmomenten nicht mehr durchsetzbar war und in den Wachstumsmomenten nur geringe Fortschritte erlaubte. Die gleiche Situation begünstigte die Geltendmachung von nicht an den Lohn gebundenen gewerkschaftlichen Forderungen, wie etwa die Kontrolle der Sozialwerke [=Krankenkassen] und andere »bürokratische« Vorteile (oder die Zuteilung von öffentlichen Gütern), Forderungen, die ihnen im Laufe der Zeit als ein Kompensationselement gewährt wurden.

Die Erfahrung der peronistischen Regierung und ihrer Nachfolgerinnen unterschiedlicher Couleur zeigte, daß die staatlichen Vermittlungsversuche auf dem Arbeitsmarkt an der Schwierigkeit scheiterten, beide Seiten zu überzeugen. Diese Ergebnisse waren unabhängig von der politischen Position der Gruppe an der Macht. Die Probleme kamen auf, wenn eine Regierung einem der Sektoren nahestand, aber sie wurden noch heftiger, wenn sie sich bemühte, eine »neutrale« Position zu verteidigen oder das Ganze im Auge zu behalten. Die Schwierigkeiten einer Vermittlung bestätigten sich in Argentinien unter der peronistischen Regierung (1946-55), wie auch in den verschiedenen, später erfolgten Versuchen; die Bemühungen der von den großen Volksparteien getragenen Regierungen von 1963-66 (Radikale) und 1973-76 (Peronisten) sahen sich dem intensiven Widerstand beider gesellschaftlicher Gruppen (Unternehmer und Lohnabhängiger) gegenüber, nachzugeben. In beiden Fällen kam es zu einer politischen Pattsituation oder zu einer Krisenlage, die in einen Staatsstreich mündete. Der letzte Versuch einer Konzertierung dieser Art geschah 1985-86, als ein Antiinflationsplan (der Plan Austral) in Angriff genommen wurde. Sein Scheitern ebnete den Weg für den Richtungswechsel, auf dem sich die argentinische Wirtschaft derzeit befindet.

3. Der Richtungswechsel in der argentinischen Wirtschaft

Die Wiederholung des wirtschaftspolitischen Zyklus während dreier Jahrzehnte geschah unter sich verändernden Rahmenbedingungen, aber ohne Lösung des Grundproblems. Die Wirtschaft entwickelte sich während des gesamten Zeitabschnitts unter positivem Vorzeichen (wenn auch nicht ausreichend, um die sozialen

Forderungen zu erfüllen). Mehr noch, in den frühen siebziger Jahren gewannen begründete Hoffnungen einer strukturellen Besserung auf mittlere Sicht an Stärke, falls sich neue produktive Tendenzen konsolidierten. Diese optimistische Perspektive war zeitgleich mit einem der Augenblicke höchster politischer Präsenz der Gewerkschaftsbewegung, der verknüpft war mit dem Amtsantritt einer neuen peronistischen Regierung und mit den bereits bekannten Bedingungen eines höchst angespannten lokalen Arbeitsmarkts. Dieser war gekennzeichnet durch die Vollbeschäftigung und durch die Aktion von Linksaktivisten, die die Macht der Unternehmer in den Betrieben bedrohten, während zugleich die bewaffneten Bewegungen im politischen und sozialen Bereich Terrain gewannen. Unter diesen Umständen stellte die Wiederholung der früheren Wirtschaftspolitik eine Herausforderung der gesamten Unternehmerschaft dar, die zu dulden diese nicht gewillt war.

Der Ausgang ist von Kalecki 1943 beschrieben worden: »The workers would ›get out of hand‹ and the ›captains of industry‹ would be anxious to ›teach them a lesson‹. Moreover, the increase in the up-swing is to the disadvantage of small and big *rentiers* and makes them ›boom tired‹.

In this situation a powerful block is likely to be formed between big business and the *rentier* interests, and they would probably find more than one economist to declare that the situation was manifestly unsound. The pressure of all these forces, and in particular of big business – as a rule influential in Government departments – would most probably induce the Government to return to the ortodox policy... a slump would follow...« (Kalecki 1943, 227-8.).

Die Explosion der Inflation von Mitte 1975 ebnete den Weg für einen neuen rezessiven Zyklus, einen schnellen Verfall des Reallohns, und für eine politische Krise, die in den Staatsstreich von März 1976 mündete. Die Folge war die Unterstellung der Gewerkschaften unter staatliche Zwangsverwaltung und die Unterdrückung der Arbeiterbewegung.

Das Wirtschaftskabinett der Militärregierung wendete eine in großen Zügen »orthodoxe« Politik an, die wenig Ergebnisse im Kampf gegen die Inflation zeitigte, jedoch ziemliche Erfolge im Wiederaufbau der Funktionsweise der argentinischen Wirtschaft hatte. In den fünf Jahren 1976-1981 litt die örtliche Industrie, die als die »Schuldige« für die Mängel der argentinischen Entwicklung dargestellt wurde, unter dem Abbau des in früheren Jahrzehnten aufgebauten Unterstützungsbzw. Subventionssystems, unter den hohen Finanzierungskosten (die in Realwerten gerechnet, aufgrund der Veränderungen in der Politik schnell in unerhörte Höhen kletterten) und unter dem offenen Wettbewerb der bis dahin regulierten Einfuhren.

Die Politik der »Öffnung für Importe« konnte umgesetzt werden, weil die Agrarexporte stiegen, aber mehr noch weil das neue internationale Panorama es erlaubte, Kredite in fast unbegrenzter Höhe aufzunehmen, um diese Strategie zu finanzieren. Das System geriet 1981 in die Krise (ein Jahr bevor die Verschuldungskrise in ganz Lateinamerika aufgrund der Wiederholung eines ähnlichen Phänomens in Mexiko ausbrach) und die erneute Restriktion des externen Sektors sah sich durch den Druck der internationalen Gläubiger verstärkt[9].

Die Durchschnittslöhne fielen zwischen 1975 und 1980, aber alles weist darauf hin, daß ein größeres Phänomen die sich nach Branchen und Sparten öffnende Schere war. Die Arbeiter der Staatsbetriebe und der Branchen mit einer hohen

---

9   Diese Entwicklung wird bei Schwarzer (1986) in allen ihren Einzelheiten untersucht.

Dichte an qualifiziertem Personal wiesen eine bemerkenswerte Fähigkeit auf, ihr Lohnniveau im Verhältnis zur Lohnentwicklung der weniger qualifizierten Beschäftigten und derer, die in Krisenbereichen tätig waren, aufrechtzuerhalten. Die Repression der Arbeiterbewegung wurde in einer ersten Etappe der Militärregierung mit einigen Zugeständnissen an die Arbeiter kombiniert; es ist zu vermuten, daß man mit diesem Doppelspiel beabsichtigte, die Verbreitung extremer Positionen wie die von den bewaffneten Gruppen vertretenen zu vermeiden. Aber auch so gilt der Hinweis, daß die annähernde Vollbeschäftigung einer der Hauptgründe jenes Widerstands der Lohnabhängigen war; es ist kein Zufall, daß sich die Lohnsituation jener Sektoren festigte, wo es »Eingangsbarrieren« aus sozialen oder institutionellen Gründen gab (wie bei den Staatsbetrieben und bei qualifizierten Tätigkeiten).

Die wirtschaftliche Transition und die Beschäftigung in den achtziger Jahren

Die Krise von 1981 hinterließ Folgen, die sich aufgrund des Drucks der ausländischen Gläubiger auf die gesamte Dekade erstreckten. Der Inflationsrhythmus begann wieder zu steigen und eine neue rezessive Welle stärkte eine Politik der Lohnabsenkungen; diese fielen Mitte 1982 auf die niedrigsten Durchschnittswerte in Jahrzehnten. Ein kurioser Effekt der Krise war, daß der Devisenmangel in jenen Jahren dazu zwang, die Wirtschaft abzuschotten; die Notwendigkeit, einen positiven Handelsbilanzsaldo zu erwirtschaften, schützte die örtliche Industrie und erlaubte sogar die Erholung einiger Branchen, die in der vorhergehenden Periode durch das massive Eindringen von Importgütern in Bedrängnis geraten waren.

Die Wirtschaftspolitik dieser Zeit läßt sich als ein *muddling through* bezeichnen. Entscheidungen wurden inmitten sich aufeinander folgender wirtschaftlicher und politischer Krisen, schwieriger Verhandlungen mit den ausländischen Gläubigern und ständiger Inflationsausbrüche gefällt, denen vergebliche Stabilisierungsversuche folgten. Die achtziger Jahre wiesen ein Nullwachstum auf (mit logischen konjunkturellen Schwankungen); es gab eine leichte Steigerung des landwirtschaftlichen Angebots der Pampa und ein Stagnieren der Industrie in quantitativer Hinsicht.

Das Angebot an Arbeitskräften stieg weiter an. Die wirtschaftliche aktive Bevölkerung nahm zwischen 1980 und 1991 um beinahe 32 % zu, in einem schnelleren Rhythmus als das Wachstum der Bevölkerung (das 17 % betrug), bedingt durch den Wiedereintritt älterer Menschen in den Arbeitsmarkt und durch eine stärkere weibliche Präsenz. Die Zahl der Rentner kletterte gleichzeitig auf 3,5 Millionen, was ein Verhältnis von einem Rentner auf vier aktive bedeutet; eine Relation, die die alte Methode der Umlagenfinanzierung der Kosten durch die Lohnabhängigen unmöglich machte. Das Defizit des Systems trug zu einer Politik der Einkommensminderung dieser Kategorie bei; die Renten sanken auf durchschnittlich 40 % des Einkommens der aktiven Arbeiterschaft (verglichen mit 60 % 1970 und 94 % im Jahr 1950). Diese Umstände zwangen eine große Anzahl von Rentnern zur Rückkehr auf den Arbeitsmarkt, auf der Suche nach einem zusätzlichen Verdienst, wie sich aus der Berufstätigkeitsrate der über 65jährigen ablesen läßt, die in dieser Periode von 10 auf 17 % anstieg (s. Tafel 1).

Ein weiterer spürbarer Grund für das Anwachsen des Arbeitskräfteangebots war das Einströmen der Frauen auf den Arbeitsmarkt in einem sehr viel höheren

Ausmaß als in früheren Zeiten. Ihre Berufstätigkeitsrate stieg in diesem Jahrzehnt von 27 % auf 40 %, ein Wechsel, der zwei Drittel des Zuwachses der gesamten Berufstätigkeitsrate »erklärt« (s. Tafel 2). Die Mehrheit dieses Arbeitsangebots konzentrierte sich auf die Altersgruppen über 45 Jahren (s. Tafel 1). Es handelt sich um eine substantielle Veränderung, selbst wenn ein nicht unerheblicher Teil auf eine veränderte Datenerhebung zurückzuführen ist, deren Resultate den realen Zuwachs übertreiben, nicht aber die dargestellte Tendenz[10].

Die »Anpassung« der Wirtschaft, die sich in Personalentlassungen im staatlichen und privaten Bereich niederschlug, spiegelte sich wegen der Aufnahmefähigkeit des Systems »selbständig« Beschäftigter nicht in einer beträchtlichen Zunahme der offenen Arbeitslosigkeit wider. Individuelle oder in sehr kleinen Einheiten geleistete Arbeit wirkte stärker als der »Arbeitsplatz«, begriffen als eine Form der Anstellung, die sich auf einen Lohn gründet und durch gewerkschaftliche Tarifverhandlungen und spezifische Gesetze geregelt ist.

Der geringere Anteil von Industriearbeitern an der Gesamtzahl der Lohnabhängigen, die ihrerseits einen verminderten Anteil an der Gesamtheit der Arbeiter stellten, zog einen Verfall des relativen Gewichts der Gewerkschaften nach sich, die an der Spitze der Arbeiterbewegung gestanden hatten. Während des größten Teils der achtziger Jahre blieb dieses Phänomen aufgrund der politischen Rolle der Gewerkschaften verborgen; deren enges Verhältnis zur peronistischen Partei führte zu einer Verwechslung des Stimmenzuwachses der Partei bei Wahlen mit der Macht der Gewerkschaften. Diese Merkmale spiegelten sich in der Tatsache, daß die größten Gewerkschaftskonflikte sich in dem Sektor mit der höchsten Personalkonzentration unter einem einzigen Arbeitgeber ereigneten: der öffentlichen Hand. Die Gewerkschaft der Primarschullehrer z. B. übernahm eine Vorreiterrolle, die sich in der Zahl und der Breite der Kampfmaßnahmen, die in dem Zeitabschnitt registriert wurden, dokumentiert[11].

Die Arbeitslosigkeit schwankte in dieser Dekade um einen Durchschnitt von 6,2%. Diese Rate wurde nicht als hoch eingestuft, denn die Erfahrungen aus der vorhergehenden Periode erlaubten es anzunehmen, daß ein Wert von 4 % unter den gegebenen örtlichen Umständen der sogenannten »Reibungs«-Arbeitslosigkeit entsprach. In jedem der früheren Konjunkturzyklen, in denen sich die statistischen Angaben diesem Niveau näherten, war es schwierig gewesen, Personal zu bekommen und Spannungen auf dem Arbeitsmarkt hatten sich bemerkbar gemacht. Auf der anderen Seite zeigten die Arbeitsumfragen, daß die Arbeitslosen es nur wenige Monate blieben, so daß diese 6 % ebenfalls nicht als ein Indikator für eine Tendenz zu struktureller Arbeitslosigkeit erschienen.

Neu war nicht so sehr die Tatsache einer Steigerung der durchschnittlichen Arbeitslosenquote, sondern daß diese begleitet wurde von einer erheblichen Verschlechterung der regulären Beschäftigungsverhältnisse, ein Wandel, der anfänglich wenig Beachtung fand, bis die Krise der neunziger Jahre die ganze Dimension dieses sozialen Phänomens offenbarte.

---

10 Die Zahlen enthalten Probleme aufgrund methodologischer Fragen, die separat zu erklären sind, und können nur als Tendenzindikatoren gezählt werden, da geeignete Aufbereitungen der Volkszählung von 1991 noch nicht vorliegen.

11 Siehe die von Héctor Palomino erstellten Statistiken über Arbeitskonflikte in den Jahren 1985-1990, periodisch veröffentlicht in *El Bimestre del CISEA*.

Die Definitionen in den späten achtziger Jahren

Die Wirtschaftsentwicklung Argentiniens geriet 1989 in eine tiefe Krise. Ein Ausbruch der Hyperinflation, die im Juni und Juli jenes Jahres, zum Zeitpunkt des Regierungswechsels, auf Prozentsätze von 100 bis 200 % *monatlich* kletterte, war der erste Hinweis auf eine Veränderung in der Orientierung des gesamten politischen und sozialen Systems[12].

Die Beschleunigung der Inflation geschah zeitgleich mit den Präsidentschaftswahlen im Mai, bei denen der peronistische Kandidat siegte, den die CGT und die Mehrheit der Gewerkschaften unterstützt hatten. Gegen Ende jenes Monats kam zur wirtschaftlichen die politische Krise hinzu (verschärft durch den Machtverfall einer Regierung, die die Wahlen verloren hatte); der soziale Protest gipfelte in einer Welle massiver Plünderungen von kleinen Geschäften und Supermärkten auf der Suche nach Lebensmitteln. Die Plünderungen hatten ihr Epizentrum in der Stadt Rosario, die infolge des Verschwindens von einem Großteil des industriellen Netzes landesweit eine der höchsten Zahlen an offener Arbeitslosigkeit und Armut aufwies[13].

Die Plünderungen spitzten die politische Krise zu, die – zusammen mit der Hyperinflation – dazu zwang, die Machtübergabe vorzuverlegen, die am 8. Juli stattfand (statt am 10. Dezember wie gesetzlich vorgesehen). In diesem Monat reduzierte die Preissteigerung von 200 % den Reallohn auf ein Viertel des Durchschnitts früherer Jahre (oder, was ähnlich ist, der Werte von Ende 1988). Das Trimester Mai-Juli 1989 war eine Hungerkonjunktur für breite Schichten des Volkes (im Lande der billigen Lebensmittel), und ein verbreitetes Gefühl der gesellschaftlichen Auflösung griff um sich. Der Schock war so stark, daß ein Mitglied des örtlichen *Establishments* kommentierte, er zweifle nicht daran, daß dieser im kollektiven Gedächtnis haften bleiben werde. Wie 1923 in Deutschland nach der Hyperinflation werde das Gespenst dieser Krise als eine Bremse gegen jede Politik wirken, die die Gefahr eines Rückfalls in sich berge – was tatsächlich auch geschah[14]. Man kann sagen, daß die Hyperinflation wie ein Peitschenschlag wirkte, dessen Folgen das soziale Verhalten tiefgreifend bestimmten; ihr im kollektiven Gedächtnis fortdauerndes Bild trägt dazu bei, die willkürlich weit gefaßten Entscheidungsspielräume, die die peronistische Regierung später genoß, wie auch das Fehlen von Massenprotesten zu erklären.

Der Reallohn »erholte« sich gegenüber der brutalen Schrumpfung in den Monaten der Hyperinflation, kehrte jedoch nicht zu den früheren Werten zurück. Seine Kaufkraft blieb von da an auf einer mit 1982 vergleichbaren Ebene (einem Rezessionsjahr während der Militärregierung, das die niedrigsten Zahlen der Lohnstatistik verzeichnet); das heißt, daß man nach der Hyperinflation einen abrupten Lohnverfall auf Werte, die zwischen 25 und 30 % unter dem Durchschnitt der Jahre 1984 bis 1987 lagen, registrierte. Der größere Teil der Arbeiterbewegung verharrte

---

12 Die Untersuchung Schwarzers (1994) zu diesem Prozeß dient als Grundlage dieser Beschreibung.

13 Die Industrie Rosarios bestand aus vielen metallverarbeitenden Betrieben, die veraltet waren und unter dem Impakt der ausländischen Konkurrenz und der inneren »Strukturanpassung« litten. Mehr als 25.000 Personen emigrierten in den achtziger Jahren wegen der Krise aus der Stadt, ohne daß dies die Arbeitslosigkeits- und Armutsstatistiken verbessert hätte. Siehe Reboratti (1995).

14 Es handelt sich um Roberto Alemann, Wirtschaftsminister der Militärregierung im Jahr 1982, zitiert bei Schvarzer (1994), dessen Haltung als ein Beispiel für die Erwartungen einer Anzahl von Mitgliedern der herrschenden Klasse Argentiniens in diesem Zeitraum wiedergegeben wird.

in Erwartung der Verbesserungen, die, wie man annahm, die peronistische Regierung nach Überwindung der Krise gewähren würde.

Die Regierung nutzte die Umstände, um sich als eine Feuerwehrmannschaft darzustellen, die zum Löschen eines Brandes kommt, und verlangte Vollmachten zur Durchführung einer orthodoxen Politik. Das Programm schloß den Verkauf der Staatsunternehmen (womit ein Richtungswechsel gegenüber dem traditionellen peronistischen *Etatismus* vollzogen wurde) und die Befugnis zur Entlassung von öffentlichen Bediensteten ein (hierbei wurden die Normen des Kündigungsschutzes aufgehoben). Gleichzeitig nahm die Regierung die Strategie der Importöffnung mit erneutem Schwung auf, und wandte zugleich eine monetäre Politik an, die 1990 zu einer tiefen Rezession führte (s. Tafel 6).

Die Inflation hielt sich bis Anfang 1991 mit heftigen periodischen Ausbrüchen. Im März begann der Konvertibilitätsplan, dem es gelang, das Ansteigen des Preisindexes anzuhalten. Die Stabilität bedeutete den Anfang einer neuen Epoche in der Wirtschaft Argentiniens und einer neuen Lage für die Lohnabhängigen[15].

Löhne und Einkommen im Konvertibilitätsplan

Der Plan stabilisierte die Preise zu Bedingungen, die die jahrzehntelang geltende Struktur relativer Preise modifizierten. Die zwischen dem Peso und dem Dollar festgelegte Relation, zu der die Senkung der Einfuhrzölle, die Öffnung des Marktes und andere einschlägige Maßnahmen hinzukamen, bewirkte im allgemeinen den Rückgang der Industriepreise auf dem Binnenmarkt (die sich – in relativen Werten – während der ganzen Periode der Importsubstitution auf hohem Niveau bewegt hatten) und den Anstieg der Preise für Dienstleistungen und für die meisten Lebensmittel (die historisch betrachtet »billig« gewesen waren dank der staatlichen Politik, die Kaufkraft der Arbeiter zu schützen). Die allgemeine Tendenz läßt Ausnahmen zu. Das Fleisch z. B. blieb auf einem Preisniveau, das unter dem Durchschnitt früherer Jahrzehnte lag; der niedrige relative Wert dieser Ware trug dazu bei, die Stabilität des Preisindexes zu erhalten, da dieser eng mit der Entwicklung des Fleischpreises zusammenhängt[16].

Der Reallohn hielt sich auf dem Niveau, auf das er in der zweiten Hälfte 1989 gefallen war (mit einer neuen Tendenz nach unten seit 1995), so daß die Durchschnittslöhne der letzten fünf Jahre die niedrigsten der letzten Jahrzehnte sind. Zu diesem Ergebnis kommt man, wenn man die Kaufkraft des Lohnes mit dem üblichen Kriterium mißt, nämlich im Vergleich zum »Warenkorb«, der den Lebenshaltungskosten zugrunde gelegt wird. Diese Schlußfolgerung ändert sich hingegen, wenn man die Kaufkraft mit bestimmten industriellen Erzeugnissen in Beziehung setzt, die ihren relativen Preis gesenkt haben; diese Anpassung erleichterte breiten Schichten den Zugang zu langlebigen Gebrauchsgegenständen. In der Tat, während der Reallohn, gemessen am erwähnten Warenkorb, um 30 % gegenüber den achtziger Jahren fiel, stieg die Kaufkraft der Arbeiter bei Elektroartikeln, die daher, aber

---

15 Wegen der Zielsetzung dieser Arbeit werden zahlreiche Schlüsselaspekte des Plans außer acht gelassen, die bei Schvarzer (1994) und in späteren Dokumenten, die im Druck sind, behandelt werden.

16 Die Variation der relativen Preise, die sich aus dem Vergleich der unterschiedlichen Warenkörbe ergibt, wirft enorme methodologische Probleme für eine präzise Messung auf. Allein die Tatsache, daß der Einzelhandelsindex einen ganz anderen Rhythmus aufweist als der Großhandelsindex, wirft die Frage auf, welcher der Indikatoren als die relevante Grundlage genommen werden sollte und dient als Ausrede für unzählige Begründungen in die eine oder die andere Richtung, die in diesem allgemein gehaltenen Beitrag nicht behandelt werden können.

auch aus anderen Gründen, in den Jahren 1991-94[17] einen Nachfrage*boom* verzeichneten. Die unterschiedliche Preisentwicklung der verschiedenen Warengruppen trägt zur Erklärung einer Veränderung bei, bei der die Lohnabhängigen selbst Schwierigkeiten haben, ihre eigene Lage mit einem gewissen Maß an Sicherheit zu erkennen.

Die Stabilität bewirkte gegenüber dem Tiefpunkt von 1990 eine schnelle wirtschaftliche Reaktivierung; dieses Wachstum hatte eine gewisse Nachfrage nach Arbeitskräften zur Folge, die einige Jahre lang die durch die staatliche Politik in anderen Bereichen entstandene tatsächliche Lage verschleierte. Eine erneute Wachstumswelle im Produktionszyklus nährte optimistische Erwartungen; man erhoffte eine Zunahme der Beschäftigung und eine Besserung der allgemeinen Bedingungen der Lohnabhängigen, in Einklang mit dem Wachstum, das die Statistiken meldeten. Dieser Prozeß hatte in der ersten Etappe des Plans einige Erfolge, aber schon sehr bald wurden die positiven Effekte durch die Strukturanpassung der Wirtschaft und die damit zusammenhängenden Einzelentscheidungen neutralisiert.

Das erste konditionierende Element kam von der Öffnung der Einfuhren. Diese Strategie führte zu einer rasanten Zunahme des Imports ausländischer Waren, die mit dem lokalen Angebot zu konkurrieren begannen. Die Einfuhren stiegen von 5 Milliarden Dollar Jahresdurchschnitt in den achtziger Jahren auf 20 Milliarden Dollar ab 1992; ein großer Teil dieser Erzeugnisse sind Waren, die Produkte aus nationaler Herstellung ersetzen (Konsumartikel, Halbfertigprodukte und Kapitalgüter).

Die Importe wirkten sich nachteilig auf die Industriebranchen aus, die für den Wettbewerb mit dem Ausland weniger gerüstet waren. Das Verschwinden fast der gesamten Industrie für elektrische Haushaltsartikel (die ersetzt wurde von Montagewerken für importierte *Kits* [Fertigbauteile]), eines guten Teils der Kapitalgüter- und der Textilindustrie ist ein Phänomen, dessen statistische Aufarbeitung noch im Gange ist; deshalb ist es jedoch nicht weniger beeindruckend. Die Schließung zahlreicher Fabriken wurde begleitet von den »Rationalisierungsmaßnahmen« anderer, die mit Personalentlassungen begannen, um am Markt zu bleiben; man schätzt, daß aus diesen Gründen seit dem Ende der achtziger Jahre mehr als 20 % der Industriearbeitskräfte ihre Arbeitsplätze verloren[18].

Der Prozeß der Entindustrialisierung ging über das in der zweiten Hälfte der siebziger Jahre Geschehene hinweg und zeitigte einige schockierende Ergebnisse wie im Falle von Córdoba. Zur Zeit des »Cordobazo« (1969) zählte die Stadt drei große metallverarbeitende Betriebe mit insgesamt 35.000 Arbeitern, deren soziale Präsenz sich gegenüber den 800.000 Einwohnern der Großstadt potenzierte. Ein Vierteljahrhundert später zählen diese drei Betriebe lediglich 10.000 Mitarbeiter

---

17 Die Tendenz zur Preissenkung dieser Waren ist universell, aber in Argentinien hatte sie einen besonderen Impakt, weil sie plötzlich geschah und weil ihre Wirkung durch eine Veränderung der relativen Preise gesteigert wurde. Ein 20-Zoll-Farbfernseher z. B. kostete in den achtziger Jahren den Gegenwert von 5 Mindestlöhnen in der Industrie, seit 1992 nur noch einen; hinzu kam, daß die Stabilität den Kauf auf Raten förderte, der in Zeiten mit großer inflationsbedingter Unsicherheit zum Erliegen gekommen war.

18 Die vorläufigen Ergebnisse der Zählung von 1994 weisen eine Verminderung der in der Industrie Beschäftigten um zumindest 22 % gegenüber dem Zensus von 1985 auf. Die Notwendigkeit des Industriesektors, Personal zu entlassen, entspringt auch dem Wechsel der relativen Preise. Heute ist der in Dollar gerechnete Durchschnittslohn sehr hoch und wiegt schwer bei den Produktionskosten, obwohl seine reale Kaufkraft sich vermindert hat. Private Consultingfirmen schätzen, daß dieser Kostenfaktor (der auch die Sozialabgaben umfaßt), in der Periode 1983-1988 rund 400 Dollar monatlich betrug, während er sich seit der Geltung des Konvertibilitätsplans auf rund 880 Dollar beläuft.

(aufgrund von Werksschließungen, Rationalisierungen, Ersatz von Produkten aus lokaler Herstellung durch Importe usw.), während die städtische Bevölkerung eine runde Million beträgt.

Die zweite Quelle der Arbeitsplatzvernichtung waren die Privatisierungen. Dem Verkauf der Staatsbetriebe und ihrer Übergabe ging ein drastischer Personalabbau voraus, es folgte eine kontinuierliche Rationalisierung des Personals von seiten der neuen Eigentümer. Als Folge davon, so schätzt man, verloren in den Jahren 1990-94 nicht weniger als 200.000 in diesem Bereich tätige Personen ihren Arbeitsplatz. Die Eisenbahnen zum Beispiel, die der größte Arbeitgeber des Landes waren, beschäftigten 1989 100.000 Personen (die ihrerseits nur noch die Hälfte des Personalbestands der siebziger Jahre waren); sechs Jahre später beschäftigen alle privaten Unternehmen, in die man die Bahn aufteilte, zusammengenommen gerade einmal 25.000 Personen. Das gleiche Phänomen wiederholte sich bei den Öl-, Gas-, Wasserver- und Entsorgungs-, Strom-, Telefon-, Luftfahrtgesellschaften sowie bei Industrieunternehmen, die von 1990 an von der Regierung verkauft wurden.

Auch die Regierung entließ systematisch Personal der öffentlichen Verwaltung. Die tatsächlichen Ergebnisse sind durch die Nichtverfügbarkeit verläßlicher Daten verschleiert. Ein Teil der Verminderung, die in den offiziellen Berichten erscheint, entspricht der Übertragung von Personal an die Provinzen und Kommunen; ein weiterer Teil wurde kompensiert durch die Einstellung von Mitarbeitern auf Vertragsbasis, die nicht in den Statistiken der öffentlichen Angestellten erscheinen. Man schätzt, daß das endgültige Nettoergebnis beschränkt, jedoch beachtlich ist.

Der Plan wurde von einer intensiven Minderung der öffentlichen Ausgaben, insbesondere der Investitionen für Infrastrukturvorhaben (die viele Arbeitsplätze schaffen), begleitet. Die Rationalität dieser Entscheidung (sieht man von dem Ziel ab, die Ausgaben zu senken) gründet sich auf der Erwartung, daß der Privatsektor diese Aufgabe übernimmt. Tatsächlich wurden die großen Investitionen reduziert und alles weist darauf hin, daß diese Entwicklung sich in eine weitere Ursache für den Verlust von Arbeitsplätzen verwandelt hat.

Als Konsequenz davon sah sich der Lohnverfall von 1989-90 ergänzt durch das Anwachsen der Arbeitslosigkeit. Im Gegensatz zu der in anderen Volkswirtschaften beobachteten Erfahrung, in denen die Arbeitslosigkeit dem Verfall des Reallohns *voran*geht, zeigt das argentinische Beispiel die umgekehrte Abfolge: Der Lohnverfall ging dem Anwachsen der Arbeitslosigkeit voraus. Beide Variablen sind weiterhin aufeinander bezogen, weil man annehmen kann, daß die Arbeitslosigkeit dazu beiträgt, das erreichte neue [niedrige] Kaufkraftniveau der Arbeiter aufrechtzuerhalten. Die frühere Geschichte Argentiniens zeigt, daß die erzwungene Absenkung des Reallohns (sei es auf Druck einer Gewaltregierung oder durch die Inflationsspirale) letztendlich von den Spannungen auf dem Arbeitsmarkt unterlaufen wurde. Zum ersten Mal war dieser wiederkehrende Zyklus überholt; jetzt verwandelt sich die Arbeitslosigkeit allmählich in den Faktor, der die Stabilität des neuen Systems relativer Preise (und daher der Einkommen) im Lande sichert.

Diese Phänomene können nicht losgelöst von dem verstanden werden, was in anderen Bereichen des Arbeitsmarktes und vor allem in den Sektoren, die auf eigene Faust arbeiten, geschah. Diese Prozesse sind noch nicht gut erfaßt, da die letzten Erhebungen von 1991 stammen (und zudem noch nicht aufgearbeitet sind); man muß daher auf einige Angaben in den Arbeitsplatzumfragen und auf Teilinformationen zurückgreifen, die dazu beitragen, eine Hypothese zur Entwicklung dieses Phänomens in den letzten Jahren zu formulieren.

Die Entstehung massiver Arbeitslosigkeit

Die Arbeitslosigkeit stieg mit Beginn des Konvertibilitätsplans kontinuierlich an. Die Rate von 6 % im Jahr 1991 stieg auf 7 % im Folgejahr und 1993 auf 9,3 %. Das Jahr 1994 erreichte einen Durchschnitt von 12,2 %, der 1995 auf 18,4 % sprang. Diese Zahl, die Mitte des Jahres (mit den Resultaten des Monats Mai) bekannt wurde, rief in der Gesellschaft Überraschung und Besorgnis hervor, die bis heute anhalten. Die Arbeitslosigkeit kontrastiert mit dem Bild des Wachstums der argentinischen Wirtschaft (ein Bild, das in der Finanzkrise des Jahres 1995 zerbrach) und widerspricht ebenfalls der traditionellen Wahrnehmung, daß Arbeitslosigkeit kein Problem in der Wirtschaft des Landes darstelle.

Zur Erklärung bedarf es verschiedener Argumente, die auf die Veränderungen im argentinischen Wirtschaftsgeschehen eingehen.

An erster Stelle muß man daran erinnern, daß die wirtschaftliche Stagnation der achtziger Jahre nicht zu einer spürbaren Erhöhung der Arbeitslosenzahlen führte, obwohl die Nachfrage nach Arbeit anstieg. Wie weiter oben ausgeführt, wurde diese Nachfrage aufgesogen durch die auf eigene Faust – »selbständig« – Tätigen und durch Tätigkeiten geringen Umfangs im Handels- und Dienstleistungsbereich. Die kaum vorhandene Nachfrage von seiten der Produktionssektoren (wenn es nicht sogar ein schlichter Abbau von Arbeitsplätzen war) wurde von der Absorbtionsfähigkeit jener Bereiche neutralisiert. Diese Fähigkeit schien so breit und dauerhaft, daß sie als eine unerschöpfliche Ressource angesehen wurde; das Verhalten der Arbeiter und die Meinung eines Großteils der Beobachter lassen diese Sicht zu. Die gesetzlichen Kündigungsregelungen, die eine mehr oder minder große Abfindungssumme für den betroffenen Arbeiter oder Angestellten vorsehen (abhängig vom Lohn und der Dauer der Betriebszugehörigkeit) waren ein zusätzliches Element, das die Eingliederung in »selbständige« Tätigkeiten erleichterte; der Entlassene verfügte über eine Geldsumme, die es ihm erlaubte, ein Fahrzeug zu erwerben oder ein kleines Lokal anzumieten, um auf eigene Rechnung zu arbeiten.

Diese Möglichkeit erklärt, daß die staatlichen Angebote des »freiwilligen Ausscheidens«, die dem Personal der öffentlichen Verwaltung ab 1990 gemacht wurden (und die die Zahlung einer Geldsumme, die der eines regulären Kündigungsverfahrens entsprach, für den freiwillig Ausscheidenden vorsahen), von vielen angenommen wurden. Diese Reaktionen wiederum bewirkten, daß in den ersten Jahren des Jahrzehnts die Hinwendung jener Masse von Individuen zu selbständigen Tätigkeiten die Möglichkeiten dieses Marktsegments saturierte.

Das Fehlen globaler Daten erschwert es, diese Hypothese zu verifizieren, wiewohl gewisse Teilresultate ihre Stichhaltigkeit plausibel machen. Der Fall von SOMISA, der größten Eisenhüttenanlage Argentiniens, deren Privatisierung 1991 in die Wege geleitet wurde, ist wegen der Größe des Unternehmens und der unmittelbaren Auswirkungen auf den Arbeitsmarkt einer Stadt mittlerer Größe in der Provinz Buenos Aires ein gutes Beispiel. SOMISA liegt in San Nicolás, einer Stadt von etwas über 100.000 Einwohnern, und beschäftigte um 1990 rund 12.000 Arbeiter; d.h., der Betrieb stellte den eindeutigen Mittelpunkt des lokalen Wirtschaftslebens dar. 1991 verringerte das Werk sein Personal auf 5.300 Mitarbeiter –

durch Abfindungspläne und auf anderen Wegen schieden rund 6.500 Beschäftigte aus. Das Schicksal dieser ausgeschiedenen Mitarbeiter ist von einer Gruppe von Experten untersucht worden. Diese stellten fest, daß im Verlauf einiger Jahre es einem Viertel gelungen war, erneut eine feste Anstellung zu finden, wiewohl mit Abstrichen beim Lohn und bei den sozialen Vergünstigungen. Der Rest ließ sich unterteilen in eine Gruppe, die aufgrund ihres Alters in Rente gehen konnte und somit den Arbeitsmarkt verließ (ungefähr 1000 Personen), und eine andere Gruppe von rund 4000 Personen, die zwischen selbständiger Arbeit und unterschiedlichen Formen der Arbeitslosigkeit und Unterbeschäftigung pendelten.

Die Tendenz zur Arbeit auf eigene Faust, wiewohl schwer meßbar, läßt sich durch indirekte Variablen verifizieren. Die Anträge auf Gewerbeerlaubnis für Einzelhandelsgeschäfte (vom Kiosk bis zur Sporthalle für »Paddle«) schnellten von durchschnittlich 200 pro Jahr in den Achtzigern auf 1200 im Jahr 1991 hoch (und laut Auskunft der Stadtverwaltung auf eine ähnliche Zahl für 1992). Parallel dazu läßt sich eine »Explosion« beim An- und Verkauf von Alt- und Neuwagen in der Stadt in der ersten Jahreshälfte 1992 nachweisen; die örtlichen Händler der Branche erwähnen, daß der Kauf eines Fahrzeugs als eine Investition und als ein Instrument für selbständige Arbeit angesehen wurde (in die man einen Teil der Abfindungssumme steckte). Beide Daten zusammengenommen legen den Schluß nahe, daß zumindest die Hälfte der von SOMISA Entlassenen es mit einer Tätigkeit auf eigene Faust versucht haben; die Bargeldreserve aufgrund der Abfindung, die im Durchschnitt auf 25.000 Dollar pro Kopf geschätzt wird, diente als eine Art Versicherung gegen die Arbeitslosigkeit, die die Ängste der aus dem Betrieb Ausgeschiedenen für eine Weile dämpfte[19].

Diese Optionen lassen vermuten, daß die Arbeiter weiterhin ihr Vertrauen darauf setzten, daß sich die gleichen Phänomene, die sie in früheren Jahrzehnten erlebt hatten, wiederholen würden. Einige begannen mit einer selbständigen Tätigkeit und andere blieben, während sie ihr Kapital allmählich aufbrauchten, in Wartestellung, da sie die Erwartung hegten, es werde nicht schwer sein, in einem überschaubaren Zeitraum wieder eine Arbeit zu finden. Dieses Verhalten macht deutlich, daß die Gefahr der Arbeitslosigkeit zu Beginn der neunziger Jahre nicht als ein mögliches Risiko angesehen wurde (ein Risiko, das auch die Statistiken nicht klar erkennen ließen).

Die spätere Erfahrung der Stadt zeigt die Erschöpfung jener Alternativen; die Mehrheit der selbständig Tätigen konnten ihren Unterhalt wegen der Schere zwischen dem (exzessiven) Angebot und der (logischerweise nachlassenden) Nachfrage nicht mehr durch Arbeit verdienen, während die anderen keine Beschäftigung fanden. Ab 1993 war es klar, daß die Stadt San Nicolás eine ähnliche Entwicklung durchmachte, wie sie auf dem nationalen Arbeitsmarkt stattfand. Die Arbeitslosigkeit begann, einen prominenten Platz in den Alltagssorgen einzunehmen, während einige Familien auf der Suche nach Arbeitsmöglichkeiten (die angesichts der nationalen Wirtschaftslage in anderen Regionen ebenfalls nicht befriedigt werden konnten) wegzogen.

Diese Hypothesen lassen sich auf die nationale Ebene ausweiten. Es gibt diverse Indikatoren, die nahelegen, daß der Anpassungs- und Stellenabbauprozeß, der 1989 begann, in einer ersten Etappe dank zweier Faktoren nicht wahrgenommen

---

19 Die Angaben finden sich in der Studie des IIED (1994), die als Quelle genommen wird.

wurde: der Wiederbeginn des Wirtschaftszyklus ab 1991 (der punktuelle Auswirkungen auf die Beschäftigungslage hatte) und die Abwanderung von Arbeitskräften in »selbständige« Tätigkeiten (oder, in geringerem Maße, die Migration in andere Städte).

Diese Varianten hatten sich 1994 erschöpft. Zu diesem Zeitpunkt begann das Problem der Arbeitslosigkeit zu explodieren, angeheizt von der sinkenden Nachfrage nach Arbeitskräften und der Steigerung des Angebots.

Die wachsenden Einkommensprobleme einer sehr breiten sozialen Schicht führten dazu, daß man einen höheren Angebotsdruck auf dem Arbeitsmarkt zu spüren begann. Dieser Impuls folgte – mit größerer Stärke als früher – den bereits beschriebenen Tendenzen der achtziger Jahre, die auf das Verhalten der weiblichen Arbeitskraft und der höheren Altersgruppen zurückzuführen sind. Die in diesem Zeitabschnitt geschaffenen Arbeitsplätze waren von minderer Qualität und sozial mangelhaft abgesichert und vermochten nicht, die Nachfrage nach zusätzlichem Einkommen zu befriedigen. Sie trugen dazu bei, das Ungleichgewicht zwischen Arbeitskräfteangebot und -nachfrage zu erhalten.

Die Zahl der Unterbeschäftigten (die trotz des Wunsches nach mehr Arbeit weniger als 25 Wochenstunden arbeiten) stieg beispielsweise 1995 auf 12,6 %. Das heißt, daß der Anteil an Personen der ökonomisch aktiven Bevölkerung mit Arbeitsproblemen bereits auf 30 % der Gesamtheit gestiegen war (wenn man Arbeitslose und Unterbeschäftigte zusammenzählt). Andererseits weisen die Beschäftigten ein hohes Maß an Arbeit informeller Art und eine beträchtliche Anzahl von Fällen auf, die den traditionellen Normen eines Arbeitsvertrages nicht entsprechen. Was sich widerspiegelt in den Arbeitszeitregelungen, den Arbeitsbedingungen, der Nichtzahlung von Sozialabgaben u.a. Die letzten Schätzungen gehen davon aus, daß nur 60 % der Beschäftigten Beiträge zu den Rentenkassen zahlen, trotz der intensiven Bemühungen der Regierung, diese Abgabenflucht einzudämmen. Das System zeigt eine Dichotomie zwischen der »formalen« Regelung des Arbeitsmarktes und der tatsächlichen Praxis auf, da diese sich immer mehr von jenen Normen entfernt (dies fängt an bei der Zahlung des Mindestlohns und geht bis zur Stabilität des Arbeitsplatzes), und sich zudem verfestigt dank des Drucks, den die Arbeitslosigkeit auf das Verhalten der Arbeiter ausübt[20].

4. Auf dem Wege zur Stagnation als Option

Die argentinische Erfahrung zeigt eine Reihe von Hemmnissen auf dem Wege zur Entwicklung, die auf eine Anzahl von Ursachen zurückzuführen sind. Die Diagnosen weisen auf Probleme struktureller und sozialer Art hin. Zum ersten Bereich gehört der externe Engpaß, der den Kauf von Maschinen erschwerte, und zum zweiten gehört die Erwartungshaltung, mit der traditionellen Nutzung der natürlichen Wettbewerbsvorteile fortfahren zu können, die sich mit dem wenig dynamischen Verhalten der Industrieunternehmer kombinierte[21]. Diese Hindernis-

---

20 Die wachsende Bedeutung der Schere zwischen der formalen Struktur des Marktes und den tatsächlichen Regeln wird bei Goldín (1995) kommentiert, es ermangelt jedoch an ausreichenden empirischen Angaben über Größe und Verbreitung des Phänomens.

21 Diese Themen werden von Schvarzer (1995) aus struktureller Sicht, und in Schvarzer (1991a) und (1996) unter dem Aspekt des Verhaltens der Unternehmer behandelt.

se fügen sich in einen allgemeinen Wahrnehmungsrahmen ein, bei denen die Schwierigkeiten des Unternehmerlagers, das Einkommen und die politische Macht der Lohnabhängigen zu kontrollieren, eine entscheidende Rolle gespielt haben.

Das langandauernde Phänomen der Vollbeschäftigung bildete das wirtschaftliche und soziale Umfeld, in dem sich dieses Kräftemessen ereignete, dessen Eigenart im Verlauf der Zeit von den verschiedenen Akteuren unterschiedlich bewertet wurde. Die Rechte des Landes wies die Schuld für ihren Frustrationen nacheinander dem Peronismus, den Gewerkschaften, den Regierungen populistischen Typs oder einer Industrie zu, die Personal beschäftigte, aber keine Güter zum erwünschten Preis-Leistungsverhältnis herstellte. Bei ihren Versuchen, den sozialen Konflikt zu lösen, griff die Rechte zum Verbot des Peronismus; sie stellte die Gewerkschaften unter staatliche Zwangsverwaltung und unterdrückte sie; sie provozierte die Absetzung von Regierungen durch einen Staatsstreich und baute die Maßnahmen zur Industrieförderung ab. Bei diesen Versuchen kam es zu einem Inflationsprozeß, der objektiv dazu führte, die relativen Preise (und vor allem den Reallohn) zu verändern, ohne daß diese Bedingungen den Widerstand der Arbeiter in signifikanter Weise vermindert hätten.

Schließlich mündeten alle diese Maßnahmen in Rahmenbedingungen ein, die das Geschehen auf dem Arbeitsmarkt grundlegend verändert haben.

Die erste Rahmenbedingung war die langandauernde Stagnation der argentinischen Wirtschaft. Der von der argentinischen Industrie im Jahre 1994 geschaffene Mehrwert war im wesentlichen der gleiche wie 1974 (s. Tafel 6), so daß es zwei an Veränderungen reiche Jahrzehnte, jedoch keinen quantitativen Fortschritt gab. Es ist kein Zufall, daß die Industrie die klassische Rolle der Schaffung von Arbeitsplätzen verloren hat und stattdessen – Netto betrachtet – den Abbau von Arbeitskräften betreibt. Mit anderen Worten, das »Akkumulationsmodell« begann, sich beeinträchtigt zu sehen von dem *»régime social«*, um mit dem Begriff von Rosier und Dockès (1983) zu sprechen. Die Form, in der die herrschende Klasse die nationale Entwicklung beobachtet und über sie entscheidet, kann eine größere Bedeutung gewinnen als »deterministische« Ideen über den Weg, den ein Wirtschaftssystem einschlagen würde, wenn es einer anderen Rationalität unterläge.

Die industrielle Stagnation wurde – wenn auch in geringerer Skala – durch Zuwächse bei der Ausbeutung verschiedener natürlicher Wettbewerbsvorteile des Landes kompensiert. In den vergangenen zwei Jahrzehnten ist das Wachstum mehrerer Bereiche beobachten, die mit diesen Ressourcen verbunden sind, wie die Erzeugung von Getreide und Ölfrüchten, die Förderung von Erdgas und Öl und der Fischfang. Diese Sparten haben einen geringen Arbeitskräftebedarf und ihre Rolle bei den Ausfuhren kontrastiert mit ihrer minimalen Präsenz auf dem nationalen Arbeitsmarkt[22].

Die wirtschaftliche Stagnation war von einer Redistribution der Einkommen begleitet. Der Verfall des Reallohns und die Arbeitslosigkeit (die einem Einkommensverlust entspricht) erlaubten eine Konzentration des Reichtums in den Händen begrenzter Sektoren. Die wachsende Nachfrage nach Dienstleistungen, die von diesen privilegierten Sektoren ausging, ließ ihrerseits eine Reihe von Tätigkeiten

---

22 Zwischen 1989 und 1994 stiegen die Exporte von 9,6 Milliarden Dollar auf 15,7 Milliarden. 70 %
    dieser Steigerung (rund 4 Milliarden Dollar) fielen auf Getreide, Ölfrüchte, Erdöl und Leder. Der Rest
    setzt sich zu einem guten Teil aus anderen Primärprodukten zusammen, von denen keines sichtbaren
    Einfluß auf die Nachfrage nach Arbeitskräften hatte.

expandieren, um deren Bedürfnisse zu befriedigen. Dies führte zur Entstehung von neuen Arbeitsplätzen, bei denen prekäre Tätigkeiten in kleinen Einheiten und/oder auf eigene Rechnung dominieren.

Das beeindruckendste Ergebnis ist, daß die Anzahl der als Hauspersonal tätigen Personen inzwischen die Zahl der unmittelbar in der Industrie tätigen Arbeiter überrundet hat. Es handelt sich nicht um eine Tatsache von rein anekdotischer Bedeutung, sondern um einen Indikator, der die enormen Umwälzungen in der Zusammensetzung der Arbeitskraft Argentiniens widerspiegelt.

Die zunehmende Saturierung der Märkte, kombiniert mit der seit Ende der achtziger Jahre betriebenen staatlichen Anpassungspolitik, beschleunigte die Tendenz zur Arbeitslosigkeit, die in den letzten Jahren entstand.

[Geldwert]Stabilität, Arbeitslosigkeit, Strukturanpassung und Reallohnverfall erscheinen als eine Reihe von miteinander verbundenen Variablen. Wenn die Neigung zur Hyperinflation als eine der Bedingungen eines angespannten Arbeitsmarktes angesehen werden kann, wie es Rowthorn erklärt hat, zeigt die Explosion von 1989 die Gültigkeit dieses Modells und die Erschöpfung des bis zu jenem Zeitpunkt in Argentinien befolgten Systems (Rowthorn 1980). Diese Explosion beendete den vorherigen Prozeß und markierte einen Wechsel in den sozialen Machtverhältnissen. Der starke Lohnverfall, den sie ermöglichte, konnte nur beibehalten werden, wenn die Politik der Strukturanpassung die Wirtschaftsentwicklung bremste und zu Arbeitslosigkeit führte, was schließlich auch geschah. Sonst hätte sich der frühere Zyklus der Erholung der Löhne wiederholen können, wenn die Lage sich zugunsten der Arbeiter veränderte.

Die Voraussage von Kalecki, daß die Unternehmer eher eine Rezessionsphase in Kauf nehmen würden als die Macht der Arbeiter zu akzeptieren, erfüllte sich in Argentinien inmitten eines langen sozialen Kampfes. Das Endergebnis war eine langandauernde Stagnation und ein tiefgreifender Wandel in der Struktur und dem Funktionieren des Arbeitsmarktes. Ein Ökonom des *Establishments* behauptet, daß die mit der [Geldwert]Stabilität vereinbare Arbeitslosenquote (im Englischen NAIRU abgekürzt) um 17 % liege; mit einer niedrigeren Rate, fügt er hinzu, würden die Spannungen, die sich aus den Lohnforderungen ergeben, zu einer erneuten Inflation führen, wie man sie in den Zeiten der Vollbeschäftigung erlebt habe[23].

Aufgrund der Ergebnisse ist man versucht, den relativen Rückstand des Landes mit den angewandten Formen des »Klassenkampfes« in Verbindung zu setzen; das heißt, mit den Rahmenbedingungen, die allmählich zur Herausbildung einer sozialen Ordnung führten, welche das Akkumulationsmodell prägte. Diese Langzeitperspektive erlaubt die Beobachtung, daß die industriellen Fortschritte der Vergangenheit die Macht der Arbeiter auf dem Arbeitsmarkt festigten, bis daraus Situationen entstanden, die auf der politischen und sozialen Ebene schwer zu lösen waren. Die Sicht, die die herrschende Klasse von diesen Problemen hatte, führte nicht zu einem erneuerten Schwung auf den Weg des Fortschritts, um so den vorhandenen Reichtum zu mehren, sondern zu einer relativen Stagnation der Wirtschaft und zu einer rückläufigen Industriepräsenz im Produktivsystem. Diese Bedingungen stärken die Position der privilegierten Sektoren, während sie breite Bevölkerungsschichten in einen sozialen Krisenzustand führen. Arbeitslosigkeit und prekäre

---

23 Arbeitsdokument von Orlando Ferreres, Vizeminister für Wirtschaft in der zweiten Hälfte 1989, zitiert in *Página 12*, Buenos Aires, 14.1.1996.

Arbeitsplätze sind nur einige seiner Facetten; andere, weniger bekannte, beziehen sich auf den Verfall des Erziehungs- und Gesundheitswesens für diese marginalisierten Gruppen; als Konsequenz daraus vermindert sich die Verfügbarkeit von qualifiziertem Humankapital in der Zukunft[24]. Unter diesem Aspekt wirkt die Unterentwicklung als ein sich selbst verstärkender Prozeß, denn Werte wie Erziehung und Gesundheit bilden entscheidende Aktiva, um unter den Produktivbedingungen des ausgehenden 20. Jahrhunderts Wachstum zu fördern. Die herrschende Klasse hat zwar Handlungsspielraum zur Kontrolle des derzeitigen Systems gewonnen, dafür aber eine Verschlechterung der Möglichkeiten, die sich auf dem Wege zur Entwicklung öffnen, in Kauf genommen.

Tafel 1: Spezifische Beschäftigungsquoten nach Alterssegmenten
(Werte für 1960-70-80 und 1991, in Prozent)

Alter	1960	1970	1980	1991
14-19	50	43	35	34
20-24	66	66	64	67
25-34	62	66	65	74
35-44	59	63	64	74
45-54	55	58	58	69
55-64	39	41	39	49
Zwischensumme 20-64	**57**	**57**	**59**	**68**
65 und mehr	21	16	10	17
PEA insges. 14 u. mehr	54	53	50	57

Quelle: Volkszählungen, INDEC.

Tafel 2: Beschäftigungsunterschiede nach Geschlecht
(1970-1991; in Prozent)

a) Netto-Beschäftigungsraten nach Geschlecht

	1947	1960	1970	1980	1991
Frauen	23	23	27	27	40
Männer	89	84	81	75	75
Gesamt	57	54	53	50	57

Anmerkung 1: in Prozent der über 14 Jahre alten Bevölkerung
Anmerkung 2: die Zunahme des Frauenanteils im Jahr 1991 ist zu einem großen Teil einem Wechsel in der Methodologie der Volkszählung zuzuschreiben, der dieses Ergebnis und alle Untersuchungen über Beschäftigungszahlen berührt.

b) Beschäftigungsanteil nach Geschlecht

	1947	1960	1970	1980	1991
Frauen	20	22	25	27	36
Männer	80	78	75	73	64
Gesamt	100	100	100	100	100

24 Torrado (1995) macht, ausgehend von der Volkszählung von 1980, bemerkenswerte Angaben zu diesem Verfall und gibt einige vorläufige Informationen für 1991, die eine Zunahme des Problems aufzeigen.

c) Prozentuale Steigerung der Beschäftigung je Periode

	1947-60	1960-70	1970-80	1980-91
Frauen	34	38	47	66
Männer	66	62	53	34
Gesamt	100	100	100	100

Quelle: Volkszählungen, INDEC.

Tafel 3: Verteilung der Zunahme der Beschäftigten in den Städten in den Perioden zwischen den Volkszählungen
(in Prozent aller Beschäftigten)

	1947-60	1960-70	1970-80
Industrie	41	4	7
Bauwirtschaft	11	20	7
Transport	15	-1	-
Handel	5	20	33
Finanzen	5	8	17
Dienstleistungen	23	49	36
Gesamt	100	100	100

Quelle: Aus Palomino (1987)
Anmerkung: Es konnte für 1991 nicht aktualisiert werden,
da die hierfür notwendige Information nicht zur Verfügung stand.

Tafel 4: Verteilung der wirtschaftlich aktiven Bevölkerung (PEA) in Lohnabhängige und Selbständige (bzw. nicht abhängig Beschäftigte)
(1947-1991; in Prozent)

	1947	1960	1970	1980	1991
Lohnabhängige	73	72	74	72	65
Nicht-angestellte	27	28	26	28	35
Arbeitgeber	17	13	6	6	7
Familienangehörige	3	3	3	3	5
Auf eigene Faust Arbeitende	7	12	17	19	23
Gesamt	100	100	100	100	100

Quelle: nach Palomino (1987) und Palomino u. Schvarzer (1996)
Anmerkung 1: Die Verminderung des Prozentsatzes an Arbeitgebern zwischen 1960 und 1970 ist bedingt durch eine Änderung in der Klassifizierung, die eine der Gruppen in die der auf eigene Faust Arbeitenden wechseln ließ.
Anmerkung 2: Die relative Beständigkeit des Prozentsatzes der auf eigene Rechnung Arbeitenden zwischen 1947 und 1980 verbirgt eine Verminderung derselben im landwirtschaftlichen Bereich und ein kontinuierliches Ansteigen im städtischen Bereich.

Tafel 5: Beschäftigungsstruktur im Jahr 1991
(in Tausenden von Personen und Prozentsätzen)

Kategorie	Anzahl (in Tausenden)	Prozent
Lohnabhängige	**7.980**	**65**
öffentl. Sektor	2.221	18
Privater Sektor	4.875	40
6 o. mehr Beschäftigte	3.176	26
bi zu 5 Beschäftigte	1.699	14
Haushaltshilfen	844	7
Nicht lohnabhängig Beschäftigte	**4.363**	**35**
Auf eigene Rechnung	2.825	23
Familienangehörige	665	5
Arbeitgeber	873	7
Gesamt	12.343	100

Quelle: Volkszählung 1991. INDEC

Tafel 6: Historische Entwicklung des Industrieprodukts

Jahr	in Pesos von 1970	in Pesos von 1986	Index (1974=100)	Korrigierter Index
1974	2550		100	100
1975	2485			
1976	2410			
1977	2598		102	
1978	2341			
1979	2556			
1980	2456	2890	97	
1981	2076	2544		
1982	1970	2476		
1983	2170	2658		
1984	2253	2728		
1985	2020	2458	82	
1986	2280	2737		
1987	2271	2786	94	
1988	2117	2650		
1989	1972	2461		
1990	1877	2511	84	
1991		2811	94	94
1992		3017	101	98
1993		3153	106	99
1994		3282	111	101

Quelle: Eigene Erstellung auf der Grundlage offizieller Statistiken
Anmerkung: Der korrigierte Index der letzten Kolumne beruht auf einer
konservativen Schätzung, die die in der offiziellen Berechnung aus
methodologischen Gründen enthaltenen impliziten Meßfehler berücksichtigt.

Bibliographie

Bour, J. L. 1995: Las estadísticas laborales, in: Libro Blanco sobre el Empleo, Buenos Aires: Ministerio de Trabajo y Seguridad Social.

Canitrot, A. 1975: La experiencia populista de redistribución de ingresos, in: Desarrollo Económico (Buenos Aires) 59.

Dieguez, H. / Petrecolla, A. 1974: La distribución funcional del ingreso y el sistema previsional en la Argentina 1950-1972, in: Desarrollo Económico (Buenos Aires) 55.

Felwell, G. R. 1975: The Intellectual Capital of Michal Kalecki. A Study in Economic Theory and Policy, Knoxville: The University of Tennessee Press.

Glynn, A. 1995: Social Democracy and Full Employment, in: New Left Review (London) 211.

Goldín, A. 1995: Regulaciones laborales y empleo, in: Libro Blanco sobre el Empleo, Buenos Aires: Ministerio de Trabajo y Seguridad Social.

IIED-Instituto Internacional de Medio Ambiente y Desarrollo 1994: Diagnóstico Socioeconómico y Ambiental de San Nicolás, Buenos Aires.

Kaleck, M. 1943: Political Aspects of Full Employment, in: Political Quarterly.

Marshall, A. 1981: La composición del consumo de los obreros industriales de Buenos Aires 1930-1980, in: Desarrollo Económico (Buenos Aires) 83.

Montuschi, L. 1979: El poder económico de los sindicatos, Buenos Aires: Eudeba.

Moyano Llerena, 1972: La desigualdad de los ingresos en la Argentina, Buenos Aires: Comisión Argentina de Justicia y Paz, Editorial Don Bosco.

Palomino, H. 1987: Cambios ocupacionales y sociales en la Argentina 1947-1985, Buenos Aires: CISEA, documento 88.

Palomino, H. / Schvarzer, J. 1995: Entre la informalidad y el desempleo. Una perspectiva de largo plazo sobre el mercado del trabajo en la Argentina, in: La Encrucijada (Buenos Aires) 4: CISEA

Reboratti, C. 1995: Migraciones y mercados de trabajo en la Argentina, in: Libro Blanco sobre el Empleo, Buenos Aires: Ministerio de Trabajo y Seguridad Social.

Rosier, B. / Dockes, P. 1983: Rythmes économiques, crises et changement social; une perspective historique, Paris: La Decouverte.

Rowthron, B. 1980: Capitalism, conflict and Inflation, London: Lawrence and Wishart.

Schvarzer, J. 1986: La política económica de Martínez de Hoz, Buenos Aires: Hyspamérica.

Schvarzer, J. 1991a: Empresarios del pasado. La Unión Industrial Argentina. Buenos Aires: CISEA.

Schvarzer, J. 1991b: Del transporte ferroviario al ómnibus. Cambios en las prácticas urbanas en Buenos Aires, in: Actas del »Coloquio Internacional sobre Grandes Metrópolis de Africa y de América Latina. Equipamientos urbanos y prácticas culturales«, Toulouse.

Schvarzer, J. 1994: La reforma económica en la Argentina: qué fuerzas sociales para qué objetivos?, in: Revista de Economía Política (San Pablo) 14 (4).

Schvarzer, J. 1995: Paradoxes of Argentinian Under-Development, in: Economies et Societés (Paris) 34.

Schvarzer, J. 1996: La industria que supimos conseguir. Una historia política y social de la industria argentina, Buenos Aires: Planeta.

Sellier, E. 1972: Negociación colectiva en materia de salarios y condición para una medicación activa, in: Smith (Hrsg.).

Smith, A. D. (Hrsg.) 1972: El mercado de trabajo y la inflación. México: Siglo XXI.

Torrado, S. 1995: Vivir apurado para morirse joven. Reflexiones sobre la transferencia intergeneracional de la pobreza, in: Sociedad (Buenos Aires) 7: Universidad de Buenos Aires.

Wainerman, C. / Giusti, A. 1994: Crecimiento real o aparente? La fuerza de trabajo en la última década, in: Desarrollo Económico (Buenos Aires) 135.

Peter Waldmann

Von der Mega- zur Hyperinflation

Zur argentinischen Währungskrise der achtziger Jahre aus der Sicht eines Nichtökonomen

Rund 40 Jahre lang war Argentiniens wirtschaftliche und gesellschaftlich-politische Entwicklung durch eine anhaltende, sich steigernde Geldentwertung geprägt. Zwischen 1950 und 1970 betrug die durchschnittliche jährliche Inflationsrate 25%. In den darauf folgenden 15 Jahren, also von 1975-1990, erhöhte sie sich auf einen Jahresdurchschnitt von 300%; obwohl sich hinter diesem Durchschnittswert erhebliche Schwankungen verbargen, lag die Inflationsrate in keinem Jahr unter 100%. Besonders dramatisch wurde die Situation Mitte des Jahres 1989 und erneut zum Jahreswechsel. In diesen Monaten der Hyperinflation erreichte die Inflation monatliche Durchschnittswerte von 75-200%. Anschließend flachte die Inflationskurve dank dem Stabilisierungsprogramm der neu gewählten Regierung Menem rasch ab. Im Jahr 1995 lag sie bei unter 5%.

Im folgenden interessiert uns vor allem die Währungskrise der achtziger Jahre, also während der Regierungszeit der Radikalen Partei unter Raúl Alfonsín und in den ersten Monaten der Regierung Menem. Dabei gilt unser Augenmerk weniger dem ökonomischen Aspekt der Inflation als deren sozialen Begleiterscheinungen und Folgen. Wie gingen die Menschen mit der sich beschleunigenden Geldentwertung um, welche Anpassungsmechanismen und Entlastungsreaktionen entwickelten sie? Ähnlich wie bei den Forschungen zu anderen großen Inflationen, z.B. der Inflation in Deutschland während der Weimarer Zeit, ist die soziologische Perspektive in den bisherigen Untersuchungen zur argentinischen Inflation zu kurz gekommen.[1] Unser Anliegen kann es im Rahmen dieses kurzen Beitrages nicht sein, diese Lücke zu schließen. Vielmehr wird es darum gehen, Probleme aufzuzeigen und erste Hypothesen zu formulieren. Wir orientieren uns dabei an der Unterscheidung zwischen Mega- und Hyperinflation, wie sie sich unter argentinischen Ökonomen eingebürgert hat. Ein erster Abschnitt befaßt sich mit den sozialen bzw. individuellen Anpassungsreaktionen in der Phase der Megainflation, ein zweiter wirft die entsprechende Frage für die Monate der Hyperinflation auf. Abschließend wird versucht, das Inflationsgeschehen aus einer umfassenderen Warte zu interpretieren.

---

1 Die folgenden Ausführungen stützen sich auf einen ausführlichen Bericht samt Materialsammlung über die Mega- und die Hyperinflation in Argentinien, die für den Verf. von der argentinischen Anthropologin Olga Weyne erstellt wurden. Auch Arnold Spitta und Gisela Cramer haben dem Verf. ihre Aufzeichnungen über die Alltagseffekte der beschleunigten Inflation zur Verfügung gestellt. Ihnen allen sei an dieser Stelle für ihre Bemühungen aufs herzlichste gedankt. Als äußerst informativ erwies sich außerdem ein Aufsatzmanuskript zum gleichen Thema von Silvia Sigal und Gabriel Kessler mit dem Titel »Comportements et représentations dans une situation de dislocation des régulations sociales. L'hyperinflation en Argentine«, das dem Verf. dankenswerterweise bereits in seiner vorläufigen Fassung überlassen wurde. Weitere Literaturquellen: N.R. Botana/P. Waldmann (Hrsg.): El impacto de la inflación en la sociedad y la política, Buenos Aires 1988; Durnbeck, Theresa: Integrierte Ansätze der Inflationstheorie und ihr Stellenwert für wirtschaftspolitische Anpassungsprogramme in Schwellenländern: Das Fallbeispiel Argentinien, Göttingen 1993.

1. Megainflation

Wie aus den eingangs genannten Zahlen zu ersehen ist, war den Argentiniern beschleunigte Inflation zu Beginn des Demokratisierungsprozesses Anfang der achtziger Jahre ein bereits vertrautes Phänomen. Wenngleich manche von ihnen an die Rückkehr zu demokratischen Verhältnissen die Hoffnung geknüpft hatten, dem Inflationsprozeß könne Einhalt geboten werden, war die Mehrzahl nicht sonderlich erstaunt darüber, daß die Regierung Alfonsín auf diesem Politikfeld in den ersten Jahren keine Erfolge erzielte. Nicht die Inflation an sich, sondern die scheinbar unaufhaltsame Steigerung der Inflationsraten, vor allem nach dem mißlungenen Versuch einer Währungsreform von 1985, versetzte die Bürger in zunehmende Unruhe. Die Argentinier hatten, mit anderen Worten, schon seit geraumer Zeit die sog. Geldwertillusion, d.h. die Vorstellung vom Geld als einer festen, unverrückbaren Werteinheit, hinter sich gelassen (Durnbeck 1993, 142). Diese Gewöhnung an inflationäre Verhältnisse erklärt sich daraus, daß die relative Stabilität oder Instabilität der nationalen Währung seit geraumer Zeit zur Resultante soziopolitischer Verteilungskämpfe um Einkommensvorteile geworden war.

Das Phänomen wurde bereits wiederholt, u.a. von Albert O. Hirschman, beschrieben und analysiert. Nach ihm gibt es neben einer »strukturalistischen« (rein ökonomischen) Erklärung für die in ganz Lateinamerika verbreiteten Inflationsprozesse eine mehr gesellschaftspolitische Erklärung, welche diese auf das Machtpatt und einen daraus sich ergebenden »Schaukampf« um Einkommensgewinne zwischen verschiedenen gesellschaftlichen Gruppen und Sektoren zurückführt, ein Schaukampf, bei dem jeder auf dem Auseinandersetzungsfeld der Währung erstrittene Vorteil freilich nur vorübergehender Natur ist, weil die Gegenseite ihn innerhalb kurzer Zeit durch Gegenmaßnahmen neutralisieren wird (Hirschmann 1980; vgl. auch Burns 1984). Auf Argentinien bezogen: Wenn eine Regierung etwa für die Arbeiterschichten durch die Festsetzung von Mindestlöhnen Partei ergriff, so war in absehbarer Zeit damit zu rechnen, daß die Arbeitgeberseite die gestiegenen Kosten auf die Preise abwälzte. Begünstigte eine relativ starke einheimische Währung den industriellen Sektor, der auf möglichst billige Importe von Ausrüstungsgütern und Zwischenprodukten angewiesen ist, so war es eine Frage der Zeit, daß der exportorientierte Primärsektor auf eine offizielle Abwertung dringen würde, um seine Produkte besser auf den Weltmärkten verkaufen zu können.

Der entscheidende Punkt in diesem Zusammenhang ist, daß dem durchschnittlich gebildeten Argentinier diese Zusammenhänge durchaus geläufig waren, geläufig sein mußten, da davon der Wert des Geldes und damit eine Unzahl von Alltagsentscheidungen abhingen. Auf diese Weise entwickelte sich einerseits eine gewisse Gewöhnung an die Inflation und andererseits eine besondere Sensibilität, ja Kunst, makropolitische Kräfteverschiebungen in Hinblick auf ihre Bedeutung für das Währungsbarometer und den eigenen sozialen Mikrokosmos zu interpretieren (Sigal/Kessler o. J., 2).

Auch für den prinzipiell mit der Geldentwertung vertrauten und sie antizipierenden Argentinier stellten allerdings die hohen Geldentwertungsraten von jährlich 300% und mehr, wie sie ab 1982 zur Regel wurden, eine Herausforderung neuer Art dar. Damit war der Rahmen eines eher spielerischen Umgangs mit dem Phänomen definitiv gesprengt. Die Beschäftigung mit Preisen und der ständige Kampf gegen die Geldentwertung mit dem Ziel, den herkömmlichen Lebensstandard zu halten, entwickelte sich für die meisten Argentinier zu einer Dauerlast und für die Regierung zu einer ernsthaften Legitimitätshypothek. In dieser Situation bildete sich eine Reihe von Anpassungsmechanismen heraus, durch welche der einzelne, mehr oder weniger bewußt, die »Kosten« der Inflation für sich und die Seinen zu begrenzen trachtete. Die wichtigsten waren:

a) Eine erhebliche Verkürzung des Zeithorizontes; da langfristige Pläne unsicher oder sogar sehr riskant erschienen, beschränkten sich die meisten wirtschaftlichen Entscheidungen auf die Gegenwart und die nähere Zukunft. Die Schrumpfung der Zeitvorstellung betraf nicht nur Fragen rein ökonomischer Natur – gerade hier zeigte sich, daß eine Währung nicht eine rein technische Größe ist, sondern fast alle Lebensbereiche berührt. Ob es um einen möglichen Stellungs- oder Wohnsitzwechsel ging, um Reisen ins Ausland, künstlerische Pläne oder das Studium der Kinder, über allem schwebte das große Fragezeichen, ob der künftige finanzielle Spielraum es dem einzelnen oder seiner Familie gestatten würden, derartige Aktivitäten zu entfalten. Um Enttäuschungen vorzubeugen, zog man es vor, sich auf die Bewältigung der anstehenden Alltagsprobleme zu beschränken.

b) Die Schulung der Fähigkeit, verschiedene Geldgrößen rechnerisch zueinander in Beziehung zu setzen und rasch herauszufinden, was die jeweils günstigste Lösung ist. Diese Fähigkeit setzte Ausländer, die das Land besuchten, stets aufs Neue in Erstaunen. In der Regel waren sie, wenn das Gespräch sich um Geldangelegenheiten drehte, binnen kurzem nur mit Mühe dazu imstande, ihren argentinischen Gesprächspartnern zu folgen. Die komplexitätssteigernde Schlüsselvariable derartiger Gespräche war die Zeit, zu der die verschiedenen Geldwerte jeweils in Beziehung gesetzt werden mußten. Im Stadium der Megainflation hatte sich bereits der Dollar zur informellen Leitwährung entwickelt, so daß alle wichtigeren Geschäfte auf Dollarbasis abgewickelt wurden und viele Argentinier ein Dollarkonto im Ausland unterhielten (Spitta 1988, 141). Da Löhne, Gehälter und Honorare der öffentlichen Hand aber noch in der Landeswährung ausgezahlt wurden, galt es, sich an jedem Monatsanfang und generell im Alltag zahlreichen Fragen zu stellen, die erhebliches kalkulatorisches Geschick erforderten: Wie begegnet man dem drohenden Währungsverfall innerhalb der nächsten 30 Tage; welchen Teil des Gehalts wechselt man zwecks Werterhaltung in Dollar um, mit welchem kauft man welche Vorräte ein; wechselt man Dollars auf dem Schwarzmarkt oder dem offiziellen Markt, zahlt man bar oder kauft man auf Kredit? Vor allem entwikelte sich die Kunst, die Begleichung von Schulden mit allen möglichen Tricks hinauszuzögern, zu hoher Blüte.

c) Die Fähigkeit, unter Zeitdruck rasch komplizierte Rentabilitätskalküle durchzuführen, ist nur die hervorstechendste einer Reihe von Eigenschaften, die durch die Megainflation prämiiert wurden. Dazu zählten u.a. geistige Wendigkeit, Flexibilität und Mobilitätsbereitschaft sowie Risikofreude und Phantasie. Der Idealtypus einer optimal mit der Inflation umgehenden Person war jemand, der entsprechend der ständig sich verändernden Währungslage seine finanziellen Entscheidungen unaufhörlich überprüfte und den neuen Umständen anpaßte. Es mag hier offen bleiben, inwieweit die Züge des Spielers und Hazardeurs, die dabei zum Vorschein kamen, bereits in der traditionellen »Rentenmentalität« des Landes angelegt waren. Sicher ist, daß diese Züge durch die Spezifika einer hochinflationären Situation

zusätzlich begünstigt und gefördert wurden, und ebenso sicher ist, daß sie in einem
diamentralen Gegensatz zu klassisch bürgerlichen Tugenden wie Sparsamkeit,
Erwerbsfleiß, Risikovermeidung und solide Lebensführung standen. In einer Welt,
in der viel von Glück und spekulatorischem Geschick abhing, gerieten diese
Tugenden, die von Teilen der argentinischen Mittelschichten hochgehalten werden,
deutlich ins Hintertreffen.

d) An vierter Stelle ist eine Auflockerung des allgemeinen Normen- und Regel-
bewußtseins hervorzuheben. Die Ursache dafür liegt nicht zuletzt in der Natur
hochinflationärer Prozesse, welche individuelle und kollektive Rationalität ausein-
anderdriften lassen. Der einzelne sieht sich um der Selbsterhaltung willen ständig
zu Verhaltensweisen gezwungen, die dem Kollektiv tendenziell schaden und den
Inflationsprozeß weiter vorantreiben, anstatt ihn zu bremsen (aufschlußreich hierzu
Poppel 1980, 20). Außerdem läßt die Kurzzeitigkeit der Lebensperspektive, verbunden mit den konkreten Nöten, die durch die Geldentwertung entstehen, die
Gültigkeit auch scheinbar fester Gesetze in neuem Lichte erscheinen. Wer wäre
etwa dazu imstande, einen Betrüger, z.B. einen Taxifahrer, der einen zu hohen Preis
verlangt, oder eine Apotheke, die ein Medikament zu einem überzogenen Preis
verkauft, moralisch zu verurteilen, wenn nach wenigen Tagen der fiktive zum
realen Preis geworden ist? Letztlich erklärt sich die Erosion des allgemeinen
Normenbewußtseins daraus, daß die Mehrzahl der Bürger einem Staat, der sich
unfähig zeigt, eine minimale Geldwertstabilität zu garantieren, nur noch bedingt
Gehorsam schuldig zu sein glaubt.

e) Konsumrausch und schwarzer Humor. Eigenartigerweise erzeugt die Schwierigkeit, mit dem wertlos gewordenen Geld die notwendigen Güter des täglichen
Lebensbedarfes zu beschaffen, nicht nur Strategien der Bedürfnisreduzierung,
sondern auch genau gegenteilige Verhaltenstendenzen. Die Relativierung der Unterscheidung zwischen Sparen und Konsum, die für ein fortgeschrittenes Inflati-
onsstadium kennzeichnend ist, kann dazu führen, daß Menschen plötzlich über ihre
Verhältnisse leben und sich mit Gütern eindecken, die sie gar nicht brauchen. Eine
ähnliche paradoxe Anpassungsreaktion ist der in derartigen, das Absurde streifen-
den Situationen aufblühende schwarze Humor, der ein Kind der Verzweiflung ist
und zugleich der Versuch, ihr zu entkommen.

Für mehrere der aufgezeigten Anpassungsformen des einzelnen lassen sich
strukturelle Pendants auf der gesellschaftlichen Ebene ausmachen. So entsprach
der Schläue und Phantasie, mit der die einzelnen Argentinier der Inflation zu
begegnen suchten, auf gesellschaftlicher Ebene die Ausbreitung einer spezifischen
Spekulationskultur; die kriminellen Akte einzelner Personen verdichteten sich zu
quasi institutionalisierten Mustern der Korruption und Bestechung in bestimmten
Berufszweigen. Darauf soll hier jedoch ebenso wenig eingegangen werden wie auf
die in der Literatur bevorzugt abgehandelte Frage nach den differentiellen Auswirkungen der Megainflation auf unterschiedliche soziale Gruppen und Schichten.
Vielmehr seien am Schluß dieses Abschnitts noch einige Mechanismen erwähnt,
die, nach dem argentinischen Beispiel zu schließen, für das Stadium der Megainflation als soziale Anpassungsform bezeichnend sind.

Dazu zählt die Indexierung der Preise (Sigal/Kessler o. J.). Die Verwendung von
Indexzahlen an der Stelle von Preisschildern bringt sinnfällig zum Ausdruck, daß
der Parameter Zeit das Wettrennen gegen feste Preisvorstellungen gewonnen hat.

Der jeweilige Wert eines Gutes oder einer Dienstleistung änderte sich so schnell und regelmäßig, daß es weniger Mühe machte, ihn auf der Basis eines Ausgangswertes in Funktion der verflossenen Zeit und der stattgehabten Geldentwertung ad hoc zu berechnen als stets aufs neue zu fixieren. Als zweites ist eine Berufssparte zu erwähnen, die in dieser Zeit besonderes Gewicht erlangte: die Inflationsexperten (Hirrschmann 1980; Burns et al. 1984). Da eine möglichst präzise und aktuelle Information über Geldbewegungen und zu erwartende Währungsschwankungen für die Überlebensstrategien des einzelnen von zentraler Bedeutung war, wuchs jenen, die diese Informationen systematisch sammelten und am kundigsten zu interpretieren verstanden, eine gesellschaftliche Schlüsselrolle zu. Jeden Abend, wenn sie zu genau festgelegten Zeiten im Fernsehen zu Wort kamen, lauschte ihnen, wie die Einschaltquoten beweisen, praktisch die gesamte Nation. Das praktische Gegenstück zu den Inflationsexperten bildeten drittens die zahlreichen Wechselstuben, die in jener Zeit insbesondere in Buenos Aires entstanden (*mesadineristas*), (vgl. *Clarín* vom 13.9.1987). In ihnen konnte man rasch und ohne beschwerliche Formalitäten die jeweils getroffenen Währungsentscheidungen in die Tat umsetzen, also Dollars kaufen oder verkaufen, Geld verleihen oder kurzfristige Kredite – zu freilich horrenden Zinsen – aufnehmen.

Alle drei sozialen »Einrichtungen« brachten zusammen mit den zuvor aufgezählten Verhaltensweisen und Orientierungen die verzweifelte Anstrengung der Gesellschaft zum Ausdruck, der steigenden Inflation Herr zu werden, sie zu meistern bzw. sich von ihr nicht den gewohnten Lebensrhythmus zunichte machen zu lassen. Sie waren Bestandteil einer inflationistischen Rationalität (*rationalité inflationniste*), die, wie S. Sigal sagt, auf der doppelten Grundlage von Sicherheit und Unsicherheit beruhte: Der Sicherheit, daß die Inflation weiter anhalten wird, aber der Unsicherheit darüber, wie hoch sie sein würde.

2. Hyperinflation

Den Versuch eines rationalen Umgangs mit der Geldentwertung in der Phase der Megainflation hervorzuheben, ist wichtig, da diese Rationalität in der darauf folgenden Phase der Hyperinflation weitgehend zusammenbrach (zum Folgenden Sigal/Kessler o. J. 8ff.). Rationalität bedarf bestimmter Kriterien, die sowohl das eigene als auch fremdes Verhalten bis zu einem gewissen Punkt steuern. Eben diese Kriterien gingen jedoch bezüglich der weiteren Währungsentwicklung verloren, sobald die Schwelle zur Hyperinflation überschritten war. Die Preisentwicklung vollzog sich nun in exponentiellen Sprüngen, sie war nicht mehr vorhersehbar und kontrollierbar. Außerdem geriet die Kohärenz der Preise für unterschiedliche Güter außer Fugen. Beispielsweise konnte ein Kilo Butter an einem Tag mehr als ein Kilo Zucker kosten, während tags darauf die Relationen vertauscht waren. Mehr noch: Ein und dasselbe Gut unterlag nicht nur auf der zeitlichen Dimension enormen Preisschwankungen, sondern wurde auch an unterschiedlichen Orten zu verschiedenen Preisen gehandelt. Das Geld, d.h. die nationale Währung büßte definitiv seine Funktionen ein, so daß auf Ersatzwährungen ausgewichen oder auf den Tauschhandel zurückgegriffen wurde. Nachdem es bereits während der Megainflation seine Werterhaltungsfunktion (»Sparen«) verloren hatte, war es nun auch als

Zahlungsmittel oder Rechnungseinheit unbrauchbar geworden. Die Märkte lösten sich auf oder brachen zusammen, der Handelsverkehr kam zum Erliegen, viele Geschäfte schlossen, z.T. griffen chaotische Verhältnisse Platz.

Wir haben es, mit anderen Worten, im Falle einer Hyperinflation mit einer Situation authentischer und akuter Anomie i.S. Emile Durkheims zu tun (Durkheim 1992, 421 ff.; 1983, 273 ff.; Besnard 1987; Lacroix 1973, 265 ff.). Es gibt keine allgemeinen Regeln und Verhaltensmaßstäbe mehr, nach denen sich der einzelne, aber auch Gruppen und Organisationen bei ihren wirtschaftlichen Transaktionen richten könnten. Vielmehr herrscht auf dem Finanzsektor ein Zustand der Anarchie (Durkheim: *état de dérèglement*), in dem jeder nach dem Prinzip von *trial and error* selbst seinen Weg finden muß. Hier liegt ein gewichtiger Unterschied zur Megainflation, in der nicht sämtliche Währungsgesetze außer Kraft gesetzt sind und folglich die Entwicklung noch innerhalb bestimmter Unsicherheitsmargen vorhersehbar bleibt. Mag der Übergang von der Mega- zur Hyperinflation auch nicht durch eine scharfe Zäsur markiert sein, so handelt es sich bei letzterer doch, analytisch betrachtet, um ein Novum, ein *aliud,* das für den einzelnen wie für die Gesellschaft gänzlich neue Probleme aufwirft.

Gegen diese Sichtweise ließe sich einwenden, von Chaos und Anarchie zu sprechen sei übertrieben, da nur ein begrenzter gesellschaftlicher Sektor, nämlich die das Geld betreffenden Regeln und Gesetzmäßigkeiten tangiert seien. Im Grunde handle es sich nur um einen »technischen« Defekt, der durch eine Währungsreform oder vergleichbare finanzpolitische Stabilitätsmaßnahmen relativ leicht zu reparieren sei. Diese Betrachtungsweise verkennt, wie bereits angedeutet, die enge Verwobenheit des Geldes mit den meisten anderen Sphären der modernen Gesellschaft. Ob es um den Bereich der Ästhetik geht oder jenen des Rechts und der Moral, ob Luxus oder die Befriedigung der Grundbedürfnisse auf dem Spiel stehen, stets stellt sich die Frage nach einer entsprechenden materiellen Basis oder Absicherung. Um es in der Sprache des Alltags auszudrücken: Wenn die Preise für Dienstleistungen oder Güter des täglichen Lebensbedarfes unvorhersehbar oder unerschwinglich geworden sind, dann werden die Essens-, Transport-, Freizeit- und Geschenkgewohnheiten, kurzum der gesamte übliche Lebensstil in Frage gestellt. Die Menschen gewinnen das Gefühl, es würde ihnen die Grundlage ihrer Existenz entzogen. Die normative Ordnung erodiert, die Grenzen zwischen recht und unrecht, abweichend und korrekt werden unscharf. Nicht von ungefähr kam es in der Zeit der Hyperinflation in Argentinien zu zahlreichen Plünderungen von Kaufhäusern, bei denen sich die Leute in teilweise wohlorganisierten Aktionen das holten, was sie zum Überleben brauchten.

Am klarsten hat Juan J. Llach die von Inflationen in einem fortgeschrittenen Stadium ausgehende Bedrohung des gesellschaftlichen Zusammenhaltes auf den Punkt gebracht, wenn er von der Aufkündung des Grundvertrages zwischen Staat und Gesellschaft spricht (Llach 1988, 83 f.; er bezieht sich wiederholt auf die Hochinflation in der Weimarer Zeit. S.a. Feldman). Da der Staat mit der verloren gegangenen Kontrolle über die Währung weder mehr den Schutz des Privateigentums noch die Einhaltung von Kaufverträgen garantieren könne, fühle sich auch der Bürger von der Gehorsamspflicht gegenüber den Gesetzen entbunden.

Bezeichnend für sich anbahnende hyperinflationäre Verhältnisse war das Verschwinden jener gesellschaftlichen Stützmechanismen, die in der Phase der Megainflation für eine minimale Regulierung finanzieller Transaktionen gesorgt hatten: Die Indexierung der Preise wurde aufgegeben, da sie angesichts des sich überschlagenden Tempos der Geldentwertung ihren Sinn verloren hat. Die allabendlich ausgestrahlten Berichte der Inflationsexperten über die zukünftige Währungsentwicklung entfielen, da die Experten selbst ratlos waren. Die Geschäfte nahmen keine Kreditkarten mehr an und stellten teilweise den Warenverkauf überhaupt ein. Vor den noch offenen Läden, aber auch vor Banken und Tankstellen bildeten sich teilweise Menschenschlangen. Man kaufte auf Vorrat ein, teils aus einer Angstpsychose heraus, teils um drohenden Güterengpässen zuvor zu kommen. Die Politiker bekannten ihre Ohnmacht, einzelne unter ihnen forderten die Bevölkerung zum Beten auf.

Wie empfand der einzelne seine Lage, wie ging er mit ihr um? Mangels Detailstudien kann diese Frage nur tentativ, aufgrund einiger Interviews und von Zeitungsnotizen, beantwortet werden. Ein durchgehend zu beobachtender Zug war die weitere Schrumpfung des Zeithorizontes. Sie erklärt sich u.a. daraus, daß wegen der fehlenden Preisnormen die Abwicklung selbst der einfachsten Alltagsgeschäfte unendlich mühsam und zeitaufwendig wurde. Beispielsweise berichten Hausfrauen, daß jeder Kauf sich in drei Etappen vollzog (Sigal/Kessler o. J., 16): Zunächst galt es, die Preislage hinsichtlich des begehrten Gutes in den verschiedenen Geschäften des Viertels zu erkunden, darauf erfolgte der Preisvergleich und erst dann wurde der Kauf vollzogen, was regelmäßig unter Zeitdruck geschehen mußte, da das Preisgefüge sich zwischenzeitlich wieder verändert haben konnte. Preisvergleiche, überhaupt das Reden über Preise wurden zu einer allgemeinen Lieblings- und Hauptbeschäftigung, eine Erfahrung, die auch aus der Zeit der Weimarer Inflation bekannt ist. Jene Eigenschaften und Fähigkeiten, die sich in der Phase der Megainflation als äußerst nützlich erwiesen hatten, waren nun nur noch von bedingtem Wert: Es machte keinen Sinn mehr zu spekulieren oder künftige Entwicklungen geschickt vorwegzunehmen, da mangels jeder Vorhersehbarkeit des weiteren Geschehens der Zeitfaktor auf Null geschrumpft war und sämtliche Energien in den Dienst des Überlebens *hic et nunc* gestellt werden mußten. Andererseits griff aufgrund der von allen geteilten Problemlage ein neues Gefühl des sozialen Gegeneinander und Miteinander Platz.[2] Die Konkurrenz um knappe Güter führte zu vermehrter Aggression, es verstärkten sich aber auch alte Bande oder wurden neue soziale Bande geknüpft, etwa in Form des arbeitsteiligen Auskundschaftens der jeweils günstigsten Preise durch die Frauen eines Nachbarschaftsviertels oder durch Käufe auf reiner Vertrauens- und Kreditbasis. Jedenfalls wäre es verfehlt, wie dies manchmal geschieht, hyperinflationäre Situationen als den Kampf eines jeden gegen jeden à la Hobbes zu begreifen. Bezeichnender scheint ein allgemeines Gefühl der Hilflosigkeit, Ohnmacht und des Ausgeliefertseins zu sein, das die Menschen angesichts der chaotischen Zustände ergreift.

3. Interpretation

In den vergangenen 20 Jahren hat Argentinien zwei Katastrophen erlebt. Die eine fiel in die Mitte der 70er Jahre, als zahlreiche Argentinier (nach Schätzungen

---

2   Vgl. etwa den Bericht zur (Ende 1989 erneut aufgeflammten) Hyperinflation in Argentinien in *El País* vom 14.1.1990, S. 6: »Pánico en el Supermercado«.

15.000-20.000) das Opfer politischer Gewalt wurden. Die andere war das durch die Hyperinflation 1989 ausgelöste Chaos.[3] Obwohl inhaltlich gänzlich verschieden – im einen Fall ging es um das Ausufern der Gewalt, im anderen um die grenzenlose Aufblähung der Geldmenge – wiesen doch beide Prozesse auffällige Parallelen auf. Der Entwicklung zu katastrophischen Verhältnissen lag als Ausgangspunkt jeweils eine Konstellation zugrunde, in der ein soziales Einflußmittel – sei es Gewalt oder Geld – außerhalb seines ursprünglichen Regelkontextes Verwendung fand. Die Existenz zweier teilweise voneinander unabhängiger Regelkreise für ein und dasselbe Medium setzte eine dyssynchrone Dynamik in Gang, die schließlich zu anomischen Verhältnissen führte.

Was zunächst das Einflußmittel Gewalt betrifft, so hatte die argentinische Gesellschaft stets nur widerwillig das Monopol des Staates hinsichtlich der Verfügung über physische Zwangsmittel akzeptiert. Wie Staatsstreiche und gelegentlich auf blutige Weise ausgetragene Führungszwiste an der Gewerkschaftsspitze in den sechziger Jahren beweisen, behielten sich einige sozio-politische Akteure stets vor, sich gegebenenfalls eigenmächtig dieses Durchsetzungsmittels zu bedienen. Die Situation verkomplizierte sich zusätzlich, als ab Ende der sechziger Jahre Guerilla-verbände auf den Plan traten, die mit dem Anspruch auf eine revolutionäre Umgestaltung von Wirtschaft und Gesellschaft nach Gutdünken Vertreter des Establishments umbrachten.[4] Bald entfielen die letzten Restriktionen hinsichtlich des Einsatzes von Gewalt, diese wurde für alle möglichen Zweck verfügbar: Zur Verteidigung des politischen Status quo oder um ihn zu beseitigen, zur Begleichung persönlicher Rechnungen oder schlicht, um die eigene Machtposition zu festigen. Entsprechend dissonant und fragmentarisch klangen die Rechtfertigungen für den Rückgriff auf physische Zwangsmittel. Der Höhepunkt der Verwirrung und des allseitigen Mordens wurde Mitte der siebziger Jahre, in der Endphase der peronistischen Regierung unter Isabel Perón und der ersten Zeit der sie durch einen Putsch ablösenden Militärregierung erreicht. Es bedurfte eines langwierigen und schmerzhaften kollektiven Reifungsprozesses, um sämtliche alternativen Formen des Gewaltgebrauchs – sei es durch das Militär oder selbsternannte Ordnungskräfte, sei es durch Protestbewegungen – zu diskreditieren und der allgemeinen Einsicht Geltung zu verschaffen, daß allein den dazu legitimierten Staatsvertretern die Verfügung über diese prekäre und gefährliche Ressource zustehen sollte.

Im Falle des am Schluß dramatische Formen annehmenden Währungsverfalls läßt sich als ursprüngliche Determinante ebenfalls eine Lockerung der für dieses Medium relevanten Regeln und Kontrollmechanismen aufzeigen. Wie bereits ausgeführt (vgl. Hirrschmann 1980; Burns 1984), bürgerte es sich ein, der Finanz- und Währungspolitik über ihre originäre Funktion, den Spar- und Konsumwert des Zahlungsmittels zu erhalten, zusätzliche Funktionen im soziopolitischen Verteilungskampf aufzubürden. Damit installierte sich ein zweiter Regelkreis und Regulierungskomplex in Geld- und Finanzfragen, der aufgrund seiner immanent inflationären Tendenz zunehmend mit dem ursprünglichen Zweck des Währungssy-

---

3   Man könnte darüber diskutieren, ob die Niederlage gegen Großbritannien im Falkland-/Malvinas-Konflikt 1982 einer nationalen Katastrophe gleichkam. Dieses Ereignis wirkte sich sicher einschneidend auf das Selbstbewußtsein der Argentinier aus, ist aber von seiner Tragweite her nicht mit den anderen beiden Katastrophen vergleichbar.

4   Vgl. zu dieser Entwicklung statt vieler Corradi, Juan E.: The fitful Republic. Economy, Society, and Politics in Argentina, Boulder und London 1985, Part III (S. 83ff.); Waldmann, Peter: Ursachen der Guerilla in Argentinien, in: Jahrbuch für die Geschichte von Staat, Wirtschaft und Gesellschaft Lateinamerikas, Bd. 15 (1978), S. 295-349.

stems kollidierte. Eine Zeitlang gelang es insbes. den geistig gewandteren Argentiniern mittels raffinierter Techniken des Währungstausches, der Kreditaufnahme, Zahlungsverzögerung usw., die negativen Folgen des Geldwertverfalls abzuwehren und teilweise sogar von ihm zu profitieren. Spätestens mit dem Beginn der Megainflation war jedoch ein Punkt erreicht, in dem die Interferenzen zwischen beiden Währungskreisläufen Turbulenzen heraufbeschworen, die den inflationären Prozeß von allen Brems- und Kontrollmechanismen befreiten und in einer Hyperinflation münden ließen.

Fragt man nach den aus der hier skizzierten unheilvollen Dynamik zu ziehenden Lehren, so drängen sich zwei auf. Die erste lautet, daß die Entbindung eines Einflußmediums von den für seinen originären Funktionsbereich einschlägigen Regeln und seine Befrachtung mit zusätzlichen Zwecken, so harmlos diese zunächst auch erscheinen mögen, längerfristig verhängnisvolle Folgen haben kann. Der Rückgriff auf physische Zwangsmittel zunächst durch rivalisierende politische Machtgruppen, später vonseiten sozialrevolutionärer Guerillaverbände, die für eine menschenwürdigere argentinische Gesellschaft kämpfen wollten, mag anfangs vielen jüngeren Argentiniern als legitim, wenn nicht sogar notwendig erschienen sein. Und doch leitete diese Praxis einen Prozeß zunehmender Freisetzung der Gewalt von allen restriktiven Tabus und Kontrollzwängen ein, der in der barbarischen Repressionskampagne während des »Proceso« seinen Höhepunkt fand. Die Benutzung des währungspolitischen Instrumentariums als ein Mittel, um bestimmten gesellschaftlichen Sektoren Vorteile auf Zeit zuzuschanzen, war als politische Strategie verständlich, bedenkt man, daß dadurch Verteilungskonflikte gemildert und der Anschein eines für alle sozio-politischen Kräfte akzeptablen *modus vivendi* erzeugt werden konnte. Gleichzeitig untergrub der daraus resultierende, sich allmählich beschleunigende Währungsverfall jedoch nicht nur das Vertrauen in das nationale Zahlungsmittel, sondern in die Staatsautorität überhaupt. Das Spiel mit divergenten Zielen und Regeln hinsichtlich ein und desselben Einflußmediums, so kann man unsere Schlußfolgerung zusammenfassen, birgt Konfusionen und Fallen, die im Extremfall den ganzen Prozeß außer Kontrolle geraten lassen.

Die zweite Lehre betrifft die Entstehung von Machtspielräumen durch Zustände sozialer Regellosigkeit. Die jüngere lateinamerikanische Geschichte zeigt, daß auf inflationäre Schübe häufig eine Machtergreifung durch das Militär erfolgte. Als Argentinien 1975 in einem Strudel von Gewalt und Anomie zu versinken drohte, entstand ebenfalls eine breite Erwartungshaltung in der Bevölkerung, die Streitkräfte sollten die politische Führung übernehmen und die Ordnung im Lande wiederherstellen. Situationen des Regelzusammenbruches und genereller Verwirrung rufen offenbar archaische Ängste wach, welche eine allgemeine Bereitschaft erzeugen, eine starke Hand mit der Wiederherstellung »normaler«, geordneter Verhältnisse zu betrauen. Menem ist kein Militär, sondern hat die Herrschaft über demokratische Wahlen erlangt. Sein politischer Führungsstil weicht aber nicht wesentlich von dem einer Militärregierung ab. Das Gros der politisch relevanten Entscheidungen wird von ihm per Dekret beschlossen und durchgesetzt. Wenn sich der Kongreß zu einer Gesetzesinitiative entschließt, wird sie vom Präsidenten der Republik nicht selten durch ein Veto blockiert (siehe etwa Nolte 1995, 45). Dabei beruft sich Menem vorzugsweise auf ein Notverordnungsrecht der Exekutive, obwohl die zu Beginn seiner Präsidentschaft bestehende Notsituation, nämlich die

Hyperinflation, bereits seit langem überwunden ist und die Inflationsraten derzeit niedriger liegen als je zuvor in den vergangenen 40 Jahren. In den Köpfen der Argentinier hält der »Notstand« aber großenteils noch an, d.h. die Angst vor dem Wiederaufleben der Mega- oder gar Hyperinflation ist noch nicht gewichen. Das weiß Menem, und daraus schöpft er einen beträchtlichen Legitimitätsbonus, gleichgültig welche Schwächen und politischen Fehler man ihm sonst ankreiden mag, falls und solange es ihm gelingt, die Geldwertstabilität zu wahren.

In der Literatur heißt es, Katastrophen legten blitzartig die spezifischen Stärken und Schwächen eines Landes und einer Gesellschaft offen, sie bildeten einen zwar übertriebenen aber gleichwohl zuverlässigen Spiegel der jeweiligen Verfassung eines Gemeinwesens.[5] Was kann man durch die Hyperinflation über die argentinische Gesellschaft erfahren? Wir begnügen uns insoweit mit einigen tentativen Bemerkungen:

a) Was in der Hyperinflation überdeutlich zutage trat, war die chronische Schwäche des argentinischen Staates; konnte schon während der Megainflation von einer unabhängigen staatlichen Wirtschafts- und Finanzpolitik nicht mehr die Rede sein, so verlor die Staatsführung während der Hyperinflation jegliche eigenständige Bedeutung und Einflußmöglichkeit auf den galoppierenden Geldentwertungsprozeß.

b) Auch die Panikreaktionen vonseiten der politischen Führung auf die sporadisch stattfindenden Plünderungen verraten einiges über die allgemeine Stimmungslage und das politische Wertebarometer. Alfonsín wie auch später Menem zeigten sich hochbestürzt und ordneten unverzüglich die Verhängung des allgemeinen Belagerungszustandes an. Sie taten dies, obwohl klar war, daß die Revolten der allgemeinen Situation der Not und des Hungers entsprangen und mit keinerlei weitergehenden umstürzlerischen Absichten verbunden waren. Bedenkt man, daß Alfonsín nur wenige Zeit zuvor anläßlich eines militärischen Putschversuches die meuternden Offiziere keineswegs bedroht, sondern im Gegenteil aufs entgegenkommendste behandelt hatte, so kann man sich schwer der Schlußfolgerung einer gewissen Rechtslastigkeit des politischen Spektrums erwehren.

c) Auch die Schuldzuweisungen des durchschnittlichen Argentiniers im Zusammenhang mit der hyperinflationären Katastrophe sind nicht ohne Interesse. Sigal und Kessler stellten in ihren Interviews fest, die meisten Befragten betrachteten das unkontrollierbare Geschehen als eine Konsequenz und Art von wohlverdienter Strafe für typische Schwächen der Argentinier, wie die Neigung zu Individualismus und Eigennutz und den fehlenden Sinn für das Gemeinwohl (Sigal/Kessler o. J. 20 ff.).Die beiden Autorinnen heben das Schwanken zwischen der Überschätzung und der Unterschätzung der eigenen Qualitäten als charakteristischen Zug dieses offenbar hinsichtlich seiner Identität äußerst unsicheren Volkes hervor.

d) Schließlich dürften die abweichenden Verhaltensweisen in dieser Krisensituation eine wahre Fundgrube für die Herausarbeitung nationaler Eigenschaftsprofile und Kulturmuster sein. Während beispielsweise in der Weimarer Republik zur Zeit der Mega- und Hyperinflation die Zahl der Scheidungen und Selbstmorde steil anstieg (Waldmann 1987, 387), scheint dies in Argentinien nicht der Fall gewesen zu sein. Der familiale Zusammenhalt bewährte sich als das wichtigste Mittel, um der bedrohlichen Lage zu begegnen. Dagegen enthalten die argentinischen Zeitun-

---

5   Vgl. den Artikel »Katastrophen« von Heinz-Günter Vester, in: P. Waldmann, D. Nohlen, K. Ziemer (Hrsg.): Lexikon der Politik, Bd. 4, Die östlichen und südlichen Länder.

gen jener Monate Berichte über äußerst phantasievolle Diebstähle und Betrügereien; außerdem erlebten Phychoanalytiker, parapsychologische Zirkel, Esoterik, also typische mittelschichtsspezifische Formen des Umgangs mit krisenhaften Entwicklungen in diesem Land, eine Hochkonjunktur.

Hier tut sich ein weites Feld für künftige Untersuchungen auf. Die Erforschung der nicht-ökonomischen Aspekte von Mega- und Hyperinflation steckt in Argentinien – wie generell – noch in den Anfängen.

Bibliographie

Besnard, Ph. 1987: L'Anomie, ses usages et ses fonctions dans la discipline sociologique depuis Durkheim, Paris.

Botana, N. R. / Waldmann, P. (Hrsg.) 1988: El impacto de la inflacción en la sociedad y la política, Buenos Aires.

Burns, T. R. et al. 1984: Inflations, Politics, and Social Change: Institutional and Theoretical Crisis in Contemporary Economy and Society, in: International Journal of Comparative Sociology XXV, 1.

Corradi, J. E. 1985: The fitful Republic. Economy, Society, and Politics in Argentina, Boulder und London, Part III, 83.

Durnbeck, T. 1993: Integrierte Ansätze der Inflationstheorie und ihrer Stellenwert für wirtschaftspolitische Anpassungsprogramme in Schwellenländern: Das Fallbeispiel Argentinien.

Durkheim, E. 1983: Der Selbstmord, Frankfurt/M.

Durkheim, E. 1992: Über soziale Arbeitsteilung, Frankfurt/M.

Feldman, G. P. 1993: The Great Disorder. Politics, Economics, and Society in the German Inflation, 1914-1924, New York/Oxford.

Hirschmann, A. O. 1980: La matriz social y política de la inflacción: Elaboración sobre la experiencia latinoamericana, in: Trimestre Económico 47, 679-709.

Lacroix, B. 1973: Régulations et anomie selon Durkheim, in: Cahiers Internationaux de Sociologie, IV.

Llach, J. J. 1988: La megainflación argentina: un enfoque institucional, in: Botana/Waldmann (Hrsg.) 77-97.

Nolte, D. 1995: »De la Larga Agonía de la Argentina Peronista« a la »Reconversión Menemista«, in: América Latina Hoy, Revista de Ciencias Sociales (11-12), 31-51.

Popell, F. H. 1980: How inflation undermines morality, in: Business Week 5 (5).

Sigal, S. / Kessler, G. o. J.: Comportement et représentations dans une situation de dislocation des régulations sociales. L'hyperinflation en Argentine, Manuskript.

Spitta, A. 1988: La »Cultura de la Inflacción« en la Argentina. Observaciones cotidianas de un extranjero, in: Botana/Waldmann (Hrsg.), 125-150.

Waldmann, P. 1978: Ursachen der Guerrilla in Argentinien, in: Jahrbuch für die Geschichte von Staat, Wirtschaft und Gesellschaft Lateinamerikas, Bd. 15, 295-349.

Waldmann, P. 1987: Lernprozesse und Bewältigungsstrategien in einer inflationären Wirtschaft. Das Beispiel der deutschen Inflation 1914-1923, in: Heinemann, K. (Hrsg.): Soziologie wirtschaftlichen Handelns, Opladen, 367-392.

Silvia Sigal

Intellektuelle oder Experten? Die Intellektuellen angesichts der zeitgenössischen politisch-kulturellen Veränderungen

Um es als irreversible Tatsache zu notieren, es zu bedauern oder um sich im Namen des Erkenntnisfortschritts zu beglückwünschen – zahlreiche argentinische Intellektuelle stellen die Veränderungen fest, die sich in ihrer Mitte während der letzten zwei Jahrzehnte ereignet haben. Roy Hora und Javier Trímboli zum Beispiel merken an, daß »wenn die Figur des Intellektuellen in unserer Gesellschaft schon selten vorkommt, so ist die des kritischen Intellektuellen eher durch ihren Schatten als durch ihre Anwesenheit zu bemerken« (1994, 13); unruhig, weil sie eine Geschichtsschreibung beobachten, die sich wie ein steuerloses Schiff treiben läßt, berufen sie eine bedeutende Gruppe von Historikern[1] ein, um die schwache Verbindung zwischen historiographischen Arbeiten und Politik, die niedrige Intensität der Debatten, zu diskutieren. Beatriz Sarlo, die früher über die »Gratwanderung des kritischen Denkens: auf der einen Seite, die Krise seiner eigenen Paradigmen, auf der anderen, die Krise seiner traditionellen Szenarien« geschrieben hatte (1994b, 6), stellt dort fest, daß »...die Welt vorangeschritten ist im Sinne eines Wandels des Intellektuellen zum Experten. Und dies ereignet sich auch in Argentinien: die Figur des Intellektuellen verschwindet oder wird verschwommen und durch den Fachmann ersetzt« (1994a, 179). Intellektuelle wie León Rozitchner oder David Viñas haben von einem sehr kritischen Standpunkt aus geschrieben. Die unterschiedlichen Formen, die derzeitige Lage einzuschätzen, zeigen eine gewisse Übereinstimmung: kritische Diskurse, Politisierung von Gruppen oder Institutionen, die Kombination von intellektuellen mit politischen Praktiken glänzen durch Abwesenheit; der gelegentlich als »Geist der sechziger Jahre« apostrophierte Geist, das heißt, der Wunsch nach einem Bruch der Ordnung, büßte an Vorherrschaft ein und der intellektuelle Freiraum scheint ähnlich leer von substantiellen Debatten wie es die politische Sphäre ist. Die kritischen Intellektuellen, und sogar die Intellektuellen im klassischen Sinn, sind verschwunden und wurden durch eine Menge von Spezialisten ersetzt. Dies wird häufig als ein Phänomen gesehen, das man auch in Lateinamerika und in europäischen Ländern beobachten kann, denen die Krise der Linken und der Hegemonieverlust des Marxismus in der kulturellen Sphäre gemeinsam ist. Und die Gründe, die als Erklärung angeführt werden, sind ebenfalls allgemeiner Natur, sowohl jene weltanschaulichen [bzw. ideologischen] Ursprungs als auch die von den Massenmedien erzeugten.

Diese Veränderungen, auf die ich noch ausführlicher eingehen werde, sind nicht zu leugnen. Sie jedoch zu unterstreichen bedeutet, die argentinischen Intellektuellen der achtziger und neunziger Jahre mit Augen zu werten, die auf den in den

---

1 Tulio Halperín Donghi, Daniel James, Oscar Terán, Hilda Sábato, Natalio Botana, José Carlos Chiaramonte, Beatriz Sarlo, Juan Carlos Torre.

späten sechziger Jahren beginnenden Höhepunkt der Politisierung gerichtet sind. Dieser unterschwellige Vergleich verdunkelt Veränderungen, die von einer breiteren geschichtlichen Perspektive aus sichtbar sind. Den Blickwinkel erweiternd und frühere Dekaden des modernen Argentinien einbeziehend, könnte man sagen, daß die progressiven argentinischen Intellektuellen sich heute in einer paradoxen Situation befinden, in der *die Abnutzung der Figur des kritischen Intellektuellen übereinstimmt mit einer größeren Sichtbarkeit und Beteiligung der Intellektuellen auf der öffentlichen Bühne.*

Damit dieses Paradoxon nicht einfach ein formales Spiel sei, empfiehlt es sich, vorläufig eine Sichtweise zu verlassen, die Argentinien in eine homogene Bewegung einbezieht, in der die Hegemonie des kritischen Intellektuellen ersetzt wurde von einer Pluralität von Spezialisten. Stellt man also die zeitgenössischen Veränderungen in den Rahmen der Besonderheiten des argentinischen intellektuellen Raumes, sieht man zumindest zwei Hauptveränderungen. An erster Stelle die Verflüchtigung der Brüche, die, ideologisch-politischen Linien folgend, früher wichtige Bereiche der Kultur charakterisiert hatten. An zweiter Stelle die Milderung der langandauernden Trennung zwischen Links- oder progressiven Intellektuellen und dem öffentlichen Bereich, die das moderne Argentinien von Ländern wie Chile, Brasilien oder Mexico unterschieden hat. Beide können erklärt werden durch den Eintritt Argentiniens in die Ära der Massenmedien, durch die politische Stabilität und durch die Entstehung von akademischen Gemeinschaften, die die Trennung von Kultur und Politik zur Voraussetzung haben.

Die Trennung von Kultur und Politik

Die Wiedererrichtung der kulturellen Institutionen ab 1983 geschah unter Beteiligung einer Intelligenz, die ihre »moralische Reform« in den Worten von Angel Flisfish gemacht hatte: die politischen Projekte eines Bruchs der sozialen Ordnung waren abgewertet und die totalisierenden Interpretationen hatten ihre Verführungskraft verloren. In Wirklichkeit handelte es sich um einen früheren, langsamen und konfliktiven Prozeß, der unter der Militärdiktatur verborgen geblieben war. Ob im Lande geblieben oder im Exil, vollzog der größere Teil der Generation, der revolutionären Projekten unterschiedlicher Couleur angehangen hatte, eine mitunter sehr schmerzliche Wendung, die ihn dazu führte, sich mit der gleichen Leidenschaft zur Demokratie zu bekennen, mit der er bis dahin die revolutionäre Idee vertreten hatte. Auf diese Weise bewirkte die Niederlage auf den Malvinas, daß sich die weltanschaulichen intellektuellen Veränderungen zeitgleich mit der demokratischen Mobilisierung breiter Bevölkerungsschichten ereigneten.

Diese neue Leidenschaft, besonders sichtbar in den ersten Jahren der verfassungsmäßigen Regierung, war die Folge der Brutalität der Diktatur wie auch der selbstkritischen Revision der militanten Optionen der siebziger Jahre; sie beschränkte sich jedoch nicht nur auf lokale Gründe, denn sie stimmte mit einer allgemeineren Tendenz überein, nach der die Demokratie ihr verlorenes Prestige in den linksintellektuellen Zirkeln des Westens wiedergewann, und mehr noch, sich in den zentralen Wert verwandelte. Parallel zur Krise des Marxismus konnte der Begriff »Demokratie« jetzt ohne Adjektive ausgesprochen werden. Während der

ersten Hälfte der achtziger Jahre in Argentinien nahm diese Wendung um hundert-
achtzig Grad Gestalt an in einer obsessiven Behandlung der demokratischen Frage.
Die Veröffentlichungen jener Zeit geben Zeugnis ab von dieser Suche nach Spuren
des Autoritarismus (des faschistischen »Zwerges« [»enano« fascista]) in den Institutionen und den Mentalitäten: unter anderen wurde die Erziehung zum Ziel der
Kritik. Eine Kritik, die häufig Autoritarismus mit der Autorität verwechselnd, die
die Grundlage jeder Institution ist, ihren Ausdruck fand in neuartigen »Demokrati-
sierungs«-Praktiken im Erziehungssystem[2]. Die Dichotomie 'Demokratie/Autori-
tarismus', die die Grundlage für Alfonsíns Wahlkampfreden und für einen guten
Teil der Entscheidungen zu Anfang der radikalen Regierung bildete, war auch die
Organisationsachse der intellektuellen Produktion; die Ausarbeitungen über eine
Umformung der Institutionen begleiteten ihrerseits eine Periode, in der das politische System sich vor allem der Selbstreflexion widmete. Intellektuelle Anliegen
und Politik schienen übereinzustimmen und schufen einen auf Konsens gegründeten, für den Wiederaufbau der kulturellen Institutionen günstigen Boden. Wiewohl
nicht frei von Konflikten, machte dieser Konsens eine »Entpolitisierung der Kultur« deutlich, die ich analytisch von den ideologischen Veränderungen der Intellektuellen unterscheiden möchte.

Unter »Entpolitisierung der Kultur« verstehe ich die Krise der Beziehung zwischen Kultur und Politik die, assoziiert mit Projekten revolutionären Umbruchs, in
Lateinamerika vom Ende der sechziger Jahre an ihren Höhepunkt erlebte. Unter
dem Banner eines radikalen Antiintellektualismus hatte die intellektuelle Linke
Lateinamerikas der siebziger Jahre sowohl die Haltung eines engagierten Intellektuellen in der Sartreschen Variante aufgegeben, als auch die Koexistenz einer
individuellen Militanz mit einem Projekt autonomer Schöpfung (in Argentinien
exemplifiziert durch den »ersten« Cortázar). Ob sie sich für die bewaffnete Option
entschieden oder nicht, die Intellektuellen der Protestbewegung gaben dem Ideologischen den Vorrang und ordneten die spezifischen kulturellen Identitäten – als
Schriftsteller, Soziologen, Historiker, Künstler – den Anforderungen, imaginär
oder real, des politischen Kampfes unter. Im Moment des Aufschwungs von »alles
ist Politik« verneinte dieses Bild von der Beziehung zwischen Kultur und Politik
der ersteren ihre Autonomie und unterwarf sie der letzteren.

Nun gut, die Größe des Kontrasts zwischen der jetzigen Situation und der, die
zwanzig Jahre zuvor vorherrschte, kann vergessen machen, daß die Simbiose
zwischen Politik und Kultur in Argentinien ältere Vorläufer hat, die ihre Wurzeln
hatten in der unter den progressiven oder linken Gruppen vorherrschenden traditionellen Vorstellung, daß die gesellschaftliche Aufgabe des Intellektuellen Vorrang
genieße vor der kritischen Funktion der Intelligenz (Bourricaud 1972, 113). In der
Tat findet ein retrospektiver Blick Ausdrucksformen der engen Verflechtung von
Ideologie und Kultur, die weniger radikal, aber deshalb nicht weniger bedeutsam
sind. Die bekannteste war die Spaltung der Geschichtsschreibung in die sogenannte
»offizielle« und in die »revisionistische« Linie, die die Lektüre der Vergangenheit
in ausschließlicher Weise mit der Politik verband; für den Geschichtsrevisionis-
mus waren die politischen Ereignisse Episoden eines sich wiederholenden Ge-
schichtszyklus und die »Erkundung der Vergangenheit geschieht als ein Versuch,
die Geschichte als Bürgen für die Kritik am Argentinien der Gegenwart anzufüh-

2 So z. B. die Experimente mit der autonomen Benotung [=Selbstbenotung] der Schüler des Sekundar-
schulbereichs, die während der radikalen Regierung geschahen.

ren« (Halperín Donghi 1996, 109). Die Koexistenz von zwei Soziologien, eine »wissenschaftlich« und eine »national« ausgerichtete, ist ebenfalls ein Beispiel für das Fehlen von gemeinsamen Kriterien für intellektuelle Anerkennung: »Eine jede verfügte über einen institutionellen Machtbereich, über einen Kreis von sich gegenseitig legitimierenden Gesprächspartnern, (und) sie schafften es, jegliche Art der Konfrontation zu vermeiden, sich dabei gegenseitig den Rang eines anerkannten Gesprächspartners absprechend.« (Delich 1977, 28). Noch allgemeiner, und vor allem ab 1943, blieben wichtige Bereiche der argentinischen Kultur in institutionellen und ideologischen Kreisläufen organisiert, die sich gegenseitig ignorierten. Die Universität, für Jahrzehnte die zentrale Institution des kulturellen Bereichs, war das vollendetste Beispiel für die Schwierigkeit, legitime kulturelle Hierarchien in den Geisteswissenschaften (damals »Humanidades« genannt) zu bilden. Dies hatte seine Ursache vor allem im Wechsel zwischen Zivil- und Militärregierungen, zwischen nationalistischen, populistischen oder liberalen Regierungen, die im kulturellen Bereich systematisch ein *spoils system* [Beutesystem] betrieben und dadurch eine ständige Rotation sowohl in der Leitung der Universitäten als auch im Zugang von privaten kulturellen Gruppen zu den institutionellen Ressourcen bewirkten. Schon anläßlich des ersten Militärputsches von 1930 kam es zu Interventionen und zu Entlassungen von Universitätsdozenten, und mit steigender Intensität 1943, 1955, 1966 und 1976. Es gab daher weniger die Argentinische Universität als die »peronistische Universität« (von 1946 bis 1955), die »reformistische Universität« (von 1955 bis 1966), die »Universität des Prozesses«[3] während der letzten Diktatur und, bis vor kurzem, das, was man die »Universität der Demokratie« nannte. Solch ein bemerkenswerter Mangel an Kontinuität war jedoch nicht allein das Ergebnis des Handelns der jeweiligen Regierung, sondern beruhte auch auf der Entscheidung der Universitätsangehörigen, wie der Umfang der Amtsniederlegungen bei diversen Anlässen zeigt. In Wahrheit hatten das *spoils system* der Regierung und die Politisierung der Kultur durch die Intellektuellen selbst ähnliche Rückwirkungen: indem sie intellektuelle Anerkennung und weltanschaulich-politische Optionen miteinander verbanden, erschwerten beide die Ausformung von Fächern mit kulturellen Konsenskriterien. In diesem Interaktionsprozeß zwischen Intellektuellen und politischer Macht verstärkte sich allmählich ein kulturelles Muster, das sich auf freiwilligen Vereinigungen und auf Kommunikationskreisläufen gründete, die sich durch ihre politischen Affinitäten unterschieden. Kulturelle Prinzipien und politische Prinzipien blieben zunehmend miteinander verknüpft, eine Asoziierung, die sowohl die Ursache wie auch die Folge der Schwäche der kulturellen Institutionen und der Schwierigkeit, anerkannte Fachdisziplinen einzurichten, war.

Der Kontrast zur heutigen Lage ist unleugbar. Die »Sendung des Intellektuellen« – die, übersetzt in die »Sendung der Universität«, die Grundlage der Reforma Universitaria [von 1918, A. d. Ü.] war – hat sich ebenso verflüchtigt wie die Kraft der politischen Ideen, die, je nach Fach mit größerer oder geringerer Intensität, die argentinische Kultur für einen guten Teil des Jahrhunderts in Nationalisten und Liberale, in Katholiken und Laizisten, in Peronisten und Antiperonisten spalteten. Ohne behaupten zu können, daß es sich um eine irreversible Tendenz handelt, ist die Entpolitisierung der Kultur heute offensichtlich. An ihrer Stelle entsteht die – zweifellos kühlere – Figur einer Menge von institutionalisierten Einzelfächern.

3   »Proceso de Reorganización Nacional« – als Nationalen Reorganisationsprozeß – bezeichnete die
    letzte Militärdiktatur ihre Regierung (A. d. Übersetzers).

Indem sie die kulturelle Praxis von der politischen trennt, befähigt diese Institutionalisierung aber gerade deshalb die Fächer, ohne auseinanderzubrechen ideologische Orientierungen zu enthalten, die konfliktiv sein können und es häufig auch sind. Man versteht vielleicht besser, warum ich mich auf die Entpolitisierung der Kultur und ihrer Institutionen beziehe, eine Veränderung, die übereinstimmen kann oder nicht mit dem politischen Engagement der Intellektuellen.

Die Rolle der Regierungen bei der Evolution der Kultur zu beobachten, führt andererseits zu einer Nuancierung der zentralen Rolle, die dem Wechsel der ideologischen Laune der Intellektuellen zuerkannt wurde. Der »Krise der politischen Utopien« und der nachfolgenden Bekehrung einer Generation sind die Folgen der politischen Stabilität hinzuzurechnen, die nicht immer ausreichend gewürdigt wurden. Die Kontinuität der verfassungsmäßigen Ordnung, das Verschwinden der Drohung eines Militärputsches und die stärker abgefederten Rückwirkungen der Regierungswechsel auf die Verteilung kultureller Ressourcen setzten einen Schlußpunkt unter das, was ein ständiger Störungsfaktor gewesen war, und damit unter einen der Gründe für die Verbindung von kultureller mit politischer Praxis.

In diesem Bereich, wie auch in anderen, hat die Stabilität eine Erweiterung des zeitlichen Verhaltens- und Entscheidungshorizonts der Akteure zum Resultat. Damit will ich sagen, daß jetzt die Bedingungen gegeben sind, um langfristige Strategien für den institutionellen Aufbau zu schaffen, und um auf der individuellen Ebene Leistungsnachweise zu erwerben und eine akademische Laufbahn zu organisieren. Diese Strategien sind ihrerseits dabei, Spielregeln zu schaffen, deren Stabilisierung die institutionellen Strukturen stärkt, die einen akademischen Markt begründen.

Ein verspäteter akademischer Markt

Im Unterschied zu traditionellen Disziplinen wie Ingenieurwissenschaften oder Medizin hat sich die akademische Professionalisierung jener Fächer, deren Gegenstand die Kenntnis des Sozialen ist – die »Wissenschaften vom Menschen« –, in Argentinien spät vollzogen. Viele dieser Fächer wurden in den Jahren kultureller Modernisierung gegründet, die auf den Fall der peronistischen Regierung im Jahr 1955 folgten. Ihre Konsolidierung sah sich durch die extreme institutionelle Instabilität behindert, die ihren Höhepunkt in der Reaktion der Universität auf den Staatsstreich des Generals Onganía und auf die kurioserweise so genannte »Nacht der langen Schlagstöcke« erreichte. Die politischen Pendelbewegungen waren ein Hindernis für die Organisation der neuen Berufe und für die Legitimationsquellen der Ausbildungszertifikate [d.h., der Hochschulabschlüsse bzw. -zeugnisse], die natürlich ebensowenig begünstigt wurden von der politischen Mobilisierungswelle, die mit dem »Cordobazo« 1969 ihren Anfang nahm, noch von den darauffolgenden Jahren der Militärs. Erst 1982, mit der Krise der Diktatur, öffnet sich eine Periode, in der zwei voneinander unabhängige Prozesse zusammenfließen, die die Bedingungen für das Entstehen eines akademischen Marktes bieten: politische Stabilität und die weltanschauliche Wandlung der Intellektuellen.

Seitdem treten deutlicher Merkmale der universitären Evolution auf, die nicht spezifisch argentinisch sind. Erinnern wir uns an eines von ihnen, das allen bekannt

ist: die Gründung neuer nationaler Universitäten und die Entwicklung des privaten
Sektors, die das Angebot vervielfachen und die gesellschaftliche Nachfrage nach
tertiärer Ausbildung diversifizieren. Dadurch wird das Erziehungssystem ausdiffe-
renziert und segmentiert, auf der Grundlage dessen, was Burton Clark »Sektoren«
nennt. Es ist verlockend, die Segmentierung des Hochschulbereichs und die Bedeutung des Privatsektors dem allgemeineren Phänomen der institutionellen Deregulierung und dem Gewicht der neoliberalen Ideologie zuzuschreiben. Es handelt
sich jedoch um einen relativ unabhängigen und älteren Prozeß; so sagt es uns José
Joaquín Brunner (1990, 71ff.), der auf der Grundlage der Zahlen für Lateinamerika
diesen Prozeß auf »das Gewicht der Zahlen« zurückführt, deren wichtigste Komponenten die Erweiterung der institutionellen Basis, das Massenstudium und die
Expansion des Lehrkörpers sind. Die starke Zunahme der *Postgraduate*-Studien,
der privaten Stiftungen, der Beratungsverträge sowohl im privaten Bereich wie
innerhalb des Staatsapparates ließen in wenigen Jahren einen bis dahin unbekannten Markt entstehen. Begünstigt von der Reform der Universitäten, dem Zustrom
von Weltbankkrediten, der Schaffung neuer nationaler Universitäten und von bis
dahin nicht vorhandenen Promotionsstudiengängen, diversifiziert, dezentralisiert
und hierarchisiert sich dieser Markt rasch.

Der Entpolitisierungprozeß der Kultur ist ihm nicht fremd: dieser Prozeß ist in
großem Maße das Ergebnis des Vordringens des Marktes und gleichzeitig eine
wesentliche Voraussetzung für sein Funktionieren. Die Intellektuellen verwandeln
sich in eine professionelle *Gemeinschaft* [Community], eingebettet in einen *Markt*,
auf dem Mitglieder überwiegend mit ihren legitimen Kompetenzen miteinander
konkurrieren – obwohl weder die von weltanschaulichen Optionen geknüpften
Netze verschwinden, noch die persönlichen Solidaritäten, noch die Präferenzen im
Hinblick auf künftige Gegenleistungen, die, wie in anderen akademischen Gemeinschaften auch, den Wettbewerb »unvollkommen« sein lassen[4]. Das Entstehen
eines kulturellen Bereichs oder, was in diesem Fall das gleiche ist, die Bildung
eines akademischen Marktes bringt typische Prozesse interner Hierarchisierung
mit sich. Die gleiche kulturelle Logik, die die überdurchschnittliche Leistung
belohnt (gemessen mit den in den Disziplinen vorherrschenden Kriterien), bildet
Schichten und reproduziert die Distanz zwischen Elite und Basis (zwischen »hohem Klerus« und »niederem Klerus«, um mit Pierre Bourdieu zu sprechen), handle
es sich um Individuen oder um Institutionen, und organisiert eine entsprechende
Verteilung der Ressourcen.

Nun gut, die Bildung des akademischen Marktes der »Wissenschaften vom
Menschen« in Argentinien während des vergangenen Jahrzehnts war nicht nur
verspätet, sondern geschah auch in einem beschleunigten Rhythmus, was die
Prozesse der inneren Ausdifferenzierung wie auch ihre Beziehung zu den neuen
Geldströmen besonders deutlich machte. Der Markt, im engen Sinne des Kaufs und
Verkaufs von Dienstleistungen, ist durch parallele Systeme – staatlicher und privater Natur –, deren Stratifizierung undurchschaubar und wechselhaft, deshalb aber
nicht weniger sichtbar ist, in brutaler Weise in ein traditionell kostenloses Erziehungssystem eingedrungen. Noch sind wichtige Bereiche der Kultur ein sich
veränderndes Laboratorium. Noch gibt es eine ungeordnete Vermehrung privater
Institutionen mit einem niedrigem Niveau an akademischen Leistungen und Be-

---

4   Die Mehrfachbeschäftigung *[multi-empleo]*, ein Ausdruck unzureichender Löhne, ist es auch für eine
    größere berufliche Homogenität.

rufsabschlüssen, und noch ist das Universitätsmodell, welches das Verhältnis staatlich/privat bestimmen wird, nicht definiert. Dieser Wandlungsprozeß hat noch keine stabilen Formen angenommen und seine Geschwindigkeit hat zentrifugale Auswirkungen, die besonders im universitären Bereich sichtbar sind, wo die Merkmale von drei Hauptmodellen koexistieren: das »klassische«, wo im wesentlichen akademisches Prestige und Anerkennung zählen; das des Kaufs und Verkaufs von Diplomen, das der Logik der Gewinnmaximierung unterliegt[5]; und das der »demokratischen Assoziierung« mit studentischer Vorherrschaft (Brunner/Flisfish 1983, 205), das tiefe Wurzeln in der intellektuellen Geschichte Argentiniens hat. Heute treten in wichtigen Bereichen der Universität die Widersprüchlichkeiten des zuletzt genannten Typus zutage – die Sozialwissenschaftliche Fakultät der Universität von Buenos Aires ist ein exemplarischer Fall, in dem die Kombination des weltanschaulichen Pluralismus mit Machtstrategien die Produktion / Übermittlung des Wissens und die Regulierungsfähigkeit der Institution selbst bedrohen. Wenn man die Krise der traditionellen Mittelschichten, die Schwäche der Nachfrage für wachsende Massen an Graduierten – und die damit einhergehende Beschleunigung der Diplomsucht *[credencialismo]* –, sowie das katastrophale Niveau der Primar- und Sekundarschulen in Betracht zieht, so gibt es wenig Gründe um anzunehmen, daß die Entwicklung des akademischen Marktes ohne schwere Konflikte abgehen wird.

Die Schnelligkeit der Veränderungen macht die individuellen und institutionellen Strategien sichtbarer, die, indem sie die Logik der Märkte mit der Logik der Kulturen verknüpfen, das Erscheinungsbild der progressiven Intellektuellen zutiefst verändern. Vielleicht ist es aus diesem Grunde, daß die Konsolidierung der akademischen Bereiche wenn schon nicht als die Ursache, so doch wenigstens als die Kehrseite der Entpolitisierung der Intelligentsia betrachtet wird. Roy Hora und Javier Trómboli verbinden – wie andere Autoren – den »wachsenden Verlust an Erwartungen, berufliche Neigungen mit intellektueller Praxis möglicherweise verknüpfen zu können«, mit der Wandlung des intellektuellen Bereichs in den achtziger Jahren, »der sich plötzlich fast ausschließlich vom akademischen Leben angetrieben fand« (1994, 12).

Ohne dies in Frage zu stellen, empfiehlt es sich jedoch, diese Diagnose zu nuancieren, indem man sich in Erinnerung ruft, daß eine Trennung der kulturellen von der politischen Praxis die Existenzbedingung der akademischen Gemeinschaften ist. Deren Konsolidierung hat daher eine doppelte Konsequenz, die in den neuen Geisteswissenschaften besonders sensibel ist: Sie bewirkt eine ideologische »Abkühlung« der intellektuellen Tätigkeiten, die sich nunmehr von der autonomen Regulierung der Fachdisziplinen[6] leiten lassen, aber zur gleichen Zeit legt sie durch die Generierung von anerkannten kulturellen Hierarchien jenseits der ideologischen Differenzen die Fundamente für eine neue Rolle des Intellektuellen in der öffentlichen Sphäre.

---

5   Wo der einzige Ansporn für Wettbewerb um Akademiker mit Prestige von einer Differenzierung der kaufkräftigeren studentischen Nachfrage abhängt.
6   Es ist unmöglich, hier in die alte Debatte über den »engagierten Intellektuellen« einzusteigen, über die innere Beziehung zwischen den politischen Überzeugungen und den Inhalten des kulturellen Schaffens. Man kann sich trotzdem erinnern, daß es schwierig ist, die Beziehung zwischen der generativen Grammatik und den politischen Ansichten von Noam Chomsky zu finden, dem wahrscheinlich bedeutendsten lebenden Intellektuellen unserer Zeit. Chomsky selbst stellte sich die Frage über die Verbindung zwischen den *Principia Mathematica* und dem Pazifismus Bertrand Russells.

Intellektuelle und öffentliche Sphäre: ein neues Phänomen

»Ich kenne ein Argentinien – den Jüngeren mag dies vielleicht sonderbar klingen –, das gnädiger mit den Intellektuellen umgeht, als ich es in meinem ganzen Leben gekannt habe«, sagt Oscar Terán. In der Tat werden die sich wiederholende Destabilisierung der kulturellen Institutionen, hervorgerufen durch die wechselnden Regierungspolitiken, die beinahe ständige Marginalität der progressiven Intellektuellen, die Undurchlässigkeit der Kommunikationsmedien und der politischen Parteien, von der jungen Generation häufig ignoriert. Es empfiehlt sich daher zu erinnern, daß trotz der traditionellen Bedeutung der argentinischen Intelligentsia, der Einfluß der Intellektuellen auf die Politik und auf die Meinungsbildung nicht nur unvergleichlich geringer ist als in Frankreich oder Europa, sondern auch als in anderen lateinamerikanischen Ländern. Ich habe einmal die Beobachtung der Zeitschrift *Debates* von 1985 zitiert: »Eine Tatsache scheint unwiderlegbar: In Argentinien gibt es, im Unterschied zu dem, was in anderen Ländern wie Brasilien oder Mexiko geschieht, traditionellerweise sowohl in der Zivilgesellschaft wie auch im Staat ein gewisses Mißtrauen gegenüber der Funktion der Intellektuellen, die sich dem Studium der nationalen Wirklichkeit widmen, in der Politik«. Und das gleiche läßt sich sagen, wenn man die politischen Parteien Chiles mit den argentinischen vergleicht. In letzter Zeit hat Tulio Halperín Donghi zu Recht gesagt, daß »im Argentinien der von uns erlebten Zeiten die Intellektuellen niemals irgendeinen politischen Einfluß ausgeübt haben«. Aus dieser Perspektive heraus ist es bedeutsam, daß wichtige Kerngruppen der progressiven Intellektuellen, denen nicht wenige der Protagonisten der politischen Mobilisierung der siebziger Jahre angehören, Anfang der achtziger Jahre ihren langjährigen politischen Ostrazismus aufgaben. Der Aufruf Alfonsíns an Gruppen von Soziologen und Politologen hinterließ als Erbe in der radikalen Partei eine gewisse Durchlässigkeit gegenüber der intellektuellen Präsenz, die im Fall des FREPASO noch offensichtlicher ist. Ein Streifen der Massenpolitik zeigt sich gegenüber intellektuellen Kadern weniger undurchlässig, und diese Öffnung, die von der verfassungsmäßigen Stabilität begünstigt wird, ist möglicherweise nicht nur vorübergehender Natur wie während der kurzen Präsidentschaft von Arturo Frondizi, oder der noch kürzeren von Héctor Cámpora.

1983 wurde nicht nur die ideologische Wandlung einer Intellektuellengeneration offenbar; auch in der öffentlichen Sphäre hatten die Jahre der politischen Mobilisierung und, später, die der Militärdiktatur wesentliche Veränderungen eingefroren oder wenig sichtbar werden lassen. Wie Heriberto Muraro (1991, 49) notiert, waren sowohl die wachsende Vorherrschaft des Fernsehens wie die neue Rolle der Mittelwelle-Sender in der politischen Information und der relative Einflußverlust der Zeitungen bei der Meinungsbildung unbemerkt geblieben. Die Ausweitung des öffentlichen Raumes wurde zwischen Juni 1982 und Dezember 1983 besonders evident; das neue Kommunikationsgewebe verwandelte sich infolge der institutionellen Schwäche der Parteien, die mit der schwindelerregenden Krise der Diktatur konfrontiert waren (Landi 1988, 56ff.), in die Hauptstütze der Transition. In diesem neuen Freiraum hatten sowohl Intellektuelle die, wie Ernesto Sábato, ihre Stimme zur Verteidigung der Menschenrechte erhoben, als auch jene, die sich auf ihre Aufgabe als Architekten der demokratischen Institutionen beriefen, eine nicht unbeträchtliche Rolle inne. In den Debatten, in deren Mittelpunkt das Gesetz und die Institutionen standen, konnten die Intellektuellen endlich in der ersten Person teilhaben, im Namen ihres Wissens oder der Werte des Gewissens, und nicht wie in der Vergangenheit als Sprecher anderer Entitäten wie Volk, Nation oder Revolution. In Wahrheit war die Zunahme ihrer direkten Beteiligung am politischen System nicht so signifikant wie die Präsenz der Intellektuellen in der von der formidablen Expansion der Massenkommunikationsmittel[7] strukturierten neuen Sphäre. Eine Sphäre, die ihre Eigenständigkeit gegenüber Staat und politischen Parteien zwar wahrte, deren Distanz zur Politik jedoch in brutaler Weise verkürzt wurde. Der Begriff der »Videopolitik«, mit dem man dies des öfteren zu bezeichnen pflegt, ist nicht ganz deutlich, aber das Phänomen ist offensichtlich: das Fernsehen hat die Plaza de Mayo als Szene der Politik abgelöst und die Politiker bauen ihre Figur im wesentlichen durch die Medien auf[8].

Ein zweites, mit der Mediatisierung der Gesellschaft einhergehendes Phänomen ist die Entstehung der öffentlichen Meinung. Natürlich bedeutet dies nicht, daß die Leute bis dahin keine »Meinung« gehabt hätten, sondern daß die »öffentliche Meinung« sich als eine sozial konstruierte Entität etablierte, eine Art soziopolitischer Körper, dessen Reaktionen, Entwicklung und innere Struktur quantifizierbar und quantifiziert sind. Die Meinungsforschungsinstitute, die sich seit Mitte der achtziger Jahre vervielfacht haben, konstituieren in sozialer Hinsicht Meinungen und Erwartungen, denen die Kommunikationsmedien eine Rolle als politische Akteure *sui generis* verleihen. Als Konsequenz daraus verlieren die Politiker das Monopol einer autonomen Aufzählung der Erwartungen in der Bevölkerung. Nicht deshalb, weil diese tatsächlich von den Umfragen repräsentiert werden oder nicht, sondern weil die neue Entität mit einer eigenen Legitimität auf die politische Arena Einfluß nimmt, und so Entscheidungen konditioniert oder die Aufstellung von Wahllisten bestimmt.

So bildet sich eine öffentliche Szene heraus, die in der Lage ist, aus sich selbst heraus gesellschaftlich und politisch bedeutsame Themen aufzuwerfen, und die dadurch die Kontrolle der Parteiapparate und -führer über das, was man heute die »Agenda« nennt, einschränkt. In dieser Szene, und im Wettbewerb um Zuschauersegmente, greifen die Massenmedien auf jene zurück, die sie als Inhaber einschlägigen Fachwissens ansehen: auf Philosophen, Literaturkritiker, Soziologen, Politologen, Psychologen und Psychoanalytiker, Architekten und Städteplaner, Spezialisten in Kommunikations-, Erziehungs-, Gesundheits-, Wohnungs-, Arbeitsproblemen usw., und, natürlich, auf Wirtschaftsfachleute[9]. Natürlich behaupte ich nicht, daß die Intellektuellen in massiver Weise in den Medien präsent sind, sondern daß ihre Beiträge, als Konsequenz der Mediatisierung der Gesellschaft, eine Häufigkeit und Relevanz haben, an denen es ihnen in der Vergangenheit ermangelte[10]. Aber

7 Gegen Ende 1991 hatten die Kanäle des Kabelfernsehens bereits ein Publikum von rund 2 Millonen Personen und fünf Jahre später verwandelt sich Argentinien in eines der Länder mit der höchsten Anzahl von Einwohnern mit Kabelfernsehen-Abonnement (fast fünf Millionen Haushalte). Die Dienstleistung erreicht ca. 50 % der Wohnungen mit Fernseher.

8 Dies ist sowohl im Fall von Carlos Menem wie in dem von Carlos »Chacho« Alvarez offensichtlich, der dank seiner Präsenz im Fernsehen ohne politischen Apparat und ohne Straßenveranstaltungen in das politische Leben eintrat.

9 Um den Preis eines durch den Umfang des neuen Marktes bedingten Qualitätsverfalls hat ein bereits in den Magazinen der sechziger Jahre (*Primera Plana* oder *Confirmado*) beobachtetes Phänomen massiv zugenommen: Das, was eine Antwort auf die (und zugleich ein Beitrag zur) Expansion und Modernisierung eines Marktes der gebildeten Mittelschichten war, ist jetzt eine Antwort auf die Marktausweitung *tout court*.

10 Ein Beispiel, das sich kürzlich zutrug, scheint mir geeignet, ein Phänomen zu illustrieren, das offensichtlich quantitativ nicht verifiziert werden kann. Susana Torrado, eine akademisch voll anerkannte

die Medien redefinieren ihrerseits das, was man unter »Intellektuellen« zu verstehen hat.

Das Ende des Intellektuellen

Die Beteiligung von Intellektuellen am öffentlichen Raum und am politischen System modifiziert das Wesen ihrer öffentlichen Interventionen. Wenn ich aus Bequemlichkeit den Begriff des »Intellektuellen« in allgemeiner Form verwandt habe, ist es doch offensichtlich, daß er unterschiedliche Dinge benennt: *diese* Intellektuellen, deren Präsenz notorischer ist, sind nicht die, die über viele Jahre hinweg von der Sphäre öffentlicher Institutionen marginalisiert gewesen waren, und noch weniger sind es die, die der Protestgeneration der siebziger Jahre angehört hatten. Wenn ich sage, daß es nicht dieselben sind, spreche ich nicht von den Individuen als solchen (die es sehr wohl sein können und häufig auch sind), sondern vom *Typus* der Beziehung, die sie mit dem öffentlichen Bereich eingehen.

Man kann daher argumentieren, daß es nicht eine größere Präsenz von »Intellektuellen«, sondern von »Fachleuten« für Spezialthemen gibt, eine Präsenz, die von der Legitimierung und der Ausdifferenzierung der Fächer in den Sozialwissenschaften begünstigt wurde. Daß eine der führenden Persönlichkeiten des FRE-PASO, einer durch ihr Wählerpotential ausgewiesenen politischen Kraft, Soziologe ist, ist nichts anderes als eine Bestätigung dieser neuen Legitimität, nach der die Soziologie ebenso akzeptable Leistungsnachweise *[credenciales]* bietet wie es die der Rechtsfakultät waren und auch weiterhin sind. Der Intellektuelle als Erbe der geistlichen Macht der Kirche, den Paul Bénichou so treffend beschrieb, hat hingegen sein früheres Gewicht verloren und dabei auch den Protestdiskurs mit sich fortgerissen. An seiner Stelle werden Experten nach Maßgabe ihres spezifischen Wissens einberufen. Da diese nicht im Namen universeller Werte, sondern kraft spezifischer Kompetenzen sprechen, läßt sich schließen, daß sie nicht nur nicht anstreben, sich in eine moralische Autorität zu verwandeln, sondern daß sie dies auch nicht anstreben können, und noch weniger in der Lage wären, ihre alte Rolle als Vertreter derer, die keine Stimme haben, wiederaufzunehmen.

Diese Argumentation kann sich auf eine umfangreiche Literatur über den »Tod des Intellektuellen« stützen, als dessen Prototyp Jean-Paul Sartre galt, und über die wichtigsten Gründe, die diesen Tod erklären. Für Pierre Nora, der die Bedeutung einer Aufwertung der Wissens- und Kompetenzdimension unterstreicht, beendete der Untergang des Marxismus, insofern dieser Apotheose und Grab eines intellektuellen Lehramts ist, das intellektuelle Prophetentum; andere Autoren legen den Akzent auf die Krise der politischen Utopien und »der großen Metaerzählungen«, oder, wie Pierre Bourdieu, auf das Schwinden der objektiven Bedingungen, die das Erscheinen eines »totalen Intellektuellen« erlaubten. Schließlich ist für alle das Eindringen der Massenkommunikationsmedien in die Kultur von fundamentaler Bedeutung, das zur Mediatisierung der Intellektuellen führte, und umgekehrt auch

Forscherin des CONICET, stellte in einem Interview fest, daß die Angaben über Armut und Arbeitslosigkeit wahrscheinlich korrekt waren, daß man sie jedoch auch in anderer Weise interpretieren könne; der damalige Wirtschaftsminister Domingo Cavallo reagierte darauf mit einer Erklärung, daß Unfähigkeit vorliege und daß die Forscher des CONICET Tellerwaschen gehen sollten. Diese in jeder Hinsicht bedauerliche Episode zeigt, daß die kritische Meinung eines Spezialisten als politisch signifikant angesehen wurde.

dazu, den Meinungsäußerungen von Sport- oder Showstars eine neue Rolle zu geben. Diese Aufzählung ist selbstverständlich nicht erschöpfend, denn es handelt sich um das Aussterben einer Art intellektueller Intervention, die – vielleicht in einer weniger perfekten Form als Sartre – Althusser, Rossana Rossandra oder Foucault als Erben einer kanonisch von Emile Zola begründeten Tradition verkörpert haben. Es wäre jedoch falsch, eine für bestimmte europäische Gesellschaften gedachte Beschreibung zu verallgemeinern, noch aus dem Verschwinden des »totalen« Intellektuellen zu schlußfolgern, daß der Einfluß der Intellektuellen sich vermindert hat: die kürzlichen Ereignisse in Frankreich, aber auch die Debatten in Deutschland, Spanien oder Italien zeigen, daß diese Toten sich in unterschiedllichen Formen einer guten Gesundheit erfreuen.

Ich habe mir nicht vorgenommen, das Unbestreitbare zu bestreiten: ein Typus des Intellektuellen hat die Hegemonie, die er vor 20 oder 30 Jahren in Gesellschaften wie der französischen innehatte, verloren. Es interessiert mich hingegen, einige Aspekte der Ausdrucksform dieses Phänomens in Argentinien zu untersuchen, ausgehend von einigen Anmerkungen von Beatriz Sarlo. Und, allgemeiner, daß »es keinen universell anerkannten Ort für den intellektuellen Diskurs gibt«: dieser Ort ist überschwemmt von den Diskursen, die einerseits aus einem Netz stammen, das die Fachleute aufnimmt, und andererseits aus dem von den Intellektuellen in den Massenmedien gebildeten Raum. Diese Diagnose erlaubt es, einige Fragen zu stellen. An erster Stelle zum Problem, das den Text von Beatriz Sarlo durchzieht, nämlich die Frage nach der Hörerschaft der intellektuellen Diskurse. »Heute«, sagt sie, »geht es nicht allein darum, einen Diskurs zu halten, sondern auch die Bedingungen des Vortragens zu antizipieren: sie bewirken, daß er hörbar oder nicht hörbar ist, denn die Meinungen werden auf sehr unterschiedliche Art und Weise autorisiert (...); das erste Problem, mit dem wir konfrontiert sind, ist das des Wechsels in den Interventionsstilen: gegenüber diesen Veränderungen hat die Figur des kritischen Intellektuellen mehr als jede andere gelitten«.

Nun gut, man könnte anführen, daß auch in früheren Momenten die von den Intellektuellen geäußerte Meinung in keinem Augenblick ihr Publikum ignoriert hat, dies ist eine Bedingung jeglicher Äußerung; das Neue wäre daher nicht so sehr, daß der intellektuelle Diskurs weniger »hörbar« geworden wäre, sondern liegt darin, daß man, wenn er beansprucht, gehört zu werden und Einfluß auf eine breite öffentliche Sphäre zu nehmen, Restriktionen entdeckt, die schon immer vorhanden waren. Die Neuheit ist daher eine doppelte: Der intellektuelle Diskurs verlangt nach Gehör und will Einfluß auf eine breite öffentliche Sphäre nehmen, und diese ist komplexer und spezialisierter geworden. Die Veränderungen in der politischen Sphäre und die Mediatisierung der Kultur haben den Meinungen der argentinischen Intellektuellen die Tore zum öffentlichen Bereich halb geöffnet: Gerade aus diesem Grund können ihre Diskurse heute mit denen anderer konkurrieren. Paradoxerweise ist es diese Öffnung, die die Grenzen des intellektuellen Einflusses in Argeninien bemerkbar macht: Wer einen Platz inne hat, entdeckt Mängel, die für randständige und in sich geschlossene intellektuelle Zirkel unsichtbar waren.

In der Tat, wenn man vom »Ende des Intellektuellen« spricht, spielt man, explizit oder implizit, auf die Minderung seines Gewichts in der Gesellschaft an. Frankreich erscheint dann als ein exemplarischer Fall, doch selbst hier ist es angebracht zu nuancieren[11]. Aber was bedeutet in Argentinien diese hier in Erinnerung gerufene Krise? Denn wenn der Einfluß der argentinischen Intellektuellen gering war, so war das Publikum der »kritischen« Intellektuellen, deren Verschwinden man heute bemerkt, nicht größer. Oder, besser gesagt, es war größer, ging aber letztendlich nicht über ein extrem schmales Segment der Gesellschaft hinaus: Andere Intellektuelle und insbesondere marxistische Intellektuelle, die Fraktionen der kultivierten Mittelschichten – insoweit kulturelle Vermittler – gesellschaftliche Interpretationssysteme anboten. In der kurzen Mobilisierungszeit der siebziger Jahre verbreiteten in der Tat die neuen »Kulturarbeiter« globalisierende Ideen[12] (indem sie sich ihnen widersetzten), jedoch kann man anführen, daß die Ideen des neuen Christentums eines John W. Cooke oder eines Arturo Jauretche wirksamer waren. Nur eine Luftspiegelung, die, einmal mehr, Gesellschaft und intellektuelle Kreisläufe miteinander verwechselt, würde den Intellektuellen, dessen vollendetste Form Sartre war, einen realen Einfluß zusprechen. Wenn der »totale« Intellektuelle im Namen des Universellen sprach, war er allein deshalb nicht universal hörbar.

Ich glaube, daß wir heue vor einem umgekehrten Phänomen stehen: dem der fragmentarischen Diskurse, die aber dank der Medien eine größere Reichweite bei der Bildung der öffentlichen Meinung haben. In Argentinien, das weniger als andere Gesellschaften dazu neigte, den Intellektuellen einen Platz bei der Formulierung der Werte der Gesellschaft einzuräumen, bringt die doppelte Wandlung der Kultur und der Intellektuellen faktisch eine Erweiterung des virtuellen Raumes für eine kritische intellektuelle Intervention.

Ein virtueller Interventionsraum?

Weder die Reformistische Universität, noch die ideologisch organisierten Kleingruppen, noch die Parteizeitschriften sind heute noch Identitätsstifter oder Geselligkeitsnetze. Es wäre jedoch ein Irrtum, an ihrer Stelle eine ausschließlich berufliche Identität zu sehen, selbst wenn es nur deshalb wäre, weil die neuen Märkte die Leistungsnachweise und das kulturelle Prestige anerkennen, das sowohl die Kommunikationsmittel wie auch das Akademische verleihen; eine neue Identität ist dabei, sich herauszubilden, deren Merkmale noch nicht in einer stabilen Weise definiert sind.

Eine Unterscheidung zwischen der Entpolitisierung der Kultur und der Entpolitisierung der Intellektuellen vorzuschlagen, mag wenig sachgemäß erscheinen bei einer Konjunktur, die beherrscht wird vom Mangel an ideologischen Debatten und durch die Hegemonie eines konservativen Klimas. Aber aus der Professionalisierung und der Mediatisierung der Kultur kann man nicht ableiten, daß jegliche kritische intellektuelle Praxis mit gesellschaftlicher Einflußmöglichkeit im Argentinien der neunziger Jahre ein *objektiv* weniger günstiges Szenarium findet als in früheren Jahrzehnten. Im Gegenteil. Die Kommunikationsmittel öffnen sich den Spezialisten, bei denen sie ein Wissen über die Gesellschaft voraussetzen, das

11 Wie J.-D. Reynaud anmerkt, hat der Höhepunkt des marxistischen – oder neomarxistischen – Strukturalismus, z. B. »nicht den geringsten Nutzen für die Gewerkschafts- oder politische Bewegung gebracht, und es wäre unmöglich, seinen Einfluß auf die CGT oder auf die kommunistische Partei zu entdecken. Es war eine Angelegenheit der Spezialisten ohne soziale Konsequenzen.« (1989, 224).

12 Die schematischen Muster von [Althussers] »Ideologie und ideologische Staatsapparate« erschienen in den Programmen militanter Seminare, und das Werk Marta Harneckers war in Lateinamerika ein Bestseller.

durch die neuen Berufsbereiche legitimiert ist. Dies modifiziert das Verhältnis zwischen Gesellschaft und Wissen, das die Geschichte der Intellektuellen viele Jahre lang beherrschte: Die öffentliche Sphäre erkennt den Intellektuellen einen Ort des Wortes zu. Ausgehend von diesem neuen Ort, so denke ich, wird die klassische Form der intellektuellen Intervention möglich: diejenige, die im Namen universeller Werte verkündet wird.

Diese Behauptung geht von der Unterscheidung zweier häufig ineinander verwobener Modalitäten aus, die intellektuelles Prestige, politisches Handeln und kulturellen Einfluß miteinander verbinden. Die erste, im engeren Sinne weltanschauliche: Die Erzeugung von Glaubenssystemen, die verschiedene Aspekte des sozialen Lebens miteinander verbinden, ihm dadurch einen einheitlichen Sinn geben und es ihm dadurch erlauben, ohne größere Hindernisse gegenüber konkreten Situationen Stellung zu beziehen. Diese Form befindet sich, wie häufig wiederholt worden ist, in der Krise (auch wenn aus einer Hirschmannschen Sicht heraus ihre endgültige Erschöpfung in Zweifel gezogen werden könnte). In der zweiten nimmt der Intellektuelle öffentlich eine kritische Haltung ein, die sich vor allem auf Werte rückbezieht: Wahrheit, Gerechtigkeit, Ethik oder Gleichheit. Diese ist in Wahrheit die reine und klassische Form des »Intellektuellen«, der das »Unbestreitbare bestreitet«, wie es seinerzeit E. Zola in Anbetracht der Schuld des Kapitän Dreyfus tat. Wenn der Wille eine fundamentale Komponente ist, so ist es evident, daß die Wirksamkeit dieser Modalität intellektuellen Handelns von einem Echo in der Gesellschaft abhängig ist. Wie man weiß, ist dieses Echo auf die moralische Autorität der Intellektuellen – oder anders ausgedrückt, ihre soziale Anerkennung – nicht teil des kulturellen Erbes des modernen Argentinien gewesen. Ernesto Sábato als die ganz besondere Ausnahme macht dies deutlich.

Eine Untersuchung der aktuellen Lage, die als Ausgangspunkt die siebziger Jahre wählt, wird zu Recht den Mangel an kritischen intellektuellen Diskursen hervorheben. Aber eine historisch weniger begrenzte Perspektive zeigt auch die bisher nicht dagewesene Präsenz von »Spezialisten des Gesellschaftlichen« in der öffentlichen Sphäre, die den wissenschaftlichen Experten[13] zuzuzählen überzogen wäre. Der Gedanke, den ich hier vorzustellen versucht habe, ist, daß die jüngsten kulturellen Wandlungen den argentinischen Intellektuellen ein Prestige verleihen, das sie in der Vergangenheit nur selten genossen. In dem Maße, in dem Schriftsteller, Künstler und, warum nicht, die Experten eine sozial anerkannte kulturelle Autorität besitzen, die durch die Ausweitung der Massenkommunikationsmittel selbst noch verbreitert wird, öffnet sich eine Möglichkeit, jene in moralische Macht zu übersetzen.

Auf der anderen Seite würde dieser Gedanke die Annahme erlauben, daß die kärgliche Präsenz von Protestintellektuellen in Argentinien in höherem oder gleichem Maße den eigenen Optionen der Intellektuellen zuzuschreiben ist als den ihnen durch äußere Veränderungen aufgezwungenen Grenzen. Was diese Optionen anbelangt, verdunkelt die Anrufung der allgemeinen Krise der politischen Utopien die Bedeutung der neuen Repräsentation des Möglichen, die heute die progressiven Intellektuellen Argentiniens dominiert[14], hervorgerufen durch den brüsken Wech-

---

13 Ich benutze den Begriff wohl wissend, daß er als Gegensatz zum 'Intellektuellen' verwandt wird, weil er nichts anderes täte als ein begrenztes Wissen, eine Information über die Wirklichkeit, zu vermitteln. Philippe Roqueplo hat jedoch aufgezeigt, daß es besser ist, von »Expertise« als vom Experten zu sprechen, als einer Komponente in einer Beziehung, in der das Wissen in einen realen Entscheidungsprozeß einbezogen wird.

sel von einer Gesinnungsethik hin zu einer Verantwortungsethik – um es in den etwas abgenutzten, deshalb jedoch nicht weniger präzisen Begriffen Max Webers zu formulieren.

Wenn die Aufwertung der Spezialisten dort tödliche Folgen haben kann, wo es eine Tradition der intellektuellen Botschaft gab, verkehrt sich in Argentinien die Folgewirkung. Die Intellektuellen besetzen ihren Platz in der Gesellschaft nicht selbst, und aus diesem Grund ist, damit der »Intellektuelle« sozial existiere, die gesellschaftliche Anerkennung seines Wissens notwendig. Aber umgekehrt ist aus dieser Anerkennung, die ihnen heute weniger vorenthalten wird als in der Vergangenheit, nicht das tatsächliche Entstehen eines von einer wertbestimmten Gesinnungsethik geleiteten Handelns zu erschließen. Die Verbindung zwischen Wissen und Werten, ihrem Ort und ihren Begrenzungen, sind heute, wie sie es immer waren, offene Probleme, die den Kern der intellektuellen Alternativen ausmachen.

Bibliographie

Bourricaud. F. 1972: The adventures of Ariel, in: *Daedalus* (Sommer).

Brunner, J. J. 1990: Educación superior en América Latina: cambios y desafíos, Chile: FCE.

Brunner, J. J. / Flisfish, A. 1983: Los intelectuales y las instituciones de la cultura, Chile: FLACSO.

Burton, R. C. 1992: El sistema de educación superior, México: Nueva Imagen.

Delich, F. 1977: Crítica y Autocrítica de la razón extraviada, Caracas: El Cid Editor.

Halperín Donghi, T. 1996: El revisionismo histórico como visión decadentista de la historia nacional, in: Ensayos de historiografía, Buenos Aires: El Cielo por Asalto.

Hora, R. / Trímboli, J. 1994: Pensar la Argentina. Los historiadores hablan de historia y política, Buenos Aires: El Cielo por Asalto.

Landi, O. 1988: Reconstrucciones. Las nuevas formas de la cultura política, Buenos Aires: Puntosur.

Murano. H. 1991: Poder y comunicación. La irrupción del marketing y la publicidad en la política, Buenos Aires: Letra Buena.

Reynaud, J.-D. 1989: Les règles du jeu. L'action collective et la régulation sociale, Paris: Armand Colin.

Roqueplo, Ph. 1997: Entre savoir et décision, L'expertise scientifique, Paris: INRA.

Sarlo, B. 1994a: Entrevista, in: Hora/Trímboli.

Sarlo, B. 1994b: »¿La voz universal que toma partido? Crítica y autonomía«, Buenos Aires: Punto de vista 50.

(Aus dem Spanischen von Dr. Arnold Spitta, Bonn)

---

14 Auf ihr lasten möglicherweise, aber dies ist bereits ein anderes Thema, sowohl die nur spärlich erforschte Vergangenheit der Jahre der Militärs und der vorhergehenden Jahre, wie auch die Anforderungen für eine Beteiligung der Intellektuellen am politischen System.

José Xavier Martini

Wissenschaftsförderung in Argentinien[1]

Zusammenfassung

Ohne ihre vielfältigen historischen Vorläufer zu verkennen, läßt sich wohl sagen, daß die wissenschaftliche Tätigkeit in Argentinien durch die Entstehung des Nationalen Forschungs- und Technologierates (Consejo Nacional de Investigaciones Científicas y Técnicas – CONICET) unter dem Einfluß der starken Persönlichkeit von Bernardo Houssay und nach dem Vorbild des französischen Modells des CNRS im Jahre 1958 einen institutionellen Charakter bekam, und daß die Forschung sich dadurch als differenzierte berufliche Tätigkeit konsolidierte. Das politische Auf und Ab des Landes in den seither beinahe vierzig verflossenen Jahren spiegelt sich mit besonderer Virulenz im CONICET wider. Die Entwicklung des jungen und kreativen Organismus, der sich allmählich in eine ausgeprägte Bürokratie verwandelte, führte im Verein mit seiner Unfähigkeit – und der des Staatssekretariats für Wissenschaft und Technologie (SECyT) –, sich den von der jetzigen Regierung in Gang gesetzten Veränderungen im *modus operandi* des Staates anzupassen, beide Institutionen in eine schwere Krise. Im Juli 1996 wurde der CONICET von der Regierung unter Zwangsverwaltung gestellt und das Staatssekretariat für Wissenschaft und Technologie dem Geschäftsbereich des Erziehungsministeriums zugeordnet. Zugleich begann eine Debatte über die durchzuführenden Reformen oder, allgemeiner gesprochen, darüber, wie eine wünschenswerte Neuordnung der wissenschaftlichen und technologischen Tätigkeit in Argentinien aussehen könnte.

Der neue Staatssekretär für Wissenschaft und Technologie, dem gleichzeitig die kommissarische Leitung des CONICET anvertraut wurde, berief sechs Ausschüsse – die sich aus Persönlichkeiten zusammensetzten, die nach Ansicht der interessierten akademischen Gemeinschaft in ausgewogener Weise die ernsthaftesten und erfahrensten Meinungen repräsentierten –, um folgende Themen zu behandeln: 1. derzeitiger Zustand des Systems; 2. Evaluierungsverfahren; 3. Wissenschaftsförderung; 4. Technologieförderung; 5. institutionelle Reform und 6. ethische Normen.

Zum Zeitpunkt der Niederschrift dieses Artikels hatten die Ausschüsse ihre jeweiligen Berichte vorgelegt. Nach Aussage der verantwortlichen Autoritäten sollen sie einer breit angelegten Debatte dienen. Nach einer geschichtlichen Einführung kommentiert dieser Beitrag einige der in diesen Dokumenten enthaltenen Vorstellungen, gibt Hinweise auf andere Einrichtungen, die sich der Wissenschafts- und Technologieförderung widmen (insbesondere auf die Fundación Antorchas, der der Autor angehört) und zieht einige vorläufige Schlußfolgerungen.

1   Der Autor dankt Francisco de la Cruz und Guillermo Jaim Etcheverry für ihre Kommentare.

Der geschichtlich-institutionelle Rahmen

Um die aktuelle Lage der argentinischen Universität und des Fördersystems für wissenschaftliche und technologische Tätigkeit zu erklären, genügt es wohl, einige wenige Jahrzehnte zurückzugehen, wahrscheinlich bis kurz vor 1960. Damals wurde der CONICET gegründet, es entstanden die Nationalen Institute für Industrie- (INTI) und für Agrartechnologie (INTA), die Tätigkeit der Nationalen Atomenergiekommission (Comisión Nacional de Energía Atómica – CNEA) kam in Schwung. Zugleich erfolgte eine Erneuerung der öffentlichen Universitäten – an denen zum ersten Mal der forschende Hochschullehrer, der in den damals verabschiedeten Statuten als die Schlüsselfigur des akademischen Lebens angesehen wurde, Gestalt annahm. In jener Zeit wurden auch die gesetzlichen Grundlagen für die Gründung privater Universitäten gelegt (Institutionen, die jedoch im Bereich der Forschung nur eine geringe Bedeutung erlangen würden).

Es empfiehlt sich jedoch, einen kurzen Hinweis auf gewisse zeitlich weiter zurückliegende Vorläufer zu geben. Die spanisch-koloniale Tradition hinterließ eine akademische Sicht, die sich auf die scholastische und postscholastische Philosophie gründete. Diese war vor allem in der im 17. Jahrhundert von Jesuiten gegründeten Universität Córdoba, der einzigen Hochschule, die es auf dem heutigen argentinischen Staatsgebiet bis zum Anfang des vergangenen Jahrhunderts gab, verwurzelt. Auf der anderen Seite orientierte sich die Universität von Buenos Aires (UBA), die die Ausrichtung der universitären Lehre im Lande überwiegend bestimmt hat, seit ihrer Gründung im Jahre 1821 in markanter Weise – um nicht zu sagen ausschließlich – an der Ausbildung und der Titelvergabe zur Ausübung der sogenannten freien Berufe (vor allem Medizin und Jura und später, allmählich hinzukommend, Ingenieurwissenschaften, Landwirtschaft, Veterinärmedizin, Biochemie, Pharmazie, Architektur usw.). Abgesehen von gelegentlichen Ausnahmen ist ein Jahrhundert lang an ihr in systematischer Weise weder wissenschaftlich geforscht noch originäres Wissen hervorgebracht worden. 1929 betonte Bernardo Houssay: ...*ohne Forschung gibt es keine Universität. Eine Lehrstätte ist nicht universitär, wenn sie nicht forscht... Auch wenn es unwahrscheinlich scheint, die Mehrheit der Angehörigen unserer Universität begreift die Rolle der Wissenschaft nicht...* [sie glaubt, daß]... *die Universität der Ort zum Herunterleiern von Unterricht und zur Abnahme von Prüfungen ist...* (Barrios Medina/Paladini 1989, 275-276). Einem anderen Autor zufolge praktizierte man allein die *Kathederwissenschaft* (Myers 1992), die darin bestand, das Wissen, das andere hervorgebracht hatten, zu verbreiten. Diese Situation, die nach fast siebzig Jahren für große Bereiche der öffentlichen Universität (und für die privaten Hochschulen fast zur Gänze) weiterhin gültig ist, war – und ist immer noch – eine Quelle für unzählige Spannungen, politische Konflikte und in großem Maße für die in den Augen der Gesellschaft enttäuschenden Ergebnisse des argentinischen Hochschulsystems. Man könnte argumentieren, daß dieses noch immer hauptsächlich aus einem großen Meer tertiärer, nichtuniversitärer Lehre besteht, aus dem hier und dort einige wenige Inseln herausragen, an denen man, vielleicht überraschenderweise, die genuinen Merkmale einer Universität von hohem akademischem Niveau erkennt.

Dennoch wurden bereits im vergangenen Jahrhundert und im Verlauf der ersten Hälfte des zwanzigsten Initiativen verwirklicht, die, obwohl sie sich den allgemeinen Tendenzen widersetzten, den Weg der professionellen wissenschaftlichen Forschung einschlugen. Unter ihnen ist zu nennen die Gründung der Institute für Mikrobiologie (1886) und Physiologie (1919) an der UBA. Das zuletzt genannte wurde 1943, als der damalige staatliche Autoritarismus Maßnahmen ideologischer Verfolgung an der Universität ergriff, gezwungenermaßen faktisch privatisiert. Es wurde außerhalb der Hochschule vom Institut für experimentelle Biologie und Medizin (IByME) fortgeführt, das von privaten argentinischen Mäzenen und von nordamerikanischen Stiftungen wie der Rockefeller Foundation finanziert wurde. Am IByME arbeitete Houssay, als er 1947 den Nobelpreis für seine Studien über die Funktion der Hirnanhangdrüse beim Stoffwechsel der Kohlehydrate bei Diabetikern erhielt. Einen Schritt in die gleiche Richtung bedeutete die Reorientierung, die die neue Provinzuniversität von La Plata (gegründet 1891) erhielt, als sie sich 1905 in eine Nationale Hochschule verwandelte und das Humboldtsche Modell der wissenschaftlichen Universität wählte. Zu diesem Zweck bemühte sie sich, ihr akademisches Schlüsselpersonal in Deutschland zu rekrutieren (im Rahmen dessen, was ein Wissenschaftler den deutschen *Kulturimperialismus* genannt hat) (Peyenson 1985). Ein Naturkundemuseum und seine Sammlungen verwandelte sie in ein Forschungszentrum schlechthin. Ähnliche Merkmale wies die 1912 erfolgte Gründung der Provinzuniversität Tucumán (1921 nationalisiert) auf, die teils den Spuren der Universität La Plata und teils dem späten Einfluß des Positivismus folgte.

Ein jüngerer Vorläufer war die Arbeit der 1933 gegründeten »Asociación Argentina para el Progreso de las Ciencias« (AAPC) [der Argentinischen Vereinigung für den Fortschritt der Wissenschaften], die aufgrund des Gesetzes 12.338 (das auf eine Initiative des Präsidenten Justo zurückging und 1937 verabschiedet wurde) einen Fonds von einer Million Pesos in öffentlichen Anleihen erhielt, um mit den Erträgen Stipendien und Zuschüsse zur Unterstützung von Forschungen zu finanzieren. Um erneut Houssay zu zitieren, der ihr fünfzehn Jahre lang vorstand, *erreichten die Vorstellungen der Vereinigung (...) über Stipendien, Vollzeitbeschäftigung, Forschungsstellen, Forschungsfonds, Entwicklung der Physik und der Astronomie, moderne Lehre sowie über die Notwendigkeit, einen nationalen Rat für wissenschaftliche Forschung zu schaffen u. ä. (...) weite Verbreitung im Land und sind allmählich verwirklicht worden* (Barrios Medina/Paladini, 1989, 398). In der Tat bildeten sie die konzeptionelle Grundlage, auf der der CONICET aufgebaut wurde, dessen Verwaltungsstruktur zudem derjenigen der AAPC folgte. Bis 1962 gewährte diese mit den Mitteln, die sie aufgrund des zitierten Gesetzes und durch Schenkungen des privaten Sektors erhielt, 48 Auslands- und 142 Inlandsstipendien sowie 120 Zuschüsse für originäre Forschungsarbeiten.

Außerdem ist erwähnenswert, daß seit Mitte des vergangenen Jahrhunderts einige außeruniversitäre Forschungsaktivitäten Gestalt angenommen hatten, die von den Regierungen gefördert und anfänglich von ausländischen Wissenschaftlern durchgeführt wurden. Deren Anwesenheit war ein wichtiger Faktor für den entscheidenden Schritt, der Ende der fünfziger Jahre dieses Jahrhunderts erfolgte und den Beginn eines institutionalisierten Systems der wissenschaftlichen Forschung im Lande markierte. Beispiele dieser Aktivitäten sind der Zoologische Garten von Buenos Aires und die Sternwarte von Córdoba aus den siebziger Jahren des vergangenen Jahrhunderts sowie eine Station für experimentelle Landwirt-

schaft, die 1907 in Tucumán eingerichtet wurde. Zeitlich weniger weit zurücklie-
gend ist der Anfang der experimentellen Physik in Bariloche im Jahre 1949 durch
den rätselhaften deutschen Physiker Ronald Richter, der eine extravagante Episode
mit grotesken Zügen verursachte (Mariscotti 1984), die aber kurioserweise nicht
verhinderte, daß sich daraus eine der Institutionen entwickelte – das Centro Atómico Bariloche der CNEA –, deren in späterer Zeit durchgeführte Forschungen zu
den solidesten in Argentinien gezählt werden.

    1958 fand die Gründung des Forschungsrats CONICET statt. Er beabsichtigte,
nicht nur *zum kulturellen Fortschritt der Nation beizutragen*, sondern setzte sich
u.a. ebenfalls für die *Besserung der öffentlichen Gesundheit, für die breitestmögli-
che und wirksamste Nutzung der natürlichen Reichtümer und für die Steigerung
der industriellen und landwirtschaftlichen Produktivität ein* (Decreto-ley de crea-
ción del CONICET) (1291/58)). Wie man aus der Erwähnung des *kulturellen
Fortschritts der Nation* schließen kann, schien man auf eine Forschung vor allem
aus akademischem Interesse und gleichzeitig auf eine praxisorientierte Forschung
abzuzielen. Die Ziele dieser praxisorientierten Forschung wurden von außerhalb
des Wissenschaftssystems bestimmt, wie aus den zitierten übrigen Zielsetzungen
hervorzugehen scheint. Solcherart hoffte man, sowohl die Grundlagen- wie auch
die angewandte Forschung bedienen zu können (auch wenn Houssay immer wieder
darauf bestand, daß *es keine angewandten Wissenschaften gibt, sondern nur An-
wendungen der Wissenschaften*) (Barrios Medina / Paladini 1989, 312). Im ersten
Direktorium der Institution waren die biomedizinischen Wissenschaften (sieben
Mitglieder), die Naturwissenschaften und Mathematik (fünf) und die Technologie
(ein Mitglied) vertreten; nicht hingegen die Geistes- oder Sozialwissenschaften, für
die sich ein beratender Ausschuß bildete, dessen Vorsitz ein ... Meteorologe inne
hatte. Kurz zuvor hatten der INTA und der INTI ihre Arbeit aufgenommen.

    Die Förderinstrumente, die der CONICET von Beginn an einsetzte, waren drei:
die Laufbahn des wissenschaftlichen Forschers zu schaffen, Ausbildungsstipendien
und Zuschüsse für Forschungsvorhaben zu gewähren und Forschungsinstitute einzurichten. Die zwei zuerst genannten Instrumente, die eine enge Beziehung der
Arbeit des Forschungsrats zu den Universitäten voraussetzten, scheinen übereinge-
stimmt zu haben mit Kriterien, die alle Angehörigen der Frühzeit der Institution
teilten. Für das dritte Instrument läßt sich das nicht sagen. Es führte in vielen Fällen
zu Forschung außerhalb des Hochschulbereichs, sein Einsatz war anfangs bescheiden, nahm jedoch im Laufe der Jahre zu, bis es ein großes Gewicht innerhalb der
Institution erlangte.

    In der Anfangsphase war der CONICET ein effizientes Instrument, um die kleine
Anzahl von Forschern des Landes in eine echte *scientific community* zu verwandeln. Er war der einzige, der Inlandsstipendien zur Promotion vergab. Die Auslandsstipendien erlaubten es, daß Hunderte, im allgemeinen nach der Promotion,
ihre Ausbildung an ausländischen Zentren von hoher Qualität vervollständigten.
Die Forscherlaufbahn – die bis 1973 die Modalität eines Zweijahresvertrages hatte
und erst seitdem in ein unbefristetes Anstellungsverhältnis umgewandelt wurde,
wodurch sich die Wissenschaftler in öffentliche Bedienstete verwandelten – ermöglichte es den verschiedenen Universitätsdepartments, für ihre Entwicklung
wissenschaftliches Schlüsselpersonal zu gewinnen. Sein Zuschußsystem erlaubte
es, Geräte zu beschaffen und Forschungen fortzuführen.

Im Laufe der Zeit sank jedoch die Effizienz des CONICET. Seine Geschichte ist so unbeständig und turbulent wie die Argentiniens in den letzten vierzig Jahren, in denen es drei politische Normalisierungen (im Sinne des Übergangs von einer Militärregierung zur Geltung der republikanischen Institutionen) und zwei Brüche des demokratischen Systems gab (die die Übernahme der Regierung durch Militärdiktatoren bedeuteten). Es gab zudem Gewalt und Terror bewaffneter Banden der Linken und der Rechten und eine gleichermaßen gewalttätige und grauenhafte Repression. Hinzu kam die Verletzung der Mehrheit der bürgerlichen Grundrechte durch die illegitime politische Gewalt; ständige hohe Inflation und zwei Hyperinflationsepisoden. Außerdem scheint eine gewisse universelle Tendenz staatlicher Bürokratie sich ebenfalls in superlativem Ausmaß im Laufe der vier Jahrzehnte des CONICET bestätigt zu haben: in dem Maße, in dem die Organisationen an Alter zunehmen, wachsen ihre administrative Irrationalität und Ineffizienz wie auch der Finanzbedarf zur Aufrechterhaltung unproduktiver Strukturen. In diesem gesellschaftlichen Kontext und in einem Zustand der Hyperbürokratisierung kann man daher kaum erwarten, daß eine öffentliche Einrichtung, deren Ziel die Forschungsförderung ist, heute in wirksamer Weise, gar normal, funktionieren kann.

Was möglicherweise einem neutralen externen Beobachter, der die Entwicklung des CONICET untersucht, am meisten auffallen würde, ist das Ausmaß an inneren Konflikten zwischen seinen Mitgliedern und die Unfähigkeit des wissenschaftlichen Systems, tolerante und pluralistische Formen des Umgangs miteinander zu schaffen, die als Rahmen für gängige Entscheidungen wie Verteilung der Ressourcen, Stipendienvergabe, Aufnahme in die und Beförderungen in der Forscherlaufbahn, Gründung und Evaluierung von Instituten, Aufnahme neuer Fächer usw. dienen könnten. Man kann vielleicht sagen, daß die Akademiker sich in Argentinien durch ein Verhalten tribalen Typs charakterisiert haben, mit zahlreichen Fraktionen im permanenten Kampfzustand untereinander und in ständiger Suche nach der Gunst der Macht oder gar ihrer Eroberung, um der eigenen Gruppe Vorteile zu verschaffen und den Fortschritt der anderen zu verhindern. Diese Verhaltensweisen haben nicht nur das ethische und politische Klima der wissenschaftlichen Gemeinschaft ernsthaft in Mitleidenschaft gezogen, sondern ihr auch einen Autoritätsverlust in der übrigen Gesellschaft gebracht und ihre Verhandlungsfähigkeit gegenüber jener geschwächt.

Die Zielsetzung des Privatsektors

Es ist interessant festzustellen, daß die private Unterstützung wissenschaftlicher Arbeit in Argentinien eine ehrenhafte Tradition aufweist. In den dreißiger, vierziger und fünfziger Jahren erhielt die erwähnte AAPC Zuwendungen von verschiedenen Unternehmen, von Privatleuten und von der Stiftung Sauberán, die ihrerseits eine wichtige Rolle bei der 1943 erfolgten Gründung des bereits erwähnten IByME gespielt hat. Das IByME wurde ebenfalls finanziell von verschiedenen Firmen und Privatleuten unterstützt. 1947 wurde das von der Stiftung Campomar finanzierte Institut für Biochemische Forschung (Instituto de Investigaciones Bioquímicas) ins Leben gerufen. Die Leitung wurde Luis F. Leloir anvertraut, der für seine am Institut geleisteten Arbeiten zur Biochemie der Kohlenhydrate 1970 den Nobelpreis in Chemie erhielt. Ebenfalls dank privater Förderung entstanden das Institut für Medizinische Forschung Mercedes und Martín Ferreyra in Córdoba und das Institut für Medizinische Forschung in Rosario. Alle diese Institutionen haben zudem Unterstützung von ausländischen Quellen, vor allem von der Rockefeller Foundation, erhalten.[2]

In diesen Rahmen gehört auch die Förderarbeit zugunsten der wissenschaftlichen Tätigkeit, die seit rund zehn Jahren die Stiftung Antorchas leistet, eine unabhängige private Einrichtung mit aus einer Schenkung erhaltenen eigenen Ressourcen, die zur Zeit etwa 2,5 Millionen Dollar jährlich für die Förderung des Hochschulbereichs und der wissenschaftlichen Forschung zur Verfügung stellt. Um diese Aufgabe durchzuführen, beschloß sie, an Vertreter eines breiten Fächerspektrums in den Natur- und Geisteswissenschaften Stipendien und Zuschüsse zu vergeben. Diese Tatsache spiegelt die Entwicklung der akademischen Welt Argentiniens im Verhältnis zu jenen Zeiten wider, in denen im Land nur in einigen wenigen biomedizinischen Bereichen Forschung betrieben wurde, wie auch die weltweiten Veränderungen in der Art und Weise, Wissen hervorzubringen. Diesen Veränderungen zufolge ist es kaum denkbar, bedeutende Ergebnisse durch die Konzentration der Ressourcen auf ein oder zwei Zentren zu erzielen, denn es ist zu einer allgemeinen Beteiligung unzähliger Forscher gekommen, die gleichzeitig unterschiedliche Probleme angehen.[3] Die Übersichtstafel im Anhang faßt die Arbeit von Antorchas in diesem Bereich zusammen.

Die heutige Lage

Der beschriebene Zustand des CONICET wurde verstärkt durch eine Reihe von unvorsichtigen Initiativen im Haushaltsbereich, die die Institution in eine sehr schwierige Finanzlage brachten. Dies führte im ersten Halbjahr 1996 zur Krise und bewirkte, daß die Regierung die erwähnten wichtigen Entscheidungen traf, darunter folgende:
– den Forschungsrat unter Zwangsverwaltung zu stellen;
– das Staatssekretariat für Forschung und Technologie (SECyT) aus der Zuständigkeit der Präsidentschaft der Nation zu lösen und in den Geschäftsbereich des Erziehungsministeriums einzugliedern;
– sowie *Ad-hoc*-Ausschüsse zur Behandlung der eingangs aufgeführten Themen zu berufen.

Aus den Diskussionen und der Arbeit dieser Ausschüsse gingen eine Diagnose der gegenwärtigen Lage und eine Reihe von Reformvorschlägen hervor. Aus den wichtigsten Schlußfolgerungen der Diagnose möchten wir die folgenden hervorheben:

2 Zwischen 1936 und 1967 vergab die erwähnte Stiftung insgesamt US$ 200.000 an argentinische Institutionen für Forschungen in Physiologie, und dies zusätzlich zu den Ausbildungsstipendien für Wissenschaftler in den Vereinigten Staaten, wie sie Oscar Orías und Juan T. Lewis erhielten, die nach ihrer Rückkehr die genannten Institute in Córdoba bzw. in Rosario geleitet haben (Cueto 1994).
3 Die Programme der Fundación Antorchas im Hochschulbereich und in der Forschung wurden nach Beratung mit zahlreichem Vertretern der argentinischen *scientific community* festgelegt, darunter insbesondere Juan J. Cazzulo, José Carlos Chiaramonte, Guillermo Dussel, José R. Galvele, Patricio J. Garrahan (der zum Direktorium der Stiftung gehört), Ezequiel de Olaso, Alejandro Paladini und Alberto Pignotti.

- Man verfügt über keine verläßliche Angaben der Summe, die in Argentinien jährlich in Wissenschaft und Technologie investiert wird, sei es für Forschung oder Entwicklung. Einer sehr groben Schätzung zufolge schwankt sie zwischen 500 Millionen und 1 Milliarde Dollar, je nachdem, ob man restriktive oder weitgefaßte Kriterien zugrunde legt. Zu ersterem der genannten Werte gelangt man, wenn man den Haushalt des CONICET (200 Millionen Dollar), die für Forschung vorgesehenen Mittel der Universitäten (berechnet nach den Haushaltstiteln »Wissenschaft und Technologie« zuzüglich der Gehaltszulagen für das akademische Vollzeitpersonal ohne Nebentätigkeiten), sowie die Gehaltszuschläge oder Anreize, die das Erziehungsministerium für Hochschullehrer mit Forschungstätigkeit vorsieht, addiert. Hinzu kommt eine Schätzsumme der Investitionen anderer Einrichtungen, einschließlich der privaten.

- Nicht sehr viel verläßlicher scheinen die Angaben über die Zahl der Mitglieder der *scientific community* (6.000 für einige, 20.000 für andere). Wegen der Vielzahl von Personen, die neben ihrer akademischen Tätigkeit einen Beruf – häufig sogar als Hauptbeschäftigung – außerhalb der Hörsäle ausüben, ist nämlich unklar, wer als Forscher eingeordnet werden kann (bei Anlegung strenger Kriterien kann man sicherlich sagen, daß selbst 6.000 eine hoch gegriffene Zahl ist).

- Man schätzt, daß die nationale Leistung in diesem Bereich, gemessen in Prozenten des Bruttoinlandprodukts, wegen ihres geringen Volumens (zwischen 0,15 und 0,3 %) unangemessen ist; zugleich hat es Stimmen gegeben, die darauf hinwiesen, daß, wenn man die Zahl der von Argentiniern veröffentlichten Arbeiten in den international renommiertesten Fachzeitschriften in Betracht zieht (etwa 2.000 Artikel pro Jahr), die Investition pro Artikel übermäßig hoch ist (250.000 Dollar?). Diese Feststellung bleibt auch dann bedenkenswert, wenn man zugibt, daß es bestimmte Wissensgebiete gibt, die legitimerweise andere Verbreitungsformen für ihre Ergebnisse benutzen. All dies weist auf ein ernstes Ungleichgewicht an irgendeiner Stelle hin.

- Als weitere Kennzeichen des wissenschaftlichen Systems offenbaren sich eine problematische Verteilung der Fächer und geographischen Gebiete; eine unangemessene Altersstruktur der Forscherpopulation, die deutlich überaltert ist; eine übermäßige Nutzung der vorhandenen öffentlichen Ressourcen zur Deckung der fixen Kosten (vor allem für Gehälter des wissenschaftlichen und des Hilfspersonals, für Gebäude usw.). Die Folge davon ist die praktische Unmöglichkeit für Forscher, in angemessenem Umfang Gelder zur Finanzierung ihrer Forschungskosten zu bekommen, was die Erfüllung der Ziele, die einstmals zur Gründung des Systems und zur Allokation von öffentlichen Ressourcen geführt hatten, unmöglich macht.

- Eines der vielleicht negativsten Merkmale, auf die man aufmerksam wurde, war der fehlende Habitus, Wert auf Qualität zu legen. Demzufolge mangelt es auch an anerkannten Verfahren, um die wesentlichen Entscheidungen, wie die Allokation der Gelder und die Förderung von Personen, in erster Linie an akademischen Verdiensten zu orientieren.[4] Im Gegenteil, es scheint, daß im allgemeinen

---

4 Ohne Zweifel ist das folgende auch auf das argentinische wissenschaftliche System anwendbar: *There is a lack of incentives for improvement. Each of the main forces that propels sounder higher education elsewhere has been weak in Latin America and the Caribbean. Examples include accountability to consumers or funders, useful state controls and a highly developed academic ethos.* [Of particular concern] *... is the disconnection between performance and the reward structure: there are too few rewards for excellent performance and too few sanctions for incompetence or irresponsibility* (de

das Dienstalter mehr zählt als international anerkannte Kriterien der Schöpfung originären Wissens – gemessen vor allem an der Fähigkeit, Artikel in den anspruchsvollsten wissenschaftlichen Fachzeitschriften zu publizieren – oder als die Ausbildung des Nachwuchses usw. All dies besagt nicht, daß es keine Ausnahmen in dem so wenig hoffnungsvollen gegenwärtigen Zustand gibt. Es beschreibt jedoch eine globale Tendenz, die umso mehr um sich griff, je größer die Anzahl der Angehörigen der *scientific community* wurde. Dies hatte zur Folge, daß auch die Interessen derer stärker wurden, die sich zurückgesetzt sehen könnten, wenn ihre Arbeitsleistung mit anspruchsvollen Qualitätsmaßstäben gemessen würde.

– Ein besonders kritikwürdiges Merkmal des Systems, das die geleistete Diagnose hervorhebt, ist die Häufigkeit von Verhaltensweisen (man müßte fast sagen, daß sie zur Gewohnheit wurden), die im Widerspruch stehen mit ethischen und institutionellen Umgangsformen, die eine pluralistische, demokratische Gesellschaft auszeichnen. Im Bereich des individuellen Handelns schließen diese Verhaltensweisen vor allem die Diskriminierung aus politischen oder ideologischen Gründen ein.[5] Bei Interessenkollisionen fällt das Fehlen eines Loyalitäts- oder Pflichtgefühls gegenüber der Gemeinschaft seitens ihrer Angehörigen auf. Im institutionellen Bereich werden diese Verhaltensweisen einerseits in der Unfähigkeit der Organisationen sichtbar, solche Mißstände zu bekämpfen. Andererseits manifestieren sie sich in Regierungsformen, bei denen die Leitungsfunktion in die Hände von Personen fallen kann, die ungeeignet sind, sie auszuüben, und in denen man dazu neigt, Führungsaufgaben in beliebiger, ja sogar willkürlicher Weise wahrzunehmen, ohne auf die Betroffenen Rücksicht zu nehmen und ohne für die Leitungs- und Verwaltungsakte öffentlich Rechenschaft abzulegen. Die Arbeitsweise des CONICET zeitigte selbst in jüngster Vergangenheit mehr als ein Beispiel von Direktorien (öfters zusammengesetzt aus Forschern mit wissenschaftlichem Prestige), die Ernennungen, Förderungen und Preise unter sich oder an ihre Familienangehörigen verteilten, die reichlich Zuschüsse an ihre eigenen Laboratorien vergaben, die die Mitglieder beratender Ausschüsse eher nach der Ideologie als nach der akademischen Befähigung ernannten und die wichtige Beschlüsse über die Allokation der Ressourcen in verborgener Weise fällten, um ihre politischen, beruflichen oder sektiererischen Interessen zu begünstigen.

Moura Castro / Levy 1996).

5   Die ideologische Intoleranz sieht auf eine lange Tradition im argentinischen akademischen Leben zurück, die sich vielleicht zur Zeit abschwächt. In dem hier interessierenden Zeitraum können zumindest die größeren Episoden von Verfolgung aufgezählt werden, die 1955, 1966, 1973 und 1976 entfesselt wurden, ohne weitere Ausbrüche von Sektierertum anzuführen, die in Vergessenheit geraten sind, weil sie vielleicht unter weniger traumatischen Umständen geschahen. In allen Fällen haben sie tiefe Spuren bei den Geschädigten hinterlassen, deren Leben Wendepunkte erfuhren, die sie außerhalb der akademischen Welt oder, gleichfalls häufig, außerhalb des Landes führten; sie hinterließen gleichzeitig institutionelle Spuren, die schwer zu beseitigen sind; so spürt man an manchen Orten noch heute das Gewicht von Ereignissen, die vor dreißig Jahren geschahen: Die Fakultät für Mathematik und Naturwissenschaften der UBA hat sich noch nicht befreit von dem, was wir das *Syndrom der Nacht der langen Schlagstöcke* nennen könnten. Häufig hat sich die ideologische Komponente dieser Ereignisse vermischt mit anderen rein akademischer Natur – oder als Vorwand dafür gedient –, wie es unterschiedliche Auffassungen im Verständnis gewisser Fächer oder unterschiedliche Qualitätskriterien oder, plumper, Konflikte zwischen den Hervorragenden und den Mittelmäßigen sind.

Schlußfolgerungen zur Reform des Systems

Im Augenblick der Niederschrift dieser Zeilen arbeiten die Leitungen des CO-NICET und der SECyT die Reformen aus, die durchgeführt werden sollen; sie haben dazu zahlreiche Empfehlungen und Vorschläge erhalten, darunter die von den eingangs erwähnten Ausschüssen erarbeiteten. Im folgenden werden einige der Vorstellungen entwickelt, die der Verfasser als nützlich für die Ziele und Aufgaben des CONICET erachtet.

Es wäre vor allem zweckdienlich festzulegen, welche Art der Forschung der CONICET zu fördern hätte. Zu diesem Zweck unterscheidet man gemeinhin zwischen Grundlagen- und angewandten Wissenschaften und verteidigt die entgegengesetzten Standpunkte, daß die eine oder die andere (je nachdem, wer argumentiert) prioritär sei. Möglicherweise ist es fruchtbarer, sich einer anderen Einteilung zu bedienen: die, die unterscheidet zwischen der am freien Interesse des Forschers orientierten Wissenschaft (*investigator-initiated research*, die man auch *akademische Wissenschaft* nennen könnte) und der Wissenschaft, die sich an den von anderen gesetzten Zielen orientiert (seien es Wirtschaftsunternehmen, öffentliche Einrichtungen oder gemeinnützige Institutionen).[6] Im Lichte einer solchen Unterscheidung wäre es sinnvoll, als Zielsetzung der Arbeit des CONICET die *akademische Forschung* zu begreifen. Diese definiert als *die Hervorbringung originären Wissens in jeglichem Zweig der Natur- und Geisteswissenschaften sowie der Technologie; Forschung, die im Rahmen der akademischen Freiheit durchgeführt wird und die den international anerkannten Verifizierungskriterien Genüge tut.* Außerhalb dieser Definition, und damit auch außerhalb der Aufgabenstellung des CONICET blieben 1. die Auftragsforschung. Sie dient der Lösung praktischer Probleme jeglicher Art, d. h., sie wird bestimmt von Nützlichkeitsaspekten und entsteht aufgrund von Initiativen, die von außen an den Forscher herangetragen werden. Außerhalb blieben 2. die technologischen Entwicklungen (im Sinne von *research and development* im angelsächsischen Sprachgebrauch). In Ergänzung dazu könnte die nationale Regierung in anderen administrativen Bereichen Forschungen fördern oder sogar durchführen, die bestimmten vorher festgelegten Zwecken dient (z. B. im INTI, INTA, den Organismen für öffentliche Gesundheit usw.). Akademische Forschung ist in unserer Sicht nicht völlig deckungsgleich mit in der Universität geleisteter Forschung, denn auch in dieser ist Raum für eine bestimmte Menge an Auftragsforschung, und zugleich kann es nichtuniversitäre Einrichtungen geben, die akademische Forschung betreiben.

Um das Ziel zu erfüllen, diesen Forschungstypus zu fördern, wäre es möglicherweise von Vorteil, daß der CONICET lediglich zwei Aufgaben wahrnimmt: 1. Stipendien und Zuschüsse zu vergeben, die die akademische Forschung stützen; und 2. Standards festzulegen (z. B. durch Evaluierung der Projekte, der Institutionen und der Personen). Es empfiehlt sich, die Aufgabe der Durchführung von Forschung von der ihrer Finanzierung zu trennen, weil eine jede unterschiedlicher Fähigkeiten bedarf und weil die Qualitätsanforderungen absinken, wenn Kontrolleur und Kontrollierter die gleiche Einrichtung ist. Diese Empfehlung hat zum Ziel,

---

6 In einer sorgfältigen Analyse der britischen Wissenschaft zog es die Zeitschrift *Nature* ebenfalls vor, sich nicht auf Grundlagen- und angewandte Wissenschaften zu beziehen, sondern teilte die Forschung je nach dem Ort ihrer Durchführung ein in akademische Forschung, in solche des öffentlichen und in die des Industriesektors (»Manifesto for British Science«, *Nature* 353: 105-112, 12. Sept. 1991).

eine effiziente Arbeitsweise einzuführen, die nach mehrheitlicher Meinung heute fehlt. Um eine maximale Nutzung der vorhandenen Ressourcen (unabhängig von ihrem Volumen) zu erreichen, müssen Verfahren angewandt werden, die den Wettbewerb stimulieren, und dauerhaft vom Wettbewerb abgeschirmte Strukturen sollten vermieden werden. Mit anderen Worten, alles, was öffentlich ausgeschrieben werden kann, muß ausgeschrieben werden, und Forschung mit eigenem Personal im Rahmen eines festen Stellenplans müßte genauso eingestellt werden, wie die Gründung oder der Betrieb von Instituten, denen alle Ausgaben subventioniert werden. Zugunsten der Effizienz empfiehlt es sich auch, die Möglichkeit in Betracht zu ziehen, daß die Wissenschaftlerlaufbahn nicht den Charakter einer unbefristeten Anstellung im Rahmen des staatlichen Besoldungsschemas hat. Dennoch könnte man sie erhalten (1.) als ein akademisches Beurteilungssystem der Wissenschaftler, (2.) als Quelle für an vernünftige Bedingungen und Einschränkungen gebundene Gehaltszuschläge und (3.) als Mittel zur Erlangung von Forschungszuschüssen, die Zeiträume von – sagen wir – ein bis drei Jahren umfassen.

In jedem Fördersystem, besonders wenn es den Wettbewerb stärkt, ist es wichtig festzulegen, wie die Meriten gemessen werden. Die Forschung mit Erfolg zu fördern setzt voraus, die wertvollsten Personen und Projekte auszuwählen, um ihnen Unterstützung zu gewähren. In der akademischen Welt ist das vorrangige Kriterium die positive Bewertung durch die internationale Gemeinschaft der Wissenschaftler (*peer review*). Die Art und Weise, in der die Fälle den *peers* zur Beurteilung vorgelegt werden, und die von diesen verwendeten Auswahlkriterien können jedoch sowohl aufgrund institutioneller wie auch fachlicher Umstände variieren. In Argentinien, das nur über eine kleine akademische Gemeinschaft verfügt, die sich geographisch und fachlich ungleich entwickelt hat und eine schwache institutionelle, politische und ethische Tradition aufweist, sind besondere Anstrengungen nötig, um Verfahren einzuführen, die bei der Erreichung der Ziele helfen. Bestandteile dieser Verfahren müßten sein: 1. in jedem Fach den jeweils anspruchsvollsten internationalen Standard als Qualitätsmaßstab anzuwenden; 2. regelmäßig anerkannte ausländische Gutachter einzusetzen, um den systematischen Gebrauch dieser Maßstäbe zu sichern, und 3. bei Auswahlentscheidungen sorgfältig die technische von der politischen Instanz zu trennen. Der ersteren, die den Akademikerausschüssen (*peers*) zukommt, obliegt es, die erwähnten Standards anzulegen, um zu empfehlen, welche Projekte oder Personen gefördert werden sollen. Es ist jedoch nicht ihre Aufgabe, die allgemeinen Orientierungen zu diskutieren, die die politische, aus den Leitungsorganen gebildete Instanz festlegt. Diese Leitungsorgane haben sich ihrerseits einer Einmischung in die individuellen Förderentscheidungen zu enthalten, und sie haben sicherzustellen, daß bei der Arbeit beider Instanzen die international anerkannten ethischen Normen Geltung haben.

Der letzte zu kommentierende Punkt bezieht sich auf die Zusammensetzung der erwähnten politischen Führungsorgane, von denen man sich häufig vorstellt, daß sie ausschließlich aus Wissenschaftlern oder Akademikern (und wie viele meinen, durch deren Stimmen designiert) gebildet werden. Wir meinen, daß es sinnvoller ist, ihnen gehören Personen an, die als Wächter des allgemeinen Interesses handeln, und die, auch wenn sie beruflich aus der akademischen Welt stammen, für die Förderung des Allgemeinwohls verantwortlich sind und nicht ausschließlich für das der wissenschaftlichen Gemeinschaft. Deshalb halten wir dafür, daß lediglich

eine Minderheitsfraktion in den Leitungsgremien aus der Wissenschaftlergemein-
schaft stammen und durch sie gewählt werden sollte (und daß die Gewählten
während der Ausübung ihrer Ämter das aktive Arbeitsverhältnis zum Wissen-
schaftsbetrieb ruhen lassen sollten: zum Beispiel dürften sie keine neuen Zuschüsse oder Laufbahnbeförderungen erhalten), während die übrigen Mitglieder nach
Maßgabe ihrer Fähigkeit, eine allgemeine Führungsrolle auszuüben, ausgesucht
werden sollten.

Stipendien und Zuschüsse der Fundación Antorchas zur Unterstützung des Hochschulbereichs und der wissenschaftlichen Forschung (1988-96)

Art der gewährten Förderung	Zahl der Geförderten	Gesamtbetrag (in US-$)
Antorchas-Forschungsstipendien (für herausragende Wissenschaftler)	18	270.000
Zuschüsse zur Unterstützung von Forschungsprojekten	545	3.400.000
Postdoc-Stipendien im Ausland	31	179.000
Zuschüsse zur Unterstützung der Kooperation mit ausländischen Wissenschaftlern	132	1.662.000
Zuschüsse zur Unterstützung der Kooperation zwischen argentinischen Wissenschaftlern	37	229.000
Zuschüsse für den Kauf von wissenschaftlichen Geräten	38	678.000
Doktorandenstipendien im Ausland	35	341.000
Doktorandenstipendien im Inland	30	280.000
Stipendien zur besonderen Förderung der Forschung in Sozial- und Geisteswissenschaften	12	60.000
Zuschüsse für die Wiedereingliederung von Stipendiaten, die im Ausland waren	146	841.000
Stipendien für hervorragende Studenten der Natur- und Geisteswissenschaften	40	204.000
Stipendien für Postgraduiertenstudien in Großbritannien	51	628.000
Stipendien für herausragende Sekundarschüler	30	60.000
Passagen ins Ausland zur Kongreßteilnahme oder für Forschungszwecke	352	384.000
Zuschüsse zur Durchführung wisenschaftlicher Kongresse im Lande	94	305.000
Zuschüsse für die Durchführung von Sommer- und Winterkursen für Fortgeschrittene	54	160.000
Institutionelle Zuschüsse an Forschungszentren	33	250.000
Gesamt	1.678	9.931.000

Bibliographie

Barrios Medina, A. / Paladini, A. (Hrsg.) 1989: Escritos y discursos del doctor Bernardo A. Houssay, Buenos Aires: Eudeba.

Cueto, M. 1994: The Rockefeller Foundation´s Medical Policy and Scientific Research in Latin America: The Case of Physiology, in: Cueto, M. (Hrsg.), Missionaries of Science: The Rokkefeller Foundation and Latin America, Indiana University Press.

Mariscotti, M. 1984: El secreto atómico de Huemul. Crónica del origen de la energía atómica en la Argentina, Buenos Aires: Sudamericana/Planeta.

de Moura Castro, C. / Levy D. C. 1996: Higher Education in Latin America and the Caribbean: A Strategy Paper, Washington: Inter-American Development Bank.

Myers, J. 1992: Antecedentes de la conformación del complejo científico y tecnológico, 1850-1958, in: Oteiza, E. et al.: La política de investigación científica y tecnológica argentina: historia y perspectivas, Buenos Aires: Centro Editor de América Latina.

Pyenson, L. 1985: Cultural Imperialism and Exact Sciences: German Expansion Overseas 1900-1930, New York: Peter Lang.

(Aus dem Spanischen von Dr. Arnold Spitta, Bonn)

Arnold Spitta

Grundzüge der Hochschulreform in Argentinien (1993-1996)

Vorbemerkung:

Die weitreichenden Reformen, die die Regierung Menem im Bildungswesen im allgemeinen und im Bereich der Hochschulen im besonderen in Gang gesetzt hat, sind jüngsten Datums. Den juristischen Rahmen des Transformationsprozesses bilden drei Gesetze, die zwischen 1992 und 1995 verkündet wurden[1]:

1992 schafft das Transfergesetz – »Ley de Transferencia« (Nr. 24.049) – die Grundlage für die Übertragung der von der Nationalregierung verwalteten Schulen auf die Provinzen.

1993 beginnt mit dem Bundeserziehungsgesetz – »Ley Federal de Educación« (Nr. 24.195) – ein Prozeß tiefgreifender Reformen des Schulwesens[2].

Als letztes wird 1995 das Hochschulgesetz – »Ley de Educación Superior« (Nr. 24.521) – verabschiedet. Knapp zwei Jahre nach dem Inkrafttreten ist es natürlich verfrüht, eine abschließende Wertung des Gesetzes und seiner Folgewirkungen vorzunehmen, denn die Reformen, die es vorsieht, stehen erst in ihren Anfängen. Das bedeutet, daß die folgenden Ausführungen und Kommentare im Augenblick nicht mehr sein können als ein Zwischenbericht mit vorläufigen Anmerkungen.

Zur Geschichte der argentinischen Universitäten – ein kurzer Überblick[3]

a) Die erste Universität auf heutigem argentinischen Boden wurde von der Gesellschaft Jesu 1613 in Córdoba gegründet, der bis 1767 ihre Leitung oblag. Nach der in jenem Jahre erfolgten Ausweisung der Jesuiten übernahmen Franziskanerpater diese Aufgabe. Erst Mitte des 19. Jahrhunderts, Jahrzehnte nach der Unabhängigkeitserklärung, wurde die Universität verstaatlicht und der nationalen Regierung unterstellt. Ohne Zweifel haben die zweieinhalb Jahrhunderte geistlicher Herrschaft die Entwicklung dieser Universität stark beeinflußt.

1821, wenige Jahre nach der Unabhängigkeitserklärung, wurde die Universidad de Buenos Aires gegründet. Ende des Jahrhunderts folgte die Universidad de la Plata, bei der von Anfang an – nicht zuletzt durch den Einfluß deutscher Wissenschaftler – Forschung und Lehre integriert waren. 1912 erfolgte die Gründung der Universidad de Tucumán und 1919 die der Universidad de Cuyo. In den folgenden Jahrzehnten kam es zur Gründung weiterer Hochschulen durch die nationale Re-

---

1 Eine ausführliche Übersicht über das argentinische Hochschulsystem nach dem Ende der Militärdiktatur und dem Anfang der Regierung Alfonsín gibt Cano (1985) (mit ausführlichem statistischem Anhang); vgl. auch Pérez Lindo (1985).

2 Einen kurzgefaßten Überblick in deutscher Sprache gibt Braslavsky (1996).

3 Für einen knappen geschichtlichen Überblick vgl. u. a. Cano (1985, 9-18).

gierung, so daß es Ende der fünfziger Jahre in Argentinien 9 staatliche Universitäten gab.

b) 1918 kam es als Reaktion auf eine erstarrte scholastische Tradition, die zu geistiger Stagnation geführt hatte, an der Universität von Córdoba zu einer Studentenrevolte, aus der heraus sich eine tiefgreifende Hochschulreform entwickelte. Diese *Reforma Universitaria de Córdoba* hat auf Hochschulen in ganz Lateinamerika ausgestrahlt und ihre Ideale wurden bald zum Leitbild für die meisten Universitäten des Subkontinents. Zu den Postulaten gehörten Hochschulautonomie, Freiheit der Lehre und paritätische Vertretung in den Leitungsgremien (Professoren, Studenten und im Berufe stehende Absolventen der Hochschule waren zu jeweils einem Drittel in den Entscheidungsgremien vertreten)[4].

c) 1958 wurde unter der Präsidentschaft von Arturo Frondizi der gesetzliche Rahmen zur Gründung von privaten Universitäten geschaffen[5]. Von diesem Zeitpunkt an beginnt, ausgehend von der Gründung privater, vor allem katholischer, Universitäten, eine rasche Expansion des argentinischen Hochschulsystems. In rund fünfzehn Jahren – bis Mitte der siebziger Jahre – steigt die Zahl auf etwa 50 an. Dieser Zuwachs ist nicht nur den privaten Gründungen zu verdanken, sondern auch der Öffentliche Sektor zeigt in der Schlußphase dieser Etappe eine starke Dynamik und gründet eine Reihe von Nationaluniversitäten im Landesinnern.

d) Obwohl es schon in früheren Jahrzehnten zu Konflikten zwischen den Universitäten (bzw. den Studenten) und den Regierungen gekommen war[6], führt dieser Antagonismus erst unter der Militärregierung Onganías (1966-1969) zu einer damals unerwarteten militärischen Repression an der Universität von Buenos Aires, die bekannt wurde als die »Nacht der langen Schlagstöcke«. Die Folge war, daß mehr als 1.300 Hochschullehrer – Professoren und Angehörige des Mittelbaus – zum Teil freiwillig, zum Teil unter Zwang von ihren Ämtern zurücktraten[7]. Der »brain-drain«, der damals begann und sich später fortsetzte, fügte den Universitäten langandauernden Schaden zu.

Die Konfrontation zwischen den Militärs und den zunehmend militanten Studenten erreichte ihren Höhepunkt in den siebziger Jahren. Bereits unter der Regierung Peron (1973-1976) und gesteigert unter dem Militärregime begann eine blutige Eskalation der Gewalt, die beispiellos in der argentinischen Geschichte ist. Tausende von Studenten und Hunderte von Dozenten wurden verhaftet, ermordet

---

4   Zur Reforma Universitaria de Córdoba von 1918 vgl. u. a. Gabriel del Mazo (1926) u. (1955); Ciria u. Sanguinetti (1962); Federación Universitaria de Buenos Aires (1959) (m. Bibliographie); Díaz Castillo (1971); Tünnermann Bernheim (1978). Eine Übersicht in deutscher Sprache gibt Garzón Valdés (1965).

5   Das nach dem damaligen Erziehungsminister Domingorena benannte Gesetz führte zu heftigen Auseinandersetzungen in der argentinischen Gesellschaft, deren Intellektuelle sich in »libres« und »laicos« teilten. »Libres« waren die Befürworter einer »freien« Erziehung (d.h. mit freier Wahl zwischen staatlichen und privaten – und das hieß zum damaligen Zeitpunkt: katholischen – Hochschulen) und »laicos« die Befürworter einer laizistischen Erziehung (was die Beibehaltung des staatlichem Monopols im Universitätsbereich bedeutete). Vgl. Cano (1985, 14f.).

6   Während der Präsidentschaft Peróns 1946-1955 waren die Universitäten mehrheitlich antiperonistisch. Mit prononciert antiintellektueller Spitze prägten die Peronisten den berüchtigten Spruch »Alpargatas sí, libros no« – Sandalen ja, Bücher nein – und bemühten sich mit allen Mitteln, die Hochschulen unter ihre Kontrolle zu bekommen. Zur Situation der Universitäten während der ersten Regierungszeit Peróns (1946-1955) vgl. Mango u. Warley (1984).

7   Vgl. »La noche de los bastones largos«, in: *Gaceta Veterinaria*, Buenos Aires, Jg. 33 (1971), Nr. 256, S. 513. Das freiwillige Ausscheiden führte zu einer heftigen Polemik unter den Universitätsangehörigen, weil es de facto bedeutete, den Militärs die Universität zu überlassen. Die Haltung eines ethischen Rigorismus, die für die Hochschule katastrophale politische Folgen hatte. Vgl. auch Brignardello (1968).

(»desaparecidos«), mußten ins Exil gehen oder auf bloße Verdächtigungen hin die Universität verlassen[8].

Zur Ideologie der Militärs gehörte die Vorstellung einer elitären Universität mit Numerus Clausus, Aufnahmeprüfungen und Gebühren sowie ideologisch bedingten Einschränkungen in der Lehre und Forschung.

Demgegenüber läßt sich seit der Hochschulreform von Córdoba die in der argentinischen Zivilgesellschaft vorherrschende Idealvorstellung der staatlichen Universität schlagwortartig zusammenfassen in den folgenden Begriffen: Hochschulautonomie und Selbstverwaltung; drittelparitätisch besetzte Entscheidungsgremien; freier Zugang (weder Numerus Clausus noch Aufnahmeexamina); Gebührenfreiheit; Freiheit der Lehre und Forschung. Private Universitäten waren den Verfechtern dieser Vorstellungen als elitäre Einrichtungen verpönt.

Über Jahrzehnte beherrschte diese Dichotomie zwischen Militärregimes und demokratischen Regierungen die öffentliche Diskussion an den Hochschulen. Scheinbar so »banale«, unpolitische Dinge wie die Finanzierung der Universitäten, wie Kosten und Effizienz, akademische Qualität und »output« standen nicht im Zentrum der Debatte[9].

Die Zahl der Hochschulen und der Studierenden 1958 – 1994[10]

	1958	1980	1987	1991	1994
Zahl der Universitäten insgesamt	9	51	52	62	70
Nationaluniversitäten	9	25	26	29	31
Zahl der Studenten	138.000	324.000	679.000	730.000	616.000
Private Universitäten	-	23	23	29	35
Studenten	-	74.000	74.000	85.000	125.000
Provinzuniversitäten					4
Studenten					2.600

(Die Bevölkerung Argentiniens betrug 1960 rund 20 Millionen Einwohner und wird heute auf rund 34 Millionen geschätzt.)

---

8   Der Bericht der nach dem Amtsantritt der Regierung Alfonsín eingesetzten offiziellen Kommission zur Aufklärung des Schicksals der Verschwundenen (CONADEP) spricht – bei einer Gesamtzahl von über 9.000 Verschwundenen – von 21 % Studenten bzw. Schülern und 5,7 % Dozenten (Lehrern und Hochschuldozenten) unter den Opfern. Vgl. Pérez Lindo (1985, 177). Vgl. auch Weinberg (1987, 204-215) sowie Tedesco et al. (1983).

9   1984 – nach Amtsantritt der Regierung Alfonsín – schnellte die Zahl der Studierenden fast auf das Doppelte hoch, die Finanzmittel waren hingegen nur geringfügig höher als im Vorjahr. Improvisation war angesagt. Es herrschte ein hohes Maß an Euphorie und an politischem Voluntarismus. Eine ernsthafte, ideologisch unverkrampfte Diskussion über die Qualität der Lehre und die Relation Lehrende / Studenten, über die Ausbildung der Dozenten und über die Infrastruktur wurde nur ansatzweise geführt bzw. stand an zweiter Stelle.

10 Vgl. Balán u. Trombotto ([1996], 5 u. 8).
    Im nichtuniversitären tertiären Ausbildungsbereich sehen die Zahlen folgendermaßen aus:

Jahr	1958	1980	1987	1991	1994
Zahl der Einrichtungen	78	581	1057	1209	1674
Studenten	13.500	93.600	210.000	260.300	311.000

    (Balán/Trombotto ([1996], 6 u. 9.)

Demnach studierten 1994 insgesamt 743.000 Studenten an den Universitäten des Landes, davon 616.000 oder knapp 83 % an den 35 staatlichen und gut 17 % an den 35 privaten Universitäten[11].

Zum Vergleich: In Brasilien absolvieren rund 60 % der Studierenden das Grundstudium an einer privaten Hochschuleinrichtung und 40 % an einer der Bundesuniversitäten. In Chile sind rund 30 % der Studenten an einer privaten Universität eingeschrieben[12].

Staatliche und private Universitäten in den neunziger Jahren: Zahlen und Profil im Vergleich mit anderen Ländern

1. Der Prozentsatz von Jugendlichen zwischen 20 und 25 Jahren, die eine Ausbildung im tertiären Bereich absolvieren, stieg von 1980 bis 1991 stark an und liegt heute bei über 20 %[13] (und ist damit z. B. etwa doppelt so hoch wie in Brasilien). Die Zahl von rund 3.000 Studierenden auf 100.000 Einwohner ist vergleichbar mit der von Industriestaaten (Fanelli / Balán 1994, 5).

2. Regelstudienzeit und durchschnittliche Verweildauer[14]: Die durchschnittliche Verweildauer der Studierenden an den großen staatlichen Universitäten (mit mehr als 15.000 Studenten) liegt um 50 % über der Regelstudienzeit. Auch dies ist ein Wert, der nicht erheblich von den Werten in europäischen Ländern abweicht. Einen großen Unterschied gibt es hingegen in bezug auf einen erfolgreichen Studienabschluß. Die Relation Studienanfänger – Graduierte ist deutlich schlechter, der Prozentsatz der Studenten, die ihr Studium erfolgreich abschließen, ist in Argentinien erheblich niedriger als in den erwähnten Ländern.

Die lange Verweildauer schafft zusätzliche Probleme bei der Einführung von Postgraduiertenkursen (z. B. Magister), die laut Lehrplan weitere zwei Jahre dauern (in der Praxis aber häufig sehr viel länger); in den angelsächsischen Ländern bauen die Magisterstudien auf einem universitären Bachelor-Abschluß von maximal 4 Studienjahren auf. In Argentinien – ähnlich wie in Deutschland – setzt der erste Studienabschluß, die »Licenciatura«, eine Mindeststudienzeit von 5 Jahren voraus (in Medizin, Architektur und den Ingenieurwissenschaften sind es 6 Jahre). In der Praxis sind aber meist ein bis zwei Jahre mehr erforderlich.

3. Fächerstreuung: 39 % des Fächerangebots liegen im Bereich der Natur- und Ingenieurwissenschaften, 31 % im Bereich der Geisteswissenschaften, 25 % im Bereich der Sozialwissenschaften und 5 % liegen im Bereich der Medizin.

Beim Fächerangebot gibt es deutliche Unterschiede zwischen den staatlichen und den privaten Hochschulen. Die Nationaluniversitäten legen den Schwerpunkt auf die Natur- und Ingenieurwissenschaften, die privaten auf die Geistes- und Sozialwissenschaften (inkl. Betriebswirtschaft und Jura). Es ist jedoch interessant zu beobachten, daß, je jünger die Hochschule, sei sie staatlich oder privat, desto

---

11 1994 wurde eine große Umfrage unter den Studierenden durchgeführt. Vgl. Ministerio de Cultura y Educación de la Nación / Secretaría de Políticas Universitarias: Censo [1995].

12 Staff Appraisal Report (1995, 3).

13 ebenda, S. 2. Vgl. Fanelli und Balán (1994, 4), die von einer »postsekundären Bruttorate« von 41 % sprechen (vermutl. inkl. nichtuniversitären Einrichtungen). Vgl. auch Balán / Trombotto (1996, 13), die als Nettorate 22 % und als Bruttorate 39,5 nennen.

14 Für die Angaben in diesem Absatz vgl. Fanelli / Balán (1994, 15f.).

geringer der Anteil an Natur- und Ingenieurwissenschaftlichen Fächern und desto höher der Anteil an Sozialwissenschaften ist.

Innerhalb der Sozialwissenschaften steigt der Anteil der Studierenden, die sich für neuere Studiengänge wie Graphik / Design, Master in Business Administration (MBA), Journalismus / Sozialkommunikation, Tourismus, Informatik usw. entscheiden. Diese Ausbildungsgänge, die für Arbeitsplätze im Dienstleistungssektor qualifizieren, werden vor allem von weiblichen Studierenden besucht.

Ein Vergleich mit anderen lateinamerikanischen Ländern zeigt, daß im allgemeinen der Prozentsatz der Studierenden in den Geistes- und Sozialwissenschaften in Argentinien etwas niedriger ist:

	Argentinien	Brasilien	Chile	Mexiko
Geisteswissenschaften, Jura, Sozialwissenschaften, Wirtschaft, Journalismus etc.	49,2%	66,1%	50,3%	53,7
Naturwissenschaften und Mathematik, Ingenieurwissenschaften, Agronomie, Architektur[15]	50%	29%	47,8%	46,3

Die allgemeine Diskussion über Hochschulreformen in Lateinamerika

In fast allen Ländern Lateinamerikas ist in den letzten Jahren eine breite Debatte über die Notwendigkeit von Hochschulreformen in Gang gekommen, die auf innere und äußere Gründe zurückzuführen ist. Zum einen wuchs die allgemeine Einsicht in den Gesellschaften, daß die erheblichen Defizite in den Universitäten ein Hemmnis für die Entwicklung darstellten, zum anderen drängten die Weltbank, die Interamerikanische Entwicklungsbank und andere internationale Institutionen auf umfassende Reformen des Erziehungssystems, die Hochschulen eingeschlossen[16].

Aufgrund dieser Einsicht in die Notwendigkeit umfassender Reformen des gesamten Erziehungsbereichs sind nicht nur in Argentinien tiefgreifende Strukturveränderungen in Gang gesetzt, sondern auch im großen Nachbar- und Partnerland im Mercosur, Brasilien; aber auch in anderen, ärmeren Ländern, z. B. Bolivien (Chile ist insofern ein Sonderfall, als bereits zur Zeit der Militärdiktatur umfassende Reformen vorgenommen wurden. Veränderungen, die die demokratische Regierung initiierte, gehen daher von ganz anderen Voraussetzungen aus).

Das gemeinsame Interesse an einer Reform des Erziehungssystems hat zur Gründung eines »Mercosur Educativo« geführt, in dessen Rahmen es innerhalb kurzer Zeit zu vielfältigen Aktivitäten kam. Erfahrungsaustausch zwischen den Hochschulfördereinrichtungen (z. B. der brasilianischen Fördereinrichtung CAPES mit dem neu geschaffenen argentinischen Hochschulevaluierungs- und Akkreditierungsrat CONEAU und mit FOMEC, dem Fonds zur Verbesserung der Hochschulqualität, einer weltbankgeförderten dezentralen Einheit des Erziehungs-

---

15 ebenda, Tafel 7 auf S. 32.
16 Das Gewicht, das die lateinamerikanischen Länder diesen »Ratschlägen« beimessen, dürfte direkt proportional zur Abhängigkeit dieser Länder von den Gläubigern sein, obwohl manches Rezept vom »grünen Tisch« aus erteilt wird.

ministeriums), Austausch von akademischen Gutachtern und Evaluatoren, Vergabe von Stipendien an das Partnerland (z. B. schrieb im September 1996 der FOMEC dreißig von CAPES zur Verfügung gestellte Stipendien für argentinische Graduierte zu einem Promotionsstudium in Brasilien aus, das argentinische Erziehungsministerium will 1997 seinerseits brasilianischen Hochschulangehörigen Gegenstipendien anbieten). Insbesondere im Evaluierungsverfahren der Post-grado-Studiengänge, das in Argentinien erst vor kurzem in Gang kam, sind Einflüsse der langjährigen brasilianischen Erfahrungen auf diesem Gebiet sichtbar.

Die Hochschulreform der Regierung Menem

Die Ausgangslage
Welches sind die gravierendsten Defizite im argentinischen Hochschulbereich? Der »Staff Appraisal Report« der Weltbank von März 1995 und eine Broschüre des argentinischen Erziehungsministeriums von Juni 1996 fassen wichtige Punkte zusammen und stellen die offizielle Sicht dar[17]:

Das Fehlen verläßlicher statistischer Informationen im Hochschulbereich. Seit 1985 war die Erstellung von Hochschulstatistiken unterbrochen. Um dem dadurch entstandenen Informationsnotstand abzuhelfen, wurde 1993 das Hochschulinformationssystem SIU (»Sistema de Información Universitaria«) geschaffen, das in den drei Jahren seines Bestehens wichtiges statistisches Material geliefert hat. Auf der Basis verläßlicher statistischer Information konnten dann die ersten Schritte zu einer umfassenden Diagnose unternommen werden.

Das Fehlen von Akkreditierungs- und Evaluierungsverfahren. Dies führte dazu, daß es bislang praktisch keine effektiven Kontrollen und kaum Anreize zur Qualitätssteigerung gab.

Der Verteilungsschlüssel für die Hochschulhaushalte sieht keine Qualitätskontrollen vor. Er beruht vor allem auf dem historischen Trägheitsmoment, d.h. wer in der Vergangenheit viel bekam, erhält auch heute mehr als andere; es gibt keine Mechanismen, um effiziente Universitäten zu belohnen und ineffiziente zu »bestrafen«.

Den Leitungsgremien und Verwaltungsmechanismen der Hochschulen ermangelt es an Flexibilität und Effizienz. Die obersten Selbstverwaltungsorgane (insbesondere der Consejo Superior – etwa dem Akademischen Senat vergleichbar) sind häufig stark politisiert und beschäftigen sich nicht selten mehr mit allgemeinen politischen Fragen als mit akademischen und hochschulpolitischen Problemen.

Die interne Effizienz ist niedrig und sinkt sogar noch. Nur ca. 19 % – ein knappes Fünftel – der Studenten schließen ihr Studium erfolgreich ab. Das bedeutet wiederum, daß die Kosten je Graduierten unverhältnismäßig hoch sind, man schätzt sie auf rund 38.000 Dollar (zum Vergleich: Spanien: 19.038; Deutschland: 26.865; Japan: 25.504)[18] . Während sich die Zahl der Hochschulanfänger zwischen 1982

17 Staff Appraisal Report (1995, 2-8); La política universitaria del Gobierno Nacional (1996, 1).
18 La política universitaria del Gobierno Nacional (1996, 21). Die Tatsache, daß ein beträchtlicher Teil der Jugendlichen bzw. jungen Erwachsenen über Jahre studiert, um schließlich abzubrechen ohne einen Abschluß erworben zu haben, ist unter hochschul- bzw. bildungspolitischen Aspekten höchst unbefriedigend. In Anbetracht der nahezu 20 % Arbeitslosigkeit in Argentinien hat dieses langjährige Verweilen an der Hochschule die für die Regierung positive Nebenwirkung, daß dieses nicht unbedeutende Segment arbeitsfähiger junger Erwachsener der Arbeitslosenstatistik nicht zusätzlich belastet. Dieser Aspekt fehlt in der aktuellen Diskussion.

und 1992 mehr als verdoppelte, stieg die Zahl der Graduierungen im gleichen Zeitraum nur um 20 %, so daß heute 100 neu Immatrikulierten nur 5 erfolgreiche Studienabsolventen gegenüberstehen. Brasilien, Chile und Mexico verzeichnen 12 bis 15 %. Dieses Verhältnis drückt eine Steigerung der Studienanfängerzahlen aus, d.h., das System expandiert[19]:

Gesamtzahl der Studierenden		Studienanfänger		Graduierungen	
1982	1992	1982	1992	1981	1991
318.299	699.293	57.037	166.020	26.980	32.387

Die akademische Qualität zahlreicher Dozenten ist unzureichend. Die Gründe dafür sind niedrige Gehälter, fehlende Fort- und Weiterbildung bzw. fehlende Postgraduiertenabschlüsse (Magister, Promotion), die Hochschullehre als Nebentätigkeit (zum Beispiel »dedicación simple«: einige Stunden Lehrverpflichtung pro Woche, keine Forschung, keine weiteren Aufgaben). Nur 15 % der Hochschullehrer weisen einen Postgraduiertenabschluß auf (Staff Appraisal Report 1995, 7).

In der Infrastruktur und Geräteausstattung gibt es enorme Defizite, dies gilt insbesondere für die veralteten und völlig unzureichend ausgestatteten Bibliotheken.

Das Fehlen von Wettbewerb um externe Mittel (Drittmittel) verursacht, daß die Studiengänge die Bedürfnisse und Anforderungen des Arbeitsmarktes häufig nur ungenügend berücksichtigen.

Die Übersicht zeigt, daß die argentinischen Hochschulen in einer tiefen Krise stecken. Eine Strukturkrise, die in Jahrzehnten gewachsen ist und die keineswegs nur als eine Finanzkrise, d.h. als eine Unterfinanzierung der Hochschulen, begriffen werden darf (unbestritten ist dabei, daß die jahrzehntelange Unterfinanzierung in dramatischer Weise dazu beitrug, die Strukturkrise zu verschlimmern)[20].

Die Reformbemühungen der Regierung Menem

Nach einer langen Phase der Stagnation befindet sich das argentinische Erziehungssystem auf allen Ebenen in einer Phase umfassender Reformen, die, wenn die Effizienz- und Leistungskriterien durchgehalten und vertieft werden, die in den offiziellen Dokumenten die neuen Leitlinien bilden, in einigen Jahren bzw. Jahrzehnten zu einer tiefgreifenden Veränderung zum Positiven hin führen können.

Die für diese Reform bereitgestellten Kredite von Weltbank und Interamerikanischer Entwicklungsbank erlauben es dem argentinischen Erziehungsministerium, für die Höherqualifizierung des Lehrpersonals, die Niveausteigerung der Ausbildungsgänge (vor allem der postgradualen Studiengänge) und für Infrastrukturmaß-

19 Staff Appraisal Report (1995, 41, Annex 1).
20 Eine Anmerkung aufgrund der Erfahrungen in der Stipendienarbeit des Deutschen Akademischen Austauschdienstes: In Anbetracht der Realität der Universitäten ist die immer noch beträchtliche Zahl exzellenter Nachwuchswissenschaftler erstaunlich, die Jahr für Jahr ihre Ausbildung an argentinischen Universitäten beenden und sich um nationale oder ausländische Stipendien zur Fortsetzung ihrer Studien bemühen. Es zeigt sich, daß die in der ersten Hälfte dieses Jahrhunderts gelegten Fundamente einer Wissenschaftskultur den jahrzehntelangen widrigen Umständen (seien sie politischer, finanzieller oder struktureller Natur) zu trotzen vermochten. Aber auch der umgekehrte Schluß gilt: Der Aufbau einer funktionierenden und qualitätvollen Wissenschaftskultur bedarf eines langen, jahrzehntelangen Atems und besonderer Anreize der Gesellschaft, Anreize, die nicht nur finanzieller Natur sind (eine ordentliche Finanzierung ist jedoch eine notwendige, wenn auch nicht hinreichende Bedingung für qualitatives und quantitatives Wachstum eines Hochschulsystems). Ein weiterer wichtiger Faktor ist das im Verhältnis zu anderen Entwicklungsländern sehr gute Schulniveau Argentiniens.

nahmen beträchtliche Mittel einzusetzen – diese sollen – dem Gesetz und den Verfahrensrichtlinien zufolge – jedoch nicht nach dem Gießkannenprinzip, sondern in einem transparenten Auswahlverfahren mit akademischen Gutachterausschüssen verteilt werden.

Das gleiche Bemühen um Transparenz und Leistungsorientierung wird auch in den Arbeitsdokumenten zur Reform der Forschungsfördereinrichtung CONICET und des Staatssekretariats für Wissenschaft und Technik SECYT sichtbar.

Das Hochschulgesetz Nr. 24.521 (Ley de Educación Superior) von 1995
Seine Zielsetzung

Das Ziel des neuen Gesetzes ist die Steigerung der Qualität und Effizienz der argentinischen Hochschulen, seien sie staatlich oder privat, und der nichtuniversitären Bildungseinrichtungen des tertiären Bereichs. Hierzu wurde einerseits ein Bündel von Evaluierungs-, Förder- und Kontrollinstrumenten geschaffen, die weiter unten im einzelnen beschrieben werden. Andererseits schaffte das Hochschulrahmengesetz einige der auf der Universitätsreform von Córdoba basierenden Grundprinzipien der Hochschulverfassungen ab und bekräftigte andere. So wird die *Autonomie der Hochschulen* beibehalten, in gewisser Weise eher erweitert: den Universitäten werden künftig globale Haushalte zugewiesen und es wird ihnen sogar erlaubt, sich ihre eigenen, leistungsabhängigen Gehaltsstrukturen zu schaffen.

Die Drittelparität in den Hochschulgremien wird abgeschafft. Künftig werden im Consejo Superior (dem Akademischen Senat) den Hochschullehrern 50 % der Sitze vorbehalten sein. Diese Veränderung zielt auf eine Minderung des studentischen Einflusses in den universitären Entscheidungsgremien, der in der Vergangenheit zu einer starken Politisierung führte, und auf eine Stärkung der akademischen Fragestellungen im engeren Sinne.

Es wird die Möglichkeit eingeführt, *Studiengebühren zu erheben.* Das Gesetz sieht vor, daß die staatlichen Universitäten über die Einführung von Studiengebühren selbst entscheiden dürfen. Es legt zugleich fest, daß diese Gebühren einzig und allein der Verbesserung der Lehre dienen und nicht zur Finanzierung des regulären Betriebs der Hochschule verwandt werden können[21].

Im Rahmen einer Hochschulpolitik, in der *Anreize für Qualität und Effizienz* im Vordergrund stehen, wurden mehrere Förder- und Evaluierungsinstrumente geschaffen. Zu diesen Reforminstrumenten des Erziehungsministeriums gehören:

1. Das Ministerium bietet seine Hilfe an bei Abkommen zur institutionellen Evaluierung von Hochschulen *(Convenios de Evaluación Institucional).*

2. *Programa de Información Estadística.* Das statistische Informationsprogramm führte 1994 den ersten großen nationalen Studentenzensus durch; es soll die notwendigen statistischen Basisdaten für die Vertiefung der Reformen liefern.

3. *Consejos Regionales de Planificación Universitaria.* Es wurden Regionale Universitätsplanungsräte ins Leben gerufen, in denen sich private und staatliche Universitäten einer Region und die Erziehungsministerien der jeweiligen Provinzen zwecks Planung und Koordinierung des Ausbildungsangebots zusammenfinden.

---

21 Dennoch hat dieser Punkt, der an eine der eingangs erwähnten langjährigen Grundfesten bzw. Mythen der argentinischen Universitäten rührt, zu heftigen Protesten der Studenten geführt.

4. Die Evaluierung und Kategorisierung der Hochschullehrer *(Programa de Incentivos a los Docentes Investigadores)*. Das Förderprogramm für Hochschuldozenten, die wissenschaftlich tätig sind, evaluiert und kategorisiert die Hochschuldozenten auf freiwilliger Basis. Für in der Forschung aktive Hochschullehrer, die entsprechend positiv evaluiert wurden (peer review), gibt es als Anreiz für Forschungsleistungen einen Bonus in Form eines Gehaltssupplements, das alle drei Jahre neu beantragt werden muß. Die Zuschläge können bis zu 40 % des eigentlichen Universitätsgehalts betragen. Das 1994 begonnene Programm hat rund 26.000 Dozenten evaluiert, von denen 20.000 Zuschläge bewilligt erhielten.[22]

5. *Die Kommission zur Akkreditierung von Postgraduiertenstudiengängen (Comisión de Acreditación de Posgrados CAP)* war ein Ad-hoc-Ausschuß innerhalb des Erziehungsministeriums, dessen Aufgaben künftig von der CONEAU wahrgenommen werden: Aufgabe des Ad-hoc-Ausschusses war es, neue Postgrado-Studiengänge zu akkreditieren und bestehende zu evaluieren. Er hat bereits eine umfassende Evaluierung fast aller Postgrado-Studiengänge an den staatlichen Universitäten vorgenommen. Die Evaluierung erfolgte bisher auf freiwilliger Basis, ist aber die Grundlage, um an den Förderprogrammen des FOMEC (s.u.) zu partizipieren. 60 % aller Postgraduiertenstudiengänge unterzogen sich der Evaluierung, von 297 begutachteten Studiengängen wurden 177 akkreditiert (59 %), 85 nicht akkreditiert (29 %) und 37 nicht evaluiert. Die Benotung – von A (Bestnote) bis C – ähnelt dem Benotungsschema von CAPES in Brasilien. Nur positiv (mit A oder B) evaluierte Studiengänge können sich um die Fördermittel des FOMEC bewerben[23].

Von wenigen Ausnahmen kleinerer Eliteuniversitäten abgesehen, hat die Mehrheit der privaten Hochschulen (darin eingeschlossen die katholischen Universitäten) es abgelehnt, sich einer Evaluierung der Posgradostudiengänge zu unterziehen. Stattdessen machte die Interessenvertretung der privaten Hochschulen von der im Hochschulgesetz vorgesehenen Möglichkeit Gebrauch, ein eigenes Evaluierungsschema zu entwickeln. Über diesen Evaluierungsvorschlag kam es jedoch zum Streit, da er nach Ansicht des Evaluierungs- und Akkreditierungsrates CONEAU (s.u.) in keiner Weise die notwendigen akademischen Mindeststandards für Postgrado-Studiengänge sichert[24].

---

22 Kritiker der neuen Hochschulreform bemängeln, daß – etwa im Gegensatz zur Situation in Brasilien – die Basisgehälter an den argentinischen Universitäten äußerst niedrig sind. Das neue Programm trage nicht zu einer größeren Attraktivität der Hochschullehrerlaufbahn bei, da es als freiwillige, wettbewerbsabhängige Zusatzleistung eher einen Unsicherheitsfaktor darstelle. Bevor man Gehaltssupplements einführe, sollten lieber die Grundgehälter auf ein attraktiveres Niveau angehoben werden. Ein Rechtsanspruch, vergleichbar einer Gehaltsforderung, besteht nicht, außerdem entfällt die Zahlung von Sozialabgaben, d.h., der Zuschlag wirkt sich auf die spätere Rentenhöhe nicht aus. Kritiker reihen das Bonussystem aus diesem Grunde in die allgemeine Tendenz des Abbaus der sozialen Absicherung der Beschäftigten ein, die unter dem Schlagwort der »Flexibilisierung« der Arbeit von der Regierung Menem betrieben wird (vgl. Schvarzers Beitrag in diesem Band). Unbegründete mehrmonatige Verzögerungen in der Auszahlung, die Ende 1996 und im ersten Quartal 1997 ereigneten, schürten das Mißtrauen der Kritiker. Auch Befürworter des Bonussystems geben zu, daß es nicht als Ersatz für völlig unzureichende Basisgehälter dienen kann.

23 Unter Geistes- und Sozialwissenschaftlern gab es kritische Stimmen zu den Evaluierungskriterien, da diese allzusehr auf die Naturwissenschaften ausgerichtet seien (z. B. führten – so wurde berichtet – fehlende Laboreinrichtungen zu Punktabzügen).

24 Ein Streit, dessen Hintergrund die problematische Qualität vieler nicht eben billiger privater Hochschulen bildet. Die Auseinandersetzung gewinnt eine pikante Note dadurch, daß die Ideologen neoliberaler Privatisierungspolitik, die in Argentinien in vielen Ministerien den Ton angeben, nicht müde werden zu predigen, daß private Einrichtungen in jeder Hinsicht – vor allem in bezug auf die Qualität ihrer Produkte – staatlichen Institutionen überlegen seien. Wie in Brasilien genießt nur eine kleine Minderheit der privaten Universitäten einen guten Ruf als Ausbildungs- *und* Forschungsstätten.

6. *FOMEC*. Auf der Grundlage des neuen Hochschulgesetzes wurde im Rahmen des Hochschulreformprogramms PRES (Programa de Reforma de la Educación Superior) der Fonds zur Steigerung der Hochschulqualität *(Fondo para el Mejoramiento de la Calidad Universitaria FOMEC)* als eine neue Einheit des Erziehungsministeriums eingerichtet. Dieser Fonds bietet das wichtigste Förderprogramm zur Verbesserung der Lehre und der Ausbildungsqualität im allgemeinen an. Die zur Verfügung stehenden Fördermittel – rund 250 Mio US-Dollar für fünf Jahre, d. h. pro Jahr 50 Mio Dollar – stammen etwa zu zwei Dritteln aus einem Weltbankkredit, das restliche Drittel ist der argentinische Eigenanteil. FOMEC bewilligt Fördermittel aufgrund von Anträgen, die in einem Auswahlverfahren in offenem Wettbewerb miteinander stehen und von Fachgutachtern (peer review) entschieden werden. Das Programm bietet u. a. an:

- Postgraduiertenstipendien (im In- und Ausland)
- Infrastrukturmaßnahmen (z. B. Labor- oder Bibliotheksaustattung; aber auch Zuschüsse zur Errichtung oder Instandsetzung von Gebäuden)
- Finanzierung von in- und ausländischen Gastprofessoren und akademischen »consultants«

Jeder Antrag muß deutlich machen, daß die einzelnen Maßnahmen nicht isoliert sind, sondern in einem sinnvollen Verhältnis zueinander stehen und in ihrer Bündelung zur Reform der Universität insgesamt beitragen.

Schwerpunkte der Förderung sind neben der Verbesserung der Lehre im undergraduate-Bereich die Konsolidierung und Stärkung bestehender und die Schaffung neuer Postgraduiertenstudiengänge mit einer klaren Forschungskomponente.

Bei der ersten Ausschreibung 1995 wurden von 409 eingereichten Projekten 115 bewilligt. Im Bereich der Personenmobilität gab es folgende Ergebnisse: Es wurden 917 Postgraduate-Stipendien vergeben, davon 300 für Studien im Ausland (118 für Magister-, 93 für Promotions- und 89 für Postdoc-Studien).

7. *Der Nationale Hochschulevaluierungs- und Akkreditierungsrat (Comisión Nacional de Evaluación y Acreditación Universitaria – CONEAU*[25]*).* Aufgabe der CONEAU ist es, mindestens alle 6 Jahre die Hochschulen zu evaluieren (in der Lehre, der Forschung und in den Serviceleistungen für die Gesellschaft (»extensión«). Bei den staatlichen Universitäten kommt die Evaluierung ihrer Verwaltung bzw. ihres institutionellen Managaments (»gestión institucional«) hinzu. Das Gesetz erlaubt den privaten Universitäten, sich eine eigene Evaluierungsinstitution zu schaffen, deren Statut aber der Genehmigung des Erziehungsministeriums bedarf, das seinerseits eine Stellungnahme der CONEAU einholen muß[26].

---

25 CONEAU besteht aus zwölf von der Regierung auf vier Jahre ernannten Mitgliedern. 3 Mitglieder werden auf Vorschlag des Nationalen Universitätsrats CIN (Consejo Interuniversitario Nacional) ernannt, 1 Mitglied auf Vorschlag des Rektorenrats privater Universitäten (Consejo Nacional de Rectores de Universidades Privadas), 1 auf Vorschlag der Academia Nacional de Educación, jeweils 3 auf Vorschlag von einer der beiden Kammern des Kongresses und 1 Mitglied auf Vorschlag des Erziehungsministeriums. Es soll sich in jedem Fall um Persönlichkeiten von anerkannten akademischen Meriten handeln. Diese allgemein gehaltene Bestimmung könnte zu Streit führen. Man erinnere sich, daß Präsident Menem die Wahl des mit ihm befreundeten Präsidenten eines Tennisclubs zum Richter am Obersten Gerichtshof durchsetzte; die einzige formale Qualifikation für das hohe Amt bestand darin, daß er Anwalt war.

26 Skeptiker befürchten, daß die Qualitätskontrolle des Aufsichtsorgans Gefahr laufen könnte, vernachlässigt zu werden zugunsten eines derzeit in Argentinien verbreiteten ultraliberalen Credos, das dazu neigt, »privat« und »qualitätvoll« als Synonyme zu betrachten; auch Pressionen von mächtigen Interessengruppen oder, schlimmer noch, Korruption könnten die Arbeit des Kontrollorgans beeinträchtigen.

CONEAU

- evaluiert die Hochschulen;
- akkreditiert bestimmte Studiengänge, die zu staatlich regulierten Berufen führen (z. B. Medizin);
- bereitet die Gutachten über neue Institutionen vor, die eine Akkreditierung als Universität beantragen.

Die Regierung ernennt die Mitglieder der CONEAU. Durch das Vorschlagsrecht mehrerer hochschulrevelanter Einrichtungen und durch die für eine Mitgliedschaft erforderliche besondere akademische Qualifikation ist die Chance gegeben, daß CONEAU als ein primär akademisches Gremium funktioniert. Es bleibt abzuwarten, wie sich die Arbeit in der Praxis gestaltet[27].

8. *Das Staatssekretariat für Forschung und Technologie (Secretaría de Estado de Ciencia y Tecnología SECYT)* und der Nationale Forschungsrat *CONICET* (Consejo Nacional de Investigaciones Científicas y Tecnológicas) unterstanden bis Juli 1996 der Präsidentschaft der Republik und sind nunmehr Teil des Erziehungsministeriums. Die bis dahin gültige Satzung des CONICET wurde außer Kraft gesetzt und für eine Übergangszeit übernahm der neu ernannte Staatssekretär des SECYT, Juan Carlos del Bello, die Leitung der Institution. In einem nach drei Monaten veröffentlichten Zwischenbericht werden u.a. die organisatorischen Defizite und Managementprobleme des CONICET aufgeführt, die zur Folge hatten, daß bei einem Haushaltsvolumen (1996) von 181 Millionen Pesos (= US-Dollar) lediglich 1,5 Millonen Pesos (!) für die eigentliche Kernaufgabe – die Forschungsförderung – zur Verfügung standen, während ca. 99 % für die Gehälter der CONICET-Forscher, für die fixen Kosten der CONICET-Institute, für die seit Jahren in der Förderung befindlichen Stipendiaten und für die Zentralverwaltung gebraucht wurden, womit die Institution jeglichen Finanzspielraum zur Gestaltung neuer Initiativen verloren hat[28]. Aufgrund der negativen Diagnose wurde eine umfangreiche Reformdiskussion in Gang gesetzt, an der – zum ersten Mal seit vielen Jahren – in einer Reihe von Adhoc-Kommissionen eine größere Anzahl von Mitgliedern der »Scientific Community« beteiligt wurden. Da der Reformprozeß erst am Anfang steht, kann ein Urteil noch nicht gefällt werden. Als wesentliche Elemente der künftigen Verfahren in der Forschungsförderung des Staatssekretariats SECYT werden genannt: Schaffung klarer Entscheidungsstrukturen; alle Förderanträge sollen in transparenten Auswahlverfahren behandelt werden, wobei die wissenschaftliche Begutachtung (peer review) ausschlaggebend sein soll; die Aufgaben des CONICET sollen verteilt werden auf eine Förderinstitution, die Forschungsförderung auf der Basis freier Anträge betreibt und die auch für das Stipendienwesen zuständig ist. Der CONICET bleibt hingegen für die ihm unterstellten Institute verantwortlich, die in der Zahl jedoch reduziert werden sollen. Dadurch soll der Interessenkonflikt innerhalb ein und derselben Institution vermieden werden, der dadurch entsteht, daß die eigenen Forschungsinstitute um die gleichen Mittel konkurrieren wie freie Antragsteller (was in der Vergangenheit zu einer offenbaren

27 Bedenklich ist, daß von 12 Mitgliedern 7 auf Vorschlag politischer Instanzen ernannt werden: 6 Mitglieder auf Vorschlag des Kongresses und 1 Mitglied auf Vorschlag des Erziehungsministeriums. Eine stärker fachlich begründete bzw. akademisch orientierte Auswahl, z. B. durch ein Vorschlagsrecht weiterer dezentraler Institutionen, die dem Hochschulbereich nahestehen, wäre eher geeignet, Zweifler, die aus gutem Grund vor parteipolitischen Einflüssen warnen, zu beruhigen.
28 Ministerio de Cultura y Educación. SECYT / CONICET: Informe de Gestión 1 – 3 de julio de 1996 – 18 de septiembre de 1996, Buenos Aires 1996.

Bevorzugung der Institute führte). Außerdem soll sich das Stipendienwesen wieder in ein Förderinstrument für Nachwuchswissenschaftler verwandeln, statt zu einem Ersatz für fehlende Planstellen an den Universitäten zu verkommen (es gibt Wissenschaftler, die seit acht oder zehn Jahren Stipendiaten des CONICET sind, obwohl eigentlich als Höchstförderdauer ursprünglich vier Jahre vorgesehen waren – mit dem Ergebnis, daß über Jahre kaum neue Stipendiaten aufgenommen werden konnten[29].).

Vorläufige Bilanz der argentinischen Reformbemühungen im Hochschulbereich

Das argentinische Hochschulsystem und die Forschungsfördereinrichtungen befinden sich in einer Umbruchphase. Effizienz- und Leistungskriterien werden als die neuen Leitlinien der offiziellen Politik verkündet. Im Namen dieser Kriterien sieht das neue Hochschulgesetz eine deutliche Beschneidung der Mitbestimmungsrechte der Studenten und eine Stärkung der Hochschulleitung vor. Dies ruft Widerstände hervor. Insbesondere die Studentenverbände sehen einen »Angriff« auf die Hochschulautonomie und eine Beschneidung ihrer Mitspracherechte[30].

Die Reformbemühungen sind weitreichend und könnten, wenn sie durchgehalten und vertieft werden, in einigen Jahren bzw. Jahrzehnten tiefgreifende Veränderungen bewirken. Die – im Verhältnis zu dem Tiefstand der Hochschulfinanzierung in den ersten Jahren der Regierung Menem – umfangreichen Förderprogramme zur Anhebung des Ausbildungsniveaus und der Effizienz der Hochschulen sollen jedoch nicht nach dem Gießkannenprinzip, sondern in transparenten Auswahlverfahren mit akademischen Gutachterausschüssen verteilt werden.

Die Frage, ob die Hochschulreform die Amtszeit der Regierung Menem überlebt, kann mit verhaltenem Optimismus bejaht werden. Die Notwendigkeit eines tiefgreifenden Erneuerungsprozesses ist nicht nur in Fachkreisen unbestritten. Der leistungsbezogene Ansatz wird im allgemeinen ebenfalls bejaht. Bedenken einer parteipolitischen Instrumentalisierung hört man selten, weil gerade im Erziehungsministerium viele Fachleute arbeiten, die als parteipolitisch nicht gebunden gelten oder sogar anderen politischen Parteien nahestehen.

Skeptiker sehen allerdings einige Gefahren für die Reform: 1. Die Möglichkeiten parteipolitischer Einflußnahme sind nicht gebannt (wie das Beispiel des CONEAU zeigt, dessen Mitglieder mehrheitlich von politischen Instanzen ernannt werden, weshalb erst die Praxis eine fundierte Meinung erlauben wird).

2. Auch die Gefahr parteipolitisch motivierter Willkür bei der Mittelvergabe besteht weiterhin, wie das Beispiel des im Bau befindlichen CONICET-For-

---

29 So verständlich das Bestreben ist, die Stipendien wieder ihrer eigentlichen Aufgabe, der Nachwuchsförderung, zuzuführen, bleibt doch die Frage, ob die Universitäten in Anbetracht der jahrelangen Budgetkürzungen in der Lage sein werden, dem aus der CONICET-Förderung ausscheidenden wissenschaftlichen Nachwuchs eine berufliche Chance zu geben, oder ob die Sanierung des CONICET bzw. der SECYT zu Lasten eben dieser Nachwuchskräfte geht.
30 Daß neben der »technokratischen« Reform auch parteipolitisches Kalkül eine Rolle spielt, sieht man, wenn man die Neugründungen von Bundesuniversitäten im Vorstadtgürtel von Buenos Aires untersucht: Sie liegen im Herrschaftsbereich peronistischer Lokalcaudillos und der Gouverneur der Provinz Buenos Aires ist der aussichtsreichste peronistische Präsidentschaftskandidat für 1999. Alteingesessene Universitäten (die politisch allerdings eher der Opposition des Partido Radical zuneigen) wie die Universidad de La Plata oder die Universidad de Buenos Aires müssen mit erheblichen Kürzungen fertigwerden.

schungszentrums in Anillaco (Provinz La Rioja) zeigt. Es handelt sich zwar um einen abseits jedes wissenschaftlichen Umfelds gelegenen Ort, jedoch ist es der Geburtsort des Präsidenten Menem[31].

3. Andere Beobachter befürchten hingegen, daß die Reform im Morast der Interessenkonflikte an den einzelnen Hochschulen stecken bleiben könnte. Sie argumentieren, daß der effizienzorientierte, technokratische Reformansatz zu kurz greife, um zur Lösung der grundlegenden Probleme der argentinischen Hochschulen beitragen zu können. Die Reform werde schwerlich eine durch jahrzehntelange Stagnation, finanzielle Auszehrung (inkl. des Verfalls der Gehälter), ideologische Verfolgung und Grabenkämpfe weitgehend lahmgelegte Institution zum Aufbruch bewegen.

Die widersprüchlichen Ansichten über die Reform verbieten es, schon jetzt ein Urteil zu fällen. Die Praxis der Hochschul- und der Forschungsförderung entsprechend den neuen Gesetzen wird zeigen, ob das ehrgeizige Vorhaben des Erziehungsministeriums Erfolg hat oder ob es sich im Gestrüpp der Interessen verheddert.

Ein interessanter Punkt sind die Integrationsbemühungen regionaler Natur: Im Rahmen des »Mercosur Educativo« werden argentinische Evaluatoren zu den CAPES-Evaluierungen der Postgraduiertenstudiengänge nach Brasilien eingeladen und umgekehrt brasilianische Wissenschaftler zur Teilnahme an den Evaluierungen von CONEAU. Diese Internationalisierung der Reform spricht dafür, daß sie auch unter einer Nachfolgeregierung kaum rückgängig zu machen ist[32].

---

31 Auf den ersten Blick scheint dieser Kritikpunkt eher anekdotischer – oder sagt man besser folkloristischer? – Natur. In Anbetracht eines historischen Tiefstands der Forschungsförderung leuchtet es dem unbefangenen Beobachter nicht ein, daß zig Millionen Dollar in ein neues CONICET-Institut fließen, in das – für weiteres teures Geld – die Forscher und die Studenten jeweils von weitem anreisen müssen. Es ist zweifelhaft, ob dieses »caudillistisch« inspirierte Projekt den neu verkündeten Kriterien der Vergabetransparenz standhalten kann. Es bestätigt natürlich all jene kritischen Stimmen, die die Seriösität der Reformabsichten der Regierung bestreiten.

32 Konsequenzen für die deutsch-argentinische Zusammenarbeit im Hochschul- und Forschungsbereich: Da die argentinischen Reformbemühungen im Erziehungswesen – hier vor allem im Hochschul- und Forschungssektor – nach Jahrzehnten der Vernachlässigung dieses Bereichs wieder Chancen für eine stärkere Zusammenarbeit geben, die nicht einseitig von deutscher Seite finanziert wird, sollte angestrebt werden, die deutschen Hochschulen an diesem Reformprozeß zu beteiligen. Insbesondere die beträchtlichen Mittel für Auslandsstipendien, für Gastdozenturen und Wissenschaftlereinladungen, die die argentinische Seite über das Erziehungsministerium mit Hilfe der Weltbank bereitstellt, sind eine gute Grundlage, über gemeinsame Förderprogramme (im Wissenschaftleraustausch, im Bereich von Postgraduate-Studiengängen und bei binationalen Forschungsprojekten) nachzudenken und der argentinischen Seite »joint ventures« anzubieten, die mittelbar oder unmittelbar auch zur Stärkung des Studienstandortes Deutschland beitragen könnten. Der jetzige Zeitpunkt ist günstig, um frühzeitig Präsenz zu zeigen (auch im Wettbewerb mit den USA, England und Frankreich, deren Stipendienangebot häufig geringer als das deutsche ist, die aber in den Präferenzen der Nachwuchswissenschaftler zunächst an erster Stelle stehen). Die Realisierungschancen für eine vertiefte, gleichberechtigte Zusammenarbeit sollten in Gesprächen überprüft werden; die Kooperationsmöglichkeiten ggf. auch mit zusätzlichen, unkonventionellen Angeboten von deutscher Seite ausgelotet bzw. wahrgenommen werden.

Bibliographie

Dokumente:

Barsky, Osvaldo: El sistema de posgrado en la Argentina. Ministerio de Cultura y Educación de la Nación / Secretaría de Políticas Universitarias, Serie Estudios y propuestas, Buenos Aires 1995.

Delfino, José, und Héctor Gertel: Modelo para la Asignación del Presupuesto Estatal entre las Universidades Nacionales. Ministerio de Cultura y Educación de la Nación / Secretaría de Políticas Universitarias, Serie Estudios y propuestas, Buenos Aires 1995.

Ministerio de Cultura y Educación de la Nación: La política educativa del Gobierno Nacional. Buenos Aires, Juni 1996.

Ministerio de Cultura y Educación de la Nación: La política universitaria del Gobierno Nacional. Buenos Aires, Juni 1996.

Ministerio de Cultura y Educación / Secretaría de Políticas Universitarias: Estadísticas Básicas de Universidades Privadas – Años 1985-1994. [Buenos Aires 1995].

Ministerio de Cultura y Educación / Secretaría de Políticas Universitarias: Censo de estudiantes de universidades nacionales 1994. Resultados definitivos. Serie C No. 1, Buenos Aires [1995].

Ministerio de Cultura y Educación / Secretaría de Políticas Universitarias: Ley de Educación Superior No. 24.521, Buenos Aires [1995].

Ministerio de Cultura y Educación / Secretaría de Políticas Universitarias: FOMEC. Manual de Operaciones, Guía y Formularios para la presentación de proyectos. Buenos Aires 1996.

Ministerio de Cultura y Educación / Secretaría de Políticas Universitarias: infomec. Boletín informativo del Fondo para el Mejoramiento de la Calidad Universitaria. Jg. 1, Nr. 1, Juni 1996.

Ministerio de Cultura y Educación de la Nación: SECYT / CONICET – Informe de Gestión 1 (September 1996).

Staff Appraisal Report (1995). Argentina. Higher Education Reform Project (Report No. 13935-AR) v. 17.3.1995. Hrsg. v. der Weltbank

Weitere Veröffentlichungen des Erziehungsministeriums

Bisang, Roberto: Las actividades de investigación en las Universidades Nacionales. Hrsg. v. Ministerio de Cultura y Educación de la Nación / Secretaría de Políticas Universitarias, Serie Estudios y propuestas, Buenos Aires 1995

Herrera, Luis: Bibliotecas Universitarias Argentinas. Hrsg. v. Ministerio de Cultura y Educación / Secretaría de Políticas Universitarias, Serie Estudios y propuestas, Buenos Aires 1995.

Marquis, Carlos (Hrsg.): Evaluación Universitaria en el Mercosur. Ministerio de Cultura y Educación / Secretaría de Políticas Universitarias. Buenos Aires 1994.

Nagata, Javier: El principio de gratuidad y equidad en la Universidad Estatal. Hrsg. v.

Ministerio de Cultura y Educación de la Nación / Secretaría de Políticas Universitarias, Serie Estudios y propuestas, Buenos Aires 1996.

Sonstige Veröffentlichungen

Braslavsky, Cecilia (1996): Veränderungen im Erziehungswesen 1984-1995, in: Detlef Nolte/Nikolaus Werz (Hrsg.): Argentinien. Politik, Wirtschaft, Kultur und Außenbeziehungen, Frankfurt/M, S. 260-272.

Balán, Jorge, und Augusto M. Trombotto (1996): An Agenda of Problems, Policies and Debates on Higher Education in Latin America. In: Prospects XXVI, 2 (Juni 1996).

Balán, Jorge, und Augusto M. Trombotto [1996]: Proyecto: Situación y principales dinámicas de transformación de la educación superior en América Latina y el Caribe. Datos correspondientes a la República Argentina. [1996 – unveröffentlicht?]

Brignardello, Luisa (1968): Argentina: Dos años de malas relaciones. In: Mundo Nuevo (Paris) 26/27.

Cano, Daniel (1985): La Educación Superior en la Argentina, Buenos Aires (mit ausführlichem statistischem Anhang).

Ciria, Alberto, u. Sanguinetti, Horacio (1962): Universidad y Estudiantes, Buenos Aires.

Del Mazo, Gabriel (1926): La Reforma Universitaria de Córdoba, 6 Bde., Buenos Aires.

Del Mazo, Gabriel (1955): Reforma Universitaria y Cultura Nacional, Buenos Aires.

Díaz Castillo, Roberto (1971): La Reforma universitaria de Córdoba, Guatemala.

Fanelli, Ana María García de (1996): Estudios de posgrado en la Argentina: Alcances y limitaciones de su expansión en las universidades públicas. Documento CEDES / 114, Serie Educación
Superior, Buenos Aires 1996.

Fanelli, Ana María García de, und Jorge Balán (1994): Expansión de la oferta universitaria: Nuevas instituciones, nuevos programas. Documento CEDES / 106, Serie Educación Superior,
Buenos Aires.

Federación Universitaria de Buenos Aires (Hrsg.) (1959): La Reforma Universitaria de Córdoba
1918-1958, Buenos Aires (m. Bibliographie).

Garzón Valdés, Ernesto (1965): »Die Universitätsreform von Córdoba, Argentinien (1918)«, in:
Hanns-Albert Steger (Hrsg.), Grundzüge des lateinamerikanischen Hochschulwesens, Baden-
Baden, S. 163-219.

Mango, Carlos, u. Warley, Jorge A. (1984): Universidad y Peronismo (1946-1955), Buenos Aires.

Pérez Lindo, Augusto (1985): Universidad, política y sociedad, Buenos Aires.

Puiggrós, Adriana (1993): Universidad, proyecto generacional y el imaginario pedagógico. Buenos Aires, Barcelona, México.

Tedesco, Juan Carlos et al. (1983): El proyecto educativo autoritario. Argentina 1976-1982, Buenos Aires.

Tünnermann Bernheim, Carlos (1978): Sesenta años de la reforma universitaria de Córdoba. 1918-
1978, San José.

Weinberg, Gregorio (1987): Aspectos del vaciamiento de la universidad argentina durante los re-
cientes regímenes militares, in: Cuadernos americanos (México) 6.

Abkürzungsverzeichnis

CAP	Comisión de Acreditación de Posgrado
CONEAU	Comisión Nacional de Evaluación y Acreditación Universitaria
CONICET	Consejo Nacional de Investigaciones Científicas y Tecnológicas
FOMEC	Fondo para el Mejoramiento de la Calidad Universitaria
PMSIU	Programa de Mejoramiento de la Información Universitaria
PRES	Programa de Reforma de la Educación Superior
SECYT	Secretaría de Estado de Ciencia y Tecnología
SIU	Sistema de Información Universitaria

Carlos E. Reboratti

Argentiniens neue Landkarte[1]

Neue Regeln für ein altes Spiel

Das Bild von Argentinien als einem in seiner territorialen und sozialen Struktur relativ stabilen Land, oder zumindest als einem Land, in dem Veränderungen nur sehr langsam vonstatten gingen, muß möglicherweise aus unserer Vorstellung verbannt werden. Argentinien ist, zu seinem Vor- oder Nachteil, tiefgreifenden Veränderungen in dem Tempo unterworfen, das ihm die neuen Regeln des internationalen Spiels aufdrängen: Die ökonomische und kulturelle Globalisierung, der Neoliberalismus als einziges Gesetz zur Marktregulierung, die Internationalisierung der Wirtschaft und die Vernachlässigung der Rolle des Staates als Garant für das Wohlergehen der Bevölkerung sind von der Regierung akzeptierte Ziele, die ohne größere Bedenken in bezug auf ihre sozialen, territorialen und ökologischen Konsequenzen gefördert werden.

Die Veränderung einer Reihe von strukturellen Faktoren, die als ewig erschienen, es aber offenkundig nicht sind, ist ein Prozeß, der dem größten Teil der Argentinier in ihrer Verhaftung im Mythos einer Vergangenheit der Hülle und Fülle fremd ist.

In diesem kurzen Überblick werden wir versuchen, einige herausragende Aspekte dieses neuen, unbekannten Landes zu erklären und dabei ein besonderes Augenmerk auf diejenigen legen, die wir hinsichtlich der territorialen Organisation als kritisch erachten. Es lohnt sich, den Lesern mit geringen Kenntnissen über Argentinien zu erläutern, daß in der territorialen Dynamik des Landes bis vor relativ kurzer Zeit staatlichen Aktivitäten in Form von Planung – mehr sektoral als global – und Investitionen eine große Bedeutung zukam. Diese staatliche »Einmischung« (was in offiziellen Diskussionen inzwischen zu einem Schimpfwort geworden ist) war unter anderem dafür verantwortlich, daß das Land ein ausgedehntes Eisenbahnnetz besaß, es ein weit verbreitetes öffentliches Gesundheitswesen gab, welches auf einer guten medizinischen Grundversorgung beruhte, daß das Erziehungssystem den Analphabetismus auf ein Minimum reduzierte, daß es Wohnungsbauprogramme gab und daß Wasser-, Strom-, Gasversorgung sowie Abwasserkanalisation ausgebaut wurden. Diese staatliche Verantwortung wird jetzt verleugnet und ihre Rolle immer unbedeutender, was die Zukunft des Gesundheitssystems, des Erziehungssystems und allgemein das Wohlergehen der Mehrheit der Bevölkerung mit einem großen Fragezeichen versieht.

Im »neuen« Argentinien gibt es deutliche Anzeichen für eine Zunahme der sozialen und wirtschaftlichen Polarisation, für die verstärkte Fragmentierung städtischer Gebiete, für die Ausbreitung von typischen Krankheiten der Armen (Cholera, Malaria), für Drogenhandel und Drogenkonsum, für Gewalt und Arbeitslosig-

1 Der Beitrag erschien zunächst in *L'Ordinaire Latino-Americain* – *IPEALT* (Toulouse - Le Mirail) 165-166 (Sept.-Dez. 1996), 75-81. Die Herausgeber danken Prof. Dr. Perla Cohen für die Freigabe der Übersetzung.

keit sowie für einen Rückgang der Investitionen in Erziehung und Wissenschaft. Diese neue Realität wird offiziell bestritten und verschwiegen, obwohl sie für jeden aufmerksamen Beobachter offensichtlich ist. Ein Widerspruch, den wir nachfolgend aufdecken wollen.

Bevölkerung und Raum

Ein verbreiteter argentinischer Mythos hat schon immer die Bevölkerungskonzentration in der Pampa (genauer im Großraum Buenos Aires) für eines der Grundübel des Landes gehalten, die sein Wachstum verzögerten. Trotzdem hat sich dieser Prozeß seit langer Zeit verlangsamt und sogar umgekehrt. Auch wenn sich in der Metropolitanregion von Buenos Aires weiterhin ein nennenswerter Anteil der Gesamtbevölkerung konzentriert (35 %, wenn man die Stadt Buenos Aires und ihre Agglomeration einschließlich der Stadt La Plata betrachtet), wächst diese Agglomeration doch sehr langsam, wesentlich langsamer als die Gesamtbevölkerung des Landes und die Bevölkerung der Mittelstädte, in denen sich momentan das größte Wachstum abspielt.

Die Bevölkerung Argentiniens scheint sich in drei Gruppen zu untergliedern, von denen jede einzelne jeweils ein Drittel ausmacht: die im Großraum Buenos Aires, die in urbanen Agglomerationen mittlerer Größe und der Rest, verteilt auf kleine Siedlungen und die Landbevölkerung (die kaum 15 % der Gesamtbevölkerung ausmacht).

Die Ursachen dieser Veränderung sind vielfältig, aber grundsätzlich muß auf den Attraktivitätsverlust von Buenos Aires, den der Prozeß der wachsenden Deindustrialisierung mit sich bringt, und auf die zunehmende soziale Unsicherheit in der Stadt (überbelegter Wohnraum, Kriminalität, fehlende Grundversorgung usw.) hingewiesen werden. Die Abnahme staatlicher Investitionen im sozialen und territorialen Bereich hat die Situation verschärft und die Migrationszyklen verkürzt, die sich jetzt in großem Maße auf der intraregionalen Ebene vollziehen (daher das relativ große Wachstum der regionalen Zentren).

Die argentinische Bevölkerung wächst grundsätzlich aufgrund des ihr eigenen demographischen Verhaltens, einer inzwischen schon traditionellen Kombination aus niedriger Fruchtbarkeits- und mittlerer Sterblichkeitsrate. Fern sind die Zeiten, als hunderttausende Migranten aus Europa oder den Nachbarländern nach Argentinien kamen. Obwohl die Statistiken in dieser Hinsicht nicht sehr gut aussehen (ein Effekt der Abnahme staatlicher Investitionen ist der spektakuläre Verfall des Systems der statistischen Erfassung), ist es augenscheinlich, daß die Migrationsströme aus den Nachbarländern nachlassen und nur noch im Zusammenhang mit Fällen von Arbeitsrechtsverletzungen und Dumping-Löhnen in den Zeitungen auftauchen. Der Einfluß des Mercosur im Zusammenhang mit diesem Thema muß sich noch zeigen: Werden sich die Grenzen auch für den Austausch von Arbeitskräften öffnen?

Raum und Wirtschaft

In den letzten Jahren hat sich eine neue wirtschaftliche Ordnung im Land etabliert, ähnlich den Vorstellungen der Militärs, die das Land zwischen 1976 und 1983 regiert haben und denen ein starker Einfluß auf die Territorialstruktur zugeschrieben wird. Der Eintritt Argentiniens ins Konzert der Weltwirtschaft ist der eines fast ausschließlichen Rohstoffproduzenten. Diese Tendenz wird dadurch noch verstärkt, daß die Regierung ihre Bemühungen darauf konzentrierte, wobei praktisch alle Möglichkeiten zur Entwicklung einer in ihren Produktionssektoren ausgewogenen Wirtschaft vernachlässigt werden. Als Beleg dafür erwähnen wir, daß die Regierung entschieden hat, die Industriebehörde aus ihrer Organisationsstruktur zu eliminieren, während die Landwirtschaftsbehörde als Staatsministerium aufrechterhalten wird: Argentinien wird wieder zu einem Staat der Kühe und des Getreides.

Der allgemeine Prozeß einer »produktiven Ruralisierung« wird von mehreren Säulen getragen. An erster Stelle von einer starken Zunahme der Produktivität in der Pampa dank der technologischen Errungenschaften der Grünen Revolution: In den vergangenen 20 Jahren hat ein enormer Fortschritt bei den Getreideerträgen (auf der Grundlage weitreichender technologischer Modernisierung) zu einer landwirtschaftlichen Inwertsetzung der Pampa geführt und dabei die Viehzucht an den Rand gedrängt oder zu Verdichtung und Intensivierung gezwungen. Das hat seinerseits zu einem Prozeß der »Pampeanisierung« verschiedener landwirtschaftlich geeigneter Regionen des Landes wie der am Rand der Anden und des Chacos geführt.

Das »Agrobusiness« scheint der wichtigste Akteur dieser Reaktivierung zu sein. Es setzt sowohl eigenes als auch gepachtetes Land ein und verdrängt den traditionellen »Farmer« der Pampa. Entsprechendes gilt für das Kapital der Finanzmärkte, das der landwirtschaftlichen Produktion mittels eines Systems hochverzinslicher Investitionen mit kurzen Laufzeiten (ein oder zwei Jahre) zugeführt wird (die sogenannten landwirtschaftlichen Investitionsfonds).

Die zweite Säule ist die umfassende Reaktivierung von Bergbauaktivitäten, die eine Erweiterung von Prospektionsgebieten und das Inwertsetzen von Minen und Lagerstätten für Rohstoffe wie Erdöl, Kupfer, Silber und Borate fast im ganzen Westen des Landes umfaßt.

Auf der anderen Seite durchlaufen die regionalen landwirtschaftlichen Aktivitäten aus internen und externen Gründen gerade eine sehr schlechte Phase. Im Innern bestehen die Strukturprobleme fort: Verknappung von Land, geringe Ernteerträge, schwankende Preise, Naturkatastrophen, Schwarzmärkte usw. Von außen werden sie ständig vom Prozeß der Globalisierung und Integration bedroht: So sehen beispielsweise die Getreide- oder Milchproduzenten im Mercosur eine vielversprechende Zukunft mit 200 Millionen Verbrauchern vor sich, für die Zuckerrohrproduzenten des Nordwestens dagegen zeichnet sich eine Bedrohung durch die niedrigen Preise des brasilianischen Zuckers ab.

Kurioserweise leiden die rückständigsten Regionen am wenigsten unter dem Einfluß der Veränderung: Für einen Andenbauern zum Beispiel ist die Situation heute nicht viel anders als früher, und er versucht einfach, seine Subsistenzproduktion aufrecht zu erhalten.

Die Primärproduktion hat ebenfalls unter dem ständigen Auf und Ab durch die Internationalisierung und die Veränderungen auf den Verbrauchermärkten gelitten. Zu den grundsätzlichen Konsequenzen daraus können wir zählen:

– Das Aufkommen neuer Produkte auf dem Agrarmarkt, insbesondere der Sojabohne, der eine große Bedeutung als Exportgut zukommt, und die vielen Produzenten in der Pampa zwei Ernten pro Jahr erlaubt (normalerweise Weizen und Soja), allerdings mit negativen Konsequenzen für die Umwelt.

– Das Aufkommen des Vertragsanbaus von neuen Agrarprodukten in verschiedenen Regionen des Landes, wie zum Beispiel der Kartoffel, einem typischen Anbauprodukt des mittleren Südens der Provinz Buenos Aires, die inzwischen in neuen Sorten und unter Vertrag mit den großen Herstellern von Tiefkühlkost angebaut wird, oder der Gerste, die unter Vertrag mit den großen Bierbrauereien produziert wird.

– Die weitreichende Veränderung in den Konsumgewohnheiten, die sich auf traditionelle Anbaugebiete stark ausgewirkt hat. Zum Beispiel wird heute praktisch kein schwarzer Tabak mehr geraucht, der zunächst durch den hellen Virginia und dann durch den Burley ersetzt wurde, was zum Niedergang einiger Anbauzonen, wie Goya in der Küstenregion, beigetragen hat. Ein anderes wichtiges Beispiel ist die Verdrängung von Wein durch Bier beim Massenkonsum, die in den Weinanbaugebieten zu einer Spezialisierung hin zur Herstellung hochwertiger Weine geführt und in vielen Fällen die Produktion einfacher Tafelweine vollständig ersetzt hat.

– Die praktisch unbeschränkte Einfuhr von Agrarprodukten hat in einigen Fällen schwere Krisen heraufbeschworen, wie beispielsweise in den Bananenanbaugebieten im Norden von Salta, die vom Import ecuadorianischer Bananen bedroht werden.

– Auf der anderen Seite haben die technologischen Fortschritte eine geographische Erweiterung der Anbaugebiete für die Erzeugung vieler frischer Produkte wie etwa Erdbeeren und Tomaten ermöglicht, deren Angebot früher stark an die Jahreszeit gebunden war.

Im ländlichen Raum haben diese Veränderungen immer die Konzentration von Vorteilen in den Händen der stärker kapitalisierten und im wirtschaftlichen Sinne »effizienteren« Produzenten und die Verdrängung der kleinen Produzenten bedeutet (mit der Landflucht als Konsequenz). Dazu beigetragen hat auch der Niedergang des Systems der landwirtschaftlichen Kooperativen, die in der Gegenwart durch die fehlende Unterstützung von seiten des Staates in erhebliche Gefahr gebracht worden sind. In der Tat sind die einzigen noch voll funktionierenden Kooperativen diejenigen, die sich in Aktiengesellschaften umgewandelt haben, wie etwa die im Bereich der Milch- und im kleineren Maße der Tabakproduktion.

Die Industrie macht ihrerseits unterschiedliche Prozesse durch

An erster Stelle eine starke Veränderung auf der Entscheidungsebene, zumal momentan ein Prozeß der Internationalisierung des Industriekapitals und des Aufkaufs traditioneller nationaler Industrien durch multinationale Unternehmen abläuft. Das zeigt sich besonders deutlich im Fall der Agroindustrie und im Bereich der Lebensmittelindustrie, erstreckt sich aber auch auf andere Branchen.

An zweiter Stelle gibt es einen starken Konzentrationsprozeß, der darauf ausgerichtet ist, die wirtschaftliche Macht in den Händen der großen Industriegruppen (in Wirklichkeit wirtschaftliche Konglomerate, die zusätzlich anderen Aktivitäten nachgehen) zu halten, während auf der anderen Seite die Klein- und Mittelindustrie unter dem Vorwand der »Effizienz und Wettbewerbsfähigkeit« erstickt wird.

Die wenigen Industrieinvestitionen der letzten Jahre konzentrieren sich erneut auf die Umgebung von Buenos Aires oder dehnen sich bestenfalls bis an die Grenzen der Pampa aus. Diese modernen Industrien sind beinahe standortunabhängig und erfordern nur wenige und hochqualifizierte Arbeitskräfte. Dieser Faktor führt in Kombination mit den Perspektiven der gemeinsamen Kommerzialisierung mit Brasilien über den Mercosur zu einer Wiederansiedlung der Industrie an den traditionellen Standorten.

Im Endergebnis hat sich die Industrie sowohl in bezug auf die Anzahl der Betriebe als auch in bezug auf die Arbeitsplätze verkleinert und dabei selbstverständlich die Produktivität pro Kopf, den indirekten Indikator für Arbeitslosigkeit, der den Verfechtern des Neoliberalismus so gut gefällt, bemerkenswert vergrößert.

Das neue Verkehrsnetz

In einem Land von der Größe Argentiniens mußte die Rolle des Verkehrsnetzes für die territoriale Organisation von grundlegender Bedeutung sein. Gegenwärtig sind wir Zeugen eines endgültigen Schrittes in Richtung der Abschaffung eines Güter- und Personenverkehrssystems, das für ein flaches und durch große, dünn besiedelte Räume in verschiedene Regionen untergliedertes Land am sinnvollsten erschien: die Eisenbahn. Die Privatisierung des ehemals ausgedehnten Eisenbahnnetzes hat die Beseitigung dieses auf mittleren und längeren Distanzen weit verbreiteten Personentransportmittels zum Ergebnis gehabt, und die wenigen noch bestehenden Streckenabschnitte wurden in Wirklichkeit in Hilfsmittel der Wirtschaftskonglomerate umgeformt, die alte Strecken aufkauften, um sie ausschließlich für den Gütertransport zu nutzen.

Deshalb hat sich die Mobilität der Bevölkerung hauptsächlich auf den Auto- und den Flugverkehr konzentriert. Man sich zur Aufrechterhaltung des ausgedehnten Straßennetzes für ein teilweise privates System entschieden: Für die Hauptverkehrsachsen wurden Konzessionen an eine Reihe von Wirtschaftskonglomeraten vergeben. Diese verpflichten sich zur Instandhaltung des Systems ohne quantitative Verbesserungen und erhalten im Gegenzug das Recht zur Erhebung einer sehr hohen Straßenbenutzungsgebühr. Wie man sieht, eine seltsame Mischung aus Privatisierung und Gewinngarantie mit niedrigen Investitionskosten, die Geschichte von der berühmten »Risikoinvestition«.

Der Luftverkehr ist einer der wenigen Bereiche in denen das Spiel eines deregulierten Marktes einen positiven Effekt auf die Preise hatte. Traditionell lag der Markt für Binnenflüge in den Händen eines verborgenen Monopolisten, der die Preise und das Streckennetz nach seinem Gutdünken festlegte, weswegen die Preise für Inlandsflüge eines Tages ein unverständlich hohes Niveau erreicht hatten (was selbstverständlich ein karges Passagieraufkommen bedeutete). Die Deregulierung des Flugmarktes brachte als Ergebnis das Entstehen einiger Fluglinien mit sich, die mit sehr niedrigen Preisen zu konkurrieren begannen, damit die großen Gesellschaften ihrerseits zu Preisreduzierungen zwangen und allgemein das Passagiervolumen vergrößerten. Was sich nicht verändert hat, ist der übertriebene Zentralismus, der es sehr schwer macht, sich im Inland von Ort zu Ort zu bewegen, ohne in Buenos Aires zwischenlanden zu müssen.

Planlosigkeit, vernachlässigte Pläne und Pharaonenprojekte

Die letzten Relikte dessen, was als Planungsprozeß bezeichnet werden könnte, stammen aus den achtziger Jahren, als in einigen Provinzen des Landesinnern mittels Steuerbefreiungen eine aktive Politik der Industrieansiedlung verfolgt wurde. Für die neoliberale Regierung war eine solche Begünstigung durch den Staat unvorstellbar, und das ganze System wurde schnell abgebaut. Die Auswirkungen wurden teilweise dadurch kaschiert, daß das System in vielen Provinzen aufgrund einer inneren Strukturschwäche bereits versagte. In vielen Fällen fanden unter dem Deckmantel der Wirtschaftsförderung phänomenale Einkommenstransfers statt, ohne daß es eine konkrete Industrieansiedlung gab. Die Korruption fraß auf diese Weise die Effekte dieses Prozesses auf, der auf lokalem Niveau trotzdem Bedeutung erlangte. Neben anderen Dingen lockte er vor allem eine große Zahl von Migranten in die Städte, in denen sich die Investitionen konzentrierten (San Luis, Catamarca, La Rioja, Ushuaia).

Der Fall Feuerland (Tierra del Fuego) ist der bemerkenswerteste: Nach mehreren Jahren, in denen auf Grundlage einer Steuerbefreiung für den Import von Einzelteilen eine Politik der Industrieförderung verfolgt worden war, hatte man in Ushuaia und Río Grande eine Reihe von Fertigungsanlagen für Elektronikprodukte für den nationalen Markt und – vermeintlich – auch für den Export angesiedelt. Dennoch war der nationale Markt schnell gesättigt. Außerdem mußten die montierten Produkte direkt mit den Importwaren konkurrieren. Diese Tatsache führte, kombiniert mit dem Wegfall der Steuervergünstigungen, zur Schließung eines guten Teiles der Fabrikanlagen, und Feuerland, dessen Wirtschaft eine beachtliche Anzahl von Migranten angezogen hatte, wurde zu einer Krisenregion.

Derzeit ist man in Argentinien zu einem System der Planlosigkeit als Entwicklungsstrategie übergegangen, das die territoriale Organisation den vermeintlichen Marktkräften überläßt. Dies hat zu einem beträchtlichen Chaos und unheilbringenden Konsequenzen geführt. So ist zum Beispiel Patagonien, eine durch staatliche Investitionen sehr begünstigte Region (was durchaus diskutiert werden könnte), zu einem Schauplatz verkommen, auf dem die großen Unternehmen (Mineralöl-, Bergbau- und Wollkonzerne) nach Gutdünken schalten und walten. Es gibt Städte, die vernachlässigt werden oder sich im Niedergang befinden (Sierra Grande, Cutral-Có). Andere Städte dagegen schießen wie Pilze aus dem Boden (Rincón de los Sauces), ohne daß irgend jemand ihre Entwicklung plant oder sich um die entstehenden sozialen Probleme kümmert.

Ein anderes Beispiel ist der Verkehr in der Stadt Buenos Aires: Da kein Planungssystem existiert, hängt die Vergabe von Arbeiten nicht von einer vernünftigen

Verkehrsplanung, sondern vom Druck der Straßenbauunternehmen ab. Auf diese Art und Weise werden große Autobahnen gebaut, die dafür bestimmt sind, private PKW ins Stadtzentrum zu lenken, obwohl dessen physisches Fassungsvermögen schon vor langer Zeit überschritten wurde. Gleichzeitig wird die Automobilindustrie gefördert und steigt die Zahl der Fahrzeuge, die nur eine Person befördern. Weitere Maßnahmen werden ergriffen, ohne daß jemand dazu Stellung nimmt, welchen Einfluß sie auf die öffentlichen Verkehrssysteme oder den Verkehrsfluß haben werden. Statt sich auf Grundlage eines Planes zu entwickeln, stagniert die Stadt unter der Wirkung von Einzel- oder Gruppeninteressen.

Während die neue Nationalversammlung die Region als politische Einheit in Form eines freiwilligen Zusammenschlusses von Provinzen beschließt, gibt es keinen nationalen Regionalentwicklungsplan (in Wirklichkeit hat nie einer existiert), und es regieren in vollem Umfang die Gesetze eines obskuren Marktes. Die Provinzen sind ihrem eigenen Schicksal überlassen, was die Reichen unter ihnen in der Praxis noch reicher und die Armen noch ärmer macht und jede Absicht, ein föderales und solidarisches Land zu werden, im Keim erstickt.

Kurioserweise wurde die Vernachlässigung jeglicher Versuche einer vernünftigen staatlichen Investitionsplanung vom Entstehen einer Reihe von Pharaonenprojekten begleitet, die Früchte einer verklärten Sicht der Wirklichkeit sind. Das erste ist der vorherigen Regierung zuzuschreiben, welche die verrückte Idee einer Hauptstadtverlegung im Kopf hatte. Kaum war dieses Projekt aufgrund seiner Kosten und fehlender Unterstützung in der Gesellschaft verworfen (man kann sich vorstellen, daß es das falsche Projekt zum falschen Zeitpunkt war), wurde auch schon mit der Suche nach anderen begonnen, die zwar kleiner aber gleichermaßen mystisch waren: eine Technologiestadt, eine künstliche Insel zur Verlegung des Flughafens von Buenos Aires, eine Brücke zwischen Buenos Aires und Colonia (das einzige, das gewisse umsetzbare Nebenabsichten besitzt), ein Stadtviertel im Fluß vor Buenos Aires, ein enormer Staudamm am mittleren Paraná. Anscheinend schließt das Zeitalter der Marktwirtschaft einen gewissen Zug von Leichtfertigkeit mit ein, und Planung ist durch Eigensinn oder allgemeiner durch verworrene Geschäfte ersetzt worden.

Der Rahmen der neuen Landkarte

Die auf dieser neuen Landkarte von Argentinien eher an den Rand gedrängten Bereiche stimmen gerade mit denen überein, die für die Folgen des neoliberalen Projekts bezahlen: Gesellschaft und Umwelt.

In sozialer Hinsicht war Argentinien ein Land, in dem sich der Mittelstand bemerkenswert entwickelte und die Einkommensunterschiede relativ gering waren. Gegenwärtig sind wir Zeugen eines Prozesses der Zerstörung dieser Struktur und des Aufbaus einer polarisierten Gesellschaft mit sehr hohen Einkommen auf der einen und sehr niedrigen auf der anderen Seite, während der Mittelstand immer mehr schrumpft. Diese Spaltung korreliert, wie wir bereits sehen konnten, auf der Makroebene territorial mit einer immer deutlicheren Kluft zwischen armen und reichen Provinzen, ganz entscheidend abhängig davon, wie sie mit Rohstoffen ausgestattet sind. Eine detailliertere Betrachtungsweise zeigt fragmentierte städtische Agglomerationen mit Stadtvierteln hoher Einkommen und der Tendenz, sich abzuschotten (»countries«, Viertel mit privaten Sicherheitsdiensten, große isolierte und befestigte Gebäude mit Luxusappartements), und als anderes Extrem große Gebiete von an den Rand der Agglomerationen gedrängten Armenvierteln und zahllosen illegalen Hausbesetzungen.

Die Planlosigkeit erreicht auch die Umwelt, den gegenwärtig vielleicht am meisten vernachlässigten Bereich in Argentinien. Mit einer merkwürdigen Mischung aus Ignoranz, Korruption und Arroganz weichen die eigentlich für das Thema Umwelt zuständigen Autoritäten den großen Problemen (Desertifikation, städtische Verschmutzung, Waldbrände, Bodendegradierung) aus, bezichtigen die Umweltorganisationen der Subversion und beeilen sich, die augenfällig umweltzerstörenden Pharaonenprojekte abzusegnen. Auch wenn es schwer fällt das zu glauben, wurde ein in seiner Wirkungslosigkeit unübertroffenes Umweltministerium gegründet.

Das Land, das wir Argentinier einmal aufbauten, verändert sich, das ist augenscheinlich, und wir sollten uns dessen alle bewußt sein. Aber wir sollten uns auch über die Folgen und Möglichkeiten dieser Veränderungen im klaren sein. Der Erfolg des Neoliberalismus in seiner Rolle als einziger Ausweg kann nicht bestritten werden, aber vielleicht erlaubt die Macht der Tatsachen die Rückkehr in eine Welt von Möglichkeiten, die auf der Solidarität zwischen den Menschen basieren.

(Aus dem Spanischen von Jens Nagel und Dr. Martin Coz, Tübingen)

Agustín Zbar

Der Pakt von Olivos und die argentinische Verfassungsänderung von 1994: Institutionelle Herausforderungen für die Zweite Republik

Die 1994 erfolgte Änderung der argentinischen Verfassung ist das wichtigste die politischen Institutionen betreffende Ereignis seit der Rückkehr des Landes zur Demokratie im Jahre 1983. Wenigstens drei Argumente können diese Behauptung stützen. Zweck des vorliegenden Beitrags ist es, diese drei Argumente zugunsten der Verfassungsänderung darzulegen und deren Bedeutung unter historischen und politischen Gesichtspunkten zu diskutieren. Abschließend will ich versuchen, auch die wichtigsten verfassungsrechtlichen Kritikpunkte an der »neuen« Verfassung zu erläutern.

Diese umfassende Einordnung der in Argentinien vorgenommenen Verfassungsänderung setzt eine Neubewertung der politischen Aktivitäten und eine positive Einschätzung der Arbeit des in den Monaten Juni, Juli und August 1994 in der Stadt Santa Fe versammelten politischen Führungsgremiums voraus. Wenngleich die Ereignisse im Umfeld der Verfassungsänderung noch zu frisch sind, um alle ihre politischen Folgen jetzt schon absehen zu können, hat sich doch zumindest die heftige Kritik wieder gelegt, die die Reform bei einigen Wissenschaftlern ausgelöst hatte, die nicht in der Lage waren, sich von ihren vorgefertigten Drehbüchern, von einer dogmatisch antireformistischen Einstellung oder einer strikten, in gewissem Maße irrationalen Totalopposition gegen eine Wiederwahl von Präsident Menem zu lösen. Auch die Angriffe, denen sich die Betreiber der Verfassungsänderung von Seiten manch kurzsichtiger oder über die Auswirkungen der Änderungen unzureichend informierter Interessengruppen ausgesetzt sahen, haben sich inzwischen in Luft aufgelöst.[1]

Drei Argumente zugunsten der Verfassungsänderung von 1994

Erstens ist die Verfassungsänderung von 1994 die einzige in der argentinischen Geschichte der letzten hundert Jahre, die auf einem bedeutenden politischen Abkommen beruht. Der zwischen dem früheren Präsidenten Raúl Alfonsín und dem jetzigen Präsidenten Carlos Menem (den Führern der beiden Parteien, die in den vergangenen fünfzig Jahren mehr als 85% der Wählerstimmen auf sich vereinigen

---

1 Sämtliche Gegner der Verfassungsänderung fanden breite Unterstützung bei einer skrupellosen, voreingenommenen Presse, die sich lediglich dafür interessierte, ob ein Recht auf Gegendarstellung eingeführt würde bzw. wie sie ihre Auflage durch Skandalberichterstattung in die Höhe treiben könnte, und die daher ihrer Pflicht, die Öffentlichkeit über das zu informieren, was in der Verfassungsgebenden Versammlung geschah, bis Mitte August nicht nachkam – d. h. bis zu dem Zeitpunkt, zu dem das Ende der Arbeit dieses Organs abzusehen war und die Einstellung der Bevölkerung zu seiner Tätigkeit sich in Umfragen mehrheitlich als positiv herauszustellen begann.

konnten: der Radikalen Bürgerunion UCR und der Justizialistischen Partei PJ[2]) geschlossene sogenannte »Pakt von Olivos« ebnete den Weg für den gesamten sich anschließenden Änderungsprozeß. Dieses politisch-institutionelle Abkommen machte die Reform kalkulierbar und verlieh ihr politische Legitimität. Es bedeutete einen großen Fortschritt in der Konsolidierung der Demokratie, da es die Schwäche des Systems eindämmte, die darin bestand, daß zwischen den beiden dominanten Parteien noch immer Meinungsverschiedenheiten über die Grundprinzipien des politischen Systems existierten. Die Verfassungsänderung wirkte außerdem in einem Augenblick, in dem der Autoritarismus, der in der PJ seit jeher latent vorhanden war, zunehmend manifest wurde und einen Verfassungswandel durchsetzen wollte, der ohne Rücksicht auf demokratische Grundsätze und Verfahren die Wiederwahl ihres derzeitigen Führers Carlos Menem ermöglichen sollte, wie ein institutioneller Schutzwall.[3]

Die Verfassungsänderung hatte im übrigen erhebliche Auswirkungen auf die nationale Politik, denn sie schuf Kanäle für die Entwicklung von Parteiangeboten jenseits der Unterzeichner des Paktes, wie es z. B. für die unter dem Kürzel FREPASO (Frente País Solidario – Front Solidarisches Land) bekannte Mitte-Links-Koalition gilt.

Zweitens ist diese Verfassungsänderung einzigartig in der hundertfünfzigjährigen argentinischen Verfassungsgeschichte. Aufgrund des breiten Spektrums von Themen, die in den Verfassungszusätzen behandelt werden, hat sie enorme Tragweite. Zu diesen Themen gehören:

1. Funktionsweise des Regierungssystems: Wahlmodus, Kompetenzen und Organisation der drei Staatsgewalten, Beziehungen zwischen den staatlichen Organen und neue Institutionen, wobei die Rolle des Kongresses bei der Gestaltung der Politik und der Kontrolle des Staates einen hervorragenden Rang erhält, so daß der Hyper-Präsidentialismus zugunsten des Parlamentes und einer Dezentralisierung der Macht abgemildert wird;

2. Beziehungen des argentinischen Staates zur internationalen Gemeinschaft: Normen für die regionale Integration, einschließlich der Möglichkeit der Abgabe von Souveränität an supranationale Organe sowie Verfassungsrang für die Menschenrechtspakte;

3. Festschreibung neuer individueller Rechte und Gewährleistung ihres Schutzes: Verbraucher, Umwelt, Klagerecht zur Verteidigung kollektiver Interessen, Habeas Corpus, Amparorecht, usw.

---

2   Die umfassende Verfassungsänderung von 1949 wurde vom Peronismus ohne die UCR, also auch ohne die erforderliche qualifizierte Mehrheit von zwei Dritteln der Mitglieder des Kongresses vorgenommen (Gesetz 13.233), so daß ihre Legitimität umstritten war. Die 1955 irregulär an die Macht gekommene Regierung derogierte die peronistische Verfassung von 1949, setzte die alte Verfassung von 1853 einschließlich der Ergänzungen von 1860, 1866 und 1898 wieder in Kraft und berief eine eigene Versammlung zur Änderung dieser Verfassung ein; diese Versammlung beruhte auf einem Regierungserlaß und nicht auf einer Erklärung des Kongresses, der damals noch aufgelöst war, und peronistische Kandidaten waren ausgeschlossen (Erlaß 3838/57, veröffentlicht im Staatsanzeiger am 12. April 1957).

3   Vgl. Gelli 1993; García Lema 1993; vgl. außerdem den Gesetzentwurf »Verfahrensnormen für die Durchführung der Verfassungsänderung«. Letzteres war eine Initiative mit dem Ziel, Art. 30 der Verfassung derart zu ändern, daß per einfacher Gesetzgebung festgelegt würde, daß die in diesem Artikel genannte Zweidrittelmehrheit sich auf die anwesenden Mitglieder und nicht auf die Gesamtheit der Mitglieder der Legislative bezieht (Unterzeichner: Francisco Durañoña y Vedia, Mitunterzeichner: Jorge Aguado und José Manny. Eingebracht vom Abgeordnetenhaus. Drucksache Nr. 3338/93. Anzeiger der Parlamentsgeschäfte Nr. 122/93). Vgl. dazu auch die damalige Tagespresse.

Drittens hat die Verfassungsänderung von 1994 eine starke symbolische und politische Komponente, da sie zugleich die Endphase der Transition zur Demokratie markiert, die im Dezember 1983 begonnen hatte, und für die nächsten Jahre eine umfangreiche institutionelle (und gesetzgeberische) Aufgabenliste festlegt.

Wie die Verfassungsgebende Versammlung ausdrücklich festgestellt hat, war der Hauptzweck der Verfassungsänderung der erste der oben genannten Punkte, also die Änderung des Regierungssystems, um so dem hypertrophen Präsidentialismus (bei uns auch als »Hyperpräsidentialismus« bezeichnet) ein Ende zu setzen und das Entstehen einer parlamentarischen Gewalt zu erlauben, die an der Entscheidung über die allgemeine Ausrichtung der nationalen Politik sowie an der Kontrolle der Macht des Präsidenten teilhat. Dies sollte durch den Entwurf eines Systems erreicht werden, das ich »gemäßigten Präsidentialismus« nennen will.[4]

Legitimität und Kalkulierbarkeit der Verfassungsänderung

Historisch betrachtet hat die Verfassungsänderung eine in unserer Geschichte bisher nie gekannte Legitimität und Reichweite. Es ist daran zu erinnern, daß die argentinische Verfassung von 1853 – die von einer quasi selbst-ernannten verfassungsgebenden Gewalt erlassen wurde, die sich Vertreter der Provinzregierungen angemaßt hatten, nachdem die Macht des Diktators Juan Manuel de Rosas gebrochen war – bis in unsere Tage lediglich die Teiländerungen von 1860, 1866 und 1898 (die alle vor der Einführung der geheimen, allgemeinen und obligatorischen Wahl stattfanden) sowie die Aufnahme eines Artikels über »soziale Rechte« im Jahre 1957 erfahren hatte.

1949 sorgte der damalige Präsident Juan Domingo Perón vermittels eines höchst fragwürdigen Verfahrens und unter massiver Verfolgung jeder oppositionellen Meinungsäußerung, ohne Pressefreiheit und bei Stimmenthaltung der UCR als der einzigen im Kongreß vertretenen Oppositionspartei, für eine vollständige Reform der Verfassung von 1853. Diese Legitimitätsmängel und der faschistische Gehalt der neuen Verfassung führten zu ihrer Annullierung durch die sogenannte »Befreiungsrevolution«, d. h. durch die Militärregierung, die Perón 1955 stürzte. Im Zuge der Annullierung der peronistischen Verfassung von 1949 wurde die Verfassung von 1853 mit den drei erwähnten Änderungen (1860/1866/1898) wieder in Kraft gesetzt. 1957 veranlaßte die Militärregierung eine Änderung der Verfassung von 1853, und eine direkt vom Volk gewählte Verfassungsgebende Versammlung (wobei der Peronismus von der Wahl ausgeschlossen war) wurde einberufen. Die Probleme, die diese Versammlung mit ihrer politischen Legitimation hatte, führten zu ihrem baldigen Abbruch und zu ihrer Auflösung. Es gelang ihr jedoch zumindest, einen Artikel zu verabschieden, der dem ursprünglichen Text hinzugefügt wurde und in der Folge auch breite Akzeptanz fand (es handelt sich um Art. 14 bis, der sich auf soziale und gewerkschaftliche Rechte bezieht). 1972 schließlich verfügte die Diktatur unter General Lanusse eine Verfassungsänderung, die während der in jenem Jahr beginnenden und bis 1976 andauernden demokratischen Periode

---

4   Diese Definition ist lediglich eine vorläufige, die keineswegs beansprucht, die Schwierigkeiten im Umfeld der begrifflichen Auseinandersetzung um die Klassifikationen von Präsidentialismus, Parlamentarismus, Semi-Präsidentialismus und Semi-Parlamentarismus auszuräumen, wie sie von wissenschaftlichen Experten auf diesem Gebiet – wie z. B. Giovanni Sartori – vorgenommen wurden.

in Geltung war. Die neue Diktatur ab 1976 hob sie jedoch wieder auf und setzte – wenngleich lediglich formal – die Verfassung von 1853 mit den drei Änderungen aus dem letzten Jahrhundert wieder in Kraft.

Diese Chronologie zeigt, daß niemals zuvor in der argentinischen Geschichte die Arbeit einer Konstituente in einer solchen Atmosphäre des Friedens und der Respektierung der Freiheit, mit so großer Legitimation in der Bevölkerung und einer so breiten politischen Unterstützung aller Sektoren vonstatten gegangen war, wie es dieses Mal der Fall war. Die Mitglieder der Verfassungsgebenden Versammlung gingen aus einwandfreien Wahlen hervor, die von zwei Dritteln aller Mitglieder der beiden Kammern des Kongresses einberufen wurden, wie es das in Art. 30 der Verfassung vorgeschriebene strenge Verfahren für eine Verfassungsänderung verlangt. An den Wahlen beteiligten sich alle anerkannten Parteien, von der Rechten (die noch vor wenigen Jahren Militärputschs gutgeheißen hatte) bis zur äußersten Linken und einschließlich der regionalen und auf Provinzebene angesiedelten Parteien. Im Wahlkampf wurde ein breites Spektrum von Positionen zu den anstehenden Themen vorgetragen, wobei auch die völlige Neufassung und die absolute Unantastbarkeit der Verfassung vertreten wurden. Die Bandbreite der Mitglieder der Verfassungsgebenden Versammlung war wirklich bemerkenswert: sieben Provinzgouverneure, mehrere Ex-Gouverneure, zahlreiche nationale Senatoren und Abgeordnete, darunter die Präsidenten des Senats und des Abgeordnetenhauses, mehrere amtierende Minister (darunter der Innen- und der Justizminister), hohe ehemalige Funktionsträger der Exekutive, ein ehemaliger Präsident (Raúl Alfonsín), usw. (vgl. Diario de Sesiones de la Convención Constituyente vom 30. Mai 1994). Auch fast alle Führungskräfte und die bedeutendsten politischen Persönlichkeiten der nationalen und regionalen Parteien waren zugegen. Angesichts dieser Daten kann man ohne weiteres sagen, daß aus historischer Perspektive die Legitimität und Repräsentativität dieser Verfassungsänderung – und damit auch die geänderte Verfassung selbst – ohne jeden Zweifel die jeder anderen grundlegenden politischen Institution übertreffen, die es in Argentinien je gegeben hat. Ich halte daher die Behauptung für gerechtfertigt, daß die Verfassungsänderung von 1994 auf die Demokratie des Landes ausstrahlt und ihr hinreichende Festigkeit verleiht, um vom Ende des Transitionsprozesses sprechen zu können.

Abgesehen von der Legitimität, die sich aus der breiten Repräsentativität der Konstituente ergibt, ist ein weiterer Pluspunkt dieser Verfassungsänderung die Tatsache, daß sie einen großen Teil der Problempunkte aufgegriffen hat, die unser politisches System in letzter Zeit in Frage gestellt haben. Dies gilt insbesondere für die kritischen Anmerkungen, die der »Rat für die Konsolidierung der Demokratie« (Consejo para la Consolidación de la Democracia; im folgenden einfach »der Rat«) in den Jahren 1986-1988 formuliert hatte.[5] Die Arbeiten des Rats, die in inzwischen berühmt gewordenen Berichten veröffentlicht wurden, stellen den bedeutendsten Beitrag zur Diskussion um die Verfassungsänderung in Argentinien dar. Sie wurden sowohl in den Debatten im Kongreß über das Gesetz zur Erklärung der Notwendigkeit einer Verfassungsänderung und zur Einberufung einer Verfassungsgebenden Versammlung (Gesetz 24.309) als auch in den Sitzungen der Konstituente häufig

---

5 Die Erarbeitung und Ausformulierung dieser Berichte stand unter der Leitung von Carlos Santiago Nino, der den Rat koordinierte; der Rat war durch Erlaß des Präsidenten eingerichtet worden und setzte sich aus 18 Persönlichkeiten unterschiedlicher intellektueller, parteilicher und ideologischer Ausrichtung aus Wissenschaft, juristischer Praxis und Politik zusammen.

zitiert. Delegierte aller politischen Gruppierungen benannten den Rat und Carlos S.
Nino als die Vordenker des neuen Systems der Beziehungen zwischen den Gewalten, das man einzurichten gedachte (vgl. Diario de Sesiones de la Convención
Constituyente, bes. die Debatten zu den Themen Geschäftsordnung und Grundkonsens).

Die Analyse des Rats gab noch einmal den schon klassischen wissenschaftlichen
Kritiken an den überholten Aspekten der aus dem letzten Jahrhundert stammenden
argentinischen Verfassung Ausdruck; außerdem wurden hier zum ersten Mal in
unseren Breiten die Einwände gegen das präsidentielle System US-amerikanischer
Prägung aufgeführt, wie sie mit solider Begründung von Lijphart und Linz formuliert worden sind (Linz 1978; Lijphart 1984; vgl. auch Sartori 1994). Der Rat
empfahl die Einrichtung einer Variante der semi-parlamentarischen Systeme konti-
nentaleuropäischer Provenienz zur Überwindung der Nachteile, die sich aus der
extremen Machtkonzentration beim Präsidenten und bei einer allzusehr bei der
nationalen Exekutive zentralisierten Verwaltung ergeben. Nachdem die Berichte
des Rats weithin zugänglich gemacht und zur Kenntnis genommen worden waren,
wurde 1988 zwischen Regierung und Opposition ein Grundkonsens darüber erreicht, daß es eine Verfassungsänderung zum Zwecke der Mäßigung des Präsidentialismus und einer Modernisierung der Institutionen mit besonderem Augenmerk
auf eine Erhöhung der Macht des Kongresses geben sollte.[6] Die rasche Verschärfung des politischen Wettbewerbs, die Zweifel des Präsidentschaftskandidaten der
PJ, Carlos Menem, und der wirtschaftliche Zusammenbruch der ersten Transitions-
regierung, der zu ihrem vorzeitigen Abdanken führte, bewirkten den Abbruch
dieses Prozesses, obwohl Präsident Alfonsín bis zum letzten Augenblick, in dem
der Wahlkampf zwischen den Kandidaten für die Wahlen von 1989 begann, versuchte, die Reform voranzubringen.[7] Trotz dieses Scheiterns der Reformbemühungen hatte sich die Empfehlung des Rats in der politischen Auseinandersetzung
einen festen Platz erobert; sie wurde insbesondere zu einem der wichtigsten Pfeiler
des politischen Diskurses der UCR unter der Führung von Raúl Alfonsín, die jetzt
als Opposition gegen die Regierung Menem fungierte.

Diese Vorüberlegungen, zu denen die Verkürzung der Amtszeit des Präsidenten
und die Möglichkeit der unmittelbaren Wiederwahl gehörten, machten die Entwür-
fe zum Kernpunkt der Übereinkunft des »Paktes von Olivos«. Präsident Menems
Interesse an der Verfassungsänderung, um so eine direkte Wiederwahl anstreben zu
können, und die Haltung Alfonsíns, der bereit war zu verhandeln, um seinem
Gegenspieler diese Möglichkeit im Tausch gegen Unterstützung für die während
seiner eigenen Amtszeit vertretenen Ideen zu gewähren, bildeten die Grundlage der
Vereinbarung, die Alfonsín nicht nur mit ihrem Inhalt, sondern auch mit ihrer
Opportunität rechtfertigte.[8] Es handelt sich also um einen politischen Pakt, dessen

6 Diese Übereinkunft vom Januar 1988 zwischen Antonio Cafiero als Vorsitzendem der PJ, und Raúl
   Alfonsín, dem damaligen Präsidenten, als Vorsitzendem der UCR führte zu einem Pressekommuniqué,
   in dem es hieß: »Sollte der Kongreß die Initiative zu einer Verfassungsänderung, die sich auf in der
   Einberufung genau festgelegte Themen beschränkt, positiv aufnehmen, dann wäre zu wünschen, daß
   die Wahl der Verfassungsgebenden Versammlung zusammen mit den allgemeinen Wahlen von 1989
   stattfindet und daß sie ihre Arbeit vor dem Antritt der nächsten Regierung beendet.«
7 Eine detaillierte historische und autobiographische Schilderung der verschiedenen Etappen auf dem
   Weg zur Reform des argentinischen politischen Systems ist nachzulesen in Alfonsín 1996, 237-260 und
   302-335.
8 Vgl. Alfonsín 1994: »Wir haben die Anzeichen einer ungeheuren Krise des Rechtsstaates, in die uns die
   Regierung mit ihrem Versuch, eine übereilte Verfassungsänderung durchzupauken, gestürzt hatte,
   genutzt und zu einer Gelegenheit umgemünzt, das demokratische System entscheidend zu verbessern,

Grundgehalt im Rahmen einer recht ausführlichen Diskussion schon Jahre zuvor festgelegt worden war.

Um zu gewährleisten, daß die Verfassungsgebende Versammlung von diesem Drehbuch nicht abweichen würde, empfahlen die Unterzeichner des Paktes von Olivos dem Kongreß eine Änderungserklärung, die praktisch alle Modifikationen in den Kompetenzen der drei Gewalten in einer einzigen Norm verbinden sollte. Der Kongreß verbot dementsprechend der Konstituente unter Androhung der völligen Nichtigkeit (mit Hilfe einer Sperrklausel, wie sie bei Verträgen üblich ist), diese Änderungen des politischen Systems einzeln zu verabschieden (vgl. Art. 50 und 60 von Gesetz 24.309). Auf diese Weise konnte die Verfassungsgebende Versammlung die Zusätze lediglich als Gesamtpaket annehmen oder ablehnen, war aber nicht autorisiert, nur einzelne Teile davon zu verabschieden.[9] Zweck dieser Klausel war es, der öffentlichen Meinung (und weitgehend auch den Anhängern der UCR) die Garantie zu geben, daß die Möglichkeit der Wiederwahl des Präsidenten nur gemeinsam mit einer Menge institutioneller Neuerungen eingeführt werden würde, die die Gesamtheit seiner Kompetenzen und Machtbeziehungen mäßigen würden. Zusätzlich wurde allen die Gewißheit gegeben, daß die Verfassungsänderung sich auf hinreichend ausdiskutierte Optionen beschränken würde, so daß sie technisch vernünftig und politisch ausgewogen sein würde.

Die Aufgabe der Verfassungsgebenden Versammlung

Nach Einberufung der Verfassungsgebenden Versammlung sorgte die sichere Mehrheit der Fraktionen der Radikalen und der Peronisten – die gemeinsam über etwa 60% der Sitze verfügten – dafür, daß die Vereinbarungen des Paktes von Olivos und die Vorgaben des Parlaments eingehalten wurden. Die Tatsache, daß der Kongreß den Änderungsentwurf schon vorbereitet hatte, sowie der ausführliche Prozeß der Diskussion und Kenntnisnahme, der in der Gesellschaft zuvor schon stattgefunden hatte, erklären, wie es der Versammlung gelingen konnte, in so kurzer Zeit eine so umfassende Verfassungsänderung zu erarbeiten.

Die Art und Weise, wie die Verfassungsgebende Versammlung ihrer parlamentarischen Arbeit nachging, war ausgesprochen positiv und bedeutete einen neuen Stil des politischen Zusammenlebens. Es schien zunächst äußerst schwierig, von einer ideologisch so unterschiedlich zusammengesetzten Körperschaft wie der in Santa Fe, in der überdies eine große Anzahl politischer »Stars« saß, die ihre Sitzungen inmitten einer schweren Krise der traditionellen Parteistrukturen aufnahm, die von der öffentlichen Meinung ignoriert und von der Presse angegriffen wurde, irgendwelche Ergebnisse zu erwarten. Ein großer Teil der Versammlungsmitglieder stürzte sich jedoch mit großer Konzentration auf die Arbeit, die in weniger als 90 Tagen abgeschlossen werden mußte, wobei äußerst heikle Fragen zur Diskussion und Beschlußfassung anstanden. Sie fanden genau die Wortwahl, der eine große Mehrheit zustimmen konnte, und einigten sich auf mehr als fünfzig Verfassungsänderungen, die fast alle vom Kongreß vorgeschlagenen und autorisierten Themen umfaß-

seine Institutionen zu modernisieren und diejenigen Aspekte des Systems zu ändern, die – wie wir so oft gesagt haben – mit dem mangelhaften Funktionieren der Staatsgewalten zusammenhängen.«

9   Diese Sperrklausel provozierte bei denen, die eine gewisse »Souveränität« oder »Autonomie« der Konstituente vertraten, lange Diskussionen über die Kompetenzen des Kongresses. Vgl. dazu und zur Widerlegung dieser Argumente z. B. Lozano 1994.

ten (von denen einige nicht einmal der Sperrklausel unterlagen). Dabei wurde eine breite Zustimmung – gelegentlich sogar fast Einstimmigkeit – erreicht.

Die von der Verfassungsgebenden Versammlung bewiesene Fähigkeit zum Dialog zwischen den Parteien und zur Effizienz sind ein interessantes Beispiel für eine parlamentarische Arbeitsweise, die derjenigen, welche in unseren Breiten gewöhnlich die gerechtfertigte Kritik der öffentlichen Meinung erfährt, diametral entgegengesetzt ist. Zu den Ursachen, die diese vorbildliche Produktivität erklären, gehört zweifellos die Isolierung der Versammlungsmitglieder fern ihrer Heimatstädte und der Hauptstadt (man denke hier an die Empfehlungen im »Federalist« Nr. 10). Im übrigen zwang aber auch die Tatsache, daß das, was da in Santa Fe geschah, weithin bekannt wurde (die Sitzungen und Ausschußtreffen waren öffentlich, und im Publikum befanden sich Vertreter von Interessengruppen ebenso wie Verfassungsrechtler), zum Bemühen um Effizienz. Die Versammlungsmitglieder fühlten sich sichtlich vor eine große Herausforderung gestellt und waren sich einer großen historischen Verantwortung bewußt, was in Verbindung mit der sehr kurz bemessenen autorisierten Sitzungsperiode und einer bewußt erzeugten Knappheit von technischem Hilfspersonal zu einem sehr intensiven Arbeitsstil zwang. Die Tatsache, daß die Fraktionschefs sich zu einer sehr geringen Anzahl von Beratern verpflichtet hatten, zwang jedes Mitglied des Gremiums dazu, die Aufgabe der Formulierung der Normen selbst in die Hand zu nehmen. Jedes Versammlungsmitglied hatte nur einen einzigen Assistenten zur Seite, was die Führer zwang, unmittelbar an allen Diskussionen ihrer Ausschüsse teilzunehmen und sich über jedes Thema umfassend zu informieren, ohne auf Dritte zurückgreifen zu können. Dadurch, daß sie selbst unmittelbar an langen Diskussionen teilnehmen mußten, mußten sich die Versammlungsmitglieder den Spielregeln einer präzisen, rationalen Argumentation unterwerfen, in deren Verlauf ihre Ausgangspositionen unweigerlich verändert und mit denen der anderen kompromißfähig gemacht wurden. Dieses Bild war praktisch bei allen Gruppierungen und Fraktionen mehr oder weniger gleich.

Kritiken am Pakt von Olivos und an der Verfassungsänderung

Die Verfassungsänderung von 1994 wurde vor allem aus zwei Richtungen scharf kritisiert. Zum einen kam die Kritik von Politikern (aus den Reihen der UCR und anderen linken Gruppierungen), die vor allem die Kritik an Präsident Menem auf ihre Fahnen geschrieben hatten und sich daher ohne Rücksicht auf Argumente gegen die Möglichkeit seiner Wiederwahl wandten, womit sie auch durchaus politischen Gewinn einfuhren, selbst wenn sie später an der Verfassungsgebenden Versammlung teilnahmen. Und zum anderen wehrte sich mit aller Vehemenz das »Establishment« der akademischen Verfassungsrechtler (dessen Basis die sogenannte »Vereinigung der Verfassungsrechtsprofessoren« bildet). Diese Gruppierung machte eine durch die historisch-politischen Umstände weitgehend überholte, obsolete Verfassung aus dem letzten Jahrhundert zum Gegenstand ihres Dogmas bzw. theoretischen Kults. Diese Professoren, von denen viele begeisterte Apologeten von Militärregierungen und an der von der Militärregierung 1972 durchgeführten Verfassungänderung beteiligt gewesen waren, ertrugen es nun nicht, daß die

Verfassungsreform infolge eines politischen Abkommens so rasch vonstatten ging und daß man auf ihre wissenschaftliche Zustimmung verzichtet hatte. Die Kritiken aus dieser Ecke nahmen zunächst den Pakt von Olivos sowie die vom Kongreß gebilligte (weiter oben schon erläuterte) Sperrklausel ins Visier, von der sie glaubten, daß sie die Kompetenzen der Verfassungsgebenden Versammlung beschnitt, da manche Professoren der Meinung waren, die Konstituente sollte innerhalb des vom Kongreß vorgegebenen Themenrahmens souverän entscheiden können. Auf diese Positionen, deren Unhaltbarkeit schon hinreichend gezeigt ist (vgl. Lozano 1994), will ich hier nicht weiter eingehen. Später bezogen sich dann die Kritiken auf das Ergebnis der Arbeit der Konstituente und stellten – in einer äußerst positiven und (in unseren Breiten) neuartigen Übung kritischer Auseinandersetzung – die Verfassung selbst in Frage.

Zu den bedeutendsten Kritikern der Verfassungsänderung gehört zweifellos Professor R. Vanossi. In einem Aufsatz mit dem Titel »Die evaporierende Verfassung« kritisiert er die jetzige Verfassung, weil sie an einer Art normativer und institutioneller Unbestimmtheit leide. Das »Schlimmste« an der Verfassungsänderung ist, wie er meint, »die enorme Arbeitslast, die man auf Gesetze des Kongresses geschoben hat, die die Arbeit der Konstituente zu Ende führen müssen« (Vanossi 1994, 1252). Und weiter: »Das bedeutet zweierlei. Erstens verfügen wir nicht über eine vollständige Verfassung, sondern über eine *Quasi-Verfassung*, die durch Gesetze, die diese Institute einführen und das endgültige Profil bestimmen werden, erst vollständig werden wird. Was aber das allerschlimmste ist, ist zweitens, daß diese Gesetze durch andere einfache Gesetze geändert werden können. Folglich kann sich jedes Mal, wenn in den beiden Häusern die Mehrheit wechselt, das Profil jener Institutionen ändern, die das verfassungsmäßige System erst komplett machen« (Vanossi 1994, 1252). Nach Meinung dieses Autors wird die Situation dadurch verschärft, daß es keine allgemeine Diskussion gab, die der parlamentarischen Interpretation als Orientierung hätte dienen können.

Solche Kritiken gehen offenbar davon aus, daß es am besten wäre, eine äußerst rigide Verfahrensweise für Verfassungsänderungen beizubehalten, und daß wir zugleich eine Verfassung haben sollten, die jede wichtige Institution im Detail definiert (was ganz sicher für die Verfassung von 1853/1860 nicht zutrifft); im übrigen zeigen sie ein großes Mißtrauen in die Entwicklung des politischen und institutionellen Prozesses in Argentinien:»Bemerkenswert ist die Anzahl und die Bandbreite von Themen, bei denen es Rückverweisungen an das Parlament gibt; allzu viel wird delegiert ... Hier ist es nicht der Gesetzgeber, der an die Exekutive delegiert, sondern der Verfassungsgeber, der an den Gesetzgeber delegiert, d. h. an das gewöhnliche Parlament, an den gewöhnlichen Kongreß« (Vanossi 1994, 1254).

Zweifellos ist die Etappe im Anschluß an die Verfassungsänderung für das politische System Argentiniens eine schwere Herausforderung, die vielleicht sogar vergleichbar ist mit derjenigen während der Transition von 1983-1994, aus der jedoch das System gestärkt hervorgehen kann. Was aus der Reform werden wird, wird weitgehend abhängen vom Verhalten der politischen Akteure in dieser Zeit; sie sind es, die die Grundlagen für die neuen Rollen jeder der Staatsgewalten legen. Der gewählte Weg hat seine Risiken, denn die Implementierung der neuen Verfassung verlangt einen breiteren Konsens, als wir gewöhnt sind. Zur Verabschiedung der grundlegenden Durchführungsgesetze ist die Kooperation mehrerer Parteien unerläßlich, da viele von ihnen qualifizierte Mehrheiten erfordern. Außerdem wurden für die Verabschiedung einiger dieser Gesetze (z. B. des Gesetzes zur Einrichtung eines Justizrates) in der Verfassung zwingende Zeitlimits vorgegeben, die nicht eingehalten worden sind.

Der Kongreß war und ist ein entscheidender »institutioneller Partner« für die geänderte Verfassung. Er ist *Gegenstand* der Reform, da wichtige Aspekte seines Zusammenspiels und seiner Beziehungen mit dem restlichen Staatsapparat modifiziert wurden; es wurden Elemente der parlamentarischen Funktionsweise sowie seiner institutionellen Macht geändert. Er ist aber auch *Betreiber* der Reform, und zwar nicht nur, weil von ihm der Konsens ausging, die Reform durchzuführen, sondern auch, weil er die Pflicht und die Macht hat, die Durchführungsregeln der neuen Institutionen zu erlassen.

Nicht richtig ist die Behauptung, die Verfassungsänderung habe kein Leitprinzip. Es ist ganz im Gegenteil klar, daß das Ziel der Reformen eine Stärkung des Kongresses war. »Wenn hinsichtlich der Kompetenzen des Präsidenten und des Kongresses Zweifel in der Auslegung auftreten sollten, dann sollen Richter oder andere Interpreten derjenigen Lösung Priorität einräumen, die für den Kongreß günstiger ist, und zwar deswegen, weil der Zweck dieser Reformen die Stärkung der Legislative ist, um ein neues Gleichgewicht zwischen den Gewalten zu errichten«.[10] Hauptbegünstigter der Maßnahmen zur Eindämmung des Präsidentialismus ist der Kongreß. Fast alle Änderungen, die in den rund hundertfünfzig Jahren seiner wechselvollen Existenz an unserem Präsidentialsystem vorgenommen wurden, lassen sich direkt oder indirekt darstellen als Mittel zur Erreichung des grundlegenden Zwecks, einer allzu mächtigen, aber auch hypertrophen präsidentiellen Institution – die weder den Prinzipien genügte noch die Aktivitäten entfaltete, die für das gute Funktioneren eines demokratischen Systems erforderlich sind – Kompetenzen zu nehmen oder zu beschneiden. Die Kompetenzen, die nun der Exekutive entzogen wurden, gingen hauptsächlich auf den Kongreß über. In geringerem Maße begünstigen sie auch die Provinzregierungen und die Stadt Buenos Aires, die (ohne ihren Status als Hauptstadt und als bundesunmittelbarer Distrikt zu verlieren) jetzt eine eigenständige Regierung erhalten hat.

Dieses neue institutionelle Machtgleichgewicht war längst überfällig: das argentinische Regierungssystem hatte (anders als sein nordamerikanisches Vorbild) von Anfang an allzuviel Macht an der Spitze der Exekutive konzentriert – zum Nachteil der Kongresses –, und es besaß eine sehr viel geringere föderative Komponente als das der Vereinigten Staaten (cf. Price/Rosenkrantz 1994). Die politische Praxis der Demokratie und vor allem die Militärputschs hatten außerdem in ungeheurem Maße zu einer noch größeren Konzentration der Macht beigetragen. Die Militärputschs hoben den Kongreß auf und beschnitten die Stabilität der Richter, die Autonomie der Provinz- und Kommunalregierungen sowie die Autonomie und

10 Vgl. Diario de Sesiones de la Convención Nacional Constituyente, Auslassung des Delegierten Raúl Alfonsín in der Sitzung vom 1. August. Hält man der Absicht des Verfassungsgebers – objektiv gesehen, jenseits aller politischen Präferenzen – für ein wichtiges Kriterium der Interpretation, dann müssen die Äußerungen des Delegierten Raúl Alfonsín als gewichtig angesehen werden, und zwar aufgrund seiner Kenntnis von den technischen und politischen Voraussetzungen des Reformprojekts sowie aufgrund seiner persönlichen Erfahrung und seines Einflusses auf die Arbeit der Konstituente von Santa Fe. Ich werde mich im weiteren Verlauf dieses Abschnitts noch öfter auf die ausführliche und tiefgreifende Auslassung des Fraktionsführers der UCR in der Konstituente wie auch auf andere wichtige Beiträge zur Diskussion in der Versammlung sowie bekanntgemachte schriftliche Äußerungen beziehen

Autarkie einer ganzen Reihe öffentlicher Körperschaften, wie z. B. der Universitäten. Sie erreichten damit die völlige Konzentration der Macht in einer Diktatur, die sich aber weiter der Figur des Präsidenten bediente. Diese Machtfülle wurde von den nachfolgenden verfassungsmäßigen Regierungen oft nicht wieder eingeschränkt. Im übrigen hat die Bevorzugung des Kongresses auch einen strategischen Wert insofern, als sie auf eine substantielle Änderung der Inhalte des politischen Handelns setzt. Es wird erwartet, daß dieses repräsentativste aller Staatsorgane im Zuge einer größeren Rolle der Oppositionsparteien bei der Festlegung der Regierungsziele beispielhafte Verhaltensweisen an den Tag legt und zu realitätsnäheren Konsensen findet.

Gegen diese Strategie gibt es angesichts der aktuellen Daten über den schlechten Ruf des Kongresses (und eines großen Teils seiner führenden Mitglieder, deren große Mehrheit Berufspolitiker sind) allerdings Einwände. Es ist auch gar nicht zu leugnen, daß dieses schlechte Image durchaus begründet ist und daß die skandalösen Zustände in unserem Legislativorgan, wenn sie denn bekannt werden, oft nicht zu wirksamen Gegenmaßnahmen führen. Richtig ist auch, daß der Kongreß den neuen Verfassungstext nur sehr zögerlich in der gebotenen Weise interpretiert und die für seine volle Wirksamkeit nötigen Gesetze erlassen hat (am deutlichsten zeigte sich dies an den Fällen des Justizrats, der Regulierung des Umgangs mit Notstands- und Dringlichkeitserlassen durch den Kongreß, des partiellen Vetos sowie der delegierten Gesetzgebung oder auch der Gesetze über die Autonomie der Stadt Buenos Aires). Trotzdem ist nicht zu vergessen, daß die Mehrheit der Kongreßmitglieder vor der Verfassungsänderung gewählt wurden und der Regierungspartei angehören. Für sie ist die Tatsache, daß der Präsident verfassungsmäßige Macht verloren hat, eine Konzession, die sie schweren Herzens machen mußten, um seine Wiederwahl zu ermöglichen; und so wehren sie sich dagegen, das Ausmaß der Reformen zugunsten des Kongresses so anzuerkennen, wie sie es eigentlich sollten. Viele Abgeordnete der Regierungspartei leiden noch immer unter der ungeheuren politischen Abhängigkeit, die die Konzentration der Macht bei einer Exekutive erzeugt, die auf Kosten des richtigen Funktionierens der Republik und des Rechtsstaats mehr Macht als jeder andere Präsident der letzten fünfzig Jahre an sich gezogen hatte. Es ist nicht ohne weiteres zu erwarten, daß sich solche Abgeordnete gegen die Person wenden, der sie mehr als sieben Jahre lang gehorsam gefolgt sind. Die Verfassungsänderung von 1994 will diesen Teufelskreis durchbrechen; aber man muß verstehen, daß die volle Implementierung der verfassungsmäßigen Mechanismen zunächst eine geduldige Arbeit politischer, juristischer und sozialer Anpassung voraussetzt. Die Verfassung ist nicht einfach eine Menge unmittelbar anwendbarer Vorschriften, sondern ein Schritt für Schritt zu erreichendes Ziel – mit den Worten Alberdis: eine »Marschroute«. Von Carlos Nino stammt die metaphorische Analogie zwischen der Verfassung und einer Kathedrale, die von verschiedenen Bauträgern in verschiedenen Epochen errichtet wurde. Nino stellte sich die Verfassung als ein Dach vor: bestehend aus einer langen Reihe institutioneller Praktiken, die in einem System gegenseitiger Anerkennung miteinander verbunden sind, auf einem normativen Text beruhen und in letzter Instanz moralisch zu rechtfertigen sind. Das Dach resultiert daraus, daß politische Handlungen und Entscheidungen auf frühere, teilweise unterschiedliche Verhaltensweisen und Praktiken gestützt werden. Zudem muß die neue Praxis ihre Vorläufer aus einer kritisch-moralischen Perspektive bewerten, was als Korrekturfaktor für die richtigste und den Möglichkeiten des moralischen oder politischen Fortschritts der jeweiligen Gesellschaft angemessenste Interpretation des Verfassungstextes fungiert: »Eine richterliche Entscheidung ist nichts anderes als ein Beitrag zu einer bestehenden sozialen Praxis; als solcher ist sie insofern wirksam, als sie sich in das Geflecht von Verhaltensweisen und Erwartungen, die diese Praxis ausmachen, angemessen einfügt« (Nino 1994, 708).

Viele Einwände renommierter Verfassungsrechtler gegen die Änderung von 1994 gehen nicht von einem solchen Verfassungsbegriff aus, sondern bleiben einem falschverstandenen Positivismus verhaftet und meinen, daß alles, was nicht in dem Text von 1853/1860 zu finden war, für das Verfassungsrecht auch nicht existiert habe – wie z. B. Notstands- und Dringlichkeitserlasse oder die delegierte Gesetzgebung, die schließlich als Normen, die von der Bevölkerung befolgt und von den Richtern angewendet wurden, in die institutionelle Praxis voll integriert und insofern tatsächlich Teil der geltenden Rechtsordnung waren.

Der Glaube daran, daß der Kongreß die Demokratie retten könne, ist im positiven Sinne utopisch: er gibt ein ideales, aber durchaus erreichbares moralisches Ziel vor. Parlamentarische Mehrheiten können sich prinzipiell alle zwei Jahre drastisch ändern, und die Verfassung ist darauf angelegt, sehr viel länger zu bestehen. Tatsächlich benötigt jede Verfassung, um eine solche zu sein, hinreichend Zeit, um Interpretationen und Praktiken zu inkorporieren, so daß sie die spezifische normative Dichte erhält, die von ihr erwartet wird. Die Reform von 1994 hat einen weiten Horizont für das politische Handeln abgesteckt; sie hat die grundlegende parlamentarische und gerichtliche Tagesordnung für die nächsten Jahre festgelegt.

Abschließende Überlegungen zu den politischen Auswirkungen der Verfassungsänderung

Die Verfassungsgebende Versammlung hat zwei wichtige Funktionen erfüllt. Erstens hat sie die Verfassung wieder zur Basis der politischen Einheit der ganzen Nation gemacht, indem sie ihrem verheerenden Mißbrauch als politischer Ausschlußmechanismus durch einen Sektor auf Kosten der anderen einen Riegel vorgeschoben hat. Zweitens wurde damit der Zyklus der Begründung der argentinischen Demokratie abgeschlossen, indem die ziemlich traumatischen Erfahrungen der politischen und institutionellen Praxis der letzten zehn Jahre hier verarbeitet wurden. Dieser Zyklus umfaßt die Mobilisierung und die Diskussion über unsere Institutionen, die mit der Wiedereinrichtung des demokratischen Systems 1983/84 begann, die kritische Prüfung des politischen Systems durch den Rat für die Konsolidierung der Demokratie in den Jahren 1987 und 1988, den politischen Pakt von Ende 1993 und die Änderungen des Systems im Jahre 1994.

Was die politischen Auswirkungen der Reform betrifft, so wurde der politische Pakt – obwohl er von einem Teil der Bevölkerung, der darin eine Stärkung der Demokratie sah, positiv aufgenommen wurde – von einer Gesellschaft, die daran gewöhnt ist, absolute Sieger aus direkten, möglichst harten Konfrontationen hervorgehen zu sehen, weitgehend mißverstanden. Die Hauptakteure des Paktes über die Verfassungsänderung zahlten einen hohen politischen Preis dafür, wobei die

Kosten zweifellos höher waren für die UCR, die damit den Weg für eine zweite Amtszeit von Präsident Menem freimachte, nachdem sie sich vorher immer dagegen ausgesprochen hatte. Außerdem führte das politische Abkommen zwischen Alfonsín und Menem zu einer starken Reaktion bei wichtigen Teilen der Wählerschaft, die hier eine gute Gelegenheit sahen, ihren Verdruß gegenüber der Politik und ihr Mißtrauen in die traditionellen Politiker auszudrücken. Dieses Mißtrauen wurde durch das fehlende Verständnis für die technischen Fragen und für die Wichtigkeit der institutionellen Diskussion noch verstärkt. Diese Reaktion gab einen starken Impuls für das Aufkommen einer dritten landesweit ausgerichteten politischen Kraft: der FREPASO, die ihren Wahlkampf gegen den Pakt und gegen alle daraus abzuleitenden Veränderungen des Institutionensystems führte. Mit einem Diskurs, der sich auf die Ablehnung von Abkommen zwischen Führungsgremien, auf Ehrlichkeit und Transparenz sowie ein geschickt aufgebautes Image als Opposition gegen das »politische Establishment« konzentrierte, gelang es dieser neuen Partei, einen großen Teil der unabhängigen und auch der traditionellen UCR-Wähler, die mit dem Pakt von Olivos nicht einverstanden waren, auf sich zu vereinigen. Tatsächlich verdankte die neue Partei ihren Wahlerfolg zu einem großen Teil einer infolge des Paktes von Olivos in der UCR erfolgten Spaltung. Ein Teil der Mitglieder der UCR äußerten öffentlich harte Kritik an der Entscheidung, ein Abkommen mit der Regierung zu treffen, und sie blieben bei dieser Kritik auch während des Wahlkampfes für die Verfassungsgebende Versammlung, was das Wahlergebnis dieser Partei erheblich beeinträchtigte. Die Auswirkungen dieser verlustreichen Wahl und die interne Krise reduzierten erheblich die Chancen der UCR bei den Präsidentschaftswahlen von 1995, bei denen sie ihren Platz als landesweit zweitstärkste Kraft verlor.

Andererseits beeinträchtigt die Tatsache, daß Menem nur mit Hilfe der Großunternehmen und einer neokonservativen Koalition an der Macht geblieben ist, auch den Fortbestand des Peronismus in seiner altbekannten Form. Seine Basis bei den Unter- und Mittelschichten und seine Beziehung zur Arbeiterbewegung befinden sich angesichts einer neuen Wirtschaftsstruktur, die unvermeidliche Spannungen und immer stärkere Gegenstimmen in der peronistischen Führung erzeugt, in einer Krise.

Diese Vorgänge innerhalb der beiden großen, traditionell breite Schichten einschließenden Parteien werden durch einige der durch die Verfassungsänderung neu geschaffenen Institutionen noch verstärkt werden. So sind etwa die Direktwahl – in zwei Wahlgängen – des Präsidenten und des Vizepräsidenten und die größere Rolle des Parlaments – das nun z. B. die Besetzung von Positionen in der Exekutive im Austausch für parlamentarische Unterstützung für den Kabinettschef aushandeln kann – Beispiele für neue Institutionen, die sich sicherlich auf die Politik des Landes auswirken werden. Dabei ergibt sich die Möglichkeit von Allianzen zwischen mehreren Parteien, um die Exekutive zu besetzen. Auf Seiten der Opposition wird inzwischen genau dies immer heftiger diskutiert.

Sollte es jedoch nicht zu grundlegenden Übereinkünften über die Verabschiedung von Gesetzen kommen, die noch ausstehen, um die von der Versammlung in Santa Fe eingeleitete Schaffung neuer Institutionen zu vervollständigen, dann könnte sich das politische System Argentiniens vor großen Schwierigkeiten sehen. Sicher besteht die Gefahr, daß der Auftrag des Verfassungsgebers an den Kongreß von der Regierungspartei nicht respektiert und daß die verfassungsgebende Aktivität von 1994 in das kollektive Gedächtnis als ein kurzer Augenblick des argentinischen politischen Lebens eingehen wird – ein idealisierter, außergewöhnlicher Augenblick, der jedoch an der konkreten institutionellen Praxis vorbeiging, deren Bedeutung für die große Mehrheit der Wähler bei uns meist gar nicht wahrgenommen wird.

Die Herausforderungen, vor denen das Land infolge der bedeutenden institutionellen Veränderungen von 1994 steht, sind nicht weniger groß als die der Transition selbst. Wenn die Argentinier diese Aufgabe bewältigen, wird der Pakt von Olivos in die Geschichte der grundlegenden demokratischen Abkommen eingehen. In diesem Fall können wir sagen, daß wir am Beginn einer Zweiten Republik stehen.

Bibliographie

Alfonsín, R. 1994: La Reforma Constitucional de 1994. Propuesta para la Convención Constituyente, Buenos Aires.

Alfonsín, R. 1996: Democracia y Consenso. A Propósito de la Reforma Constitucional, Buenos Aires.

Durañoña y Vedia, F. / Aguado, J. / Manny, J. 1993: Proyecto de ley »Normas de procedimiento para la promoción de la reforma de la Constitución Nacional«, H. Cámara de Diputados de la Nación, Expediente n° 3338/93, Publicación de Trámite Parlamentario n° 122/93.

García Lema, A. M. 1993-C: La reforma de la Constitución Nacional. Sus principales lineamientos. Primera Parte, in: La Ley (Buenos Aires) Bd. C.

García Lema, A. M. 1993-D: La reforma de la Constitución Nacional. Sus principales lineamientos. Segunda parte, in: La Ley (Buenos Aires) Bd. D.

Gelli, M. A. 1993: El Proyecto del Senado sobre la necesidad de la reforma constitucional, in: La Ley (Buenos Aires) Bd. E.

Linz, J. 1978: The Breakdown of Democratic Regimes. Crisis, Breakdown and Reequilibration, Baltimore.

Lijphart, A. 1984: Democracies: Patterns of Majoritarian and Consensus Government in Twentyone Countries, New Haven.

Lozano, L. F. 1994: ¿Hasta dónde llegan los poderes implícitos de las Convenciones Constituyentes?, in: La Ley (Buenos Aires) Bd. B.

Nino, C. 1994: Fundamentos de Derecho Constitucional, Buenos Aires: Astrea.

Price, J. D. / Rosenkrantz, C. F.: El Federalismo, Buenos Aires (unveröffentlicht).

Sartori, G. 1994: Ingeniería Constitucional Comparada, México.

Vanossi, J. R. 1994: La reforma evanescente. (Una reforma espasmódica), in: La Ley (Buenos Aires) Bd. E.

R. Vanossi

orm oder Änderung

ihlsystems?

ien

Argentinien drei klassische, traditionelle Haltungen ge-
. Auf die eine oder andere Weise war und ist jeder von uns
stgelegt. Da ist erstens die Einstellung, die seit jeher für die
Staa Beibehaltung des Dokuments von 1853/1860 eintrat und – mit
geringen Unterschieden im Detail – die Auffassung vertrat, daß es in dieser Verfassung, die wegen ihres ehrwürdigen Alters auch die »Historische Verfassung der Argentinier« genannt wird, Ewigkeitsklauseln und sogar unverrückbare Inhalte gibt.

Am anderen Extrem gibt es auch solche, die immer wieder nicht nur eine partielle, mehr oder weniger umfangreiche Änderung, sondern einen völligen Wandel der Verfassung, also eine Art Verfassungszäsur gefordert haben. Diese Einstellung zeigte sich auch in der Diskussion der letzten Jahre – etwa dadurch, daß sich am Wahlkampf (für die Wahlen zur Verfassungsgebenden Versammlung) auch politische Parteien beteiligten, die die These von der völligen Souveränität der Versammlung und daher auch die Möglichkeit vertraten, daß nicht nur ein Teil oder auch ein großer Teil des Dokuments geändert würde, sondern die politische Ordnung als solche. Und schließlich gibt es eine dritte Position, die seit jeher – wiederum mit ganz unterschiedlichen Nuancen – die Meinung vertritt, der Text der Verfassung müsse in einigen Punkten überholt, angepaßt bzw. aktualisiert werden, und zwar auf der Grundlage der Erfahrung, des Konsenses und der Vernunft, wobei für die Verbesserung des Textes die Lehren zu berücksichtigen seien, die man aus mehr als einem Jahrhundert seiner Geltung hat ziehen können.

Ich selbst habe von diesen drei Haltungen immer der letzten zugeneigt. Die Kritikpunkte, die ich im folgenden gegen den neuen Verfassungstext vorbringen werde, sollten also in diesem Rahmen verstanden werden. Ich gehöre weder dem Lager derer an, die für die Verewigung unseres Verfassungstextes eingetreten sind, noch zu denen, die eine scharfe Zäsur gefordert haben. Ich war schon immer dafür, einige wenige Veränderungen an der Verfassung vorzunehmen bzw. ein paar Zusätze hinzuzufügen – allerdings nicht unbedingt diejenigen, die nun in Santa Fe und Paraná beschlossen wurden.

Zu erwähnen ist auch, daß üblicherweise die drei Hauptlinien der Diskussion über dieses Thema die Fragen danach waren, ob die Verfassungsänderung überhaupt notwendig sei, welches das angemessenste Ausmaß einer Änderung wäre und welches der günstigste Zeitpunkt dafür sei. Das sind Fragen, über die man natürlich endlos debattieren kann und auch debattiert hat. Hinsichtlich der Notwendigkeit: Besteht sie, oder besteht sie nicht? Hinsichtlich des Ausmaßes: Sollte viel oder wenig geändert werden? Hinsichtlich des Zeitpunkts: Sollte die Änderung besser jetzt oder später stattfinden? Auch die unter logischen Gesichtspunkten durchaus akzeptable These wurde vertreten, daß, falls die Notwendigkeit bestehe, die Frage nach dem angemessenen Ausmaß in den Hintergrund trete.

Die Diskussionslinie der Jahre 1993/94 verlief jedoch nicht entlang dieser drei Themen (Notwendigkeit, angemessenes Ausmaß und opportuner Zeitpunkt), sondern entlang einer ganz anderen Variablen, nämlich der Frage nach der Glaubwürdigkeit und Vertrauenswürdigkeit der vorgeschlagenen Reform. Die Menschen fragten sich – und fragen sich bis heute –, ob die vorgeschlagene Änderung glaubwürdig war, ob dem Entwurf bzw. Plan, der der Öffentlichkeit, der Gesellschaft vorgesetzt wurde, angesichts der anstehenden Themen zu trauen war. Und diese große Frage danach, ob die Reform vertrauenswürdig und glaubwürdig war, hatte durchaus eine Grundlage, eine Berechtigung. Warum waren denn die Leute mißtrauisch und stellten diese Fragen? Weil es Zweifel daran gab, ob es sich wirklich um eine Verfassungsänderung handelte und nicht vielmehr um eine Änderung des Wahlmodus, der nur das Mäntelchen der Verfassungsänderung umgehängt wurde. Genauer gesagt war die Frage, ob es nicht vielleicht lediglich um die Änderung einer bestimmten Regel des politischen Spiels ging, um so dem damaligen Führer der Exekutive den Verbleib an der Macht zu ermöglichen.

Dieser Zweifel, den die Bürger spürten und wahrnahmen, war durchaus begründet. Schließlich ist nicht zu leugnen, daß die wichtigsten politischen Redeführer – die Hauptoperateure, wie es heute mit einem recht vagen Wort von der politischen Macht heißt – bei unzähligen Gelegenheiten immer wieder versicherten, daß es im Kern letztlich um die Wiederwahl des Präsidenten gehe. Hier gilt der alte Satz aus dem Strafverfahrensrecht: Geständnis des Täters macht weitere Beweise überflüssig. Ich will hier auf diesen Punkt nicht weiter eingehen; man betrachte nur die entsprechende Tagespresse, in der Minister, Staatssekretäre, Berater, Beichtväter und Adlaten des Präsidenten in aller Klarheit (und wenigstens in diesem Punkt waren wohl Zweifel an der Aufrichtigkeit nicht angebracht) kundtaten, daß das, worum es eigentlich und ausschließlich ging, die Wiederwahl des Präsidenten war.

Genau dies hat in weiten Teilen der Öffentlichkeit zu großem Mißtrauen hinsichtlich der Frage geführt, welche Gestalt am Ende eine Verfassungsänderung annehmen würde, die zwar wie eine solche aussah, die aber im Grunde nur darauf abzielte, die Regeln des Wahlsystems zu ändern. Schon deswegen ähnelte das Umfeld dieses Reformvorhabens der Atmosphäre, die sich 1948/49 im Land breitgemacht hatte, und zwar ebenfalls anläßlich der Diskussion über den Präsidenten (bzw. dessen Wiederwahl). Auch damals waren die anderen Punkte bloßes Beiwerk, das die Rechtfertigung untermauern sollte, die jede Verfassungsänderung gegenüber der Öffentlichkeit und gegenüber der internationalen wie der nationalen Gesellschaft notwendigerweise verlangt. Und der Verdacht wurde denn auch von den Tatsachen bestätigt: Die Verfassungsänderung von 1994 ähnelt in einigen Punkten der von 1949, nämlich in der Gier nach der Präsidentschaft. In groben Zügen kann man sagen, daß die Verfassung zwar ebenso demokratisch, aber weniger republikanisch ist als der Text von 1853-1860 (im einzelnen werden wir das gleich im Hinblick auf die Machtverteilung und das Gleichgewicht zwischen den Gewalten noch sehen).

Inzwischen ist sie, wie schon gesagt, ein *fait accompli*, wie man zu sagen pflegt. Hier ist sie nun, wir haben sie vor uns. Als nächstes kommt der äußerst komplexe Prozeß ihrer Umsetzung, auf den ich noch eingehen werde. Bleibt zu sehen, wie sich jenes unaufhörliche Spiel der drei zusammenwirkenden Mächte dynamisieren wird, die Galbraith »persuasive Autorität«, »repressive Macht« und »kompensatorische Macht« genannt hat. Jedes politische und Verfassungssystem beruht auf einem Gleichgewicht: dem Gleichgewicht zwischen einer Portion reiner Repression, einer Portion Ausgleich zwischen Lasten und Vorteilen bzw. Opfern und Vorteilen, die einem auf die eine oder andere Art zugeteilt werden, und jener persuasiven Autorität oder vermittelnden Macht, die ganz allein bei den Institutionen liegt. Fraglich ist aufgrund der kurzen Zeitspanne seit Inkrafttreten der geänderten Verfassung noch, welche Portion überwiegen wird: Überzeugung, Repression oder Kompensationen, die irgendwie den Konsens stützen können. Ich denke, als erstes müssen wir nun die der Verfassungsänderung zugrunde liegende Philosophie analysieren. Das ist deswegen nötig, weil die Verfassungsgebende Versammlung leider keine Generaldebatte geführt hat. Obwohl das für jedes Legislativorgan, von den allerbescheidensten zu den hochkomplexen, völlig normal und üblich ist, fand es hier nicht statt. Die Themen wurden in der Reihenfolge behandelt, wie sie aus den Ausschüssen kamen. Das System ähnelte insofern stark dem der Bestellung in Pizzerias und Kneipen: was aus der Küche kommt, wird serviert, ganz egal in welcher Reihenfolge. Und so wurde heute der Justizrat, morgen der Grundkonsens, übermorgen die politischen Parteien und am nächsten Tag wieder etwas anderes behandelt. Was eine allgemeine Debatte hätte sein können – die Sitzungen der ersten zwei Wochen – war die Diskussion über die Geschäftsordnung, denn hier war das Thema des »container«, d. h. des Grundkonsenses zu behandeln, der nicht im einzelnen geöffnet, sondern nur *en bloque* angenommen oder abgelehnt werden konnte. In dieser Debatte wurde jedoch über alles andere als über die Geschäftsordnung gesprochen, d. h. man sprach über den Pakt, der zu dem Grundkonsens geführt hatte. Die Mitglieder der Verfassungsgebenden Versammlung haben uns also diese allgemeine Debatte vorenthalten.

Einige Mitglieder der Versammlung reichten allerdings in schriftlicher Form Reden bzw. Abhandlungen ein, damit sie als Elemente für die Interpretation festgehalten würden. Dem liegt aber eine Verwechslung der authentischen Interpretation – wie es in der Jurisprudenz heißt – mit einer bloßen Gegenüberstellung von Texten zugrunde. Die Diskussion kann durch nichts ersetzt werden: die authentische Interpretation ist diejenige, die aus einer Debatte, einer Auseinandersetzung, einem Meinungsaustausch hervorgeht – das ist es, was parlamentarisches Leben bedeutet. Das Einbringen von Texten dient lediglich der Befriedigung der intellektuellen Eitelkeit einiger weniger, und das auch nur in dem unwahrscheinlichen Fall, daß sie von irgend jemandem einmal gelesen werden – sei es in der Posterität oder der Posteriorität der Verfassung. Dies ist kein bloßes Wortspiel, sondern ein warnender Hinweis darauf, welche Lebensspanne der neuen Verfassung beschieden sein mag: Posterität oder Posteriorität.

Unwetter-Doktrin und Sicherungs-Doktrin

Die zugrunde liegende Philosophie läßt sich meines Erachtens in zwei Doktrinen zusammenfassen: die »Unwetter-Doktrin« und die »Sicherungs-Doktrin«. Die Unwetter-Doktrin besagt, kurz gefaßt, daß die Konflikte zwischen Regierung und Opposition im argentinischen Verfassungsregime abgefedert werden sollten, damit die Dynamik des politischen Wettbewerbs nicht infolge der Verärgerung bzw. Unzufriedenheit der unterlegenen Sektoren zur Destabilisierung des Systems führt. Niemand sollte »im Regen stehengelassen« werden, es sollte einen Schutzschirm geben, unter dem alle am Kampf um die Macht Beteiligten gemeinsam leben und die Macht teilen können. Die Machtverteilung sollte folglich proportional zum Anteil an Zustimmung in der Bevölkerung bzw. an politischer Unterstützung vorgenommen werden, die die jeweiligen Rivalen, also die an den Wahlen beteiligten Parteien, erhalten haben.

Wir alle haben bekanntlich eine Traumvorstellung. Und die politische Traumvorstellung, die es ebenfalls gibt, ist der Gedanke an eine immer größere Ausdehnung der Macht. Die Unwetter-Doktrin wird also in Wirklichkeit zu einem unersättlichen Schlund, denn man braucht mehr Macht, um sie unter mehr Teilnehmern aufteilen zu können. Das ist mitnichten eine argentinische Erfindung, sondern nichts anderes als die *Italianisierung* der argentinischen Politik. Es ist das italienische Modell der letzten 35-40 Jahre der »Fünfparteienherrschaft« – je nach Koalition waren es fünf oder auch nur vier Parteien –, das dazu führte, daß es in Italien keinerlei politische Alternative gab. Stattdessen gab es nur kleine Anpassungen des Schlüssels für die Aufteilung der Macht auf die führende Gruppe der fünf Parteien. Wie wir vor wenigen Jahren beobachten konnten, führte dieses Modell zu einem großen Zusammenbruch; denn die Regierung Berlusconi war, wie ich meine, nicht der Beginn der Zweiten, sondern das Ende der Ersten Republik. Die Unwetter-Doktrin führt also zu einer Italianisierung der argentinischen Politik, die unweigerlich (das liegt in ihrer Logik) zum Ansteigen der Korruption führt – und genau das war es, was in Italien zur Explosion des Modells geführt hat. Da nämlich der Appetit beim Essen kommt, verlangt jener unersättliche Schlund immer mehr und mehr zur Alimentierung der Parteienherrschaft. Und das, was in Italien passiert ist, ist dann natürlich der *point of no return* – ein Augenblick, in dem die Gesellschaft sagt »Es reicht!«. Ein unabhängiger Staatsanwalt mit Namen Di Pietro stand auf, legte den Finger auf die Wunde und machte sich daran, das offenzulegen, was alle im Unterbewußtsein schon wußten, nämlich das Doppelspiel von Craxi und Andreotti: die beiden zwinkerten sich zu, und das System bestand auf dieser durch und durch korrupten Grundlage weiter.

Die zweite Doktrin ist die Sicherungs-Doktrin. Sie beruht auf der Überzeugung, daß die Ausübung der Macht den Machthaber verschleißt und daß daher eine intermediäre Struktur geschaffen werden sollte, damit diese sich verbraucht, anstelle des Machthabers, der so geschont wird. Ob man ihn nun Premierminister, Ministerpräsident, Kabinettschef oder sonstwie nennen will – er soll die Sicherung sein, die die alle paar Jahre auftretende schlechte Laune der Argentinier auf sich lenken und die Spannungen abfangen soll. Wenn man ihn dann im kritischen Augenblick auswechselt, bleibt die Regierung und natürlich das System erhalten, ohne daß der Chef der Exekutive irgendwelche Verschleißerscheinungen zu verzeichnen hätte.

Diese Sicherungs-Doktrin wurde im Pakt von Olivos festgeschrieben und in der Verfassung in eine ziemlich blasse Gestalt, nämlich die des Kabinettschefs umgemünzt, die ich kürzlich an anderem Ort mit jenem seltsamen Ding verglichen habe, das es auf dem Lande immer noch gibt: es heißt »palangana« und ist schwer zu definieren, weil man nicht so genau weiß, ob dieses Gefäß nun eine Vase, ein Krug oder eine Schüssel ist; es ist eben eine »palangana« und als solche zu allem oder nichts nütze.

Die Sicherungs-Doktrin hat nun den Vorzug, daß sie ablenkt. Aber sie hat auch den Nachteil, daß sie nicht täuscht, denn die Gesellschaft wird, wenn erst Minister oder Kabinettschefs stürzen, schon sehen, daß es sich um ein praktisches Instrument des Präsidenten zur Vermeidung von Kurzschlüssen handelt. Im übrigen werden die Figuren auf eine Weise zu zirkulieren anfangen, die sehr ähnlich ist mit der des Chors in der Oper »Aida« von Verdi, wo sie hinter dem Vorhang verschwinden und dann in neuer Uniform auf der anderen Seite wieder hervorkommen. Das Publikum glaubt, es seien unheimlich viele Legionäre; aber es sind immer dieselben, nur mit anderem Kostüm. Genauso wird das auch bei uns sein: Es wird eine Zirkulation von Eliten in einem sehr eng begrenzten Mikroklima geben, im Stile der italienischen »Fünfparteienherrschaft«, mit der Gefahr, daß das System an Sauerstoffmangel zugrundegehen wird.

Wichtig ist auch der Hinweis, daß es bei der Aufgabenverteilung zwischen dem Präsidenten und dem Kabinettschef zwar »Dekonzentration«, aber keine Dezentralisierung gibt. Der Präsident wird von einer Reihe von Aufgaben entlastet (damit er frei ist für andere, nämlich die, die ihm Spaß machen), die nun der Kabinettschef wahrzunehmen hat. Aber das ist keine Dezentralisierung der Macht. Das heißt: es gibt keine Verteilung und Teilung der Macht, mit den entsprechenden Verantwortlichkeiten, sondern lediglich eine Dekonzentration der Aufgaben, die im übrigen aufhebbar und jederzeit rückgängig zu machen ist.

Auch dieses Modell ist nicht neu, ist keine argentinische Erfindung. Während das andere Modell ein italienisches war, ist dieses die *Brasilianisierung* der argentinischen Politik. In Brasilien hat man es 1961 versucht, als der Präsident überraschend zurückgetreten war, um so zu vermeiden, daß der Vizepräsident – damals João Goulart –, der an die Stelle von Janio Quadros treten würde, keine Macht oder zuviel Macht haben würde. Aber das Modell taugte nichts. Und zwar aus zwei Gründen: weil es erstens João Goulart durch geschickte Manipulation der öffentlichen Meinung gelang, daß die Gesellschaft selbst in einem Referendum für die Abschaffung des parlamentaristischen Verfassungszusatzes stimmte. Und zweitens wurde der Zweck der Sicherung, nämlich die Vermeidung eines Staatsstreichs, nicht erreicht, denn im März 1964 wurde Goulart und damit auch das brasilianische Verfassungssystem gestürzt.

In Argentinien ist die Sicherungs-Doktrin jedoch als Mittel für die Unwetter-Doktrin gedacht, die das eigentliche Ziel ist. Die Sicherung wird die Struktur sein, die garantieren soll, daß die Macht in der angemessenen Weise verteilt wird. Die Sicherung wird das Mittel sein, der Zweck jedoch die Machtverteilung, so daß niemand im Regen stehenbleibt.

Damit niemand glaubt, ich würde hier ein übertrieben schreckliches Bild malen, muß ich allerdings klarstellen, daß zumindest noch Schlimmeres verhindert wurde. Wir müssen Gott danken, daß das Schlimmste abgewendet wurde: z. B. (1) die bis zum letzten Augenblick bestehende große Gefahr der Einführung von Verfassungsänderungen durch Zusätze, (2) die Gefahr eines Verfassungsgerichts, das die Kompetenzen des Obersten Gerichtshofs noch mehr beschnitten hätte, als die verabschiedete Verfassungsänderung es sowieso schon getan hat, oder (3) die Gefahr, daß die Richter in ihren Positionen zur Disposition gestellt würden, womit sie ihre Stabilität verloren und eine neue Ernennung mit einer erneuten Zustimmung des Senats benötigt hätten. Letztlich glaube ich – und ich sage das zugunsten der Konstituente –, daß man es vermieden hat, in das zu verfallen, was 1793, in jenen dunklen Tagen des Niedergangs der Französischen Revolution, unter dem Namen »Diktatur der Konstituente« geschah. Denn die Verfassungsgebende Versammlung hat jedenfalls nicht ihre Kompetenzen überschritten und sich solche der verfassungsmäßigen Autoritäten angemaßt. Sie war eine Konstituente und nicht dazu da, die verfassungsmäßigen politischen Gewalten zu ersetzen.

Verfassungsmodell und Verfassungssystem

Auf jeden Fall sollte ganz klar sein, daß die Verfassung einem Modell gehorcht. Dieses Modell ist im Pakt (einem bilateralen Pakt) festgeschrieben, und man sollte zwischen dem Modell und dem System unterscheiden. Deswegen spreche ich von einem Modell und von dem System. Die geänderte Verfassung sanktioniert ein Modell: das Modell des bilateralen Pakts, das ein Verteilungsmodell ist. Was bewahrt werden muß und wessen Bewahrung fraglich ist, ist das System, nämlich das System der konstitutionellen Demokratie. Damit möchte ich unterscheiden zwischen einem Verteilungspakt und einem Pakt zur Verbesserung der Spielregeln. Ich kann es auf keinen Fall zulassen, daß man den bilateralen Pakt mit dem Pakt (bzw. den Übereinkünften: dieses Wort ist angemessener) zwischen Präsident Roque Sáenz Peña und Hipólito Yrigoyen vergleicht, die nicht dem persönlichen Nutzen irgendeines der beiden diente, sondern dem System des Landes frischen Wind und einem Regime politische Demokratie geben sollte, das noch immer nicht von der Kraft des allgemeinen Wahlrechts und freier Wahlen profitierte. Weder strebte Roque Sáenz Peña die Wiederwahl an – das konnte und wollte er gar nicht –, noch akzeptierte Hipólito Yrigoyen, für das Abgeordnetenhaus zu kandidieren, als das Gesetz zur Einführung des allgemeinen Wahlrechts (Gesetz Sáenz Peña) in Kraft trat: Er verzichtete im folgenden Jahr auf die Kandidatur zum Senat und wurde erst sechs Jahre später, nachdem Roque Sáenz Peña gestorben und die Amtszeit von Victorino de la Plaza abgelaufen war, durch den Willen seiner politischen Parteifreunde zum Präsidentschaftskandidaten gekürt. Kehren wir aber zu dem Modell zurück, das schon eine ganze Weile existiert. Dem Land ist das Modell egal, ihm geht es darum, das System zu bewahren. Die große Sorge ist, ob das System nicht durch das Modell beschädigt wird. Wie dem auch sei: das Modell wurde mit dem Pakt von Olivos ins Leben gerufen, erlebte sein zweites Jahr mit der Verfassungsänderung und ein drittes Jahr mit der Wiederwahl. Bald wird es mit der traditionellen Übellaunigkeit der Argentinier konfrontiert werden, wobei man sehen wird, wie es damit fertig wird und ob die in der neuen Verfassung vorgesehenen Machtpuffer hinreichende Gewähr dafür bieten, das zu vermeiden, was Ortega y Gasset so taktvoll die Jähheit des Hinscheidens genannt hat. Ich jedenfalls glaube, daß die Dürftigkeit des Modells dazu geführt hat, daß der Verfassung das entscheidende Instrument fehlt, wofür derselbe Ortega y Gasset vor seinen Kollegen in der Konstituente der Cortes von 1931 plädierte, als er von der Zukunftsorientierung sprach, die ein Verfassungsmodell auszeichnen sollte: eine Vision der Zukunft nicht für die Akteure der Gegenwart, sondern für das Danach. Die Verfassung soll es den jungen, den künftigen, den nächsten Generationen erlauben, ein Zukunftsprojekt zu entwerfen, nicht nur denen, die heute an der Macht sind und eines Tages werden abtreten müssen.

Meine Befürchtung ist, daß diese Verfassung als Modell – nicht als System – nur von kurzer Dauer sein wird. Denn das Modell ist eines, das sich erschöpfen wird. Das ist der Grund, warum ich es mir erlaubt habe, es auf den Namen »evaporierende Verfassung« zu taufen, weil ich glaube, daß es sich in Luft auflösen wird.

Kommen wir nun zur Analyse der Verfassung. Zunächst muß ich kurz etwas dazu sagen, wie sich die Fassung von 1994 in die bekanntesten Klassifizierungen von Verfassungen einordnen läßt, denn davon wird die Schlußfolgerung abhängen, ob das bisherige Verfassungsprofil beibehalten wurde.

Rigide und flexible Verfassungen

Die bekannteste Klassifizierung ist die, die rigide und flexible Verfassungen unterscheidet. Der Unterschied ist bekannt: Rigidität bemißt sich daran, ob das Verfahren zur Verfassungsänderung sich vom Verfahren für die gewöhnliche Gesetzgebung unterscheidet und im Vergleich dazu erschwert ist. Es gibt jedoch verschiedene Grade von Rigidität. Verfassungen können mehr oder weniger rigide sein. Unsere Verfassung gehörte zu den rigidesten, da sie nicht nur bezüglich des Verfahrens, sondern auch bezüglich des Organs rigide war: eine Verfassungsänderung konnte (nach Art. 30) nur durch ein besonderes Organ, die Verfassungsgebende Versammlung vorgenommen werden. Diese organische Rigidität entsprang nicht etwa einer Laune unserer Verfassungsväter, sondern war eine historische Notwendigkeit. Rigidität ist die Grundvoraussetzung dafür, daß eine echte Garantie von Rechten und Freiheiten besteht, und eine Prämisse dafür, daß die Kontrolle der Verfassungsmäßigkeit funktioniert. In Ländern ohne eine rigide Verfassung kann es keine Kontrolle geben, da jede Norm durch eine später erlassene verändert werden kann und alles gleichermaßen gültig ist.

Durch die Verfassungsänderung von 1994 ergibt sich diesbezüglich eine seltsame Konstellation. Art. 30 besteht weiter, die Verfassung ist nach wie vor rigide; beide Teile der Verfassung (der dogmatische Teil, in dem Rechte und Garantien festgelegt sind, und der organische Teil, der die Organe der Staatsgewalten bestimmt) können jedoch erhebliche Veränderungen erfahren, ohne daß dafür die Verfassung geändert werden müßte. Damit ist also die Rigidität nicht mehr eine organische, sondern nur noch eine prozedurale, da jetzt qualifizierte Mehrheiten des Kongresses Gesetze verabschieden können, die jeden der beiden Teile der Verfassung betreffen können. Betrachten wir dies etwas genauer: Der dogmatische

Teil kann geändert werden durch neue Verträge, die neue Rechte enthalten. Der Text der Verfassung sieht nun die Möglichkeit vor, daß zu den neun Verträgen, denen Verfassungsrang verliehen wurde, künftig weitere hinzukommen können, die mit einer Mehrheit von »zwei Dritteln der Gesamtheit der Mitglieder jedes Hauses« Verfassungsrang erhalten können. Dabei geht es um weitere Menschenrechtsverträge und -konventionen, nicht um die schon in die Verfassung aufgenommenen (Art. 75 Abs. 22).

Der Text des dogmatischen Teils, in dem die Erklärungen von Rechten und Garantien niedergelegt sind, kann folglich jederzeit durch qualifizierte Mehrheit vom Kongreß geändert werden. Es handelt sich daher nicht mehr um eine rigide Verfassung im organischen Sinne.

Hinzu kommt – was vielleicht noch schlimmer ist – die enorme Arbeitslast, die man auf Gesetze des Kongresses geschoben hat, die die Arbeit der Konstituente zu Ende führen müssen. Denn der Verfassungsgeber hat in nicht weniger als 26 Fällen die Aufgabe der Vollendung des neuen Verfassungsprofils dem gewöhnlichen Gesetzgeber übertragen: 26 Bereiche, die ebenso viele Durchführungsgesetze erfordern, ohne die wir nicht wissen, wie die Verfassung letztlich aussehen wird: Justizrat, Ombudsman, Notstands- und Dringlichkeitsverordnungen, Status der Hauptstadt, usw. usw.: die Liste ist endlos. Je nach Autor enthält sie unterschiedlich viele Einträge. Ich halte mich hier an diejenige, die mir am vollständigsten erscheint und die 26 Durchführungsgesetze zur Verfassung auflistet, von denen viele nur mit qualifizierter Mehrheit verabschiedet werden können.

Was bedeutet das nun? Zweierlei: Erstens verfügen wir nicht über eine vollständige Verfassung, sondern über eine Quasi-Verfassung, die durch Gesetze, die diese Institute einführen und das endgültige Profil bestimmen werden, erst vollständig werden wird. Was aber das allerschlimmste ist, ist zweitens, daß diese Gesetze durch andere einfache Gesetze geändert werden können. Folglich kann sich jedes Mal, wenn in den beiden Häusern die Mehrheit wechselt, das Profil jener Institutionen ändern, die das verfassungsmäßige System erst komplett machen. Jedesmal, wenn die Bevölkerung sich so prononciert äußert, daß sich die Mehrheit in der Legislative ändert, ändert sich dann auch ein guter Teil unseres Verfassungsprofils. Das bedeutet, daß die Verfassung nicht mehr die Rigidität aufweist, die wir bisher kannten, und daß also durch bloßes Agieren des gewöhnlichen Gesetzgebers und ohne Einberufung der Konstituente Änderungen vorgenommen werden können, die einer Verfassungsreform gleichkommen.

Pragmatische und programmatische Verfassungen

Die zweite Überlegung hinsichtlich der Klassifizierung ist, daß traditionell zwischen pragmatischen und programmatischen Verfassungen unterschieden wird. Pragmatische Verfassungen sind, wie der Name andeutet, Skelette, die einen breiten Rahmen von Möglichkeiten für die sukzessive Durchführung unterschiedlicher, von verschiedenen Parteien in unterschiedlichen Situationen vertretener politischer Pläne gestatten. Hier beziehe ich mich vor allem auf die Regierungspolitik und die Verwaltung. Programmatische Verfassungen dagegen sind solche, die sehr viel genauere Vorgaben enthalten, welche ihrerseits eine gewisse Ausrichtung haben:

was die italienische Doktrin *indirizzo* – 'Richtung' – nennt. Der Gesetzgeber kann nicht zwischen A, B und C wählen; nein, er muß C nehmen, ihm ist ein sehr viel engerer, eingegrenzterer Weg vorgegeben, und die Wahlmöglichkeiten sind sehr viel geringer.

Unsere Verfassung wurde traditionell als pragmatisch eingestuft, da abgesehen von der Präambel – die eine Philosophie, die Stützung einer Reihe von Werten und ein paar Klauseln doktrinären Typs (wie z. B. die Fortschrittsklausel, die Alberdi in Art. 67 Abs. 16 hineingeschrieben hatte, und noch ein paar mehr) enthält – der Rest es gestattete, daß die Rechtslehre ebenso wie der Gesetzgeber in unzähligen Fällen die Meinung vertrat, die politische Orientierung hinsichtlich der Gesetzgebung könne ohne weiteres verändert werden.

Ich erinnere daran, daß Autoren wie der Sozialist Alfredo Palacios und der Marxist Silvio Frondizi meinten, sogar eine kollektivistische Regierung könne auf der Grundlage der Verfassung implementiert werden – abgesehen von Art. 17, der von der Unantastbarkeit des Eigentumsrechts handelte, und von Art. 22, soweit er davon sprach, daß das Volk nur durch seine Repräsentanten regiert und deliberiert.

In der neuen Fassung ist die Verfassung heute sehr viel programmatischer. Sie ist nicht mehr pragmatisch, sondern überwiegend programmatisch. Es ist hier nicht der Ort, alle entsprechenden Aussagen zu behandeln; aber es gibt jedenfalls eine tropisch sprudelnde Fülle von doktrinären Festlegungen, die natürlich Vor- und Nachteile haben. Der Vorteil ist, daß sie es ermöglichen, zu einer sehr viel einheitlicheren und präziseren Auslegung der Verfassung zu kommen; der Nachteil ist, daß der Gesetzgeber hinsichtlich zukünftiger unvorhergesehener Veränderungen bezüglich des doktrinären Teils sehr viel eingeschränkter ist.

Synthetische und analytische Verfassungen

Die dritte und letzte Unterscheidung ist die zwischen synthetischen – oder generischen – und analytischen Verfassungen. Die Verfassung von 1853 war vom ersten Typ, synthetisch bzw. generisch, mit umfassenden Aussagen und nur 110 Artikeln plus Art. 14 bis, also insgesamt 111 Artikeln. Unsere jetzige Verfassung ist ganz klar analytisch, und zwar nicht nur wegen der Anzahl der Artikel, die der Text umfaßt, sondern auch wegen der Länge, des Umfangs, der Reichhaltigkeit (im Sinne der Fülle von Sätzen) des Artikelkomplexes, der große Ähnlichkeit mit einem Katalog von Illusionen hat. Wir werden gleich einige Beispiele sehen; aber jedenfalls ist es offenkundig, daß dieser Text hart an der Grenze ist – denn, wie der Dichter sagt: *zwischen dem Erhabenen und dem Lächerlichen liegt nur ein schmaler Grat.* Wir stehen hier auf dem Grat zwischen dem Erhabenen und dem Lächerlichen.

Eine kasuistische Verfassung

Ein sehr prominenter Leitartikler sprach kürzlich von der »dicken« Verfassung. Ich will nicht wiederholen, was schon gesagt wurde: Ich meine, es ist eine kasuistische – eine allzu kasuistische Verfassung, die große Ähnlichkeit hat mit strikt reglementierten Verfassungen, d. h. mit dem brasilianischen Modell, das in der Praxis gescheitert ist und *de facto* dazu geführt hat, daß das enge Korsett der Verfassungsartikel eine Verfassungsänderung geradezu zwingend erforderlich macht, weil Brasilien mit Klauseln, in denen den Autoritäten durch Vorgaben, die sie beim besten Willen nicht erfüllen können, die Hände gebunden sind, nicht zu regieren ist. Deswegen meine ich, daß sich unsere Verfassung dem Modell der streng reglementierten Verfassungen angenähert hat. Allerdings mit einer Besonderheit, die widersprüchlich erscheinen mag, es aber nicht ist. Diese Verfassung enthält eine sehr große Anzahl von Rückverweisungen an den Kongreß, an das Parlament. Die Menge und Verschiedenheit der Themen, bei denen dem Parlament die näheren Bestimmungen übertragen wurden, ist auffällig: es sind einfach zu viele. Und das ist gefährlich, denn es ähnelt sehr stark dem, was wir im Strafrecht »Blanko-Gesetze« nennen. Das sind solche Gesetze, in denen der Gesetzgeber entweder den Tatbestand nicht vollständig beschreibt oder das Strafmaß nicht präzisiert bzw. der Exekutive überläßt. In totalitären Systemen ist genau dies eines der großen Unterdrückungs- und Herrschaftsinstrumente gewesen, weswegen Blanko-Gesetze sehr in Mißkredit geraten sind und von der Öffentlichkeit mit großem Mißtrauen betrachtet werden. Und nun haben wir hier etwas ganz ähnliches. Hier delegiert jedoch nicht der Gesetzgeber an die Exekutive, sondern der Verfassungsgeber an den Gesetzgeber – also an das gewöhnliche Parlament, den gewöhnlichen Kongreß. Und damit (ich weise noch einmal auf die schon benannte Gefahr hin) können wechselnde Mehrheiten, zufällige Mehrheiten zu einer Änderung des Profils unserer Verfassung führen. Daran zeigt sich im übrigen nicht etwa eine Tugend, sondern ein Fehler. Man konnte oder wollte bestimmte Themen nicht anfassen, und daher tat man das, was in der Sprache des Stierkampfs »la verónica« heißt: Man schwenkte das rote Tuch, um den Stier seitlich vorbeilaufen zu lassen, aber dann setzte man nicht nach, griff den Stier nicht an, packte ihn nicht bei den Hörnern; man ließ das Thema passieren bzw. die Flucht nach vorn antreten, damit der Gesetzgeber sich damit herumschlage. Generell lag das daran, daß die Vereinbarungen gar keine ganz und gar einvernehmlichen Vereinbarungen waren, sondern daß sie einige Meinungsverschiedenheiten enthielten. Und da diese Meinungsverschiedenheiten weiterbestanden und man sich nicht vollständig einigen konnte, gab man den Ball einfach nach hinten bzw. nach vorne ab: dann sollte eben der Kongreß irgendwann den Konsens finden. Damit ergibt sich jedoch ein großes Fragezeichen hinsichtlich der Inhalte, die dieser Konsens haben wird. So zum Beispiel im Fall des Justizrats, bei dem die Frage der Zusammensetzung und der Wahl bzw. Ernennung der Mitglieder nicht gelöst ist, oder im Fall der Notstands- und Dringlichkeitsverordnungen, bei denen nicht geklärt ist, wie das Verfahren aussehen soll, wenn sie dem Kongreß vorgelegt werden. Die Exekutive ist lediglich verpflichtet, sie innerhalb von zehn Tagen dem Kongreß vorzulegen; aber was dann passieren soll, ist offen. Wir wissen also derzeit überhaupt nicht, was in einem solchen Fall geschehen kann.

All dies wird Probleme der Kohärenz und Konsistenz in der Verfassung mit sich bringen. Die Folgen dieser Probleme werden wir auf zwei Ebenen zu sehen bekommen: auf der Interpretationsebene (also der Ebene der Hermeneutik) und auf der Anwendungsebene (also der Ebene der Umsetzung des Verfassungstextes). Zunächst einmal ist jetzt schon abzusehen, daß die große Schlacht eine Flut von

Prozessen sein wird. Diese Verfassung wird eine ungeheuer prozeßträchtige Verfassung sein: hermeneutische Prozesse, Prozesse über die Auslegung – wie es derzeit schon der Fall ist –, z. B. im Bereich der Ökologie, der Umweltschädigung, usw. Der schon angesprochene Mangel, das Fehlen einer allgemeinen Diskussion, erhöht die Möglichkeit einer Prozeßflut und von Auseinandersetzungen über die Auslegung noch, weil es kein eindeutiges, klares Instrument, keinen Leitfaden gibt, der zu erkennen erlaubte, auf welcher Sicht der Welt der konkrete, von der Konstituente verabschiedete Text beruht – also nicht, was die Mitglieder der Konstituente dachten oder glaubten, sondern der Text, für den sie dann tatsächlich gestimmt haben. Und dieses Problem wird sich fortpflanzen in die Zukunft, in der ja die Verfassungsgebende Versammlung selbst nicht mehr da ist.

Jede Verfassungstechnik setzt bekanntlich eine Verfassungspolitik voraus. Diese bedarf jedoch ihrerseits als Grundlage einer Verfassungsphilosophie. Eine Verfassungstechnik haben wir; die Verfassungspolitik sind wir am enträtseln, am entschlüsseln; was wir aber nicht kennen, ist die Verfassungsphilosophie, denn die gab es nur in den Köpfen einiger weniger, nämlich derer, die diese Verfassungsänderung von Anfang an betrieben haben (denn wir haben es hier mit einer bewußt betriebenen, nicht mit einer überlegten und herangereiften Verfassung zu tun). Außer dieser Darlegung einer Verfassungsphilosophie fehlte aber auch Sorgfalt und eine letzte Prüfung. Mit großer Betrübnis sage ich: Was mit Artikel 68 bis geschah, ist einfach unmöglich. Ich weiß nicht, ob es vielleicht ein Scherz sein sollte. Jedenfalls ist es passiert, weil sie vier freie Tage hatten (Freitag, Samstag, Sonntag und Montag), an denen sie den Verfassungstext noch einmal hätten überprüfen können. Man bildete einen Ausschuß innerhalb des Redaktionsausschusses, der nicht vorsichtig genug war, den Text, anhand dessen der geordnete Text für die Verabschiedung beschlossen werden sollte, noch einmal mit dem Computer zu prüfen. Wie man es jetzt auch dreht und wendet, und was für wohlwollende Interpretationen und Erklärungen auch auftauchen mögen, es gibt keine Entschuldigung. Einige sagen, die Veröffentlichung von Artikel 68 bis müßte gerichtlich angeordnet werden. Ich erlaube mir jedoch, die werten Kollegen, die das behaupten, daran zu erinnern, daß richterliche Entscheidungen immer nur für den Einzelfall gelten. Das würde also heißen, daß jedes Mal, wenn jemand sich auf Artikel 68 bis berufen muß, er zunächst einen Richter ersuchen müßte, den Spruch noch einmal zu wiederholen.

Andere meinen, der Kongreß könne ein Gesetz erlassen, das die Geltung von Artikel 68 bis feststellt. Hier erlaube ich mir jedoch, daran zu erinnern, daß der Kongreß eine konstituierte Gewalt ist. Wie könnte er sich also anmaßen, den Text der verfassungsgebenden Gewalt zu korrigieren! Außerdem sagte die Konstituente in der letzten Übergangsklausel (der Schlußklausel des Textes), die die Nummer 17 trägt: »Der geordnete, von dieser Verfassungsgebenden Versammlung verabschiedete Verfassungstext ersetzt den bislang geltenden.« Und in diesem Text war nun einmal Art. 68 bis nicht enthalten; er war zwar zehn Tage zuvor im Grundkonsens bzw. im Pakt gebilligt worden, aber der geltende Text ist der geordnete, von der Konstituente verabschiedete, und der enthält Art. 68 bis eben nicht. Ich denke daher, es wird das Beste sein, nicht darauf zu bestehen, denn ein Verfassungszusatz würde alles noch schlimmer machen. Wie kann man nun alle diese Irrtümer korrigieren? Nun, eigentlich nur mit einer neuen Verfassungsgebenden Versammlung. Der einzig wirklich ehrliche und richtige Weg zur Korrektur ist eine neue Versammlung, die dann die Dinge besser machen kann. In der Zwischenzeit läßt sich die Sache natürlich nur durch große Interpretationsverrenkungen der Richter bereinigen, wobei der Oberste Gerichtshof vor der größten Herausforderung steht, denn er muß dort Kohärenz hineinbringen, wo es offenbar keine gibt, und Klarheit schaffen, wo große Obskurität herrscht. Ich glaube, den Mitgliedern der Konstituente ist die sehr wichtige Tatsache gar nicht bewußt geworden, daß sie eine Einkammerversammlung waren und daß normalerweise, wenn im Kongreß oder in einem Parlament Ungenauigkeiten oder Fehler passieren – schließlich ist niemand davon ausgenommen, daß »errare humanum est« –, immer noch die Möglichkeit besteht, daß die eine Kammer die andere korrigiert – was in unserem Kongreß häufig vorkommt – oder daß der Präsident sein Veto einlegt und die Norm an den Kongreß zurückschickt, damit der sie erneut behandelt und entscheidet, ob sie in der ursprünglichen Fassung verabschiedet wird oder nicht.

Gründe für die Fehler

Es sollte nun aber auch gesagt werden, was die Gründe für diese Fehler waren.

(1) Erstens dominierten die Überlegungen bezüglich des Wahlmodus. Berechnet man die Zeit, die die Verfassungsgebende Versammlung für alle behandelten Themen aufwandte, dann sieht man, daß nicht nur in der Versammlung selbst, sondern auch in der vorangegangenen Einleitungsphase das dominierende Thema das der Wahlen und dabei vor allem der Wiederwahl des Präsidenten war. Aber, wie es heißt, »wir waren sowieso schon so viele, und dann bekam auch noch die Großmutter Fünflinge«: Die Gouverneure kamen und inszenierten in der Verfassungsgebenden Versammlung die »Show« ihrer eigenen Wiederwahl, die auch anschließend weiterging mit der eigenartigen Doktrin, sich auf den Pakt von San José de Costa Rica zu berufen, um ein Menschenrecht einzufordern, das gar keines ist. Diese beiden Variablen: die Wiederwahl des Präsidenten und die Gouverneure, die sozusagen durchs Fenster hereinholen wollten, was durch die Tür nicht gepaßt hatte – das heißt, durch die Hintertür erreichen wollten, was sie in ihren jeweiligen Provinzen durch die Vordertür nicht hatten erreichen können – stellte außerdem die Gouverneure als miserable Vertreter des Föderalismus bloß, da sie sich an ein zentrales Organ der höchsten Gewalt wandten, um etwas einzufordern, was in die autonome Zuständigkeit der Provinzen fällt. Das ist Föderalismus, der zwar nach außen deklariert, aber sofort verraten wird, wenn persönliche Interessen auf dem Spiel stehen. Damit wurden viele Mitglieder der Versammlung, die sich direkt oder indirekt an dem Wahlspiel in der Konstituente beteiligten, moralisch diskreditiert.

Ich meine, es wäre viel besser gewesen, was ich damals vorgeschlagen habe: nämlich zwei verfassungsgebende Versammlungen einzuberufen. Angesichts der Tatsache, daß der starke Drang zur Wiederwahl schon ganz natürlich und irrational vorhanden war, schien er unaufhaltsam; also hätte man eine verfassungsgebende Versammlung einberufen sollen allein zu dem Zweck, den alten Art. 77 der Verfassung zu ändern, die Wiederwahl des Präsidenten der Republik *in aeternum* zu gestatten und damit seiner Nervosität Rechnung zu tragen und sie zu beruhigen.

Einer anderen, rationaleren, überlegteren und gesetzteren verfassungsgebenden Versammlung hätte man die »Verjüngung« und Modernisierung des restlichen Textes der Verfassung übertragen können. Die hätte ohne blinde Instinkte und ohne den Kampf um die Wiederwahl bzw. den Verbleib im Amt, dafür aber mit Blick auf einen Konstruktionswandel bzw. eine Sanierung im architektonischen Sinne der Politik des Restes der Verfassung tätig werden können.

(2) Der zweite Grund für die fehlende Sorgfalt ist in dem finanziellen Gerangel der Provinzen zu sehen. Auch das hatte danteske Züge. In der Verfassungsgebenden Versammlung saßen zahlreiche Provinzgouverneure und – was meistens nicht bedacht wird – auch viele Vizegouverneure. Die Lobby der Provinzen innerhalb der Verfassungsgebenden Versammlung war also sehr stark. Und das Gerangel um die Finanzen, sei es in Form der Mitbestimmung, sei es in Form von Verträgen mit Gesetzesrang, war vom ersten Augenblick an spürbar, und zwar selbstverständlich mit pekuniärer Absicht, was im Falle der Provinz Buenos Aires noch durch den Umstand verschärft wurde, daß ihr Gouverneur, der ebenfalls der Konstituente angehörte, nicht auf den berühmten »Historischen Wiedergutmachungsfonds« verzichten wollte, der es ihm erlaubt, in Groß-Buenos Aires eine höchst bequeme Politik zu machen.

Diesbezüglich geschah übrigens noch etwas ziemlich Schlimmes. Wir haben eine siebenhundertjährige Geschichte umgeschrieben, indem wir die Reihenfolge des Initiativrechts für Gesetzesvorhaben in diesem Bereich umgekehrt haben. Jetzt ist es der Senat, von dem die gesetzlich verankerten Verträge zu Fragen der Mitbestimmung ausgehen. Nun kann man zwar sagen, daß es nicht Gesetze sind, die die Lasten festlegen; aber es sind Gesetze, die die Lasten verteilen, das heißt die Ressourcenverteilung regeln. Also geht es hier um den Bereich der Ressourcen, und der gehört seit siebenhundert Jahren, seit dem *talajio non concedendo* von 1309 in England und seitdem überall in der westlichen Welt zu den Initiativrechten der Kammer, die als direkte Volksvertretung fungiert, und nicht irgendeiner anderen Körperschaft. Der Senat repräsentiert bekanntlich die Autonomie der Provinzen, nicht die des Volkes.

Und das ist keineswegs bloß eine theoretische Frage, sondern es wird schwerwiegende unmittelbar praktische Folgen haben, weil sich daraus eine nicht gerade freundschaftliche Konfrontation zwischen vielen kleinen, armen und einigen wenigen großen, reichen Provinzen ergeben wird. Das wird zu ärgerlichen Auseinandersetzungen führen, bei denen die vielen armen Provinzen zahlenmäßig über die wenigen reichen obsiegen werden. Und genau das ist der Gesundheit des Landes nicht förderlich, weil es nicht dem Gemeinwohl dient. Ich erinnere noch einmal daran: In der Kontituente von Santa Fe gab es niemanden, der das Gemeinwohl, das allgemeine, das gemeinsame Interesse vertreten hätte.

(3) Und schließlich haben wir all dies auch der Quadratur des Kreises zu verdanken: Schließlich gab es eine weitere endlose Debatte um die Macht des Präsidenten, und hier war offenbar die Harmonisierung der Positionen der Vertragspartner so etwas wie die Quadratur des Kreises, also unmöglich, weil ihnen ganz unterschiedliche Zielsetzungen zugrunde lagen. Hier ist also nur zu wiederholen, was hinsichtlich des Kabinettschefs schon gesagt wurde. Bezüglich unseres Herrn

Präsidenten ist jedoch noch etwas hinzuzufügen, was bei ihm völlig aufrichtig und in sich stimmig war und von ihm immer und immer wiederholt wurde. Jedesmal, wenn das Thema angesprochen wurde, sagten sowohl er selbst als auch seine Sprecher: »Die Macht bin ich.« Niemals wurde das dementiert. Angesichts dieser Aussage müssen wir also den neuen Verfassungstext im Lichte dessen interpretieren, was immer wieder gesagt wurde: Auch nicht ein Quentchen der Machtbefugnisse des Präsidenten werden aufgegeben werden! Kein Teil der Macht wird aufgegeben! Nun können wir sehen, wie die Terminologie in dem entsprechenden Teil der Verfassung einen offenkundigen Widerspruch zu dem enthält, was man eigentlich wollte. Vorher besagte die Verfassung, daß der Präsident der oberste Staatschef und für die allgemeine Verwaltung des Landes zuständig sei. Jetzt, wo er angeblich weniger Macht besitzt, heißt es: er ist der oberste Staatschef, Regierungschef und politisch verantwortlich für die allgemeine Verwaltung des Landes. Also liegt die politische Verantwortung nach wie vor bei ihm und nicht bei jemand anderem. Anschließend, bei den Befugnissen des Präsidenten, wird hinzugefügt: er beaufsichtigt die Amtsführung des Kabinettschefs bezüglich der Staatseinnahmen, der Ausgaben usw. Das heißt, daß der Kabinettschef den Haushalt umsetzen soll, dabei aber vom Präsidenten beaufsichtigt wird. Die eigentliche Macht wird also beim Präsidenten liegen.

Und dort, wo vom Kabinettschef die Rede ist (Art. 100 ff.), heißt es: er führt die allgemeine Verwaltung des Landes aus. Aber nicht er trägt die politische Verantwortung für die allgemeine Verwaltung des Landes. Und weiter: die Kompetenzen und Aufgaben, die der Präsident ihm überträgt, wahrzunehmen und im Einvernehmen mit dem Kabinett über die Angelegenheiten zu entscheiden, die die Exekutive ihm aufträgt. Also ist nicht er die Exekutive, sondern der Präsident. Die Macht des Präsidenten ist hier also bekräftigt worden. Die neue Verfassung ist keine *quasi-*, sondern eine *super-präsidentialistische*: sie bestätigt und verstärkt die Macht des Präsidenten. Das zeigt sich auch ganz deutlich an den Bestimmungen zur Amtsenthebung, wo ganz klar gesagt wird, daß der Kongreß den Kabinettschef entlassen, der Präsident aber nicht den Kongreß auflösen kann. Das ist nun aber eine echte Falle, denn was dabei herauskommt ist entweder die absolute Vorherrschaft des Präsidenten, der den Kabinettschef nach Belieben ernennen und entlassen kann, oder ein gegnerischer Kongreß, der jedem Kabinettschef die Zustimmung verweigert. Damit ergibt sich, was im Verfassungsrecht eine Pattsituation genannt wird. Wieso dies? Weil die Kompetenz zur Auflösung des Kongresses fehlt, wie sie in anderen präsidentialistischen Systemen, die ebenfalls einen Kabinettschef haben oder wo den Ministern nach der Verfassung größere Verantwortung zukommt, vorgesehen ist: z. B. in Uruguay, Ecuador, usw.

Negativposten

In den verbleibenden Abschnitten sollen nun in aller Kürze einige der Institutionen kommentiert werden, die neu in die Verfassung aufgenommen wurden.

Verträge

Hier sind als erstes die Verträge zu nennen. Zur Verfassung gehört jetzt ein System von neun Menschenrechtspakten mit Verfassungsrang (Art. 75, Abs. 22), also mit dem gleichen Rang wie Art. 1 und 2 der Verfassung. Damit wurde z. B. die *cafala* des islamischen Rechts in unsere Verfassung inkorporiert, die nun ebenso viel gilt wie die in Art. 1 festgelegte repräsentative und föderale Republik. Fünfzehn Mitglieder der Konstituente antworteten auf die Frage, was denn diese neue Institution sei, der man da den gleichen Rang gegeben hatte, wie ihn die anderen Verfassungsnormen besitzen, daß sie es nicht wüßten. Inzwischen wissen wir, daß es sich um ein der Adoption ähnliches System handelt, das im islamischen Recht Anwendung findet (weil das islamische Recht das westlich-christliche System der Adoption als pervers und teuflisch ablehnt und folglich ein anderes System hat). Nun sind wir also in Argentinien verpflichtet, die *cafala* einzurichten und anzuerkennen; wenn also jetzt ein muslimisches Kind oder sein Papa vor Gericht geht, dann wird sich der Richter gezwungen sehen, nach dem Regime der *cafala* zu entscheiden. Man erinnere sich daran, daß es die Absicht unserer Verfassungsgeber war, Gleichheit und Integration durch dem ganzen Volk gemeinsame Institutionen zu erreichen! Darüber hinaus ist aber vorgesehen, daß weitere Abkommen und Pakte über Menschenrechte ebenfalls besonderen Rang haben werden, sofern dies mit Zweidrittelmehrheit in beiden Kammern beschlossen wird. Hier geht es also um eine weitere Kategorie von Verträgen (damit sind es schon drei). Danach werden aber dann noch die Integrationsverträge behandelt. Die können jedoch mit lateinamerikanischen Staaten abgeschlossen werden: dann gibt es ein bestimmtes Verfahren für die Annahme. Sollten wir uns aber für eine Integration mit anderen Staaten entscheiden – lies: NAFTA – oder eine extrakontinentale Integration (vielleicht mit dem Europäischen Markt?), dann gibt es einen anderen Verabschiedungsmechanismus. Darüber hinaus aber – und das ist das Schlimmste, denn darüber wurde gar nicht debattiert, und es handelt sich um eine sehr delikate Angelegenheit – haben Normen, die infolge von Integrationsverträgen von den Gemeinschaftsorganen erlassen werden, denen Argentinien beigetreten ist, einen höheren Rang als die gewöhnlichen Gesetze. Das heißt, daß von nun an die Organe des Mercosur – oder der NAFTA, falls wir ihr beitreten sollten – Normen und Verordnungen erlassen werden, die – wie in der sehr viel weiter fortgeschrittenen Europäischen Gemeinschaft – einen höheren Rang haben als die Gesetze des Kongresses. Der einzige Weg, wie wir die Anwendung solcher Normen in Zukunft also würden vermeiden können, wäre die Kündigung des Integrationsvertrages und der Austritt aus diesem Mechanismus, wofür ebenfalls ein besonderes Verfahren in der neuen Verfassung vorgesehen ist: die Kündigung der in diesem Absatz behandelten Verträge erfordert die vorherige Zustimmung der absoluten Mehrheit aller Mitglieder jeder der beiden Kammern. Das bedeutet eine doppelte Abstimmung, wobei zuvor eine absolute Mehrheit zustimmen muß, was sehr schwer zu erreichen ist.

Was also hätte man tun sollen? Eben nur die Klausel neu aufnehmen, die den Verträgen höheren Rang als den gewöhnlichen Gesetzen verleiht. Was man stattdessen tat, ist sehr umständlich und wirft außerdem verschiedene Fragen auf. Meine erste Frage wäre: Warum gerade diese neun oder zehn Menschenrechtsverträge und nicht andere? Warum diese? Es heißt, diese bildeten ein »System«. Ich habe mir die Mühe gemacht und die Liste von Verträgen geprüft, die Argentinien zum Thema Menschenrechte unterzeichnet hat. Nehmen wir etwa das Beispiel der Diskriminierung. Einer davon wurde aufgenommen, vier andere jedoch nicht. Dabei sind diese ebenso wichtig wie der erste. Warum also dieser eine und die vier anderen nicht? Es gibt dafür keine irgendwie erhellende Erklärung. Oder Frauenrechte. Ein Abkommen wurde aufgenommen (mit Verfassungsrang), drei ebenso wichtige andere blieben außen vor. Warum das eine und nicht die drei anderen? Niemand kann das erklären. Humanitäres Recht, das heutzutage ebenso bedeutsam ist wie die Menschenrechte, da es das Thema Kampftruppen, Kriegsgefangene und Zivilisten umfaßt. Ein Abkommen wurde aufgenommen, sieben blieben draußen: eines ja, sieben nein. Warum das eine und die sieben anderen nicht? Es gibt keine Erklärung. Sklaverei und Personenhandel. Argentinien hat drei hochwichtige Abkommen unterzeichnet, von denen keines in die neue Verfassung aufgenommen wurde. Warum nicht? Warum ist die *cafala* des islamischen Rechts drin, nicht aber die Abkommen über Sklaverei und Menschenhandel? Ausländer und Flüchtlinge. Drei wichtige Abkommen, keines davon aufgenommen. Von den Abkommen der OIT gar nicht zu reden, die doch so wichtig sind, weil sie mit Gleichheit am Arbeitsplatz, Gleichstellung von Männern und Frauen usw. zu tun haben. Es gibt viele; aber drei sind ganz besonders wichtig. Keins ist in die Verfassung aufgenommen worden. Und was die regionalen Menschenrechtskonventionen angeht: eine einzige wurde aufgenommen, nämlich die von San José de Costa Rica. Es gibt aber noch fünf weitere, die mit den politischen und zivilen Rechten der Frau usw. zu tun haben und nicht aufgenommen wurden. Warum eine und nicht die anderen? Ich halte das für einen schweren Fehler. Welcher Technik haben sich die Mitglieder der Konstituente bedient? Nun, die der alten Verfassung Perus, die den Menschenrechtspakten Verfassungsrang gab. Meine Frage ist, ob Peru deswegen vielleicht international größeres Ansehen erlangt hat? Nein. Aber noch wichtiger: Hat sich die Menschenrechtssituation in Peru verbessert, weil Peru nun diese Verfassungstechnik angewandt hat? Nein. Jüngste Presseberichte haben wieder einmal davon berichtet, daß man Gräber gefunden hat, die Massaker an Indios verdecken sollten; und die Menschenrechtsverletzungen nehmen ständig zu. Das heißt, daß konkrete, praktische Instrumente gefragt sind und nicht *Verfassungsromantik*. Aber was wir haben, ist eine Konzession an eine *rein nominalistische* Verfassungsromantik, die ungeheure praktische Probleme mit sich bringen wird. Ich benenne nur ein einziges: Was geschieht mit den Vorbehalten dieser Verträge? Der Absatz sagt zwar, daß die zehn genannten Verträge Verfassungsrang »nach Maßgabe ihrer Geltung« erhalten. Aber was geschieht mit den Vorbehalten? Wurden die dadurch aufgehoben? Es gibt mehrere Dokumente, die Argentinien unter Vorbehalten unterzeichnet hat, darunter die Interamerikanische Konvention von San José de Costa Rica, die außer zwei ursprünglichen Vorbehalten auch noch eine Art Vorbehalt enthält, den der Präsident anläßlich der Ratifizierung hinzufügte und der verständlich machen soll, wieweit die Republik Argentinien sich diesen Text zu eigen gemacht hat. Was ist damit geschehen? Haben wir die Vorbehalte aufgehoben? Oder haben sie weiterhin Geltung? Das werden offenbar die Richter entscheiden müssen, was ein äußerst delikates Thema ist, das noch zu einer Reihe von Problemen führen wird.

Notstands- und Dringlichkeitsverordnungen

Auch zu den Notstands- und Dringlichkeitsverordnungen kann ich mich eines Kommentars nicht enthalten (Art. 99 Abs. 3). Hier ist der Gesetzgeber dem Problem wieder einmal aus dem Weg gegangen: Zunächst einmal werden sie entschieden verboten und in Grund und Boden verdammt. Anschließend heißt es dann, daß sie in Ausnahmefällen, wenn wirklich ein Notstand oder Dringlichkeit vorliegt (was natürlich der Präsident selbst – nach bestem Wissen und Gewissen – zu entscheiden hat), doch erlassen werden können, allerdings nicht zu Fragen des Straf- und Steuerrechts (es ist gut, daß zumindest Straftaten nicht per Erlaß definiert werden können: *nullum crimen, nulla poena sine lege*; und es ist gut, daß keine Steuern per Erlaß eingeführt werden können: *no taxation without representation*). Auch nicht zu Fragen des Parteien- oder des Wahlsystems. Die politische Klasse hat ihr Revier zu verteidigen gewußt: sie wollte natürlich nicht, daß man ihr die Spielregeln am Gesetzgebungsverfahren vorbei, also durch Verordnung, ändern kann.

Und der Rest? Nun, zu allem anderen können Notstands- und Dringlichkeitsverordnungen erlassen werden. *Ergo* kann heute in Argentinien per Dekret, das später an den Kongreß weitergeleitet wird, enteignet werden. Ich glaube, Minister Cavallo und anderen Befürwortern diverser Aspekte der Wirtschaftspolitik – die hätten merken müssen, daß sie zwar im Moment vielleicht nicht gefährdet sind, daß das aber durchaus schon Morgen Anlaß zu politischer Verfolgung sein könnte (ein Instrument politischer Verfolgung), wie es in unserem Land ja früher schon der Fall war, in Zeiten bedingungsloser parlamentarischer Mehrheiten, die Enteignungsgesetze zum Zwecke der Verfolgung politischer Gegner verabschiedeten – ist dies völlig entgangen. Jetzt also kann auf dem Verordnungswege enteignet werden, mit der Gefahr, daß demnächst irgendwann eine Regierung das betreibt, was die Franzosen so unschuldig »Umleitung« der Macht nennen und was eintritt, wenn es Rivalitäten gibt; das Organ kann das tun, aber es tut dies selbstverständlich nicht zugunsten des Gemeinwohls, sondern mit dem Zweck der willkürlichen Diskriminierung und Verfolgung (*détournement de pouvoir*). Dies sollte nicht vergessen werden: Im heutigen Argentinien kann auf dem Wege einer Notstands- und Dringlichkeitsverordnung enteignet werden.

Man hätte dann auch eine individuelle Normenkontrolle einführen sollen, damit jeder, der von einer Notstands- und Dringlichkeitsverordnung betroffen ist, die Verfassungsmäßigkeit der Verordnung gerichtlich prüfen lassen kann. Das wäre die einzige mögliche Lösung des Problems. Denn ich stelle fest, daß Notstands- und Dringlichkeitsverordnungen wie Hexen sind: Es gibt sie nicht; aber irgendwie gibt es sie doch. Sie existieren, seit dem letzten Jahrhundert schon werden sie erlassen. Das Thema ist also nicht ihre Existenz; als existenzielle Kategorie stehen sie nicht zur Debatte. Das Thema ist ihr Mißbrauch. Es ist eine Sache, daß bis 1989 alle Präsidenten zusammen weniger als 28 Notstands- und Dringlichkeitsverordnungen erlassen haben, und eine ganz andere, daß wir seit 1989 bis heute schon etwa 300 solcher Verordnungen haben. Ohne Eingreifen der Justiz wird das auch niemand aufhalten können. Und die Klausel in der Verfassung wird völlig wirkungslos sein, denn noch während sie in Santa Fe verabschiedet wurde, wurden im Gesetzblatt neue Notstands- und Dringlichkeitsverordnungen verkündet.

Der Justizrat

Der Justizrat ist eine ungeheuer wichtige Institution, die sehr achtbar sein, aber in der Durchführung auch durchaus entstellt werden kann. Sie kann die Situation verbessern oder verschlechtern. Der lange Art. 114, der beim Lesen sehr inhaltsreich zu sein scheint, ist vorläufig nichts weiter als Geraschel. Er entzieht dem Obersten Gerichtshof Zuständigkeiten (eine These, die ich für kritikwürdig erachte) und konzentriert Kompetenzen auf dieses neue Organ, dessen Zusammensetzung unbestimmt und in der Verfassung nur in allgemeinen Zügen vorgegeben ist. Dort heißt es:»Der Rat wird in regelmäßigen Abständen neu besetzt, damit ein Gleichgewicht zwischen der Vertretung der aus allgemeinen Wahlen hervorgegangenen – politischen – Organe, der Richter aller Instanzen und der Anwälte mit Bundeszulassung erreicht wird. Ihm gehören außerdem weitere Persönlichkeiten aus dem universitären und wissenschaftlichen Bereich an, deren Anzahl und Zusammensetzung das Gesetz regelt.« Was hier zu sagen vergessen wurde, ist, daß die Ernennung nach Maßgabe des Gesetzes erfolgen wird, d. h. durch die Exekutive ..., denn das Gesetz muß schließlich in beiden Kammern mit der Mehrheit des Parlaments verabschiedet werden, und die liegt in den Händen der Regierungspartei. Also ist absehbar (wenn auch nicht sicher), denn davon kann man ausgehen, daß der Justizrat eine Zusammensetzung aufweisen wird, in der alle genannten Sektoren vertreten sein werden; offen ist jedoch, ob es eine unabhängige Zusammensetzung sein wird. Ich habe daran ernste Zweifel. Die grundlegende Frage hinsichtlich des Justizrats ist, was die Verfasser des Paktes sich darunter vorgestellt haben: ob sie den Justizrat guten Glaubens im europäischen Sinne als von der politischen Macht unabhängiges Organ konzipiert haben, das die Auswahl und Beförderung von Richtern nach dem einzigen von der Verfassung verlangten Kriterium, nämlich der Eignung sicherstellen soll, oder ob sie ihn als ein Verteilungsinstrument betrachtet haben. Etwa in dem Stil: Du hast soundsoviele Abgeordnete, also stehen Dir auch soundsoviele Amtsrichter zu; Du hast soundsoviele Senatoren, also bekommst Du auch soundsoviele Richter höherer Instanz; so sind alle politischen Sektoren zufriedengestellt, und wir haben es wieder mit der Schutzschirm-Theorie zu tun, die ich weiter oben schon erwähnt habe. Ich habe meine Zweifel, ob in den Köpfen der Verfasser des Paktes wirklich die italienische, europäische, spanische oder französische Vorstellung vom Justizrat verankert war, oder nicht doch die lateinamerikanische Vorstellung von der Verteilung von Ämtern.

Die Provinzen

Ich möchte noch ein Thema anschneiden, von dem ich weiß, daß ich mich damit besonders bei den radikalen Anhängern des Föderalismus unbeliebt machen werde. Es geht um eine Konzession, die den Provinzen gemacht wurde und die aus meiner Sicht das verfassungsmäßige System aus dem Lot bringt. Die Provinzen können jetzt internationale Abkommen abschließen, sofern der Kongreß davon in Kenntnis gesetzt und die allgemeine Politik der Regierung nicht beeinträchtigt wird. Ich lehne das ab, weil ich denke, daß die Beziehungen zum Ausland voll und ganz in die Zuständigkeit der Bundesregierung gehören: so entsprach es dem Geist der Verfassung, und es ist auch der einzige Weg, einen Staat und nicht eine föderative Nebeneinanderreihung von Einheiten zu haben. Sollte diese Kompetenz nach den Maßstäben einer Konföderation ausgelegt werden, dann wird demnächst jede Provinz unter dem Vorwand, Verträge mit dem Ausland zu schließen, ihre Botschafter, Gesandtschaften und Abgeordnete haben, und die Republik Argentinien wird ziemlich dumm dastehen und jedenfalls nicht mehr die eine nationale Entität sein, die uns alle im Ausland repräsentieren soll (Art. 124).

Die Provinzen werden außerdem zu ursprünglichen Eigentümern der natürlichen Ressourcen erklärt, wobei aber nicht erläutert wird, was diese natürlichen Ressourcen sind. Dies wird zu schweren (und großen) Anwendungsproblemen führen. Was ist hier gemeint? Öl, Kohle? Oder auch die Wälder? Bezieht es sich auf das Wasser? Was ist gemeint: sämtliche Energiequellen? Was sind natürliche Ressourcen? Es gibt dazu keine einheitliche Meinung, das Thema ist umstritten. Und hier wurde auch die Doktrin von der doppelten Zuständigkeit in Einrichtungen von nationalem Nutzen eingeführt. Der alte Abs. 27, der jetzt Art. 75 Abs. 30 ist, läßt zu, daß die Provinzen in den Zonen nationaler Zuständigkeit, die in den Provinzen liegen, (z. B. in Nationalparks, Häfen oder Einrichtungen von nationalem Nutzen) Polizei, Rechtsprechungsgewalt und Steuergewalt besitzen. Das ist schon sehr oft versucht worden, und es hat immer zu großen Konflikten geführt. Der Oberste Gerichtshof mußte eine endlose Lawine von Prozessen behandeln, und es gab drastische Unterschiede in der Rechtsprechung sowie äußerst kontroverse Urteile zu diesem Thema. Es herrschte große Rechtsunsicherheit, die man hätte beseitigen müssen, indem man klipp und klar festlegt, daß die Rechtsgewalt in Einrichtungen im Dienste der nationalen Sicherheit, d. h. in den Zonen nationaler Rechtsprechung ausschließlich und allein dem Bund zukommt. Wie die Verfassung sagt: allein; wenn dem aber mit der neuen Verfassung nun ausschließlich hinzugefügt wird, dann wird das zu einer unendlichen Prozeßwelle führen.

Die »ballottage«

Die »ballottage« schließlich ist als solche weder eine gute noch eine schlechte Institution. Es ist jedoch darauf hinzuweisen, daß sie nicht das geringste zu tun hat mit der französischen »ballotage«, bei der, falls kein Kandidat mehr als die Hälfte der gültigen abgegebenen Stimmen erhalten hat, die beiden mit den meisten Stimmen in der darauffolgenden Woche in einer Stichwahl gegeneinander antreten. Das ist die eigentliche »ballottage«, die zu einem mit absoluter Mehrheit gewählten Präsidenten führt. So war es schon mit der indirekten Wahl in der Verfassung angelegt, die ja genau betrachtet die absolute Mehrheit der Wahlmänner erfordert: wenn kein Kandidat die absolute Mehrheit erhalten sollte, dann sollte die Legislative einen der Kandidaten mit den meisten Stimmen wählen, womit auch dort die absolute Mehrheit gegeben war. Die Verfassung von 1853 hat also niemals einen Minderheitspräsidenten zugelassen. Selbst Präsidenten, die nur eine Minderheit der Stimmen erhalten hatten, waren Mehrheitspräsidenten, da sie ja die Mehrheit der Wahlmänner hatten. Man denke an den Fall Illia, der 23% der Stimmen erhalten hatte, in der Wahlversammlung jedoch die Mehrheit gewann, weil die Fraktionen in der Wahlversammlung ihm ihre Stimmen gaben: die konservativen, die sozialistischen, christ-demokratischen und Provinzparteien traten ihre Wahlmänner an ihn ab. Mit der neuen Verfassung können wir nun einen Minderheitspräsidenten bekommen, denn das System von Art. 97 und 98 der Verfassung ist so spitzfindig und seltsam, daß es wie maßgeschneidert aussieht. Wenn ein Kandidat 45% der Stimmen erhält, ist er Präsident. Das ist keine absolute Mehrheit. Wenn er aber noch nicht einmal 45%, sondern nur 40% erhält und der nächstfolgende 10 Prozentpunkte weniger, dann ist er auch Präsident. Das heißt, daß man einen Maßanzug geschneidert hat: so etwas nennt man eine Norm *ad usum Delphini*. Fazit: Zum ersten Mal in der Geschichte kann Argentinien einen Staatschef erhalten, der nur von einer Minderheit gewählt wurde. Denn das ist keine echte »ballottage«. Zudem ist es auch noch sehr gefährlich, denn es kann zur Polarisierung führen. Man erinnere sich an die Wahl zwischen Lula und Collor de Mello in Brasilien. Es gab hervorragende Kandidaten: Covas, Ulises Guimarães; aber die Polarisierung führte dazu, daß bei der Stichwahl nur Lula und Collor de Mello übrigblieben. Die Leute hatten Angst: Um nicht für Lula zu stimmen, stimmten sie für Collor – und wie der geendet hat, ist bekannt. Nun frage ich mich: Haben wir Argentinier die politische Statur und die nötige Flexibilität, um solche Krisen zu überstehen? Das heißt: Wird das System die Herausforderung, die eine völlig polarisierte Gegenüberstellung der Wähler darstellt, bestehen können? Ich lasse die Frage offen.

In Argentinien hängt die Antwort auch mit der Krise der alternativen Partei zusammen. Die Premiere der »ballottage« fiel mit der Tatsache zusammen, daß die alternative Partei praktisch verschwunden war. Zwar gibt es Oppositionsparteien, aber die Partei, die historisch die Alternative darstellte (und diese Rolle mehr als hundert Jahre lang innehatte) hat die Kraft verloren, die sie früher auch unter den widrigsten Umständen zu einer Alternativpartei werden ließ. In den dreißiger Jahren, dem Jahrzehnt des Wahlbetrugs, ließ Ortiz wählen, und die Leute gingen zur Wahl und wählten die Alternativpartei und keine andere. Zu Beginn der peronistischen Hegemonie stimmten die Leute nicht für andere Oppositionsparteien, sondern für die Alternativpartei. Und selbst unter den Militärregierungen forderte die Gesellschaft die Alternativpartei auf, Wahlen zu erzwingen oder doch zu beschleunigen. Sie riefen Balbín und sagten: Organisiere die 'Stunde des Volkes', organisiere die Vielparteienkoalition, organisiere den 'Stadtrat der Bürger', um den Militärregierungen Wahlen abzupressen. Heute gibt es keine Alternativpartei mehr, sondern nur ein paar Oppositionsparteien. Ich korrigiere also die Behauptung meines Freundes, des großen spanischen Professors Pedro de Vega y García, der sagt: Wo es eine Opposition gibt, herrscht Demokratie. Nein: eine Opposition genügt nicht. Wo es eine *Alternative* gibt, herrscht Demokratie.

Positives

Einige positive Punkte will ich auch nennen, damit niemand denkt, ich sei ein Schwarzseher. Positiv ist beispielsweise, daß jetzt in einer ganzen Reihe von Fällen qualifizierte Mehrheiten erforderlich sind – oft die absolute Mehrheit der Mitglieder des jeweiligen Organs. Das dient der Vermeidung allzu willkürlicher, vorübergehender, leichter Änderungen in der Gesetzgebung. Die Methode der qualifizierten Mehrheiten verleiht dem Inhalt der Gesetze eine gewisse Stabilität.

Das Amparo-Gesetz

Ein großer Fortschritt ist es, daß Art. 43, der das Amparo-Recht behandelt, jetzt ermöglicht, daß die Verfassungswidrigkeit von Gesetzen und Normen im Zuge von Amparo-Klagen festgestellt werden kann. Das vorherige Amparo-Gesetz – ein alter Erlaß der Regierung Onganía vom Dezember 1966 – hatte genau dies ausdrücklich ausgeschlossen. Trotzdem hatte der Oberste Gerichtshof in einer löblichen Auslegungsanstrengung anläßlich der Fälle Outón und Mate Larangeiras Méndez schon vor mehreren Jahrzehnten zugelassen, daß in Extremfällen im Zuge einer Amparo-Klage die Verfassungswidrigkeit von Normen erklärt werden könne. Jetzt steht es so in der Verfassung selbst, und damit haben die Bürger tatsächlich ein konkretes Instrument zur Verteidigung ihrer Rechte in Händen. Positiv ist auch das *habeas data*, solange es nicht benutzt wird, um die Pressefreiheit einzuschränken. Diese in Art. 43 vorgesehene Institution kann im Falle der Existenz von Datenbanken, die fälschlicherweise verleumderische oder für die Bürger nachteilige Angaben enthalten können, ein äußerst nützliches Instrument zur Verteidigung der persönlichen Identität von Bürgern und Einwohnern sein. Ich denke hier nicht nur an politische, sondern an Daten jeder Art: z. B. daß Soundso als jemand geführt wird, der einen betrügerischen Bankrott hinter sich hat, obwohl das gar nicht wahr ist, was in der Praxis seinem »Tod« als Bürger gleichkommt. Jetzt hat er in einem solchen Fall eine Handhabe, um die Richtigstellung zu erreichen. Und diese Norm hat unmittelbare Geltung. Positiv ist auch die Aufnahme dessen, was in der Verfassung Rechte kollektiver Bedeutung – Art. 43 – genannt wird und normalerweise diffuse Interessen heißt; allerdings muß diesbezüglich der Gesetzgeber tätig werden und die Einzelheiten regeln.

Die Sitzungsperiode

Positiv ist auch die Ausweitung der ordentlichen Sitzungen des Kongresses von März bis November. Allerdings ist hier auch eine wichtige Unterlassung zu verzeichnen: Man hat die Selbsteinberufung, eine alte Forderung des Verfassungsrechts, vergessen. Die Kammern treten automatisch am 1. März zusammen; aber die alte Forderung, daß sie ihre Sitzungen selbst verlängern oder selbst außerordentliche Sitzungen einberufen können sollten, wie es überall im zeitgenössischen demokratischen Verfassungsrecht existiert, wurde nicht aufgenommen. Das ist ein großer Verzicht der Opposition bzw. der Oppositionsparteien, die in der Konstituente diese Forderung einfach nicht gestellt haben. Es kann also passieren, daß sich ein Präsident im Fall eines schweren Notstands, der es eigentlich erforderlich machte, weigert, außerordentliche Sitzungen einberufen oder die ordentliche Sitzungsperiode zu verlängern. Dabei haben die meisten Verfassungsrechtler seit Sánchez Viamonte und Linares Quintana das Recht auf Selbsteinberufung gefordert.

Der Gesetzgebungsprozeß

Ein weiterer positiver Punkt ist die Klärung des Gesetzgebunsprozesses. Art. 8 verbessert und ergänzt den alten Art. 71 der Verfassung. Von nun an wird es sehr viel einfacher sein, eine Lösung zu finden, wenn es aufgrund von Meinungsverschiedenheiten zwischen den beiden Kammern zu einem Hinundher kommt. Zunächst einmal führt er zwei Dinge ein, die sehr positiv sind. Einerseits heißt es:

Keine Kammer kann einen Gesetzentwurf völlig verwerfen, der von ihr selbst eingebracht und anschließend von der anderen Kammer ergänzt oder korrigiert wurde. Das heißt, daß die initiierende Kammer ihren eigenen Entwurf nicht zurückziehen kann; sie kann die Änderungen der anderen Kammer annehmen oder ablehnen, aber sie kann nicht ihren eigenen Entwurf negieren. Außerdem kommt noch etwas anderes hinzu, das auch positiv ist: Die Ursprungskammer kann auch keine weiteren Zusätze oder Korrekturen anbringen. Bisher war die Praxis nämlich wie ein unendlicher Regreß: die eine Kammer brachte Korrekturen an, und anstatt die Änderungen zu analysieren, fügte die Ursprungskammer neue Zusätze hinzu; und so kam man mit den Eingriffen der beiden Kammern nie zu einem Ende, bis es nun durch die Verfassung ein für allemal abgeschlossen wurde.

Die Delegation der Zustimmung im einzelnen an die Ausschüsse

Ein weiterer positiver Aspekt ist, daß die Zustimmung zu den einzelnen Aspekten von Gesetzesentwürfen nun in den Ausschüssen stattfinden kann (Art. 79). So wird auch in anderen Teilen der Welt verfahren, und ich selbst hatte es als Abgeordneter vorgeschlagen, denn das hätte man auch ohne Änderung der Verfassung einführen können. Die Abstimmung über Gesetzentwürfe im allgemeinen und im einzelnen als zwei verschiedene Schritte ist keine Schöpfung der Verfassung oder der Gesetze, sondern der Geschäftsordnung der beiden Kammern, so daß es mit einer einfachen Änderung der Geschäftsordnung hätte erreicht werden können. Bislang hatte man es nicht getan, obwohl die Verfassung es zuließ. Voraussetzung dafür ist natürlich, daß die Ausschüsse proportional zur Stärke der in den Kammern vertretenen politischen Kräfte besetzt werden.

Die Generalstaatsanwaltschaft

Schließlich ist als positiv zu vermerken, daß die Generalstaatsanwaltschaft jetzt den Rang eines Verfassungsorgans hat (Art. 120). Allerdings muß man sagen, daß die Regelung enttäuschend ist. Zwar hat man dieses Organ jetzt unter der pompösen Überschrift »Vierter Teil« in die Verfassung aufgenommen; aber nachdem zunächst seine Autonomie erklärt wird, wird diese gleich wieder zurückgenommen mit der Bestimmung, daß es »in Abstimmung mit den anderen staatlichen Autoritäten« handelt. Das gefällt mir nicht so sehr. Anschließend heißt es dann, daß die Bundesstaatsanwaltschaft aus einem Generalstaatsanwalt *[procurador general de la Nación]* (den wir vorher auch schon hatten) und einem Generalverteidiger *[defensor general de la Nación]* (von dem niemand genau weiß, was das eigentlich ist) besteht. Sollte sich letzteres auf den *Procurador del Tesoro* beziehen, der das Staatsvermögen bzw. die Interessen des Fiskus zu schützen hat, dann sollte das nicht mit der Generalstaatsanwaltschaft vermischt werden; denn ersterer muß von der Exekutive abhängig sein, letzterer dagegen sollte dies gerade nicht sein.

Schlußbemerkungen

Abschließend möchte ich im heiteren Teil dieser Analyse auf einige Perlen hinweisen, die ich im neuen Verfassungstext gefunden habe und die ich sehr witzig finde. Sie sind die Folge fehlender Sorgfalt und Umsicht bei der Endredaktion der

Verfassung. Sicher gibt es noch mehr davon. In Art. 36 z. B. heißt es, es sei »ein Gesetz über öffentliche Moral in der Ausübung des Amtes« zu erlassen. Nein: es muß heißen »öffentliches Amt«. Es geht nicht um eine öffentliche Moral des Amtes, sondern um ein Gesetz über die Moral im öffentlichen Amt. Man hatte es wohl ein bißchen eilig, und da hat man eben das Amt mit der Moral verwechselt.

In Art. 54 heißt es, die Senatoren würden »direkt und gemeinsam gewählt«. Zwei Zeilen später wird jedoch gesagt, daß alle zwei Jahre ein Drittel von ihnen neu gewählt wird. Also können sie nicht gemeinsam gewählt werden, denn wenn sich alle zwei Jahre ein Drittel zur Wahl stellen muß, ist es eben nicht gemeinsam. Das ist scheinbar ein völliger Widerspruch, der durch die Bestimmung geklärt wird, daß die Neuwahlen provinzweise erfolgen. Es werden jetzt also nicht mehr die Senatoren, sondern die Provinzen ausgelost. In Art. 75, Abs. 23, wo es um Frauen, Kinder usw. geht, ist die Rede von »realer Chancengleichheit«. Das ist ein ganz neuer Begriff. Ich kannte bisher Gleichheit, formale Gleichheit, reale Gleichheit und Chancengleichheit. Aber reale Chancengleichheit ist ein neuer Begriff. Was also soll er bedeuten? Definiert wurde er nicht. Es ist sehr schwierig, reale Chancengleichheit durch ein Gesetz zu gewährleisten. Wie soll das geschehen? Das ist eine Aufgabe für Götter. Gesetzgeber sind jedoch glücklicherweise keine Götter.

In Art. 86 finden wir etwas seltsames. Es ist der Artikel über den Ombudsman. Er soll »die Menschenrechte und die anderen Rechte« schützen. Welche sind denn das? Gibt es Rechte, die nicht »Menschenrechte« sind? Sind das unmenschliche Rechte? Sind das Tierrechte? Ich weiß es nicht. Menschenrechte und andere Rechte also. Und anschließend heißt es, er soll »die Amtsführung der öffentlichen Verwaltung« kontrollieren. Ich wußte gar nicht, daß es auch private Verwaltungsämter gibt. Alle in der Verfassung erwähnten Verwaltungsämter sind öffentliche Ämter.

Auch in den Übergangsbestimmungen finden sich zwei Perlen. Die vierte Klausel besagt, daß künftig drei Senatoren zu wählen sind, und zwar »wenn möglich« zwei für die Mehrheit und einer für die Minderheit. Noch nie im Leben habe ich eine Norm gesehen, die sagt, daß etwas »wenn möglich« getan werden soll. Entweder etwas ist geboten, oder es ist nicht geboten; entweder es wird bestimmt, oder es wird nicht bestimmt. Hier aber haben wir weder einen Imperativ noch eine Erlaubnis, sondern einfach gar nichts: wenn möglich, wenn man will ... Alle, die sich Hoffnungen auf den dritten Senator machen, tun dies also »wenn möglich«.

Und was die Senatorensitze für die Stadt Buenos Aires betrifft, ist der Widerspruch geradezu grotesk. Ein Schritt vorwärts, dann einer zurück, dann wieder einer nach vorne. Im folgenden Jahr war ein Senator zu wählen. Ein Schritt vorwärts: er wurde vom Volk in direkter Wahl gewählt. Aber 1998, wenn ein anderer zu wählen sein wird, weil eine Amtszeit abläuft, ja dann, oh nein: der wird von der Legislative der Hauptstadt gewählt. Also ein Schritt zurück. Erst im Jahr 2001 wird dann wieder einer direkt vom Volk gewählt. Die Frage, die niemand bisher beantwortet hat, ist: Was spricht dagegen, daß auch 1998 der Senator für die Hauptstadt direkt vom Volk gewählt wird, da das Volk doch schon 1995 in der Lage war, den dritten Senator zu wählen? Was hat die politische Klasse damit bezweckt? Es ist daran zu erinnern, daß eine Verfassung, wie es bei den Deutschen treffend heißt, nicht nur eine Entscheidung, sondern auch situationsbedingt ist. Die Verfassungsgeber haben die Entscheidung getroffen. Jetzt aber müssen wir die Situation betrachten, denn die Verfassung muß in einem Kontext zur Anwendung kommen, den die Realität vorgibt. Verfassungsänderungen – wie auch Verfassungen selbst – ändern die Realität nicht. Das ist nicht meine Entdeckung, sondern wurde schon von Hermann Heller und von den großen Rechtslehrern gesagt, die darauf hingewiesen haben, daß die Verfassungsgebende Versammlung lediglich der Gesellschaft einen Plan, ein Angebot unterbreitet, und daß es die Gesellschaft mit ihrer Zustimmung oder Ablehnung ist, die den Verfassungsnormen zur Umsetzung verhelfen – oder auch nicht. Das letzte Wort hat die Gesellschaft, denn der große Verfassungsgeber ist das Volk. Und weil sie das Volk fürchteten, haben sie ihm nicht die Möglichkeit eingeräumt, darüber abzustimmen. Zu glauben, daß das, was in Santa Fe geschah, der Zauberstab des König Midas war, der alles, was er berührte, zu Gold verwandelt, zu glauben, daß jetzt, nur weil wir eine neue Verfassung haben, alles gut, besser und zuträglicher sein wird, ist ein schwerer Irrtum. Umweltschäden werden nicht aufhören, nur weil die Verfassung es sagt. Schlechte politische Praktiken werden nicht eingestellt werden, nur weil die Verfassung das System ändern wollte. Es ging darum, Gewohnheiten, Sitten und Gebräuche zu ändern, die vorher – nicht nur unter dieser, sondern auch unter anderen Regierungen – nicht geändert worden waren und mit deren Änderung man doch schon unter der alten Verfassung (die diese Änderungen zuließ) hätte beginnen sollen. Diese Gewohnheiten, Sitten und Gebräuche hingen von Gewohnheiten, Sitten und Gebräuchen von Regierungen und Regierten ab. Das schlechte Beispiel aber kommt wie immer von oben, also hätten die Regierenden diese Praktiken ändern müssen.

In einer seiner zahlreichen brillanten Bemerkungen sagte Ortega in der Verfassungsgebenden Versammlung von 1931: »Es geht nicht darum, Mißbräuche auszuschalten, sondern Gebräuche zu verändern.« Diese Verfassung wird vielleicht den einen oder anderen Mißbrauch ausschalten – vielleicht, denn das bleibt noch abzuwarten. Ich glaube aber nicht, daß sie dazu taugen wird, die Gebräuche zu verändern, die die argentinische Gesellschaft hinsichtlich ihrer politischen Gepflogenheiten unbedingt ändern müßte.

Ich denke, die Verfassungsreform entspricht nicht ihrem erklärten Zweck, unser präsidentialistisches System zu ändern. Wir leben unter einem Hyperpräsidentialismus. Das andere Extrem wäre ein parlamentaristisches System. Eine mittlere Position müßte ein gemäßigter oder Semi-Präsidentialismus sein. Ich denke jedoch, daß so, wie dieser Text formuliert ist, den wir hier kurz skizziert haben, die Wörter »Präsidentialismus« und »Parlamentarismus« nichts als Leerformeln sind, die gefüllt werden müßten.

Haben wir nun einen gemäßigten Präsidentialismus? Das bleibt abzuwarten. Kann der Kabinettschef die Macht des Präsidenten abschwächen? Der Wortlaut der Verfassung besagt, daß das nicht so ist; im Gegenteil: die Macht des Präsidenten ist eher verstärkt. Es gibt keine Auflösung der Kammern des Kongresses, die Konflikte vermeiden helfen könnte, wenn sich das System in eine gefährliche Lage manövriert. Es gibt auch kein »konstruktives Mißtrauensvotum« wie in Spanien oder Deutschland, wo die Opposition, wenn sie die Mehrheit hinter sich bringt und die Regierung stürzt, verpflichtet ist, sofort (im gleichen Akt und durch Konsens) einen Kandidaten zum Nachfolger zu machen. Hier kann es passieren, daß die Mehrheit einen Kabinettschef einmal absetzt. Aber was ist mit dem Nachfolger? Sie kann alle vom Präsidenten vorgeschlagenen ablehnen, wenn sie ihr nicht gefallen, wobei es keinerlei Mechanismus gibt, um eine solche Blockade zu durchbrechen. Wie soll ein Präsident regieren, der sich nach zwei Jahren einem neu gewählten Abgeordnetenhaus und Senat gegenüber sieht und der einen neuen Kabinettschef vorschlägt, der von den neuen Mehrheiten ein ums andere Mal abgelehnt wird? Soll er ihn stattdessen zum Minister ernennen, und einen anderen Minister zum Kabinettschef? Nützt das der Stabilität des Systems? Nein, das nützt der Stabilität des Systems nicht.

Ich denke wirklich, daß diese Verfassung – wie mein Lehrer Sánchez Viamonte mit Bezug auf die Verfassung von 1853 sagte – wie das Lächeln der Mona Lisa ist. Die Klauseln sind nämlich, wie er weiter sagte, so allgemein gehalten, daß sie jede denkbare Interpretation zulassen. Er kam daher auf die Figur der Mona Lisa, bei der man, wenn man sie genau betrachtet, nicht weiß, ob sie leidet oder sich wohl fühlt, und noch nicht einmal, ob sie ein Mann oder eine Frau ist. Ich finde, diese Verfassung ist wie das Gelächter der Mona Lisa. Damit meine ich, daß sie nicht nur jede denkbare Interpretation zuläßt, sondern auch jede Art von Verdrehungen und Entstellungen toleriert und herausfordert. Ab sofort ist es daher die große, entscheidende Aufgabe der politischen Klasse, der Gesetzgeber, der Regierenden und vor allem der Opposition – sofern sie eine solche bleiben will –, ihre ganze politische Kraft darauf zu lenken, die 26 Gesetze zu kontrollieren und sorgfältig zu prüfen, die zur Umsetzung der neuen Verfassung erlassen werden müssen.

Meines Erachtens sollte die Diskussion über den Pakt beendet werden. Es lohnt sich nicht, Tränen darüber zu vergießen, daß das Kind in den Brunnen gefallen ist. Und es ist sinnlos, weiter Anekdoten über die Defizite eines Paktes zu erzählen, der nicht zwischen zwei, sondern zwischen allen Parteien, nicht hinter verschlossenen Türen, sondern in voller Öffentlichkeit, und nicht als ein Pakt, sondern als eine umfassende konstitutionelle Verständigung der gesamten im Parlament vertretenen politischen Gesellschaft hätte geschlossen werden sollen. Dazu ist es jetzt zu spät. Nicht zu spät jedoch ist es, dafür zu sorgen, daß die Gesetze über den Justizrat, den Ombudsman, die Staatsanwaltschaft, die Notstands- und Dringlichkeitsverordnungen, das *Amparo*-Gesetz, die Gesetze über *habeas data* und *habeas corpus* und alle anderen wirklich ihren eigentlichen Sinn erfüllen und nicht nur eine Farce sind, die lediglich darüber hinwegtäuschen soll, daß das Ganze nur ein Vorwand war, um die Wiederwahl des Präsidenten zu ermöglichen.

María Luisa Bartolomei

Die Auswirkungen der Straflosigkeit in der politischen, sozialen und der Rechtskultur Argentiniens

1. Einführung: Die Straflosigkeit, ein lateinamerikanisches Phänomen

Die Straflosigkeit hat sich heute in eines der wesentlichen Probleme für die Achtung der Menschenrechte, die Legitimität des Rechtssystems und die Entstehung einer Kultur der Legalität in Lateinamerika verwandelt. Wenn die Menschenrechte straflos verletzt werden, reduziert sich das Recht auf hohle Worte und abstrakte Deklarationen. Wo immer die Ausübung der Macht sich in geringerem oder größerem Maße auf schweren Menschenrechtsverletzungen gründet und deren Täter nicht ermittelt, vor Gericht gestellt und bestraft werden, erscheint in aller Deutlichkeit die Problematik der Straflosigkeit.

Aufgrund ihrer eigenen Definition – *das Fehlen von Strafe für die Schuldigen an Verbrechen* – scheint die Straflosigkeit sich auf den strikt juristischen Bereich zu erstrecken. Wiewohl dieser Aspekt wichtig ist, beschränkt sich die Straflosigkeit nicht allein auf ein Rechtsproblem. Sie ist vor allem und hauptsächlich ein Phänomen, das die *Gesellschaft in ihrer Gesamtheit* berührt und hat als solches politische, wirtschaftliche, soziale, ethische und kulturelle Dimensionen. Das heißt, daß die Straflosigkeit sich in alle Bereiche der Gesellschaft einnistet: sie zerfrißt und korrumpiert das politische Leben, zerstört das soziale Gewebe und die Legitimität des Rechssystems, führt zu Terror und Verzweiflung unter den Völkern, schwächt die demokratische Beteiligung und das Vertrauen in die neuen Regierungen, führt Privilegien für einige Sektoren der Gesellschaft ein und etabliert das Gesetz des Schweigens als oberste Überlebensnorm. Die Straflosigkeit sichert schließlich die Reproduktion der Ungerechtigkeit in allen ihren Dimensionen und die Kontinuität des *status quo* (Bartolomei 1992, 171-72).

Der Kampf gegen die Straflosigkeit ist die Fahne, unter der sich seit mehreren Jahren die Vereinigungen der Opfer und die Menschenrechtsorganisationen in Lateinamerika versammeln. Zum Beispiel entwickelten Hunderte von sozialen Organisationen in der Region von 1988 bis 1991 fieberhafte Aktivitäten rund um die Sitzungen des Ständigen Tribunals der Völker über die Straflosigkeit von Verbrechen gegen die Menschlichkeit. Die letzte Sitzung fand im April 1991 in Bogotá, Kolumbien, nach der Anhörung von Anklagen in zwölf Ländern der Region statt (s. Proceso... 1991).

Ebensowenig ist die Straflosigkeit ein ausschließliches Phänomen der sogenannten »Regierungen der demokratischen Transition« in Lateinamerika (z. B. Argentinien, Brasilien, Bolivien, Chile, Uruguay, Paraguay, Honduras, Guatemala, El

Salvador). In Ländern, die keine diktatorialen Regime kennengelernt haben und sich als Rechtstaat preisen, erscheint die Straflosigkeit in subtilerer Form, sogar mit gewissen Formen der »Legalität« und »Legitimität« (z. B. Mexiko) (s. Human Rights...1994).

Die Straflosigkeit ist ohne Zweifel eine Schmähung der *kollektiven Erinnerung* und der geschichtlichen Wahrheit, durch die die Völker die Werte des Lebens und der menschlichen Würde hochhalten und das Verbrechen als Form der politischen Praxis stigmatisieren. Aber die Straflosikgeit ist nicht allein ein Problem der Vergangenheit; es ist auch ein Phänomen, das die Gegenwart und vor allem die Zukunft berührt. Die Straflosigkeit ist die Kaution, die gegeben wird, damit sich die Menschenrechtsverletzungen erneut wiederholen (s. Aguiar 1993).

Außerdem beschränkt sich nach der mehrheitlichen Meinung der Mitglieder der Menschenrechtsorganisationen in Lateinamerika das Problem der Straflosigkeit nicht allein auf die Verletzung der *zivilen und politischen Rechte*. Ohne Zweifel stellen die Verbrechen gegen die Menschlichkeit und die schweren Verletzungen der Menschenrechte den dramatischsten Höhepunkt der Straflosigkeit dar. Jedoch stellt die Straflosigkeit der massiven und systematischen Verletzungen der *wirtschaftlichen, sozialen und kulturellen Rechte* der lateinamerikanischen Völker gleichfalls ein gravierendes Problem dar, das in der Mehrheit der Länder einer besonderen Aufmerksamkeit bedarf (z. B. Brasilien, Bolivien, Ecuador, Guatemala, Honduras, El Salvador, Nicaragua, Paraguay, Mexiko usw.).

Zu den gebräuchlichsten *Mechanismen der Straflosigkeit* zur Begünstigung der Verbrechen gegen die Menschlichkeit in Lateinamerika zählen:

a. Die Existenz von Streitkräften und Sicherheitsorganismen mit weitgehenden Befugnissen und ohne jede politische, administrative oder juristische Kontrolle. Dies erlaubt, daß ihr repressives Handeln weder in Frage gestellt wird noch hinterfragbar ist. Beispiele sind die Zonen des Ausnahmezustands [»zonas de emergencia«] mit ihren jeweiligen politisch-militärischen Kommandos in Peru; die Militärbefehlshaber, Militärgouverneure und –bürgermeister in Kolumbien; die institutionalisierte Präsenz der militärischen Macht im heutigen Chile (s. Umaña Mendoza 1993, 13).

b. In der großen Mehrheit der Streitkräfte des Kontinents hängt die militärische Laufbahn zu einem Gutteil vom »Curriculum« und der Effizienz ihrer Angehörigen im Bereich der Verbrechen gegen die Menschlichkeit ab. Zum Beispiel werden Offiziere und Unteroffiziere, die an repressiven Handlungen wie Folter, gewaltsames und unfreiwilliges Verschwindenlassen von Personen und Mord teilnehmen, mit Pfründen belohnt, man pflegt sie zu befördern, auf bessere Posten zu versetzn oder in diplomatischen Funktionen ins Ausland zu entsenden.

c. Die Verabschiedung von *Amnestie- und Begnadigungsgesetzen* für die Kriminellen, die der Verbrechen gegen die Menschlichkeit schuldig sind, stellte in vielen Ländern eine der wichtigsten Strukturen der Straflosigkeit dar. Z. B. in Brasilien das Gesetz Nr. 6.683 von August 1979; in Guatemala das Dekret 32 von Juni 1988; in Honduras das Gesetz einer allgemeinen und bedingungslosen Amnestie von November 1987 [Ley de Amnistía Amplia e Incondicional]; in Uruguay das Gesetz 15.848 von Dezember 1986; in Argentinien die Gesetze 23.492 von Dezember 1986 und 23.521 von Juni 1987 und die Begnadigungsdekrete. Einer der jüngsten

Fälle von Straflosigkeit in Lateinamerika erleben wir im Falle von Peru mit der Verabschiedung des Amnestiegesetzes Nr. 26.492 von Juni 1995, welches zahlreiche und schwere Verbrechen gegen die Menschenrechte, die in den letzten fünfzehn Jahren von Angehörigen der Sicherheitskräfte oder ihnen zugeordneter Elemente verübt wurden, Straflosigeit gewährt (s. Bartolomei 1997, 16-18).

d. Die Existenz von *parainstitutionellen Repressionsstrukturen*, die von den Streitkräften und den Polizeiorganismen der Region geschaffen wurden und unter deren Leitung stehen und die mit der Unterstützung, der Komplizität und der Toleranz der zivilen Behörden zählen. Dies erlaubt ein viel heftigeres und zerstörerischeres Ausmaß der Repression, ohne die politische Verantwortung der Regierungen zu kompromittieren. Z. B. sind El Salvador, Guatemala, Honduras, Venezuela, Peru, Ecuador, Kolumbien und Brasilien Szenarien dieser Art von Praktiken (id., S. 14).

2. Straflosigkeit und Unabhängigkeit der Justizgewalt

Die in Argentinien zur Durchsetzung der Straflosigkeit verwandten juristisch-politischen Instrumente können entsprechend ihrer geschichtlichen Abfolge auf drei Perioden vergeteilt werden: 1. Die Periode der Diktatur (1976-1983); 2. Erste verfassungsmäßige Periode nach der Diktatur (1983-1989); 3. Zweite verfassungsmäßige Periode nach der Diktatur (1989 bis zur Gegenwart) (s. Bartolomei 1994a; Kordon et al. 1995, 217-230).

1. Im Hinblick auf die *Periode der Diktatur* 1976-1983 können wir zusammenfassen, daß während dieses Abschnitts sich ein wahrhaftes Terrorregime entwickelte, das als »Staatsterrorismus« charakterisiert wird. Gewaltsames Verschwindenlassen von Personen, illegale Festnahmen oder Inhaftierungen »zur Verfügung der Nationalen Exekutivgewalt«, systematische Folter der Gefangenen, summarische Erschießungen (»Fluchtgesetz« – Ley de fugas), der Raub der Kinder der Verschwundenen, die Plünderung ihres Eigentums und das Exil waren Teil der repressiven Eigenart des terroristischen Staates. Dies alles wird begleitet und unterstützt durch Transformationen in der ökonomischen Struktur und im Staatsapparat. Auf diese Weise wurden die Produktivstruktur, das juristisch-legale System, die Bereiche Gesundheit und Erziehung usw. verändert. Die Menschenrechtsorganisationen schätzen, daß die Anzahl der Verschwundenen zwischen 1976-1983 ungefähr 30.000 Personen beträgt.

Der Rechtsbehelf, auf den die Militärdiktatur sich berief, ist als die »Selbstamnestie« bekannt geworden. Es handelt sich um ein von der Militärregierung selbst erlassenes Dekret, daß die Revision der Geschehnisse dieser Jahre verhinderte (für eine bessere Information s. Bartolomei 1994a, 27-53).

2. *Die erste verfassungsmäßige Periode nach der Diktatur (1983-1989)* ist gekennzeichnet durch die Nachfrage und die Forderungen nach Gerechtigkeit von seiten der Familienangehörigen der Opfer, der Menschenrechtsorganisationen, politischen Parteien und der Bevölkerung im allgemeinen. Aus diesem Grund hatte die Justiz damals einen Platz des »sozialen Ideals« inne, der weitgehenden Konsens genoß. Die Menschenrechtsbewegung spielte eine wichtige Rolle bei zwei Maßnahmen, die die Regierung Alfonsín erließ: a) die Initiative zur Durchführung des

Gerichtsverfahrens gegen die verantwortlichen Junta-Mitglieder der Militärdiktatur; und b) die Bildung der Nationalen Kommission über das Verschwinden von Personen (Comisión Nacional Sobre Desaparición de Personas – CONADEP) (ibid., 281-292).

Das Gerichtsverfahren gegen die ex-Mitglieder der Militärjuntas begann seine öffentlichen Sitzungen im April 1985 und endete am 9. Dezember des gleichen Jahres mit einem einstimmig erfolgten Urteil, in dem General Jorge Rafael Videla und Admiral Emilio Massera zu lebenslänglicher Haft, General Roberto Viola zu 17 Jahren, Admiral Lambruschini zu 8 Jahren und Brigadier Agosti zu 3 Jahren und 9 Monaten Haft verurteilt wurden. Der Prozeß weckte enorme Erwartungen nach Gerechtigkeit in der Bevölkerung. Jedoch entsprachen die Strafen dem Verbrechen des Genozids nicht, über das zu urteilen war.

Im Dezember 1986 führte Alfonsín das »Schlußpunkt«-Gesetz – Nr. 23.492 [Ley de »Punto Final«] – ein, dessen Ziel es war, die Gerichtsverfahren gegen Militärs zu beenden, indem es eine Frist von maximal 60 Tagen setzte, innerhalb der Anklagen mit neuen Beschuldigungen zu erheben waren. Dieses Gesetz zur Beendigung der strafrechtlichen Ahndung hatte zum Ziel, die Untersuchungen über die Menschenrechtsverletzungen zu begrenzen, um so die Zahl der Beschuldigten auf das mögliche Minimum zu beschränken. Nach einer Revolte unzufriedener Offiziere niederer Ränge im April 1987 verkündete Alfonsín das Gesetz der »Gehorsamspflicht« – Gesetz Nr. 23521 [Ley de la »Obediencia Debida«] –, das alle diejenigen, deren Rang unter dem eines Obersten lag, von den gegen Zivilisten begangenen Verbrechen freisprach, da sie Befehle ausführten,die sie als »legale Befehle« verstanden (s. Bartolomei 1994a, 292-295).

Die Gesetze des Schlußpunkts und der Gehorsamspflicht exkulpierten rund Eintausend Repressoren. Die Tatsache, daß diese Straflosigkeit das Ergebnis von Gesetzen ist, die vom Kongreß der Nation in der Amtszeit einer verfassungsmäßigen Regierung verabschiedet wurden, gibt ihr eine besondere Bedeutung. Diese Straflosigkeit ist das Ergebnis von Gesetzen, hat »Gesetzeskraft«. Hier läßt sich jedoch über die Begriffe des »Legalen« und des »Legitimen« diskutieren.

3. *Die zweite verfassungsmäßige Periode nach der Diktatur (1989 bis zur Gegenwart).* Mit der Wahl von Carlos Menem hat sich dieser Prozeß des Arrangements und der Kapitulation den Streitkräften gegenüber beschleunigt. Am 8. Oktober 1989 begnadigt Menem mehr als 277 Offiziere und Soldaten, von denen die Mehrzahl der Menschenrechtsverletzungen während des sogenannten »schmutzigen Krieges« schuldig war. Unter den Begünstigten befanden sich Militärs, die wegen Menschenrechtsverletzungen kompromittiert waren, andere, die wegen ihrer Beteiligung am Malvinaskrieg verurteilt waren, Militärs, die wegen ihrer Beteiligung an militärischen Aufständen während der Amtszeit der radikalen Regierung verurteilt waren, sowie Zivilisten, die aufgrund von Guerrilla-Aktivitäten einsaßen. Von dieser ersten Begnadigung waren ausgenommen die ex-Kommandanten Videla, Viola, Massera und Lambruschini; die Generäle Camps, Richiere und Suárez Mason, wie auch der Anführer der Montoneros, Mario Firmenich.

Obwohl die Meinungsumfragen ergaben, daß 68 % der Bevölkerung die Maßnahme ablehnten, gelang es den Bemühungen der Opposition nicht, die Regierung zu einer Revision ihrer Entscheidung zu bewegen. Am 30. Dezember 1990 wurde die zweite Begnadigung bekanntgegeben, die sich auf die Mitglieder der zwei ersten Militärjuntas und auf die Generäle Camps, Suárez Mason und Richiere erstreckte, sowie auf Mario Firmenich und andere Zivilisten (cf. Bartolomei 1994a, 296-297).

Mit den präsidentiellen Begnadigungen wurde der Zyklus der Straflosigkeit vervollständigt. Die Verantwortlichen der drei ersten Militärjuntas und alle höheren Offiziere, die die Repression der Diktatur angeführt hatten, erlangten ihre Freiheit. Die Begnadigungen wurden vorgestellt als Bedingung für die Möglichkeit einer »Versöhnung«. Eine Versöhnung, die ihrerseits nötig sei für eine Befriedung. Aber diese »Befriedung« wäre nicht gegeben durch die Justiz, die Verbrechen feststellt, Verantwortlichkeiten zuweist und Strafen verhängt, sondern vermittels der Versöhnung, die in der Praxis die Straflosigkeit der Repressoren bedeutet (cf. Kordon et al. 1995, 226-227).

Es ist wichtig darauf hinzuweisen, wie die Straflosigkeit sich ausgedehnt hat, insbesondere auf den Bereich der Wirtschaftsstraftaten. Sämtliche *Wirtschaftsdelikte*, die von den Machthabern begangen wurden, selbst diejenigen aus der Zeit der Diktatur, sogar wenn sie das Nationalvermögen beeinträchtigten, blieben straflos. Man hat außerdem die *Verallgemeinerung der Korruption* im öffentlichen Bereich begünstigt. Mehr noch, man hat die soziale Repräsentation geschaffen, die durch die Wirklichkeit bestätigt wird, daß die *Macht Straflosigkeit gewährt* (ibid., S. 228).

3. Psychosoziale Konsequenzen der Straflosigkeit

Die Problematik der Straflosigkeit, die mit der politischen Repression der Diktatur in Argentinien koexistierte, ist später durch diverse legale Instrumente von den darauffolgenden verfassungsmäßigen Regierungen bestätigt worden, wie bereits ausgeführt wurde. Auf diese Weise erstreckt sie sich heute auf die veschiedensten Machtbereiche und hat sich in eines der großen Themen der gesamten argentinischen Gesellschaft verwandelt, die zur Diskussion anstehen.

Die Verletzung der Menschenrechte während des Staatsterrorismus und die nachfolgende Straflosigkeit haben tiefgreifende Langzeitwirkungen zur Folge, die weit über den Kreis der direkt von der politischen Repression Betroffenen und über die mit den politischen Rechten zusammenhängenden Fragen hinausgehen. Sie haben das soziale Ganze in einem solchen Ausmaß beeinträchtigt, daß Kriterien, Normen, Gesetze, Leitsätze, die den gegenwärtigen sozialen Prozeß synthetisieren und die das Verhältnis zwischen dem Subjekt und der Gesellschaft regeln, in Frage gestellt sind.

René Kaes erklärt, wie der in sozialen Katastrophen erlebte Traumatismus das Vertrauen zerstört und wie sich die Opfer als Folge davon von einer Geschichte entfremden, die sie sich nicht zu eigen machen können: »Die grundlegende Arbeit besteht darin, das Schweigen der nicht darstellbaren Erfahrung und die Wiederholung, die ohne Unterlaß die Last des traumatischen Ereignisses, das Wiedererinnern und die Zustimmung zum Schweigen wiederherstellt, zu ersetzen: weil das katastrophische Drama ohne Aussage bleibt. Nur dann können das äußere Erinnern, das kollektive Gedächtnis, die Geschichte, die immer auf der Suche nach ihrem Sinn ist, jenseits der Wiederholung und des Schweigens des Todes, gegen das Wiedererscheinen des Grauens schützen und einige Hilfen geben, um mit geliehenen Worten etwas von seiner Wahrheit zu erzählen« (Kaes 1995, 19).

»Daher impliziert die Straflosigkeit das Scheitern des Prozesses der Gerechtigkeit und der geschichtlichen Aufarbeitung. D.h., die Straflosigkeit besteht aus der Zurückweisung des Gerichtsverfahrens, des Prozesses der Gerechtigkeits- und Wahrheitsfindung, aber außerdem des »Prozesses zur Wiederherstellung des Sinns«. In dieser Hinsicht führt Kaes aus, daß »es keine Institution, keine Gesellschaft ohne Gedächtnis, ohne geschichtliche Aufarbeitung gibt. Die Negation des Gedächtnisses und der Geschichtlichkeit schafft die Gesellschaften, die die kriminellen Utopien stützen« (S. 19).

So beobachtet man, wie in der argentinischen Erfahrung die nicht erfolgte Ahndung des Verbrechens, die sich in der Straflosigkeit kristallisiert, verhindert, daß die Justiz und das Gesetz ihre Aufgaben der symbolischen Reparation, der Normativität und der sozialen Kohäsion erfüllen. Solchermaßen haben sich Gewohnheiten, Definitionen dessen, was erlaubt und was verboten, was gesetzlich und ungesetzlich ist, modifiziert, denen, so sollte man annehmen, die Mitglieder der Gemeinschaft in universeller Weise verpflichtet sind (s. Edelman/Kordon 1995, 27-41).

Auf der Basis ihrer Studien auf diesem Gebiet erklären Lucila Edelman und Diana Kordon die psychosozialen Konsequenzen der Straflosigkeit für das Land. Sie werden im folgenden zusammengefaßt (S. 32-38).

1. Das *Fortbestehen von Angst-, Hilflosigkeits- und Unsicherheitsgefühlen* in der Bevölkerung, sowie von *Verfolgungserlebnissen* in breiten sozialen Gruppen, die in bestimmten Situationen erneut hochkommen.

2. *Die Straflosigkeit als Modell. Beeinträchtigung der sozialen Ideale.* Die politische Repression und die Straflosigkeit haben Modelle und soziale Ideale angeboten, die einen Typus der Gewalt legitimieren, die die omnipotenten Funktionsweisen der Psyche verstärkt. Die kollektiven Ideale werden aus dem gesellschaftlichen Kontext als Identifikationsmatrix angeboten und die Mitglieder einer Gemeinschaft übernehmen sie als ihre eigenen und sichern sich durch sie ihr Gefühl der sozialen Zugehörigkeit.

3. *Anwachsen aggresiver Verhaltensweisen in der sozialen Sphäre* in einem Ausmaß und einer Häufigkeit, die Vorläufer in früheren Zeiten Argentiniens übersteigt. Die Autorinnen geben einige Beispiele, wie die Existenz zahleicher »patotas« , das sind Gruppen oder Banden, die sich aus Jugendlichen und Adoleszenten zusammensetzen und die Gewalthandlungen um der bloßen Ausübung der Gewalt willen begehen. Angriffe auf hilflose Personen oder Paare, Überfälle, Prügeleien auf der Straße, Menschen auf die Schienen werfen um kleine Diebstähle zu begehen usw.

4. *Selbst-«Justiz«.* Edelman und Kordon erklären, wie die Straflosigkeit zu tun hat mit dem Verlust des Vertrauens in den Staat und in seine Fähigkeit, Gerechtigkeit widerfahren zu lassen, sowie in die Gewißheit, daß der Staat diese seine Aufgabe auch wahrnehmen wird. Das heißt, die Straflosigkeit erscheint als eines der Elemente, die den Verzicht des Individuums auf Verteidigung und Gewaltanwendung zugunsten des Staates, der die Ausübung dieser Delegation garantiert, in Frage stellen.

5. *Verherrlichung von Gestalten der Repression.* Die Tatsache, daß der Staat seine Funktion als sozialer Garant nicht wahrnimmt, führt – wie die Autorinnen feststellen – dazu, daß das Ansehen von Figuren wie der des »Kommissars Ferreyra oder des Subkommissars Patti« (bekannten Folterern) steigt, die an die Stelle des Ideals treten, das die Schutzerwartungen verkörpert, und zwar »durch die soziale Repräsentation eines willkürlichen, unumschränkten Vaters«, der aber das »Gemeinwohl« und die »Gerechtigkeit« wünscht.

6. *Der Vorschlag, die Todesstrafe einzuführen.* Die Gefühle der Hilflosigkeit und der persönlichen Unsicherheit, die aufgrund dieser Situation zunehmen, werden periodisch von der Regierung manipuliert, um die Einführung der Todesstrafe vorzuschlagen. Die Autorinnen merken an, daß das Kuriose an diesem Vorschlag ist, daß er von jenem stammt, der die Hauptverantwortlichen für die in massiver Weise begangenen grausamsten Quälereien und Morde in der Geschichte des Landes begnadigte. Dadurch wird die Konfusion über »das Erlaubte und das Verbotene« im Bereich des Mordes noch gesteigert.

7. *Reaktivierung und Wiederherstellung repressiver Modelle im Bereich der Gesundheitsinstitutionen.* Hier wird als Beispiel die »Colonia Montes de Oca« erwähnt, ein Asyl, das einem Konzentrationslager ähnelt und das Tausende von seelisch Kranken zur Marginalisierung verurteilt. Unter anderem wird von Organhandel und von ungeklärten Todesfällen von Internierten gesprochen.

Zusammenfassend wird die Rolle der symbolischen Wiedergutmachung durch die Justiz deutlich, die eine doppelte Funktion innehat: *psychisch und sozial.* Vom *psychischen* Gesichtspunkt aus verlangt man, daß jemand für sein Verbrechen bezahlt, daß dieses in eine soziale und kulturelle Ordnung eingefügt ist, wo Folter und Mord nicht legitimiert sind, wo der persönliche Racheimpuls durch ein soziales Verbot sublimiert wird, das festlegt, daß es ein Verbrechen und einen Verantwortlichen gab, der im Verhältnis zu seiner Schuld zu bestrafen ist. Vom *sozialen* Standpunkt aus kommt hinzu die Forderung, Übergriffe zu bremsen, daß es keine neuen Opfer gebe, daß zum Beispiel die Diskriminierung und Unsicherheit in den ärmeren Wohnvierteln aufhöre, insbesondere gegenüber der Jugend (s. Kersner et al. 1955, 63-70).

Es wird daher bekräftigt, daß die Forderung nach Gerechtigkeit, welche die Existenz der symbolischen Ordnung garantiert, und mehr noch, die Einbeziehung der Forderung nach Gerechtigkeit in die soziale Bewegung insgesamt, einen inneren Aspekt der Subjetivität bei der Überwindung des erlebten Traumas darstellen.

4. Straflosigkeit und Korruption

Einige Autoren stellen fest, daß die Straflosigkeit »die Straflosigkeit unterstützt hat«, d.h., daß diese die materielle Bedingung ist, auf der sich die soziale Repräsentation ihrer Unvermeidbarkeit aufbaut, und daß man keine berufliche Praxis entwickeln kann ohne diese illegitime Realität, die umzustoßen unmöglich ist, zu akzeptieren oder sich ihr zu unterwerfen (Lagos / Kordon 1995, 86).

So sieht man heute in Argentinien, daß die Folgen, die die Straflosigkeit zeigt, sich nicht auf den Bereich der während der Diktatur verübten Verbrechen beschränken, sondern auch auf das Thema der Korruption der Funktionäre, die sich vollständiger Straflosigkeit erfreuen, beziehen. Dies führt zu einer großen Glaubwürdigkeitskrise der Politik und der Institutionen.

In Lateinamerika sind offene Korruptionsfälle wie die der Regierung des ex-Präsidenten Salinas de Gortari in Mexiko, des Präsidenten Menem in Argentinien, des ex-Präsidenten Collor de Mello in Brasilien, der Regierung Fujimoris in Peru oder in Venezuela während der Regierungszeit des ex-Präsidenten Carlos Andrés Pérez klare Beispiele für die Verbreitung dieser Problematik auf dem ganzen Kontinent (cf. Moreno Ocampo 1993, 123-26).

Einige der Konsequenzen der Korruption in Argentinien, die aufzuzählen gemäß des Experten Luis Moreno Ocampo möglich ist, sind die folgenden:
- das politische System verliert an politischer Legitimation;
- die ohnehin knappen Mittel werden schlecht eingesetzt;
- die ökonomischen Anreize werden deformiert, die besten Geschäfte hängen ab von der Fähigkeit, auf die Verantwortlichen für die Entscheidungen über Ausschreibungen oder Zahlungen Einfluß zu nehmen (z. B.: die Privatisierung von Aerolíneas Argentinas durch die Regierung Menem);
- man zerstört die Professionalisierung, da das Bestechungsinteresse professionelle Kriterien ersetzt;
- die Ehrlichen werden ins Abseits gedrängt und entmutigt. Wenn sich ein System mit solchen Merkmalen installiert, verwandelt sich Ehrlichkeit in ein heroisches Verhalten;
- Planung wird verhindert, da die Daten falsch sind;
- es gibt keine Vorhersehbarkeit dessen, was geschehen wird;
- es ist unmöglich, die Korruption zu eliminieren, indem man gelegentlich einen Verantwortlichen in das Gefängnis wirft, denn wenn nicht die ganze Organisation und die Faktoren, die sie möglich machten, zerstört werden, reorganisiert sie sich (S. 123).

Eines der wichtigsten Probleme der Verallgemeinerung der Korruption ist, daß sie Resignation hervorruft. Die Gesellschaft akzeptiert, daß die Korruption eine übliche Verhaltensform der Leute in Führungspositionen ist. Die Wiederholung von Korruptionsepisoden, ihre *Straflosigkeit*, die offene Zurschaustellung von Macht und Reichtum dubioser Herkunft annullieren die Reaktionsfähigkeit der Bevölkerung.

Im Hinblick auf die wirksamsten Möglichkeiten, das Problem der Korruption zu lösen, existiert – nach Moreno Ocampo – gelegentlich die Vorstellung, daß die *Strafjustiz* die einzige ist, die für das Thema und die Bestrafung der Korruption zuständig ist. Auf diese Wiese leugnen wir jedoch – seinen einschlägigen Untersuchungen zufolge – den *institutionalisierten Charakter* der Korruption in den Ländern Lateinamerikas. Die Delegierung des Problems an die Justiz erlaubt es andererseits den Politikern, sich ihrer eigenen Verantwortung bei der Auswahl und der Überwachung der Beamten bei der Führung der Staatsgeschäfte gelegentlich zu entziehen.

Moreno Ocampo erklärt, wie aufgrund von politischen Gründen in einer Gesellschaft, die in einer Tradition hegemonischer und autoritärer Macht steht und eine bis in die höchsten Ebenen generalisierte Korruption aufweist, eine unparteiische und wirksame Justiz nicht existieren kann. Die politischen Regime in Lateinamerika – und der konkrete Fall Argentiniens –, die von Illegalitäten und Privilegien verseucht sind, lassen ein System offener und wirksamer Justiz nicht zu, das alle diese Fälle von Korruption bestrafen könnte. Die Anwendung des Justizwerkzeugs gegen die anderen Staatsorgane setzt eine Reihe von Bedingungen voraus, die üblicherweise in diesen Ländern nicht gegeben sind. Es bedarf der Unterstützung durch die Gesellschaft, der Unabhängigkeit bei der Auswahl der Richter und bei der Verwendung der Ressourcen sowie Transparenz in der Amtsführung. Eines der häufigsten Kriterien bei der Richterwahl in diesen Ländern ist ihre Affinität mit den Vorstellungen der herrschenden politischen Gruppe (cf. S. 199-200; cf. auch Verbitsky 1993; Nino 1992).

Neben diesem politischen Grundproblem einer Justiz im Dienste der Amtsgewalt erwähnt Moreno Ocampo weitere Gründe *technischer Art*, die ebenfalls zur Unwirksamkeit der Justiz beitragen:
– die Generalisierung des Korruptionsphänomens macht es unbehandelbar für die Arbeit der Justiz.
– die Beweisanforderungen verhindern, daß die Mehrzahl der Bestechungen, die angeboten oder bezahlt werden, in einem Gerichtsverfahren nachgewiesen werden können.
– das Zeitproblem: die Strafsanktion kommt per Definitionem spät; sie wird angewandt, wenn der Betrug vollendet wurde und es kann Jahre dauern, bis sie verwirklicht wird.

Deshalb hält der Autor den Impakt für absurd, den eine hochwirksame Justiz in einer Gesellschaft mit generalisierter Korruption bewirken würde. Wieviele Gefängnisse würde man zur Unterbringung der Schuldigen benötigen, wer wären die Richter und welchen Sinn hätte eine wirksame Justiz in diesem Kontext? Der Autor schließt mit der Feststellung, daß eine wirksame Justiz einer *wirksamen Prävention* bedarf, die das Problem reduziert. Wenn sich der Prozentsatz der Gesellschaft, die in Korruptionsfälle verstrickt sein könnte, von 50 auf 5 % reduziert, wird es die Justiz sein, die für die Bekämpfung des Problems verantwortlich ist (S. 201; cf. auch *Clarín*, 10.3.1997; *Página 12*, 31.3.1997).

Unter den allgemeinen Lösungen, die Moreno Ocampo vorschlägt, können die folgenden aufgezählt werden:
– Eine vernünftige Auswahl der Staatsbeamten, insbesondere derer, die Entscheidungsbefugnisse haben oder für Mittelverwaltung zuständig sind.
– Ein Qualitätsmanagement, das Verfahren einbezieht, die den vorhandenen Mitteln angemessen sind, ein Lohnniveau, welches die Mindestbedürfnisse der Personen mit Entscheidungsbefugnis befriedigt und es erlaubt, ein Arbeitsteam zu motiveren.
– Unterschiedliche Arten unabhängiger Kontrollen: ein wirksames und unabhängiges Kontrollsystem.
– Transparenz in der Verwaltung: d.h. Veröffentlichung der staatlichen Ausgaben und der Handlungen der Regierung.
– Ein großes Interesse seitens der Regierung und der Zivilbevölkerung an der Ausmerzung dieser Problematik (S. 254-55).

5. Wie läßt sich der Weg zur Straflosigkeit rückgängig machen?

Den Aussagen des Ex-Kapitäns Adolfo Francisco Scilingo im Jahre 1995 folgte eine Reihe von Erklärungen des an Verbrechen gegen die Menschlichkeit beteiligten Personals und der institutionellen Vertreter der Streitkräfte und der Polizeikräfte in Argentinien. In seiner Aussage beschreibt Scilingo wie jene Einsätze zur Vernichtung der Gefangenen durchgeführt wurden (»Der Flug« im Jargon der Escuela de Mecánica de la Armada), wer an ihnen teilnahm, wie häufig sie stattfanden und über welchen Zeitraum sie sich erstreckten. Das Geständnis Scilingos ist das erste Eingeständnis eines Offiziers der Escuela de la Mecánica de la Armada über die abscheulichen Geschehnisse, die sich zwischen 1976 und 1983 ereigneten, und die in systematischer Form von allen Mitgliedern der Militärjuntas vor, während und nach den Prozessen geleugnet worden waren, wie auch von einem Gutteil der argentinischen Gesellschaft (s. Verbitsky 1995).

Diese Erklärungen wurden von Menschenrechtsorganisationen als »neue Tatsachen« geltend gemacht, um die Wiedereröffnung und/oder Fortführung der bei der Strafjustiz anhängigen Fälle zu beantragen, mit dem Ziel, daß die Untersuchung den Angehörigen der Opfer die notwendigen Angaben zur Identifizierung der Schuldigen liefert und die Umstände und die Art und Weise des Verschwindens aufklärt. Diese Untersuchung gründet sich gemäß den Menschenrechtsorganisationen auf dem Recht auf eine »wirksame Justiz«, für die der Staat zu sorgen hat, und besonders auf das »Recht der Hinterbliebenen auf Trauer und auf den Körper« des Opfers (cf. La impunidad 1996; Verbitsky 1995, 24).

Die Menschenrechtsorganisationen weisen im gleichen Bericht (Informe de las ONGs argentinas al Parlamento Europeo con motivo de la Audiencia Pública a realizarse el 30/31 de octubre de 1996) auf die mangelnde Unabhängigkeit der Staatsgewalten hin, obwohl die Verfassung Argentiniens sie eindeutig festlegt. Sie erwähnen als ein Beispiel den Vorschlag der Exekutivgewalt und seine Durchsetzung am 5. April 1990, die Zahl der Richter am Obersten Gerichtshof von fünf auf neun zu erhöhen, was zu einer Mehrheit der Richter führte, die der politischen Linie des Staatschefs folgten (cf. auch Verbitsky 1993, 85-101).

Diesen Organisationen zufolge ist die Exekutivgewalt am ablehnendsten und leistet die größten Widerstände gegen die Rückgängigmachung der Folgen der Straflosigkeit. Der Exekutivgewalt obliegt es, den anderen Staatsgewalten die ihr zur Verfügung stehende Information zu geben, und wenn diese zerstört ist, muß sie ihre Wiederherstellung versuchen. Es ist außerdem die Aufgabe der von der Exekutivgewalt abhängigen Strukturen und Institutionen, die Amtsenthebung und Entfernung aus den Streitkräften von Personen, die an Verletzungen der Menschenrechte beteiligt waren, durchzuführen. Es ist unerläßlich, aus den Streit- und den Sicherheitskräften jene Mitglieder zu entfernen, gegen die ausreichende Beweise für ihre Verantwortung bei der Begehung der erwähnten Straftaten vorliegen. Dies würde dazu beitragen, das Vertrauen in die demokratischen Einrichtungen zu stärken.

Das Menschenrechtskomitee der Vereinten Nationen empfiehlt anläßlich des ihm von der Argentinischen Regierung übergebenen Berichts über die Einhaltung des Abkommens über die bürgerlichen und politischen Rechte [Pacto de Derechos Civiles y Políticos. CCPR/C179/ Add. 46, 5. April 1995] dem Argentinischen Staat:

– Daß die notwendigen Vorsichtsmaßnahmen im Gebrauch allgemeiner Amnesti-
 en und Begnadigungen getroffen werden, um nicht ein Klima der Straflosigkeit
 zu fördern.

– Daß geeignete Verfahren gegen jene Mitglieder der Streitkräfte oder der Sicherheitskräfte eingeführt werden, bei denen ausreichende Beweise für ihre Mitwir-
 kung bei der massiven Verletzung der Menschenrechte in der Vergangenheit
 vorhanden sind, mit dem Ziel, sie aus ihren Ämtern zu entfernen.

– [Das Komitee] bittet den Argentinischen Staat, die Untersuchungen über das
 Schicksal der verschwundenen Personen fortzuführen, baldmöglichst die Untersuchungen über die Anzeigen zur illegalen Adoption von Kindern von Verschwundenen abzuschließen und die entsprechenden Maßnahmen zu ergreifen.

– Sie bittet den Argentinischen Staat, die kürzlich erfolgten Enthüllungen über
 Morde und andere Straftaten, die von den Militärs während der Zeit der Militär-
 regierung verübt wurden, gründlich zu untersuchen und auf der Grundlage der
 Ergebnisse zu handeln.

– Sie wiederholt ihre Besorgnis über die Gesetze der Gehorsamspflicht und des
 Schlußpunkts, denn diese verweigern den Opfern der Menschenrechtsverletzungen eine wirksame Wiedergutmachung (La Impunidad...1996).

In Spanien verfügte der Richter Baltazar Garzón von der 5. Kammer der Audiencia
Nacional Española am 24. März 1997 die bedingungslose Präventivhaft für den
Ex-Präsidenten Argentiniens, General Fortunato Galtieri. Der Richter Garzón stellte außerdem einen internationalen Haftbefehl für den General aus, um ihn ausfin-
dig zu machen, verhaften und ausliefern zu lassen. Der Haftbefehl ist in der ganzen
Welt außer in Argentinien gültig. Dieser Haftbefehl ist Teil des Verfahrens 108/96,
das bei jenem Gericht anhängig ist wegen des Verschwindenlassens von rund 350
spanischen Staatsbürgern im Argentinien der Militärdiktatur. General Galtieri war
der Verantwortliche des II. Heereskorps, der IX. Brigade von Comodoro Rivadavia,
war Präsident der Republik Argentinien während des letzten Abschnitts der Militärdiktatur (1982) und verantwortlich für den Einsatzbeginn im Malvinaskrieg. Die
Verantwortlichkeit für seine Straftaten wird vom Richter aus seinen Amtsfunktio-
nen abgeleitet. Sie erlaubt keinerlei mildernde Umstände hinsichtlich der Kenntnis
der Verbrechen gegen die Menschlichkeit, die die argentinischen Streitkräfte begingen. Aufgrund der mangelnden Kooperation des argentinischen Staates mit der
Justiz ist es klar, daß dieser Haftbefehl bedeutet, daß der genannte Kriminelle
Argentinien nicht verlassen kann ohne Gefahr zu laufen, aufgrund des Haftbefehls
von Interpol festgenommen zu werden. Es ist hervorzuheben, daß wegen des Typs
der Straftaten (Genozid, erzwungenes Verschwindenlassen und Folter) diese Haft-
befehle gegenüber allen anderen Priorität genießen.

Um den Weg zur Straflosigkeit rückgängig zu machen, velangen die Menschenrechtsorganisationen in Argentinien die folgenden Punkte:

 »Daß der Argentinische Staat:

 • die Straflosigkeitsgesetze und die Begnadigungsdekrete für null und nichtig
  erklärt;

- die Einsetzung eines Parlamentarischen Untersuchungsausschusses beschließt, die der Gesellschaft die vollständige der Information über die Verschwundenen bietet.
- mit den gerichtlichen Untersuchungen fortfährt, um den Angehörigen der Opfer die Wahrheit zu gewähren, inklusive der Ursache für das Verschwinden, der Identifizierung der Verantwortlichen und des Schicksals der Verschwundenen.
- die Verantwortlichen für Menschenrechtsverletzungen – seien sie Militärs oder Zivilisten – aus öffentlichen Ämtern entfernt.
- daß die Exekutivgewalt die Funktionen der anderen staatlichen Gewalten nicht behindere und der Gesellschaft die Information über die Tätigkeit seiner eigenen Repressionsapparate übermittle.

Daß die Staatengemeinschaft:

- Vom Argentinischen Staat die sofortige Erfüllung der Resolutionen der internationalen Organe – Empfehlung 28/92 C.I.D.H. und Empfehung von April 1995 des Menschenrechtskomitees der Vereinten Nationen – verlange.
- Jenen Personen, denen schwere Verletzungen der Menschenrechte vorgeworfen werden, das »Placet« als politische Vertreter oder Diplomaten verweigert.
- Ihre bilateralen und multilateralen Beziehungen entsprechend der effektiven Achtung der Menschenrechte und der Beseitigung der Hindernisse, die die Arbeit der Justiz im Wege stehen, konditioniert.
- Das Innere Recht den Bestimmungen des Internationalen Rechts der Menschenrechte anpaßt.
- Die Schaffung eines Internationalen Strafgerichtshofs und die Verabschiedung der Internationalen Konvention gegen das erzwungene Verschwindenlassen durch die Vereinten Nationen unterstütze, im Einklang mit dem Vorschlag der Nichtregierungsorganisationen« (La Impunidad...1996).

6. Schlußfolgerungen

In Argentinien ist die Straflosigkeit, wie es die verschiedenen erwähnten Autoren zu Recht hervorheben, ein Hindernis für einen wahrhaft demokratischen Aufbau gewesen und ist es weiterhin, in dem Maße, indem sie der Gesellschaft als Ganzes das Recht auf »Wahrheit und Gerechtigkeit« verweigert und damit die Glaubwürdigkeit und Geltung der demokratischen Institutionen direkt in Frage stellt, wie sie auch die Rechtssicherheit in den Beziehungen, in denen der argentinische Staat beteiligt ist, mindert.

Die Straflosigkeit stellt in fundamentaler Weise – es zugleich verletzend – *das Prinzip der Gleichheit der Bürger vor dem Gesetz* in Frage, welches die Grundlage des modernen Rechtsstaates ist, und sowohl in der Verfassung Argentiniens wie auch in der internationalen Gesetzgebung der Menschenrechte garantiert wird.

Hierzu sagt uns die Allgemeine Erklärung der Menschenrechte in Artikel 1: »Alle Menschen werden frei und mit gleicher Würde und gleichen Rechten geboren«. Norberto Bobbio interpretiert dieses Gebot und seine Bedeutung in der Praxis und bekräftigt, daß die in der Erklärung aufgeführten grundlegenden Rechte eine Art kleinsten gemeinsamen Nenners in den Gesetzgebungen aller Länder bilden müssen (z. B. in dem konkreten Fall des Rechts auf Leben). Der Autor stellt klar, daß der persönlichen Freiheit das Moment der Rechtsgleichheit entspricht, die aus den Situationen besteht, in denen alle Bürger Rechtsfähigkeit besitzen. Dies impliziert die Fähigkeit, im eigenen Interesse in den Schranken des Gesetzes zu handeln und handeln zu wollen.

Etwas später bezieht sich der gleiche Autor auf die Frage »Gleichheit unter welchen« und erklärt, daß die Allgemeine Erklärung sich auf die Gleichheit der »fundamentalen Rechte« aller menschlichen Wesen bezieht, die Gleichheit aller mit allen betonend, und nicht nur die zwischen Personen von dieser oder jener Kategorie. Jedoch – so fährt Bobbio fort – präsentiert sich das Dilemma in bezug auf die fundamentalen Rechte und die Menschenrechte im allgemeinen nicht so sehr auf der philosophischen als auf der juristischen Ebene, d.h., welche ist die sicherste Art und Weise, sie zu garantieren, um zu vermeiden, daß sie trotz der feierlichen Erklärungen permanent verletzt werden (1991, 64).

Die Straflosigkeit in Argentinien stellt außerdem den heute im Lande existierenden Begriff der *Demokratie* selbst in Frage. Hierzu ist es wichtig, einige von Alain Touraine in seinem Buch »Was ist die Demokratie?« aufgeworfene Fragen zu untersuchen. Der Autor analysiert, wie in der Vergangenheit die Demokratie um das Prinzip der *politischen Freiheit* kämpfte, und später um die *soziale und ökonomische Gerechtigkeit*. Aber die Antwort auf die Frage, was die Demokratie heute in der Welt ist, transzendiert die rein politische und soziale Ordnung, und umfaßt einen allgemeineren Begriff, der mit der »Anerkennung des Anderen« zu tun hat (1995, 281). »Es ist die Anerkennung des Andern als Träger einer *partikularen* Antwort, die unterschiedlich von der meinen ist, auf *gemeinsame* Fragen. Die Demokratie ist die institutionelle Organisation der Beziehungen zwischen Subjekten. Es ist in und durch die Demokratie, wie der Andere als Subjekt anerkannt werden kann, als ein Erfinder der Modernität, der wie jedes Subjekt, die Instrumentalität und die Identität zu kombinieren versucht« (S. 282).

Später erklärt der gleiche Autor, wie die »Gleichheit« sich nicht allein auf die Gleichheit der *Rechte oder der Möglichkeiten* oder auf die Reduzierung der sozialen Abstände und der *ungleichen Verteilung der materiellen oder symbolischen Ressourcen* beschränkt, sondern daß »die Gleichheit sich gründen muß auf dem Bewußtsein der gemeinsamen Zugehörigkeit zu einem menschlichen Raum, der den einen nicht mehr gehört als den anderen, den Reichen nicht mehr als den Armen, den Modernen nicht mehr als den Alten« (S. 284).

Eine Gesellschaft ist nicht von Natur demokratisch; sie wird es, wenn das Gesetz und die Sitten die Ungleichheit der Ressourcen und ihrer Konzentration korrigieren, wenn sie die Kommunikation ermöglichen...« (S. 285).

Daher muß die Demokratie ein Ort des Dialoges und der Kommunikation sein, und die Politik der Ort der Anerkennung des Anderen als eines Rechtssubjektes, sowohl seiner politischen und sozialen wie seiner kulturellen Rechte, »um zu erlauben, daß ein jeder von uns einen möglichst weiten Teil der menschlichen Erfahrung lebe« (S. 290).

Im Lichte dieser Begriffe wird es notwendig, die Legitimität der Straflosigkeit und ihrer sozialen und juristischen Konsequenzen in der heutigen argentinischen Wirklichkeit zu untersuchen. Und in dieser Hinsicht kann man darauf hinweisen, daß eine primäre Prävention der Phänomene der Straflosigkeit eine Politik verlangt, die die Wirksamkeit der Rechte aller Generationen garantiert, und zwar sowohl der zivilen, politischen und sozialen Rechte, wie auch der sogenannten kulturellen und ökonomischen Rechte.

Bibliographie

Acuña, C. H. / González Bombal, I. / Jelin, E. / Landi, O. et. al., 1995: Juicio, Castigos y Memori - as. Derechos humanos y justicia en la política argentina, Buenos Aires: Nueva Visión.

Aguiar, E. 1993: Efectos psicosociales de la impunidad, in: Impunity – Impunided – Impunite, 135-145.

Bartolomei, M. L. 1992: Menneskerettighetsbevegelsen i Latin-Amerika: kamp om straffrihet og deltakende demokrati, in: Mennesker & Rettigheter – Nordisk Tidsskrift om Menneskerettigheter (Oslo) 2.

Bartolomei, M. L. 1994a: Gross and Massive Violations of Human Rights in Argentina 1976-1983. An Analysis of the Procedure under ECOSOC Resolution 1503, Lund: Juristförlaget i Lund.

Bartolomei, M. L. 1994b: Las Limitaciones de la Administración de Justicia en América Latina desde la Sociología del Derecho, Stockholm: SIDA.

Bartolomei, M. L. 1995: Universalismo y diversidad cultural en América Latina, in: El Otro Derecho (Bogotá) 7, 2.

Bartolomei, M. L. 1997: Niños/Niñas y Adolescentes en Conflicto con la Ley. Un estudio sobre la situación en el Perú, Stockholm: Rädda Barnen-Swedish Save the Children.

Bobbio, N. 1991: El Tiempo de los Derechos, Madrid: Editorial Sistema.

Bobbio, N. 1995: Derecha e Izquierda. Razones y significados de una distinción política, Madrid: Taurus.

Boraine, A. / Levy, J. (Hrsg.) 1995: The Healing of a Nation, in: Justice in Transition, Kapstadt.

Cárcova, C. M. 1993: Teorías jurídicas alternativas. Escritos sobre Derecho y Política, Buenos Aires: Centro Editor de América Latina.

Chomsky, N. 1994: Política y cultura a finales del siglo XX. Un panorama de las actuales tendencias, Barcelona: Ariel.

Correa Sutil, J. / Garrido, C. M. 1994: Diagnóstico de los Poderes Judicial y Legislativo del Sistema Federal Argentino, Informe de Consultoría para el Banco Interamericano de Desarrollo, Santiago: Borrador.

Deflem, M. (Hrsg.) 1996: Habermas, Modernity and Law, London: SAGE.

De Sousa Santos, B. 1991: Estado, Derecho y Luchas Sociales, Bogotá: ILSA.

De Sousa Santos, B. 1993: Subjetividad, ciudadanía y emancipación, in: El Otro Derecho (Bogotá) 5, 3.

De Sousa Santos, B. 1995: Toward a New Common Sense. Law, Science and Politics in the Pardigmatic, London: Routledge.

Edelman, L. / Kordon, D. 1995: Efectos psicosociales de la impunidad, in: Kordon et al. (Hrsg.), 27-41.

Garantías jurisdiccionales para la defensa de los derechos humanos en Iberoamérica, 1992, México: Universidad Nacional Autónoma de México, Instituto de Investigaciones Jurídicas.

Groisman, E. I. (Ed.) 1990: El Derecho en la transición de la dictadura a la democracia: La experiencia en América Latina 1-2, Buenos Aires: CLASO, CISEA, Centro Editor de América Latina.

Human Rights Watch – Americas, 1994: Mexico – the New Year´s Rebellion: Violations of Human Rights and Humanitarian Law During the Armed Revolt in Chiapas, Bd. VI, 3.

Impunity-Impunidad-Impunite, 1993: International League for the Rights and Liberation of Peoples, Genf.

Independencia Judicial en Latinoamérica, 1991: Primer Seminario Internacional, Asociación de Jueces y Funcionarios para la Democracia y las Libertades-República Argentina, Jueces para le Democracia de España, Magistrados Europeos para la Democracia y las Libertades, Buenos Aires.

Kaes, R. 1995: La impunidad, amenaza contra lo simbólico, in: Kordon, E. et al. (Hrsg.)

Kersner, E et al. 1995: Impunidad, un nuevo grupo afectado, in: Kordon, D. et al. (Hrsg.), 63-70.

Kordon, D. / Edelman, L. / Lagos, D. / Kersner, D. et. al 1995: La Impunidad. Una perspectiva psicosocial y clínica, Buenos Aires: Sudamericana.

Lagos, D. / Kordon, D. 1995: Etica, Impunidas y Práctica Profesional, in: Kordon, D. et al. (Hrsg.).

La impunidad en América Latina-El Caso Argentino, 1993: Informe de las ONGs argentinas al Parlamento Europeo con motivo de la Audiencia Pública a realizarse el 30/31 de octubre de 1996, Madrid: Equipo Nizkor.

Marí, E. E. / Ruiz, A. E. C. / Cárcova, C. M. et. al. 1991: Materiales para una Teoría Crítica del Derecho, Buenos Aires: Abeledo-Perrot.

Mignone, E. 1991: Derechos Humanos y Sociedad. El caso argentino, Buenos Aires: Ediciones del Pensamiento Nacional, CELS.

Moreno Ocampo, L. 1993: En Defensa Propia. Cómo salir de la corrupción, Buenos Aires: Sudamericana.

Nino, C. S. 1992: Un País al Margen de la Ley, Buenos Aires: Emecé Editores.

Palacio, G. 1993: Pluralismo Jurídico, Bogotá: Universidad Nacional de Colombia, Facultad de Derecho, Ciencias Políticas y Sociales.

Petras, J. 1995: América Latina: Probreza de la Democracia y Democracia de la Pobreza, Rosario: Homo Sapiens Ediciones.

Proceso a la Impunidad de Crímenes de Lesa Humanidad en América Latina 1989-1991, 1991: Tribunal Permanente de los Pueblos, Bogotá.

Rawls, J. 1996: La Justicia como Equidad: Política, no Metafísica, in: Agora (Buenos Aires) 4.

Teitelbaum, A. 1993: La criminalización de las violaciones al derecho al desarrollo y los derechos económicos, sociales y culturales, in: Impunity – Impunidad – Impunite, 110-130.

Touraine, A. 1995: ¿Qué es la Democracia?, Buenos Aires: Fondo de Cultura Económica.

Turner, B. S. (Ed.) 1994[2]: Citizenship and Social Theory, London: SAGE.

Twine, F. 1994: Citizenship and Social Rights. The Interdependence of Self and Society, London: SAGE.

Umaña Mendoza, E. 1993: Los mecanismos de impunidad en América Latina, in: Impunity – Impunidad – Impunite, 10-19.

Van Steenbergen, B.1996[2]: The Condition of Citizenship, London: SAGE.

Verbistsky, H. 1993: Hacer la Corte. La construcción de un poder absoluto sin justicia ni control, Buenos Aires: Editorial Planeta y Espejo de la Argentina.

Verbistsky, H. 1995: El Vuelo, Buenos Aires, Editorial Planeta y Espejo de la Argentina.

(Aus dem Spanischen von Dr. Arnold Spitta, Bonn)

Kurt Madlener

Die Institution des Ombudsmannes in Argentinien[1]

A. Einführung

I. Ursprung und Funktion der Institution des Ombudsmannes

Die Institution des Ombudsmannes ist, worauf schon der Name hindeutet, in Schweden entstanden. Dort hatten Parlamentarier bei der Ausarbeitung der Verfassung von 1809 es für wünschenswert erachtet, daß eine unabhängige Institution zur Wahrung der Rechte aller Bürger geschaffen werde. Die schwedische Regierung war damit nicht einverstanden. Schweden hatte bereits seit 1713 die Institution des *Justitiekansler*, der darüber zu wachen hatte, daß die Staatsverwaltung Recht und Gesetz einhielt.[2] Dadurch wurde natürlich auch ein Schutz der Bürger gegen Willkürakte erzielt. Indessen hatte und hat der *Justitiekansler* in erster Linie die Gesetzmäßigkeit der Verwaltung zu überwachen. Der Schutz der Bürgerrechte ist lediglich eine gelegentliche Folge seiner Tätigkeit.

Den schwedischen Parlamentariern war dies nicht genug. Sie wollten eine Institution, die sich ausschließlich dem Schutz der Bürgerrechte widme. Mit diesem Anliegen setzten sie sich durch, und die schwedische Verfassung von 1809 ist die erste Verfassung der Welt, in deren Text die Institution des Ombudsmannes verankert ist.[3]

Hervorstechende Kennzeichen der Institution ist zum einen die Unabhängigkeit, die der Ombudsmann genießt. Er wird vom Parlament gewählt, das ihn auch absetzen kann, was in Schweden aber nie vorgekommen ist, und er arbeitet weisungsfrei. Ein weiteres Kennzeichen ist darin zu erblicken, daß der Ombudsmann keine Entscheidungsgewalt hat. Werden ihm Klagen der Bürger vorgelegt, so untersucht er sie, hört die Beteiligten an und spricht eine Empfehlung aus. Verbindliche Entscheidungen vermag er nicht zu treffen, allenfalls kann er in bestimmten Fällen ein Gerichtsverfahren in Gang bringen. Seine Wirkung beruht daher im

1   Der Verfasser dankt Herrn Notar Antonio *Cartañá,* Ombudsmann von Buenos Aires, und Herrn Dr. Eugenio Pablo *Freixas,* Procurador Penitenciario des Bundes, für ausführliche Informationsgespräche im Mai l997 in Buenos Aires und das bei dieser Gelegenheit erhaltene Material. Sein Dank gilt ferner Herrn Dr. Arnaldo *Kletzl,* Richter in Mendoza, und Frau Professor María Elvira *Quiroga de Nollén,* Universidad Católica de Cuyo in San Juan, für die Übersendung von Veröffentlichungen zum Thema dieses Aufsatzes.

2   Sten *Rudholm,* »The Chancellor of Justice«, in: Donald C. *Rowat* (ed.), The Ombudsman, Citizen's Defendor, London 1965, S. 17-22. Siehe auch die Zusammenstellung der verschiedenen Arten von Fällen, die der Justitiekansler behandelt, a.a.O., S. 331.

3   Der vollständige Titel im Schwedischen lautet: »Justitieombudsman«. Siehe dazu Alfred *Brexelius,* »The Ombudsman for Civil Affairs«, in: Donald C. *Rowat* (ed.), a.a.O., S. 22-44. Inzwischen gibt es in Schweden eine Reihe weiterer Ombudsmänner, die aber einen anderen Status haben: den Wettbewerbsombudsmann, den Verbraucherombudsmann, den Gleichberechtigungsombudsmann; siehe Svenska Institutet, Recht und Rechtswesen, November 1994. Einen Wehrbeauftragten (Militieombudsman) des Parlaments gibt es seit 1915; siehe dazu Hugo *Henkow,* »The Ombudsman for Military Affairs«, in: Donald C. *Rowat* (Hrsg.), a.a.O., S. 51-57.

wesentlichen auf seiner persönlichen Autorität und dem Echo, das er in der öffentlichen Meinung, insbesondere in den Medien, bei seiner Tätigkeit erhält.

Da es somit vor allem auf die persönliche Autorität des Amtsinhabers ankommt, ist es von entscheidender Bedeutung, wer zum Ombudsmann gewählt wird. In Schweden sind es häufig Richter an den Berufungsgerichten oder den erstinstanzlichen Gerichten, die das Amt bekleiden. Wenn der Ombudsmann nach einer oder höchstens zwei Wiederwahlen sein Amt verläßt, wird er meist zum Richter am Obersten Gericht berufen. Hinsichtlich des Gehalts ist der Ombudsmann diesen Richtern übrigens gleichgestellt.

Die Wahl des Ombudsmanns erfolgt in Schweden also durch Politiker, nämlich die Mitglieder des Parlaments, aber gewählt wird regelmäßig eine Persönlichkeit, die nicht aktiv in der Politik steht. Dies ist von großer Bedeutung, um das Amt aus dem politischen Tagesstreit herauszuhalten und zu verhindern, daß es als Sprungbrett für eine politische Karriere benutzt oder mißbraucht wird.

Im 19. Jahrhundert befaßte sich der schwedische Ombudsmann hauptsächlich mit Vorgängen bei den Gerichten, Staatsanwaltschaften, Polizeibehörden und den Gefängnissen. Die übrige Staatsverwaltung scheint dagegen in der Tätigkeit des Ombudsmannes eine geringere Rolle gespielt zu haben. Wahrscheinlich war es so, daß der schwedische Bürger in dem dünnbesiedelten Land und einer noch ländlich geprägten Gesellschaft mit der Staatsverwaltung im allgemeinen damals wenig zu tun hatte.

Seit der Einführung des Wohlfahrtsstaats ist das anders, denn nun werden von vielen Behörden Entscheidungen gefällt, die das Leben der Bürger unmittelbar betreffen. Nach wie vor sind aber freiheitsentziehende Maßnahmen und Verzögerungen im Bereich der Rechtspflege Gegenstand von Beschwerden. Bemerkenswerterweise scheint es zwischen der Institution des Ombudsmannes und der Justiz nicht zu Konflikten gekommen zu sein, auch wenn der Ombudsmann Vorgänge im Bereich der Justiz beanstandet hat. Der Umstand, daß der Ombudsmann in der Regel aus der Richterlaufbahn kommt, mag dies erklären: zum einen ist er mit den Problemen der Rechtspflege vertraut, zum anderen wird er von den Richtern gewissermaßen als Kollege angesehen.

Wesentlich zu dem Erfolg der Institution hat in Schweden beigetragen, daß die schwedische Staatsverwaltung in besonderem Maße bürgeroffen ist. Nach schwedischem Recht hat jeder Bürger freien Zugang zu allen amtlichen Unterlagen, soweit sie nicht ausdrücklich durch Gesetz für geheim erklärt worden sind.[4] Auch zu den Akten des Ombudsmannes hat die Presse Zugang. Sie kann sowohl die eingehenden Beschwerden als auch die Antwort des Ombudsmannes darauf einsehen. Dies geschieht auch nahezu täglich dadurch, daß der Korrespondent einer Nachrichtenagentur nachfragt und dann entsprechende Mitteilungen herausgibt, für die das Interesse der Öffentlichkeit groß ist. Bei dieser Berichterstattung wird aber regelmäßig auf die Angabe von Namen verzichtet, solange die Fälle noch nicht abgeschlossen sind.

II. Die Ausbreitung der Institution des Ombudsmannes

Mehr als 100 Jahre hat die Institution des Ombudsmannes in Schweden zur Zufriedenheit gearbeitet, aber außerhalb Schwedens hat sie im 19. Jhd. kaum

---

4   Ulf Lundvik, Comments on the Ombudsman for Civil Affairs, in: Donald C. *Rowat* (ed.), a.a.O., S. 49.

Interesse und keine Nachahmer gefunden. Das erste Land, das die Institution übernahm, war Finnland mit seinem Verfassungsakt von 1919. Aufgrund der jahrhundertelangen gemeinsamen Geschichte Finnlands und Schwedens und des Umstandes, daß das Schwedische eine der finnischen Amtssprachen ist, lag diese Übernahme nahe. Die Ausgestaltung, welche die Institution in Finnland gefunden hat, entspricht weitgehend dem schwedischen Vorbild.

Auf die Übernahme der Institution durch Finnland folgte eine lange Zeit, in der die Institution nirgends in der Welt zum Vorbild genommen wurde. Erst nach dem Ende des Zweiten Weltkriegs, als der Schutz der Menschenrechte aufgrund der ungeheuren Verbrechen in vielen Ländern der Welt höchste Aufmerksamkeit fand, begann der Siegeszug der Institution um die Welt. Dänemark übernahm die Institution im Jahre 1955, Norwegen im Jahre 1962. Die Bundesrepublik Deutschland führte 1956 den Wehrbeauftragten des Bundestages ein, dessen Tätigkeit allerdings auf den Bereich der Bundeswehr beschränkt ist.[5]

Außerhalb Europas übernahm Neuseeland den Ombudsmann 1962, und heute sind eine ganze Reihe von Ländern in vielen Teilen der Welt gefolgt, in Afrika z.B. Ghana, Malawi und Südafrika. Dabei werden recht verschiedene Bezeichnungen für die Institution gebraucht, die im übrigen auch mannigfache Abweichungen hinsichtlich ihrer rechtlichen Verankerung und Ausgestaltung gefunden hat. Die Bezeichnung Ombudsmann wird zwar überall verstanden, aber meist wurden in den Amtssprachen der einzelnen Länder neue Bezeichnungen für dieses Amt geprägt. So findet sich im anglophonen Sprachraum die Bezeichnung *Public Protector*, im frankophonen *médiateur*, im hispanophonen *Defensor del Pueblo, Procurador de Derechos Humanos, Defensor de los Habitantes,* und im lusophonen *Ouvidor* oder *Provedor de Justiça.* Der Sache nach handelt es sich um die Institution des Ombudsmannes, auch wenn sie die Form einer Kommission annimmt, die aber als Behörde hierarchisch organisiert ist, wobei die wesentlichen Befugnisse in der Hand des Vorsitzenden liegen, wie dies bei der mexikanischen *Comisión Nacional de Derechos Humanos* (CNDH) der Fall ist.[6]

III. Der Ombudsmann in Lateinamerika

Die Entwicklung in Lateinamerika hat durch die Einführung des Ombudsmannes in der spanischen Verfassung von 1978 starke Impulse erhalten.[7] Die lateinamerikanischen Länder, welche von den 80er Jahren an die Institution einführten, hatten eher das spanische Modell des *Defensor del Pueblo* vor Augen als das schwedische Original. Dies wirkte sich u.a. dahingehend aus, daß Angelegenheiten der Justiz i.d.R. nicht in die Zuständigkeit des Ombudsmannes einbezogen wurden,

---

5   Art. 45b Grundgesetz, eingefügt durch das Gesetz vom 19. März 1956 zur Ergänzung des Grundgesetzes (sogenannte Wehrnovelle); Bundesgesetzblatt 1956, Teil I, S. 111-113. Als Vorbild diente der schwedische Militieombudsman; Ingo v. *Münch* (Hrsg.), Grundgesetzkommentar, Band 2, 2. Aufl. 1983, Randnote 1 zu Artikel 45b.

6   Siehe Kurt *Madlener*, Stellung und Aufgabe der nationalen Menschenrechtskommission Mexikos, in: Rafael *Sevilla*/Arturo *Azuela*, Mexiko. Die institutionalisierte Revolution? Bad Honnef 1993, S. 275-295. Bei dem in Art. 45c Grundgesetz verankerten Petitionsausschuß des Bundestages (und den Petitionsausschüssen der Länderparlamente) handelt es sich dagegen um eine Institution, die ähnlich wie die anderen Bundestagsausschüsse ausgestaltet ist. Funktional füllen die Petitionsausschüsse weitgehend die Aufgaben eines Ombudsmannes. Bei der Formulierung der Vorschrift hat man indessen der »Ausschuß-Lösung« gegenüber dem Ombudsmann-Modell den Vorzug gegeben; siehe Ingo v. *Münch* (Hrsg.), a.a.O. Randnote 2 zu Art. 45c.

7   Art. 54 spanische Verfassung. Siehe zu der Institution das umfassende Werk von Víctor *Fairén Guillén*, El defensor del pueblo – ombudsman –, Madrid 1982/86, 2 Bände.

obwohl auf diesem Gebiet nicht selten die Menschenrechte mißachtet werden, z.B. durch überlange Untersuchungshaft und Prozeßdauer.

Anzumerken ist aber, daß es auch in Lateinamerika mannigfache Vorbilder für die Institution gab. So wurden schon Mitte des vorigen Jahrhunderts im mexikanischen Land San Luis Potosí Ombudsmänner für die Armen (*procuradores de pobres*) bestellt.[8] Auch in anderen lateinamerikanischen Ländern lassen sich Vorläufer der Institution des Ombudsmannes finden, so z.b. in Brasilien und Kolumbien.

Es war aber Guatemala, das mit der Verfassung von 1985 erstmalig die Institution in Lateinamerika einführte und ihr auch von Anfang an eine verfassungsrechtliche Grundlage gab. Bemerkenswerterweise ergab sich bei der Ausarbeitung dieser guatemaltekischen Verfassung eine ähnliche Lage wie in Schweden mehr als 150 Jahre zuvor: Die Exekutive, der Präsident der Republik, versuchte die Einführung der Institution zu hindern. Die verfassunggebende Versammlung setzte sich jedoch durch. Nachdem der Widerstand des Staatspräsidenten überwunden worden war, konnte der guatemaltekische Ombudsmann 1987 seine Arbeit aufnehmen, die insgesamt als recht erfolgreich anzusehen ist.

Weitere lateinamerikanische Länder folgten, so daß heute schon die Mehrzahl der Länder mit dieser Institution ausgestattet ist oder die Einführung der Institution für die nächste Zeit vorsieht.

B. Die Ombudsmann-Institutionen Argentiniens

Argentinien ist ein Bundesstaat: Jedes Bundesland (*provincia*) hat eine Verfassung, die eine Exekutive (den Gouverneur), eine Legislative und eine Judikative vorsieht. Es ist also ganz ähnlich wie der Bundesstaat Mexiko strukturiert, wenn auch die Verteilung der Kompetenzen zwischen Bund und Ländern z.T. verschieden geregelt ist. Es ist aufschlußreich zu beobachten, daß die Institution des Ombudsmannes in beiden Ländern nicht zuerst vom Bundesstaat eingeführt wurde, sondern dezentral von den Bundesländern,[9] in Argentinien auch von einer Gemeinde, der Stadt Buenos Aires. Erst nachdem die Institution auf der Landes- und Gemeindeebene schon jahrelang tätig war, entschlossen sich die Bundesstaaten, sie auch im Bundesrecht vorzusehen. Sie ist also zunächst dort entstanden, wo das Volk den Regierenden am nächsten ist, und wurde erst nachträglich in den Bereich der Zentralgewalt übernommen.

Die Einführung der Institution begann in Argentinien im selben Jahr wie in Guatemala, nämlich 1985. Sie wurde in Argentinien aber zunächst nur auf der Ebene einer Gemeinde vorgesehen, dann auf Provinzebene, wo die Provinz San Juan den Vorreiter machte. Erst Jahre später zog der Bundesstaat nach. Es begann somit eine Entwicklung, die zu einer Vielfalt von Ombudsmanninstitutionen führte. Neben den Ombudsmännern mit allgemeiner und umfassender Zuständigkeit auf

8   Siehe Kurt *Madlener* die Institution des Ombudsmannes in Guatemala: der Procurador de Derechos Humanos, in: Rafael *Sevilla*/E. *Torres Rivas* (Hrsg.), Mittelamerika. Abschied von der Revolution? Bad Honnef: Horlemann 1995, S. 116-132 (123).

9   Zu Mexiko s. *Madlener,* Stellung und Aufgabe der nationalen Menschenrechtskommission Mexikos, a.a.O., S. 280.

den verschiedenen Ebenen des Bundesstaates ist auch der Ombudsmann für den Strafvollzug *(Procurador Penitenciario)* zu nennen.

I. Der Ombudsmann der Stadt Buenos Aires

In der Stadt Buenos Aires, die damals nur eingeschränkt demokratische Strukturen aufwies, weil sie gewissermaßen der Bundesdistrikt war, wurde 1985 durch den Gemeinderat *(Concejo Deliberante)* eine Institution mit der Bezeichnung *Controladuría General Comunal* geschaffen. Diese Institution ist nicht ohne weiteres mit den auf Provinz- und Bundesebene bestehenden Organen zu vergleichen. Man kann sie aber als einen Ombudsmann auf Gemeindeebene bezeichnen.[10]

Es dauerte seinerzeit eine Weile, bis der erste Ombudsmann ernannt wurde und seine Arbeit aufnehmen konnte. Inzwischen ist er einer der dienstältesten Ombudsmänner Argentiniens und kann auf neun Jahre einer recht fruchtbaren Tätigkeit zurückblicken. Die Arbeit des Ombudsmanns von Buenos Aires zeichnet sich somit durch besondere Kontinuität aus. Von Anfang an ist der Ombudsmann Antonio *Cartañá*, seines Zeichens Notar (escribano), der nun schon neun Jahre dieses Amt ausübt.

Inzwischen hat die Stadt Buenos Aires ihren Status gewechselt, denn sie hat jetzt den Charakter eines Stadt-Staats (oder einer Stadt-Provinz). Dies bedeutet, daß heute der Ombudsmann von Buenos Aires eine ähnliche Stellung wie die Ombudsmänner anderer Provinzen besitzt, denn er hat es jetzt nicht mehr mit einer Stadtverwaltung zu tun, sondern mit einer Stadtstaatverwaltung.

Die Änderung erfolgte durch die Verfassung der Stadt Buenos Aires, die von der verfassungsgebenden Versammlung der Stadt am 1. Oktober 1996 beschlossen wurde. Diese Verfassung regelt in Art. 137 die *Defensoría del Pueblo,* die an die Stelle der *Controladuría General Comunal* tritt. Sie legt fest, daß es sich um eine unabhängige Behörde handelt, die weisungsfrei bleibt. Ihre Aufgabe ist es, die Menschenrechte und andere Rechte, die in der Bundesverfassung, den Gesetzen und in der Verfassung von Buenos Aires normiert sind, sowie Individual- und Kollektivinteressen wie auch *intereses difusos*[11] gegenüber Handlungen und Unterlassungen der Verwaltung und der Leistungsträger öffentlicher Dienste zu verteidigen und zu schützen sowie sie zu fördern. Besonders genannt ist in der Verfassung noch als Aufgabe des *Defensor del Pueblo,* daß er die Rechte und Garantien der Einwohner gegenüber Handlungen und Unterlassungen der Polizei *(fuerzas que ejerzan funciones de policía local)* zu verteidigen und zu schützen hat.

Ausdrücklich wird der *Defensoría* das Recht auf Gesetzesinitiative zugebilligt. Sie kann daher, wenn sie Mängel im normativen Bereich festgestellt hat, sich an das Parlament des Stadtstaats wenden, um Änderungen zu beantragen. Auch gerichtliche Verfahren kann sie in Gang bringen. Dies ist insbesondere von Bedeutung, wenn sie die Interessen größerer Bevölkerungsgruppen, z.B. bei der Festsetzung der Tarife für öffentliche Dienste, oder *intereses difusos* wahrnimmt.

Gewählt wird der Ombudsmann durch das Parlament mit einer Zweidrittelmehrheit auf die Dauer von fünf Jahren mit der Möglichkeit der Wiederwahl für eine

---

10 Jorge L. *Maiorano*, El ombudsman, defensor del pueblo y de las instituciones republicanas, Buenos Aires 1987, S. 238.

11 Unter »intereses difusos« sind Interessen einer unbestimmten Mehrzahl von Personen zu verstehen, die wegen dieser Unbestimmtheit im allgemeinen nur im Wege der Stellvertretung geltend gemacht und durchgesetzt werden können. Diese Aufgabe wird daher dem Ombudsmann übertragen.

weitere Amtsperiode von fünf Jahren. Wählbar ist, wer Abgeordneter sein kann. Weitere Anforderungen, z.B. eine bestimmte berufliche Ausbildung oder Erfahrung, werden nicht gestellt. Der seit neun Jahren im Amt befindliche Ombudsmann ist aber Jurist, nämlich Notar *(escribano)*, wie bereits angemerkt.

Der Ombudsmann genießt dieselben Vorrechte sowie Immunität wie ein Abgeordneter. Abgesetzt werden kann er lediglich durch ein *juicio político* des Parlaments, wie es auch u.a. für Verfahren auf Amtsenthebung des Gouverneurs, der Minister und der Mitglieder des obersten Gerichts vorgesehen ist.[12]

Aus dem umfangreichen Bericht, den der Ombudsmann von Buenos Aires alljährlich zum 31. Mai vorlegt, läßt sich ersehen welche Themen im Vordergrund stehen. Offensichtlich spielen die *intereses difusos* eine wichtige Rolle. Besondere Aufmerksamkeit wird dem Umwelt- sowie dem Verbraucherschutz gewidmet.[13]

II. Die Defensoría del Pueblo der Provinz San Juan

Unter den argentinischen Provinzen, welche die Institution des Ombudsmannes eingeführt haben, machte San Juan den Vorreiter. Die in dieser am Fuße der Anden gelegenen Provinz getroffene Regelung soll daher im folgenden stellvertretend für die weiteren Provinzen, welche die Institution kennen (nicht alle haben sie eingeführt), untersucht werden.

Die Verfassung der Provinz von San Juan von 1986 hat in Art. 150 Ziffer 21 die Einführung der Institution des *Defensor del Pueblo* vorgesehen. Seine Aufgabe ist es nach dieser Vorschrift, die im Abschnitt 1 der Verfassung normierten Grundrechte zu verteidigen und außerdem jene Rechte, die nicht von Einzelpersonen oder Personengruppen einzeln verteidigt werden können, weil es sich um *intereses difusos*[14] oder kollektive Rechte handelt. Aufgrund dieser Verfassungsnorm hat das Parlament der Provinz San Juan am 24. September 1987 das Gesetz Nr. 5.765 beschlossen, durch das die *Defensoría del Pueblo* geschaffen wurde.

An der Spitze der *Defensoría* steht der *Defensor del Pueblo* (der Provinz von San Juan), der entsprechend dem schwedischen Vorbild vom Parlament gewählt wird. Wählbar sind, dies fällt ins Auge, nur Juristen. Dabei wird der Nachweis mindestens fünfjähriger Berufsausübung verlangt. Hinsichtlich des Gehalts ist der Ombudsmann dem Generalstaatsanwalt der Provinz gleichgestellt.

Außer dem Ombudsmann sieht das Gesetz zwei *defensores adjuntos* vor und drei *secretarios letrados*. Auch in diese Ämter können nur Juristen berufen werden. Ferner sind noch zwei Buchprüfer *(Contadores Auditores)* vorgesehen, die einen entsprechenden Titel *(título de Contadores Públicos Nacionales)* erworben haben müssen. Deren Sachkunde ist u.a. dann vonnöten, wenn es um die Nachprüfung der Angemessenheit der Tarife öffentlicher Dienste geht.

Das Parlament wählt auf Vorschlag des Ombudsmanns die *defensores adjuntos*. Die übrigen Amtsträger werden vom Ombudsmann ernannt. Alle werden entsprechend den Gehaltsgruppen der Staatsanwaltschaft eingestuft. Das Gesetz sieht auch eine Reihe von Verwaltungsposten vor, nämlich insgesamt 17 Angestellte, die entsprechenden Verwaltungsangestellten der Justiz gleichgestellt werden.

Auffallend ist, daß für den Ombudsmann der Provinz San Juan keine feste Amtszeit vorgesehen ist.[15] Dies ist auch im internationalen Vergleich eine durchaus

---

12 Art. 92 – 94 Verfassung der Stadt Buenos Aires von 1996.
13 Siehe z.B. Controladuría General Comunal, 2° Informe Anual 1989 – 1990, Bd. I, S. 17 ff. und *passim*.
14 Siehe oben Fußnote 10.

singuläre Regelung, die seine Stellung derjenigen der Richter annähert. Aus seinem Amt kann er nur unter Anwendung der für die Amtsenthebung des Generalstaatsanwalts geltenden Vorschriften entfernt werden. Die übrigen Amtsträger können unter denselben Bedingungen wie die Beamten der Staatsanwaltschaft, denen sie gleichgestellt sind, ihres Amtes enthoben werden.

Das Gesetz umschreibt die Aufgabe der *Defensoría del Pueblo* dahingehend näher, daß sie von Amts wegen oder auf Antrag Handlungen und Unterlassungen der Provinzverwaltung zu untersuchen hat, die eine »ungesetzliche, unregelmäßige, fehlerhafte, willkürliche, mißbräuchliche, diskriminatorische, nachlässige oder schwerwiegend inopportune Ausübung ihrer Aufgaben« darstellt, wenn damit in der Provinzverfassung niedergelegte Grundrechte verletzt werden oder andere Rechte, die kollektiven Charakter haben, oder *intereses difusos*.[16] Darüber hinaus soll sie besondere Aufmerksamkeit Vorgängen widmen, die auf systematische und allgemeine Mängel der öffentlichen Verwaltung hindeuten.

Der Begriff Provinzverwaltung ist dabei sehr weit zu fassen. Darunter fallen beispielsweise auch Gesellschaften mit einer Mehrheitsbeteiligung der Provinz. Außerdem erstreckt sich die Zuständigkeit der *Defensoría* auf alle Firmen oder Personen, die öffentliche Dienste erbringen (z.B. Transportfirmen) oder die Monopolcharakter haben.

Ergibt die Untersuchung der *Defensoría*, daß eine Straftat vorliegt, so hat sie Anzeige zu erstatten oder, wenn es sich um hohe Amtsträger handelt, das entsprechende gerichtsförmige Verfahren im Parlament (*juicio político*)[17] in Gang zu setzen. Die Zuständigkeit der *Defensoría* geht aber über den Bereich der öffentlichen Verwaltung und der öffentlichen Dienste hinaus. So hat sie von Amts wegen oder auf Anzeige hin jegliche Handlung oder Unterlassung zu untersuchen, welche die Umweltbedingungen (*ecosistemas naturales*) zu verändern oder zu beschädigen geeignet ist. Hier kann sie ihre Untersuchung nicht nur gegen die Provinzverwaltung und die Amtsträger der Provinz oder Träger öffentlicher Dienste richten, sondern gegen jeden, der als Störer in Betracht kommt.

Beschwerden sind der *Defensoría* schriftlich einzureichen, vom Beschwerdeführer unterschrieben, so dieser schreiben kann. Anwaltlicher Beistand ist nicht erforderlich, und Kosten werden nicht erhoben. Jede Beschwerde muß binnen einer recht kurzen Frist vorgebracht werden, nämlich innerhalb eines Monats.

Um eine Untersuchung durchführen zu können, kann die *Defensoría* von jeder Bundes-, Provinz- und Gemeindebehörde Auskunft verlangen und ebenso von jeder natürlichen oder juristischen Person. Bemerkenswert daran ist, daß die *Defensoría*, obwohl eine Provinzbehörde, auch Bundesbehörden im Zuge ihrer Untersuchung um Auskunft ersuchen kann, und daß die Mitarbeit bei der Untersuchung nicht nur für öffentlich-rechtliche Instanzen eine Pflicht ist, sondern für jedermann. Ausdrücklich bestimmt das Gesetz, daß Geheimhaltungsvorschriften kein Recht zur Auskunftsverweigerung geben, soweit nicht die Staatssicherheit entgegensteht. Für die Untersuchung der *Defensoría* gelten die Vorschriften der Strafprozeßordnung. Falls sie bei ihrer Untersuchung auf Widerstand stößt, kann sie Amtshilfe der

---

15 Art. 6 Abs. 2 Gesetz Nr. 5.765: »El Defensor del Pueblo permanecerá en sus funciones mientras dure su buena conducta;...«

16 Siehe oben Fußnote 10.

17 Art. 219 – 228 Verfassung der Provinz von San Juan von 1986.

Polizei (*fuerza pública*) anfordern und der Gerichte, so Durchsuchungen erforderlich sind.

Stellt die *Defensoría* Mißbrauch fest, dann stehen ihr die Mittel zu Gebot, die üblicherweise dem Ombudsmann zur Verfügung stehen. Sie kann Hinweise und Empfehlungen aussprechen, an die Erfüllung gesetzlicher Aufgaben erinnern und Vorschläge unterbreiten. Darauf müssen die Betroffenen binnen 30 Tagen schriftlich antworten. Werden die Hinweise der *Defensoría* nicht befolgt, dann bringt diese den Sachverhalt der jeweils obersten Behörde zur Kenntnis, und gegebenenfalls unterrichtet sie auch das Parlament. Sie kann aber auch beantragen, daß Handlungen oder Unterlassungen eingestellt werden, wenn sie einen schweren Schaden dem Staat, der Gesellschaft, Gruppen von Individuen oder einem Bürger zufügen.

Von Bedeutung ist ferner, daß die *Defensoría* Rechtsänderungen dem Parlament vorschlagen kann, wenn sich aus ihren Untersuchungen ergibt, daß bstimmte Vorschriften für den Staat oder die Bürger ungerecht oder schädlich sind. Sie hat also das Recht der Gesetzesinitiative. Schließlich legt die *Defensoría* einmal im Jahr, nämlich jeweils zum ersten Mai, dem Parlament einen umfassenden Bericht über die geleistete Arbeit vor.

Ausdrücklich entzogen sind der Zuständigkeit der *Defensoría* alle gesetzgeberischen und jurisdiktionellen Akte (*actos propios de los poderes judicial y legislativo*). In diesen Fällen kann sie aber eine Klage oder Anzeige die ihr vorgelegt worden ist, an die zuständige Behörde weiterleiten und darüber den Betroffenen informieren.

Von großer Bedeutung für die Tätigkeit der *Defensoría* ist das Provinzgesetz Nr. 6006 vom 26. Oktober 1989 mit der Überschrift *Protección jurisdiccional de los intereses difusos y derechos colectivos – Amparo*». Darin hat das Parlament von San Juan eingehende Vorschriften für den Schutz der *intereses difusos* und kollektiver Rechte normiert. Das Gesetz zielt auf den Schutz der Umwelt, des ökologischen Gleichgewichts und die Erhaltung ästhetischer, historischer, städtebaulicher, künstlerischer, architektonischer, archäologischer und landschaftlicher Werte. Außerdem behandelt es den Verbraucherschutz einschließlich der öffentlichen Dienste in der Provinz und der dafür anzuwendenden Tarife. Schließlich bestimmt eine Generalklausel, daß es auch anzuwenden ist auf jegliche Güter, die in gleicher Weise gemeinsamen Bedürfnissen menschlicher Gruppen zur Erhaltung der Lebensqualität entsprechen. Ein vom *Defensor del Pueblo* Dr. Julio Cäsar *Orihuela* herausgegebenes Faltblatt nennt als zu schützende Einzelrechte insbesondere die Gleichheit vor dem Gesetz, das Eigentum, die Meinungsfreiheit, das Recht auf Information, die Religionsfreiheit, Recht auf Gesundheit und Recht auf Wohnung. Als kollektive Rechte werden genannt der Umweltschutz, die Lebensqualität, der Verbraucherschutz, das ökologische Gleichgewicht, die Landschaft, historische und ästhetische Werte.

Das Gesetz erteilt dem *Defensor del Pueblo* Klagebefugnis zur Durchsetzung der darin geschützten Rechte und Interesse, und zwar gegen jeden Störer. Dabei sind die Vorschriften über das in der Zivilprozeßordnung der Provinz vorgesehenen Amparo-Verfahrens anzuwenden, doch enthält das Gesetz auch besondere Verfahrensvorschriften. So kann gemäß Art. 8 eine einstweilige Anordnung (*medida cautelar innovativa*) getroffen werden. Zu erwähnen sind auch die besonderen

Bestimmungen über die Naturalrestitution, z.B. bei Beschädigung der Umwelt, die Art. 4 enthält.

III. Ombudsmann-Institutionen auf Bundesebene
1. El Defensor del Pueblo de la Nación Argentina

Erst durch die Reform von 1994 wurde in die argentinische Verfassung, die aus dem vorigen Jahrhundert stammt, nämlich aus dem Jahr 1853, die Institution des *Defensor del Pueblo* eingeführt. Nach Art. 86 der Verfassung ist er ein unabhängiges Organ im Bereich des Parlaments, das keinerlei Weisungen unterworfen ist. Seine Aufgabe ist die Verteidigung und der Schutz der Menschenrechte und anderer Rechte, Garantien und geschützter Interessen, die in der Verfassung und in den Gesetzen vorgesehen sind, gegen Handlungen und Unterlassungen der Verwaltung. Außerdem hat er die Amtsausübung der öffentlichen Verwaltungen zu kontrollieren. Zur Erfüllung dieser Aufgaben kann er auch Gerichtsverfahren betreiben.

Die Verfassung bestimmt ferner, daß der *Defensor del Pueblo* mit Zweidrittelmehrheit der anwesenden Parlamentarier, die in beiden Kammern erreicht werden muß, gewählt und gegebenenfalls auch abgesetzt wird. Seine Amtsdauer beträgt fünf Jahre; Wiederwahl ist einmal möglich. Die Rechtsstellung entspricht der eines Parlamentariers was Immunität usw. anlangt.

Aufgrund dieser Verfassungsbestimmung hat das Parlament das Gesetz Nr. 24284 am 1. Dezember 1993 erlassen. Dieses Gesetz regelt Einzelheiten der Wahl des Ombudsmanns. Die Auswahl der Kandidaten erfolgt durch einen gemeinsamen Ausschuß beider Kammern des Parlaments, die Wahl durch getrennte Abstimmung in beiden Kammern. Als Kandidat kommt praktisch jeder Bürger in Betracht, wenn er 30 Jahre alt ist. Besondere Anforderungen wie eine bestimmte Berufsausbildung oder –erfahrung werden also nicht verlangt.[18] Die Ernennung des gewählten Ombudsmannes erfolgt nicht durch den Staatspräsidenten, sondern durch die Vorsitzenden der beiden Kammern des Parlaments gemeinsam; sie wird u.a. im *Boletín Oficial* veröffentlicht.

Das Gesetz sieht auch vor, daß durch den obengenannten gemeinsamen Ausschuß der *Cámara de Diputados* und des *Senado* auf Vorschlag des Ombudsmannes zwei Stellvertreter *(adjuntos)* bestimmt werden. Von diesen *adjuntos* wird eine höhere Qualifikation verlangt als vom Ombudsmann: sie müssen entweder Rechtsanwälte mit mindestens acht Jahren Berufserfahrung sein oder in der Judikative, der Legislative, der öffentlichen Verwaltung oder in der Universitätslaufbahn eine entsprechende Erfahrung aufweisen. Außerdem müssen sie im öffentlichen Recht anerkanntermaßen beschlagen sein.[19]

Die Gehälter des Ombudsmannes und seiner Stellvertreter werden nicht von Gesetzes wegen an die der Beamten der Staatsanwaltschaft angelehnt wie in der Provinz San Juan, sondern von den Vorsitzenden der beiden Kammern des Parlaments festgesetzt. Der Ombudsmann, nicht aber seine Stellvertreter, erhält aber von Gesetzes wegen Steuerprivilegien.

---

18 Der derzeitige Ombudsmann, der als erster dieses Amt nach seiner Einrichtung übernommen hat, Dr. Jorge Luis *Maiorano*, war Justizminister in der Regierung *Menem* und hat sich schon Jahre vor seiner ernennung zum *Defensor del Pueblo* mit der Institution des Ombudsmannes beschäftigt; siehe sein in Fußnote 9 zitiertes Buch zu diesem Thema aus dem Jahr 1987.

19 Art. 13 b) des Gesetzes: »Tener acreditada reconocida versación en derecho público.«

Die Aufgaben des *Defensor del Pueblo* des Bundes werden in Art. 14 des Gesetzes ähnlich definiert wie die der *Defensoría del Pueblo* der Provinz von San Juan. Er hat von Amts wegen oder auf Antrag Untersuchungen einzuleiten und zu betreiben, um Handlungen und Unterlassungen der Bundesverwaltung und ihrer Mitarbeiter aufzuklären, die eine »ungesetzliche, fehlerhafte, unregelmäßige, mißbräuchliche, willkürliche, diskriminatorische, nachlässige, schwerwiegend unpassende oder inopportune Ausübung ihrer Aufgaben« darstellt. Seine Zuständigkeit geht indessen eher noch weiter, denn es fehlt der Bezug auf die in der Verfassung niedergelegten Grundrechte, die als eine Einschränkung verstanden werden könnte. Ausdrücklich genannt werden auch hier die *intereses difusos o colectivos*.. In einer weiteren Vorschrift wird ihm anbefohlen, besondere Aufmerksamkeit Vorgängen widmen, die auf systematische und allgemeine Mängel der öffentlichen Verwaltung hindeuten.

Keine Zuständigkeit hat der Ombudsmann gemäß Art. 16 Abs. 2 für den Bereich der Justiz und der Legislative sowie für die *organismos de defensa y seguridad*.[20] Besonders bemerkenswert sind die beiden letztgenannten Ausschlüsse. Sie sind im internationalen Vergleich ungewöhnlich und scheinen darauf hinzudeuten, daß die bewaffnete Macht in Argentinien nach wie vor eine Stellung hat, die es ihr erlaubt, sich externer Kontrolle zu entziehen. Zu rechtfertigen wären diese Ausschlüsse nur, wenn für diese Bereiche besondere Ombudsmänner vorgesehen wären. Dies scheint aber bisher nicht der Fall zu sein.

Für Beschwerden, die an den Ombudsmann gerichtet werden, ist auch hier die Schriftform vorgeschrieben, eine für Bürger mit geringer Schulbildung sicher nicht leicht zu übewindende Hürde.[21] Andererseits ist die Frist für die Anbringung einer Beschwer länger als in San Juan: ein Jahr (nicht ein Monat). Außer der Schriftform sind keine weiteren Formvorschriften zu beachten. Auch wird kein anwaltlicher Beistand verlangt. Wäre es anders, dann liefe freilich die Institution weitgehend leer: Für die Armen, die in besonderem Maße des Schutzes bedürfen, ist es i.d.R. schwierig, anwaltlichen Beistand zu erhalten.

Nimmt der *Defensor del Pueblo* eine Beschwerde an (gegen seine ablehnende Entscheidung gibt es keinen Rechtsbehelf), so eröffnet er eine Untersuchung. Das Gesetz gibt ihm ein weitgehendes Recht auf Auskunft, das lediglich durch die Staatssicherheit begrenzt wird. Auch kann er Beweise jeglicher Art erheben. Die Herausgabe von Unterlagen kann er auch mit Hilfe der Justiz erzwingen. Einige Verfahrensvorschriften enthält auch das *Reglamento de Organización y Funcionamiento del Defensor del Pueblo*.

Eine außerordentliche Stärkung der Untersuchungsbefugnisse des Ombudsmannes ergibt sich aus Art. 25 des Gesetzes: Wer eine Beschwerde oder ihre Untersuchung durch den Ombudsmann behindert, begeht ein Ungehorsamsdelikt gemäß Art. 239 *Código Penal*.[22]

---

20 Eine weitere Einschränkung, daß nämlich der Ombudsmann des Bundes keine Zuständigkeit für die Verwaltung der Stadt Buenos Aires besitzt, dürfte angesichts der inzwischen erfolgten Umwandlung der Stadtverwaltung in eine Stadtstaatverwaltung (s.o. I) nur noch historischem Interesse sein.

21 Das *Reglamento de Organización y Funcionamiento del Defensor del Pueblo* sieht immerhin in Art. 14 vor, daß Personen, die nicht schreiben können, ihre Beschwerde zu Protokoll geben können.

22 Art. 239 Código Penal: »Será reprimido con prisión de 15 días a 1 año, el que resistiere o desobedeciere a un funcionario público en el ejercicio legítimo de sus funciones o a la persona que le prestare asistencia a requerimiento de aquél o en virtud de una obligación legal.«

In Entscheidungen und Verwaltungsverfahren sowie sonstige Vorgänge, die der Ombudsmann untersucht, kann er nicht eingreifen, auch wenn er Fehlverhalten feststellt. Entscheidungsgewalt kommt ihm nicht zu. Er ist, wie das der Institution des Ombudsmannes eigen ist, darauf beschränkt, Empfehlungen auszusprechen. Der Legislative und der Verwaltung kann er aber gemäß Art. 27 Abs. 2 auch Vorschläge für die Abänderung von Gesetzen und anderen Vorschriften machen, wenn er feststellt, daß die strikte Anwendung einer Norm *(el cumplimiento riguroso de una norma)* ungerechte oder schädliche Folgen für den Rechtsunterworfenen hat.

Gemäß Art. 31 des Gesetzes hat der Ombudsmann alljährlich vor dem 31. Mai den beiden Kammern des Parlaments einen Bericht über seine Arbeit vorzulegen, von dem auch eine Kopie an die Exekutive zu richten ist. Der Bericht darf aber keine Angaben enthalten, die es erlaubten, die Beteiligten zu identifizieren. Nur im Falle von strafbaren Handlungen gilt dies gemäß Art. 32 Abs. 2 des Gesetzes nicht.

Bereits der erste Jahresbericht des *Defensor del Pueblo,* der den Zeitraum vom 17. Oktober 1994 bis zum 31. Dezember 1994 betrifft, war außerordentlich umfangreich. Er besteht aus drei Bänden mit zusammen mehr als 1700 Seiten. Der zweite Bericht behandelt das Jahr 1995 und umfaßt 2400 Seiten.

Der Bericht für l995 ist – wie auch schon der für l994 – wie folgt gegliedert: *Derechos Humanos y Régimen Interior* (ca. 268 Seiten); *Medio Ambiente, Administración Cultural y Educativa* (228 Seiten); *Administración Sanitaria* (352 Seiten); *Administración Económica* (606 Seiten); *Administración de Justicia* (98 Seiten); *Administración de Empleo y Seguridad Social* (134 Seiten). Daraus läßt sich bis zu einem gewissen Grad erkennen, wo die Schwerpunkte der Tätigkeit des Ombudsmannes lagen. Es kann nicht überraschen, daß Themen, die für die notleidenden Schichten Bevölkerung von besonderer Bedeutung sind, einen breiten Raum einnehmen.

2. Der Procurador Penitenciario

In der Einführung wurde angemerkt, daß in Schweden, dem Ursprungsland der Institution des Ombudsmannes, für verschiedene Bereiche besondere Ombudsmann-Institutionen eingerichtet worden sind.[23] Diese Entwicklung ist nun auch in Argentinien zu beobachten, denn für den Strafvollzug ist – unabhängig vom *Defensor del Pueblo* – der *Procurador Penitenciario* vorgesehen worden.

Der Strafvollzug ist überall in der Welt mit Problemen behaftet, besonders aber in den Ländern, in denen die Justiz sehr langsam arbeitet und die Haftanstalten unzureichend sind. Aus Lateinamerika erreichen uns oft Meldungen über Häftlingsrevolten, die häufig blutig enden. Man kann sicher sein, daß Häfltling angesichts der bekannten Gefahr, in die sie sich durch eine Revolte begeben, in der Regel diesen Schritt nur in großer Verzweiflung tun.[24]

Auch Argentinien hat mit großen Problemen im Bereich des Strafvollzugs zu kämpfen. In den letzten Jahren sind zwar von der *Secretaría de Política Penitenciaria y Readaptación Social* des Justizministeriums ehrgeizige Reformprojekte

---

23 Siehe oben Fußnote 2.

24 Zwei Untersuchungen, die der Verfasser derzeit mit der Hilfe von mehr als hundert lateinamerikanischen Kollegen in mehreren Ländern des Subkontinents im Rahmen seines Forschungsprogramms »Die Justiz als Garantin der Menschenrechte in Lateinamerika« durchführt, haben diese Problemfelder zum Thema: »Menschenrechte und Strafverfahren in Lateinamerika« und »Menschenrechte und Gefängniswesen in Lateinamerika.«

ausgearbeitet worden, deren Verwirklichung aber den Einsatz erheblicher Mittel erfordert und die auch nur auf mittlere Frist eine grundsätzliche Besserung der Lage herbeiführen können. Immerhin bedeutet der Umstand, daß die Regierung die Strafvollzugsverwaltung in den Rang eines Staatssekretariats erhoben hat, daß sie sich der Bedeutung der anstehenden Probleme bewußt und offensichtlich auch zum Handeln bereit ist.

Ein weiterer Schritt erfolgte mit dem Erlaß des Dekrets 1598 vom 29. Juli l993: das Amt des Ombudsmannes für den Strafvollzug wurde geschaffen. Es handelt sich dabei nicht um einen Ombudsmann nach klassischem Vorbild, also einen Beauftragten des Parlaments. Dieses Amt ist nicht in der Verfassung verankert und auch nicht in einem Gesetz, sondern in einem Dekret des Präsidenten der Republik, das vom damaligen Justizminister *Maiorano* mitunterzeichnet ist, der inzwischen das Amt des *Defensor del Pueblo de la Nación* übernommen hat.

Ernannt wird der *Procurador Penitenciario* von der Exekutive auf die Dauer von vier Jahren, wobei eine zweite Amtsperiode zulässig ist. Überrraschenderweise muß er weder aus der Justiz kommen noch auch nur über eine juristische Ausbildung verfügen. Abberufen werden kann er nur wegen schlechter Amtsführung oder strafrechtlicher Verurteilung.

In der Ausübung seines Amtes ist der *Procurador Penitenciario* gemäß Art. 5 des Dekrets weisungsfrei. Sein Dienstrang ist der eines Unterstaatssekretärs.

Zu seinen Aufgaben zählt es gemäß Art. 9 Abs. 1 des Dekrets, über den Schutz der Menschenrechte aller Häftlinge zu wachen, unabhängig davon, ob diese Häftlinge sich in Untersuchungs- oder in Strafhaft befinden.[25] Außer den Insassen der Bundesgefängnisse hat er sich gemäß Abs. 2 der Vorschrift auch der Häftlinge anzunehmen, die aufgrund von Entscheidungen der Bundesjustiz in Haftanstalten der Provinzen einsitzen.

Die Befugnisse des *Procurador Penitenciario* sind ähnlich der des *Defensor del Pueblo*. Zur Erfüllung seiner Aufgaben obliegen ihm und seinen Mitarbeitern regelmäßige Besuche in den Gefängnissen. Wenden sich Häftlinge brieflich an ihn, so unterliegen gemäß Art. 12 des Dekrets diese Schreiben nicht der Briefkontrolle der Haftanstalten.

Auch der *Procurador Penitenciario* wirkt durch seine Empfehlungen. Darüber hinaus beteiligt er sich an den Reformbemühungen. Dem Justizminister berichtet er regelmäßig über seine Tätigkeit. Alljährlich legt er gemäß Art. 9 Abs. 4 des Dekrets dem Parlament durch Vermittlung der Exekutive einen ausführlichen Bericht vor. Diese mehrbändigen Berichte (der Bericht über seine dritte Amtsperiode, l995-96, umfaßt an die 1000 großformatige Seiten) geben ein aufschlußreiches Bild vom Zustand des argentinischen Gefängniswesens und den Bemühungen des *Procurador Penitenciario*, die Verhältnisse zu bessern.

---

25 Art. 9 Abs. 1 des Dekrets: »El procurador penitenciario desarrollará sus funciones en relación con todos los procesados y condenados sujetos al régimen penitenciario federal alojados en establecimientos nacionales, a efectos de garantizar sus derechos humanos, tal como surgen del orden jurídico nacional y de las convenciones internacionales en la materia de las que la Nación sea parte.«

C. Schlußbetrachtung

Argentinien war unter den ersten Ländern Lateinamerikas, die der Institution des Ombudsmannes in ihren Rechtsordnungen Raum gaben. Allerdings geschah dies zunächst nicht auf Bundesebene, sondern auf der Ebene der Stadt Buenos Aires, die inzwischen ein Stadtstaat ist, und der einiger Provinzen.

Insgesamt scheinen die Ombudsmann-Institutionen eine nützliche Rolle zu spielen. Teilweise sind sie aber noch nicht genügend bekannt. Öffentlichkeitsarbeit ist zwar z.b. in der Stadt Buenos Aires seit vielen Jahren ein Tätigkeitsfeld des dortigen Ombudsmannes, und dies mit einigem Erfolg. Aber andere Ombudsmann-Institutionen, z.B. der *Defensor del Pueblo de la Nación*, scheinen noch nicht den Bekanntheitsgrad erreicht zu haben, der für eine wirksame Breitenarbeit erforderlich ist. Freilich braucht es erfahrungsgemäß einige Jahre, bis eine Institution in der Öffentlichkeit bekannt ist. Insofern ist es jetzt noch zu früh, um ein Urteil zu fällen.

Immerhin hat der *Defensor del Pueblo* nicht wenige Erfolge aufzuweisen. Besonderes Aufsehen hat die Beschwerde erregt, die er im Namen von 60.000 notleidenden Rentnern gegen den Obersten Gerichtshof bei der Interamerikanischen Menschenrechtskommission im Oktober 1996 in Washington eingereicht hat: Er erreichte damit, daß ein lange verschlepptes Verfahren vor dem Obersten Gerichtshof zum Abschluß kam. Der Umstand, daß der Ombudsmann gegen das höchste Gericht seines Landes vor einer internationalen Instanz Beschwerde führte, zeigt auch, daß es durchaus Situationen gibt, in denen es erforderlich ist, daß er Vorgänge aus dem Bereich der Justiz aufgreift.

Viele andere Erfolge der Ombudsmänner, die schon jahrelang in Buenos Aires und den Provinzen ihres Amtes walten, könnten aufgezählt werden, z.B. im Kampf für angemessene Tarife öffentlicher Dienste, ein für die notleidende Bevölkerung lebenswichtiges Thema.

Vergleicht man die Tätigkeit der argentinischen Ombudsmänner mit der ihrer Kollegen in anderen lateinamerikanischen Ländern, z.B. *des Procurador de Derechos Humanos* in Guatemala, so fällt auf, daß die Öffentlichkeitsarbeit anscheinend bisher einen geringeren Stellenwert besitzt.[26] Dies mag erklären, warum der Bekanntheitsgrad der Institution in Argentinien noch verhältnismäßig bescheiden ist. In dieser Hinsicht sind sicher weitere Anstrengungen wünschenswert, denn die Hilfsbedürftigen müssen wissen, wo und wie sie Hilfe erlangen können.

Auch sonst harrt noch manches Problem der Lösung. So ist fragwürdig, daß die bewaffnete Macht von der Kontrolle durch den *Defensor del Pueblo de la Nación* ausgenommen ist. Im übrigen besteht das Problem der Politisierung des Amtes, das fast überall in Lateinamerika sich stellt, auch in Argentinien. Insgesamt darf man aber feststellen, daß mit der Einführung der Ombudsmann-Institutionen ein wesentlicher Schritt vorwärts für den Schutz der Menschenrechte getan worden ist.

---

26 In Guatemala sind etwa 60 Mitarbeiter des Ombudsmannes Lehrer und Lehramtskandidaten, die in den verschiedenen Schulzweigen Unterricht über Menschenrechte erteilen, Radiosendungen ausarbeiten usw. Dabei wird natürlich auch über Stellung und Aufgaben des Ombudsmannes referiert. Die Breitenwirkung dieser Arbeit ist erheblich.

Die Autorinnen und Autoren dieses Bandes

Bayer, Osvaldo: 1927 in Santa Fe / Argentinien geb.; von 1952 bis 1956 Studium der Geschichte an der Universität Hamburg. Nach Argentinien zurückgekehrt, war er als Journalist, Drehbuchautor und Autor historischer Recherchen tätig. Er schrieb für verschiedene Tageszeitungen (u. a. *Noticias Gráficas, Esquel*; bei *Clarín* war er jahrelang Redaktionssekretär) und Zeitschriften. 1959 bis 1962 Generalsekretär der Pressegewerkschaft. Wegen seines Buches *La Patagonia rebelde* und des gleichnamigen Films verfolgt, mußte er 1975 das Land verlassen. Bis zu seiner Rückkehr nach Buenos Aires im Jahre 1983 lebte er im Exil in Berlin. Heute schreibt er u. a. für *Página 12*. Buchveröffentlichungen: *Severino Di Giovanni, el idealista de la violencia* (1970); *La Patagonia rebelde (Los vengadores de la Patagonia trágica*, 1972-1976, 4 Bände); *Los anarquistas expropiadores* (1974); *La Rosales, una tragedia argentina* (1974); *Exilio* (1984, zus. mit Juan Gelman). Er ist außerdem Drehbuchautor zahreicher Filme u. a. *La maffia* (1972), *Amor América* (1989) und *Panteón Militar* (1992), letztere in Koproduktion mit Deutschland.

Bartolomei, María Luisa: Studium der Rechtswissenschaften an der Nationaluniversität Córdoba / Argentinien. Seit 1978 lebt sie in Schweden, wo sie an der Universität Lund neben Jura auch Soziologie, Politkwissenschaft und Psychologie studierte. 1991 Promotion. Thema der Dissertation: *Gross and Massive Violations of Human Rights in Argentina 1976-1983* (erschienen als Buch im Jurisförlaget i Lund 1994). Zur Zeit »senior lecturer« am Institut für Rechtssoziologie der Universität Lund mit dem Schwerpunkt Menschenrechte in Lateinamerika (Rechte der indigenen Völker, Kinderrechte, Straffreiheit); verschiedene Aufsätze zu dieser Thematik.
E-mail: maria_luisa.bartolomei@soc.lu.se

Birle, Peter: 1961 in Trier geb.; Studium der Politikwissenschaft, Publizistik und Romanistik an der Universität Mainz; 1988 Magister Artium mit einer Arbeit zum Thema »Parteien, Parteiensystem und Demokratie in Argentien«; 1995 Promotion, Thema der Dissertation: »Die politische Rolle der Unternehmer und ihrer Interessenorganisationen in Argentinien«; 1989-1993 wiss. Mitarbeiter am Institut für Politikwissenschaft der Universität Mainz; 1993-1994 Mitarbeit im Rahmen des von der Deutschen Forschungsgemeinschaft geförderten Projektes »Unternehmerverbände im Cono Sur«. Tätigkeit als selbstständiger Gutachter für die GTZ; Erstellung einer Studie über die Politischen Rahmenbedingungen der Entwicklungszusammenarbeit in Bolivien; seit 1995 wiss. Assistent am Institut für Politik- und Verwaltungswissenschaften der Universität Rostock, Lehrstuhl für Vergleichende Regierungslehre; Arbeitsschwerpunkte: Gewerkschaften, Unternehmerverbände und Arbeitsbeziehungen in Osteuropa und Südamerika.

Carreras, Sandra: am 3.8.1963 in Buenos Aires geb.; 1981-1986 Studium der Geschichte an der Universidad de Buenos Aires; 1987-1991 Postgraduiertenstudium in den Fächern Politikwissenschaft, Geschichte und Hispanistik an der Universität Mainz; 1989-1991 Lehrauftrag für Lateinamerikanische Geschichte am Institut für Politikwissenschaft der Universität Mainz; 1991-1994 Forschungsaufenthalt im Cono Sur; 1995-1996 Lehrbeauftragte am Institut für Politikwissenschaft der Universität Mainz. Doktorarbeit zum Thema »Die Rolle der Opposition im argentinischen Demokratisierungsprozeß. Der Peronismus 1983-1989«. Aufsätze zum argentinischen Modernisierungsprozeß, zur Ideengeschichte, Demokratisierung und Parteienentwicklung im Cono Sur.

Escudé, Carlos: Ph.D. in Politikwissenschaft (1981, Yale University); 1991-1992 Berater (Strategiefragen) des argentinischen Außenministers; zur Zeit Professor für Internationale Beziehungen an der Universität Torcuato di Tella und im Rahmen des Auswärtigen Dienstes der Nation (Außenministerium Argentiniens); Forscher im CONICET; Gastprofessor in Harvard (1994) und im Instituto Ortega y Gasset (Madrid, 1997); Gastforscher in Oxford (1984-85), Texas (Austin, 1989), John Hopkins (SAIS, Washington D.C., 1990), North Carolina (Chapel Hill, 1992). Preise und Auszeichnungen: Forschungsstipendium Fulbright Hays (1978-81); Guggenheim (1984-85); Bernardo-Houssay-Preis (1987, Argentinien); Bernardo-O'Higgings-Orden, Comendador-Grad (1986, Chile); Konex-Preis (1996) als Auszeichnung für einen der fünf herausragenden argentinischen Politologen des Jahrzehntes. Autor folgender Bücher: *Foreign Policy Theory in Menem's Argentina* (Gainesville, FL: University Press of Florida, 1997); *El Realismo de los Estados Débiles* (Buenos Aires: GEL, 1995); *Realismo Periférico* (Buenos Aires: Planeta, 1992); *La »Riconquista« Argentina: Scuola e Nazionalismo* (Fiesole: Edizione Cultura della Pace, 1992); *El Fracaso del Proyecto Argentino: Educación e Ideología* (Buenos Aires: Tesis / Inst. Di Tella, 1990); *Patología del Nacionalismo: El Caso Argentino* (Buenos Aires: Tesis/Inst. Di Tella, 1988); *La Argentina vs. las Grandes Potencias: El Precio del Desafío* (Buenos Aires: Belgrano, 1986); *Gran Bretaña, Estados Unidos y la Declinación Argentina, 1942-49* (Buenos Aires: Belgrano, 1983, 1984, 1988, 1996).
Fax: 0054-1-822 8006

Eßer, Klaus: am 14.11.1940 geb.; Studien: Politische Wissenschaften, Ökonomie, Philosophie; Promotion 1967; Abteilungsleiter am Deutschen Institut für Enwicklungspolitik/DIE, Berlin 1978 (Europäische Integrations-, Handels- und Entwicklungspolitik); 1981 Industrialisierung, Teilindustrialisierte Länder; Veröffentlichungen zu Wirtschafts- und Entwicklungspolitischen Fragen Lateinamerikas und Europas, der industriellen Entwicklung und regionalen Integration sowie Fragen der Entwicklungszusammenarbeit, zuletzt: K. Eßer et al., *Globaler Wettbewerb und nationaler Handlungsspielraum. Neue Anforderungen an Wirtschaft, Staat und Gesellschaft* (Köln 1996: DIE); »Von der Industrie- zur Informationsökonomie. Nationalstaatliches Handeln zwecks Paradigmenwechsel«; »Paraguay. Construyendo las ventajas competitivas«.
Fax: 030-390 73-130

Garzón Valdés, Ernesto: 1927 in Córdoba / Argentinien geb.; Dr. iur., Dr. h. c.; bis 1974 Prof. für Rechtsphilosophie an den Universitäten von Buenos Aires, Córdoba und La Plata; seit 1981 Prof. für Politikwissenschaft an der Universität Mainz; seit

1990 Gastprofessor für Rechtsphilosophie an der Universität Pompeu Fabra (Barcelona), seit 1992 am Instituto Tecnológico Autónomo de México, 1994 an der Universität Tampere (Finnland); seit 1994 Mitglied des Ständigen Tribunals der Völker der Internationalen Stiftung Lelio Basso (Rom); Inhaber der Goethe-Medaille (München 1982) und des Premio Dr. Luis Federico Leloir (Buenos Aires 1992) für besondere Verdienste um die internationale wissenschaftliche Zusammenarbeit. Mitherausgeber zahlreicher rechts- und sozialwissenschaftlicher Zeitschriften sowie der folgenden Reihen: *Estudios Alemanes* (Barcelona), *Filosofía y Derecho* (Buenos Aires); Forschungen zu Lateinamerika (Saarbrücken), *Rechts- und Sozialwissenschaften* (Freiburg i. B.), *Law and Philosophy Library* (Dordrecht), *Studien zur politischen Ethik* (Saarbrücken), Biblioteca de Derecho, Etica y Política (México), *Estudios de Filosofía del Derecho* (Barcelona). Herausgeber der folgenden Sammelbände: *Lateinamerikanische Studien zur Rechtsphilosophie* (Neuwied 1965); (mit P. Waldmann) *El poder militar en la Argentina (1976-1981)* (Frankfurt a. M. 1982, Buenos Aires 1983); *Derecho y Filosofía* (Barcelona ¹1985, ²1988, México 1989); (mit E. Bulygin) *Argentinische Rechtstheorie und Rechtsphilosophie heute* (Berlin 1987); (mit E. Mols und A. Spitta) *La democracia argentina actual* (Buenos Aires 1988); *Spanische Studien zur Rechtsphilosophie* (Berlin 1990); (mit J. Bähr et al.) *Der eroberte Kontinent* (Frankfurt a. M. 1991); (mit F. Salmerón) *Epistemología y cultura* (México 1993); (mit R. Zimmerling) *Facetten der Wahrheit* (München/Freiburg 1995); (mit F. Laporta) *Derecho y Justicia*, Bd. 11 der *Enciclopedia Iberoamericana de Filosofía* (Madrid 1996); (mit A. Arnio y J. Uusitalo) *La normatividad del Derecho* (Barcelona 1997); (mit W. Krawietz et al.) *Normative Systems in Legal and Moral Theory* (Berlin 1997). Buchpublikationen: *Derecho y »naturaleza de las cosas«* (2 Bde., Córdoba 1970); *El concepto de estabilidad de los sistemas políticos* (Madrid 1987); *Die Stabilität politischer Systeme* (München/Freiburg 1988); *Derecho, ética y política* (Madrid 1993). E-Mail: 100425.736@compuserve.com

Giardinelli, Mempo: 1947 in Resitencia (Chaco / Argentinien) geb.; Schriftsteller und Publizist; 1976-1985 lebte er in Mexiko, nach seiner Rückkehr nach Argentinien gründete und leitete er die Zeitschrift *Puro Cuento* (1986-1992); bis 1994 wohnte er in Buenos Aires und danach wieder in Resistencia (Chaco) und Paso de la Patria (Corrientes). Mitarbeit in verschiedenen lateinamerikanischen Zeitungen u. a. *Página 12, Clarín, La Nación* (Buenos Aires), *El Litoral* (Corrientes), *Excelsior* (México), *Zero Hora* (Porto Alegre), *El Nacional* (Caracas), und zahlreiche essayistische Beiträge in Zeitschriften des In- und Auslands. Vortragstätigkeit an mehr als hundert Universitäten und wiss. Akademien in der ganzen Welt; 1977-1984 Prof. an der Facultad de Periodismo der Universidad Iberoamericana (México); 1989-1994 an der Facultad de Periodismo y Comunicación Social der Universidad Nacional de La Plata; 1996 wurde er zum Honorarprofessor der Universidad Nacional del Nordeste ernannt; 1986 war er Gastprofessor an Wellesley College; 1988 u. 1997 an der University of Virginia; 1987 u. 1989 an der University of Louisville. Sein literarisches Werk (Romane und Kurzerzählungen) ist in bis zu zwölf Sprachen übersetzt; sein Roman *Santo Oficio de la Memoria* (1991) wurde mit dem renommierten Premio Rómulo Gallegos ausgezeichnet. Werke (Auswahl): *La revolución en bicicleta* (Roman, 1980); *El cielo con las manos* (Roman, 1981);

Vidas ejemplares (Erzählungen, 1982); *Luna caliente* (Roman, 1983, Premio Nacional de Novela in México); *Qué solos se quedan los muertos* (Roman, 1985); *El castigo de Dios* (Erzählungen, 1987); *Imposible equilibrio* (Roman, 1995). Er ist ebenfalls Herausgeber verschiedener Anthologien, darunter: *Fallen die Perlen von Mond?* (Liebesgeschichten aus Lateinamerika, München 1991: Piper, zus. mit Wolfgang Eitel) und *Padre Río* (Erzählungen und Gedichte über den Río Paraná, vom 16 Jhdt. bis heute, in Vorbereitung)
E-Mail: mempo@daggs.sicoar.com

Guariglia, Osvaldo: geboren 1938 in Buenos Aires; 1965 Licenciado en Letras (Klassische Philologie) der UBA; Doktor der Philosophie der Universität Tübingen (1970). Heute Professor für Praktische Philosophie (Ethik) an der Geisteswissenschaftlichen Fakultät der UBA; Honorarprofessor der Universidad de la Plata und Direktor des Philosophischen Instituts der UBA. Außerdem Forscher des argentinischen Forschungsrats CONICET. Mitglied des Herausgeberkomitees der folgenden Zeitschriften: *Revista Latinoamericana de Filosofía*; *International Studies in Philosophy* und *Cuadernos de filosofía*. Ko-Direktor der *Enciclopedia Iberoamericana de Filosofía*, herausgegeben vom Consejo Superior de Investigaciones Científicas Spaniens. Zahlreiche Beiträge in einschlägigen Zeitschriften. Seine Buchveröffentlichungen sind: *Quellenkritische und logische Untersuchungen zur Gegensatzlehre des Aristoteles* (Hildesheim/New York, G. Olms, 1978); *Ideología, verdad y legitimización* (1. Aufl. Buenos Aires 1986, 2., erweiterte Auflage Buenos Aires Mexiko, Fondo de Cultura Económica, 1993); *Universalismus in der zeitgenössischen Ethik* (Hildesheim/New York, G. Olms 1995); *Moralidad: ética universalista y sujeto moral* (Buenos Aires/Mexico, Fondo de Cultura Económica 1996); *La moral de la virtud: de la Etica en Aristoteles* (Buenos Aires, EUDEBA, 1997).
E-Mail: postmast@eticap.filo.uba.ar

Von Haldenwang, Christian: 1962 geb.; Studium der Politikwissenschaft und Philosophie in Tübingen, Washington D.C. (Georgetown University) und Bogotá. Promotion zum Dr. rer. soc. in Tübingen 1994. Jeweils mehrmonatige Studien- und Forschungsaufenthalte in Chile (CEPAL), Kolumbien, Argentinien, Bolivien, Mexiko und Brasilien. Zur Zeit wissenschaftlicher Angestellter und Lehrbeauftragter am Institut für Politikwissenschaft der Universität Tübingen. Zahlreiche Veröffentlichungen zu Fragen der Dezentralisierung und der Legitimierung von Anpassungsprozessen.
E-Mail: christian-von.haldenwang@uni-tuebingen.de

Lojo, María Rosa: am 13.02.1954 in Buenos Aires geb.; Schriftstellerin und Literaturwissenschaftlerin; Doktor der Philosophie (Letras) der Universidad de Buenos Aires; Forschungsstipendiatin der Fundación Antorchas (1991) und des Fondo Nacional de las Artes (1992); Forscherin des argentinischen Forschungsrats CONICET; Leiterin des Forschungsprojektes »Ästhetische und ideologische Richtungen im argentinischen Roman 1980-1995« im Institut für sprach- und literaturwissenshaftliche Forschung der Universidad del Salvador; Gastprofessorin an argentinischen und ausländischen Universitäten (Deutschland, Spanien und Mexiko); als Literaturkritikerin ständige Mitarbeiterin der Zeitung *La Nación* (Buenos

Aires) sowie der argentinischen Zeitschriften *Cultura* und *First*. Essays: *La »barbarie« en la narrativa argentina (siglo XIX)* (Buenos Aires 1994: Corregidor); *Sábato: en busca del original perdido* (Buenos Aires 1997: Corregidor); *Cuentistas argentinos de fin de siglo. Estudio preliminar* (Buenos Aires 1997: Corregidor); *El símbolo: poéticas, teorías, metatextos* (Universidad Nacional Autónoma de México, im Druck). Literarische Werke: *Visiones* (Gedichte, Buenos Aires 1984: Faiga); *Marginales* (Erzählungen, Buenos Aires 1986: Epsilon); *Canción perdida en Buenos Aires al Oeste* (Roman, Buenos Aires 1987: Torres Agüero); *Forma oculta del mundo* (Gedichte, Buenos Aires 1991: Ultimo Reino); *La pasión de los nómades* (Roman, Buenos Aires 1994: Atlántida, Primer Premio Municipal de Novela y Cuento de Buenos Aires »Eduardo Mallea«).
E-Mail: postmast@nararg.filo.uba.ar

Madlener, Kurt: 1933 geb.; Gradué de l'Institut de Criminologie (Paris 1956); Diplomé de Droit Comparé (Paris 1957); Master of Comparative Law, Columbia University (New York 1959); Dr. iur. (Freiburg i. Br. 1965); Ldo. en Derecho, Universidad Complutense (Madrid 1970). Seit 1970 wissenschaftlicher Referent am Max-Planck-Institut für ausländisches und internationales Strafrecht und Rechtsanwalt in Freiburg i. Br. Lehraufträge und Gastdozenturen in Freiburg i. Br., Madrid, Puerto Rico und São Paulo. Herausgeber des *Jahrbuch für afrikanisches Recht/Annuaire de droit africain/Yearbook of African Law*. Forschungsschwerpunkte: Strafrechtspflege, Menschenrechte. Leiter des Forschungsprojektes »Die Justiz als Garantin der Menschenrechte in Lateinamerika«, das in Zusammenarbeit mit mehr als 100 lateinamerikanischen Richtern, Staatsanwälten und Professoren durchgeführt wird (Teil I: »Die Unabhängigkeit der Justiz und der Richter«; Teil II: »Menschenrechte und Strafverfahren«; Teil III: »Menschenrechte und Gefängniswesen«. Veröffentlichungen in Deutsch, Englisch, Farsi, Französisch, Portugiesisch und Spanisch.
E-Mail: madlener@ruf.uni-freiburg.de

Martini, José Xavier: 1937 in Buenos Aires geb.; Studium der Architektur (Buenos Aires) und der Wirtschaftswissenschaften (Paris); ehemaliger Professor für Geschichte der Architektur an der Universidad de Buenos Aires; zur Zeit geschäftsführender Direktor der Fundación Antorchas (Buenos Aires) und Mitglied des Verwaltungsrats der privaten Universidad de San Andrés. Arbeitsgebiete: Universitätsverwaltung, Wissenschafts- und Kulturförderung, Ökonomie der kulturellen und wissenschaftlichen Aktivitäten.
E-Mail: martini@fundantorschas.retina.ar

Messner, Dirk: 1962 geb.; Dr. rer. Pol.; 1988-1995 wissenschaftlicher Mitarbeiter am Deutschen Institut für Entwicklungspolitik/DIE, Berlin; seit März 1995 wissenschaftlicher Geschäftsführer des Instituts für Entwicklung und Frieden (INEF), Duisburg; Arbeitsschwerpunkte: Entwicklungstheorie und -politik, Lateinamerika und Ostasien, Globalisierung. Veröffentlichungen u. a.: *Systemic Competitiveness - New Governance Patterns for Industrial Development* (London 1996, zus. mit Klaus Eßer et al.); *Die Netzwerkgesellschaft. Wirtschaftliche Entwicklung und internationale Wettbewerbsfähigkeit als Probleme gesellschaftlicher Steuerung*

(Köln 1995); *Weltkonferenzen und Weltberichte. Ein Wegweiser durch die internationale Diskussion* (Bonn 1996, zus. mit Franz Nuscheler).
E-Mail: messner@uni-duisburg.de

Mignone, Emilio F.: Rechtsanwalt (Universidad de Buenos Aires), spezialisiert in öffentlichem Recht, Politischen Wissenschaften, Erziehungs- und Technologiepolitik; sowie in Menschenrechten, Gesellschaft und Religion. Präsident des Centro de Estudios Legales y Sociales (CELS) und der Comisión Nacional de Evaluación y Acreditación Universitaria (CONEAU). Mitglied des Consejo Directivo des Instituto Interamericano de Derechos Humanos, San José / Costa Rica, und Vizepräsident des Zentrums für Gerechtigkeit und Internationales Recht (CEJIL), Washington D.C. Emeritierter Professor der Universidad Nacional de Quilmes und Honorarprofessor der UBA. Ehemaliger Hochschullehrer und Dozent an Lehrerausbildungsinstituten, Generaldirektor für das Unterrichtswesen der Provinz Buenos Aires, Unterstaatssekretär für Erziehung der Nationalregierung, Rektor der Universidad Nacional de Luján und Experte der Organisation Amerikanischer Staaten, der Interamerikanischen Entwicklungsbank und der Weltbank. Nahm an zahlreichen Kongressen und internationalen Tagungen teil. Forscher, Vortragsredner und Schriftsteller. Autor von zahlreichen Büchern, Broschüren und Artikeln in diversen Zeitschriften.
E-Mail: emignone@sminter.com.ar

Oliveras, Elena: Kunstkritikerin; Studium der Philosophie an der Universidad Nacional del Nordeste (RA) und der Ästhetik an der Universität Paris, wo sie promovierte; zur Zeit Prof. für Ästhetik an der philosophischen Fakultät der Universidad de Buenos Aires; Forschungsstipendiatin der Stiftungen Fulbright, Paul Getty, Antorchas und des CONICET. Essays u. a.: »Fin de siglo. La representación del presente«; »Variantes de la metáfora plástica«; »Espacialidad de la metáfora«; »La muerte del arte«. Bücher u.a.: (Mithg.) *Historia crítica del arte argentino* (Buenos Aires 1995: Asociación Argentina de Críticos de Arte); (Mithg.) *Semiótica de las artes visuales* (Buenos Aires 1980: CAYC); *El arte cinético* (Buenos Aires 1973: Nueva Visión); (Mithg.) *Kinetic Art. Theory and Practice, selections from Leonardo* (Oxford 1974: Pergamon Press). Mitarbeiterin bei *Clarín* (Buenos Aires) und bei der Zeitschrift *ArtNexus* (Bogotá). Ausgezeichnet mit verschiedenen Preisen.
Fax: 0054-1-551 6605

Reboratti, Carlos E.: Geograph (Universidad de Buenos Aires 1973) mit den Schwerpunkten ländliche Geographie und Regionalentwicklung. Titularprofessor an der UBA; zuvor Direktor des Centro de Estudios de Población (CENEP), Direktor des Geographischen Instituts der UBA; leitet heute den Magisterstudiengang in Umwelt- und Territorialpolitik. Dozent an den Universitäten von Rosario, Salta, Comahue, Mar del Plata, Los Andes (Venezuela), Tübingen; sowie der Universidad Católica del Uruguay. Veröffentlichungen: Atlas Demográfico de Argentina (CEAL 1983); Nueva capital, viejos mitos (Planeta 1987); Población, ambiente y recursos naturales en América Latina (GEL 1989); La naturaleza y el hombre en la Puna (GTZ 1995). Artikel in *Progress in Human Geography, Desar-*

rollo Económico, Economía y Demografía, Revista Geográfica del IPGH, Revue de Geographie Alpine, Geocritica, Estudios Geográficos.
E-Mail: creborat@filo.uba.ar

Schvarzer, Jorge: geboren 1938 in Buenos Aires. Ingenieur und Wirtschaftswissenschaftler, Universidad de Buenos Aires. Seit 1976 Mitarbeiter des Centro de Investigaciones Sociales sobre el Estado y la Administración – CISEA –, einem privaten wirtschafts- und sozialwissenschaftlichen Forschungsinstitut, dessen Leiter er von 1983 bis 1991 war. Tätigkeit als Berater internationaler Organisationen und als Hochschullehrer. Dozent für Wirtschaftsfragen an den Universitäten von Paris (Sorbonne), Mexico (UAM-Azcapotzalco), Rio Grande do Sul, Brasilien; Titularprofessor und Dozent für Postgraduate-Studien der Wirtschaftswissenschaftlichen Fakultät der UBA. Autor von zehn Büchern und rund einhundert Artikeln über die Evolution der argentinischen Wirtschaft unter besonderer Berücksichtigung der Industrialisierung, der Auslandsverschuldung und der Inflation. Zu seinen Werken zählt eine detaillierte Studie über die Wirtschaftspolitik des ersten Wirtschaftsministers der argentinischen Militärregierung (*La política económica de Martínez de Hoz, 1978-81*), eine Geschichte der argentinischen Industrie von ihren Anfängen bis heute (*La industria que supimos conseguir*) und eine kürzlich durchgeführte Arbeit über die Evolution des Bruttosozialprodukts und seine Perspektiven *(La evolución productiva argentina a mediados de la década del noventa)*. Seine Artikel, die bestimmte Aspekte oder Abschnitte der argentinischen Ökonomie behandeln, wurden auf zahlreichen internationalen Seminaren vorgetragen und in Büchern und Zeitschriften in mehr als sieben Sprachen in über zwanzig Ländern veröffentlicht.
E-Mail pschvarz@econ.uba.ar

Sevilla, Rafael: am 12.4.1944 in Casas de Fernando Alonso (La Mancha, Spanien) geb.; Studium der Altphilologie, Romanistik und Philosophie (Salamanca und Tübingen). Seit 1975 Leiter der Abt. Lateinamerika und Karibik im Institut für wissenschaftliche Zusammenarbeit mit Entwicklungsländern (IWZE), Tübingen; mehrere Studienaufenthalte und Programme in Lateinamerika im Rahmen der Entwicklungszusammenarbeit. 1891-1991 Mitherausgeber der spanischen Ausgabe der Zeitschrift *Universitas*; seit 1992 Herausgeber von *Diálogo Científico – Revista Semestral de Investigaciones Alemanas sobre Sociedad, Derecho y Economía*. Veröffentlichungen u.a.: (Hrsg.) *Lateinamerika – Ein Kontinent im Umbruch. 200 Jahre nach Simón Bolívar* (Stuttgart 1983); *La evolución, el hombre y el humano* (Tübingen 1986); *Venezuela – Kultur und Entwicklungsprobleme eines OPEC-Landes in Südamerika* (Tübingen 1988); (Mithg.): *Kuba – Die isolierte Revolution?* (Bad Honnef 1993, zus. mit Clemens Rode); *Mexiko – Die institutionalisierte Revolution?* (Bad Honnef 1993, zus. mit Arturo Azuela); *Mittelamerika – Abschied von der Revolution?* (Bad Honnef 1995, zus. mit mit Edelberto Torres Rivas); *Brasilien – Land der Zukunft?* (Bad Honnef 1995, zus. mit mit Darcy Ribeiro).
E-Mail: rafael.sevilla@oe.uni-tuebingen.de

Sigal, Silvia: Soziologin, Studium an der Universidad de Buenos Aires; zur Zeit Forscherin am Conseil National de la Recherche Scientifique (CNRS) und Mitglied des Centre d'Etude des Mouvements Sociaux (Ecole des Hautes Etudes en Sciences Sociales/CNRS), Paris. Veröffentlichungen (Bücher): *Perón o muerte. Estrategias discursivas del fenómeno peronista* (Buenos Aires 1986: Legasa, zus. mit Eliseo Verón); *Intelectuales y poder en la década del sesenta* (Buenos Aires 1991: Puntosur); *Le rôle des intellectuels en Amérique Latine. La dérive des intellectuels en Argentine* (Paris 1995: L'Harmattan). Zahlreiche Artikel in den entsprechenden Fachzeitschriften.
Fax: 0033-1-49542670

Spiller, Roland: wiss. Ass. am Institut für Romanistik der Universität Erlangen-Nürnberg mit dem Schwerpunkt Literaturwissenschaft. Einige Publikationen: *Zwischen Utopie und Aporie. Die erzählerische Ermittlung der Identität in argentinischen Romanen der Gegenwart: Juan Martini, Tomás Eloy Martínez, Ricardo Piglia, Abel Posse und Rodolfo Rabanal* (Frankfurt/M. 1993). Als Herausgeber: *La novela argentina de los años '80* (Frankfurt/M. 1991: Lateinamerika-Studien 29); *Culturas del Río de la Plata. Transgresión e intercambio (1973-1993)* (Frankfurt/M. 1995): Lateinamerika-Studien 36). Artikel zum Cono Sur (Auswahl): »Die Gegenwartsliteraturen des Cono Sur: Argentinien, Chile, Uruguay«, in: *Kritisches Lexikon zum fremdsprachigen Gegenwartsliteratur*, hrsg. von Heinz Ludwig Arnold, 34./35. Neulieferung (München 1994); »L'intertextualité circulaire ou le désir dans la bibliothéque: Ben Jelloun lit Borges, lecteur de Cervantes«, in: Charles Bonn / Arnold Rothe (Hrsg.), *Conteste mondial de la litérature maghrébine* (Würzburg 1995, 171-180); »Argentinien, Chile, Uruguay und Paraguay (1960-1990)«, in: Michael Rössner (Hrsg.), *Lateinamerikanische Literaturgeschichte* (Stttgart 1995, 482-498). Zur Zeit Arbeit an einer Studie zur maghrebinischen Gegenwartsliteratur in französischer Sprache mit dem Arbeitstitel: »Tahar Ben Jelloun. Leben und Werk zwischen zwei Kulturen«.
E-Mail: rdspille@phil.uni-erlangen.de

Spitta, Arnold: 1945 in Oldenburg geb.; 1951-1965 Aufenthalt in Buenos Aires; 1965 Übersiedlung nach Deutschland; Studium der Germanistik, Geschichte und Romanistik in Frankfurt am Main; 1976 Promotion; Thema der Dissertation: »Paul Zech im südamerikanischen Exil 1933-1946«; 1979-1986 Lektor des Deutschen Akademischen Austauschdienstes (DAAD) an der Universidad Nacional de Córdoba / Argentinien; 1986 Rückkehr nach Deutschland und Ernennung zum Generalsekretär des Katholischen Akademischen Ausländer-Dienstes (KAAD) in Bonn; 1989 Wechsel zum DAAD, Leiter des Zentralamerikabüros mit Sitz in San José / Costa Rica; 1993 Rückkehr nach Deutschland; bis 1995 Leitung des Akademischen Auslandsamts der Humboldt-Universität zu Berlin; seitdem Leiter des Referats Lateinamerika Süd im DAAD, Bonn. Buchveröffentlichungen: *Paul Zech im südamerikanischen Exil 1933-1946* (Berlin 1978: Bibliotheca Ibero-Americana, Bd. 24); Mitherausgeber (zus. mit Ernesto Garzón Valdés und Manfred Mols): *La nueva democracia argentina (1983-1986)* (Buenos Aires 1988). Verschiedene Artikel zur Geschichte der deutschen Emigration in Argentinien (1933-1945), zu Fragen der Kultur, Geschichte und Gesellschaft Lateinamerikas, sowie zur Geschichte

der Zigeuner in Deutschland im zwanzigsten Jahrhundert (Verfolgung im Dritten Reich und »Wiedergutmachung« nach dem Kriege).
Fax: 0228-882-448

Thibaut, Bernhard: 1961 in Urach geb.; 1985-1991 Studium der Politikwissenschaft und Soziologie an der Universität Heidelberg; Promotion zum Dr. phil. 1996 an dieser Universität mit einer Arbeit über »Präsidentialismus und Demokratie in Lateinamerika«; seit 1991 Tätigkeit in verschiedenen Forschungsprojekten zur politischen Entwicklung in Lateinamerika und Afrika. Zahlreiche Veröffentlichungen in den Bereichen vergleichende Regierungslehre und Demokratisierungsforschung (Lateinamerika und Afrika), soziale Entwicklung und Sozialpolitik in Lateinamerika, Entwicklungspolitik und Nord-Süd-Beziehungen.
Fax: 06221-542896

Vanossi, Jorge Reinaldo: 1939 in Buenos Aires geb.; 1970 Promotion zum Dr. iur. et rer. soc. an der Universidad Nacional del Litoral, und 1980 an der Universidad de Buenos Aires (UBA); 1991 Verzicht auf seinen Lehrstuhl für Verfassungsrecht an der UBA; ex-Professor für Verfassungsrecht und Staatsrecht an der Universidad de la Plata; zur Zeit Direktor des Instituto de Investigaciones del Nuevo Estado und Vollzeitprofessor an der privaten Universidad de Belgrano. Veröffentlichungen: 14 Bücher und etwa 200 Artikel zu verfassungs- und staatsrechtlichen Themen. Mitgliedschaft in verschiedenen wissenschaftlichen Akademien (Academia Nacional de Derecho y Ciencias Sociales, Buenos Aires; Academia Nacional de Ciencias Morales y Políticas, Buenos Aires; Real Academia Española de Ciencias Morales y Políticas, Madrid, korrespondierendes Mitglied). Zahlreiche Aktivitäten im legislativen (u.a. Ex-Abgeordneter und Ex-1.Vizepräsident der H. Cámara de Diputados de la Nación), juristischen (Ex-Sekretär des Obersten Gerichtshofes) und exekutiven Bereich (Ex-Generalsekretär des Consejo Nacional Económico y Social). Träger mehrerer akademischer Auszeichnungen (Honorarprofessor der Universidad Nacional de Mar del Plata; »Profesor distinguido« der UNAM, Mexiko, und »Ehrendiplom« der Universität von Tel-Aviv) und anderer Ehrungen (u.a. 1985 Preis »Dante Aleghieri« für die Verteidigung der italienischen Sprache und 1995 »Premio Jurisprudencia« der Inter-American Bar Association).
Fax: 0054-1-322-2493

Waldmann, Peter: 1937 in Meiningen/Thüringen geb.; Studium der Rechts- und Sozialwissenschaften in München und Paris; 1963 1.jur. Staatsexamen; 1967 2.jur. Staatsexamen; 1966 Promotion zum Dr. jur.; 1966-72 Assistent am Soziologischen Institut der Universität Saarbrücken; 1973 Habilitation (Soziologie); 1973 Wissenschaftlicher Rat und Professor; zur Zeit ordentlicher Professor für Soziologie und Sozialkunde an der Universität Augsburg. Monographien (Auswahl): *Der Peronismus 1943-1955* (Hamburg 1974: Hoffmann & Campe, Diss.) (span.: *El Peronismo. 1943-1955*, Buenos Aires: Sudamericana 1981); *Ensayos sobre política y sociedad en América Latina* (Barcelona 1983); (Mithg.) *El poder militar en la Argentina 1976-81* (Frankfurt/M. 1982, zus. mit E. Garzón Valdés); (Mithg.) *El impacto de la inflación en la sociedad y la política* (Buenos Aires 1988, zus. mit N. R. Botana); (Mithg.) *Staatliche und parastaatliche Gewalt in Lateinamerika* (Frankfurt/M.

1991, zus. mit H. W. Tobler). Mitherausgeber der Reihen *Forschungen zu Lateinamerika* (Saarbrücken), *Forschungen zu Spanien* (Saarbrücken) sowie *Internationale Gegenwart* (Paderborn). Zahlreiche Aufsätze zum Thema der Gewalt.
Fax: 0821-598-5504

Zbar, Agustín: in Buenos Aires geb.; Studium der Rechtswissenschaft an der
Universidad de Buenos Aires; 1988-1989 »Master in Law« (LL.M) an der Harvard
Law School; 1989-1990 Gastforscher an der Harvard Law School; seit 1991 Prof.
für Verfassungsrecht an der Universidad de Buenos Aires und Rechtsanwalt. Veröffentlichungen (Auswahl): »Regímenes Municipales Comparados« (ein vom Con-
sejo Federal de Inversiones finanziertes Forschungsprojekt, in Zusammenarbeit mit
Prof. Jorge Douglas Price, 750 S.); »La Reforma Constitucional argentina de 1994:
fin de la transición democrática y nuevos desafíos institucionales«, in: *Perfiles
Liberales* 38 (1995). Mitarbeit an den Werken von Carlos S. Nino, *Etica y Derechos Humanos* (Buenos Aires 1984: Ed. Paidós) und von Raúl Alfonsín, *La
Reforma Constitucional de 1994* (Buenos Aires 1994: Ed. Tiempo de Ideas).
Übersetzer zahlreicher Urteile des Obersten Gerichtshofes der USA für das Buch
Constitución y Derechos Humanos von J. Miller, M. A. Gelli und Susana Cayuso
(Buenos Aires 1991: Ed. Astrea), Assistent von Carlos S. Nino, dem Koordinator
des Rates für die Konsolidierung der Demokratie (1986); Mitarbeiter des Berater-
kabinetts des Präsidenten in Fragen der Menschenrechtspolitik und der Wiederher-
stellung der Grundfreiheiten in Argentinien (unter Jaime Malamud Goti und Carlos
S. Nino, 1984 und 1985).
E-Mail: agn8@interserver.com.ar

Zimmerling, Ruth: geb. 1953; Dipl. Math., M. A. (Islamwissenschaft), Dr. phil.
(Politikwissenschaft); 1984-1992 wiss. Mit. am Institut für Politikwissenschaft der
Universität Mainz; 1992/93 Vertretungsprof. für Internationale Beziehungen an der
Universität Frankfurt a. M.; 1993-1996 wiss. Ass. am Institut für Politikwissen-
schaft der Universität Bamberg; seit 1996 wiss. Ang. am Institut für Politikwissen-
schaft der TH Darmstadt; Vortrags- und Gastdozententätigkeit u. a. in Spanien,
Argentinien, Brasilien und Mexiko. Forschungsschwerpunkte: Lateinamerikani-
sche Politik, politische Theorie und Philosophie. Mitherausgeberin der Reihen
Rechts- und Sozialphilosophie (Freiburg/München) und *Schriften zur politischen
Ethik* (Saarbrücken) sowie der folgenden Sammelbände: (mit E. Garzón Valdés, W.
Krawietz, G. H. von Wright), *Normative Systems in Legal and Moral Theory*
(Berlin 1997). Buchpublikationen: *Externe Einflüsse auf die Integration von Staa-
ten. Zur politikwissenschaftlichen Theorie regionaler Zusammenschlüsse* (Frei-
burg/München 1991); *Externe Einflüsse auf Integrationsprozesse in Lateinameri-
ka: Zentralamerika und Andengruppe* (Saarbrücken 1991); *El Concepto de Influ-
encia y otros ensayos* (México 1993).
E-Mail: ruzi@compuserve.com

EDITION LÄNDERSEMINARE

Rafael Sevilla / Darcy Ribeiro (Hrsg.)
Brasilien – Land der Zukunft?
Mit einer Einleitung des brasilianischen
Staatspräsidenten Fernando Henrique Cardoso
334 S., br., ISBN 3-89502-031-1

„...nicht nur ein guter Einstieg..., vor allem auch
eine spannende Lektüre ... als Wettbewerb der Ideen
ist das Buch ein Gewinn." *epd-entwicklungspolitik*

Rafael Sevilla / E. Torres Rivas (Hrsg.)
Mittelamerika –
Abschied von der Revolution?
308 S., Tab. und Abb., br., ISBN 3-89502-012-5

„...kontroverse Beiträge ... enthalten viele
nützliche Informationen ... nicht auf
ökonomische und politische Analysen
beschränkt..." *Süddeutsche Zeitung*

Rafael Sevilla / Arturo Azuela (Hrsg.)
Mexiko –
die institutionalisierte Revolution?
301 S., Abb., br., ISBN 3-927905-82-8

„...besticht durch eine Konzentration auf
politisch aktuelle Problembereiche und
Fragestellungen ... ein Schwergewicht auf Kultur..."
Lateinamerika-Nachrichten

Rafael Sevilla / Clemens Rode (Hrsg.)
Kuba –
die isolierte Revolution?
327 S., Tab. und Abb., br., ISBN 3-927905-71-2

Bietet „... einen umfassenden Überblick über wirt-
schaftliche, soziale, gesellschaftliche und kulturelle
Entwicklungen auf Kuba sowie die internationalen
Beziehungen und Entwicklungsperspektiven der
Insel." *Schulstelle Schweiz*

LATEINAMERIKA – ANALYSEN UND BERICHTE

Die erfolgreiche und bewährte Reihe „Lateinamerika – Analysen und Berichte" ermöglicht dem interessierten deutschen Publikum die Teilnahme an den wesentlichen aktuellen Diskussionen zur Entwicklung der Ökonomie und der Gesellschaft in den Ländern Lateinamerikas.

Lateinamerika – Analysen und Berichte 21

Land und Freiheit
288 S., br., ISBN 3-89502-070-2

Der Mensch lebt nicht vom Brot allein, ohne Brot lebt er jedoch gar nicht. In Lateinamerika sind es paradoxerweise gerade große Teile der Landbevölkerung, deren Menschenrecht auf Nahrung im Zuge der neoliberalen Anpassungspolitik zunehmend in Frage gestellt wird.

Lateinamerika – Analysen und Berichte 20

Offene Rechnungen
251 S., br., ISBN 3-89502-047-8

„Neben den Einzelstudien zeichnet sich das Jubiläumsjahrbuch durch zupackende Länderanalysen aus..." *epd-entwicklungspolitik*

Lateinamerika – Analysen und Berichte 19

Sport und Spiele
288 S., br., ISBN 3-89502-033-8

„... jede Menge lesenswerter Informationen und Interpretationen..." *ila*
„... interessante Lektüre, nicht nur für Sportbegeisterte." *LA-Nachrichten*

Lateinamerika – Analysen und Berichte 18

Jenseits des Staates?
288 S., br., ISBN 3-89502-008-7

„... interessante Einblicke in die Prozesse, die jenseits des (neoliberalen) Staates vor sich gehen. ... Abgerundet durch Länderberichte..." *Das Argument*

Lateinamerika – Analysen und Berichte 17

Markt in den Köpfen
288 S., br., ISBN 3-927905-80-1

„... das Jahrbuch zeigt verdienstvoll, wie tief die bekannten Ideen im neuen Gewand mittlerweile gegriffen haben." *Die Zeit*

Bitte fordern Sie unser aktuelles Gesamtverzeichnis an:
Horlemann Verlag, Postfach 1307, 53583 Bad Honnef
Telefax 0 22 24 / 54 29 • e-mail: horlemann@aol.com

Besuchen Sie unsere Seiten im Internet:
http://www.mediacompany.com/horlemann

Che Guevara / Raúl Castro
Die Eroberung der Hoffnung

Tagebücher aus der
kubanischen Guerilla.
Dezember 1956
bis Februar 1957

299 Seiten
Broschur
zahlreiche Fotos
ISBN 3-89502-064-8

Die Eroberung der Hoffnung ist die Chronik der »kleinen verrückten Armee«
kubanischer und internationalistischer Guerilleros, die sich entschlossen haben,
gegen das Putschistenregime des Fulgencio Batista zu kämpfen, das die
Vereinigten Staaten auf Kuba im Herzen der Karibik installiert hatten. Von der
mexikanischen Küste läuft die »Granma« im November 1956 in Richtung
Sonnenaufgang aus, um in der Heimat von Martí die Werte Demokratie,
Gleichheit und Gerechtigkeit zurückzufordern.
Die Schilderungen von Ernesto Che Guevara und Raúl Castro Ruz lassen die
Geschichte der ersten drei Monate der Guerilla Moviemento 26 de Julio (M-26-
7) von der Abfahrt in Mexiko am 25. November 1956 bis zum 19. Februar 1957
nachvollziehen.
Den Tagebuchberichten geht eine historische Rekonstruktion der Vorbereitungen
der Befreiungsexpedition in Mexiko im Sommer und Herbst des Jahres 1956
voraus. Sorgfältige Nachforschungen dazu wurden vom Chronisten Paco Ignacio
Taibo II angestellt.
Die Tagebuchauszüge von Guevara und Castro werden durch zusammenfassende
Schilderungen der Ereignisse miteinander verbunden. Die Abbildung von
umfangreichem, zum Teil bislang unveröffentlichtem Bildmaterial,
Pressenachrichten aus den Batista-geneigten Tageszeitungen sowie Faksimiles
runden den Neuigkeitswert dieses Zeitzeugnisses ab.

Bitte fordern Sie unser aktuelles Gesamtverzeichnis an:
Horlemann Verlag, Postfach 1307, 53583 Bad Honnef
Telefax 0 22 24 / 54 29 • e-mail: horlemann@aol.com

Besuchen Sie unsere Seiten im Internet:
http://www.mediacompany.com/horlemann